im Schriftentausch 2017

Fondazione Bruno Kessler

Annali dell'Istituto storico italo-germanico in Trento
Monografie, 67

Costituzione e amministrazione della monarchia prussiana (1848-1870)

di

Anna Gianna Manca

Società editrice il Mulino Bologna

FBK - Istituto Storico Italo-Germanico

Redazione e impaginazione:
Editoria FBK

MANCA, Anna Gianna
Costituzione e amministrazione della monarchia prussiana : (1848-1870) / di Anna Gianna Manca. - Bologna : Il Mulino, 2016. - 486 p. ; 22 cm. - (Annali dell'Istituto storico italo-germanico in Trento. Monografie ; 67)
Nell'occh.: Fondazione Bruno Kessler. - Bibliogr.: p. 443-481
ISBN 978-88-15-26008-6
1. Prussia - Storia costituzionale - 1848-1870 2. Prussia - Politica - 1848-1870 3. Prussia - Storia - 1848-1870

342.43029 (DDC 22.ed) Scheda bibliografica: FBK - Biblioteca

Il presente volume è pubblicato con il contributo della Provincia autonoma di Trento e dell'Università degli Studi di Trento, Dipartimento di Lettere e Filosofia

ISBN 978-88-15-26008-6

Sommario

Introduzione

Dal dibattito apertosi in Germania nella nuova storia costituzionale a partire dagli anni Settanta del secolo scorso ha tratto spunto l'ambizioso progetto, in via di realizzazione, dell'*Handbuch der europäischen Verfassungsgeschichte im 19. Jahrhundert*[1]. All'interno della sua cornice ideale è maturato il proposito di scrivere questo libro e di rispettare quasi fedelmente la rigida partizione in capitoli osservata dai contributi lì ospitati. Per la giustificazione storico-critica dell'articolazione interna di questo lavoro, posso perciò comodamente rinviare il lettore al denso saggio introduttivo e metodologico del primo volume dell'*Handbuch*[2]. La responsabilità per il modo in cui ho proceduto nella costruzione di ogni singolo capitolo del libro, è invece tutta ed esclusivamente mia.

Con il progressivo affinarsi e consolidarsi, nel metodo e nelle concrete acquisizioni scientifiche, della nuova storia costituzionale tedesca, ebbi la fortuna di venire in contatto attraverso la mediazione alta di cui si fece protagonista l'Istituto Storico Italo-Germanico di Trento nei primi decenni dalla sua fondazione. Erano gli anni in cui Pierangelo Schiera, Paolo Prodi e Giuliana Nobili Schiera ne animarono con grande intelligenza l'attività scientifica di ricerca ed editoriale. A loro, e a Giuliana in particolare, che ci ha lasciati ma che resterà sempre viva nel

[1] Cfr. P. Brandt - M. Kirsch - A. Schlegelmilch (edd), *Handbuch der europäischen Verfassungsgeschichte im 19. Jahrhundert. Institutionen und Rechtspraxis im gesellschaftlichen Wandel*, 1: *Um 1800*, Bonn 2006; W. Daum unter Mitwirkung von P. Brandt - M. Kirsch - A. Schlegelmilch (edd), *Handbuch der europäischen Verfassungsgeschichte im 19. Jahrhundert. Institutionen und Rechtspraxis im gesellschaftlichen Wandel*, 2: *1815-1847*, Bonn 2012. Il terzo volume 1848-1870, è in corso di stampa.

[2] Cfr. P. Brandt - M. Kirsch - A. Schlegelmilch - W. Daum, *Einleitung.*

ricordo, deve molto questo lavoro, che esce tra le pubblicazioni dell'Istituto grazie alla disponibilità del prof. Paolo Pombeni, Direttore del Centro fino a pochi mesi fa.

La nuova storia costituzionale tedesca non rinuncia agli interessi conoscitivi caratteristici della disciplina, così come furono precisati già qualche decennio fa da Hans Boldt nell'ancora utilissima «Introduzione alla storia costituzionale», nel senso dell'attenzione prestata alle strutture e ai sistemi istituzionali, al loro funzionamento concreto e al loro mutamento, alle esigenze di classificazione e di tipizzazione storico-concettuali dei fenomeni storico-costituzionali[3]. Questa storia costituzionale è però anche estremamente attenta alla diacronia e alla necessaria periodizzazione storica. Nel caso del ventennio circa della monarchia prussiana affrontato in questo lavoro, quest'ultima si presenta abbastanza differenziata, data la forte accelerazione impressa al tempo storico dal concomitante svolgersi del tutt'altro che incontrastato processo di costituzionalizzazione dello Stato, da un lato, e del processo, per molti aspetti altrettanto rivoluzionario, di modernizzazione socio-economica, dall'altro. Così, al cosiddetto biennio rivoluzionario del 1848-1849 fecero seguito gli anni Cinquanta (1850-1858), all'insegna della divaricazione tra modernizzazione dell'economia e continui rigurgiti di restaurazione politica. Questi ultimi furono bloccati, seppure solo temporaneamente, dall'irrompere della «Nuova Era» liberale, iniziata nell'autunno 1858 e conclusasi repentinamente nel marzo 1862. Si avviò a questo punto il periodo del cosiddetto conflitto costituzionale, che si protrasse sino all'inizio dell'estate del 1866, e che si chiuderà definitivamente nel 1867, con il confluire della Prussia all'interno della nuova Germania settentrionale organizzata in Confederazione. Entro questa nuova cornice la classe dirigente prussiana avviò un processo di ammodernamento dello Stato che traghetterà la monarchia sino alle soglie dell'unificazione tedesca.

Quella a cui si fa qui riferimento è comunque una storia costituzionale che operativamente rifugge da qualsiasi visione

[3] H. Boldt, *Einführung in die Verfassungsgeschichte*, in particolare pp. 18-23, 84-92, 164-167, 174-176.

teleologica della storia[4]; la stessa che ha indotto, non solo la storiografia costituzionale di E.R. Huber, ma anche quella di E.-W. Böckenförde, a far riduttivamente ruotare la ricostruzione storico-costituzionale del nostro ventennio attorno alle problematiche a monte e a valle del conflitto costituzionale del 1862-1866. Il superamento della tendenza all'ipostatizzazione teorica delle forme di governo che al di là di tutto ha accomunato i due studiosi[5], può considerarsi oggi, tuttavia, già completato.

Nella convinzione che conflitti costituzionali più o meno latenti si annidassero all'indomani della costituzionalizzazione formale della Prussia in quasi tutti i settori della vita statale aventi valenza costituzionale[6], e cioè più o meno in tutti gli ambiti costituzionali (*Verfassungsbereiche*) indagati in questo lavoro[7], la storia costituzionale non può che mantenersi avvertita e prudente rispetto alle riduttive ricostruzioni del ventennio per cui a tenere banco politicamente sarebbe stato, o il binomio classico di unità/libertà (*Einheit/Freiheit*), come suggeriscono soprattutto le acquisizioni della storia politica tedesca degli anni Sessanta-Novanta del secolo scorso, o un presunto progetto liberale di parlamentarizzazione della monarchia costituzio-

[4] Contro la visione teleologica della storia si veda la presentazione del progetto di ricerca *Europe 1815-1914. Between Restoration and Revolution, National Constitutions and Global Law: An Alternative View on the European Century 1815-1914 (EReRe)*, directed by Professors Bo STRÅTH and Martti KOSKENNIEMI, University of Helsinki, a cui ho partecipato dal 2010 al 2014.

[5] Cfr. A.G. MANCA, *La monarchia costituzionale nell'Europa del lungo Ottocento*.

[6] Sulla «predisposizione al conflitto» (*Konfliktanfälligkeit*) della monarchia costituzionale in genere si veda R. WAHL, *Die Entwicklung des deutschen Verfassungsstaates bis 1866*, in particolare p. 12.

[7] La struttura in capitoli del presente lavoro riproduce quasi fedelmente quella del mio contributo (*Preußen*) al III volume (1848-1870), in corso di realizzazione, dell'*Handbuch der europäischen Verfassungsgeschichte im 19. Jahrhundert*, in perfetta sintonia con gli intendimenti dei suoi curatori di rendere giustizia all'inevitabile pluristratificazione della dimensione storico-costituzionale (cfr. la *Einleitung* di P. BRANDT - M. KIRSCH - A. SCHLEGELMILCH - W. DAUM a *Handbuch der europäischen Verfassungsgeschichte im 19. Jahrhundert*, 1.

nale, facente leva sul diritto parlamentare di approvazione del bilancio, come sono propensi a credere particolarmente i paladini di orientamento conservatore, di ieri e dell'altro ieri, del *topos* storiografico del *Sonderweg*, prussiano e tedesco, verso lo Stato costituzionale.

Con riferimento alla storiografia politica che ha posto al centro dello studio del nostro ventennio il binomio unità/libertà giova ricordare, in primo luogo, come la storia politica prussiana non fu quotidianamente e costantemente occupata dalla lotta per l'unità nazionale tedesca. È vero, piuttosto, che la Prussia, sia negli anni Cinquanta, dopo la cosiddetta *Olmützer Punktation*[8], sia negli anni della «Nuova Era», nonostante i progetti regi di riorganizzazione dell'esercito, conobbe lunghi periodi di disciplinato e difensivo ripiegamento su se stessa, periodi in cui cioè il conflitto con l'Austria e la tensione verso l'unificazione a egemonia prussiana rimasero forzatamente sullo sfondo, e la priorità dovette essere data alla risoluzione degli innumerevoli problemi posti all'ordine del giorno dalla costituzionalizzazione dello Stato, oltre che alla modernizzazione della società e dell'economia. In secondo luogo, per quanto riguarda la lotta per la libertà, non bisogna sottovalutare il fatto che essa fu tutt'altro che lotta ideologica per principi e ideali astratti, come quella che, secondo la tesi dei conservatori, avrebbe condannato al dottrinarismo e all'impotenza il liberalismo politico della prima metà del secolo[9]. Se di lotta per la libertà nel nostro periodo si deve parlare, va però anche precisato come essa fu sempre rivolta alla traduzione in pratica dei moderni principi politici portati ad affermazione dalla legislazione di epoca rivoluzionaria, principi recepiti più o meno integralmente dalla costituzione prussiana del 1850. Insomma, nella Prussia del

[8] Nel novembre 1850 fu chiamato a capo del governo prussiano il conservatore Otto von Manteuffel che prese immediatamente a rafforzare il legame di solidarietà conservatrice che legava le due più grandi potenze tedesche (J. MÜLLER, *Deutscher Bund und deutsche Nation 1848-1866*, p. 61).

[9] Cfr. in merito B. RÜTZ, *Der preußische Konservativismus im Kampf gegen Einheit und Freiheit*, e inoltre, sul rapporto tra movimento costituzionale e conservatorismo politico, A.G. MANCA, *Konservativismus und Liberalismus in Preußen zwischen 1840 und 1866.*

nostro ventennio, la lotta per la libertà fu anzitutto impegno per l'*Ausbau* della costituzione, naturalmente nella forma in cui quest'ultima appariva prima di essere modificata o mutilata nel corso dei reazionari anni Cinquanta, e quindi per una costituzionalizzazione non esclusivamente formale e in grado di esorcizzare le insidie del costituzionalismo solo apparente (*Scheinkonstitutionalismus*).

Non solo, anche la lotta per l'«unità» fu intesa dai liberali anzitutto come lotta per una riforma della costituzione della Confederazione germanica[10], considerata condizione necessaria per il conseguimento della libertà all'interno della monarchia. In Prussia, come ebbe a dire Max von Forckenbeck, non ci poteva essere alcuno spazio per una vera costituzionalizzazione dello Stato sino a che la Confederazione germanica fosse stata egemonizzata dall'Austria, la quale per giunta, dopo il biennio rivoluzionario, era caduta nella spirale del neoassolutismo. Forckenbeck, membro come Hoverbeck della *Fraktion Vincke* e come lui sottoscrittore nel settembre 1859 dello statuto del *Nationalverein*, in una lettera del 21 settembre 1859 così manifestò all'amico deputato la sua preoccupazione per le implicazioni negative che la conservazione della costituzione della Confederazione avrebbe potuto avere sulla realizzazione del programma politico liberale:

«A mio parere, senza una diversa configurazione della situazione tedesca è impossibile anche l'esistenza di una ragionevole e libera costituzione prussiana. Se la situazione tedesca resta così com'è ora, in Prussia verrà e dovrà essere consolidato solo lo Stato militare»[11].

La costituzionalizzazione dello Stato prussiano avviata nel 1848 apparve subito a tutti, sia a coloro che l'avevano fortemente voluta, sia a coloro che non avevano potuto impedirla o che addirittura l'avevano strenuamente avversata, come una cesura storica difficilmente riassorbibile. I principi portati ad

[10] Cfr. P. STEINHOFF, *Preussen und die deutsche Frage 1848-1850*.

[11] Sulla «Reform der deutschen Bundesverfassung» cfr. la lettera di Max von Forckenbeck a Hoverbeck del 21 settembre 1859, in L. PARISIUS, *Leopold Freiherr von Hoverbeck*, I.1, p. 164.

affermazione dalla nuova costituzione del 1850 (l'introduzione per la prima volta di una rappresentanza politica nazionale almeno in parte elettiva, l'affermazione in linea di principio della necessità di far valere il rispetto dei diritti individuali dei cittadini di fronte alle esigenze di controllo politico e di disciplinamento sociale dello Stato, la diversificazione degli organi costituzionali a cui faceva capo l'esercizio di ognuno dei tre poteri fondamentali dello Stato, l'affermazione dei principi della elettività e dell'autogoverno per gli organi rappresentativi dell'amministrazione locale, la proclamazione della necessaria indipendenza dello Stato dalla Chiesa e della laicità dell'istruzione ecc.), rappresentarono agli occhi dei contemporanei una tale innovazione rispetto al recente passato dello Stato prussiano, che nemmeno la reazione riuscirà a cancellarli e rimuoverli del tutto nel suo strenuo sforzo di ristabilire la continuità storica. L'evento della costituzionalizzazione formale dello Stato irradiò un tale influsso sul corso successivo della politica interna da lasciare tracce indelebili, come si vedrà, in ognuno dei 13 *Verfassungsbereiche* in cui si articola questo volume. Per questo, nella loro trattazione, si prenderanno ogni volta le mosse dalla centralità storico-politico-costituzionale del momento di avvio del processo di costituzionalizzazione dello Stato, e cioè dal periodo rivoluzionario che lasciò in eredità la costituzione[12]. Anche la vicenda rivoluzionaria[13] deve tuttavia essere tenuta presente nell'intera sua estensione temporale, dall'inizio nel 1848 sino al progressivo esaurirsi nel 1849/1850. Gli atti della controrivoluzione ebbero infatti anch'essi riflesso e peso duraturo sulla storia costituzionale della Prussia non meno dei lasciti dell'azione rivoluzionaria. Poco noto, ma invece alquanto significativo, è che nell'epoca della reazione la costituzione prussiana subì tante e tali modifiche da renderla quasi irriconoscibile ai più[14]. La circostanza è invece da tenere costantemente presente nell'avvicinarsi allo studio del nostro

[12] H. BOLDT, *Verfassung und Revolution*.

[13] Cfr. M. WIENFORT, *Preußen in der Revolution 1848/49*.

[14] Cfr. *Zum sechsundzwanzigsten Oktober 1858*, in «Volkszeitung», del 26 ottobre 1858: «Für den Tag, an welchem der Prinz-Regent einen Eid auf die Landes-Verfassung leistet ... wollen wir ... die Verfassung selber unsern

periodo della monarchia prussiana. Quando nella storiografia e nella pubblicistica giuridico-costituzionale di orientamento conservatore, sia dell'epoca sia successiva, si è insistito sulla prevalenza nella costituzione formale e materiale della Prussia della seconda metà dell'Ottocento del cosiddetto principio monarchico, accreditando così un'immagine della costituzione prussiana quale base legale del governo personale regio e ministeriale della prima epoca bismarckiana e poi anche di quella guglielmina, la costituzione prussiana che si aveva in mente era infatti quella scaturita dalle numerose modifiche cui essa fu sottoposta nel corso degli anni Cinquanta, e non certo quella entrata in vigore il 31 gennaio 1850. D'altronde, non si potrebbe spiegare il perché di tanto accanimento sulla sua lettera da parte delle forze politiche, sociali e culturali della conservazione e della reazione se essa non avesse 'promesso' di modificare profondamente l'organizzazione della monarchia. Dal sistematico misconoscimento e oscuramento delle originarie potenzialità progressive della carta costituzionale prussiana ha tratto nutrimento anche tutta la storiografia tedesca sul cosiddetto *Sonderweg* prussiano (ma tedesco in genere) verso lo Stato costituzionale[15], contribuendo a far risaltare più del dovuto la divergenza della vicenda storica dello Stato prussiano dalle esperienze di costituzionalizzazione statale delle altre monarchie tedesche ed europee ottocentesche.

Lesern vorführen, die nach den unausgesetzten Revisionen so vielfachen Veränderungen unterworfen ward, daß sie in ihrer wahren Fassung dem Volke noch ziemlich unbekannt ist».

[15] Sulla 'specialità' della via prussiana (*Sonderweg*) allo Stato costituzionale cfr. H. SPENKUCH, *Vergleichsweise besonders?*.

Capitolo primo

Il territorio

Il territorio del Regno di Prussia[1] mantenne dal 1848 al 1870, sotto il regno di Federico Guglielmo IV prima e di Guglielmo I poi, la suddivisione in *Provinzen*, *Regierungsbezirke* (distretti governativi), *Kreise* (circoli), *Gemeinde* (comuni), che aveva assunto sin dall'ordinanza del 30 aprile 1815[2].

Dopo l'unificazione nel 1824 dell'Ost- e West-Preussen in un'unica provincia denominata Preußen e il costituirsi nel 1822 della Rheinprovinz, sino al 1866 la Prussia si mantenne divisa in 8 province, di cui 6 orientali e 2 occidentali, formanti due blocchi territoriali non contigui. Le 8 province ed i rispettivi capoluoghi erano: Preußen (con sede dell'*Oberpräsidium* a Königsberg), Posen (Posen), Brandenburg (Potsdam), Pommern (Stettin), Schlesien (Breslau), Sachsen (Magdeburg), Westphalen (Münster), Rheinprovinz (Coblenz)[3]. Tra le singole province esistevano enormi differenze di consistenza e di densità di popolazione; la provincia più estesa era quella di Preußen, quella meno estesa di Westphalen[4]. Della proposta di abolizione della suddivisione del territorio in province contenuta nell'art. 102 del progetto costituzionale elaborato dalla Costituente prussiana (*Nationalversammlung*) non si tenne alcun conto nella costituzione concessa da Federico Guglielmo IV il 5 dicembre 1848[5].

[1] Cfr. in merito G.H. GORNIG, *Territoriale Entwicklung und Untergang Preußens.*

[2] Cfr. M. WIENFORT, *Preußen*, p. 973.

[3] Cfr. R. SCHÜTZ, *Preußen und seine Provinzen.*

[4] E. KELLER, *Der preußische Staat*, I, pp. 249-250, 253-254.

[5] Si veda «Die Einteilung des Preußischen Staates», in L. VON RÖNNE, *Das Staatsrecht der Preußischen Monarchie*, 1899-1915/16[5], II (1906), pp. 302-341, qui p. 302, nota 5.

Ogni provincia era suddivisa in *Regierungsbezirke* (da 2 a 4 per provincia), 25 in totale sino al 1866, di cui 17 nelle province orientali e 8 in quelle occidentali, con i primi assai più estesi dei secondi[6]. Ogni *Regierungsbezirk* si suddivideva a sua volta in *Kreise*, i cui confini erano più spesso soggetti a variazione: Eduard Keller ne contò 337 nel 1858 e 345 nel 1861[7]. Nel 1864 Rönne individuava, oltre all'*exemter Stadt-Bezirk* di Berlino (che per l'appunto non rientrava in nessun *Bezirk*), 332 *Kreise*, di cui 6 solo cittadini (*Stadtkreise*)[8].

Con la pace di Vienna del 30 ottobre 1864 la Danimarca cedette definitivamente i suoi diritti sui due ducati dello Schleswig e dell'Holstein, come anche su quello del Lauenburg, alla Confederazione germanica, e fu sancito un cosiddetto «condominio» della Prussia e dell'Austria nell'amministrazione dei due ducati. Attraverso la convenzione di Gastein (*Gasteiner Konvention*) del 1865 la Corona di Prussia ricevette il ducato del Lauenburg in unione personale, sino alla sua annessione definitiva nel 1876. Comunque, dopo la pace di Vienna le

[6] *Ibidem*, p. 316.

[7] Per una tabella riportante i *Kreise* per ognuno dei 25 *Regierungsbezirke*, con relativa specificazione dell'estensione territoriale in miglia quadrate, delle aree di acqua (*Wasser*), del numero delle città, della consistenza della popolazione civile e di quella militare, della densità di popolazione per miglio quadrato di terra, cfr. E. Keller, *Der preußische Staat*, I, pp. 237-252 («Die Gliederung des Staates»).

[8] Sulla «Eintheilung in Kreise» del territorio cfr. L. von Rönne, *Das Staatsrecht der Preußischen Monarchie*, 1864-1865², II.1 (1864), pp. 24-25: se dal 1815 molti *Kreise* avevano teso a unificarsi, nel tempo più recente si notava invece una spiccata tendenza al particolarismo e quindi alla creazione di nuovi *Kreise* (p. 25, n. 1). Sulla via da seguire per la creazione di nuovi *Kreise*, Rönne, che riporta anche il numero di essi in ogni provincia e all'interno di ogni *Regierungsbezirk* (pp. 25-27), contestava che il potere di modificare le circoscrizioni dei *Kreise* potesse essere esercitato dal re per via di ordinanza, in quanto il re da solo non sarebbe potuto intervenire sulla realtà di entità che non erano solo amministrative ma costituivano anche delle *Korporationen* (p. 27). Il problema del soggetto politico-istituzionale titolato a modificare i confini delle circoscrizioni amministrative esistenti si era posto soprattutto dopo l'abolizione nel 1853 della *Kreis-, Bezirks-, und Provinzialordnung* dell'11 marzo 1850, che all'art. 3 aveva affermato che la modifica dei confini dei *Kreise* potesse avvenire solo per legge (sull'abolizione della legge del 1850 cfr. *infra*, cap. 5 «Amministrazione»).

possibilità di contrasti tra le due più grandi potenze tedesche anziché ridursi aumentarono notevolmente[9]; è opinione assai condivisa tra gli esperti che per Bismarck, dopo l'estromissione della Danimarca dai due ducati e sino all'inizio delle aperte ostilità tra la Prussia e l'Austria nel giugno del 1866, il principale obiettivo nella questione dei due ducati fosse la loro annessione e la cacciata dell'Austria[10].

Nel 1866, come risultato della vittoriosa guerra contro l'Austria e della pace di Praga del 23 agosto, furono annessi nuovi territori, subito organizzati in 3 nuove province, quelle di Schleswig-Holstein, Hannover e Hessen-Nassau, dimodoché da questo momento la Prussia conterà complessivamente 11 province. In particolare, i precedenti due distretti della provincia dello Schleswig-Holstein furono unificati in un unico *Regierungsbezirk* con capoluogo Schleswig; la provincia Hessen-Nassau fu suddivisa in 2 *Regierungsbezirke* con capoluoghi a Kassel e Wiesbaden, la provincia dell'Hannover ottenne invece di poter mantenere provvisoriamente la suddivisione del territorio negli antichi 6 *Landdrosteibezirke*[11]. Nel 1866 il territorio dello Stato prussiano con le sue 11 province pervenne ad una definizione dei confini e ad un'estensione che non muteranno più sostanzialmente sino al 1945[12].

Per quanto riguarda la relazione tra il territorio della monarchia prussiana e quello della Confederazione germanica (*Deutscher Bund*) nel periodo considerato, va precisato che in merito intervennero, seppur temporaneamente, dei mutamenti. Sin

[9] Cfr. E.R. HUBER, *Deutsche Verfassungsgeschichte*, 3, p. 486.

[10] E. KOLB, *Großpreußen oder Kleindeutschland?*, *passim* e in particolare p. 24. Sulle mire coltivate da Bismarck nei confronti dei due ducati, suscettibili di sfociare prima o poi in un aperto scontro militare con l'Austria, cfr. A. DOERING MANTEUFFEL, *Die deutsche Frage*, pp. 41 ss., a cui si rinvia anche per una rassegna aggiornata sulle diverse correnti della storiografia sulla «questione tedesca».

[11] L. VON RÖNNE, *Das Staatsrecht der Preußischen Monarchie*, 1899-1915/16[5], II (1906), p. 323.

[12] Cfr. *Verwaltungsgrenzen in der Bundesrepublik Deutschlands seit Beginn des 19. Jahrhunderts*, p. 15. Cfr. inoltre I.A. BURMEISTER, *Annexion, politische Integration und regionale Nationsbildung*.

dall'epoca del Congresso di Vienna e in particolare dal 1818, non tutto il territorio della prima era entrato a far parte della seconda, essendone rimaste volutamente escluse le province di Ost- e Westpreußen e quella di Posen, che per un certo periodo furono quindi territorio prussiano non compreso in quello della Confederazione germanica (*bundesfreier Gebiet des Preussischen Staates*)[13]. Nel maggio 1848, invece, la Prussia decise di entrare nel *Deutscher Bund* anche con i territori dell'Ost- e Westpreussen e con i distretti del granducato di Posen che confinavano con il *Deutscher Bund* e in cui la maggioranza della popolazione era tedesca (era qui compresa la città-fortezza di Posen), evidentemente per rafforzare la sua posizione all'interno della Confederazione nel momento in cui a Francoforte si cominciava a discutere la riforma della sua costituzione. Fu in questo contesto che venne tracciata una linea di demarcazione tra le parti tedesche e le parti polacche della provincia di Posen, provocando anche un'insurrezione dei polacchi contro il governo prussiano. Dopo la riconvocazione (*Reaktivierung*) della *Bundesversammlung* tedesca, decisa il 7 agosto 1850 da una riunione di 13 Stati del disciolto *Deutscher Bund* sotto la presidenza dell'Austria[14] e a cui la Prussia riprese a partecipare solo dal 12 maggio 1851, e dopo la *Olmützer Punktation* del 29 novembre 1850, che segnò per molti anni la rinuncia della politica prussiana a fare 'conquiste' in Germania in funzione antiaustriaca[15], la Prussia dichiarò tuttavia, nella seduta della

[13] L. VON RÖNNE, *Das Staatsrecht der Preußischen Monarchie*, 1864-1865², I.2 (1864), pp. 548-549.

[14] Cfr. A. DOERING MANTEUFFEL, *Die deutsche Frage*; L. VON RÖNNE, *Das Staatsrecht der Preußischen Monarchie*, 1864-1865², I.2 (1864), pp. 546-547.

[15] La cosiddetta *Olmützer Punktation* del 29 novembre 1850 (in F.W. VON ROHRSCHEIDT [ed], *Preußen's Staatsverträge*, pp. 506 s. e in E.R. HUBER [ed], *Dokumente zur deutschen Verfassungsgeschichte*, 1, pp. 580-582) fu sottoscritta dal presidente dei ministri prussiano Manteuffel e dal cancelliere austriaco, il principe Felix von Schwarzenberg, nella cittadina della Moravia (Mähren) con la mediazione russa. Con essa la Prussia si impegnava a ritirare le sue truppe dal Kurhessen e dall'Holstein, in cui era intervenuta militarmente rischiando uno scontro frontale con le truppe del *Deutscher Bund* guidate dall'Austria. Con questo trattato la Prussia rinunciò definitivamente ai suoi progetti di arrivare alla *Deutsche Union* attraverso l'*Erfurter Union* (un patto stretto con il Regno di Sassonia e di Hannover, e a cui si erano

Bundesversammlung del 20 settembre 1851, di voler considerare come «non avvenuta» l'inclusione dell'Ost- e Westpreussen e di parti del granducato di Posen nel territorio del *Deutscher Bund*[16], con lo scopo e il risultato di fondare sul doppio *status* del suo territorio l'identità di una potenza sia tedesca sia europea[17]. Il promesso rispetto di speciali diritti di autonomia riconosciuti al granducato di Posen al momento dell'incorporazione nella monarchia nel 1848, non si tradussero in atti concreti.

La consistenza territoriale della monarchia prussiana, una delle cinque grandi potenze (*Großmächte*) del sistema europeo degli Stati dell'epoca[18], che nel 1850 si estendeva per 5.117,67 miglia quadrate[19] e che dopo le annessioni territoriali del 1866 si estenderà per complessive 6.392,71 miglia quadrate[20], mutò ben poco durante il regno di Federico Guglielmo IV (7 giugno 1840 - 2 gennaio 1861).

Nel 1849-1850 entrarono a far parte del Regno di Prussia i due piccoli principati di Hohenzollern-Hechingen e di Hohenzollern-Sigmaringen, i cui regnanti si decisero a darsi alla Prussia sull'onda dei moti rivoluzionari che avevano investito gli stati tedesco-meridionali del Baden e del Württemberg con cui confinavano, e dove risiedevano all'epoca rispetti-

uniti altri 27 Stati), eretta sulla base della costituzione di Erfurt che molto doveva alla progressista costituzione di Francoforte mai entrata in vigore; in merito H. ZOEPFL, *Grundsätze des allgemeinen und deutschen Staatsrechts, mit besonderer Rücksicht auf die neuesten Zeitverhältnisse*, Erster Teil, pp. 491-498; L. VON RÖNNE, *Das Staatsrecht der preussischen Monarchie*, 1856-1863, I (1856), pp. 696 ss. e in particolare pp. 706-708, 712-713 («Das Verhältnis Preussens zum Deutschen Bunde»). Tra le ultime pubblicazioni sull'argomento A. KAERNBACH, *Preußen, Olmütz und die deutsche Frage* e K.-J. BREMM, *Olmützer Punktation – Diplomatischer Sieg Wiens über Berlin*.

16 L. VON RÖNNE, *Das Staatsrecht der Preußischen Monarchie*, 1864-1865², I.2 (1864), pp. 549-550, n. 3.

17 *Ibidem*, p. 550.

18 F.W. VON ROHRSCHEIDT (ed), *Preußen's Staatsverträge*, p. 9.

19 L. VON RÖNNE, *Das Staatsrecht der preußischen Monarchie*, 1856-1863, I (1856), p. 51.

20 L. VON RÖNNE, *Das Staatsrecht der preußischen Monarchie*, 1869-1872³, I.1 (1869), p. 60.

vamente 20.471 e 45.790 abitanti[21]. L'annessione avvenne in cambio del versamento di una rendita vitalizia annua e ereditaria rispettivamente di 10.000 *Thaler* (fiorini) al principe di Hohenzollern-Hechingen e di 25.000 *Thaler* al principe di Hohenzollern-Sigmaringen[22]. I territori dei due principati andarono a formare insieme un *Regierungsbezirk* prussiano, quello di Sigmaringen, assegnato alla Rheinprovinz[23]. Con la loro annessione, si disse in seguito, la Prussia mise «per la prima volta il piede nel profondo Sud della Germania»[24].

Nel 1850 divenne interamente prussiana la città di Lippstadt (5.000 abitanti), per concessione del principato di Lippe-Detmold, facente parte, come la Prussia, della Confederazione germanica. Attraverso un trattato del 20 luglio 1853, poi ratificato dalle Camere in seduta segreta, entrò a far parte dello Stato prussiano anche il cosiddetto Jadegebiet, in cui verrà eretto il grande porto militare di Wilhelmshaven, e che fu ceduto dall'Oldenburg alla Prussia in cambio di protezione militare da eventuali attacchi provenienti dalla costa del Mare del Nord, per farne un porto bellico e una sede della marina prussiana[25]. Nel 1857 fu invece la Prussia a dover rinunciare definitivamente a favore della Confederazione svizzera (*schweizerische Eidgenossenschaft*) ai residui diritti che vantava sullo stato di Neuchâtel, disciolto già nel 1848 e ormai cantone svizzero con il nome di Neuenburg[26].

21 H.F. Jacobson, *Der preußische Staat*, p. 63.

22 L. von Rönne, *Das Staatsrecht der preußischen Monarchie*, 1869-1872^3, I.1 (1869), p. 53, n. 2.

23 Cfr. M. Kuhn-Rehfus, *Die Integration Hohenzollerns in Preussen*; E. Gönner, *Die Revolution von 1848/49 in den hohenzollerischen Fürstentümern und deren Anschluß an Preussen*; B. Holtz (ed), *Die Protokolle des Preußischen Staatsministeriums 1817-1934/38*, 4/1, p. 113.

24 Così il commissario prussiano, il barone Adolf von Spiegel, nominato per prendere possesso dei due principati nel marzo 1850 (cfr. M. Kuhn-Rehfus, *Die Integration Hohenzollerns*, p. 306).

25 L. von Rönne, *Das Staatsrecht der preußischen Monarchie*, 1869-1872^3, I.1 (1869), p. 53.

26 *Ibidem*, p. 54. Sugli «unmittelbaren Gebiete der Krone Preussen»: il principato (*Fürstentum*) di Neuenburg (Neuchâtel e la contea [*Grafschaft*]

Ben più ingenti e importanti delle modifiche territoriali dello Stato prussiano sotto il regno di Federico Guglielmo IV furono quelle intervenute sotto Guglielmo I in seguito alla guerra del 1866 a cui si è già fatto cenno. Con il cosiddetto *Annexionsgesetz* del 20 settembre 1866, furono uniti alla Prussia:

1) il regno di Hannover (circa 2 milioni di persone), che si era schierato dalla parte dell'Austria, fu ceduto dal re Giorgio V in cambio di una compensazione di 16 milioni di talleri, che tuttavia entrarono a far parte del fedecommesso inalienabile della casa regnante di Braunschweig-Lüneburg[27]. Passarono così alla Prussia i principati di Göttingen e Lüneburg, il ducato di Bremen, il principato di Osnabrück, Hildesheim e l'Ostfriesland, la città imperiale di Goslar, e molti territori di ex immediati dell'Impero (*Reichsunmittelbaren*)[28]; 2) l'Assia Elettorale (Kurhessen) (745.063 abitanti)[29]. Il granducato dell'Assia (*Großherzogtum* Hessen), invece, non fu annesso alla Prussia, ma con il trattato del 3 settembre 1866 dovette scambiare con questa alcuni territori e lasciare che la provincia dell'Oberhessen entrasse nella Confederazione della Germania del Nord (*Norddeutscher Bund*, NDB) e che Mainz perdesse il suo stato di fortezza della Confederazione germanica (*Bundesfestung*); 3) il ducato di Nassau (465.636 abitanti), che andò a far parte del nuovo *Regierungsbezirk* di Wiesbaden all'interno della nuova provincia Hessen-Nassau[30]; 4) la città libera di

Valangin), i territori degli Hohenzollern, lo Jadegebiet, il ducato (*Herzogtum*) di Lauenburg, il *Condominium* Neutral-Moresnet, si veda W. HUBATSCH (ed), *Grundriss zur deutschen Verwaltungsgeschichte 1815-1945*, Reihe A: *Preußen*, Bd. 12: *Teil B*, pp. 170-274. Sul principato dei Neuenburg, la rivoluzione qui esplosa nel 1848, e infine la rinuncia ad esso da parte della Prussia nel 1857, si veda E.R. HUBER, *Deutsche Verfassungsgeschichte*, 3, pp. 248 ss., 253.

27 R. SABALLECK (ed), *Hannovers Übergang vom Königreich zur preussischen Provinz 1866*; H. BARMEYER, *Hannovers Eingliederung in den preussischen Staat.*

28 L. VON RÖNNE, *Das Staatsrecht der preußischen Monarchie*, 1869-1872^3, I.1 (1869), p. 54, n. 4. Sulle casate una volta immediate dell'Impero cfr. *infra*, cap. 4 «Diritti».

29 Cfr. I.A. BURMEISTER, *Annexion, politische Integration und regionale Nationsbildung.*

30 A. ANDERHUB, *Der Weg vom Herzogtum Nassau zum preussischen Regierungsbezirk Wiesbaden.*

Francoforte sul Meno (77.342 abitanti nel 1864), che pure rientrò nella provincia di Hessen-Nassau e che nel maggio del 1867 fu posta sotto l'ordinamento comunale cittadino (*revidierte preussische Gemeindeordnung*) del 1853[31], perdendo così il suo *status* particolare di città imperiale (*Kaiserstadt*)[32]; infine, 5) con legge del 24 dicembre 1866 furono incorporati alla Prussia, andando più tardi a costituire un'unica provincia prussiana con capitale Schleswig, i ducati dell'Holstein e dello Schleswig, su cui invece sin qui, secondo la pace di Vienna firmata con il re Cristiano IX di Danimarca il 30 ottobre 1864 (art. III), e la *Gasteiner Konvention* dell'agosto 1865, avevano esercitato pari diritti (il cosiddetto *Kondominium*) il re di Prussia e l'imperatore d'Austria[33]. Quest'ultimo infatti, sia nei preliminari della pace di Nikolsburg del 26 luglio 1866, sia nella pace di Praga del successivo 23 agosto, fu costretto a cedere tutti i diritti acquisiti nel 1864 sui due ducati al re di Prussia, che, dal canto suo, il 14 giugno 1866 era già uscito con atto unilaterale dal *Deutscher Bund* contrariamente a quanto previsto dall'art. 1 degli Atti della Confederazione germanica (*Deutsche Bundes-Akte* dell'8 guigno 1815) che non consentiva uscite unilaterali. Il referendum chiesto dalla Francia, affinché si interrogassero i territori settentrionali dello Schleswig sulla loro volontà di essere annessi alla Prussia, non si tenne[34]. La protesta silenziosa della popolazione annessa, anche contro l'immediata introduzione del servizio militare obbligatorio di tre anni, si espresse non di rado con l'emigrazione verso il Nord America e l'opzione a favore della Danimarca[35].

Con la legge del 24 dicembre 1866 furono incorporati anche alcuni piccoli territori del regno di Baviera (l'*Enklave* di

[31] Cfr. in merito *infra*, cap. 5 «Amministrazione».

[32] W.-A. KROPAT, *Frankfurt zwischen Provinzialismus und Nationalismus*; P. KLUKE, *Die Integration der freien Stadt Frankfurt in das Königreich Preußen*; W. KLÖTZER, *Frankfurt am Main von der Französischen Revolution bis zur preußischen Okkupation 1789-1866*.

[33] Cfr. K. JÜRGENSEN, *Die Eingliederung der Herzogtümer Schleswig, Holstein und Lauenburg in das preussische Königreich*.

[34] *Ibidem*, p. 340.

[35] *Ibidem*, p. 341.

Kaulsdorf, posta tra Saalfeld e il *Kreis* di Ziegenrück) e del granducato dell'Assia (la *Landgrafschaft* Hessen-Homburg, l'*Hessisches Hinterland* e alcune parti del *Landkreis* di Gießen). In seguito alla sua sfortunata partecipazione a fianco dell'Austria alla guerra del 1866 il granduca dell'Assia dovette lasciare che la provincia dell'Oberhessen, adagiata a nord del Meno, entrasse a far parte del NDB[36], ricevendo però dalla Prussia alcuni piccoli territori sin qui appartenuti all'Assia Elettorale. Con il trattato del 18 luglio 1867 entrò a far farte della Prussia anche il principato di Waldeck e Pyrmont, che nel 1864 contava 59.143 abitanti, mantenendo tuttavia una propria amministrazione ecclesiastica. Non fu invece incorporato al territorio prussiano il ducato del Lauenburg, che la Corona di Prussia aveva acquisito nel 1865[37]; solo nel 1876 esso verrà a costituire un distretto della provincia prussiana dello Schleswig-Holstein.

Importante è però soprattutto che mentre prima della guerra cosiddetta «tedesca» (*Deutscher Krieg*) del 1866 la Prussia si componeva di due parti più grandi, una orientale e una occidentale, e di due altre parti molto piccole, i territori di Hohenzollern e lo Jadegebiet (due *Enklaven* rispettivamente del regno del Württemberg e del granducato dell'Oldenburg), nonché di altre *Enklaven* in altri stati vicini, dopo la guerra del 1866 il territorio dello Stato prussiano divenne un tutto unico e continuo, restandone fuori solo l'Hohenzollern e lo Jadegebiet. All'interno dei confini del territorio prussiano venivano invece ora a trovarsi molte *Enklaven* di paesi e territori stranieri (il ducato di Braunschweig, l'Oberhessen del granducato dell'Assia, il ducato di Anhalt, i principati di Lippe-Detmold, Waldeck, Schaumburg-Lippe, le città libere di Amburgo e Lubecca e altri piccoli territori), mentre fuori dai confini del regno di Prussia, come sue *Exklaven* all'interno del territorio di stati stranieri, venivano a trovarsi, oltre ai due territori degli Hohenzollern e dello Jadegebiet, molti altri piccoli territori nel Mecklenburg, nel Braunschweig, nell'Anhalt, in Sachsen-

[36] M.H.W. Köhler - Ch. Dipper (edd), *Einheit vor Freiheit?*.

[37] L. von Rönne, *Das Staatsrecht der preußischen Monarchie*, 1869-1872^3, I.1 (1869), p. 57.

Altenburg, Sachsen-Meiningen e Sachsen-Gotha, nonché il *Kreis* di Ziegenrück e infine la città di Lügde con il suo territorio[38].

La popolazione della Prussia nel ventennio considerato crebbe costantemente: nel 1849 contava 16.296.483 abitanti, nel 1858 17.672.609[39] e al 3 dicembre 1867 24.061.210[40]. Dei 18.491.220 abitanti risultanti al censimento del 3 dicembre 1861 oltre 400.000 risiedevano nella capitale Berlino[41], che nel 1871 ne conterà oltre 800.000[42]. Tra le province quasi «interamente abitate da popolazione tedesca», nel senso che «in esse meno dell'1% della popolazione era non tedesca», e cioè slava, c'erano: la Rheinprovinz (ad eccezione dei *Regierungsbezirke* di Aachen e Malmedy dove risiedeva una minoranza vallone), Westphalen, Sachsen, Brandenburg (con l'eccezione del Niederlausitz dove c'era una comunità di Wenden), Pommern. Schlesien si discostava da queste cinque province nella misura in cui era abitata in percentuale maggiore da popolazioni non tedesche, seppure solo per meno di 1/4 della sua popolazione. Nelle province di Preußen e di Posen la popolazione non tedesca ammontava invece rispettivamente a poco meno di 1/3 e a oltre la metà[43]. Nel complesso, circa i 3/4 della popolazione erano tedeschi per lingua e etnia, ma sul territorio prussiano erano presenti anche circa 4,5 milioni di slavi, tra i quali si segnalava soprattutto la consistente minoranza dei polacchi. Questi ultimi si trovavano soprattutto nel granducato di Posen, nella provincia di Preußen a ovest del fiume Weichsel con l'eccezione del *Land-* e *Stadtkreis* di Danzig, a oriente

[38] *Ibidem*, p. 59.

[39] Cfr. E. ENGEL, *Das Anwachsen der Bevölkerung im preussischen Staate seit 1816*, p. 25; A. KRAUS (ed), *Quellen zur Bevölkerungsstatistik Deutschlands 1815-1875*.

[40] Cfr. L. VON RÖNNE, *Das Staatsrecht der preußischen Monarchie*, 1869-1872[3], I.1 (1869), p. 60 (che si basa sui dati della «Zeitschrift des Koeniglich Preussischen Statistischen Bureaus», 1868, pp. 244 ss.).

[41] W. RIBBE, *Berlin als brandenburgisch-preußische Residenz und Hauptstadt Preußens und des Reiches*, p. 1032.

[42] *Ibidem*, p. 1047.

[43] E. KELLER, *Der preußische Staat*, I, p. 258.

del fiume Weichsel nei *Kreise* di Marienwerder, Rosenberg, Graudenz, Löbau, Culm, Strasburg, Thorn, nei *Kreise* di Allenstein e Rössel dell'Ermeland, e inoltre nei *Kreise* di Osterburg, Neidenburg, Osterode e nelle parti meridionali del *Regierungsbezirk* di Gumbinnen[44].

Nella provincia di Preußen nel 1861 coloro che avevano il polacco come lingua madre (*masurisch* o *kassubisch*) erano, secondo i dati riportati da Eduard Keller, 690.441, mentre nell'intera provincia di Posen, che era stata territorio polacco e dove i polacchi erano ancora in maggioranza, furono registrate nel 1852 700.000 persone parlanti solo il polacco. Nella provincia di Posen però il numero delle persone di nazionalità polacca era di sicuro maggiore, perché molti polacchi erano in grado di parlare sia polacco sia tedesco. Ad ogni modo nel 1858 in tutta la provincia risultavano 783.692 parlanti il polacco e 620.936 parlanti il tedesco; nel 1861 risultavano essere 666.083 i membri di famiglie che si servivano del tedesco come lingua familiare, e 801.372 quelli che si servivano del polacco entro le mura domestiche. Per individuare i polacchi con sicurezza al di là della lingua, un altro criterio era rappresentato dalla religione, dato che quasi tutti i polacchi erano cattolici e quasi tutti i tedeschi evangelici[45]. Oltre che nelle province di Preußen e di Posen, i polacchi erano numerosi anche in Schlesien. Qui, nel 1861 furono registrati 2.539.094 membri di famiglie parlanti tedesco, a fronte di 719.365 membri di famiglie parlanti il polacco come lingua madre. Data tuttavia la difficoltà di assumere la lingua come unico discrimine per riconoscere la nazionalità polacca, e fatto salvo che i polacchi delle due province di Schlesien e di Preußen erano assai più integrati di quelli della provincia di Posen per motivi storici, alla fine Eduard Keller arrivò a contare nella provincia di Preußen 600.000 polacchi (21,17%), in quella di Posen 857.000 (58,44%), in quella di Schlesien 700.000 (20,89%); nel complesso 2.157.000 polacchi, cioè l'11,84% della popolazione del Regno[46].

44 *Ibidem*, p. 266.

45 *Ibidem*, p. 267.

46 *Ibidem*, pp. 268-269.

Tra i parlanti polacco c'erano anche delle altre minoranze slave, come i *Masuren*, circa 450.000 persone, che però si erano molto avvicinate culturalmente ai tedeschi; concentrati in alcuni *Kreise* dei *Regierungsbezirke* di Gumbinnen e di Königsberg, parlavano un polacco linguisticamente molto corrotto e praticavano per lo più la religione evangelica[47]. Dagli antichi polacchi (*Lechen*) discendeva poi anche la minoranza dei *Cassuben* (o anche *Kaschuben*) che, concentrati nei *Kreise* orientali del *Regierungsbezirk* di Cöslin e in alcuni *Kreise* del *Regierungsbezirk* di Danzig, abitavano le terre più povere della Pomerania e della Prussia occidentale; nel 1852 ammontavano a 81.500 all'interno del *Regierungsbezirk* di Danzica, e verso la metà degli anni Sessanta ammontavano complessivamente all'incirca a 90.000 persone. Di un'altra minoranza ancora, quella dei cechi o boemi (*Czechen* o *Böhmen*) si trovavano singole colonie nei *Regierungsbezirke* di Breslau (che insieme al *Regierungsbezirk* di Liegnitz formava il Niederschlesien) e di Oppeln (Oberschlesien); essi abbracciavano il credo *reformiert*, ma erano in tutto lo Stato solo 6.100. C'erano infine i moravi (*Mähren*) che dalla *Regierung* di Oppeln furono calcolati essere 47.868 persone[48]. Un'ulteriore minoranza erano poi i *Lithauen* o *Letten*, probabilmente anche di origine slava, ai quali appartenevano forse gli abitanti originari della Prussia, i *Pruzzen*, ben presto germanizzati. I lituani erano presenti solo nel *Kreis* di Memel, nelle parti orientali del *Kreis* di Labiau, nel *Regierungsbezirk* di Königsberg e in altri *Kreise* (Heidekrug, Niederung, Stallüponen, Gumbinnen, Insterburg) del *Regierungsbezirk* di Gumbinnen. Essi ammontavano nel 1852 a sole 150.000 persone circa; nel 1861 il lituano risultava parlato solo da 136.990 persone nella provincia di Preußen; i lituani erano tutti evangelici[49]. Un'altra minoranza ancora erano i valloni, che discendevano dagli antichi belgi gallici, abitavano nel *Regierungsbezirk* di Aachen e in particolare nel *Kreis* di Malmedy; essi parlavano un dialetto popolare francese

[47] *Ibidem*, p. 269.

[48] *Ibidem*, p. 271.

[49] *Ibidem*, p. 272.

che però non esisteva come lingua scritta; nel 1861 risultarono utilizzare il vallone come lingua madre circa 10.729 persone[50].

Un'importante minoranza religiosa era rappresentata dagli ebrei (*Juden*), che nel 1852 rappresentavano l'1,34 % (226.868 persone) di tutta la popolazione prussiana, e nel 1861 l'1,38% (254.785)[51]. Il loro numero, infatti, dal 1837 era andato progressivamente aumentando soprattutto nella provincia di Brandenburg e nei *Regierungsbezirke* di Gumbinnen e Königsberg, mentre era andato diminuendo nella provincia e nel distretto governativo (*Regierungsbezirk*) di Posen. Nella provincia di Brandenburg gli ebrei erano concentrati soprattutto a Berlino dove negli anni tra il 1852 e il 1861 passarono da 11.867 a 18.953, e cioè dal 2,70% al 3,46% della popolazione. Nel 1861 circa 1/3 (29,19%) di tutti gli ebrei abitava nella provincia di Posen; 50.092 *Juden*, cioè il 19,66% di tutti gli ebrei viveva nel distretto governativo omonimo, e questo forse anche per motivi storici, dato che i polacchi avevano sempre tollerato gli ebrei. La maggior parte di essi si trovava perciò nei territori già polacchi e cioè Posen, Westpreußen e nei distretti governativi di Oppeln, Breslau, Cöslin e Stettin, mentre se ne trovavano pochi in Sachsen. Oltre il 79% degli ebrei viveva nelle città e circa il 49% di essi viveva di commercio[52].

50 *Ibidem*, p. 274; qui anche un prospetto generale riassuntivo delle minoranze linguistiche rilevate in Prussia nel 1861.

51 *Ibidem*, p. 292. Precede la tabella sulla consistenza della minoranza etnica e religiosa degli ebrei una lunga trattazione della legislazione che li riguardava che si spinge sino al 1848 e ai provvedimenti assunti nei loro confronti dai vari ministri della Nuova Era (si veda in merito *infra*, cap. 4 «Diritti»).

52 E. KELLER, *Der preußische Staat*, I, pp. 294-295, 297. Sulle minoranze etniche, linguistiche e religiose presenti in Prussia si veda anche L. VON RÖNNE, *Das Staatsrecht der preußischen Monarchie*, 1856-1863, I (1856), p. 52; U. FUHRICH-GRUBERT, *Minoritäten in Preußen*; più di recente L. BELZYT, *Sprachliche Minderheiten im preußischen Staat*; K. ZERNACH, *Polen in der Geschichte Preußens*; W. MOLIK, *Die preußische Polenpolitik im 19. und zu Beginn des 20. Jahrhunderts.*

Capitolo secondo

La struttura costituzionale dello Stato centrale

Tra le istituzioni statali di livello centrale preesistenti alla *konstitutionelle Verfassung* del 31 gennaio 1850 e da questa modificate solo in parte nella loro fisionomia, vi era anzitutto il monarca. Questi, in continuità con l'epoca precostituzionale e nel rispetto dell'art. 57 dell'Atto finale del Congresso di Vienna (*Wiener Schlußakte*, WSA) del 15 maggio 1820, rappresentava il capo dello Stato (*Oberhaupt des Staats*)[1].

Il ruolo e i poteri del re nella costituzione riveduta (*revidierte Verfassung*) del 31 gennaio 1850 erano quasi uguali a quelli riconosciutigli nella monarchia costituzionale disegnata dalla costituzione concessa dallo stesso monarca (*oktroyierte Verfassung*) il 5 dicembre 1848[2]. A incarnare la nuova figura di

[1] Sul monarca di epoca costituzionale in Prussia-Germania e in altri stati europei ottocenteschi vedi ora V. SELLIN, *Gewalt und Legitimität*, dove si sottolinea la forza legittimante della concessione costituzionale da parte del sovrano in un momento di pericolo per la stessa sopravvivenza dell'istituzione monarchica. Sul cosiddetto principio monarchico si veda anche, dello stesso autore, *Die Erfindung des monarchischen Prinzips*.

[2] Cfr. Tit. III [artt. 41-57], «Vom Königen», della *Verfassungsurkunde für den Preussischen Staat. Vom 5. Dezember 1848* [cosiddetta *oktroyierte Verfassung*], in «Gesetz-Sammlung für die Königlichen Preußischen Staaten», Berlin (d'ora in poi «GS»), 1848, Nr. 3065, pp. 375-391 (ripubblicata anche in E.R. HUBER [ed], *Dokumente zur deutschen Verfassungsgeschichte*, 1, pp. 483-493) e Tit. III [artt. 43-59], «Vom Königen», della *Verfassungsurkunde für den Preussischen Staat. Vom 31. Januar 1850* [cosiddetta *revidierte Verfassung*], in «GS», 1850, Nr. 3212, pp. 17-35 (ripubblicata anche in E.R. HUBER [ed], *Dokumente zur deutschen Verfassungsgeschichte*, 1, pp. 501-514). Da qui si citerà da ora in poi ad ogni rinvio alla lettera delle due costituzioni; in presenza di richiami a singoli articoli costituzionali senza ulteriore specificazione, il riferimento è alla costituzione del 1850, rimasta in vigore sino al 1918.

monarca costituzionale delineata nella costituzione del 1850 era lo stesso Federico Guglielmo IV che aveva governato sin qui in modo pressoché assoluto, con il solo limite delle istituzioni rappresentative di carattere neocetuale dei *Provinziallandtagen*, aventi péraltro solo potere consultivo, nonché della prima e seconda dieta unificata (*Vereinigter Landtag*) del 1847 e 1848, scaturite dall'unificazione delle diete provinciali. Gli succederà suo fratello, in qualità di reggente dall'8 ottobre 1858 e incoronato re come Guglielmo I il 2 gennaio 1861, che resterà sul trono sino al 9 marzo 1888[3]. A partire dal 1867 il re di Prussia sarà anche il capo della Confederazione della Germania del Nord assumendone il cosiddetto *Bundespräsidium*[4].

In continuità con l'epoca precostituzionale il monarca prussiano di epoca costituzionale era titolare in via esclusiva del potere esecutivo. In quanto tale a lui spettava la nomina dei ministri, la promulgazione delle leggi e l'emanazione delle ordinanze (*Verordnungen*) necessarie a dar loro attuazione (art. 45 cost. 1850). Anche in epoca costituzionale il re, la cui persona era detta inviolabile (*unverletzlich*) dalla costituzione (art. 43), esercitava il comando supremo (*Oberbefehl*) sull'esercito (art. 46), nominava agli impieghi in tutte le branche dell'amministrazione pubblica (*Staatsdienst*) (art. 47), dichiarava la guerra e concludeva la pace, concedeva la grazia e riduceva la pena (art. 49), in politica estera stringeva alleanze e firmava trattati, salvo tuttavia avere bisogno del consenso delle Camere in caso di accordi commerciali o di trattati che imponessero oneri finanziari alle casse dello Stato (art. 48).

La limitazione più rilevante posta al monarca dalla nuova *konstitutionelle Verfassung* del 1850, in netta discontinuità sta-

[3] Federico Guglielmo IV governò effettivamente solo sino al 1858, quando, a causa della sua malattia mentale, assunse la reggenza il fratello Guglielmo (cfr. F.-L. KROLL [ed], *Preußens Herrscher*; P. KRÜGER - J. SCHOEPS - I. DIEKMANN (edd), *Der verkannte Monarch*; D.E. BARCLAY, *Anarchie und guter Wille*; F.-L. KROLL, *Friedrich Wilhelm IV. und das Staatsdenken der deutschen Romantik*; W. NEUGEBAUER, *Die Hohenzollern*, 2; O. BÜSCH (ed), *Friedrich Wilhelm IV in seiner Zeit*; D. BLASIUS, *Friedrich Wilhelm IV. 1795-1861*; dello stesso autore, *Grundfragen einer historischen Biographie*; K.-H. BÖRNER, *Prinz Wilhelm von Preußen über die Berliner Märzrevolution 1848*.

[4] E.R. HUBER, *Deutsche Verfassungsgeschichte*, 3, p. 657.

volta con il periodo precostituzionale, era quella concernente l'esercizio del potere legislativo[5]. Il monarca prussiano, infatti, era tenuto a esercitarlo solo in collaborazione con le due Camere rappresentative (art. 62) del *Landtag*. Esse, dette *Erste* e *Zweite Kammer* sino alla legge del 30 maggio 1855, da questo momento in poi assunsero la denominazione rispettivamente di *Herrenhaus* (HH) e *Haus der Abgeordneten* (AH) in adeguamento alle modifiche nel frattempo intervenute a fare della prima una camera di sola nomina regia, lasciando la seconda come unica camera elettiva[6]. Solo con il consenso di tutti e tre i fattori della legislazione (il re e le due Camere) poteva essere approvata ogni legge dello Stato, e così pure ogni legge finanziaria in genere e di bilancio in particolare, quest'ultima di cadenza necessariamente annuale (art. 99)[7]. Al potere di veto assoluto di ognuna delle due Camere corrispondeva quello altrettanto assoluto del re, che aveva anche il potere di aggiornare le Camere, per un periodo tuttavia non superiore ai 30 giorni senza il loro consenso (art. 52), e di sciogliere la Camera dei deputati, con l'obbligo però di indire nuove elezioni entro 60 giorni e di riconvocarla entro 90 (art. 51). Il re disponeva in Prussia anche del potere eccezionale di emanare ordinanze d'emergenza (*Notverordnungen*), qualora la straordinarietà della situazione a suo avviso lo consigliasse, ma solo quando le Camere non fossero riunite e sotto la responsabilità di tutto lo *Staatsministerium* (art. 63). Per questa

[5] R. GRAWERT, *Gesetzgebung im Wirkungszusammenhang konstitutioneller Regierung*; dello stesso autore voce *Gesetz*; E.R. HUBER, *Deutsche Verfassungsgeschichte*, 3; E.-W. BÖCKENFÖRDE, *Gesetz und gesetzgebende Gewalt*; H. BOLDT, *Deutsche Verfassungsgeschichte*, 2.

[6] Cfr. *Gesetz, betreffend die Abänderung der Verfassungs-Urkunde vom 31. Januar 1850, in Ansehung der Benennung der Kammern und der Beschlußfähigkeit der Ersten Kammer. Vom 30. Mai 1855*, in «GS», 1855, Nr. 4225, p. 536.

[7] Cfr. K.H. FRIAUF, *Der Staatshaushaltsplan im Spannungsfeld zwischen Parlament und Regierung*, pp. 45, 66, 76 ss. sul bilancio in forma di legge, p. 78 sulla necessaria periodicità annuale della fissazione del bilancio in Prussia; E. HAHNDORFF, *Das Budgetrecht in den Verhandlungen des Preussischen Landtags*; F.J. STAHL, voce *Budget*. Sul ritardo con cui in genere vennero approvate le leggi di bilancio, quando ormai era già iniziato l'anno finanziario, si veda *infra*, cap. 11 «Finanze».

via rientrò dalla finestra ciò che la costituzione aveva fatto uscire dalla porta con l'art. 62, e cioè *l'autonomes königliches Verordnungsrecht*, vale a dire il potere monarchico di emanare, sotto forma di decreto unilaterale e sotto differenti denominazioni (ordinanza [*Verordnung*], ordinanza straordinaria o d'emergenza [*Notverordnung*], decreto regio [*Allerhöchst Erlass*], ordine di gabinetto [*Kabinetsordre*], risoluzione ministeriale o governativa [*Staatsministerialbeschluss*]), norme giuridiche con forza di legge. Il monarca prussiano se ne servì largamente per porre termine alla rivoluzione, ristabilire principi di organizzazione dello Stato e/o istituzioni di epoca precostituzionale, addirittura per modificare la costituzione e per porre su basi più accettabili la formazione (*Bildung*) delle nuove Camere rappresentative.

Altra istituzione centrale del nuovo Stato costituzionale era lo *Staatsministerium*, una sorta di Consiglio dei ministri che già esisteva in epoca precostituzionale[8], ma che assumerà particolare rilevanza in epoca (monarchico-)costituzionale insieme alla figura del suo presidente (*Ministerpräsident*)[9]. Sia di quest'ultimo, sia del collegio da lui guidato, si faceva nessuna o, rispettivamente, rara menzione nel testo costituzionale[10], lasciando trapelare la preferenza del re a relazionarsi individualmente con i ministri (come fossero solo suoi consiglieri personali [*Ratgeber*]), anziché con il collegio che li riuniva periodicamente. Significativamente, un titolo a sé della costituzione del 1850 era invece dedicato ai (singoli) ministri (titolo IV. *Von den Ministern*, artt. 60-61). In particolare Federico

[8] In particolare dalla *Kabinettsordre* del 3 novembre 1817, il momento a partire da cui si trovano i protocolli delle sue sedute (cfr. B. HOLTZ [ed], *Die Protokolle des Preussischen Staatsministeriums 1817-1934/38*, 4/1, p. 3); sullo *Staatsministerium* cfr. anche da ultimo il volume di E. WERNER, *Die Märzministerien*, e H. BRUNCK, *Bismarck und das Preussische Staatsministerium*, a cui si rinvia per l'indicazione della bibliografia più risalente otto- e novecentesca (O. Hintze, H.O. Meisner, F. Hartung, W. Hubatsch, G. Grünthal).

[9] Cfr. B. HOLTZ (ed), *Die Protokolle des Preussischen Staatsministeriums.1817-1934/38*, 4/1, pp. III, 4.

[10] Così R. PAETAU (ed), *Die Protokolle des Preußischen Staatsministeriums 1817-1934/38*, 5, p. 24, n. 113.

Guglielmo IV si distinse per una pervicace azione di stimolo delle divisioni tra i suoi ministri[11], e questo tanto più perché, per un consulto politico, poteva contare anche sulla cosiddetta *Kamarilla*, in pratica un gabinetto ombra (*Schattenkabinett*) che aveva nei fratelli Leopold e Ludwig von Gerlach gli esponenti più eminenti[12]. Su un tale governo ombra non volle contare invece Guglielmo I, che si mise ben presto nelle mani di Bismarck, allontanando così anche lo spettro di un governo debole e in balia delle lotte intestine[13].

I ministri, responsabili politicamente solo di fronte al re che li aveva nominati, avevano accesso alle Camere e potevano venirvi eletti (art. 60), anche se ciò mai fu interpretato all'epoca come un'apertura della costituzione all'evoluzione del sistema politico dalla monarchia costituzionale al moderno governo parlamentare, a differenza di quanto fa comunemente la storiografia politico-costituzionale odierna. Essi potevano essere posti in stato d'accusa da una delle due Camere secondo l'art. 61 della costituzione. A questo articolo però non verrà data attuazione nel punto in cui rinviava ad una legge futura per la specificazione concreta dei «Fälle der Verantwortlichkeit», del «Verfahren» da seguire, e delle «Strafen» eventualmente da comminare ai ministri resisi colpevoli di «Verfassungsverletzung [violazione della costituzione], ... Bestechung ... [corruzione], ... Verrath [tradimento]». La promessa dell'art. 61 non verrà sciolta per tutta la durata della fase monarchico-costituzionale e cioè sino al 1918, rendendo così impossibile non solo il perseguimento della responsabilità politica ma anche giuridica (civile o penale) dei ministri. E ciò nonostante il fatto che progetti di legge in questo senso fossero presentati più volte nel corso degli anni

[11] H. BRUNCK, *Bismarck und das Preussische Staatsministerium: 1862-1890*, p. 43.

[12] G. GRÜNTHAL, *Konstitutionalismus und konservative Politik*; dello stesso autore, *Bemerkungen zur Kamarilla Friedrich Wilhelm IV*; I. CERVELLI, *Liberalismo e conservatorismo in Prussia 1850-1858*; dello stesso autore, *Realismo politico e liberalismo moderato in Prussia*; F. HARTUNG, *Verantwortliche Regierung*.

[13] H. BRUNCK, *Bismarck und das Preussische Staatsministerium*, pp. 61 ss., 75 s.

Cinquanta (nel 1852, 1853, 1855) e poi di nuovo verso la fine della Nuova Era liberale (gennaio 1862)[14].

Lo *Staatsministerium*, l'organo chiamato a garantire l'unità dell'amministrazione dello Stato al di là della sua organizzazione funzionale in ministeri, e che assumeva il nome di *Kronrat* quando era presieduto personalmente dal re, si riuniva nelle residenze reali sotto la presidenza del *Ministerpräsident*. Il re prendeva parte di solito alle sedute dello *Staatsministerium*, talvolta ne dirigeva i lavori, ma presiedeva sempre personalmente i Consigli della Corona. Le riunioni dello *Staatsministerium* avevano luogo, più o meno regolarmente una volta alla settimana, nello *Stadtschloss* di Berlino, oppure, a partire dal 1848, al numero 74 della Wilhelmstrasse, dove aveva la sua dimora il *Ministerpräsident*[15]. Il titolare di questa carica, introdotta solo a partire dal 1848 e non prevista in costituzione, mutò spesso nell'epoca rivoluzionaria[16], rimase relativamente stabile dalla fine del 1850 al 1858[17], e mutò solo 3 volte nel periodo 1858-1870[18]. In quest'ultimo lasso di tempo, infatti, a capo dello *Staatsministerium* furono chiamati rispettivamente, prima

[14] Sul progetto di legge sulla responsabilità ministeriale (*Ministerverantwortlichkeitsgesetzentwurf*) del 9 marzo 1863 si veda E.R. HUBER, *Deutsche Verfassungsgeschichte*, 3, p. 312. Sulla mai emanata legge di responsabilità ministeriale anche in epoca imperiale G. JELLINEK, *Ein Gesetzentwurf betreffend die Verantwortlichkeit des Reichskanzlers und seiner Stellvertreter*.

[15] Cfr. B. HOLTZ (ed), *Die Protokolle des Preussischen Staatsministeriums*, 4/1, p. 44. Nel volume sono regestate sia le consultazioni dello *Staatsministerium* (*Staatsministerialberatungen*) sia quelle del *Kronrat (Kronratssitzungen)*, dove anche i ministri singolarmente potevano esprimere la loro opinione in replica a quella del monarca (*ibidem*, p. 35).

[16] *Ibidem*, p. 27. Sulla composizione dello *Staatsministerium* dal marzo 1848 al 6 novembre 1850 cfr. l'appendice (*Anhang*) al saggio di I. MIECK, *Preußen von 1807 bis 1850*, pp. 3-292, qui pp. 290-291.

[17] B. HOLTZ (ed), *Die Protokolle des Preussischen Staatsministeriums*, 4/2, p. 698; per i membri dello *Staatsministerium* prussiano degli anni Cinquanta sino al 27 ottobre 1858, cfr. *ibidem*, pp. 698-702. Sui *Ministerpräsidenten* prussiani cfr. anche W. HUBATSCH (ed), *Grundriss zur deutschen Verwaltungsgeschichte 1815-1945*, Reihe A: *Preußen*, Bd. 12: *Teil A*, p. 90.

[18] Cfr. R. PAETAU (ed), *Die Protokolle des Preussischen Staatsministeriums 1817-1934/38*, 5, pp. 421 ss.

il principe Karl Anton von Hohenzollern-Sigmaringen (fino al marzo 1862), poi, in coincidenza con l'inizio del conflitto costituzionale, il principe Adolf zu Hohenloe-Ingelfingen, rimasto in carica solo pochi mesi fino al settembre 1862, e, dopo di lui, infine, Bismarck, che conserverà la carica quasi ininterrottamente sino al marzo 1890. A partire dal 1858 e sino alla nomina di Bismarck tuttavia, 'di fatto' le funzioni di presidente dei ministri furono svolte prima da Rudolf von Auerswald, anche retribuito come *Ministerpräsident*, e poi dal ministro più anziano, il ministro delle Finanze August von der Heydt, anche evocato talvolta come «presidente facente funzione» (*stellvertretender Vorsitzender*), lasciando intravedere residue incertezze sui compiti e le competenze inscindibilmente connessi alla carica[19]. Bismarck, com'è noto, volle invece esercitare pienamente tutte le attribuzioni e tutto il potere che la sua figura istituzionale suggeriva, tanto da condizionare il monarca nel rimpasto (*Umbildung*) ministeriale del dicembre 1862[20]. Anche dal fatto che dal dicembre 1862 in poi gli riuscì sempre di esercitare una grande influenza sulla nomina degli altri ministri[21], si deduce che con Bismarck il presidente dei ministri (*Ministerpräsident*) fu effettivamente in grado di rappresentare una concreta limitazione del potere regio, oltre a quella costituita dalle due Camere[22]. Il rapporto tra il re e il suo *Ministerpräsident* era basato a tal punto sull'incondizionata fiducia, che al primo non riuscì nemmeno di vincolare Bismarck alla realizzazione di un programma politico ben definito, come invece aveva potuto fare con il governo della Nuova Era[23]. Dopo l'entrata in vigore della costituzione della Confederazione della Germania del Nord (*Verfassung des Norddeutschen Bundes*), il 14 luglio 1867, Bismarck, in quanto

[19] *Ibidem*, p. 25.

[20] H. BRUNCK, *Bismarck und das Preussische Staatsministerium*, pp. 93, 343 ss.

[21] *Ibidem*, p. 93.

[22] Sul modo in cui Bismarck interpretò concretamente il suo ruolo di *Ministerpräsident* cfr. C. BORNHAK (ed), *Bismarcks Staatsrecht*, pp. 124-132, in particolare p. 126.

[23] H. BRUNCK, *Bismarck und das Preussische Staatsministerium*, p. 93.

Ministerpräsident prussiano, fu anche nominato con decreto regio cancelliere federale (*Bundeskanzler*) del NDB[24].

Il protagonismo politico che distinse Bismarck non si può riscontrare invece negli altri politici che lo precedettero nel ruolo. Lo stesso Otto von Manteuffel, rimasto in carica per otto anni (fu *Ministerpräsident* dal 4 dicembre 1850 al 6 novembre 1858), si trovò costretto a far approvare l'«Ordine di gabinetto sulla posizione del presidente dei ministri in Prussia» dell'8 settembre 1852[25] per cercare di superare il rapporto diretto (*Vortragsrecht*) con il re di cui all'epoca ancora godevano i singoli ministri. Attraverso questo ordine di gabinetto (*Kabinettsordre*, KO), infatti, Manteuffel tentò di consolidare la propria preminenza sugli altri membri dello *Staaatsministerium* con un *surplus* di norme di diritto regolamentare positivo, di cui invece non sentirà alcun bisogno Bismarck.

Secondo il citato ordine di gabinetto il *Ministerpräsident* avrebbe dovuto essere informato di tutte «le misure amministrative di una certa importanza che già non necessi[tassero], secondo le norme vigenti, di una risoluzione dello *Staatsministerium*» («Über alle Verwaltungsmaßregeln von Wichtigkeit, die nicht schon nach den bestehenden Vorschriften einer vorgängigen Beschlußnahme des Staatsministeriums bedürfen»), e su ogni questione ciascun capodipartimento (*Departementschef*) era tenuto «ad accordarsi precedentemente con il presidente dei ministri» («sich vorher, mündlich oder schriftlich, mit dem Ministerpräsidenten zu verständigen», art. 1); nessun provvedimento amministrativo avrebbe potuto essere varato senza che questi ne fosse stato messo a conoscenza. Per questa via il presidente dei ministri, se certo non si

[24] Cfr. il *Königlicher Erlaß* del 14 luglio 1867, in «Bundesgesetzblatt des Norddeutschen Bundes», p. 23, cit. da R. PAETAU (ed), *Die Protokolle des Preussischen Staatsministeriums*, 6/1, p. 31; in merito cfr. anche E.R. HUBER, *Deutsche Verfassungsgeschichte*, 3, pp. 658 ss., 668.

[25] Per la *Kabinettsordre über die Stellung des Ministerpräsidenten in Preußen*, dell' 8 settembre 1852, cfr. H. VON POSCHINGER (ed), *Unter Friedrich Wilhelm IV.*, pp. 247 s., e E.R. HUBER (ed), *Dokumente zur deutschen Verfassungsgeschichte*, 2, p. 10. Sull'era Manteuffel (1850-1858), si veda H. SCHULZE, *Preußen von 1850 bis 1871*, pp. 309-314.

spingeva sino ad autoriconoscersi il potere di indirizzo politico (*Richtlinienkompetenz*), sperava perlomeno di essersi assicurato le precondizioni per essere in grado di perseguire con presa sicura e mano ferma il controllo capillare e «la necessaria omogeneità» dello *Staatsministerium*[26]. Era così anticipato e preparato l'affermarsi del *Kanzlerprinzip* caratteristico della presidenza Bismarck, e con lui consolidatosi ulteriormente, sia all'interno del *Norddeutschen Bund* che del *Reich*. Sotto Bismarck, alle sedute dello *Staatsministerium* vennero infatti sempre più sostituendosi i contatti personali, informali ma sempre più assidui, tra il re e il suo cancelliere[27].

Proprio a causa dell'affermarsi del *Ministerpräsident* e dello *Staatsministerium* come organi consultivi della Corona, dal 1848 in poi minore rilevanza politica rivestì invece il Consiglio di Stato (*Staatsrat*), la cui attività era stata interrotta dagli eventi quarantotteschi. La sua riattivazione, con decreto regio del 12 gennaio 1852, la nomina al suo vertice del *Ministerpräsident* Otto Theodor von Manteuffel, la sua riconvocazione nel periodo della reazione con *Ordre* del 27 giugno 1854[28], e, infine, la sua riapertura il 4 luglio 1854, furono stigmatizzate da più parti all'interno del *Landtag* (dal partito liberale moderato [*altliberale Partei*], dall'altrettanto moderata *Wochenblattpartei*, dal gruppo parlamentare dei cattolici [*katholische Fraktion*]) come «incostituzionali», dato che dello *Staatsrat* non si faceva menzione alcuna nella costituzione del 1850. Attraverso la *Kabinettsordre* del 25 maggio 1854 furono nominati 26 membri dello *Staatsrat* e fino al 1855 ne furono nominati altri 9. All'inizio del 1855 dello *Staatsrat* facevano parte, oltre ai principi della casa regnante, 14 membri

26 B. Holtz (ed), *Die Protokolle des Preussischen Staatsministeriums*, 4/1, p. 30. Cfr. inoltre H.O. Meisner, *Zur neueren Geschichte des preußischen Kabinetts*; F. Hartung, *Verantwortliche Regierung*.

27 Cfr. R. Paetau (ed), *Die Protokolle des Preussischen Staatsministeriums*, 6/1, p. 41.

28 Cfr. E.R. Huber, *Deutsche Verfassungsgeschichte*, 3, pp. 167 ss. Per una trattazione cronologicamente più precisa del tema, tuttavia, opportuno il rinvio a L. von Rönne, *Das Staatsrecht der preußischen Monarchie*, 1869-1872[3], II.1 (1871), pp. 62 ss., in particolare pp. 66-67.

in forza dell'ufficio ricoperto (tra di essi i *kommandierenden Generäle*[29] e i governatori delle province [*Oberpräsidenten*][30]) e altri 67 membri nominati dal re, di cui 30 riprendevano il loro posto dopo l'interruzione quarantottesca. Tra i membri nominati in base all'ufficio ricoperto c'erano anche tutti i ministri in carica. Nel nuovo collegio comparivano anche lo storico Leopold von Ranke, il filosofo del diritto Friedrich Julius Stahl, il *Generalpolizeidirektor* di Berlino Hinckeldey, il consigliere di gabinetto (*Kabinettsrat*) Niebuhr e l'allora inviato alla *Bundesversammlung* di Francoforte (*Bundesgesandte*) Otto von Bismarck. Nel breve periodo della sua esistenza di epoca costituzionale lo *Staatsrat* perse tuttavia il suo diritto di relazionarsi direttamente con il re (*Immediatstellung*), riducendosi di fatto ad un'istanza consultiva del governo, e più precisamente a organo subordinato del ministro dell'Interno (*Innenminister*), per il quale, sostanzialmente, svolgeva funzione consultiva[31]. A partire dal 1857, tuttavia, lo *Staatsrat* non verrà più convocato.

Per quanto riguarda le strutture di riferimento e gli ambiti di attività dei ministri, a partire dal 1848 i ministeri divennero 8. Ai 5 già esistenti dal 1810, e cioè il ministero della Giustizia (*Justizministerium*), dell'Interno (*Innenministerium* o *Ministerium des Innern*), delle Finanze (*Finanzministerium*), degli Esteri (*Ministerium der auswärtigen Angelegenheiten*), della Guerra (*Kriegsministerium*), e al sesto, il ministero degli Affari ecclesiastici, dell'Istruzione e della Sanità (*Ministerium der geistlichen, Unterrichts- und Medizinal-Angelegenheiten*) istituito nel 1817, se ne aggiunsero nel 1848 altri due. Senza contare infatti il ministero della Real Casa e della Famiglia Reale (*Ministerium des Königlichen Hauses und der Königlichen Familie*), organizzato come un ministero ma non effettivamente tale, occupandosi esso delle faccende private del re e della sua famiglia, nel 1848 i ministeri divennero 8, con l'istituzione del ministero per il Commercio, le Attività produttive e i Lavori

[29] Cfr. *infra*, cap. 7 «Esercito».

[30] Cfr. *infra*, cap. 5 «Amministrazione».

[31] W. HUBATSCH (ed), *Grundriss zur deutschen Verwaltungsgeschichte 1815-1945*, Reihe A: *Preußen*, Bd. 12: *Teil A*, pp. 81 e 83-84.

pubblici (*Ministerium für Handel, Gewerbe und öffentliche Arbeiten*), con decreto del 17 aprile 1848[32], e del ministero per l'Agricoltura, i Demani e le Foreste (*Ministerium für Landwirtschaft, Domänen und Forsten*), con decreto del 25 giugno 1848, il cui ambito di attività era rientrato sin qui in quello del ministero dell'Interno[33]. Con decreto supremo (*Allerhöchster Erlaß*) del 16 aprile 1861 fu istituito inoltre il ministero della Marina (*Marine-Ministerium*)[34], affidato dal re al ministro della Guerra (*Kriegsminister*) in carica.

Dopo che la rivoluzione del 1848 aveva portato allo sviluppo dell'istituzione del moderno *Staatsministerium* dal vecchio *Kabinettsministerium*, la seconda delle sue due divisioni (*Abteilungen*), quella che fungeva da segreteria del re (*Sekretariat des Königs für Büroaufgaben*), si autonomizzò come segreteria regia e insieme organo di consultazione altamente personale del monarca, assumendo il nome di Gabinetto civile (segreto) ([*Geheimes*] *Zivilkabinett*)[35], un'istituzione che si relazionava direttamente al re (*Immediatstellung*).

Durante gli anni Cinquanta anche l'importanza del *Zivilkabinett*, come del resto quella dello *Staatsministerium*, fu sensibilmente ridimensionata dalla presenza della già citata *Kamarilla*[36]. Quest'ultima si formò già nel marzo del 1848, secondo Fritz Hartung lo stesso 30 marzo, e cioè il giorno dopo la formazione del cosiddetto «governo del marzo» (*Märzministerium*) guidato dal liberale Ludolf Camphausen, come una sorta di controgoverno o di governo ombra. Essa raccoglieva gli amici più fidati del re, tra cui Leopold von

[32] A. von Wolzogen, *Preußens Staatsverwaltung mit Rücksicht auf seine Verfassung*, p. 51. Sul *Ministerium für Handel, Gewerbe und öffentliche Arbeiten*, si veda *infra*, cap. 12 «Legislazione politico-economica».

[33] G. Hirth (ed), *Preußischer Landtags-Almanach, X. Legislatur-Periode - 1. Session*, pp. 131-135.

[34] *Ibidem*, pp. 129-131.

[35] E.R. Huber, *Deutsche Verfassungsgeschichte*, 3, pp. 68-69; W. Hubatsch (ed), *Grundriss zur deutschen Verwaltungsgeschichte 1815-1945*, Reihe A: *Preußen*, Bd. 12: *Teil A*, p. 162.

[36] E.R. Huber, *Deutsche Verfassungsgeschichte*, 3, p. 69.

Gerlach, e aveva stretti collegamenti con il *Zivilkabinett*, dove lavorava Marcus Niebuhr come segretario (*Kabinettssekretär*), anche lui uomo della destra reazionaria che si raccoglieva attorno al quotidiano «Kreuzzeitung»[37]. All'influsso di questa *Kamarilla* si dovette la cosiddetta *rettende Tat* (azione salvifica) del re, che, dopo aver nominato alla fine dell'ottobre 1848 un nuovo governo conservatore presieduto dal conte von Brandenburg[38] (2 novembre 1848 - 6 novembre 1850), si decise prima ad aggiornare l'Assemblea nazionale costituente (*verfassungsgebende Nationalversammlung*)[39] e poi a concedere dall'alto al paese una costituzione, quella del 5 dicembre 1848, nel tentativo di porre termine alla rivoluzione. La *Kamarilla*, detta anche «il partito piccolo ma potente» (*kleine aber mächtige Partei*)[40] raccoglieva gli *Ultra-* o *Hochkonservativen*, la cosiddetta *Partei Gerlach*, il partito cioè che voleva il colpo di stato antirivoluzionario e la restaurazione delle precostituzionali rappresentanze per ceti (ad esempio il *Vereinigter Landtag* del 1847). Essa agì spesso addirittura contro le rappresentanze della destra conservatrice all'interno delle due Camere, e negli anni Cinquanta seppe attirare dalla sua parte il re anche contro il suo stesso *Ministerpräsident*, Otto von Manteuffel. Suo organo era la «Kreuzzeitung», diretta da Hermann Wagener dal 1848 al 1854[41]. La *Kamarilla*, che con l'assunzione della reggenza da parte del principe Guglielmo nel 1858, sembrava essere sparita[42], si fece di nuovo sentire quando, dal 1861 in poi, si

[37] Su Niebuhr, nobilitato nel 1857, si veda U. MEIER, voce *Marcus von Niebuhr*.

[38] Il *Graf* Friedrich Wilhelm von Brandenburg, nato da un matrimonio morganatico del re Federico Guglielmo II di Prussia con la *Gräfin* Sophie von Dönhoff, era stato *Kommandierender General* del VI corpo d'armata prussiano (su questa figura dell'esercito prussiano si veda *infra*, cap. 7 «Esercito») e nel 1848 ricopriva il grado di generale di cavalleria.

[39] F. HARTUNG, *Verantwortliche Regierung*, in particolare pp. 5-6, e inoltre G. GRÜNTHAL, *Zwischen König, Kabinett und Kamarilla*, pp. 119 ss.

[40] E.R. HUBER, *Deutsche Verfassungsgeschichte*, 3, pp. 162-164.

[41] Si veda ora H. ALBRECHT, *Antiliberalismus und Antisemitismus*.

[42] F. HARTUNG, *Verantwortliche Regierung*, p. 19.

acutizzò il contrasto tra il re ed il ministro della Guerra Bonin sul comando dell'esercito (*Kommandogewalt*), che il primo voleva sottratto all'influsso ministeriale[43].

Per quanto durò l'influsso sul re della *Kamarilla* scarsa autonomia riuscì di fatto a conquistarsi anche un'altra delle istituzioni traghettate dall'epoca precostituzionale in quella costituzionale, e cioè il Gabinetto militare (segreto) ([*Geheimes*] *Militär-Kabinett*), da cui in seguito si svilupperà lo Stato maggiore dell'esercito (*Generalstab*) e coincidente con l'*Abteilung für die persönlichen Angelegenheiten* (Divisione per le questioni relative al personale) del ministero della Guerra[44]. Del *Militärkabinett* il monarca continuò a servirsi per decidere delle questioni, soprattutto nomine nell'esercito, che, sulla base del potere di comando sull'esercito confermatogli dall'art. 44 della costituzione del 1850, riteneva di sua competenza esclusiva e sottratte anche alla controfirma del ministro della Guerra.

Altre istituzioni centrali dello Stato prussiano, formalmente non dipendenti da alcun ministero, in rapporto diretto con il re e, sempre da un punto di vista formale, autonomamente amministrantesi, erano: la Banca di Prussia (*Preussische Bank*)[45], il Consiglio superiore ecclesiastico evangelico (*Evangelischer Oberkirchenrat*)[46], e la Corte dei conti (*Oberrechnungskammer*)[47]; su di esse si tornerà tuttavia al momento di specificarne meglio

43 Si veda *infra*, cap. 7 «Esercito».

44 W. HUBATSCH (ed), *Grundriss zur deutschen Verwaltungsgeschichte 1815-1945*, Reihe A: *Preußen*, Bd. 12: *Teil A*, p. 164.

45 Cfr. in merito L. VON RÖNNE, *Das Staatsrecht der preußischen Monarchie*, 1869-1872³, II.1 (1871), pp. 146-150; G. HIRTH (ed), *Preußischer Landtags-Almanach, X. Legislatur-Periode - 1. Session*, pp. 135-138; sulla storia, l'organizzazione interna, le finalità della banca prussiana si veda *Das größte Geschäftshaus Preußens* e ora J. LICHTER, *Preussische Notenbankpolitik*.

46 L. VON RÖNNE, *Das Staatsrecht der preußischen Monarchie*, 1869-1872³, II.1 (1871), pp. 150-153; G. HIRTH (ed), *Preußischer Landtags-Almanach, X. Legislatur-Periode - 1. Session*, pp. 138-143.

47 L. VON RÖNNE, *Das Staatsrecht der preußischen Monarchie*, 1869-1872³, II.1 (1871), pp. 154-157; G. HIRTH (ed), *Preußischer Landtags-Almanach, X. Legislatur-Periode - 1. Session*, pp. 143-144.

organizzazione, funzione e ruolo nel rispettivo contesto di attività[48].

Si è detto che la principale limitazione al potere, sino al 1848 sostanzialmente assoluto, del monarca prussiano, e l'innovazione politico-istituzionale più importante della costituzione del 1850, era costituita dalle due Camere rappresentative in cui si articolava la prima rappresentanza politica nazionale della monarchia. Dopo il fallimento dell'esperienza prerivoluzionaria del primo *Vereinigter Landtag* del 1847[49] e del secondo del 1848[50], che peraltro aveva potuto solo prendere atto della rivoluzione in corso risolvendosi a varare la moderna legge elettorale sulla cui base sarà eletta la Costituente (*Nationalversammlung*), le due Camere istituite dalla costituzione del 1850 superavano, sia la dimensione solo provinciale della rappresentanza, sia il principio (neo) cetuale, non elettivo, alla base delle diete provinciali (*Provinziallandtage*) istituite nel 1823. Con l'istituzione delle due Camere rappresentative furono così poste le fondamenta per l'instaurazione in Prussia di un moderno Stato rappresentativo, costituzionale e di diritto (da ora in poi solo ciò che fosse concordato tra le due Camere e il monarca poteva considerarsi legge della monarchia), e si compiva anche, dato il carattere nazionale della rappresentanza, un passo decisivo verso l'integrazione territoriale della monarchia prussiana[51], come si è detto profondamente segnata, oltre che dalla separazione fisica della sua parte occidentale da quella

[48] Sulla *Preußische Bank*, cfr. *infra*, cap. 11 «Finanze»; sull'*Evangelischer Oberkirchenrat* si veda ampiamente *infra*, cap. 9 «Chiesa»; sull'*Oberrechnungskammer* si veda ampiamente *infra*, cap. 11 «Finanze».

[49] Cfr. in merito J. GERHARDT, *Der Erste Vereinigte Landtag in Preussen von 1847*; B.-M. ROSENBERG, *Die ostpreußische Vertretung im preußischen Landtag*; H. OBENAUS, *Anfänge des Parlamentarismus in Preußen bis 1848*.

[50] H. MÄHL, *Die Überleitung Preußens in das konstitutionelle System*.

[51] Sulla funzione della costituzione come fattore di integrazione territoriale: H. BOLDT, *Einführung in die Verfassungsgeschichte*, pp. 18-19; d'obbligo a questo proposito il rinvio ai lavori di Rudolf Smend (anzitutto *Verfassung und Verfassungsrecht*, pp. 136 ss., in particolare pp. 189 e 215), su cui si veda ora R. LHOTTA, *Die Integration des modernen Staates*, e J. ISENSEE, *Verfassungsrecht als «politisches Recht»*, in particolare pp. 108, 111, 124.

orientale, anche dalla tradizionale e persistente divisione tra città e campagna.

La Prima camera, tuttavia, nella composizione prevista dall'art. 65 della costituzione del 1850[52], quale sarebbe dovuta entrare in funzione a partire dal 7 agosto 1852, non venne mai costituita. Sino a quel momento, non avendo potuto trovare attuazione nemmeno la riforma in senso elettivo delle rappresentanze degli enti amministrativi intermedi che avrebbero dovuto eleggere la Prima camera secondo il disposto dell'art. 63 della costituzione concessa del 1848[53], continuò a funzionare la camera eletta

[52] Art. 65: «Die erste Kammer besteht: *a)* aus den großjährigen Königlichen Prinzen; *b)* aus den Häuptern der ehemals unmittelbaren reichsständischen Häuser in Preußen und aus den Häuptern derjenigen Familien, welchen durch Königliche Verordnung das nach der Erstgeburt und Linealfolge zu vererbende Recht auf Sitz und Stimme in der ersten Kammer beigelegt wird. In dieser Verordnung werden zugleich die Bedingungen festgesetzt, durch welche dieses Recht an einen bestimmten Grundbesitz geknüpft ist ...; *c)* aus solchen Mitgliedern, welche der König auf Lebenszeit ernennt. Ihre Zahl darf den zehnten Theil der zu a) und b) genannten Mitglieder nicht übersteigen; *d)* aus neunzig Mitgliedern, welche in Wahlbezirken, die das Gesetz feststellt, durch die dreißigfache Zahl derjenigen Urwähler (Art. 70), welche die höchsten direkten Staatssteuern bezahlen, durch direkte Wahl nach Maaßgabe des Gesetzes gewählt werden; *e)* aus dreißig, nach Maaßgabe des Gesetzes von den Gemeinderäthen gewählten Mitgliedern aus den größeren Städten des Landes. Die Gesammtzahl der unter a) bis c) genannten Mitglieder darf die Zahl der unter d) und e) bezeichneten nicht übersteigen. Eine Auflösung der ersten Kammer bezieht sich nur auf die aus Wahl hervorgegangenen Mitglieder». Secondo questo articolo la Prima camera doveva cioè comporsi: di membri di diritto (lettera *a* dell'art. 65), dei cosiddetti 'signori' (*Herren*) che avevano preso parte alla *Herrenkurie* del Secondo *Landtag* unificato del 1848 (lettera *b*), di membri nominati a vita dal re (lettera *c*), e, infine, di un certo numero di membri elettivi, che comunque non poteva essere inferiore a quello degli altri membri non elettivi, e di cui 30 avrebbero dovuto essere eletti in rappresentanza dei consigli comunali delle città più grandi (lettera *e*) e 90 in rappresentanza dei più alti censiti (*Höchstbesteuerten*) (lettera *d*). Nella curia dei Signori del Secondo *Landtag* unificato del 1848 erano confluiti coloro che avevano rappresentato il primo ceto all'interno di ogni dieta provinciale.

[53] L'art. 63 della costituzione concessa del 5 dicembre 1848 aveva voluto i membri della Prima camera eletti indirettamente dai corpi elettorali costituiti dalle rappresentanze elettive dei livelli amministrativi intermedi. Contestualmente esso aveva anche rinviato alla revisione della costituzione la decisione se una parte dei membri fossero da nominare da parte del re

provvisoriamente sulla base del censitario *Wahlgesetz für die erste Kammer* del 6 dicembre 1848.

Poco prima però che si arrivasse alla data del 7 agosto 1852, quando avrebbe dovuto essere già varata la nuova legge per la designazione della componente elettiva della Prima camera a cui faceva riferimento l'art. 65 della costituzione del 1850, e precisamente il 4 agosto 1852, fu invece varata dal governo un'ordinanza di emergenza (sulla base dell'art. 63 della costituzione del 1850) che andava a ridefinire sostanzialmente la composizione della Prima camera[54], e che, nonostante fosse stata energicamente attaccata come incostituzionale dai liberali, fu successivamente confermata in vigore come legge dalle due Camere. I 90 membri da eleggere (lettera *d* dell'art. 65 della costituzione) tra i 2.700 *Höchstbesteuerten*, furono riservati di fatto dall'ordinanza alla nobiltà fondiaria di campagna e delle città più piccole (*Junker*). Gli *Höchstbesteuerten*, coincidenti con i membri dell'alta nobiltà, che però votava nelle grandi città dove solitamente risiedeva, difficilmente avrebbero potuto essere eletti tra gli altri 30 membri elettivi previsti dall'art. 65 (lettera e), dato che questi avrebbero dovuto essere indicati dai consigli comunali delle 25 città prussiane più grandi.

Il re però non era per niente soddisfatto dell'ordinanza del 1852, espressione degli interessi politici dell'estrema destra, che sosteneva gli interessi della piccola nobiltà fondiaria degli *Junker*. Federico Guglielmo IV, che dal 1851 non aveva perso occasione di reclamare «il libero potere di nomina» (*das freie*

(Art. 63: «Die Mitglieder der ersten Kammer werden durch Provinzial-, Bezirks- und Kreisvertretern gewählt (Artikel 104). Die Provinzial-, Bezirks- und Kreisvertreter bilden, nach näherer Bestimmung des Wahlgesetzes, die Wahlkörper und wählen die nach der Bevölkerung auf die Wahlbezirke fallende Zahl der Abgeordneten. Bei der Revision der Verfassungsurkunde bleibt zu erwägen, ob ein Theil der Mitglieder der ersten Kammer vom Könige zu ernennen und ob den Oberbürgermeistern der großen Städte, sowie den Vertretern der Universitäten und Akademien der Wissenschaften und der Künste ein Sitz in der Kammer einzuräumen sein möchte»).

[54] Cfr. B. Holtz (ed), *Die Protokolle des Preussischen Staatsministeriums 1817-1934/38*, 4/1, p. 247; per il testo dell'ordinanza cfr. «Königlich Preußischer Staats-Anzeiger», 1852, n. 216, pp. 1277-1278.

Ernennungsrecht) dei membri della Prima camera[55], su cui non voleva nemmeno tollerare alcun vincolo di numero[56], dall'indomani stesso del varo dell'ordinanza del 4 agosto 1852 cominciò a muoversi per arrivare ad una sua modifica.

Da tale insoddisfazione del re si devono prendere le mosse per comprendere come dall'ordinanza del 1852 si arrivò, in dispregio però ancora una volta della costituzione del 1850, alla legge (di modifica) costituzionale del 7 maggio 1853, varata dalle Camere in osservanza della procedura prevista dall'art. 107 della costituzione[57]. Su di essa conversero anche le opposizioni della Seconda camera, pur di far indietreggiare l'egemonia della piccola nobiltà di campagna e dei suoi interessi cetuali, sostenuti da uomini come Stahl nella Prima camera e Gerlach nella Seconda. Era loro convinzione, infatti, che solo la «pienezza del potere monarchico» (*königliche Machtvollkommenheit*) potesse porre un argine allo straripare del suo influsso[58], come pure al pericolo rappresentato dalle nomine legate alla durata dell'ufficio (*auf Amtsdauer*), che non garantivano alcuna indipendenza, e da quelle legate al possesso fondiario. La legge del 7 maggio 1853, emanata quando la destra estrema aveva perso importanza nelle Camere[59], in pratica equivaleva ad una concessione di pieni poteri, seppure limitata nella materia, da parte del parlamento al re, dal momento che essa lasciava quest'ultimo assolutamente libero, come il re

[55] E. LASKER, *Das Herrenhaus*, p. 236.

[56] H. SPENKUCH, *Das Preußische Herrenhaus*, p. 49; secondo l'ordinanza del 1852 ai 120 membri elettivi della Prima camera si sarebbero dovuti aggiungere, infatti, non più di 60 membri di nomina regia.

[57] Cfr. *Gesetz, betreffend die Bildung der ersten Kammer. Vom 7. Mai 1853*, in «GS», 1853, H. 16, Nr. 3736, p. 181, poi ripubblicata anche in H.A. ZACHARIÄ (ed), *Die deutschen Verfassungsgesetze der Gegenwart*, p. 99. L'art. 107, che stabiliva tempi e condizioni da osservare per modificare la costituzione, aveva affermato: «Die Verfassung kann auf dem ordentlichen Wege der Gesetzgebung abgeändert werden, wobei in jeder Kammer die gewöhnliche absolute Stimmenmehrheit bei zwei Abstimmungen, zwischen welchen ein Zeitraum von wenigstens ein und zwanzig Tagen liegen muß, genügt».

[58] E. LASKER, *Das Herrenhaus*, p. 237.

[59] *Ibidem*, p. 239.

di Francia, nella nomina di membri «ereditari» e «a vita»[60], eliminando completamente, non solo le nomine a tempo determinato legate al rivestimento di taluni uffici, ma anche, e soprattutto, qualsiasi componente elettiva dalla Prima camera.

La legge del 1853 lasciava la nomina personale dei membri della Prima camera ad una futura ordinanza del re. Questa, però, quando finalmente arrivò, circa un anno e mezzo dopo, il 12 ottobre 1854, anziché attuare la legge che l'aveva prevista, la stravolse totalmente, del tutto incurante del fatto che la norma del 1853, in quanto legge e per di più legge costituzionale, non avrebbe potuto essere modificata senza il consenso delle Camere. L'ordinanza del 12 ottobre 1854[61], che anzitutto confermò l'eliminazione della componente elettiva della Prima camera decisa dalla legge del 1853, reintrodusse anche il vincolo delle categorie e dei corpi cetuali da cui il re avrebbe potuto/dovuto attingere per le sue nomine[62], segno inequivocabile della rimonta dell'influsso a corte e sul governo della *Kamarilla*, che difendeva gli interessi della piccola nobiltà fondiaria[63]. Così questa ordinanza, oltre a prevedere due grandi tipologie di membri della Prima camera, e cioè 1) quelli per diritto ereditario (tra questi le 16 casate di *Standesherren* presenti nel 1854 in Prussia[64] e inoltre i principi [*Fürsten*], i conti [*Grafen*], i baroni [*Freiherren*] già presenti al *Landtag* unificato del 1847 come *Herrenkurie*), e, 2), quelli nominati a vita (su base fiduciaria [*aus allerhöchsten Vertrauen*] o in quanto titolari dei 4 antichi massimi uffici del Regno di Prussia: *Kanzler*, *Landhofmeister*, *Obermarschall*, *Oberburggraf*), reintrodusse anche, tra i secondi, quelli che potevano essere nominati dal re sulla base del diritto di proposta (*Präsentationsrecht*)

60 *Ibidem*, pp. 240 e 242.

61 Cfr. *Verordnung wegen Bildung der ersten Kammer. Vom 12. Oktober 1854*, in «GS», 1854, Nr. 4092, pp. 541-544.

62 B.-M. Rosenberg, *Die ostpreussische Vertretung im Preussischen Landtag*, pp. 130-133.

63 E. Lasker, *Das Herrenhaus*, p. 242; H. Spenkuch, *Herrenhaus und Rittergut*.

64 Sugli *Standesherren* prussiani si veda *infra*, cap. 4 «Diritti».

riconosciuto a determinate corporazioni. Tra queste vi erano le città più grandi (29 nel 1854), le sei università prussiane, i tre capitoli del duomo di Brandenburg, Merseburg e Naumburg, e, infine, *last but not least*, dato che in questo modo venivano reintrodotte le nomine legate a ben determinati tipi di possesso fondiario di tipo feudale, i circa 90 corpi (*Verbände*) del «possesso fondiario antico e consolidato» (*des alten und befestigten Grundbesitzes*) – il possesso dei fondi doveva essere documentabile da almeno 100 anni ed essere legato a una trasmissibilità vincolata da fedecommesso – e i corpi (*Verbände*) di ogni provincia prussiana dei «conti residenti nei *Rittergüter*» (*der auf Rittergütern ansässigen Grafen*), un tipo particolare di possesso fondiario signorile[65]. Nel complesso, dunque, l'ordinanza del 1854 segnava una nuova riduzione della libertà regia nella nomina dei membri della Prima camera, libertà che, tuttavia, fu in linea di principio recuperata nel momento in cui il re si riservò il diritto di reintervenire in futuro con un *Reglement* a mutare nuovamente la composizione della Prima camera, come in effetti farà Guglielmo I nel 1861.

La Prima camera, come si è già accennato, assumerà nel 1855 il nome a questo punto più appropriato di Camera dei signori (*Herrenhaus*), corrispondentemente alla sua natura non più elettiva e soprattutto alla posizione nuovamente assicurata al suo interno alla vecchia curia dei signori (*Herrenkurie*) di epoca precostituzionale. Essa continuerà ad esistere in questa composizione non elettiva e per giunta incostituzionale sino alla fine della monarchia costituzionale prussiana. Il fatto che la Camera dei signori fondasse la propria esistenza su un'ordinanza, non su una legge e ancor meno sulla costituzione, e che questo dato di fatto non fosse posto all'ordine del giorno dal programma dei partiti liberali, con la sola eccezione del partito del progresso (*Fortschrittspartei*)[66], proiettò la sua ombra

[65] Sui *Rittergüter* cfr. *infra*, cap. 4 «Diritti».

[66] Sia qui consentito il rinvio a A.G. MANCA, *La sfida delle riforme*, p. 351: solo il programma della *Fortschrittspartei* del 9 giugno 1861, accolto e portato conoscenza di un pubblico più vasto dal quotidiano liberal-progressista «Nationalzeitung» dello stesso giorno (e ripubblicato, tra gli altri, anche in H. FENSKE [ed], *Der Weg zur Reichsgründung. 1850-1870*, pp. 212-214)

sull'intera vita politico-costituzionale della monarchia prussiana. Per questa via la Prussia, tuttavia, non aveva fatto altro che allinearsi al modello dei parlamenti bicamerali a Camere alte non elettive, che furono la regola nelle monarchie costituzionali tedesche ed europee del lungo XIX secolo[67].

Guglielmo I, appena incoronato re di Prussia, non tardò a rendere palese la sua riluttanza ad accettare le limitazioni postegli dal *Präsentationsrecht* dei corpi dal cui interno avrebbe potuto/dovuto nominare i membri della Camera dei signori; già il 5 novembre 1861, infatti, fece pubblicare sullo «Staatsanzeiger» un nuovo decreto sulla materia. In esso il re, tra le altre cose, manifestò l'intenzione di lasciare scoperte 45 nomine quand'anche si fosse presentata l'occasione di rinnovarle[68], esercitando così quel diritto a modificare la normativa sulla formazione (*Bildung*) della Camera alta che il suo predecessore si era autoassegnato con l'ordinanza del 1854. Da questo momento fu chiaro a tutti come, di fatto, la composizione di uno dei più importanti organi dello Stato poggiasse, e avrebbe continuato a poggiare, su *Kabinettsordres* alla stregua di una vera e propria camera di *Pairs*[69], come cioè la composizione di una delle due Camere rappresentative sarebbe rimasta completamente in balia del monarca.

A diminuire l'incertezza sulla composizione della Camera dei signori, non giovò nemmeno il fatto che quel decreto del 1861 ancora nel 1865 non avesse trovato reale attuazione nelle sue determinazioni più importanti; né in quella per cui «il numero dei candidati proposti dal ceto della proprietà fondiaria antica e

esordiva infatti chiedendo in via prioritaria la riforma della Camera dei signori per manifesta incostituzionalità.

[67] Sulle camere alte non elettive nelle monarchie costituzionali del lungo XIX secolo si veda F. Soddu, *Le Camere alte nel Regno Unito e nel Regno d'Italia tra Otto e Novecento*; M.E. Lanciotti, *Il dibattito sulla riforma del Senato regio e vitalizio: 1848-1922*; N. Antonetti, *Gli invalidi della Costituzione: il Senato del Regno, 1848-1924*; H. Spenkuch, *Erste Kammern, Adelslandschaften und nationale Kontexte*.

[68] E. Lasker, *Das Herrenhaus*, p. 245.

[69] *Ibidem*, p. 246.

consolidata [era] ridotto da 90 a 41», né in quella per cui ogni nomina dovesse scaturire non più da 3 ma da 10 *Wahlberechtigte* o proposte di candidatura, né, infine, in quella per cui il numero dei 'nominabili' sarebbe risultato notevolmente allargato dal fatto che il requisito del possesso fondiario continuato e nelle mani della stessa persona dovesse constare non più per gli ultimi 100 anni, come inizialmente stabilito nell'ordinanza del 1854, ma solo per gli ultimi 50[70]. La mancata attuazione del decreto del 1861 contribuì, comunque, più ad accrescere che non a diminuire il carattere di estemporaneità della composizione della Camera dei signori, minandone alla base l'indipendenza. A un'infornata di pari (*Pairsschub*), di membri cioè nominati su base fiduciaria (*aus allerhöchsten Vertrauen*), il monarca prussiano, l'allora reggente principe Guglielmo, fece nondimeno ricorso per la prima volta solo nel 1860, in occasione cioè della presentazione da parte del governo liberale della Nuova Era di una proposta di riforma dell'organizzazione dei circoli (*Kreisordnung*), e quando il numero dei nominati nella categoria non oltrepassava tuttavia l'11%.

Il ruolo nella legislazione dell'*Herrenhaus* fu quello che ci si poteva aspettare data la sua natura di corpo rappresentativo soprattutto degli interessi del ceto sociale della signoria fondiaria (*Gutsbesitzer*); un corpo tanto interessato a stabilire «eine Solidarität mit der Krone», da non esitare a 'dribblare' anche il governo, considerato alla stregua di un'istanza intermedia qualsiasi[71]. La Camera dei signori seppe comunque opporre strenua resistenza, con il suo potere di veto, al volere della Camera dei deputati particolarmente nei periodi in cui (Nuova Era e conflitto costituzionale) la composizione politica in maggioranza liberal-progressista di quest'ultima avrebbe consentito una politica di decisa costituzionalizzazione e liberalizzazione della vita politica interna. Nel corso del conflitto costituzionale la Camera dei signori non esitò nemmeno ad abusare del suo peraltro limitato

[70] Cfr. *Königliche Verordnung in Betreff des Herrenhauses*, in «Provinzial-Correspondenz» vom 15. November 1865, ripubblicata in [L.E. HAHN], *Die Innere Politik der preußischen Regierung von 1862 bis 1866*, pp. 588-590.

[71] E. LASKER, *Das Herrenhaus*, p. 248.

potere di veto in materia di bilancio (comma III, art. 62), ristabilendo incostituzionalmente la legge di bilancio originariamente proposta dal governo Bismarck[72]. La decisione della Camera dei signori di ripristinare l'originario progetto governativo di bilancio, nonostante non le fosse mai stato sottoposto e in spregio di tutto il lavoro svolto dalla commissione bilancio della Camera dei deputati, costituiva chiaramente una sfida aperta alla costituzione. La Camera dei signori, pur essendo formalmente un ramo del parlamento, anziché vedersi e agire come parte integrante dell'istituzione parlamentare (seppur nella sua specificità di corpo rappresentativo non elettivo), particolarmente negli anni del conflitto interiorizzò il ruolo di organo della politica governativa, pregiudicando pesantemente l'operatività dell'istituzione parlamentare nel suo complesso, e lasciando sola la Camera dei deputati ad esercitare il ruolo di rappresentanza del popolo (*Volksvertretung*).

La Seconda camera o Camera dei deputati (*Abgeordnetenhaus*, AH), come si chiamerà dal 30 maggio 1855, era invece totalmente elettiva e si componeva, secondo quanto stabilito all'art. 69 della costituzione del 1850, di 350 membri. Ad essi si aggiunsero 2 deputati per i principati di Hohenzollern nel 1851 e altri 80 in rappresentanza delle nuove province nel 1867. Le modalità di elezione dei deputati della Seconda camera rimasero fissate per tutta l'epoca monarchico-costituzionale, sino cioè al 1918, dall'ordinanza del 30 maggio 1849 che introdusse il cosiddetto diritto elettorale a tre classi (*Dreiklassenwahlrecht*)[73]. Su di esso basti qui dire che fu varato dal monarca attraverso lo strumento della *Not-Verordnung*, cioè dell'ordinanza d'emergenza con forza provvisoria di legge, già prevista dalla costituzione ottriata del 5 dicembre 1848 (art. 105) e non solo

[72] Sull'agire incostituzionale (*verfassungswidrig*) dell'*Herrenhaus* nel corso del conflitto costituzionale, e in particolare sulle sue risoluzioni dell'11 ottobre 1862 e del 23 gennaio 1864, sia qui consentito il rinvio a A.G. MANCA, *La sfida delle riforme*, pp. 397-400, 526, e E.R. HUBER, *Deutsche Verfassungsgeschichte*, 3, p. 320; alla contestazione del diritto dell'HH, illegale nella sua composizione interna, ad esercitare «la potestà finanziaria», Eduard Lasker dedicò un apposito capitolo del suo saggio *Das Herrenhaus*, pp. 271-296.

[73] Su questa ordinanza vedi ampiamente *infra*, cap. 3 «Elezioni».

da quella del 1850 (art. 63). Federico Guglielmo IV ritenne necessaria la sua introduzione dopo la prima elezione delle due Camere secondo il diritto elettorale del 6 dicembre 1848, che aveva portato ad una composizione alquanto liberale delle medesime e soprattutto della seconda, e dopo lo scioglimento d'autorità di quest'ultima il 27 aprile 1849.

Il potere monarchico di convocare le Camere, aggiornarle, chiuderle, di sciogliere la Camera dei deputati (*Berufung*, *Vertagung*, *Schließung* e *Auflösung*: artt. 51, 52, 76, 77 della costituzione del 1850), fu naturalmente decisivo, in Prussia come del resto nelle altre monarchie costituzionali europee, nel minare alla base la capacità del *Landtag* nel suo insieme di imporsi come interlocutore paritario del governo regio nel processo legislativo[74]. La storia degli aggiornamenti, chiusure, e scioglimenti della Seconda camera prussiana dal 1849 in poi (dopo il 1849 la Prima camera non fu più soggetta a rinnovo attraverso elezioni e quindi allo scioglimento della Seconda camera corrispondeva semplicemente il ben più indolore aggiornamento della prima), coincise, soprattutto nel corso del quadriennale conflitto costituzionale (1862-1866) che oppose la maggioranza liberale della Camera dei deputati al governo conservatore, quasi esattamente con i ritmi alterni della conflittuale dialettica politica interna. Mentre nel corso degli anni Cinquanta e della Nuova Era le legislature (*Legislaturperioden*) si conclusero sempre alla scadenza naturale dei 3 anni senza che intervenisse alcuno scioglimento (tornate elettorali si ebbero nel 1849, 1852, 1855, 1858, 1861), ben diverso fu il ritmo dei lavori parlamentari durante il conflitto. In questo periodo le chiusure del *Landtag*, che si successero a intervalli di tempo alquanto ravvicinati, rinviarono tutte, in presenza di un insuperabile blocco della comunicazione tra governo e Camera dei deputati, alla decisione del primo di non tener conto della volontà della maggioranza liberale della seconda. Durante il conflitto insomma, le chiusure del *Landtag*, e soprattutto gli scioglimenti della Camera dei deputati, solitamente sopraggiunsero quando

[74] Cfr. J.-D. KUHNE, *Volksvertretungen im monarchischen Konstitutionalismus (1814-1918)*, in particolare p. 51.

il governo riteneva di non riuscire a strappare al parlamento l'assenso alle sue proposte di riforma e/o comunque alla sua linea di politica interna o estera. Il fatto poi che in Prussia non fosse stabilita alcuna *Inkompatibilität* tra mandato parlamentare e ufficio pubblico (*parlamentarisches Mandat* e *öffentliches Amt*) rendeva lo strumento dello scioglimento della Camera dei deputati assai attrattivo per il governo regio in caso di difficoltà politica. Ogni nuova elezione offriva, infatti, la possibilità di ottenere una camera elettiva con una percentuale ancora maggiore di deputati-funzionari (*Beamte-Abgeordnete*), che, nello svolgimento del mandato, promettevano di essere più sensibili ed esposti degli altri rappresentanti del popolo alle pressioni e/o lusinghe del governo.

L'ambito in cui le due Camere potevano svolgere un ruolo determinante e propositivo era quello, come già detto, della legislazione. La costituzione prussiana del 1850 aveva posto sullo stesso piano il veto monarchico e quello delle Camere (art. 62), aveva attribuito paritariamente a queste ultime e al monarca il potere/diritto di iniziativa legislativa (art. 64), senza limitare o restringere in alcun modo l'oggetto o l'ambito della legislazione, a differenza di quanto previsto da numerose precedenti costituzioni tedesco-meridionali. La forma della legge, e quindi il consenso delle Camere, era necessario non solo per il prelievo di nuove imposte, come stabilito dall'art. 100 con cui era stato riconosciuto alle Camere il diritto di autorizzazione delle imposte (*Steuerbewilligungsrecht*), ma anche per l'approvazione del preventivo e del consuntivo finanziario dello Stato (art. 99), nonché per la contrazione di prestiti sul debito pubblico (art. 103)[75]. Si comprende tuttavia pienamente l'importanza di un potere così esteso e generale di legislazione per il rafforzamento dell'istituzione parlamentare nel parallelogramma di forze del sistema monarchico-costituzionale, qualora si consideri la mole veramente impressionante delle materie la cui futura regolazione la costituzione prussiana aveva esplicitamente riservato alla legge. In nessun caso, cioè, tali materie avrebbero potuto essere regolate autonomamente dal

[75] Su ciò si tornerà ampiamente nel cap. 11 «Finanze».

monarca, né in virtù di una sua autonoma potestà di legislazione, la cui esistenza non era evidentemente più ammissibile in epoca costituzionale, né attraverso il ricorso al potere straordinario di emanare ordinanze con forza provvisoria di legge previsto dall'art. 63: «La concessione [di ordinanze con forza provvisoria di legge] non può comunque mai – aveva affermato a questo proposito il giurista liberale Ludwig von Rönne – penetrare in un ambito che la carta costituzionale ha espressamente riservato alla legislazione ordinaria (art. 62)»[76].

Come si è detto, nella costituzione prussiana del 1850 numerosissimi erano i punti in cui si rinviava all'emanazione di una legge attuativa (*Spezialgesetz*), in cui si esprimevano cosiddetti *Gesetzesvorbehalte* (riserve di legge), delle vere e proprie «mahnende Direktiven» rivolte al legislatore, riserve di legge e moniti destinati a rappresentare per quest'ultimo, nel loro insieme, un concreto «programma di lavoro»[77].

Nel testo della costituzione prussiana del 1850, in effetti, ricorrevano continuamente le proposizioni che si servivano di espressioni come «im Wege der Gesetzgebung», «durch das Gesetz», «nach Maßgabe eines besonderen Gesetzes», «... wird ein besonderes Gesetz ergehen», «ein besonderes Gesetz regelt ...», «durch gesetzliche Anordnung», «... bleibt besonderen Gesetzen vorbehalten», «werden einem besonderen Gesetz vorbehalten». In essa si potevano contare complessivamente ben 22 punti in cui si rinviava alla futura legislazione ordinaria, e dove erano prospettate non solo leggi di attuazione dei principi enunciati nella sezione sui Diritti dei prussiani, ma più in genere numerosissime leggi organiche di riforma istituzionale[78].

Particolarmente negli anni Cinquanta, però, più che all'attuazione della costituzione si pose mano e si lavorò alacremente alla

[76] L. von Rönne, *Das Staatsrecht der preußischen Monarchie*, 1869-1872^3, I.1 (1869), pp. 189-192.

[77] G. Anschütz, *Die gegenwärtigen Theorien über den Begriff der gesetzgebenden Gewalt*, pp. 48-45.

[78] Sia qui consentito il rinvio a A.G. Manca, *La Costituzione 'al di sopra' o 'a disposizione' del legislatore?*, pp. 299-301.

sua revisione, una revisione che andò palesemente contro il suo spirito. Quest'opera di cosiddetta «revisione all'indietro» vide addirittura come co-protagonista proprio quel parlamento alla cui istituzione aveva legato il suo destino la stessa costituzione. I punti in cui questa fu modificata con legge costituzionale approvata da entrambe le Camere sino al 1869, sono assai più numerosi e significativi[79] di quanto certa storiografia costituzionale tedesca, per il resto ancor oggi irrinunciabile, si sia data la pena di 'inseguire' nei suoi esiti storici ultimi[80].

Le modifiche costituzionali degli anni Cinquanta, vale qui infatti la pena di precisare, non sempre furono attuate per «via amministrativa», come ad esempio gli attacchi portati al diritto parlamentare di bilancio nel 1862-1866, quando il governo, attraverso atti unilaterali (nel caso specifico *Staatsministerialbeschlüsse*)[81], ignorò totalmente il *Budgetrecht* della rappresentanza popolare. In numerosi casi, piuttosto, tali modifiche furono veicolate attraverso leggi costituzionali, leggi quindi regolarmente emanate nel rispetto dell'art. 107 della costituzione, e che avevano ottenuto per ben due volte l'approvazione di entrambe le Camere del *Landtag*. Infatti, se nella legale *Rückwärtsrevidierung* della costituzione un importante ruolo a sostegno della politica regia e/o conservatrice fu svolto dalla Prima camera (o Camera dei signori), essa stessa come si è visto vittima delle nostalgie neocetuali e delle aspirazioni

[79] Per la ricostruzione di questo elenco sia qui consentito il rinvio a *ibidem*, pp. 314-319. Sulle numerose leggi costituzionali o norme di altro tipo intervenute a modificare più o meno direttamente la costituzione del 1850 nel corso del periodo qui oggetto di indagine, si dirà di volta in volta, a seconda del contesto e dell'oggetto della trattazione, nei singoli capitoli di questo lavoro.

[80] Una riflessione sul lungo elenco di leggi costituzionali che particolarmente nel corso degli anni Cinquanta modificarono la costituzione prussiana del 1850 manca del tutto anche nel terzo volume della monumentale *Deutsche Verfassungsgeschichte* di Ernst Rudolf Huber, forse troppo preoccupato di dimostrare, sulla scia degli insegnamenti di Paul Laband, come questa costituzione fosse votata 'sin dall'inizio' ad assicurare il predominio del cosiddetto principio monarchico, coerentemente con lo scarso valore da lui riconosciuto al diritto costituzionale scritto.

[81] Cfr. in merito *infra*, cap. 11 «Finanze».

al governo personale di Federico Guglielmo IV[82], un avallo imprescindibile fu garantito evidentemente anche dalla Seconda camera nel suo complesso, man mano che, dal 1852 in poi, l'opposizione liberale al suo interno si assottigliava sempre più. La rappresentanza popolare degli anni Cinquanta, detta anche *Landratskammer* per la nutrita presenza in essa dei *Landräte* (vertici monocratici dell'esecutivo delle circoscrizioni dei circoli [*Kreise*] nominati dal re)[83], e quindi largamente esposta agli strumenti di pressione politico-amministrativi del governo, fu quella che fece l'uso più frequente dell'art. 107 della costituzione; lo stesso articolo, almeno secondo la dottrina liberale di diritto pubblico, che avrebbe dovuto rappresentare una delle tre garanzie in senso stretto della costituzione insieme alla responsabilità ministeriale e all'indipendenza dell'ordine giudiziario. Così, tutte le leggi di modifica costituzionale degli anni Cinquanta, comprese quelle chiaramente volte a realizzare una «revisione all'indietro» della costituzione, furono votate con doppia votazione di ognuna delle due Camere a distanza di 21 giorni l'una dall'altra. Se già le elezioni dell'autunno 1852 diedero come esito una Camera bassa che lasciava ben sperare per i piani di revisione costituzionale del monarca e del ministro degli Interni Westfalen, ancora più accondiscendente o impotente verso i loro progetti fu la Seconda camera eletta nel 1855. A questo punto, e dopo la trasformazione della Prima camera in Camera dei signori, nessun ostacolo si poté più frapporre ai progetti regi e ministeriali di modifica regressiva della costituzione.

Non mancarono negli anni Cinquanta nemmeno le proposte di modifica dello stesso art. 107, nel senso di abbreviare il periodo che doveva intercorrere tra la prima e la seconda votazione della legge di modifica costituzionale a 10 o addirittura a 7 giorni, con la motivazione che, in questo modo, si sarebbe posto rimedio alla difficoltà di deliberare in modo definitivo nel corso di una sessione su una modifica della costituzione riconosciuta come

[82] B. HOLTZ (ed), *Die Protokolle des Preussischen Staatsministeriums 1817-1934/38*, 4/1, pp. 220, 226-27, 229, 235, 238, 258.

[83] Sui *Landräte* cfr. *infra*, cap. 5 «Amministrazione».

necessaria. La proposta di modifica, presentata il 19 gennaio 1857 dallo stesso ministro degli Interni Westphalen, fu tuttavia rigettata, prima ancora di arrivare in aula, dalla *Kommission für Verfassungsangelegenheiten* l'11 febbraio successivo. Al di là della distinzione giuspubblicistica, eminentemente teorico-dogmatica, tra costituzioni rigide e costituzioni flessibili, distinzione che vorrebbe rigide quelle contenenti disposizioni circa le procedure aggravate per la revisione costituzionale, la presenza nella costituzione prussiana di una disposizione come l'art. 107, che pure indurrebbe a prima vista a catalogarla tra le costituzioni cosiddette rigide, non solo non riuscì ad evitare che essa fosse più e più volte modificata contro il suo spirito originario, ma non impedì nemmeno che addirittura si tentasse di privare la costituzione dell'unica arma tecnico-procedurale prevista a garanzia dell'integrità e della 'rigidità' del suo testo.

Non sempre, d'altra parte, la revisione all'indietro della costituzione prussiana poté essere realizzata attraverso leggi di modifica costituzionale. In alcuni casi si fece assai più sbrigativamente ricorso, infatti, a strumenti normativi assolutamente impropri per una formale modifica della costituzione. Basti qui portare due esempi. Prima ancora che sopraggiungesse il decreto regio del 19 giugno 1852 a sospendere la nuova legislazione del 1850 sul governo e la rappresentanza dei nuovi enti o corpi amministrativi inferiori e intermedi, legislazione che era stata emanata in attuazione dell'art. 105 della costituzione[84], con un semplice decreto circolare (*Cirkular-Erlaß*) del 15 maggio 1851 di Westfalen, furono riattivate le vecchie diete di circolo di carattere cetuale (*Kreistage*), ormai incostituzionali, e poi, con un rescritto circolare (*Cirkular-Reskript*) dello stesso ministro del 28 maggio seguente, fu annunciata anche la riconvocazione delle vecchie rappresentanze cetuali delle province (*Provinzialstände*)[85]. Successivamente, come si è già visto, con una semplice ordinanza il re intervenne nel 1854,

[84] Cfr. in merito *infra*, cap. 5 «Amministrazione».

[85] Cfr. L. von Rönne, *Das Staatsrecht der preußischen Monarchie*, 1856-1863, I (1856), p. 462 e H.F. Jacobson, *Der preußische Staat*, pp. 104 e 109. Per il decreto regio (*Königlicher Erlaß*) del 19 giugno 1852 cfr. «GS», 1852, p. 388. Per il decreto circolare (*Cirkular-Erlaß*) del 15 maggio 1851

come si soleva dire *motu proprio*, a definire quale dovesse essere la composizione della Prima camera, anziché limitarsi a dare disposizioni attuative della legge costituzionale del 1853. In entrambi questi casi, nonché in numerosi altri che saranno richiamati più avanti nel testo, alla via legislativa ordinaria fu preferita quella che Lasker chiamava la «via amministrativa»[86]. Il re, intervenendo in assoluta autonomia o attraverso i suoi ministri nella creazione di diritto nuovo, fornì un esempio estremamente concreto di come in epoca costituzionale fosse effettivamente sopravvissuto l'autonomo potere regio di ordinanza (*königliches Verordnungsrecht*) quale residuo tutt'altro che inoffensivo dell'illimitatezza del potere del monarca assoluto di un tempo. Ma ammettere l'esistenza per il monarca costituzionale, accanto al potere di partecipare con le Camere alla legislazione ordinaria con diritto di veto (art. 62), accanto al potere di emanare ordinanze in attuazione di una legge esistente (art. 45), accanto, infine, al potere di emanare ordinanze con forza provvisoria di legge (art. 63), anche di un 'autonomo' potere di ordinanza, non era possibile in uno Stato formalmente costituzionale e di diritto com'era ormai negli anni Cinquanta quello prussiano, perché quel potere non aveva alcun fondamento positivo nella costituzione. Con l'ordinanza sulla Prima camera del 1854, infatti, che può essere considerata emblematica del manifestarsi concreto dell'autonomo potere di ordinanza monarchico, lo strumento normativo del decreto non solo si eresse 'al di sopra' della legge costituzionale (del 1853), ma anche 'al di sopra' della legge fondamentale dello Stato. Non fu certo un caso se nel nostro periodo trovò terreno fertile la teoria sull'imperfezione giuridica e la sostanziale impotenza della costituzione prussiana, coniata dalla giuspubblicistica conservatrice e ampiamente recepita nelle cerchie colte filogovernative degli anni del conflitto costituzionale[87]. In effetti, le accuse lanciate all'epoca

del ministro degli Interni Westphalen, cfr. «Ministerialblatt der inneren Verwaltung», 1851, p. 90. In merito si tornerà più diffusamente *infra*, cap. 5 «Amministrazione».

[86] E. LASKER, *Wie ist die Verfassung in Preußen gehandhabt worden*, pp. 8, 14.

[87] Cfr. in merito *infra*, cap. 8 «Cultura costituzionale».

al governo conservatore presieduto da Bismarck di amministrazione incostituzionale delle finanze pubbliche, accuse che si levarono con forza dalle colonne della stampa quotidiana e periodica a sostegno dell'opposizione della Camera dei deputati, riuscirono solo a indurre il governo a rilanciare adottando un'ordinanza d'emergenza (art. 63) per sospendere la libertà di stampa sancita dalla costituzione all'art. 27[88]; di sequestro preventivo di pubblicazioni e periodici mostratisi irriverenti verso il governo parlano le molte prime pagine in bianco dei quotidiani liberali vicini ai progressisti come la «Volkszeitung» e la «Nationalzeitung». Se alla liberticida ordinanza sulla stampa del 1° giugno 1863 effettivamente le Camere furono in grado di rispondere efficacemente, quando rigettarono la richiesta governativa di trasformarla in legge e la annullarono, in forza sia del potere di controllo di validità giuridico-formale delle norme (art. 106), sia del potere di negare a posteriori la conversione in legge delle ordinanze d'emergenza (art. 63), contro invece la determinazione delle forze della reazione a neutralizzare il carattere politico-programmatico della costituzione prussiana in genere assai poco poterono le cosiddette garanzie giuridiche della medesima; in particolare l'art. 107, sul procedimento aggravato di revisione costituzionale, fu il primo baluardo a cedere, quando quelle forze riuscirono a garantirsi l'avallo politico della maggioranza semplice della Seconda camera oltre che l'appoggio incondizionato della Prima. A differenza che nell'esercizio della potestà di legislazione e di quella finanziaria (artt. 62 e 64 da un lato, e art. 99 dall'altro), dove le Camere disponevano, come del resto il monarca, di un determinante potere di veto, queste, quale soggetto di controllo tempestivo della legalità e costituzionalità dell'agire del governo e dell'amministrazione, avevano a disposizione solo strumenti destinati in partenza ad essere immediatamente poco efficaci, e comunque dall'esito incerto, come quello di inviare messaggi al re (art. 81), di chiamare i ministri a rispondere del loro operato alla presenza delle Camere (art. 60), di insediare commissioni d'inchiesta (art. 82). Essendo rimasto sulla carta, come si è già detto, il potere della Camera dei deputati di porre i ministri in

[88] Cfr. *infra*, cap. 4 «Diritti».

stato d'accusa (art. 61), in caso di illegalità o incostituzionalità dell'operato del governo, le Camere potevano così intervenire solo *ex post* ed esclusivamente sulla base dei due articoli sopra citati, il 63 e il 106 (II comma).

Il parlamento prussiano poté mettere concretamente alla prova le potenzialità dei propri poteri costituzionali di iniziativa e di partecipazione fattiva alla legislazione solo con l'inizio della cosiddetta Nuova Era (1858-1862), avviata con la nomina da parte del reggente Guglielmo di un governo non più univocamente conservatore, come erano stati i governi degli anni Cinquanta, e invece di orientamento complessivamente liberal-moderato[89]. L'impegno dispiegato in questo periodo nella direzione dell'*Ausbau der Verfassung* dalla maggioranza liberale della Camera dei deputati, eletta secondo lo stesso diritto elettorale censitario a tre classi degli anni Cinquanta ma in un clima più libero dalle pratiche governative di *Wahlbeeinflussung* di quegli anni, e la continua azione di stimolo da essa esercitata nei confronti del governo liberal-moderato in carica, consentirono all'istituzione parlamentare prussiana di cimentarsi nella riforma della legislazione in un contesto di relazioni politico-istituzionali tra Camere e governo monarchico radicalmente diverso rispetto al periodo precedente. Tra i temi che infittirono in questo periodo l'agenda parlamentare se ne ritrovano molti che arriveranno a composizione definitiva solo in seguito, ma anche alcuni su cui furono emanate delle leggi destinate a restare a lungo una conquista importante o un punto di arrivo nella vita politico-costituzionale, sociale, economica e finanziaria della monarchia costituzionale prussiana. In estrema

[89] Per la composizione dello *Staatsministerium* durante la Nuova Era cfr. R. Paetau (ed), *Die Protokolle des Preußischen Staatsministeriums*, 5, pp. 421-423 (qui si può seguire anche l'avvicendarsi dei ministri sino al 1866). Il periodo della Nuova Era, corrispondente alla V e VI legislatura dell'AH (sulle date di inizio e fine delle legislature cfr. il successivo cap. 3 «Elezioni»), è stato ormai largamente rivalutato nella sua importanza per il progresso della legislazione da alcuni contributi storiografici relativamente recenti, mentre prima era indagato quasi solo in funzione della comprensione delle origini e delle cause del conflitto costituzionale (cfr. a questo proposito R. Paetau, *Die regierenden Altliberalen und der «Ausbau» der Verfassung Preußens in der Neuen Ära [1858-1862]*, e la letteratura ivi citata).

sintesi ci si limita qui a ricordarne alcuni. Nel 1859 e nel 1860 fu discusso un progetto di legge in attuazione dell'art. 19 della costituzione che aveva promesso l'introduzione del matrimonio civile e che si bloccò per l'opposizione della Camera dei signori. Oggetto di intense trattative, con il governo e con l'HH, furono anche 2 progetti di legge in attuazione dell'art. 101 sull'abolizione dei privilegi fiscali esistenti in materia di imposta fondiaria, definitivamente approvati nel 1861. Discussi sin dal 1859 furono alcuni disegni di legge del ministro delle Finanze con cui si chiedevano al paese sforzi finanziari consistenti per far fronte alla mobilitazione dell'esercito resa necessaria dall'acuirsi dei contrasti tra il Regno di Sardegna e l'Austria, e/o per finanziare il «provvisorio mantenimento della riorganizzazione dell'esercito» avviata contestualmente ad essa. All'ordine del giorno sin dal 1860 fu posto un progetto di legge governativo contenente le modifiche che si intendevano apportare alla legge fondamentale della costituzione militare prussiana, del 3 settembre 1814, per sanare legislativamente a posteriori le modifiche all'organizzazione dell'esercito già realizzate o in via di realizzazione. Discusso nel 1860, ma rimasto senza alcun esito, fu un importante progetto di legge di riordino della costituzione dei *Kreise* nelle sei province orientali, che rese chiaro a tutti come il nuovo governo liberal-moderato 'perlomeno' riconoscesse la necessità di procedere ad una riforma dell'organizzazione e della rappresentanza dei *Kreise*. Discussi e parzialmente ridimensionati furono nel 1860 e nel 1861 i limiti posti alla libertà di stampa dalla legge esistente del 1851. Con legge del 27 giugno 1860 sarà approvata in questo periodo anche una norma importante a garanzia di uno svolgimento delle elezioni libero da interventi manipolatori dell'amministrazione. All'ordine del giorno fu portata persino, senza trovare tuttavia soluzione, la questione della responsabilità ministeriale in attuazione dell'art. 61 della costituzione. Presentato nel 1861 fu anche un progetto di riforma dell'ordinamento delle città (*Städteordnung*) del 1853, che però alla fine nemmeno il governo della Nuova Era riconobbe la necessità di modificare. Redatti *in extremis* verso la fine del periodo, e cioè all'inizio del 1862, furono infine altri due importantissimi progetti di legge, uno di riordino dell'amministrazione di polizia nelle campagne con forti valenze antisignorili, e un altro di riforma dell'istituzione e delle competenze della Corte dei conti (*Oberrechnungskammer*), da affiancare alle Camere nel controllo dell'amministrazione delle finanze, che però non arrivarono ad essere discussi a causa dell'esplosione del conflitto. Mai presentato, nemmeno dal governo della Nuova Era, fu invece un progetto di riforma della Camera dei signori, insistentemente auspicata dalla componente più radicale della maggioranza parlamentare liberale della *Fortschrittspartei*[90], che rimproverava ai ministri liberal-moderati in carica e alla moderata *Fraktion Vincke* che li sosteneva all'interno della Camera dei deputati, di aver fatto complessivamente scarso uso del diritto di iniziativa legislativa, di aver conseguito scarsi risultati sul terreno dell'*Ausbau der Verfassung*, e di aver mal tollerato anche l'utilizzo del diritto di petizione come arma di pressione politica.

L'esperienza di collaborazione, rivelatasi progressivamente sempre più difficile, tra la componente parlamentare della *Fortschrittspartei*, che in seguito alle elezioni regolarmente svoltesi nel dicembre 1861 era andata sempre più radicalizzandosi, e il governo liberal-moderato degli anni della Nuova Era, che si caratterizzò per il suo atteggiamento di cauto perseguimento del cambiamento politico, si concluse nel 1862. Nel marzo di quell'anno esplose infatti una contrapposizione insanabile tra la rappresentanza popolare da un lato, e il governo regio e la Camera dei signori dall'altro, che si protrasse per oltre 4 anni e che segnò anche la fine della pacifica vita parlamentare degli anni della Nuova Era, nonché il blocco di qualsiasi attività legislativa del *Landtag* prussiano. Irritato dall'atteggiamento di sfida della maggioranza parlamentare più radicale scaturita dalle elezioni politiche del 1861, che chiedeva un'ulteriore specializzazione del progetto governativo di bilancio allo scopo di poter meglio controllare l'uso governativo delle risorse pubbliche, per la prima volta dall'emanazione della costituzione l'11 marzo 1862 Guglielmo I si risolse a sciogliere d'autorità la Camera dei deputati, in forza del potere concessogli dall'art. 51

[90] Cfr. A.G. MANCA, *La sfida delle riforme*, pp. 352-353.

della costituzione, prima ancora che fosse stato cercato e trovato un accordo sul varo della legge di bilancio per il 1862.

Dallo 'stato d'eccezione' venutosi a creare nel marzo 1862 per la mancata approvazione della legge di bilancio, non si riuscì ad uscire neanche nei pochi mesi di vita della VII legislatura (19 maggio 1862 - 13 ottobre 1862). Prima che questa si chiudesse, e cioè il 24 settembre 1862, Guglielmo I, in risposta al voto dell'aula che aveva rigettato il bilancio militare proposto dal governo regio, e dopo aver accolto la richiesta di dimissioni del ministro delle Finanze von der Heydt, non disposto ad assumersi la grave responsabilità di continuare a guidare le finanze prussiane senza una legge di bilancio, chiamò Bismarck ad assumere la carica di presidente del Consiglio dei ministri.

La nomina di Bismarck non fu che l'atto iniziale di un complessivo e radicale smantellamento delle premesse politico-istituzionali che avevano reso possibile l'instaurazione della fattiva collaborazione nel campo della legislazione tra governo monarchico e rappresentanza popolare iniziata nel 1858. La dichiarazione resa da Bismarck di fronte alla Camera dei deputati della VII legislatura il 29 settembre 1862, per cui non avendo la costituzione previsto cosa dovesse accadere in caso di non raggiungimento di un accordo tra i tre fattori della legislazione sulla legge di bilancio, il governo aveva il diritto di provvedere alle spese necessarie a garantire la continuità dell'amministrazione anche senza esservi autorizzato legalmente, fu il segno inequivocabile che da una divergenza sulla «questione militare» (*Militärfrage*) (la richiesta dei progressisti di specializzazione del bilancio nascondeva la volontà di cancellare le somme destinate a portare avanti la riorganizzazione militare avviata dal re nel 1859-1860), era insorta una *Verfassungsfrage*. Una crisi costituzionale che, scaturita dall'emergenza politica e finanziaria creatasi in seguito al mancato raggiungimento di un accordo sulla definizione della legge di bilancio dello Stato indispensabile per conferire legalità all'amministrazione governativa delle finanze statali, vide per quattro anni contrapporsi la maggioranza parlamentare liberale e le ragioni dell'istituzione rappresentativa da un lato, il re, il suo governo e la Camera dei signori dall'altro, sino all'inizio dell'estate del 1866.

Ai primi di luglio 1866, sull'onda del successo riportato dalla Prussia nella guerra contro l'Austria, riuscì a Bismarck, che aveva sin qui condotto la sua politica interna, estera e militare in piena autonomia dai poteri costituzionali della Camera dei deputati, di muovere i deputati liberali, ormai sfiancati da anni di lotta politica all'opposizione, ad accettare di sanare a posteriori l'incostituzionale operato politico e amministrativo del governo Bismarck con una *bill of indemnity*, sin qui del tutto sconosciuta al diritto costituzionale prussiano.

La sottrazione, in tutto o in parte, di alcune importanti competenze legislative al *Landtag* prussiano e il loro trasferimento in capo alla Confederazione della Germania del Nord (*Norddeutscher Bund*) eretta nel 1867 – ad essere trasferite furono tra le altre le decisioni relative al bilancio dello Stato (imposte dirette e indirette) e al bilancio militare, in particolare quelle relative all'organizzazione e all'amministrazione dell'esercito e della marina da guerra[91] –, ridimensionarono di fatto e sensibilmente l'importanza politica delle due Camere prussiane. Anche per questo motivo il partito liberale progressista, o meglio quanto di esso era rimasto dopo l'abbandono di molti suoi membri andati a fondare nel 1867 il partito nazionalliberale, non votò, il 31 maggio 1867, la costituzione della Confederazione (*Bundesverfassung*) della Germania settentrionale, mentre la Camera dei signori la approvò all'unanimità il successivo 24 giugno[92].

Tra le modifiche, anche formali, subite dalla costituzione prussiana nel corso della sua vigenza, non si può certo tacere di quelle che furono ad essa apportate di fatto dall'entrata in vigore della costituzione della Confederazione della Germania del Nord. Questa entrò in vigore in Prussia il 1° luglio 1867, senza che nelle Camere prussiane fosse stata precedentemente discussa alcuna legge di modifica costituzionale che mettesse in chiaro i punti in cui il testo della costituzione prussiana del 1850 fosse da ritenersi modificato e/o sostituito da quello della nuova

[91] Cfr. in merito E.R. Huber, *Deutsche Verfassungsgeschichte*, 3, pp. 662-665, e soprattutto K.E. Pollmann, *Parlamentseinfluß während der Nationalstaatsbildung 1867-1871*.

[92] E.R. Huber, *Deutsche Verfassungsgeschichte*, 3, p. 667.

costituzione confederale. Solo nel varo della legge d'introduzione (*Einführungsgesetz*) di quest'ultima furono osservate dalle Camere prussiane, tra il mese di maggio e quello di giugno del 1867, le forme aggravanti del processo di legislazione ordinaria previste dall'art. 107 della costituzione (doppia votazione a maggioranza semplice in ogni Camera a distanza di almeno 21 giorni l'una dall'altra). La costituzione confederale fu così semplicemente 'accostata' alla prussiana del 1850.

Capitolo terzo

Le elezioni

Sotto la spinta dell'ondata rivoluzionaria innescatasi a Berlino il 18 marzo 1848, Federico Guglielmo IV si era visto indotto ad anticipare la convocazione della Seconda Dieta unificata (*Zweiter Vereinigter Landtag*), già fissata per il 27 aprile 1848, al 2 dello stesso mese[1]. Fu questa istituzione rappresentativa di carattere cetuale ad approvare, insieme al re e al nuovo *Staatsministerium* presieduto dal liberale Ludolf Camphausen, la legge elettorale dell'8 aprile 1848[2], sulla cui base l'8 maggio venne eletta l'Assemblea costituente del popolo prussiano, in assoluto la prima rappresentanza politica nazionale di carattere moderno, e cioè non cetuale. La Costituente fu infatti liberamente eletta con diritto di voto maschile quasi generale (l'unica eccezione era costituita da coloro che non erano in grado di scrivere, secondo il §1 della 'legge' elettorale [*Wahlgesetz*]), uguale, generalmente segreto (§ 11 del *Reglement*), anche se indiretto. L'elezione dei deputati avveniva cioè attraverso due gradi di elezione: gli elettori primari (*Urwähler*) eleggevano i cosiddetti *Wahlmänner* (grandi elettori o elettori secondari), e questi a loro volta eleggevano i deputati alla Costituente (*Abge-*

[1] Cfr. *Patent Sr. Majestät der König von Preußen Friedrich Wilhelm IV., wegen beschleunigter Einberufung des Vereinigten Landtages, vom 18. März 1848*, in *Verhandlungen des zum 2. April 1848 zusammenberufenen Vereinigten Landtages, Aktenstücke*, pp. 163-165.

[2] Cfr. *Wahlgesetz für die zur Vereinbarung der preußischen Staats-Verfassung zu berufende Versammlung*, dell'8 aprile 1848, e *Reglement zur Ausführung des Wahlgesetzes vom 8. April d.J. für die zur Vereinbarung der preußischen Staats-Verfassung zu berufende Versammlung*, della stessa data, in *Verhandlungen des zum 2. April 1848 zusammenberufenen Vereinigten Landtages, Gesetze*, pp. 173-175 e 175-179. Sul *Märzministerium* prussiano E.M. WERNER, *Die Marzministerien*.

ordneten). Questa, composta di 402 deputati, e incaricata, sia di «fissare la futura costituzione dello Stato concordandola con la Corona», sia di «esercitare interinalmente, per la durata dell'assemblea, i poteri sin qui riconosciuti ai ceti in materia di autorizzazione delle imposte e del debito pubblico» (§ 13 del *Wahlgesetz*), lavorò dal 22 maggio 1848 al 9 novembre[3], senza però riuscire a concludere i suoi lavori.

Già qualche giorno prima della proclamazione a Berlino dello stato d'assedio (*Belagerungszustand*) del 12 novembre 1848[4], che aveva portato al divieto di tutte le associazioni e dei *clubs* politici, ad una pesante limitazione del diritto di riunione e della libertà di movimento delle persone, nonché allo scioglimento della guardia civica (*Bürgerwehr*) di recente formazione, la Costituente era stata dapprima aggiornata dal re, che ne aveva anche ordinato il trasferimento nella cittadina di Brandenburg an der Havel, e poi, sempre per ordine regio, definitivamente sciolta il 5 dicembre 1848. Quello stesso giorno il re volle concedere lui stesso, dall'alto, una costituzione alla Prussia, la cosiddetta *oktroyierte Verfassung*[5]. Secondo il suo art. 112, questa avrebbe dovuto essere «rivista» dal re e dai suoi ministri insieme alle due Camere rappresentative da essa istituite e da eleggersi sulla base di un nuovo diritto elettorale; questo sarà rilasciato d'autorità dal monarca già il giorno successivo alla concessione della costituzione, e cioè il 6 dicembre 1848[6].

[3] Cfr. S. Böhr, *Die Verfassungsarbeit der preußischen Nationalversammlung 1848*; W. Nitschke, *Volkssouveränität oder monarchisches Prinzip?*.

[4] Cfr. *Bekanntmachung über die Verhängung des Belagerungszustandes vom 12. November 1848*, firmata dal generale di cavalleria von Wrangel, in E.R. Huber (ed), *Dokumente zur deutschen Verfassungsgeschichte*, 1, pp. 477-478.

[5] Cfr. *Verfassungsurkunde für den preußischen Staat (5.12.1848)*, *ibidem*, pp. 484-493.

[6] Cfr. *Interimistisches Wahlgesetz für die erste Kammer. Vom 6. Dezember 1848*, in «GS», 1848, pp. 395-398 (ora ripubblicato in M. Kotulla, *Das konstitutionelle Verfassungswerk Preußens 1848-1918*, pp. 199-202), su cui si veda E.R. Huber, *Deutsche Verfassungsgeschichte*, 3, p. 36. Cfr. inoltre, dello stesso giorno, il *Wahlgesetz für die zweite Kammer. Vom 6. Dezember 1848*, in «GS», 1848, pp. 399-401 (anche in M. Kotulla, *Das konstitutionelle Verfassungswerk Preußens 1848-1918*, pp. 202-205).

Il nuovo diritto elettorale non differiva tuttavia molto da quello, assai moderno, utilizzato per l'elezione della Costituente dell'8 aprile 1848, se non per alcuni aspetti; tra di essi anzitutto il carattere spiccatamente censitario del suffragio per l'elezione della Prima camera, che si sarebbe dovuta comporre di 180 membri e essere eletta indirettamente a due gradi. Da parte degli elettori primari (*Urwähler*) era richiesto un censo elevato (8 talleri all'anno di *Klassensteuer*)[7], o una proprietà fondiaria del valore di almeno 5.000 talleri, oppure, ancora, un'entrata annuale di 500 talleri[8]. Per la Seconda camera, invece, si sarebbero eletti 350 deputati, indirettamente, da parte di elettori primari senza alcun riguardo al censo, ma a condizione che non ricevessero alcun sussidio di povertà (*Armen-Unterstützung*). I deputati sarebbero stati scelti da elettori secondari (*Wahlmänner*) all'interno di collegi elettorali plurinominali, con almeno due deputati per collegio[9].

La Prima camera, eletta sulla base della 'legge', liberale ma provvisoria (*interimistisch*), del 6 dicembre 1848, sarà la stessa che, a partire dal settembre 1849 e fino al gennaio 1850, parteciperà alla revisione dell'*oktroyierte Verfassung*. Parzialmente rinnovata nel marzo 1850[10], essa continuerà a restare operativa sino al 1852, in attesa che il re, i suoi ministri, e i consiglieri più fidati trovassero un accordo sulla modalità di formazione (*Bildung*) della Prima camera, per il raggiungimento del quale la costituzione del 1850 fissò il termine ultimo del 7 agosto 1852[11].

La Seconda camera, invece, eletta il 5 febbraio 1849, sarà sciolta d'autorità dal re già il 27 aprile 1849, per aver tra l'altro osato

[7] Su questa imposta personale diretta cfr. *infra*, cap. 11 «Finanze».

[8] Cfr. *Interimistisches Wahlgesetz für die erste Kammer. Vom 6. Dezember 1848*, art. 2.

[9] Cfr. *Wahlgesetz für die zweite Kammer. Vom 6. Dezember 1848*, artt. 2 e 5.

[10] Sull'esito di queste elezioni cfr. G. GRÜNTHAL, *Parlamentarismus in Preußen*, p. 199, nota 103.

[11] Cfr. art. 66 della *revidierte Verfassung* del 1850. La data del 1852, come già visto *supra*, cap. 2 «Struttura costituzionale dello Stato centrale», scorrerà, senza che alcun accordo fosse stato raggiunto, fino a quando non sarà emanata la legge del 1853 sulla Prima camera.

riconoscere la *Reichsverfassung* di Francoforte e avere criticato la proclamazione dello stato di assedio. Sarà poi rieletta sulla base di un diritto elettorale del tutto diverso da quello del 6 dicembre 1848, il 27 luglio 1849. Il nuovo diritto elettorale per la Seconda camera (*Dreiklassenwahlrecht*)[12], era stato concesso dal re, attraverso un'ordinanza d'emergenza, nel chiaro intento di riuscire a condizionare a monte la composizione della camera elettiva e ottenerne una più arrendevole, anche in vista della revisione della costituzione concessa del 5 dicembre 1848. La necessità di tener lontano candidati antimonarchici e antigovernativi si combinò con la «prognosi che proprietà terriera, patrimonio, contribuzione fiscale e reddito consentissero di 'filtrare' una deputazione filomonarchica»[13].

Il diritto elettorale a tre classi del 1849, peraltro già applicato nella sua sostanza oltre che nel Baden in alcune città prussiane della Rheinprovinz su suggerimento, pare, anche di Rudolf Gneist[14], resterà in vigore sino al 1918 con poche modifiche. Tra queste l'età per il diritto elettorale attivo, portata da 24 a 25 anni dall'art. 70 della costituzione del 1850, e soprattutto le correzioni apportate dalla legge del 27 giugno 1860 sui collegi elettorali (*Wahlbezirke*), di cui si dirà più avanti.

Il diritto elettorale del 1849 era anzitutto indiretto: gli *Urwähler* eleggevano i *Wahlmänner*, che a loro volta eleggevano gli *Abgeordneten*. Il sistema prendeva le mosse dal calcolo della somma delle imposte statali dirette (*Klassensteuer*, *Grundsteuer*, *Gewerbesteuer*)[15] versate complessivamente all'interno di ogni

[12] Cfr. *Verordnung über die Ausführung der Wahl der Abgeordneten zur zweiten Kammer. Vom 30. Mai 1849*, in «GS», Berlin 1849, H. 19, Nr. 3131, pp. 205-211, ripubblicata anche in E.R. Huber (ed), *Dokumente zur deutschen Verfassungsgeschichte*, 1, pp. 497-500.

[13] J.-D. Kühne, *Volksvertretungen im monarchischer Konstitutionalismus*, in particolare p. 70 («... Prognose, daß Grundbesitz, Vermögen, Steuerleistung und Jahreseinkommen einen promonarchischen Deputierten herausfiltern lassen»), e p. 72.

[14] G. Grünthal, *Parlamentarismus in Preußen*, pp. 83-84, ma soprattutto pp. 87-88.

[15] Cfr. *infra*, cap. 11 «Finanze».

Wahlbezirk, per poi passare alla compilazione di un elenco degli elettori primari disposti in ordine progressivo dal maggiore al minore contribuente, e infine a una suddivisione dell'elenco così ottenuto in tre classi censitarie, a ognuna delle quali corrispondeva un'eguale somma di imposte, pari a 1/3 di quelle complessivamente versate all'interno dell'*Urwahlbezirk*.

Nella prima classe o *Abteilung* rientravano come *Urwähler* i maggiori contribuenti fiscali dell'*Urwahlbezirk* fino all'ammontare del primo terzo dell'intera contribuzione fiscale; nella seconda quelli su cui ricadevano gli importi fiscali via via più bassi fino al limite dei due terzi dell'intera somma; nella terza gli *Urwähler* che pagavano ancora meno imposte o nessuna, ma che tutti insieme versavano l'ultimo terzo («das dritte Dritttheil») (§ 12) del complessivo ammontare delle imposte. Ognuna delle tre classi di elettori così ottenuta si componeva di un numero assai differente di elettori primari, eleggeva però un numero uguale di elettori secondari (*Wahlmänner*) pari a un terzo dei complessivi seggi a disposizione (§ 14), determinando un diritto di voto diseguale (*ungleich*), dato che esso 'pesava' diversamente a seconda della classe fiscale-elettorale di appartenenza.

Il diritto di voto attivo spettava ai maschi adulti di oltre 24 anni (ma vedi quanto appena detto sopra), in «pieno possesso dei diritti civili» (*Vollbesitz der bürgerlichen Rechte*) e domiciliati o residenti da almeno 6 mesi nel comune in cui votavano. L'esclusione delle donne non era esplicita, mentre lo era quella di coloro che ricevevano un sussidio di povertà (*Armenunterstützung aus öffentlichen Mitteln*) (§ 8). A parte queste eccezioni il diritto di voto era generale (*allgemein*), nel senso che nella terza classe rientravano anche *Urwähler* che non pagavano alcuna imposta diretta (§ 12, comma III). Soprattutto però il voto era pubblico; si votava infatti attraverso *öffentliche Stimmgebung zur Protokoll*, scrivendo cioè la propria preferenza di voto su un registro esposto al pubblico, evidentemente con l'obiettivo di consentire e assicurare, come ebbe modo di dire il conservatore Ludwig von Gerlach in un discorso alla Camera dei deputati del 3 dicembre 1855, «l'influsso delle autorità naturali»[16]. Il

[16] Cit. in G. GRÜNTHAL, *Parlamentarismus in Preußen*, p. 90.

calcolo politico era stato quello di far rientrare nella prima classe il ceto colto e possidente (*Rittergutsbesitzer*, clero, professori universitari e delle scuole superiori, medici, ufficiali, proprietari di fabbriche, *rentiers*), nella seconda il ceto medio (insegnanti elementari, artigiani, imprenditori e proprietari fondiari con possesso di terra dai 50 ai 150 iugeri [*Morgen*]), nell'ultima, la terza, il ceto medio-basso e comunque gli operai, i piccoli commercianti, i piccoli ristoratori e i piccoli proprietari di terra sotto i 50 *Morgen*. Alle prime elezioni del 1849 si vide invece che gran parte del cosiddetto ceto colto e possidente era rientrato nella seconda classe, data la sorprendentemente alta concentrazione della ricchezza nella prima[17].

Il sistema elettorale era inoltre maggioritario, ma conquistava il seggio chi prendeva la maggioranza assoluta dei voti dei votanti e non degli aventi diritto[18] (la maggior parte delle elezioni, perlomeno quelle effettuate dal 1849 al 1856, furono così *Minoritätswahlen*[19]), ed era plurinominale, nel senso che ogni collegio di elettori secondari (*Wahlmännerwahlbezirk*) eleggeva perlomeno 2 deputati (*Abgeordneten*) (§ 3 della *Verordnung* del 1849). Se nessuno dei candidati raggiungeva la maggioranza assoluta, allora aveva luogo un secondo turno di voto cui partecipavano solo i due candidati che avevano preso più voti (*engere Wahl* o doppio turno chiuso). Secondo la stessa procedura erano eletti sia i *Wahlmänner* sia gli *Abgeordneten*.

Nonostante il suo carattere formalmente provvisorio, l'ordinanza elettorale del 30 maggio 1849 non solo sarà accolta in parte nello stesso testo costituzionale (cfr. artt. 70-72 della costituzione del 1850), ma si manterrà in vigore, come si è detto,

17 Così H. VON GERLACH, *Die Geschichte des preußischen Wahlrechts*, p. 30.

18 Così è chiarito dal § 12 del *Reglement zur Verordnung vom 30. Mai d.J. über die Ausführung der Wahl der Abgeordneten für die Zweite Kammer*, del 31 maggio 1849, in *Verfassungs-Urkunde für den preußischen Staat. Vom 31. Januar 1850*, Berlin 1856, pp. 29-33, qui p. 31. Su questo regolamento cfr. inoltre L. VON RÖNNE, *Das Staatsrecht der preußischen Monarchie*, 1856-1863, I (1856), p. 485.

19 L. VON RÖNNE, *Das Staatsrecht der preußischen Monarchie*, 1856-1863, I (1856), p. 486, nota 4 da p. 485; in merito si sofferma anche G. GRÜNTHAL, *Parlamentarismus in Preußen*, p. 104.

molto a lungo. La legge elettorale promessa nell'art. 72 della costituzione del 1850, e che in quanto tale avrebbe dovuto essere concordata da tutti e tre i fattori della legislazione (le due Camere e il monarca), non sarà mai varata. L'ordinanza del 1849 sul diritto elettorale a tre classi sarà sostituita solo sull'onda della rivoluzione del 1918, con l'introduzione del suffragio universale, uguale, diretto e segreto.

Verrà invece varata durante la Nuova Era, infliggendo un grave colpo allo strapotere delle autorità amministrative locali coinvolte a vario titolo nelle procedure di voto (§§ 3, 15, 16, 20, 25, 27 dell'ordinanza elettorale del 1849), la legge «relativa alle circoscrizioni elettorali per la Camera dei deputati» del 27 giugno 1860[20]. Essa consentirà, almeno in parte, di sottrarre alle autorità amministrative (*Regierung*, *Oberpräsident*), e in ultima analisi al ministro dell'Interno, quella che di volta in volta appariva la più 'opportuna' e 'conveniente' demarcazione dei confini dei collegi elettorali (*Wahlbezirkseinteilung*), come pure la definizione, sia del numero dei deputati da eleggere in ogni collegio elettorale (si decise che in 28 collegi si sarebbe eletto 1 deputato, in 22 collegi 2 deputati, in 27 collegi 3 deputati[21]), sia del luogo in cui doveva essere allestito il seggio elettorale (*Wahlort*). Particolarmente i §§ 2 e soprattutto 3 e 16 dell'ordinanza elettorale del 1849 avevano sin qui consentito molti arbitrii alle autorità amministrative coinvolte a vario titolo nel procedimento elettorale (la *Bezirks-Regierung*, il *Landrat*, l'*Oberpräsident*, tutte peraltro di nomina rigorosamente regia o governativa)[22]. Certo, anche questa legge del 1860 non riuscì ad eliminare tutti gli aspetti negativi del sistema elettorale vigente, che favoriva la campagna rispetto alle città, lasciava la popolazione delle campagne, particolarmente nei paesi al di sotto dei 350 abitanti, soggetta alle pressioni dirette del *Landrat*, non consentiva la coincidenza dei collegi elettorali

[20] Cfr. *Gesetz, die Feststellung der Wahlbezirke für das Haus der Abgeordneten betreffend. Vom 27. Juni 1860*, in «GS», 1860, pp. 357-380.

[21] Cfr. R. BOECKH, *Statistik der Urwahlen für das preussische Abgeordnetenhaus vom neunzehnten November 1861*, p. 90.

[22] Cfr. *infra*, cap. 5 «Amministrazione».

con le circoscrizioni amministrative dei *Kreise*, cui si opponeva l'oggettiva incongruenza tra il numero dei deputati e quello delle circoscrizioni, e che invece avrebbe agevolato «l'incontro degli interessi locali con quelli statali»[23]. La legge del 1860 lasciò, infine, ultimo ma non per importanza, ancora nelle mani dell'amministrazione, e nelle campagne in particolare in quelle del *Landrat*, la definizione dei collegi per l'elezione dei *Wahlmänner*, dato che essa aveva fissato definitivamente solo quelli per i deputati. Molto apprezzato dai liberali progressisti fu invece il fatto che la legge del 1860 consentisse almeno, come si disse sulla liberale «Nationalzeitung», una «più accurata e tempestiva preparazione delle elezioni»[24].

Dati statistici assai precisi e finemente elaborati sui risultati delle elezioni nella Prussia costituzionale si trovano già per il 1849 nelle «Mittheilungen des statistischen Bureau's in Berlin» a cura del Dr. F(riedrich) W(ilhelm) C(arl) Dieterici, direttore del *Königlich Preussisches Statistisches Bureau*, che a partire dal 1848 fu sottoposto all'autorità del ministro dell'Interno[25]. In

[23] Così il relatore della commissione parlamentare che esaminò il progetto di legge, Wihelm Adolph Lette, membro del liberal-moderato gruppo Vincke (cfr. *StenBerAH*, 30ª seduta, 23 marzo 1860, p. 609).

[24] Cfr. *Die Wahlbezirks-Ordnung*, in «NZ» del 28 luglio 1860.

[25] Lo *Statistisches Bureau* fu posto sotto il ministro dell'Interno con *Allerhöchst Erlaß* del 10 luglio 1848 («GS», 1848, p. 337; in merito si veda L. von Rönne, *Das Staatsrecht der Preußischen Monarchie*, 1864-1865², II.1 [1864], p. 78). Lo *Statistisches Bureau* anche nel periodo costituzionale continuò la sua eccezionale opera di rilevazione dati in tutti gli ambiti della vita sociale, economica e politica della popolazione prussiana. L'ufficio pubblicava i risultati delle sue indagini sulle «Mittheilungen des Statistischen Bureaus in Berlin», redatte nel 1848 e negli anni seguenti sotto la guida del suo direttore, Karl Friedrich Wilhelm Dieterici, che, sino alla morte nel 1859, molto di adopererà per la continuità della statistica amministrativa (*Verwaltungstatistik*). Dopo la sua scomparsa la rivista apparirà sotto il nome di «Zeitschrift des Königlich Preussischen Statistischen Bureaus» e sarà diretta dal Dr. Ernst Engel, successo a Dieterici nel 1860 nel ruolo di direttore dell'Ufficio statistico, e che in epoca imperiale porterà al massimo sviluppo la statistica ufficiale prussiana; resterà direttore sino al 1882. Engel, che si impegnò affinché tutte le branche dell'amministrazione pubblica collaborassero alle rilevazioni della statistica, divenne famoso a livello internazionale per la cosiddetta *Engelsche Kurve*, la 'legge' per cui ad un aumento dei redditi individuali corrisponde una proporzionale diminuzione

questa pubblicazione si trovano infatti preziose elaborazioni di dati relativi alle prime elezioni per la Seconda camera sotto il *Dreiklassenwahlrecht* del 27 luglio 1849, che segnano anche l'inizio della statistica elettorale tedesca. Furono queste del 1849 però anche le ultime elezioni che si tennero in Prussia prima dell'inizio vero e proprio della reazione degli anni Cinquanta, e forse non fu per caso che lo zelo statistico-elettorale mostrato dalle autorità prussiane in occasione di queste elezioni non si ripeté nella raccolta ed elaborazione dei dati relativi a quelle svoltesi successivamente. Secondo Richard Boeckh, che dal 1875 succederà a Engel nella direzione dell'Ufficio statistico di Berlino, la raccolta di dati elettorali effettuata direttamente dal ministro dell'Interno conservatore Westphalen relativamente alle consultazioni elettorali del 1852, 1855 e 1858, fu assai meno completa di quella effettuata per il 1849[26].

Un investimento sulla statistica elettorale come quello effettuato nel 1849 dal *Königlich Preussisches Statistisches Bureau* si ripeterà solo durante la Nuova Era, quando l'Ufficio era già sotto la direzione di Ernst Engel, e precisamente dopo l'entrata in vigore della citata legge elettorale del 27 giugno 1860. Un'enorme mole di dati si raccolsero in particolare sul primo turno delle elezioni del 19 novembre 1861 e sui *Wahlmänner* eletti in ogni *Urwahlbezirk*, per Boeckh «le unità politiche del sistema elettorale a tre classi»[27].

Secondo lo statistico le «diseguaglianze» che venivano a sommarsi nel momento del voto, riconducibili alla legislazione

delle spese per l'alimentazione. Engel, eletto alla Camera dei deputati prussiana come nazionalliberale nel 1867-1870, si attirò i richiami disciplinari di Bismarck che lo accusò di abuso del segreto d'ufficio per aver utilizzato il risultato delle sue statistiche in un intervento parlamentare (cfr. R. PAETAU [ed], *Die Protokolle des Preussischen Staatsministeriums 1817-1934/38*, 6/1, pp. 31, 94 e 105). Sull'Ufficio statistico prussiano cfr. ora M.C. SCHNEIDER, *Wissensproduktion im Staat*.

26 Si veda R. BOECKH, *Statistik der Urwahlen für das preussische Abgeordnetenhaus vom neunzehnten November 1861*, p. 77. Su Georg Friedrich Richard Boeckh si veda la relativa voce biografica di E. MAIER in *Neue Deutsche Biographie*, 2, 1955, p. 367.

27 R. BOECKH, *Statistik der Urwahlen für das preussische Abgeordnetenhaus vom neunzehnten November 1861*, p. 77.

del 1849 e non rimosse neanche da quella del 1860, erano numerose e tutt'altro che irrilevanti. Anzitutto Boeckh ci teneva a sottolineare come alle elezioni del 1861, su un numero di abitanti registrato all'ultimo censimento del 1858 di 17.739.913 prussiani, gli aventi diritto al voto fossero stati calcolati in 3.352.937, e cioè in media, ma naturalmente la situazione era diversa nelle singole province, quasi il 19% della popolazione[28]. Di questi 3.352.937 erano però poi risultati essere solo l'82,9% i maschi che soddisfacevano le condizioni per accedere al voto della normativa del 1849 (aver compiuto 24 anni, essere autonomo [*selbstständig*], in possesso dei diritti civili, residente nel luogo del voto da almeno 6 mesi, non vivere di assistenza pubblica [*Armenunterstützung*]). Insomma, circa 1/5 dei maschi oltre i 24 anni non soddisfacevano i requisiti per l'elettorato attivo, con una tendenza per giunta che, anziché calare, si era mostrata incline ad aumentare. Così nel 1861 la percentuale degli aventi diritto era tanto diminuita nel corso degli anni Cinquanta rispetto al 1849, al punto da essere tentati, diceva Boeckh, di mettere in dubbio la solerzia delle autorità comunali nella compilazione (eteronoma) delle liste[29].

Anche nella formazione delle tre *Abteilungen* o classi censitarie in cui veniva ripartita la popolazione a seconda delle imposte dirette versate e che all'epoca avrebbero assicurato un gettito di 32,5 milioni (di talleri), si sarebbero potute registrare molte «asimmetrie» (*Ungleichheiten*), riconducibili a varie cause. Anzitutto Boeckh menzionava quelle determinate da imprecisioni nella rilevazione dei contributi fiscali, spesso diversi rispetto a quelli effettivamente versati. In secondo luogo non si potevano trascurare quelle dovute al fatto che in alcuni *Urwahlbezirke*, particolarmente in quelli di campagna, il primo terzo delle imposte fosse stato raggiunto dalle imposte pagate da un solo ricco signore fondiario (*Gutsbesitzer*). In terzo luogo balzavano agli occhi quelle derivanti dall'enorme disparità di imposte pagate in media dagli abitanti di alcuni collegi elettorali primari

[28] *Ibidem*, p. 92. Una percentuale comunque assai più alta di quella degli aventi diritto al voto nello stesso torno di tempo in Italia, quando accedeva alle urne circa il 2% della popolazione.

[29] *Ibidem*, pp. 92-93.

(*Urwahlbezirke*) all'interno dello stesso collegio elettorale secondario (*Wahlkreis*). In quarto luogo non era certo possibile tacere delle asimmetrie che si potevano notare nei tetti fiscali che separavano le 3 *Abteilungen* all'interno degli *Urwahlbezirke*. Ancora e infine, data la estrema diversità delle situazioni locali, si era dimostrata non sempre esatta la supposizione che nella prima classe rientrassero gli elettori più ricchi e nella terza *Abteilung* invece i più poveri; si era verificato infatti anche il caso, soprattutto nei comuni più grossi, che qualora nella prima classe non fosse rientrato nessuno, gli elettori della seconda e della terza erano stati spostati più in alto[30].

Il sistema elettorale a tre classi produceva anche molte diseguaglianze, non mancava di osservare Boeckh, nel valore del diritto di voto (*Wahlberechtigung*) individuale, nel senso che c'erano *Urwahlbezirke* dove un solo elettore della prima classe eleggeva un elettore secondario (*Wahlmann*), mentre nella terza classe erano magari 192 gli elettori necessari a eleggerlo, lasciando emergere grandi differenze non solo nel rapporto tra elettori ed eletti ma anche tra ogni eletto e la somma di imposte che aveva condotto alla sua elezione[31].

Anche il mutamento avvenuto nel 1849, quando dalla segretezza del voto (la preferenza di voto doveva essere scritta di proprio pugno su un foglietto poi consegnato nell'urna) si era passati al voto pubblico della *Stimmgebung zur Protokolle*, non aveva mancato di riflettersi sulla partecipazione al voto[32]. La maggiore affluenza si era registrata in occasione delle *Urwahlen* del 1849, quando vi avevano preso parte 1.037.924 elettori. Nel 1852 e 1855, nel pieno della reazione, i votanti invece erano stati solo il 45% di quella cifra, per poi risalire decisamente nel 1858 sino al 70%. Solo nel 1861, l'anno in cui alle elezioni si era presentata per la prima volta la nuova formazione liberale della *Fortschrittspartei*, si era raggiunto il 90% dei partecipanti al voto del 1849, percentuale corrispondente a 916.260 votanti.

30 *Ibidem*, pp. 94, 97, 99, 100, 102, 106.

31 *Ibidem*, p. 109.

32 *Ibidem*, p. 111.

In nessun caso tuttavia, secondo Boeckh, ci si doveva attendere per il futuro una curva ancora crescente nella partecipazione al voto; su di essa molto peso aveva anche la ripartizione degli aventi diritto nelle tre classi elettorali (*Abteilungen*), e l'esperienza insegnava che «la terza classe [era] quella che in proporzione partecipa[va] meno alle elezioni». Inoltre, se un aumento nella partecipazione al voto del 1861 era stata registrata soprattutto nelle province occidentali della Prussia, lo stesso non era avvenuto nella provincia di Posen, e addirittura veri e propri crolli verticali della partecipazione al voto rispetto al 1849 erano stati registrati nelle province orientali di Sachsen, Schlesien, Pommern e Brandenburg. Comunque, riassumeva Boeckh, che la partecipazione al voto decrescesse notevolmente, compiendo dei veri e propri salti, mano a mano che dalla prima classe si scendeva verso la terza, era fuori da ogni dubbio; in media essa alle elezioni del 1861 era stata del 55,8% nella prima classe, del 42,4% nella seconda, del 23% nella terza classe, anche se dal 1849 al 1861 era senz'altro aumentata in termini assoluti. La partecipazione al voto si manteneva comunque bassa o inferiore nelle zone poco popolate o distanti dai centri densamente abitati, come pure nelle zone lontane da un certo grado di benessere. Nelle grandi città, invece, il senso della politica era più vivo, sia per l'influsso che lì esercitavano la stampa e la vita associativa, sia date le proporzioni maggiori che lì assumevano le questioni comunali risvegliando anche l'interesse per quelle statali. Se non si poteva affermare che sulla partecipazione al voto influisse in misura direttamente proporzionale l'agiatezza della popolazione, non era nemmeno dimostrabile che l'agiatezza fosse proporzionale all'interesse per le questioni politiche. Di sicuro, nelle classi più basse della *Klassensteuer*, trascurare la propria occupazione economica principale per la politica, portava con sé più svantaggi che non nelle classi più alte[33].

La dettagliata analisi del sistema elettorale prussiano condotta nel 1861 da Boeckh, allora *Regierungsrat* dell'Ufficio statistico prussiano, trovò sostanzialmente conferma e completamento

[33] *Ibidem*, pp. 111-115.

in quella intrapresa qualche anno dopo, nel marzo 1865, da Ernst Engel[34] relativamente alle due tornate elettorali svoltesi stavolta nel bel mezzo del conflitto costituzionale e in particolare alla fine della VI (maggio 1861) e della VII legislatura (ottobre 1863)[35]. La divisione fra città e campagna, e la concentrazione degli elettori primari ancora soprattutto nelle campagne, continuava a segnare la geografia dei collegi prussiani, anche se il sensibile aumento di elettori primari aveva riguardato soprattutto le città, come conseguenza, evidentemente, del fenomeno dell'urbanizzazione indotto dall'accelerazione dello sviluppo economico-industriale di quegli anni. Infatti, alle elezioni del 20 ottobre 1863, quando la popolazione della Prussia contava 18.491.220 abitanti, dei complessivi 16.030 *Urwahlbezirke* 4371 si trovavano nelle città e 11.659 nelle campagne[36]. In questi *Urwahlbezirke* gli aventi diritto al voto erano aumentati rispetto al 1861, quando si erano contati 3.362.937 elettori primari, mentre nel 1863 se ne erano registrati 3.549.065. Di questi il 68,8% risiedeva nelle città e il resto nelle campagne. Anche i dati di Engel documentavano chiaramente il diverso peso del suffragio a seconda delle classi censitarie, e, forse in stretta connessione con ciò, il diminuire della partecipazione al voto man mano che dalla prima classe si scendeva verso la terza. Gli *Urwähler* della prima classe elettorale erano risultati essere 158.173, quelli della seconda 453.515, della terza 2.937.477. In media per eleggere 1 elettore secondario servivano 7,1 elettori della prima classe elettorale, 19,1 della seconda, 132,0 della terza. Dei 3.549,065 elettori primari però solo 1.097.453 risultava avere preso parte al voto, e, in particolare, della prima classe il 57,0%, della seconda il 44%, della terza il 27%, venendo così confermati nella sostanza i dati elaborati per il 1861 da Boeckh. In media era andato a votare solo il 30,9% degli

[34] E. ENGEL, *Die Ergebnisse der Urwahlen für das preussische Abgeordnetenhaus vom 28. April 1862 und vom 20. October 1863.*

[35] Sull'inizio e la fine delle legislature nel nostro periodo cfr. più avanti in questo stesso capitolo.

[36] E. ENGEL, *Die Ergebnisse der Urwahlen für das preussische Abgeordnetenhaus vom 28. April 1862 und vom 20. October 1863*, p. 69.

elettori primari[37], per quanto la partecipazione al voto fosse andata aumentando con l'acuirsi e il protrarsi del conflitto costituzionale (nel 1861, 1862 e 1863 avevano rinunciato al voto rispettivamente il 78,8, il 65,7, e il 69,1% degli elettori primari) ed essa fosse comunque risultata mediamente più alta negli anni Sessanta che non dal 1849 in poi: «La partecipazione al voto era stata in Prussia nel 1849 del 31,9%, nel 1855 del 16,1%, nel 1858 del 22,6%, nel 1863 del 30,9%»[38].

L'opinione di Ernst Engel era che l'astensionismo fosse espressione dello scarso radicamento raggiunto in Prussia dal moderno sistema rappresentativo, e che fosse dovuto anzitutto al carattere indiretto, diseguale e pubblico del voto sotto il *Dreiklassenwahlrecht*. Gli effetti di queste caratteristiche del sistema elettorale prussiano erano stati cioè ampiamente in grado di controbilanciare e addirittura di neutralizzare l'effetto atteso dalla concessione del suffragio a un numero di elettori primari otto volte più grande che non in Belgio nello stesso torno di tempo («lì ca. 20 per mille, qui ca. 164 per mille dell'intera popolazione»), dove però il voto era diretto, segreto, e meno diseguale che in Prussia[39]. Se alle caratteristiche appena dette del sistema elettorale prussiano si sommavano poi il carattere maggioritario del voto e le ridotte dimensioni dei collegi elettorali, che immancabilmente penalizzavano le minoranze[40] e le opposizioni, risultava quasi inevitabile mettere in relazione l'alto tasso di astensionismo degli elettori primari documentato anche da Engel per la prima metà degli anni Sessanta, con le asimmetrie e le diseguaglianze del sistema elettorale del 1849.

C'era però anche un'altra circostanza che la pubblicazione di carattere ufficiale di Engel non poteva comprensibilmente considerare, e che contribuiva ad allontanare gli elettori dai comizi, nel momento in cui si rifletteva negativamente sulla sincerità del voto. Il riferimento è qui all'azione di condizio-

[37] *Ibidem*, pp. 69, 73.

[38] *Ibidem*, p. 70.

[39] *Ibidem*.

[40] *Ibidem*, p. 41.

namento delle elezioni (*Wahlsteuerung*) di fatto consentita dall'ordinanza del 30 maggio 1849 alle autorità amministrative coinvolte nella procedura elettorale.

La possibilità per queste autorità, e in ultima analisi per il ministro dell'Interno, di influenzare l'andamento delle elezioni, cominciava sin dal momento della compilazione delle liste (eteronoma, ma con possibilità di ricorso da parte degli aventi diritto), affidata al *Landrat* e/o alle autorità amministrative comunali (§§ 5 e 6 dell'ordinanza), ma non si fermava qui. Le stesse autorità, infatti, sino al 1860 esercitarono anche il potere di delimitare i collegi elettorali primari (*Urwahlbezirke*) (§ 16), in ciò vincolati solo ai suggerimenti dei governatori delle province, gli *Oberpräsidenten*, a loro volta istruiti dal ministro dell'Interno[41]. La possibilità delle autorità comunali o del *Landrat* di condizionare il voto, del resto, era già insita nel suo carattere pubblico, dato che la preferenza doveva essere scritta in un registro apposito proprio sotto gli sguardi del presidente del seggio (*Wahlvorsteher*) e della commissione elettorale (*Wahlvorstand*), nominati dalle autorità amministrative locali. Se a ciò si aggiunge che i funzionari amministrativi erano in grado, non solo al momento del voto ma già prima, di influire sui loro concittadini facendo leva sull'autorità e la rispettabilità di cui godevano in virtù dell'ufficio ricoperto, allora si può facilmente immaginare anche come il ministro dell'Interno solitamente non si lasciasse sfuggire l'opportunità di agire sul comportamento degli elettori attraverso gli amministratori locali. Questi, soprattutto quando erano di nomina regia o governativa e rientravano nella categoria dei funzionari pubblici (*Beamte*), come sottoposti gerarchici gli dovevano infatti obbedienza incondizionata, e erano chiamati a dimostrarla particolarmente in occasione delle elezioni. Non mancò di sottolinearlo con forza il ministro dell'Interno degli anni del conflitto costituzionale zu Eulenburg, rimasto ininterrottamente in carica dal 9 dicembre 1862 al marzo 1878, ai presidenti

[41] Cfr. *Erlass des preussischen Innenministers* [von Westphalen] *an den Oberpräsidenten in Königsberg wegen der Neugliederung der Wahlbezirke*, del 18 maggio 1855, ripubblicato in B.-M. ROSENBERG, *Die ostpreussische Vertretung im Preussischen Landtag*, pp. 185-190.

delle *Regierungen* in prossimità delle elezioni del 28 ottobre 1863[42]. I *Beamte*, infatti, come si vedrà più analiticamente più avanti, in caso fossero sospettati o accusati di negligenza nello svolgimento dell'ufficio, molto avevano da temere dalle armi sanzionatorie che il 'moderno' diritto disciplinare aveva posto in mano al governo e ai vertici della gerarchia amministrativa[43].

Nel periodo postrivoluzionario, e in particolare già in occasione delle elezioni del 27 luglio 1849, ma soprattutto di quelle del 3 novembre 1852 e dell'8 ottobre 1855, il governo non risparmiò alcuno sforzo per rafforzare la componente conservatrice e *regierungstreu* della Seconda camera attraverso l'elezione sempre più massiccia di deputati-funzionari (*Beamte-Abgeordnete*). Eppure, né le manovre del governo per eleggere deputati *ministeriell* (filogovernativi) o funzionari-deputati, né le molte «diseguaglianze» del sistema elettorale a tre classi, riuscirono ad impedire che in certi periodi si consolidassero alla camera elettiva maggioranze liberali, ora più moderate, come nel corso della Nuova Era, ora più progressiste, come negli anni del conflitto costituzionale, ma comunque relativamente impermeabili alle pressioni ministeriali. Furono questi i periodi in cui più accorati furono i richiami da parte dei deputati alla libertà del mandato rappresentativo ricevuto dagli elettori (art. 83 della costituzione), che faceva dei deputati i rappresentanti di 'tutto' il popolo (*Vertreter des ganzen Volkes*), votanti secondo la loro convinzione (*nach ihrer freien Überzeugung*) e non vincolati a incarichi e istruzioni (*an Auftrage und Instruktionen*

[42] Cfr. *Cirkular-Erlaß an sämmtliche Königliche Regierungs-Präsidenten, das Verhalten der Beamten bei den Wahlen zum Abgeordeten-Hause betreffend*, del 24 settembre 1863, in «Ministerialblatt für die gesamte innere Verwaltung», 24, 1863, Nr. 143, pp. 190 s.; questo decreto circolare del conte Friedrich Albrecht zu Eulenburg, indirizzato a tutte le *Regierungen*, fu dapprima ripubblicato in *Zehn Jahre innerer Politik 1862-1872*, pp. 7-10, e successivamente riprodotto anche in H.-J. Rejewski, *Die Pflicht zur politischen Treue im preußischen Beamtenrecht*, pp. 170-172. Sempre sul tema «Der Einfluß der Regierung auf die Wahlen» e sempre del ministro degli Interni zu Eulenburg, cfr. anche la *Beantwortung einer Interpellation des Abg. Möller (Betreffend die Wahl im Kreise Eylau-Heiligenbeil) in der Sitzung vom 3. März 1865*, in *Zehn Jahre innerer Politik 1862-1872*, pp. 22-25.

[43] Cfr. in merito *infra*, cap. 5 «Amministrazione».

nicht gebunden), e che nel periodo del conflitto solitamente si accompagnarono agli appelli al rispetto dell'immunità parlamentare (*parlamentarische Immunität*) del deputato (art. 84). Furono anche questi i periodi in cui particolarmente stretto si dimostrò essere il legame tra il deputato e l'opinione pubblica, un legame solitamente mantenuto, sull'onda dell'infiammarsi del dibattito politico e pubblicistico nella libera stampa, attraverso la fondazione o la rinascita di pubblicazioni periodiche e di quotidiani liberali. Anzitutto la «Volkszeitung» e la «Nationalzeitung», pubblicati a Berlino, non mancarono puntualmente di farsi carico di riportare nelle loro pagine i resoconti talvolta integrali dell'andamento delle assemblee di elettori primari e secondari (*Urwähler-* e *Wahlmännerversammlungen*), di pubblicare ampi stralci dai dibattiti parlamentari dell'aula, o, ancora, di dare ampie sintesi dei lavori a porte chiuse delle commissioni parlamentari, magari ricostruite attraverso le indiscrezioni di deputati 'amici'. Se non per questa via, dei lavori delle commissioni parlamentari difficilmente si sarebbe potuto sapere qualcosa fino a quando non fossero stati pubblicati gli allegati (*Anlagen*) e gli stampati (*Drucksachen*) dei Resoconti stenografici dei lavori della Camera dei deputati (*Stenographische Berichte des preussischen Abgeordnetenhauses*), che evidentemente non avevano la stessa larga diffusione di un giornale.

Le esortazioni dei ministri all'attiva mobilitazione elettorale dei funzionari pubblici, che raggiunsero livelli di pressione inauditamente espliciti durante gli anni Cinquanta e nel corso del conflitto costituzionale, non mancarono del tutto nemmeno negli anni della Nuova Era, come si vede dal rescritto del ministro degli Interni Flottwell, nominato il 7 ottobre 1858 e rimasto in carica sino al luglio 1859[44]. Esse divennero tuttavia comprensibilmente ancora più pressanti durante gli anni del conflitto costituzionale, quando il governo fece di tutto per tentare di avere una Camera dei deputati più accondiscendente verso le sue proposte di spesa militare, spesa tanto ingente da rischiare di piegare lo Stato, come aveva stigmatizzato il

[44] Sul comportamento del liberal-moderato Flottwell in occasione delle elezioni del 1858 cfr. [K. NEUMANN], *Politische Correspondenz* (10 novembre 1858), in «Preußische Jahrbücher», I, 1858, p. 592.

deputato Karl Twesten, alle sole esigenze dello Stato militare e di potenza[45]. In occasione delle nuove elezioni per la VII legislatura, convocate dal monarca per il 6 maggio 1862 nella speranza di ottenere una diversa maggioranza parlamentare, i tentativi di influire sul libero corso delle elezioni facendo pressione sui funzionari statali da parte del ministro degli Interni che aveva sostituito il vecchio liberal-moderato von Schwerin-Putzar (3 luglio 1859 - 11 marzo 1862), e cioè il conservatore Gustav von Jagow (18 marzo 1862 - 6 dicembre 1862), ristabilirono subito la continuità con la deprecata prassi degli anni Cinquanta di condizionamento delle elezioni (*Wahlbeeinflußung*). Nella medesima circolare ministeriale del 22 marzo 1862 in cui si accusava la *Fortschrittspartei* di voler «spostare il centro del potere statale, che secondo la storia e la costituzione prussiane riposa sulla Corona, verso la rappresentanza popolare», si esortavano le *Regierungen* e i *Landräte* ad adottare tutte le misure opportune e a richiamare alla «collaborazione» i funzionari loro sottoposti, «allo scopo di ottenere un risultato elettorale favorevole»[46].

Per quanto riguarda l'esito delle tornate elettorali (*Wahlgänge*) per la Camera dei deputati e la composizione politico-partitica di questa nell'arco di tempo dal 1849 sino al 1870[47], si possono distinguere in linea di massima 5 periodi. Prima di entrare in questa periodizzazione è necessario tuttavia premettere che ogni tentativo di fissare precisamente la consistenza numerica di un determinato 'partito' o gruppo parlamentare (*Fraktion*)

[45] Cfr. K. TWESTEN, *Woran uns gelegen ist*, pp. 65-66.

[46] Cfr. *Circular-Erlaß des Ministers des Innern von Jagow in Betreff der Wahlen. Vom 22. März 1862*, in [L.E. HAHN], *Die Innere Politik der preußischen Regierung von 1862 bis 1866*, pp. 10-12.

[47] Per un «Verzeichnis der Legislaturperioden, Sessionen und Präsidenten des preußischen Abgeordnetenhauses (Zweite Kammer, Nationalversammlung)» si veda A. PLATE, *Handbuch für das preußische Abgeordnetenhaus*, in particolare pp. 177-179, ma soprattutto, in quanto più preciso e completo, F. LAUTER, *Preußens Volksvertretung in der Zweiten Kammer und im Hause der Abgeordneten vom Februar 1849 bis Mai 1877*. Da Lauter si possono evincere sia le date di entrambi i turni elettorali, sia le appartenenze dei deputati ai gruppi parlamentari, informazioni queste ultime per il periodo a partire dal 1860 difficilmente rinvenibili altrove.

risente di una certa approssimazione per le sessioni parlamentari precedenti al 1860, dato che sino ad allora i materiali della Camera non contengono riferimenti utili ad attribuire ogni singolo deputato ad un ben determinato gruppo. Sino al 1866 non è dato, inoltre, trovare una suddivisione ufficiale della Camera elettiva in gruppi parlamentari (*Fraktionen*) con le relative liste dei deputati membri[48], anche se, allo scopo di accertare l'orientamento politico di un singolo deputato o di un gruppo di deputati, può certamente tornare utile la lettura della stampa quotidiana.

Nel primo periodo, coincidente con la I legislatura[49], la Seconda camera, eletta sulla base della moderna legge elettorale del 6 dicembre 1848, aveva una maggioranza costituita dai liberali del centro-destra, del centro-sinistra e della sinistra. In questa I legislatura era ancora rappresentata l'estrema sinistra, ad esempio con i deputati Waldeck e Jacoby, mentre la destra era largamente marginale[50].

Il secondo periodo, iniziato dopo le elezioni del 27 luglio 1849, che furono le prime a svolgersi secondo il sistema elettorale a tre classi, coincise con la II, III e IV legislatura[51]. Esso vide sin dall'inizio, e sino alle elezioni del 1858, prevalere i 'partiti' filo-

48 F. LAUTER, *Preußens Volksvertretung in der Zweiten Kammer und im Hause der Abgeordneten vom Februar 1849 bis Mai 1877*, p. IV. Sui deputati dei primi 4 periodi cfr. B. HAUNFELDER, *Biographisches Handbuch für das Preussische Abgeordnetenhaus 1849-1867*.

49 *I legislatura*: 1ª sessione: 26 febbraio 1849 - 27 aprile 1849; elezioni deputati: 27 luglio 1849 (F. LAUTER, *Preußens Volksvertretung in der Zweiten Kammer und im Hause der Abgeordneten vom Februar 1849 bis Mai 1877*, p. V).

50 E.R. HUBER, *Deutsche Verfassungsgeschichte*, 3, pp. 92-93.

51 *II legislatura*: 1ª sessione: 7 agosto 1849 - 26 febbraio 1850; 2ª sessione: 21 novembre 1850 - 9 maggio 1851; 3ª sessione: 27 novembre 1851 - 19 maggio 1852; elezioni deputati: 3 novembre 1852. *III legislatura*: 1ª sessione: 29 novembre 1852 - 13 maggio 1853; 2ª sessione: 28 novembre 1853 - 29 aprile 1854; 3ª sessione: 30 novembre 1854 - 3 maggio 1855; elezioni deputati: 8 ottobre 1855. *IV legislatura*: 1ª sessione: 29 novembre 1855 - 3 maggio 1856; 2ª sessione: 29 novembre 1856 - 12 maggio 1857; 3ª sessione: 12 gennaio 1857 - 27 aprile 1858; elezioni deputati: 23 novembre 1858 (F. LAUTER, *Preußens Volksvertretung in der Zweiten Kammer und im Hause der Abgeordneten vom Februar 1849 bis Mai 1877*, pp. V-VI).

governativi (*regierungstreu*) e il dileguarsi dell'estrema sinistra; questa non aveva infatti accettato il sistema elettorale a tre classi e si astenne perciò dal 1849 al 1858 dal partecipare al voto. In seguito alle elezioni del 1852 su 352 deputati ben 196 erano schierati a sostegno del governo conservatore di Manteuffel e 153 erano all'opposizione[52]. Alle elezioni del 1855[53], in cui peraltro si registrò una partecipazione al voto molto bassa, soprattutto della terza classe fiscale-elettorale, la componente filogovernativa si rafforzò ulteriormente. Nella Camera dei deputati della IV legislatura, che tenne la sua prima seduta il 29 novembre 1855, c'erano, oltre a 7 ministri, ben 72 *Landräte*, circa 115 deputati ricadenti nella categoria dei «funzionari politici», 12 pubblici ministeri (*Staatsanwälte*), anch'essi rientranti tra i cosiddetti «funzionari politici»[54], nonché altri 30 funzionari statali di vario tipo[55]. In questa *Landratskammer*,

[52] Cfr. L. PARISIUS, *Deutschlands politische Parteien und das Ministerium Bismarck*, p. 20. All'interno della maggioranza conservatrice Parisius distinse: 1. la destra estrema della *Kreuzzeitungspartei* con 103 deputati; 2. la destra ministeriale con 93 deputati; 3. un altro gruppo parlamentare di soli 9 membri tra ministri e presidenti delle giunte provinciali (*Oberpräsidenten*); 4. 33 *Wilde*, non appartenenti cioè ufficialmente e stabilmente ad alcun gruppo parlamentare, ma votanti di solito con la destra. Tra questi ultimi vi erano anche dieci cattolici che però, sempre a detta di Parisius, quando si trattava di questioni ecclesiastiche votavano con la 'sinistra'. Tra i gruppi parlamentari che potevano essere ascritti, con una certa sicurezza, all'opposizione, Parisius distingueva: 1. la *Fraktion Bethmann-Hollweg* o *Wochenblattpartei* con 17 membri; di questi non pochi erano coloro che, prima di passare all'opposizione, erano stati zelanti sostenitori del governo: era questo il caso tanto del futuro ministro Bethmann-Hollweg, quanto dell'ex ministro sassone Carlowitz, che, negli anni del conflitto, diventerà uno dei capi più eminenti dell'opposizione parlamentare; 2. il gruppo dei cattolici con 62 deputati; 3. il gruppo dei polacchi con 13 deputati; infine, 4. la cosiddetta *liberale Partei* con circa 61 uomini. Quest'ultima era ulteriormente divisa al suo interno in due raggruppamenti più omogenei: la *Fraktion Patow* e la *Fraktion Wentzel-Vincke*.

[53] Elezioni primarie: giovedì 27 settembre 1855; elezioni deputati: lunedì 8 ottobre 1855 (cfr. F. LAUTER, *Preußens Volksvertretung in der Zweiten Kammer und im Hause der Abgeordneten vom Februar 1849 bis Mai 1877*, p. VI).

[54] Cfr. in merito *infra*, cap. 5 «Amministrazione».

[55] Per un'analisi più particolareggiata del voto dell'ottobre 1855 si rinvia a G. GRÜNTHAL, *Parlamentarismus in Preußen*, in particolare pp. 436-445. Dei nove deputati che doveva eleggere Berlino, ben 7 erano liberali, seppure alquanto moderati (*ibidem*, p. 443).

«come l'umorismo popolare battezzò il frutto legnoso maturato all'albero del parlamentarismo prussiano»[56], l'opposizione poteva contare al massimo su 116 deputati; tanti erano infatti i liberali, raccoltisi nella *Fraktion Mathis*, 21 membri, o facenti capo alla cosiddetta *Linke*, appena 36 deputati, se sommati ai 59 deputati del gruppo cattolico[57].

Nel terzo periodo, della cosiddetta Nuova Era, coincidente con le tre sessioni della V legislatura e con la prima e unica sessione della VI[58], alla Camera prevalsero i liberali moderati vicini al centro-sinistra. La composizione, «secondo il ceto e la professione», della Camera dei deputati della V legislatura, riunitasi per la prima volta il 12 gennaio 1859, si distingueva radicalmente dalla precedente per il notevole rafforzamento numerico del gruppo dei funzionari dell'amministrazione giudiziaria (*Justizbeamten*). Per contro, notevolmente ridimensionata rispetto al passato era la rappresentanza dei funzionari amministrativi (*Verwaltungsbeamten*), in gran parte «funzionari politici»[59]. Alle elezioni di fine legislatura del 6 dicembre 1861, quando la partecipazione popolare superò di gran lunga anche quella registrata alle precedenti elezioni del 1858, passando da una percentuale del 22,6 al 27,2[60], si delineò un solido fronte maggioritario di centro-sinistra, formato dai liberali più moderati (*Altliberalen*), dai liberali più convintamente riformisti della *Fraktion Bockum-Dolffs*, e dalla liberal-democratica *Fortschrittspartei*, che si era presentata per la prima volta alle elezioni registrando un notevole successo.

[56] Cfr. L. BERGER, *Der alte Harkort*, p. 522.

[57] L. PARISIUS, *Deutschlands politische Parteien und das Ministerium Bismarck*, pp. 21-22.

[58] *V legislatura*: 1ª sessione: 12 gennaio 1859 - 14 maggio 1859; 2ª sessione: 12 gennaio 1860 - 23 maggio 1860; 3ª sessione: 14 gennaio 1861 - 5 giugno 1861; elezioni deputati: 6 dicembre 1861. *VI legislatura*: sessione unica: 14 gennaio - 11 marzo 1862; elezioni deputati: 6 maggio 1862 (F. LAUTER, *Preußens Volksvertretung in der Zweiten Kammer und im Hause der Abgeordneten vom Februar 1849 bis Mai 1877*, p. VI).

[59] Si veda *infra*, cap. 5 «Amministrazione» e cap. 6 «Giustizia».

[60] A.G. MANCA, *La sfida delle riforme*, pp. 361-362.

Nel quarto periodo, corrispondente al quadriennio circa del conflitto costituzionale, entrambe le legislature, la VII e l'VIII[61], si conclusero con lo scioglimento della Camera attraverso un atto d'autorità del monarca. La *Wahlbeeinflussung* governativa degli anni del conflitto non raggiunse tuttavia l'effetto sperato: la destra praticamente si dissolse e la Camera dei deputati rimase in mano ad una coalizione antigovernativa formata dai liberali moderati del *Linkes Zentrum* (LZ) e da quelli più radicali della *Fortschrittspartei* (DFP), cui spesso nelle votazioni si unirono i cattolici (*Zentrum*). Dalle elezioni del 6 maggio 1862 scaturì una Camera in cui su 352 deputati ben 230 appartenevano alla DFP e al LZ. All'incirca gli stessi rapporti di forza politico-partitici si riproporranno nella Camera scaturita dalle elezioni anticipate del 28 ottobre 1863 che aprirono all'VIII legislatura, conclusasi con lo scioglimento della Camera il 9 maggio 1866 motivato con l'imminente scoppio della guerra.

Il quinto periodo, comprendente la IX e la X legislatura[62], si aprì con le elezioni del 3 luglio 1866, svoltesi esattamente nello stesso giorno della vittoria prussiana di Königgratz sull'esercito austriaco. Già a questa consultazione elettorale si registrò un crollo verticale della precedente coalizione maggioritaria della DFP con il LZ (da 247 a 148 mandati), mentre i *Konservativen*

[61] *VII legislatura*: 1ª sessione: 19 maggio 1862 - 13 ottobre 1862; 2ª sessione: 14 gennaio 1863 - 27 maggio 1863; elezioni deputati: 28 ottobre 1863. *VIII legislatura*: 1ª sessione: 9 novembre 1863 - 25 gennaio 1864; 2ª sessione: 14 gennaio 1865 - 17 giugno 1865; 3ª sessione: 15 gennaio 1866 - 23 febbraio 1866; elezioni deputati: 3 luglio 1866 (F. LAUTER, *Preußens Volksvertretung in der Zweiten Kammer und im Hause der Abgeordneten vom Februar 1849 bis Mai 1877*, p. VI).

[62] *IX legislatura*: 1ª sessione: 5 agosto 1866 - 9 febbraio 1867; 2ª sessione: 29 aprile 1867 - 24 giugno 1867; elezioni deputati: 7 novembre 1867. *X legislatura*: 1ª sessione: 15 novembre 1867 - 29 febbraio 1868; 2ª sessione: 4 novembre 1868 - 6 marzo 1869; 3ª sessione: 6 ottobre 1869 - 12 febbraio 1870; elezioni deputati: 16 novembre 1870 (F. LAUTER, *Preußens Volksvertretung in der Zweiten Kammer und im Hause der Abgeordneten vom Februar 1849 bis Mai 1877*, p. 6). Non mancano certo per questo quinto periodo manuali di riferimento per i risultati elettorali e di carattere biografico sull'appartenenza politica dei deputati; cfr. B. MANN (ed), *Biographisches Handbuch für das Preußische Abgeordnetenhaus: 1867-1918*; T. KÜHNE, *Handbuch der Wahlen zum Preussischen Abgeordnetenhaus 1867-1918*, e, dello stesso autore, *Dreiklassenwahlrecht und Wahlkultur in Preussen 1867-1914*.

salirono repentinamente da 35 a 136 mandati[63]. Dopo le elezioni del luglio 1866 si formò il primo nucleo della *Freie Konservative Partei*[64], e nel novembre del 1866 si formò anche il primo nucleo della *Nationalliberale Partei*[65], i due partiti che dopo il 1866 andarono a costituire, insieme a quel che restava degli *Altliberalen* e del *Linkes Zentrum*, un forte schieramento filogovernativo di centro. Fu esso che, fruendo di volta in volta, a seconda dei temi affrontati in parlamento, dell'aiuto di altri gruppi parlamentari, si fece carico della modernizzazione giuridica ed economica della Prussia, dopo avere sostenuto i progetti bismarckiani di unificazione della Germania. Alle elezioni del 7 novembre 1867, le prime elezioni a cui parteciparono anche le nuove province annesse nel 1866, e in cui saranno eletti non più 352 ma 432 deputati, aumentarono ulteriormente i loro consensi sia i *Freikonservativen* che i *Nationalliberalen*[66].

Per le elezioni del 12 febbraio 1867, da cui doveva scaturire il parlamento (*Reichstag*) del costituendo *Norddeutscher Bund*, e che videro il territorio federale suddiviso in 297 collegi elettorali (*Wahlkreise*) di cui ben 235 assegnati al Regno di Prussia[67], la legge elettorale utilizzata fu quella assai liberale del 12 aprile 1849, votata dall'Assemblea di Francoforte (*Reichswahlgesetz*)[68] e assai simile al diritto elettorale in vigore in Prussia nel 1848. Dal 1867, dunque, i cittadini prussiani furono chiamati a votare per il *Reichstag* e per la Camera dei deputati sulla base di due diversi sistemi elettorali. Dato che il voto per il parlamento federale era segreto, accadde spesso che qualcuno che alle elezioni per la Camera dei deputati aveva votato per il partito conservatore, votasse invece per i liberali a quelle per il *Reichstag*.

63 E.R. HUBER, *Deutsche Verfassungsgeschichte*, 3, p. 352.

64 Cfr. V. STALMANN, *Die Partei Bismarcks*.

65 A. PLATE, *Handbuch für das preußische Abgeordnetenhaus*, pp. 248-249.

66 Per la composizione della Camera dei deputati della X legislatura, cfr. E.R. HUBER, *Deutsche Verfassungsgeschichte*, 3, p. 370.

67 In ogni *Wahlkreis* fu eletto un *Abgeordneter* a maggioranza assoluta, eventualmente con ballottaggio al secondo turno (*ibidem*, p. 648).

68 *Ibidem*, pp. 646 e 648.

Capitolo quarto

I diritti

Dei diritti individuali nel nuovo Stato costituzionale si parlava, all'interno della costituzione del 1850, nel titolo II: *Von den Rechten der Preussen*, che comprendeva ben 41 articoli (3-42)[1]. I diritti di cui qui si trattava, non erano certo intesi come diritti fondamentali (*Grundrechte*)[2] o diritti dell'uomo (*Menschenrechte*)[3], nel senso di diritti naturali che si estinguono con la vita stessa di ogni individuo, e che esistono prima e indipendentemente da qualsiasi diritto positivo che li riconosca come inviolabili e inalienabili, com'erano ad esempio i diritti riconosciuti e proclamati in Francia nel 1789[4]. Ancor meno quelli prussiani erano diritti immediatamente giustiziabili, come invece i *Grundrechte des Deutschen Volkes* della costituzione di Francoforte del 1849 di fronte al Tribunale imperiale (*Reichsgericht*)[5].

Si trattava piuttosto dei diritti di cui avrebbero potuto godere solo i cittadini (*Staatsbürger*) del Regno di Prussia[6], sia coloro

[1] Una versione più sintetica del presente capitolo è stata pubblicata nel «Giornale di storia costituzionale», 28, 2014, 2, pp. 153-184. Con il tema qui affrontato si è cimentato da ultimo M. KOTULLA, *Die Tragweite der Grundrechte der revidierten preussischen Verfassung vom 31.01.1850.*

[2] E ciò contrariamente a quanto si potrebbe desumere da E.R. HUBER, *Deutsche Verfassungsgeschichte*, 3, pp. 100-112, in particolare pp. 101-102.

[3] Sulla distinzione tra diritti fondamentali e diritti dell'uomo cfr. O. DANN, *Die Proklamation von Grundrechten in den deutschen Revolutionen von 1848/49.*

[4] Si veda a questo proposito E. GARCÍA DE ENTERRÍA, *La lengua de los derechos.*

[5] Cfr. G. KLEINHEYER, voce *Grundrechte. Menschen- und Bürgerrechte, Volksrechte*; H. BOLDT, *Die Reichsverfassung vom 28. März 1849.*

[6] In linea su questo punto peraltro con una tendenza alla 'territorializzazione' dei diritti (cfr. in merito G. ANSCHÜTZ, *Die Verfassungsurkunde für*

che lo erano sin dalla nascita, sia coloro che avevano acquisito la cittadinanza (*Staatsangehörigkeit*) sulla base dell'art. 3 della costituzione[7] e della legge a cui questo rinviava. Nella Prussia appena diventata costituzionale, tuttavia, la legge vigente in materia era ancora quella precostituzionale del 31 dicembre 1842[8], che rimarrà in vigore fino alla ben più liberale legge sull'acquisizione e la perdita della cittadinanza (statale e federale) del 1° giugno 1870, emanata per tutti gli stati della Confederazione della Germania del Nord[9], e poi diventata, per questa via, legge dell'Impero.

Per la legge prussiana del 1842 diventavano cittadini prussiani anche gli ebrei del granducato di Posen che avessero ottenuto un certificato di naturalizzazione (*Naturalisationspatent*), cioè i cosiddetti «naturalizzati»[10], i quali tuttavia, anche una volta otte-

den preußischen Staat vom 31. Januar 1850, p. 92 e, soprattutto, pp. 99 s. e 102, sull'emergere del principio di territorialità) che aveva trovato espressione anche nei *Grundrechte* della Costituente di Francoforte, che, per l'appunto, erano diritti «del popolo tedesco».

[7] Art. 3: «Die Verfassung und das Gesetz bestimmen, unter welchen Bedingungen die Eigenschaft eines Preußen und die staatsbürgerlichen Rechte erworben, ausgeübt und verloren werden».

[8] Cfr. *Gesetz über die Erwerbung und den Verlust der Eigenschaft als preußischer Untertan sowie über den Eintritt in fremden Staatsdienste. Vom 31. Dezember 1842*, in «GS», 1843, Nr. 2319, pp. 15-18.

[9] Cfr. *Gesetz über den Erwerb und den Verlust der Bundes- und Staatsangehörigkeit. Vom 1. Juni 1870*, in «Bundesgesetzblatt des Norddeutschen Bundes», 1870, Nr. 510, pp. 355-360. Su questa legge cfr. *infra*, cap. 13 «Legislazione politico-sociale».

[10] Sulla presenza in Prussia degli ebrei molto dettagliato E. KELLER, *Der preußische Staat*, I, pp. 274-304; sulla possibilità loro riconosciuta nel granducato di Posen di ottenere la naturalizzazione sulla base dell'ordinanza del 1° giugno 1833, si veda in particolare pp. 285-286. La naturalizzazione poteva essere richiesta solo dagli ebrei che risiedevano nel granducato almeno dal 1815, o, in alternativa, anche da coloro che, stabilitisi nella provincia successivamente, avevano espressamente chiesto alle autorità l'autorizzazione a prendervi dimora. La naturalizzazione poteva essere richiesta inoltre dagli ebrei che conducevano un'impresa di una certa dimensione, che possedevano terra per un valore di almeno 2.000 talleri, oppure disponevano di un capitale di 5.000 talleri per il loro sostentamento. I naturalizzati del granducato di Posen erano tenuti a mandare a scuola i loro figli dai 7 ai 14 anni, e successivamente ad avviarli a un mestiere che non fosse la mediazione di

nuta la cittadinanza, rimasero ben lungi dal poter disporre di tutti i diritti degli altri cittadini prussiani. Le condizioni che dovevano essere soddisfatte dagli ebrei richiedenti la naturalizzazione erano talmente selettive, da apparire finalizzate più alla creazione di una «classe» di cittadini speciali che non alla loro assimilazione[11].

La differenza di condizione degli ebrei del granducato posnano, come si è visto qui particolarmente numerosi, rispetto a quelli delle altre province prussiane, si era mantenuta anche sotto la 'legge' del 23 luglio 1847 «sulla condizione degli ebrei negli Stati prussiani»[12]. Questo nonostante la norma fosse stata emanata soprattutto per rimuovere le differenze esistenti nella condizione degli ebrei da provincia a provincia[13], e al di là dell'asserita volontà di garantire uguali diritti e doveri ai sudditi ebrei e cristiani dichiarata nel suo § 1. Con la legge del 1847 mutarono alcune condizioni generali da soddisfare per poter ottenere la naturalizzazione nel granducato (ora era necessario il domicilio stabile, l'irreprensibilità [*Unbescholtenheit*] della condotta di vita, la capacità di tenere i registri commerciali [*Handelsbücher*] nel caso di conduzione di un'attività economica autonoma, l'assolvimento dell'obbligo militare, obbligo peraltro stabilito anche per gli ebrei già dal 1845), ma la differenza tra ebrei naturalizzati e non naturalizzati nel granducato si mantenne comunque. Gli ebrei non naturalizzati incontravano molti ostacoli nell'acquisire la cittadinanza in un altro comune

affari, la vendita porta a porta o il prestito di soldi. I naturalizzati non avevano comunque il diritto di accedere agli uffici pubblici, di presiedere la magistratura cittadina, e nemmeno di comparire come deputati alle diete di *Kreis* o *Provinz*; essi non potevano nemmeno trasferirsi in un'altra provincia del Regno senza l'autorizzazione del ministro degli Interni; in presenza di determinate condizioni la patente di naturalizzazione, comunque soggetta a visto annuale o a modifica, poteva anche essere ritirata loro in via definitiva.

[11] Così *ibidem*, I, in particolare pp. 288-289.

[12] Cfr. *Gesetz über die Verhältnisse der Juden. Vom 23. Juli 1847*, in «GS», 1847, Nr. 2871, pp. 263-278. In merito cfr. J. Toury, *Soziale und politische Geschichte der Juden in Deutschland*; R. Erb - W. Bergmann, *Die Nachtseite der Judenemanzipation*; M. Kaplan - B. Meyer (edd), *Jüdische Welten*.

[13] E. Keller, *Der preußische Staat*, I, p. 288.

(*städtisches Bürgerrecht*), erano cioè esposti a molti vincoli nella libera scelta del soggiorno e del domicilio[14], avevano bisogno dell'autorizzazione dell'*Oberpräsident* anche per spostarsi da una provincia all'altra della Prussia, addirittura necessitavano di un certificato di autorizzazione del *Landrat* per contrarre matrimonio, certificato che non veniva concesso prima del 24° anno di età[15].

La legge del 1847 mantenne in vigore e anzi irrigidì ulteriormente anche le differenze tra ebrei e cristiani. Sulla base del § 2 ai primi era concesso di accedere a un ufficio pubblico solo qualora ad esso non fosse connesso l'esercizio di potere esecutivo, di polizia o giudiziario; essi dovevano restare esclusi da qualsiasi ufficio che avesse a che vedere con la direzione o la vigilanza sugli ambiti di culto o di insegnamento cristiani; era loro consentito di accedere all'insegnamento universitario di alcune materie scientifiche (medicina, matematica, scienze naturali, geografia, lingue) ma non potevano in nessun caso rivestire la carica di rettore, prorettore o decano, o entrare a far parte del senato accademico ecc.[16]. Agli ebrei continuò inoltre a restare precluso, sulla base del § 3, l'esercizio di qualsiasi diritto cetuale, sia che questo fosse connesso al possesso di un appezzamento fondiario, sia che si trattasse di diritto di patronato e/o di sorveglianza sul patrimonio ecclesiastico. Il § 5 della medesima legge, infine, obbligava gli ebrei a portare cognomi fissati in via definitiva e a trasmetterli in via ereditaria senza eccezioni.

Ad ogni modo, nella Prussia costituzionale, proprio come in quella precostituzionale, non esistevano diritti dell'individuo né prima dello Stato né fuori da esso, e i «Diritti dei prussiani» della costituzione del 31 gennaio 1850, i più importanti dei quali avevano trovato sin dall'inizio della rivoluzione ampio e chiaro riconoscimento, davano luogo all'insorgere di diritti pubblici soggettivi solo nella misura in cui fosse poi una legge

[14] Così L. VON RÖNNE, *Das Staatsrecht der Preußischen Monarchie*, 1869-1872³, I.2 (1870), p. 54.

[15] E. KELLER, *Der preußische Staat*, I, pp. 288 e 289.

[16] Cfr. § 2 del *Gesetz über die Verhältnisse der Juden. Vom 23. Juli 1847*, p. 263 e E. KELLER, *Der preußische Staat*, I, p. 286.

ordinaria, approvata dal re e dalle due Camere, a specificarne le condizioni di applicabilità e a circoscriverne la portata, rendendoli così azionabili dai cittadini per via giudiziaria.

Negli anni Cinquanta, però, le molte riserve di legge attuativa inserite nei «Diritti dei prussiani», come del resto in tutta la costituzione[17], furono sciolte, o dalla legislazione, o dal governo, o addirittura molto pragmaticamente dall'amministrazione, più che altro nel senso di contenerne la portata innovatrice (sociale, politico-istituzionale, economica) e, talvolta, addirittura nell'intento di rimuovere, in tutto o in parte, il testo dell'articolo che le conteneva. Solo sotto il peraltro breve governo liberale della Nuova Era i «Diritti dei prussiani» (uguaglianza di fronte alla legge, anche indipendentemente dalla confessione religiosa, libertà di stampa, libertà di riunione e di associazione, libertà religiosa ecc.) furono maneggiati con relativo rispetto dello spirito della costituzione. Nel corso del conflitto costituzionale, e in particolare sotto il governo Bismarck dal 1862 in poi, alcuni dei diritti individuali di libertà (in particolare quello di opinione e di stampa) e di uguaglianza giuridica (in particolare degli ebrei e delle opposizioni politiche) furono di fatto ampiamente messi in discussione, come del resto numerosi altri fondamentali articoli costituzionali.

Nella nuova cornice statal-federale della Confederazione della Germania del Nord alcuni dei «Diritti dei prussiani», e cioè il diritto all'eguaglianza di fronte alla legge, il diritto di voto, il diritto alla libera circolazione e alla libertà economica d'impresa, insomma i diritti individuali più rilevanti al fine di integrare nella monarchia prussiana la popolazione delle nuove province annesse nel 1866 e di garantire uno spazio economico unitario e sufficientemente ampio, cementando così il legame interstatale del nuovo soggetto confederale, trovarono infine adeguato riconoscimento, sia giuridico, sia di fatto[18]. Altri «Diritti dei

[17] Cfr. A.G. MANCA, *La Costituzione 'al di sopra' o 'a disposizione' del legislatore?*.

[18] Dopo il riconoscimento a ogni cittadino membro di uno degli stati della Confederazione della Germania del Nord del diritto a essere trattato in ogni stato alla pari di tutti gli altri cittadini di quest'ultimo (il cosiddetto

prussiani», quelli decisivi per la formazione di un'opinione pubblica libera e critica, e cioè i diritti di libertà personale, di opinione, di stampa, di riunione e di associazione, di libertà religiosa, continuarono invece la loro precaria esistenza, dopo essere stati pesantemente ridimensionati dalla legislazione prussiana degli anni Cinquanta, all'interno della nuova cornice confederale prima e imperiale poi. Basti pensare a questo proposito alla longevità conosciuta dalle leggi prussiane degli anni Cinquanta a 'tutela' della libertà personale, sullo stato di assedio, sulla stampa, sulla libertà di riunione e associazione, leggi tutte emanate, più che in attuazione, a limitazione dei diritti di libertà.

Molti erano i diritti di libertà che avevano trovato riconoscimento, più o meno pieno, sin dall'inizio della rivoluzione. La libertà di stampa era stata affermata prontamente già dalla legge

Gemeinsames Indigenat incardinato nell'art. 3 della costituzione del 16 aprile 1867), e del diritto a eleggere deputati al *Reichstag* (art. 20 della stessa costituzione), nella Confederazione furono emanate tutta una serie di leggi in attuazione dei principi di libertà o di eguaglianza giuridica, oltre al già citato *Gesetz über den Erwerb und den Verlust der Bundes- und Staatsangehörigkeit*, del 1° giugno 1870. Tra di esse ci limitiamo qui a ricordare le principali: 1) il *Gesetz betreffend die Gleichberechtigung der Konfessionen in bürgerlicher und staatsbürgerlicher Beziehung*, del 3 luglio 1869, in «Bundesgesetzblatt des Norddeutschen Bundes», 1869, n. 319, p. 292, che sancì il principio dell'uguaglianza dei cittadini indipendentemente dalla confessione religiosa e la piena equiparazione degli ebrei ai cristiani nell'esercizio dei diritti civili e politici» (cfr. H. ALBRECHT, *Antiliberalismus und Antisemitismus*); 2) la *Gewerbeordnung für den Norddeutschen Bund*, del 21 giugno 1869, in «Bundesgesetzblatt des Norddeutschen Bundes», 1869, n. 312, pp. 245-282, che garantì a tutti i cittadini della Confederazione la libertà di attività economica e di impresa (si veda *infra*, cap. 12 «Legislazione politico economica»); 3) il *Gesetz über die Freizügigkeit*, del 1° novembre 1867, in «Bundesgesetzblatt des Norddeutschen Bundes», 1867, n. 16, pp. 55-58, che garantì a tutti la libertà di circolazione, di soggiorno e di domicilio (anche su questa legge si veda *infra*, cap. 12 «Legislazione politico-economica») e il *Gesetz über das Paßwesen*, del 12 ottobre 1867 in «Bundesgesetzblatt des Norddeutschen Bundes», 1867, n. 8, pp. 33-35, che tolse qualsiasi obbligo di passaporto per spostarsi all'interno della Confederazione; 4) il *Gesetz über den Unterstützungswohnsitz*, del 6 giugno 1870, in «Bundesgesetzblatt des Norddeutschen Bundes», 1870, n. 511, pp. 360-373, che, oltre a recepire la legge prussiana sull'*Armenpflege* del 1842, estese a tutta la Confederazione e quindi all'Impero il diritto a ricevere assistenza nel luogo dove si era preso domicilio (si veda *infra*, cap. 13 «Legislazione politico-sociale»).

del 17 marzo 1848, che aveva abolito la censura[19]. Sulla medesima libertà intervenne poco tempo dopo anche la fondamentale «Ordinanza sulle basi della futura costituzione prussiana», varata dal secondo *Vereinigter Landtag* il 6 aprile 1848, per abolire (§ 1) le cauzioni (*Kautionen*) per i quotidiani (*Zeitungen*) e le riviste (*Zeitschriften*) di carattere politico[20]. Un'ordinanza dell'8 dicembre 1848, infine, aveva revocato qualsiasi imposta di bollo (*Stempelabgabe*) sui quotidiani[21].

Riguardo alla libertà di riunione e di associazione, la citata ordinanza «sulle basi della futura costituzione prussiana» aveva consentito, sia le riunioni in luoghi chiusi, anche senza precedente autorizzazione di polizia, sia quelle all'aperto, se autorizzate e purché non minacciassero l'ordine e la sicurezza pubblici. La medesima ordinanza del 6 aprile 1848 aveva anche liberalizzato le associazioni (*Gesellschaften*), esimendole dall'autorizzazione di polizia purché gli scopi da esse perseguiti non fossero vietati dalle leggi penali, dichiarando contestualmente abolite tutte le precedenti determinazioni di legge limitative del diritto di associazione (*Vereinigungsrecht*)[22]. Quest'ultimo sarà poi garantito formalmente dalla costituzione del 1850 all'art. 30.

Sulla libertà personale era stata approvata dalla Costituente il 24 settembre 1848 una legge, poi promulgata dal monarca il 24 ottobre seguente, volta a evitare arresti o fermi arbitrari da parte della polizia. Si trattava di una specie di *Habeas Corpus Act*, per quanto prevedesse anche la possibilità della sua

[19] Cfr. *Gesetz über die Presse. Vom 17. März 1848*, in «GS», 1848, Nr. 2936, pp. 69-72, ripubblicato in estratto (*Auszug*) anche in E.R. HUBER (ed), *Dokumente zur deutschen Verfassungsgeschichte*, 1, p. 445. Sul § 1 della legge che aveva abolito la censura cfr. L. VON RÖNNE, *Das Staatsrecht der preußischen Monarchie*, 1869-1872³, I.2 (1870), p. 143.

[20] Cfr. *Verordnung über einige Grundlagen der künftigen preußischen Verfassung. Vom 6. April 1848*, in «GS», 1848, Nr. 2945, pp. 87-88.

[21] Cfr. *Verordnung, die Aufhebung des Zeitungsstempels betreffend. Vom 8. Dezember 1848*, in «GS», 1848, p. 422.

[22] Sul § 4, commi (*Alinea*) 2 e 3 dell'ordinanza del 6 aprile 1848 cfr. L. VON RÖNNE, *Das Staatsrecht der preußischen Monarchie*, 1869-1872³, I.2 (1870), pp. 202-203.

parziale sospensione in caso di guerra o di rivolta[23]. A difesa della «libertà costituzionale» (*verfassungsmäßigen Freiheit*) e dell'«ordine legale» (*gesetzliche Ordnung*) era stata anche approvata dalla Costituente il 17 ottobre 1848 la legge sulla milizia civica, con cui se ne prevedeva l'istituzione in ogni comune prussiano. Essa doveva dipendere dal ministero dell'Interno, e i suoi membri dovevano prestare giuramento alla costituzione, oltre che al re e alle leggi del Paese (§ 7)[24].

In epoca rivoluzionaria non era certo mancata la precoce affermazione del principio dell'uguaglianza dei prussiani di fronte alla legge. Dalla proclamazione dell'uguaglianza dei diritti civili (*staatsbürgerliche Rechte*) indipendentemente dalla religione professata espressa dall'ordinanza del 6 aprile 1848[25], aveva preso le mosse il ministro liberale dell'Interno Alfred von Auerswald nel suo *Cirkular-Reskript* dell'8 maggio 1848, per affermare che, nel godimento dei diritti civili, doveva considerarsi abolita qualsiasi discriminazione, non solo tra ebrei naturalizzati e non vigente nella provincia di Posen, ma anche di tutti gli ebrei rispetto agli altri cittadini di religione cristiana. In questo senso il rescritto circolare di Auerswald disconosceva anche ogni validità alle discriminazioni verso gli ebrei ancora consentite dalla legge del 23 luglio 1847, sia nell'escluderli dall'ammissione agli uffici pubblici, sia nel vietare loro qualsiasi esercizio di diritti cetuali (patronato e controllo sul patrimonio ecclesiastico, poteri giurisdizionali e di polizia)[26]. Sulla medesima linea di Auerswald aveva poi

[23] Cfr. *Gesetz zum Schutz der persönlichen Freiheit. Vom 24. Oktober 1848*, in «GS», 1848, pp. 257-259, in particolare § 8; in merito si veda anche E.R. HUBER (ed), *Dokumente zur deutschen Verfassungsgeschichte*, 1, pp. 464-465, nonché M. KOTULLA, *Das konstitutionelle Verfassungswerk*.

[24] Si veda *Gesetz über die Errichtung der Bürgerwehr. Vom 17. Oktober 1848*, in «GS», 1848, pp. 289-310, riprodotto anche in E.R. HUBER (ed), *Dokumente zur deutschen Verfassungsgeschichte*, 1, p. 466.

[25] Cfr. *Verordnung über einige Grundlagen der künftigen preußischen Verfassung. Vom 6. April 1848*, p. 88, § 5: «Die Ausübung staatsbürgerlicher Rechte ist fortan von dem religiösen Glaubensbekenntnisse unabhängig».

[26] L. VON RÖNNE, *Das Staatsrecht der preußischen Monarchie*, 1869-1872^3, I.2 (1870), p. 84, n. 3.

proseguito Adalbert von Ladenberg, ministro del Culto *ad interim*, con il suo rescritto circolare del 14 luglio 1848, con cui si ammettevano anche gli studiosi ebrei come docenti nelle università prussiane, a meno che, si affrettava a precisare il ministro, la materia d'insegnamento non presupponesse in sé e per sé l'adesione a una religione cristiana[27]. Successivamente era intervenuta anche la legge della Costituente del 5 settembre 1848 a ribadire come il godimento dei diritti civili dovesse essere del tutto svincolato dalla confessione religiosa. Soprattutto però, ancora il 5 giugno 1849, furono due ministri insieme, quello del Culto, Adalbert von Ladenberg, e quello degli Interni, il conservatore Otto von Manteuffel, a emanare un *Cirkular Reskript*, in cui si argomentava come la 'legge' del 1847 fosse ormai da considerarsi abolita in molte parti; in particolare essa sarebbe stata da considerarsi ormai priva di validità nei punti in cui discriminava gli ebrei, dato che per questa via era entrata in contrasto con la costituzione in vigore[28].

L'uguaglianza dei diritti, stavolta politici, di cittadinanza era stata invece assicurata dalla legge elettorale dell'8 aprile 1848 e dal relativo *Reglement*[29]. La normativa, varata durante il Secondo *Landtag* unificato per l'elezione dei rappresentanti del popolo alla Costituente, ammetteva infatti il diritto di voto generale (per gli adulti sopra i 24 anni), segreto e uguale, anche se indiretto a due gradi. Un diritto elettorale tanto liberale ed egualitario la Prussia non lo riavrà fino alla caduta della monarchia nel 1918, quando si ebbe contemporaneamente il passaggio alla repubblica e alla democrazia.

In epoca rivoluzionaria non mancarono nemmeno i provvedimenti contro le differenze cetuali, e in particolare contro

[27] Per questo *Circular-Reskript* del 14 luglio 1848 si veda *ibidem*, p. 254.

[28] *Ibidem*, p. 253. Anche la costituzione del 5 dicembre 1848, infatti, aveva proclamato l'uguaglianza giuridica dei cittadini prussiani (art. 4), al pari di quanto farà quella del 1850.

[29] Cfr. *Wahlgesetz für die zur Vereinbarung der Preußischen Staats-Verfassung zu berufende Versammlung, vom 8. April 1848*, e *Reglement zur Ausführung des Wahlgesetzes vom 8. April d.J., vom 8. April 1848*, entrambi in *Verhandlungen des zum 2. April 1848 zusammenberufenen Vereinigten Landtages*, pp. 173 ss. e 175 ss.

l'ostacolo all'eguaglianza giuridica rappresentato dai privilegi della nobiltà, che costituiva ancora nel 1864, secondo le stime di Eduard Keller, poco meno dell'1% della popolazione[30].

A risaltare su tutti erano in particolare i privilegi dell'alta nobiltà, cioè degli *Standesherren*, il cui *status* era garantito, omogeneamente per tutti gli stati tedeschi, dagli Atti della Confederazione germanica varati alla fine del Congresso di Vienna l'8 giugno 1815[31], nonché dei cosiddetti *Rittergutsbesitzer*, un ceto di proprietari fondiari che presentava caratteristiche proprie anche rispetto alla bassa nobiltà. Alcune note informative sui caratteri distintivi dei ceti privilegiati esistenti in Prussia alla vigilia della rivoluzione del 1848/49, sono qui necessarie per comprendere contro quali resistenze fosse destinato a cozzare ogni progetto politico avente come obiettivo o presupposto l'uguaglianza civile e politica dei prussiani davanti alla legge.

Standesherrren in senso proprio («im eigentlichen Sinne») erano in tutti gli stati tedeschi i capi delle casate di principi e di conti (*Häupter der fürstlichen und gräflichen Häusern*), che, in parte già nel 1806 con la caduta del Sacro Romano Impero della Nazione Germanica, in parte in seguito, con la perdita definitiva della loro qualità di ceti imperiali (*Reichsstandschaft*) si erano venuti a trovare nella condizione di mediatizzati (*Mediatisierte*), e cioè di subordinati ai sovrani riconosciuti come tali dal Congresso di Vienna; nel Regno di Prussia, secondo le stime di Eduard Keller, le casate alto-nobiliari di *Standesherren* erano 16[32]. Mentre alla bassa nobiltà erano rimasti ormai solo alcuni dei privilegi tradizionali nell'esenzione dal servizio militare e nell'occupazione dei posti più alti dell'amministrazione[33], nume-

[30] Così E. KELLER, *Der Preußische Staat*, 1, p. 453.

[31] Cfr. art. 14 dei *Deutsche Bundesakte*, dell'8 giugno 1815, in E.R. HUBER (ed), *Dokumente zur deutschen Verfassungsgeschichte*, 1, pp. 84-90, qui pp. 88-89.

[32] Così E. KELLER, *Der Preußische Staat*, I, pp. 424 ss., qui p. 443; cfr. in merito, oltre a H. GOLLWITZER, *Die Standesherren*, anche R. SCHIER, *Standesherren*. Sulle «diverse classi di privilegiati» in Prussia si veda anche G. ANSCHÜTZ, *Die Verfassungsurkunde*, pp. 116-127.

[33] E. KELLER, *Der Preußische Staat*, 1, p. 453.

rosi e pesanti erano invece i privilegi degli *Standesherren*, che costituiranno ancora a lungo il principale ostacolo all'attuazione del principio dell'uguaglianza giuridica dei cittadini prussiani e quindi alla realizzazione dello Stato di diritto.

Tra i privilegi degli *Standesherren* vi erano anzitutto quelli di carattere fiscale. Gli *Standesherren* percepivano infatti nei loro territori le imposte dirette, mentre quelle indirette erano lasciate allo Stato; essi erano inoltre esentati dall'imposta fondiaria (*Grundsteuer*). In ambito giudiziario godevano di foro privilegiato (il cosiddetto *privilegierter Gerichtsstand*) per sé e per le loro famiglie presso gli *Oberlandesgerichte*, e cioè i tribunali di secondo grado istituiti in ogni provincia[34]; spesso essi stessi esercitavano giurisdizione civile e penale nei tribunali di prima istanza. Gli *Standesherren* detenevano diritti di signoria sulle persone che vivevano nei loro territori, dove spesso amministravano i poteri di polizia e esercitavano potere di sorveglianza (*Aufsicht*) sulla scuola, la chiesa e le opere pie (*milde Stiftungen*). Dal punto di vista dello sfruttamento delle risorse economiche naturali godevano di un ampio diritto di caccia e di sfruttamento delle cave e delle miniere; dal punto di vista politico-amministrativo avevano il diritto di proporre uno o più *Landräte* (organi monocratici di governo delle circoscrizioni amministrative dei *Kreise* [circoli]) al re, il quale esercitava il suo potere di conferma attraverso le *Regierungen*, gli organi collegiali di governo delle circoscrizioni amministrative immediatamente subprovinciali. Nella corrispondenza ufficiale intrattenuta dalle autorità con gli *Standesherren* i loro titoli, *Fürst* o *Graf*, dovevano essere preceduti dall'appellativo (*Prädikat*) rispettivamente di *Durchlaut* (eccellentissimo) e di *Erlaucht* (illustrissimo)[35].

Standesherren non erano però detti comunemente solo quelli delle 16 famiglie principesche, peraltro poi ridottesi a 11, di cui si è sin qui detto, ma anche quei *Fürsten* e *Grafen* che, pur non godendo di pari dignità con i principi regnanti (*Ebenbürtigkeit*) come gli *Standesherren* in senso proprio, avevano

[34] Cfr. *infra*, cap. 6 «Giustizia».

[35] E. KELLER, *Der Preußische Staat*, I, pp. 441-446.

comunque espresso nella Prussia del *Vormärz* il «primo ceto» (*erster Stand*) alle rappresentanze cetuali provinciali (*Provinzialstände* o *Provinzialversammlungen*), i cui membri ufficialmente si chiamavano parimenti *Standesherren* nonostante non possedessero in Prussia territori ex-immediati dell'Impero (*reichsunmittelbare Länder*), e non fossero quindi *mediatisierte Herren* secondo le ordinanze del 1815 e del 1820 ad essi relative. Sia gli *Standesherren* in senso proprio e più ristretto, sia quelli così detti nel senso lato del termine, erano infatti andati nel 1847 a costituire il ceto dei signori (*Herrenstand*) del primo *Vereinigter Landtag*, convocato dal monarca nel 1847 sull'onda della crescente pressione politica e sociale prerivoluzionaria. Fu agli *Standesherren* in senso lato, oltre che agli *Standesherren* nel senso originario del termine, che nella costituzione prussiana del 1850 (art. 65) era stato attribuito il diritto ereditario di seggio e di voto nella Prima camera[36].

Rittergutsbesitzer erano detti in origine i cavalieri proprietari di fondi di oltre 1.000 *Morgen*[37], cioè di oltre 250 ettari, esenti da qualsiasi imposta o tributo. Il termine di *Rittergüter* si era imposto quando si era iniziato a scindere i privilegi di ceto (*Standesvorrechte*) della nobiltà dalla persona del nobile, e a trasferire i più importanti dei suoi diritti dalla persona alla terra (*Grund und Boden*). Con l'editto del 9 ottobre 1807 era diventato possibile che di tali *Rittergüter* entrassero in possesso anche non nobili. Ancora a metà dell'Ottocento i *Rittergutsbesitzer* rappresentavano un vero e proprio ceto, la *Ritterschaft*, quale però individuata e circoscritta nel frattempo dalle leggi del 1823 sui *Provinzialstände*, indipendentemente dall'origine nobile o meno del proprietario fondiario. In questo ceto erano compresi tradizionalmente anche i proprietari di ben determinati fondi, aventi caratteristiche particolari, iscritti in una matricola (*Matrikel*) diversa per le province di Preussen, Rheinland e Westphalen. I *Rittergüter*, o altri

[36] *Ibidem*, pp. 443, 447 s. Cfr. in merito quanto si è detto *supra*, cap. 2 «Struttura costituzionale dello Stato centrale».

[37] Un *Morgen* (= 1 iugero), corrispondeva a circa un quarto di ettaro, e, più precisamente, a 2.519,9 m².

possedimenti fondiari ad essi assimilabili, rappresentati nelle assemblee cetuali di circolo o provincia, erano in Prussia nel 1855 circa 12.339; 7023 di questi, quindi il 56% circa, erano ancora in possesso di nobili, e il 43% circa in possesso di borghesi. I privilegi (*Vorrechte*) civili e politici connessi all'appartenenza al ceto dei *Rittergutsbesitzer* furono mantenuti sino all'entrata in vigore della costituzione del 1850. Annullati di colpo dalla progressista *Gemeinde-, Kreis-, Bezirks- und Provinzialordnung* dell'11 marzo 1850, emanata in attuazione dell'art. 105 della costituzione, saranno nuovamente restaurati con legge del 24 maggio 1853[38]. Tra i privilegi ristabiliti vi era il diritto dei *Rittergutsbesitzer* di partecipare con diritto di voto ai *Kreistagen*, in particolare alla designazione dei *Landräte*, nonché alle elezioni dei *Provinziallandtagen,* a cui essi erano eleggibili, nel primo o nel secondo ceto (*Stand*) a seconda delle province. Con legge del 14 aprile 1856 furono infine restaurate nelle sei province orientali molte delle antiche prerogative dei *Rittergutsbesitzer*, e in particolare il loro potere signorile di polizia, cioè di mantenimento dell'ordine pubblico nel territorio del loro *Rittergut*[39].

Contro il privilegio cetuale, che era di carattere sociale, politico, economico, giudiziario, fiscale e militare, e che si opponeva all'uguaglianza di tutti i cittadini prussiani di fronte alla legge, si pronuncerà chiaramente la costituzione prussiana del 1850 al suo art. 4. Sin dall'epoca della rivoluzione erano stati tuttavia emanati a questo proposito alcuni importanti provvedimenti normativi. Su proposta del governo liberale presieduto da Auerswald e con sanzione regia fu emanata dalla Costituente prussiana una legge, il 21 luglio 1848, che abolì il diritto dei ceti di circolo (*Kreisstände*), dominati dai *Rittergutsbesitzer* o da essi soli costituiti, di deliberare le imposte dirette gravanti sugli abitanti del *Kreis*[40].

[38] Cfr. in merito *infra*, cap. 5 «Amministrazione».

[39] E. KELLER, *Der preußische Staat*, I, pp. 454-456.

[40] Cfr. *Gesetz, betreffend die Aufhebung der Verordnungen über das Recht der Kreistände, Ausgaben zu beschließen und die Kreis-Eingesessenen dadurch zu verpflichten. Vom 24. Juli 1848*, in «GS», 1848, p. 192, e *Stenographische Berichte über die Verhandlungen der zur Vereinbarung der preußischen*

Sempre dalla Costituente, il successivo 11 agosto 1848, fu emanata anche una legge che aboliva il foro giudiziario privilegiato in materia penale (*eximierter Gerichtsstand in der Strafrechtspflege*) e fiscale[41]. Ancora nel 1848, inoltre, con legge del 31 ottobre, fu soppresso senza alcun indennizzo (*Entschädigung*), a tutela della libertà individuale di acquisire e conservare il pieno possesso della proprietà privata, il diritto dei nobili di praticare la caccia su fondi (*Grund und Boden*) di proprietà altrui[42]; da ora in poi il diritto di caccia, come diritto reale (*dingliches Recht*), non avrebbe più potuto essere scisso dal possesso della terra[43]. Fu così assestato un colpo decisivo alla persistenza di diritti di estranei sulla proprietà fondiaria, persistenza che si opponeva all'affermarsi del moderno principio borghese della indivisibilità, e quindi anche della libera commerciabilità, della proprietà fondiaria[44].

Altri importanti privilegi furono sottratti all'alta e bassa nobiltà nel 1849. Nel senso dell'uguaglianza dei diritti civili (*staatsbürgerliche Rechte*) e contro ogni distinzione cetuale andò anzitutto la *Kabinetsordre* del 2 gennaio 1849, con cui l'alta nobiltà perse, oltre alla giustizia patrimoniale (*Patrimonialgerichtsbarkeit*), anche il foro privilegiato dinanzi ai tribunali di seconda istanza. Di tale privilegio aveva goduto anche la bassa nobiltà, insieme peraltro agli ufficiali dell'esercito, agli ecclesiastici, agli insegnanti dei ginnasi e ai professori delle università, di sei delle otto province prussiane, e cioè di tutte ad eccezione di quella di Posen e della Rheinprovinz; in quest'ultima, dove peraltro sul lato occidentale del fiume Reno nel periodo tra il 1795 e

Staats-Verfassung berufenen Versammlung, I, Berlin 1848, 29° seduta, 18 luglio 1848, pp. 527-532 e 30ª seduta, 21 luglio 1848, p. 549.

41 Cfr. *Gesetz, betreffend die Aufhebung des eximirten Gerichtsstandes in Kriminal- und fiskalischen Untersuchungssachen und in Iniurienprozessen*, dell'11 agosto 1848, in «GS», 1848, p. 201.

42 Cfr. *Gesetz, betreffend die Aufhebung des Jagdrechts auf fremden Grund und Boden und die Ausübung der Jagd. Vom 31. Oktober 1848*, in «GS», 1848, pp. 343-344.

43 E. Keller, *Der Preußische Staat*, I, p. 507.

44 Cfr. in merito H. Gollwitzer, *Die Standesherren*, p. 34.

il 1814 era stata abolita ogni nobiltà ereditaria, vigeva infatti il diritto franco-renano[45].

Contro i privilegi stavolta fiscali della nobiltà si rivolse, sempre nel 1849, la *Kabinetsordre* del 7 dicembre, che abolì per tutti senza eccezione ogni esenzione dall'imposta personale della *Klassensteuer*[46]. Quest'ultima, introdotta con legge del 30 maggio 1820[47], da ora in poi avrebbe dovuto essere pagata anche da tutti coloro che ne erano stati sin qui esentati: gli *ex Reichsunmittelbaren*, gli ecclesiastici, gli insegnanti di scuola, gli ufficiali dell'esercito permanente (*stehendes Heer*) e della milizia mobile (*Landwehr*), i funzionari dell'amministrazione militare (*Militairbeamte*)[48]. All'abolizione delle esenzioni dalla *Klassensteuer* non tarderà a seguire, il 24 febbraio 1850, quella delle esenzioni dall'imposta fondiaria (*Grundsteuer*) dei possedimenti terrieri di privati cittadini, ivi compresi quelli signorili (*Güter*)[49], lasciando tuttavia momentaneamente in sospeso la questione della eventuale corresponsione di indennizzi.

Le conquiste liberal-borghesi di epoca rivoluzionaria in materia di diritti civili e di uguaglianza giuridica dei cittadini, già accolte nella *oktroyierte Verfassung* del 5 dicembre 1848, trovarono ingresso, in forma pressoché inalterata, anche nel titolo II (*Von den Rechten der Preußen*) della *revidierte Verfassung* del 31 gennaio 1850, di cui ancora di recente certa storia costituzionale tedesca ha sentito il bisogno di tornare a rimarcare il valore meramente programmatico e non prescrittivo[50].

45 E. KELLER, *Der Preußische Staat*, I, pp. 448-449 e 452.

46 Su questo *Gesetz wegen Aufhebung der Klassensteuer-Befreiungen. Vom 7. Dezember 1849* (in «GS», 1849, Nr. 3197, p. 436), cfr. K. OECHSLE, *Die steuerlichen Grundrechte in der jüngeren deutschen Verfassungsgeschichte*, p. 81.

47 Cfr. *infra*, cap. 11 «Finanze».

48 E. KELLER, *Der Preußische Staat*, I, p. 452.

49 Cfr. *Gesetz, betreffend die Aufhebung der Grundsteuerbefreiungen. Vom 24. Februar 1850*, in «GS», 1850, Nr. 3224, pp. 62-63. Sull'abolizione delle esenzioni fiscali dall'imposta fondiaria si tornerà ampiamente nel cap. 12 «Legislazione politico-economica».

50 Così, ultimo di una lunga tradizione risalente alla stessa origine della costituzione, M. KOTULLA, *Deutsche Verfassungsgeschichte*, p. 459: «Allerdings

In particolare, nella costituzione riveduta erano riconosciuti, più o meno direttamente, numerosi diritti individuali, sia civili, sia economici, derivanti logicamente dall'affermazione del principio della libertà della persona espresso all'art. 5[51]. Alcuni di questi diritti, tuttavia, come ad esempio la libertà di circolazione (*Freizügigkeit*), la libertà di soggiorno (*Aufenthalt*) e di domicilio (*Niederlassung*), la libertà di scelta della professione e di avviare un'autonoma attività d'impresa (*Gewerbefreiheit*)[52], non avevano trovato formulazione esplicita nel testo costituzionale, anche perché all'epoca ancora per niente scontati. Altri diritti di libertà accolti nella costituzione del 1850 non rappresentavano invece in alcun modo una novità, essendo piuttosto una conferma di diritto vigente, come nel caso della libertà di emigrazione (*Auswanderung*) (art. 11)[53], dell'inviolabilità del domicilio e del segreto epistolare (artt. 6 e 33), dell'inviolabilità della proprietà (art. 9). Vi erano poi principi di libertà che erano sì stati accolti dalla costituzione del 1850, ma che prefiguravano innovazioni socio-politiche, socio-economiche e politico-istituzionali di tale portata storica, da essere immediatamente presi di mira dalle forze della reazione, sino a quando non riuscì loro di cancellarli del tutto dal testo costituzionale o di renderli irriconoscibili.

Fu questo il caso dell'art. 40, contenente il divieto di istituire feudi e fedecommessi, dell'art. 42, che affermava la libertà di disporre della proprietà fondiaria (*freie Verfügung über das Grundeigenthum*) e aboliva senza alcun indennizzo (*Aufhebung*

handelte sich hierbei nicht um unmittelbar geltende Rechtssätze, sondern lediglich um durch gesondertes Gesetzesrecht zu verwirklichende Programmsätze». In merito si veda A.G. MANCA, *La Costituzione 'al di sopra' o 'a disposizione' del legislatore?*, a cui si rinvia per ulteriore letteratura sul tema.

[51] Art. 5: «Die persönliche Freiheit ist gewährleistet. Die Bedingungen und Formen, unter welchen eine Beschränkung derselben, insbesondere eine Verhaftung zulässig ist, werden durch das Gesetz bestimmt».

[52] Cfr. G.E. KRUG, *Die Entwicklung ökonomischer Freiheitsrechte in Deutschland*, pp. 611-612, e, in particolare sulla *Gewerbefreiheit*, pp. 336-339, 609-612.

[53] K.G. BALLESTREM, *Zur Theorie und Geschichte des Emigrationsrechtes*, in particolare pp. 157-158.

ohne Entschädigung) il potere giudiziario, di polizia e la superiorità signorile (*Gerichtsherrlichkeit, gutsherrliche Polizei, obrigkeitliche Gewalt*), nonché tutti i privilegi e i diritti di signoria tradizionalmente connessi a determinati appezzamenti fondiari (*gewissen Grundstücken zustehenden Hoheitsrechte und Privilegien*), come pure, infine, fu questo il caso dell'art. 105, che aboliva i diritti di rappresentanza politica legati all'appartenenza di ceto (*Standschaft*) e prescriveva l'elettività delle rappresentanze dei *Kreise* e delle province. Altri articoli, come il 4 sull'uguaglianza giuridica dei cittadini, il 27 e il 28 sulla libertà di opinione e di stampa, il 29 e il 30 sulla libertà di riunione e associazione, il 12 e il 13 sulla libertà religiosa e la laicità dello Stato, furono invece tanto ridimensionati o stravolti dalle leggi e/o dalle ordinanze emanate in loro 'attuazione', da riportare le libertà e i diritti qui solennemente affermati quasi alla condizione prerivoluzionaria.

Nell'art. 4 della costituzione prussiana del 1850[54], dove era affermato il principio, irrinunciabile per un moderno Stato di diritto, dell'uguaglianza dei cittadini di fronte alla legge, e si negava qualsiasi legittimità ai privilegi di ceto (*Standesvorrechte*)[55], ad essere presi di mira erano chiaramente i molti privilegi di cui godevano in particolare i membri dell'alta nobiltà, e cioè gli *Standesherren*, ma anche la bassa nobiltà e i *Rittergutsbesitzer*.

Come corollario necessario del principio dell'eguaglianza giuridica dei cittadini, al III comma del fondamentale art. 4, era anche affermato esplicitamente il diritto eminentemente politico di ogni prussiano di accedere a tutti gli uffici pubblici, sia civili sia militari, sia scolastici sia ecclesiastici, purché in grado di assicurare onorevolmente lo svolgimento del servizio, senza alcun riguardo per privilegi di ceto, oltre che per professione

[54] Art. 4: «Alle Preußen sind vor dem Gesetze gleich. Standesvorrechte finden nicht statt. Die öffentlichen Ämter sind, unter Einhaltung der von den Gesetzen festgestellten Bedingungen, für alle dazu Befähigten gleich zugänglich».

[55] Si veda in merito L. von Rönne, *Das Staatsrecht der preussischen Monarchie*, 1869-1872^3, I.1 (1869), p. 245.

di fede (art. 12[56] e art. 14[57]). Quanto sin qui accaduto in epoca precostituzionale, quando i nobili erano stati apertamente privilegiati nell'occupazione degli uffici militari, politici o amministrativi, e invece largamente esentati, sia dall'obbligo di contribuzione fiscale, sia dall'obbligo di prestare il servizio militare, era perciò apertamente sconfessato dal testo costituzionale. Questo, come corrispettivo del principio dell'uguaglianza dei cittadini di fronte alla legge dell'art. 4, si era curato piuttosto di affermare in modo inequivocabile, sia il generale obbligo dei cittadini maschi prussiani a prestare il servizio militare (art. 34), sia il generale obbligo alla contribuzione fiscale, senza alcuna eccezione o esenzione (art. 101). Il fatto che, al di là di quanto affermato in costituzione, le esenzioni militari e fiscali si conservarono a lungo quasi intatte nei ceti privilegiati, come emergerà molto chiaramente dai dibattiti parlamentari della prima metà degli anni Sessanta, sia sulla riforma della legge militare del 3 settembre 1814[58], sia sulla riforma dell'imposta fondiaria (*Grundsteuer*)[59], non desta alcuna sorpresa alla luce di quanto detto sulle enormi difficoltà opposte dai ceti privilegiati e dai loro rappresentanti politici all'attuazione della costituzione del 1850. Alla stessa impotenza degli artt. 34 e 101 della costituzione fu del resto condannato a lungo anche l'art. 4 sull'uguaglianza giuridica dei cittadini prussiani, un articolo che rivestiva un'immediata rilevanza pratica anche per gli ebrei (*Juden*), pesantemente discriminati nell'accesso agli

[56] Art. 12: «Die Freiheit des religiösen Bekenntnisses, der Vereinigung zu Religionsgesellschaften (Artt. 30 und 31) und der gemeinsamen häuslichen und öffentlichen Religionsübung wird gewährleistet. Der Genuß der bürgerlichen und staatsbürgerlichen Rechte ist unabhängig von dem religiösen Bekenntnisse. Den bürgerlichen und staatsbürgerlichen Pflichten darf durch die Ausübung der Religionsfreiheit kein Abbruch geschehen».

[57] Cfr. L. von Rönne, *Das Staatsrecht der preussischen Monarchie*, 1869-1872^3, I.1 (1869), p. 253 sull'art. 14: «Die christliche Religion wird bei denjenigen Einrichtungen des Staats, welche mit der Religionsübung im Zusammenhange stehen, unbeschadet der im Art. 12 gewährleisteten Religionsfreiheit zum Grunde gelegt». Per un'approfondimento sul valore degli artt. 12 e 14 della costituzione vedi *infra*, cap. 9 «Chiesa».

[58] Cfr. in merito *infra*, cap. 7 «Esercito».

[59] Cfr. in merito *infra*, cap. 11 «Finanze».

uffici pubblici dalla legge precostituzionale del 23 luglio 1847[60]. Come si vedrà più avanti, nella prassi gli ebrei continueranno ad essere tenuti accuratamente lontano da essi per tutti gli anni Cinquanta, e, una volta superata la breve parentesi della Nuova Era, sino alla citata legge confederale del 3 luglio 1869, che fissò la piena equiparazione giuridica degli ebrei ai cristiani[61].

Ma torniamo ora al quadro sin qui delineato sui diritti individuali accolti e proclamati dalla costituzione del 1850, per vedere analiticamente cosa ne fu di questi diritti nel periodo successivo alla sua entrata in vigore. Il periodo corrispondente all'incirca agli anni del governo Manteuffel (19 dicembre 1850 - 6 novembre 1858)[62], segnò nel complesso il trionfo del programma politico, per certi versi della destra conservatrice statalista del presidente dello *Staatsministerium*, e per altri degli *Hochkonservativen* della destra cetual-feudale, sulla lettera della costituzione e sul suo spirito. Tuttavia, prima dell'inizio vero e proprio della reazione, e cioè durante il governo presieduto da Friedrich Wilhelm von Brandenburg (2 novembre 1848 - 6 novembre 1850), detto anche governo Brandenburg-Manteuffel per il ruolo determinante giocato in esso dall'allora ministro degli Interni, furono varate importanti riforme organiche in attuazione dei «Diritti dei prussiani», o di altri articoli costituzionali a questi intimamente connessi, su cui è necessario soffermarsi.

Alcune di queste riforme, infatti, limitarono e circoscrissero alquanto il potenziale di liberalizzazione politica dei «Diritti». Fu questo il caso ad esempio della legge «a tutela della libertà personale» emanata in attuazione dell'art. 5[63], legge che, a

[60] L. VON RÖNNE, *Das Staatsrecht der preussischen Monarchie*, 1869-1872[3], I.1 (1869), p. 254.

[61] Cfr. *supra*, nota 18 e in merito H. ALBRECHT, *Antiliberalismus und Antisemitismus*.

[62] Su Otto von Manteuffel, successo a Brandenburg come capo del governo (*Staatsministerium*) a partire dal 19 dicembre 1850 cfr. la voce biografica di G. GRÜNTHAL, in *Neue Deutsche Biographie*, 16, 1990, pp. 88-90.

[63] Cfr. *Gesetz zum Schutze der persönlichen Freiheit. Vom 12. Februar 1850*, in «GS», 1850, pp. 45-48; un breve ma insufficiente estratto dalla legge anche in E.R. HUBER (ed), *Dokumente zur deutschen Verfassungsgeschichte*,

dispetto di tutti i discorsi conservatori sulla mera programmaticità dei diritti prussiani, fu varata con insolita sollecitudine. Altrettanto presto divenne tuttavia chiaro che il suo obiettivo principale era quello di restringere e non di ampliare la sfera della libertà personale garantita dalla legge della Costituente del 24 settembre 1848.

Altre leggi di riforma invece, per quanto elaborate sotto l'influsso dello spirito sostanzialmente statalista-burocratico del ministro degli Interni Manteuffel, risentirono ancora positivamente delle spinte politiche ad una coerente attuazione della costituzione. Mi riferisco qui alle leggi emanate in attuazione sia dell'art. 40, sia dell'art. 105 della costituzione, in cui si fece ancora sentire quello spirito anticetuale e antifeudale che aveva portato all'affermazione del principio dell'uguaglianza giuridica dei cittadini.

Il 2 marzo 1850 fu infatti emanata in attuazione dell'art. 40, che aveva vietato l'istituzione di nuovi feudi e fedecommessi e ordinato la trasformazione di quelli esistenti in libera proprietà[64], una «legge di liquidazione dei *Reallasten* e di regolazione del rapporto tra signori fondiari e contadini»[65]. La norma ribadì l'abolizione senza indennizzo dei diritti di superiorità dei signori terrieri a vario titolo (*Lehnsherren, Guts-* o *Grundherren, Erbzinsherren*), regolò la possibilità di riscatto da parte dei coltivatori, in cambio di una certa somma in denaro, di tributi, prestazioni e diritti collegati a determinati

1, pp. 517-519. È significativo che nella valutazione della direzione illiberale in cui fu sciolto il *Gesetzesvorbehalt* dell'art. 5 la storiografia costituzionale tedesca progressista novecentesca converga con quella di orientamento conservatore (per una critica singolarmente 'da sinistra' dell'attuazione data all'art. 5 cfr. E.R. HUBER, *Deutsche Verfassungsgeschichte*, 3, pp. 104-105).

64 Art. 40: «Die Errichtung von Lehen und die Stiftung von Familien-Fideikommissen ist untersagt. Die bestehenden Lehen und Familien-Fideikommisse sollen durch gesetzliche Anordnung in freies Eigenthum umgestaltet werden. Auf Familien-Stiftungen finden diese Bestimmungen keine Anwendung».

65 Cfr. il *Gesetz, betreffend die Ablösung der Reallasten und die Regulierung der gutsherrlichen und bäuerlichen Verhältnisse. Vom 2. März 1850*, in «GS», 1850, pp. 77-111, in particolare pp. 82 e 105; sul ruolo determinante svolto da questa legge nell'avvio effettivo della modernizzazione della costituzione agraria prussiana si veda E. HEYMANN, voce *Lehnrecht*.

appezzamenti fondiari (*Reallasten*), stabilì (§ 91) che da qui in poi «in caso di lascito in eredità di un fondo [sarebbe stata] ammessa solo la trasmissione della piena proprietà». Attraverso questa legge fu avviato irreversibilmente un importante processo di allodificazione del feudo, o almeno di sua trasformazione in fedecommesso, che, seppure protrattosi molto a lungo, portò infine ad una notevole modernizzazione della costituzione agraria (*Agrarverfassung*) prussiana e dei patti che la governavano. La legge, che non solo non riuscì a ostacolare la sopravvivenza dei fedecommessi esistenti, ma mancò anche l'obiettivo di impedirne l'istituzione di nuovi[66], segnò comunque una tappa importante verso l'abolizione della servitù e la liberazione definitiva della proprietà terriera dagli antichi vincoli feudali.

A distanza di pochi giorni dal cosiddetto *Ablösungsgesetz* del 2 marzo 1850 furono varate anche, in attuazione dell'avanzato art. 105 della costituzione[67], due importantissime riforme amministrative anticetuali: una di riordino dei comuni, la *Gemeindeordnung für den preussischen Staat*, e l'altra di riorganizzazione degli enti locali intermedi, la *Kreis-, Bezirks-*

[66] M. Wienfort, *Constitutionalism, Inheritance, and Orders of Property*.

[67] Art. 105: «Die Vertretung und Verwaltung der Gemeinden, Kreise, Bezirke und Provinzen des preußischen Staats wird durch besondere Gesetze unter Festhaltung folgender Grundsätze näher bestimmt: *1.* Über die innern und besondern Angelegenheiten der Provinzen, Bezirke, Kreise und Gemeinden beschließen aus gewählten Vertretern bestehende Versammlungen, deren Beschlüsse durch die Vorsteher der Provinzen, Bezirke, Kreise und Gemeinden ausgeführt werden. Das Gesetz wird die Fälle bestimmen, in welchen die Beschlüsse dieser Vertretungen der Genehmigung einer höheren Vertretung oder der Staatsregierung unterworfen sind. *2.* Die Vorsteher der Provinzen, Bezirke und Kreise werden von dem Könige ernannt. Über die Betheiligung des Staats bei der Anstellung der Gemeindevorsteher und über die Ausübung des den Gemeinden zustehenden Wahlrechts wird die Gemeindeordnung das Nähere bestimmen. *3.* Den Gemeinden insbesondere steht die selbstständige Verwaltung ihrer Gemeindeangelegenheiten unter gesetzlich geordneter Oberaufsicht des Staats zu. Über die Betheiligung der Gemeinden bei Verwaltung der Ortspolizei bestimmt das Gesetz. Zur Aufrechthaltung der Ordnung kann nach näherer Bestimmung des Gesetzes durch Gemeindebeschluß eine Gemeinde-Schutz- oder Bürgerwehr errichtet werden. *4.* Die Berathungen der Provinzial-, Kreis- und Gemeindevertretungen sind öffentlich. Die Ausnahmen bestimmt das Gesetz. Über die Einnahmen und Ausgaben muß wenigstens jährlich ein Bericht veröffentlicht werden».

und Provinzialordnung für den preussischen Staat[68], tutt'e due dell'11 marzo 1850 e «opera di Manteuffel»[69]. Con queste riforme furono stabiliti i criteri per la costituzione degli organi degli enti amministrativi locali e intermedi sulla base dei moderni principi dell'autogoverno, della divisione dei poteri tra legislativo ed esecutivo, e dell'elezione degli organi rappresentativi. La legge spazzò via di colpo i privilegi cetual-feudali su cui aveva poggiato sin qui la loro organizzazione. Secondo queste riforme, infatti, diventavano elettivi il consiglio (*Gemeinderat*), la giunta (*Gemeindevorstand*) e il borgomastro (*Bürgermeister*) a livello comunale, l'assemblea (*Kreisversammlung*), anche se non il *Landrat*, a livello di circolo (*Kreis*), l'assemblea (*Provinzialversammlung*), anche se non l'*Oberpräsident*, a livello provinciale. I comuni, inoltre, secondo la riforma, non avrebbero più conservato la tradizionale differenziazione in comuni cittadini e comuni rurali, tra città e campagna, che aveva segnato i precedenti ordinamenti comunali, e i loro confini non si sarebbero più fermati di fronte a quelli dei feudi e dei *Rittergüter*. Con l'introduzione del moderno principio elettivo furono naturalmente abolite d'un colpo le vecchie rappresentanze cetuali, i *Kreistage* e i *Provinziallandtage*, che, come si è visto, fondavano la loro composizione su specifici diritti politici di ceto[70].

A completamento dei nuovi ordinamenti degli enti amministrativi inferiori e intermedi di cui si è appena detto, e in attuazione dell'art. 42 della costituzione, che, insieme alla giurisdizione signorile (*Gerichtsherrlichkeit*), aveva dichiarato abolita «la polizia del signore fondiario» (*gutsherrliche Polizei*), fu emanata anche, sempre l'11 marzo 1850, una «legge sull'amministrazione di polizia»[71]. Con questa legge il potere di polizia fu tolto ai

[68] Entrambe le leggi in «GS», 1850, rispettivamente alle pp. 213-251 e 251-265.

[69] Cfr. in merito H. Heffter, *Der nachmärzliche Liberalismus*, p. 181.

[70] Cfr. a quest'ultimo proposito la *Kreis-, Bezirks- und Provinzialordnung für den preussischen Staat*, in «GS», 1850, rispettivamente alle pp. 252, 255, 257, 259, 263.

[71] Cfr. *Gesetz über die Polizei-Verwaltung. Vom 11. März 1850*, in «GS», 1850, pp. 265-268.

Rittergutsbesitzer, che, nelle campagne, lo avevano esercitato sin qui come un qualsiasi altro potere inscindibilmente connesso al possesso del *Rittergut*. L'amministrazione della polizia locale avrebbe dovuto essere posta nelle mani di funzionari pubblici (*Beamten*), che l'avrebbero amministrata in nome del re e sotto il controllo del ministro degli Interni[72]. Dirà il pubblicista liberale Rudolf Haym a proposito delle tre importanti leggi di riforma dell'11 marzo 1850:

«Con l'attuazione degli ordinamenti del 1850 erano caduti gli ultimi resti dello Stato cetual-feudale. Se si fosse riusciti ad accantonarli, sarebbe stata ristabilita la divisione cetuale in *Rittergutsbesitzer*, città e contadini, e restituito ai primi il loro peso preponderante nelle diete di circolo e provinciali e il potere di polizia sulle comunità rurali. Ciò sarebbe equivalso alla restaurazione degli elementi fondanti della costituzione per ceti e, da quel momento in poi, la trasformazione della forma costituzionale dello Stato in quella cetuale sarebbe dipesa quasi solo da una modifica delle leggi elettorali per le Camere»[73].

Le innovazioni dell'epoca rivoluzionaria e le acquisizioni costituzionali in materia di diritti individuali erano state però talmente tante e dirompenti, da rendere ben presto incontenibile lo zelo della reazione cetual-feudal-assolutistica nel tentare, attraverso una «revisione all'indietro» della costituzione, di manomettere l'orologio del progresso politico, giuridico-costituzionale, socio-culturale ed economico della monarchia prussiana[74]. Nel porre mano a una sistematica azione di smantellamento dei diritti di libertà e di uguaglianza giuridica contenuti nel titolo II della costituzione, la reazione fece leva proprio sulla disseminazione nel testo costituzionale delle numerose «riserve di legge». Ben prima del 23 agosto 1851, data della revoca da parte del *Bundestag* tedesco, nel frattempo riattivato, dei *Grundrechte* della costituzione di Francoforte[75], si cominciò a percepire in Prussia un clima opprimente e repressivo in materia di diritti

[72] Su queste riforme del marzo 1850 si tornerà nuovamente nel cap. 5 «Amministrazione».

[73] R. HAYM, *Der preußische Landtag während der Jahre 1851 bis 1857*, p. 189.

[74] Sulla *Rückwärtsrevidierung* G. GRÜNTHAL, *Parlamentarismus in Preußen* e I. CERVELLI, *Liberalismo e conservatorismo in Prussia*.

[75] E.R. HUBER, *Deutsche Verfassungsgeschichte*, 3, pp. 136-137; J. MÜLLER (ed), *Quellen zur Geschichte des Deutschen Bundes*, Abteilung III: *1850-1866*,

civili e politici individuali[76]. Per tutti gli anni Cinquanta a fare le spese degli ampi margini di discrezionalità lasciati alla polizia e alle autorità amministrative nel mantenimento dell'ordine pubblico e nella prevenzione degli abusi[77], furono soprattutto, come ovvio, le minoranze politiche e religiose.

La forte limitazione della libertà personale consentita dalla legge del 12 febbraio 1850 fu largamente anticipata nello spirito repressivo dalla sospensione della libertà di stampa attuata con ordinanza del 23 maggio 1849; ad essa fece seguito un'altra ordinanza, il 5 giugno 1850, che reintrodusse la concessione dell'autorizzazione da parte del governo per ogni pubblicazione, e, di fatto, la possibilità del ritiro di tale concessione per via amministrativa. A chiarire definitivamente il quadro normativo il 12 maggio 1851 fu infine emanata una legge sulla stampa[78], riguardante qualsiasi attività imprenditoriale autonoma (*Gewerbebetriebe*) di stampa, commercio, prestito di libri o opere dell'ingegno in genere, come pure le rivendite di giornali, riviste o immagini[79]; la legge pur non contenendo esplicitamente alcuna censura, si prestava tuttavia facilmente ad essere «abusata nell'applicazione»[80]. La sola minaccia del ritiro della concessione (*Konzessionsentziehung*) a disposizione dell'autorità di governo del distretto (*Bezirksregierung*), poteva

1: *Die Dresdener Konferenz und die Wiederherstellung des Deutschen Bundes 1850/51*, e 2: *Der Deutsche Bund zwischen Reaktion und Reform 1851-1858*.

[76] R. HAYM, *Der preußische Landtag während der Jahre 1851 bis 1857*, p. 187.

[77] Dirà Karl Marx in un suo articolo dell'ottobre 1858: «Se si guarda ai 'Diritti dei prussiani' così come stanno sulla carta, e alla triste sembianza che essi nella realtà mostrano di sé, si perverrà ... alla piena comprensione di un'insolita contrapposizione tra idea e realtà, tra teoria e prassi. Per ogni passo che si fa', persino per un semplice spostamento, entra in azione l'onnipotente burocrazia, questa seconda provvidenza di origine schiettamente prussiana. Senza autorizzazione ufficiale delle autorità non si può vivere, né morire, né sposarsi, scrivere lettere, pensare, pubblicare, dedicarsi agli affari, insegnare, convocare un'assemblea, costruire una fabbrica, emigrare o fare una qualsiasi altra cosa» (K. MARX, *Die Lage in Preussen*, p. 616).

[78] Cfr. *Gesetz über die Presse. Vom 12 Mai 1851*, in «GS», 1851, Nr. 3392, pp. 273-287.

[79] Cfr. § 1 del *Gesetz über die Presse. Vom 12 Mai 1851*.

[80] Cfr. [A.] SCHWARK, *Das Gesetz über die Presse vom 12. Mai 1851*, p. 2.

essere usata per intimidire la stampa politica non gradita. Per poter stampare, pubblicare, o diffondere qualsiasi testo, da qui in poi divenne imprescindibile un attestato di «irreprensibilità» (*Unbescholtenheit*) dell'imprenditore (*Gewerbetreibende*), che non sarà più necessario solo a partire dall'entrata in vigore della già citata liberalizzante *Gewerbeordnung* per il Norddeutscher Bund del 21 giugno 1869[81].

In particolare, secondo la legge del 1851, un esemplare di ogni pubblicazione (ogni numero, quaderno, articolo di giornale, rivista o di altro periodico) doveva essere depositato con firma dell'editore (*Verleger*) o del direttore responsabile (*Redakteur*) presso la locale autorità di polizia (§ 5). Tutte le pubblicazioni periodiche, a meno che non fossero di carattere meramente scientifico, tecnico, di informazione spicciola o ufficiale, erano tenute al pagamento di una cauzione (*kautionspflichtig*), che nelle città più grandi e nel loro circondario (*Umgebung*) poteva raggiungere la ragguardevole somma di 5.000 talleri (*Rthlr*), variando a seconda della grandezza della città in cui si trovava l'azienda proprio come l'imposta sulle attività produttive autonome (*Gewerbesteuer*) (§§ 11, 12, 13)[82]. Soprattutto le pubblicazioni che affrontavano questioni politiche e sociali erano obbligate al pagamento della cauzione (*kautionspflichtig*) (§ 17); esse potevano apparire solo sotto il nome di un redattore responsabile, e nel caso che questi fosse un funzionario pubblico (*Beamte*), allora era anche necessaria l'autorizzazione dei superiori; da questa non si poteva prescindere specialmente nel caso che la pubblicazione fosse *kautionspflichtig*. Liberi da ogni responsabilità erano i resoconti letterali (*wahreitsgetreu*) dei lavori parlamentari, ma il § 38 della legge a ciò relativo non si applicava nel caso venisse riportato un discorso di biasimo alla condotta del governo senza riportare anche, contemporaneamente, la replica ad esso[83].

81 Cfr. L. von Rönne, *Das Staatsrecht der preußischen Monarchie*, 1869-1872³, I.2 (1870), p. 148. Sulla *Gewerbeordnung* del 1869 cfr. anche *infra*, cap. 12 «Legislazione politico-economica».

82 Sull'imposizione della *Gewerbesteuer* cfr. *infra*, cap. 11 «Finanze».

83 Cfr. L. von Rönne, *Das Staatsrecht der preußischen Monarchie*, 1869-1872³, I.2 (1870), pp. 152, 153, 159.

Se già la lettera della legge del 1851 non era rispettosa della libertà di stampa, ancor meno si dimostrò tale la sua applicazione da parte dell'amministrazione. Un *Reskript* dell'ultraconservatore ministro degli Interni degli anni Cinquanta Westphalen (19 dicembre 1850 - 7 ottobre 1858) del 2 maggio 1852 portò ad affermazione il principio che la diffusione di pubblicazioni ostili al governo poteva costare al responsabile della pubblicazione l'aggettivo di «non irreprensibile» (*bescholten*), e giustificare il ritiro della concessione per via amministrativa. Nel 1852 fu anche ripristinata, a ulteriore limitazione della libertà di stampa, l'imposta di bollo (*Stempelabgabe*) già abolita nel dicembre 1848.

La libertà di opinione, di cui la libertà di stampa è una forma particolare, fu pesantemente limitata anche come libertà di confessione religiosa. La persecuzione contro la riunione in associazioni dei «cattolici tedeschi» (*Deutschkatholischen*), delle «comunità libere» (*freie Gemeinden*) o delle «comunità dissidenti» (*Dissidentengemeinden*), iniziò già nel 1851. Il ministro del Culto, Karl Otto von Raumer, invitò le autorità a considerare queste associazioni come essenzialmente politiche, volte all'abbattimento dell'ordine sociale e civile, e da trattare perciò con le medesime «cautele» riservate loro dalla famigerata legge sul diritto di associazione (*Vereinsgesetz*) dell'11 marzo 1850[84].

La persecuzione di tali associazioni finì naturalmente col rendere illusoria la libertà delle società religiose (*Religionsgesellschaften*) garantita dall'articolo 12 della costituzione. Non pago della concreta azione repressiva svolta dall'amministrazione, il deputato conservatore Hermann Wagener tentò nel 1855-1856 (quando le destre avevano anche alla Camera dei deputati una maggioranza schiacciante[85]) addirittura di cancellare l'articolo 12, senza tuttavia riuscirci[86]. Fu in questa occasione che il ministro degli Interni Westphalen intervenne a dire che non c'era bisogno di arrivare a tanto, e cioè addirittura alla

[84] *Ibidem*, pp. 174-175. Sul *Vereinsgesetz* cfr. *infra* nel testo.

[85] Cfr. *supra*, cap. 3 «Elezioni».

[86] L. von Rönne, *Das Staatsrecht der preußischen Monarchie*, 1869-1872³, I.2 (1870), pp. 184-185.

soppressione dell'articolo, dato che, comunque, il governo non aveva mai interpretato l'articolo sulla libertà religiosa in senso letterale, e cioè nel senso di ammettere non cristiani o sostenitori di sette irreligiose a occupare posti dell'amministrazione della giustizia o uffici di altre autorità statali in stretta relazione con il fine ultimo, eminentemente cristiano, dello Stato. Per questo egli, per quanto lo riguardava più da vicino, si sentiva autorizzato a considerare come ancora vigenti in rapporto agli ebrei, al di là dell'art. 12 della costituzione, i §§ 2 e 3 della legge precostituzionale del 23 luglio 1847, che per l'appunto li aveva esclusi dagli uffici pubblici[87].

Nel corso degli anni della reazione il diritto degli ebrei al godimento dei diritti civili e politici al pari degli altri cittadini prussiani, diritto sancito sia dall'art. 4 sia dall'art. 12 della costituzione, fu apertamente contestato in più occasioni, nel 1851 e nel 1853, dallo stesso Presidente dei ministri Manteuffel[88]. Ad essere rigettato fu in particolare, sino all'ottobre 1858, quando cioè il ministero degli Interni fu assunto dal liberale moderato Eduard Heinrich Flottwell, il diritto dei *Rittergutsbesitzer* ebrei di esercitare, come tutti i loro pari ceto, il diritto di seduta e di voto nelle rappresentanze cetuali dei *Kreisstände* (o *Kreislandtagen*) e dei *Provinzialstände* (o *Provinziallandtagen*) nel frattempo riattivati[89]. Proprio per negare tale diritto agli ebrei furono emanati i *Reskripte* ministeriali del 29 luglio 1851 e dell'8 agosto 1853.

Il ministro più zelante nell'escludere gli ebrei dal diritto politico di accedere agli uffici e rivestire cariche pubbliche, fu comunque il ministro dell'Interno Westphalen[90]. Fu lui, infatti, con *Reskript* del 17 luglio 1853, a voler tenere lontani gli ebrei

[87] *Ibidem*, p. 185. Sulla legge del 1847 cfr. anche *ibidem*, 1869-1872^3, I.1 (1869), p. 254.

[88] Cfr. L. von Rönne, *Das Staatsrecht der preußischen Monarchie*, 1869-1872^3, I.2 (1870), p. 187.

[89] Su questa «riattivazione» delle rappresentanze cetuali, già abolite dall'art. 105 della costituzione, si tornerà *infra*, cap. 5 «Amministrazione».

[90] L. von Rönne, *Das Staatsrecht der preußischen Monarchie*, 1869-1872^3, I.2(1870), p. 262.

dallo *Schulzenamt*, ufficio amministrativo di origine feudale e trasmesso generalmente in via ereditaria, il cui titolare, a capo di una comunità rurale, aveva il compito di mantenere l'ordine e la legalità, di esercitare il potere di polizia e talvolta anche la bassa giurisdizione[91]. Fu sempre lui, Westphalen, ad escludere i *Rittergutsbesitzer* ebrei dall'esercizio del potere di polizia con rescritto circolare del 27 luglio 1856. A fondamento di questi provvedimenti amministrativi fu fatto valere da Westphalen lo stesso punto di vista servito per escludere gli ebrei dall'esercizio dei diritti cetuali (*Standschaftsrechte*), e cioè che l'art. 12 non fosse sufficiente a «non» escludere gli ebrei, contenendo quest'articolo mere enunciazioni di principio e non proposizioni giuridiche vincolanti e prescrittive. L'esclusione degli ebrei dallo *Schulzenamt* fu al contrario stigmatizzata dal costituzionalista liberale Ludwig von Rönne come «incostituzionale» (*verfassungswidrig*)[92].

Come le norme sulla libertà di stampa, anche quelle di attuazione delle libertà costituzionali di riunione e di associazione furono rilasciate in un clima ormai decisamente antirivoluzionario. L'«ordinanza per la prevenzione dell'abuso del diritto di riunione e associazione con pregiudizio della libertà e dell'ordine» dell'11 marzo 1850[93], che era una legge regolarmente approvata dalle Camere a dispetto dell'appellativo di «ordinanza» utilizzato nell'intitolazione della norma e che è solitamente richiamata dalla storiografia come *Versammlungs- und Vereinigungsgesetz* (o più brevemente *Vereinsgesetz*)[94], anticipava ampiamente il

[91] Cfr. E. KELLER, *Der preußische Staat*, I, p. 482. L'ufficio scomparve definitivamente solo con la riforma dei *Kreise* (*Kreisordnung*) del 13 settembre 1872.

[92] L. VON RÖNNE, *Das Staatsrecht der preußischen Monarchie*, 1869-1872^3, I.2 (1870), pp. 262-263.

[93] Cfr. *Verordnung über die Verhütung eines die gesetzliche Freiheit und Ordnung gefährdenden Missbrauchs des Versammlungs- und Vereinigungsrechtes. Vom 11. März 1850*, in «GS», 1850, Nr. 3261, pp. 277-283; cfr. anche E.R. HUBER (ed), *Dokumente zur deutschen Verfassungsgeschichte*, 1, pp. 519-521.

[94] Si veda ad esempio A. HUBER, *Das Vereinsrecht im Deutschland des 19. Jahrhunderts*.

clima repressivo, contrario alla formazione di una opinione pubblica libera e critica, che avrebbe caratterizzato gli anni successivi. La legge dell'11 marzo 1850, che venne a sostituirsi all'ordinanza con forza provvisoria di legge del 29 giugno 1849, conteneva infatti molte determinazioni chiaramente intese a scoraggiare ogni assembramento e soprattutto ogni formazione associativa come luogo di discussione dell'attualità politica. Essa di conseguenza fu molto importante nel ritardare la fondazione e il consolidamento di partiti politici, soprattutto di opposizione, nonché di organizzazioni sindacali operaie[95].

La legge del 1850, infatti, attenzionava esclusivamente sia le «assemblee [*Versammlungen*] per la discussione di questioni di interesse pubblico», sia le «associazioni [*Vereine*] costituite allo scopo di influire sulle questioni pubbliche», sia, infine, le «associazioni aventi come scopo la discussione di questioni politiche in assemblee». Tali assemblee e associazioni erano sottoposte ad un controllo tanto penetrante e oppressivo da parte delle autorità di polizia, da scoraggiarne in partenza la formazione. Tra le disposizioni normative maggiormente rivolte a dissuadere dall'esercizio dei diritti di riunione e di associazione di cui si diceva di voler «prevenire» l'abuso, ci limitiamo qui a ricordare le più importanti. *a*) Ogni riunione finalizzata alla discussione di questioni di interesse pubblico doveva essere segnalata almeno 24 ore prima dell'inizio alla locale autorità di polizia. Se la riunione fosse iniziata anche solo un'ora dopo l'ora comunicata, essa sarebbe stata considerata come non segnalata. *b*) Se una riunione fosse iniziata senza il necessario preavviso (*Anzeige*) alla polizia, sarebbero stati puniti, con pene pecuniarie o addirittura con l'incarcerazione, tutti i responsabili o gli organizzatori della stessa (§ 12). *c*) I presidenti di associazioni aventi lo scopo di influire su questioni pubbliche erano obbligati a comunicare alle autorità di polizia entro tre giorni dalla fondazione del *Verein* il relativo statuto e la lista dei suoi membri. *d*) Ai *politische Vereine* erano imposte, oltre a quelle sin qui dette, ulteriori limitazioni; essi infatti non potevano né accogliere tra i loro membri donne, scolari e apprendisti,

[95] Cfr. a questo proposito *infra*, cap. 12 «Legislazione politico-economica».

né entrare in relazione con altri *Vereine* dello stesso tipo, in particolare attraverso comitati, commissioni, organi centrali ecc., nemmeno per via epistolare. *e*) Quando l'autorità di polizia avesse ordinato la chiusura di un *Verein* in via provvisoria per sua palese illegalità, questa doveva essere subito notificata alla procura (§ 8) che sola poteva giudicare immotivato l'ordine della polizia e chiederne la sospensione. Se invece la procura avesse ritenuto fondato l'ordine di chiusura, doveva, entro 8 giorni, formulare l'accusa e avviare le indagini preliminari, nonché decidere se mantenere la chiusura. *f*) Le riunioni all'aperto, di qualsiasi tipo, dovevano essere autorizzate dalla polizia locale, e l'autorizzazione doveva essere chiesta almeno 48 ore prima. *g*) Dalle limitazioni del diritto di riunione e associazione a cui erano sottoposti i *politische Vereine* secondo il § 8 erano esentati i *Wahlvereine*, e cioè i comitati elettorali che si formavano estemporaneamente in vista e/o in concomitanza dello svolgimento di elezioni[96].

La legge sul diritto di riunione e di associazione, come si è già avuto modo di notare, fu utilizzata nel corso degli anni Cinquanta anche per reprimere comunità religiose dissidenti, strumentalmente etichettate come «associazioni politiche» dalle autorità, e su questa base perseguitate[97], in perfetta coerenza con i principi di un *Polizeistaat* e in diretto contrasto, invece, con quelli di uno Stato di diritto e con la libertà religiosa affermata all'art. 12 della costituzione. Questa legge, che portava chiaramente i segni della contingente situazione politica degli anni Cinquanta, manterrà tuttavia la sua validità ben oltre la fine della reazione. Il *Versammlungs- und Vereinigungsgesetz* del 1850, infatti, attraverso l'art. II della *Verordnung* sulla stampa del 25 giugno 1867, entrerà in vigore anche in quasi tutte le nuove province annesse dalla Prussia nel 1866.

A completare il quadro della desolante situazione politica che nei reazionari anni Cinquanta pregiudicò pesantemente l'esercizio dei diritti individuali di libertà riconosciuti dalla

[96] L. von Rönne, *Das Staatsrecht der preußischen Monarchie*, I.2, 1869-1872^3, (1870), p. 210.

[97] [R. Haym], *Der alte und der neue preußische Landtag*, p. 576.

costituzione, intervenne anche la legge del 4 giugno 1851 sullo stato d'assedio. Emanata formalmente in attuazione dell'art. 111 della costituzione, essa doveva prevenire il ripetersi della prolungata illegalità in cui si era venuto a trovare il governo nel biennio rivoluzionario, dopo che la Seconda camera aveva dichiarato illegale lo stato di assedio proclamato nella capitale il 12 novembre 1848[98] e revocato solo nel luglio dell'anno seguente. La legge del 4 giugno 1851 però, nel colmare il vuoto legislativo esistente sui termini e i limiti inerenti alla proclamazione dello stato d'assedio, in realtà non fece altro che recepire ampiamente i contenuti di una precedente ordinanza straordinaria del 10 maggio 1849, la stessa che, in caso di pericolo per la sicurezza pubblica, prevedeva la sospensione di molti degli importanti diritti di libertà affermati nella costituzione del 1848, per quanto tale sospensione dovesse necessariamente essere limitata nel tempo e nello spazio. Anche questa legge del 1851, inoltre, proprio come l'ordinanza del 1849, consentiva di far seguire alla sospensione totale o parziale dei principali diritti individuali di libertà personale (artt. 5, 7, 28, 29, 30), l'insediamento delle corti marziali al posto dei tribunali ordinari[99]. La legge prussiana sullo stato d'assedio del 1851 troverà applicazione in quasi tutto il territorio del Secondo impero (con la sola eccezione della Baviera), cui sarà estesa in forza dell'art. 68 della sua costituzione del 1871.

Il senso dell'affermazione del giurista liberale ebreo Eduard Lasker, riguardo alla «lotta tra la costituzione e la legge» che, in materia di godimento dei diritti civili e politici, sarebbe stata percepibile distintamente nella Prussia degli anni Cinquanta[100], può essere compreso pienamente solo sullo sfondo del perverso intreccio tra misure amministrative varate dai ministri e leggi votate dalle stesse Camere che in questo periodo fece vacillare i puntelli costituzionali dello Stato di diritto.

[98] Cfr. in merito anche *infra*, cap. 7 «Esercito» intorno alle note 18-20.

[99] Sulla legge del 4 giugno 1851 L. von Rönne, *Das Staatsrecht der preußischen Monarchie*, 1869-1872^3, I.2 (1870), p. 191; sullo stato d'assedio H. Boldt, *Rechtsstaat und Ausnahmezustand*.

[100] E. Lasker, *Wie ist die Verfassung in Preußen gehandhabt worden*, p. 30.

Tra le misure ministeriali va ricordata anzitutto, per il colpo letale che assestò alle basi dello Stato costituzionale, la già evocata riattivazione per via amministrativa dei precostituzionali organismi rappresentativi cetuali delle diete di circolo (*Kreistage*) e provinciali (*Provinziallandtage*). Queste, infatti, che dall'inizio della rivoluzione non erano state più convocate, dopo l'ingresso della Prussia nel novero degli Stati costituzionali erano ormai considerate tacitamente abolite da larga parte dell'opinione pubblica. Particolarmente dopo che l'art. 109 della costituzione del 1850 aveva affermato che:

«... tutte le determinazioni esistenti di codici, singole leggi e ordinanze non in contrasto con la presente costituzione, restano in vigore fino a che non siano modificate per legge»[101],

era sotto gli occhi di tutti come le vecchie diete rappresentative cetuali fossero in evidente contraddizione, sia con lo spirito egalitario dell'art. 4 della costituzione, sia con l'art. 105 che aveva posto la libera elezione alla base della formazione delle assemblee rappresentative dei livelli intermedi dell'amministrazione. Di questo non aveva fatto altro che prendere atto l'art. 66 della *Provinzial-, Bezirks-*, e *Kreisordnung* dell'11 marzo 1850, nel dichiarare abolite (*aufgehoben*) tutte le leggi sui *Kreisstände* e *Provinzialstände*. Non c'era perciò alcun elemento oggettivo su cui basarsi per ritenere che le leggi degli anni Venti che via via avevano istituito le diete provinciali e di circolo in ogni provincia del Regno, potessero essere ancora considerate in vigore. E niente lasciava ancora presagire nel 1850, che alla destra cetual-feudale sarebbe riuscito di realizzare il suo progetto di richiamare in vita quelle diete precostituzionali, attraverso cui la nobiltà terriera, e più in genere la grande proprietà fondiaria, era riuscita sino alla rivoluzione a esercitare il proprio influsso determinante sulla vita delle province.

Il temporeggiare del ministro degli Interni nella convocazione di libere elezioni per la costituzione dei consigli rappresentativi

[101] Art. 109: «... alle Bestimmungen der bestehenden Gesetzbücher, einzelnen Gesetze und Verordnungen, welche der gegenwärtigen Verfassung nicht zuwiderlaufen, bleiben in Kraft, bis sie durch ein Gesetz abgeändert werden».

elettivi per i comuni, i circoli e le province previsti dalla legislazione dell'11 marzo 1850, consentì però alla reazione di prendere tempo e di riorganizzarsi. Si era a questo punto quando infine Westphalen si decise a forzare la situazione e a richiamare in vita con un pretesto, attraverso un decreto (*Erlaß*) del 15 maggio 1851, i vecchi *Kreistage* e i *Provinziallandtage*[102]. Dopo qualche anno, alla proposta del noto pubblicista e deputato conservatore Hermann Wagener (lo stesso che, come già visto, avrebbe voluto abolire l'art. 12 della costituzione sulla libertà religiosa) di sopprimere i primi due commi dell'art. 4 affermanti l'uguaglianza dei cittadini di fronte alla legge e l'abolizione delle differenze cetuali, Westphalen, al quale attraverso la legge del 24 maggio 1853 era nel frattempo riuscito di svuotare del suo contenuto l'art. 105, in attuazione del quale era stata varata la legislazione dell'11 marzo 1850[103], rispose con tono rassicurante non essere necessario spingersi sino ad abolire l'art. 4; non costituendo esso nient'altro che una mera dichiarazione di principio, non era nemmeno lontanamente suscettibile di trovare concretamente applicazione[104].

Sempre in contrasto con l'art. 4 e in particolare con il suo terzo comma («Die öffentlichen Ämter sind, unter Einhaltung der von den Gesetzen festgestellten Bedingungen, für alle dazu Befähigten gleich zugänglich»), nonché con il punto di vista espresso in proposito da alcuni ministri liberali nel biennio rivoluzionario, spesso all'ordine del giorno furono negli anni Cinquanta le discriminazioni degli ebrei nell'accesso agli uffici pubblici. Dopo i rassicuranti, già menzionati rescritti circolari ministeriali dell'8 maggio 1848, del 14 luglio dello stesso anno, e, infine, del 5 giugno 1849, una volta chiuso definitivamente il periodo rivoluzionario, lo *Staatsministerium* varò sulla questione una risoluzione (*Beschluss*), il 9 settembre 1851, con cui di fatto

[102] Su tale riattivazione cfr. anche *infra*, cap. 5 «Amministrazione».

[103] In seguito alla legge del 1853 l'art. 105 si limitò infatti ad affermare: «La rappresentanza e l'amministrazione di comuni, circoli e province dello Stato prussiano sarà precisata attraverso apposite leggi».

[104] L. VON RÖNNE, *Das Staatsrecht der preußischen Monarchie*, 1869-1872^3, I.2 (1870), p. 249, nota 1 da p. 248.

si lasciava alla discrezionalità dell'amministrazione, e in particolare ai *Departementschefs*, cioè ai singoli ministri, la valutazione di volta in volta sulla opportunità di conferire un ufficio a un ebreo che avesse dimostrato di avere i titoli e le capacità necessari[105]. Da questo momento furono i singoli ministri a pronunciarsi sui criteri da cui intendevano lasciarsi guidare nell'affrontare pragmaticamente la questione mostrandosi nel complesso però tutti tendenzialmente orientati a tenere gli ebrei a debita distanza. La diffidenza che segnò l'atteggiamento del ministro della Giustizia Ludwig Simons nei confronti degli ebrei che ambivano a entrare nel servizio pubblico, contraddistinse anche la condotta dei ministri dell'Interno e del Culto.

Simons, che restò in carica ininterrottamente dal 10 ottobre 1849 sino al 14 dicembre 1860, il 9 ottobre 1851 varò un rescritto ministeriale in cui affermava che mai un ebreo avrebbe dovuto essere impiegato in un ufficio in cui avrebbe potuto venire a trovarsi nella condizione di dover ricevere un giuramento cristiano[106]. Fu così stabilito che gli ebrei fossero esclusi da tutti gli uffici di giudice, mentre non fu negata loro la possibilità di essere ammessi ai tribunali come avvocati o rappresentanti della pubblica accusa[107]. Da un altro rescritto circolare del 10 luglio 1857 indirizzato ai tribunali d'appello si evince tuttavia chiaramente che, in conseguenza del citato provvedimento del 9 ottobre 1851, si era creata una tale ressa tra gli ebrei che volevano intraprendere la professione di avvocato, da rendere auspicabile – così il ministro della Giustizia – l'introduzione di criteri selettivi più stringenti anche per la loro iscrizione all'esame di ammissione alla professione legale[108]. Similmente a quanto avvenuto nel ministero della Giustizia, anche in quello

[105] Cfr. B. Holtz (ed), *Die Protokolle des Preussischen Staatsministeriums 1817-1934/38*, 4/1, p. 208.

[106] L. von Rönne, *Das Staatsrecht der preußischen Monarchie*, 1869-1872^3, I.2 (1870), p. 255; cfr. in merito B. Strenge, *Juden im preussischen Justizdienst 1812-1918*; H. Heinrichs - K. Schmalz - M. Stolleis (edd), *Deutsche Juristen jüdischer Herkunft*.

[107] L. von Rönne, *Das Staatsrecht der preußischen Monarchie*, 1869-1872^3, I.2 (1870), p. 255.

[108] *Ibidem*; E. Keller, *Der preußische Staat*, I, p. 290.

dell'Interno, attraverso un rescritto circolare di Westphalen del 6 ottobre 1851, le autorità subordinate furono richiamate al rispetto della 'regola' per cui gli ebrei non potevano essere assunti senza precedente autorizzazione (*Genehmigung*) del ministro; e il medesimo invito, sostanzialmente, fu replicato a distanza di anni con il rescritto circolare ministeriale del 4 febbraio 1856[109]. Fu sempre il ministro degli Interni ad escludere, come si è già visto, gli ebrei dallo *Schulzenamt* e i *Rittergutsbesitzer* ebrei dall'esercizio personale dei diritti politici di ceto (*Standschaftsrechte*); a questa esigenza risposero il rescritto del 17 luglio 1853 e il successivo rescritto circolare del 27 luglio 1856[110]. Anche nel ministero per il Culto, dopo la succitata risoluzione governativa (*Staatsministerialbeschluss*) del 9 settembre 1851, non si fece attendere a lungo un riscontro conforme alle aspettative: nello stesso anno Karl Otto von Raumer emanò una disposizione (*Verfügung*) che escludeva espressamente gli ebrei dall'insegnamento nei ginnasi[111].

Le discriminazioni degli ebrei si fecero sentire pesantemente, oltre che nel godimento dei diritti politici, anche nel momento della scelta del domicilio e del soggiorno. Erano queste, infatti, libertà molto importanti per coloro che, come gli ebrei, prendevano domicilio preferibilmente nelle città (il 79,46%) piuttosto che non nelle campagne (solo il 20,54%), e che, soprattutto, si dedicavano solitamente ad attività commerciali (49,41%), oppure, in alternativa, all'industria e all'artigianato (17, 34%), mentre solo l'1,25% di essi si dedicava all'agricoltura[112]. Le

[109] L. VON RÖNNE, *Das Staatsrecht der preußischen Monarchie*, 1869-1872^3, I.2 (1870), p. 256, nota 3.

[110] *Ibidem*, p. 262.

[111] *Ibidem*, p. 258.

[112] E. KELLER, *Der preußische Staat*, I, pp. 297-301; solo il 2,67% si dedicava alla formazione, all'istruzione, alle arti e alla scienza (*ibidem*, pp. 303 s.). Gli ebrei nel 1852 ammontavano a 226.868 unità (1,34% dell'intera popolazione del Regno), nel 1855 a 234.248 (1,36%), nel 1861 a 254.785 (1,38%), di cui circa 74.379, cioè il 29,19%, vivevano nella provincia di Posen (cfr. *ibidem*, pp. 292 e 294). Col tempo gli ebrei andarono gradualmente spostandosi dal granducato di Posen verso le altre province, in particolare Brandenburg e Schlesien, e al loro interno verso le città, e in particolare verso grandi città come Berlino, che, nel 1861, ospitava 18.953 ebrei, pari al 3,46% della sua

difficoltà degli ebrei in teoria non avrebbero dovuto più sussistere dopo il cosiddetto *Heimatsgesetz* («Legge sull'acquisizione e la perdita della qualità di cittadino prussiano ...») del 31 dicembre 1842[113], che aveva consentito anche agli ebrei della provincia di Posen di ottenere la naturalizzazione, come pure dopo la legge «sull'accoglienza di nuove persone in ingresso» della stessa data[114], che consentiva a ogni persona di stabilirsi in un altro comune purché in grado di dimostrare di essere cittadino prussiano e di poter condurre una vita dignitosa. Infine, *last but not least*, le difficoltà degli ebrei nella scelta del domicilio avrebbero dovuto essere rimosse in genere dal § 5 della fondamentale ordinanza del 6 aprile 1848, che aveva inteso assicurare l'assimilazione giuridica dei non ancora naturalizzati ai naturalizzati, e di questi ai prussiani. La realtà però era molto diversa, e queste difficoltà continuarono a farsi sentire ancora a lungo e soprattutto negli anni Cinquanta.

L'origine degli ostacoli frapposti dalle autorità ai movimenti migratori delle persone stava, in genere, anzitutto nel nesso esistente tra la legge «sull'accoglienza di nuove persone in ingresso» del 31 dicembre 1842 e la legge sull'«obbligo all'assistenza dei poveri» (*Gesetz über die Verpflichtung zur Armenpflege*) della stessa data. La prima contemplava infatti la possibilità di rifiutare il soggiorno ai forestieri anche al fine di evitare un'applicazione 'larga' della seconda. Quest'ultima, dal canto suo, obbligava il comune a soccorrere con sussidi pubblici solo gli indigenti che godessero del pieno *Bürgerrecht*, nel senso che non era sufficiente il semplice domicilio[115]. Erano stati così discriminati nella libera scelta del luogo di

popolazione (*ibidem*, p. 293). 50.092 ebrei, pari al 19, 66% degli ebrei del Regno di Prussia, vivevano nel *Regierungsbezirk* di Posen (*ibidem*, p. 294).

[113] Cfr. *Gesetz über die Erwerbung und den Verlust der Eigenschaft als preußischer Untertan, so wie über den Eintritt in fremde Staatsdienste. Vom 31. Dezember 1842*, cit. *supra*, alle nota 8.

[114] Cfr. *Gesetz über die Aufnahme neuanziehender Personen. Vom 31. Dezember 1842*, in «GS», 1843, Nr. 2317, pp. 5-7.

[115] Cfr. *Gesetz über die Verpflichtung zur Armenpflege. Vom 31. Dezember 1842*, in «GS», 1843, Nr. 2318, pp. 8-14; in merito vedi *infra*, cap. 13 «Legislazione politico-sociale».

soggiorno (*Aufenthalt*) non solo i poveri ma anche molti ebrei, e in particolare i non naturalizzati della provincia di Posen, equiparati per molti versi, come già si è detto, agli stranieri. Gli ebrei non naturalizzati non potevano fare commercio ambulante, potevano svolgere attività di ristorazione solo a certe condizioni, non potevano spostarsi da una provincia all'altra, e anche solo per un soggiorno temporaneo in un'altra provincia era necessaria tutte le volte l'autorizzazione dell'*Oberpräsident*. Essi erano facilitati nella procedura per ottenere la naturalizzazione solo qualora, provenendo da un'altra provincia, intendessero prendere domicilio (*Wohnsitz*) nel granducato di Posen[116]. Era cioè agevolato solo lo spostamento a senso unico verso il territorio dove già era molto alta la concentrazione degli ebrei, e dove la legislazione aveva reso alquanto difficile l'acquisizione della naturalizzazione, avendola legata al possesso di determinati requisiti (proprietà di un consistente appezzamento fondiario, conduzione di un'attività economica avviata e redditizia, possesso di un certo capitale ecc.), che era difficile raggiungere senza avere alle spalle un'esperienza di vita e di lavoro relativamente stabili. Tali restrizioni alla libertà di soggiorno e domicilio degli ebrei saranno peraltro limitate ma non eliminate del tutto neanche durante la Nuova Era dal *Reskript* del nuovo ministro liberal-moderato degli Interni del 5 e del 9 febbraio 1859[117]. Definitivamente rimosse esse lo saranno solo con la legge sulla libera circolazione (*Freizügigkeit*) degli individui del 1° novembre 1867, emanata per tutti i cittadini di tutti gli stati della Confederazione della Germania del Nord[118].

[116] E. KELLER, *Der preußische Staat*, I, pp. 288.

[117] L. VON RÖNNE, *Das Staatsrecht der preußischen Monarchie*, 1869-1872^3, I.2 (1870), p. 57, n. 7 da p. 56.

[118] Cfr. *Gesetz über die Freizügigkeit*, del 1° novembre 1867, cit. *supra*, alla nota 18, in particolare § 1: «Jeder Bundesangehörige hat das Recht, innerhalb des Bundesgebietes: 1) an jedem Orte sich aufzuhalten oder niederzulassen, wo er eine eigene Wohnung oder ein Unterkommen sich zu verschaffen im Stande ist; 2) an jedem Orte Grundeigenthum aller Art zu erwerben; 3) umherziehend oder an dem Orte des Aufenthaltes, beziehungsweise der Niederlassung, Gewerbe aller Art zu betreiben, unter den für Einheimische geltenden gesetzlichen Bestimmungen. In der

Il disconoscimento del principio costituzionale dell'uguaglianza giuridica dei cittadini durante gli anni Cinquanta non avvenne però solo attraverso gli strumenti normativi tanto 'discreti' quanto penetranti della concreta prassi amministrativa. I diritti speciali di epoca precostituzionale dei cosiddetti «cittadini privilegiati per legge»[119], e in particolare degli *Standesherren* in senso proprio (i *mittelbar gewordene Deutsche Reichsfürsten e Grafen*), furono addirittura riaffermati e restaurati per via legislativa, cioè con l'approvazione delle Camere. E questo in dispregio non solo degli artt. 4, 34, 42 e 101 della costituzione, ma anche della legislazione nel frattempo varata in attuazione degli ultimi due di essi, rispettivamente l'*Ablösungsgesetz* del 2 marzo 1850, che aveva abolito i diritti di signoria degli *Standesherren* nei confronti dei soggetti appartenenti al *Gut*, e la legge del 24 febbraio 1850, che aveva abolito le esenzioni nobiliari dall'imposta fondiaria[120].

Su pressione degli stessi *Mediatisierte* venne attuata una *Restaurationspolitik*[121], che resuscitò il ceto degli *Standesherren* dal limbo in cui erano andati via via sprofondando dall'inizio della rivoluzione. Ad essi tese la mano anzitutto il governo, non da ultimo con l'argomento che la definitiva costituzione della Prima camera, in cui i *Mediatisierte* dovevano entrare dopo la modifica apportata agli articoli sulla sua formazione[122], dipen-

Ausübung dieser Befugnisse darf der Bundesangehörige, soweit nicht das gegenwärtige Gesetz Ausnahmen zuläßt, weder durch die Obrigkeit seiner Heimath, noch durch die Obrigkeit des Ortes, in welchem er sich aufhalten oder niederlassen will, gehindert oder durch lästige Bedingungen beschränkt werden. Keinem Bundesangehörigen darf um des Glaubensbekenntnisses willen oder wegen fehlender Landes- oder Gemeindeangehörigkeit der Aufenthalt, die Niederlassung, der Gewerbebetrieb oder der Erwerb von Grundeigenthum verweigert werden».

[119] Ai *gesetzlich bevorzugte Staatsbürger* è dedicato il § 107 di L. VON RÖNNE, *Das Staatsrecht der preußischen Monarchie*, 1869-1872[3], I.2 (1870), pp. 264-310.

[120] Cfr. *Gesetz, betreffend die Aufhebung der Grundsteuerbefreiungen, vom 24. Februar 1850*, in «GS», 1850, N. 3224, pp. 62-63.

[121] L. VON RÖNNE, *Das Staatsrecht der preußischen Monarchie*, 1869-1872[3], I.2 (1870), p. 269.

[122] Cfr. *supra*, cap. 2 «Struttura costituzionale dello Stato centrale».

deva anche dalla sua risposta alle loro richieste. Fu così che lo *Staatsministerium*, su stimolo di Friedrich Julius Stahl che siedeva alla Prima camera, e sulla base di una autorizzazione regia (*Königliche Ermächtigung*) del 17 febbraio 1854, presentò un progetto di legge di modifica costituzionale, sotto il nome di *Deklaration der Verfassungsurkunde*, che affermava che la costituzione non si opponeva ad un ristabilimento dei privilegi dei *Mediatisierte*. Da questo progetto di legge scaturì la famigerata legge del 10 giugno 1854[123], che, lungi dall'essere un'interpretazione ufficiale e autentica della costituzione, era in realtà una legge attraverso cui questa veniva ancora una volta pesantemente modificata e stravolta[124]. Il concreto ristabilimento dei diritti personali e reali dei *Mediatisierte* venne dalla legge rinviato ad una futura ordinanza regia (*königliche Verordnung*), la quale fu effettivamente emanata il 12 novembre 1855[125]. Fu quest'ordinanza a restituire concretamente e personalmente ai *Mediatisierte* molti dei loro precedenti diritti, tra cui anche il foro giudiziario privilegiato[126], e fu sempre essa ad aprire la via alla stipula di tutta una serie di accordi separati (*Rezesse* e *Neben-Rezesse*) tra il governo e le singole casate degli *Standesherren*, con cui furono loro addirittura riconosciuti cospicui indennizzi monetari per la violazione dei diritti subita. Quando la Camera dei deputati degli anni del conflitto[127] arrivò infine,

[123] Cfr. *Gesetz, betreffend die Deklaration der Verfassungs-Urkunde vom 31. Januar 1850, in Bezug auf die Rechte der mittelbar gewordenen Deutschen Reichsfursten und Grafen vom 10. Juni 1854* (in «GS», 1854, p. 363) su cui in seguito scriverà E. LOENING, *Das Preussische Gesetz von 10. Juni 1854 betreffend die Deklaration der Verfassungsurkunde*.

[124] L. VON RÖNNE, *Das Staatsrecht der preußischen Monarchie*, 1869-1872[3], I.2 (1870), p. 270.

[125] *Ibidem*, p. 271. Cfr. inoltre C. BORNHAK, voce *Mediatisierte*, p. 825.

[126] C. BORNHAK, voce *Mediatisierte*, p. 825.

[127] La Camera dei deputati insediò ripetutamente delle commissioni sugli accordi raggiunti dal governo con i *Mediatisierten* (l'11 marzo 1863, il 2 dicembre 1863, l'8 febbraio 1865), che però non riuscirono a vedere adeguatamente discusse in aula le loro relazioni finali per chiusura della sessione. La relazione del 1863 ebbe come referente il giudice liberale Karl Twesten, che sui lavori della sua commissione pubblicò nel 1863 un saggio sui «Deutsche Jahrbücher» dal titolo *Die Restauration der ehemals Reichsunmittelbaren in Preussen*.

il 9 maggio 1865, a pronunciarsi sugli accordi sino ad allora stipulati, emersero chiaramente i tanti profili di incostituzionalità degli stessi[128]. Da tutti i conflitti insorti su questa materia tra la camera elettiva e il governo prussiano scaturì alla fine la legge del 15 marzo 1869, «sul riordino della condizione giuridica dei principi e conti imperiali mediatizzati (*betreffend die Ordnung der Rechtsverhältnisse der mittelbaren Deutschen Reichsfürsten und Grafen*), con cui il governo si impegnava, in cambio della libertà di contrattazione, a concludere da ora in poi questi accordi attraverso lo strumento della legge, e cioè attraverso l'autorizzazione delle Camere.

Rispetto agli anni Cinquanta, improntati al restringimento della libertà individuale, all'inibizione della formazione di un'opinione pubblica libera e critica, alla sterilizzazione del dibattito politico, all'emarginazione delle minoranze politiche e religiose, ai pesanti condizionamenti governativi della libertà individuale di voto[129], gli anni cosiddetti della Nuova Era (ottobre 1858-marzo 1862) segnarono indubbiamente una svolta, anche se non

[128] Dai dibattiti parlamentari emerse infatti che in questi accordi talvolta erano stati riconosciuti anche diritti prima inesistenti (così nel caso degli Stolberg), oppure diritti in contrasto con la costituzione (esenzione dall'imposta di bollo successoria, esenzione da acquartieramenti, distacco dalla circoscrizione comunale delle famiglie e dei possedimenti dei *Mediatisierte*, esenzione dall'imposta ordinaria sul reddito, diritto rispettivamente di autorizzazione, conferma o nomina dei funzionari comunali, diritto di proposta per la nomina di funzionari amministrativi o giudiziari ecc.). Soprattutto emerse che numerosi accordi, tra l'altro sottoscritti privatamente anziché attraverso ordinanze regie pubblicate sulla «Gesetzsammlung», comportavano oneri a carico delle finanze dello Stato, senza essere passate per l'approvazione della rappresentanza del paese, come richiesto dall'art. 99 della costituzione. Ancora negli anni dal 1866 al 1868 la Camera dei deputati si trovò spesso a contestare il pagamento da parte del governo prussiano di indennizzi (ai Thurn und Taxis furono dati 63.000 fiorini [*Gulden*]) o di rendite annuali (una rendita di 1.000 Talleri fu riconosciuta ai Sain-Wittgenstein-Hohenstein) senza alcuna autorizzazione della Camera. In alcuni casi il governo decise di far passare quelle somme non attraverso il bilancio ordinario ma come sforamenti di bilancio (*Etatsüberschreitungen)*, in modo che la loro utilizzazione potesse essere condonata a posteriori dalla Camera pur senza essere stata da esse preventivamente autorizzata (L. von Rönne, *Das Staatsrecht der preußischen Monarchie*, 1869-1872^3, I.2 [1870], pp. 283 ss.).

[129] Si veda *supra*, cap. 3 «Elezioni».

una vera e propria inversione di rotta. Lo stesso inizio della Nuova Era fu caratterizzato e agevolato allo stesso tempo da una travolgente ripresa del dibattito politico e dall'entusiastico riversarsi sul mercato di numerosi periodici di orientamento liberale[130]. Questi furono poi fondamentali nel determinare una forte politicizzazione del momento elettorale, facendo da cassa di risonanza alle aspettative di liberalizzazione politica interna suscitate dall'assunzione della reggenza dal parte del principe Guglielmo, e dalla sua nomina di un nuovo governo, nel complesso liberal-moderato, guidato dal principe Karl Anton di Hohenzollern-Sigmaringen.

Allo scopo di incrementare la libertà di stampa l'appena nominato ministro degli Interni, Eduard Heinrich Flottwell, anzitutto ordinò, con *Cirkular Reskript* del 15 dicembre 1858, l'annullamento dei procedimenti amministrativi in corso contro alcuni editori (*Pressegewerbetreibenden*), procedimenti già avviati sulla base del *Reskript* del ministro degli Interni del 2 maggio 1852 e destinati a concludersi con il ritiro della concessione. Anche il ministro degli Interni che succedette a Flottwell, l'assai moderato von Schwerin-Putzar, si pose sulla via della liberalizzazione politica interna, interrompendo l'interpretazione «tendenziosa» della legge sulla stampa del 1851 prevalsa negli anni Cinquanta[131]. Con la *Declaration* del 21 aprile 1860 venne infatti data della legge un'«interpretazione ufficiale» in senso liberale. La legge sulla stampa del 1851 fu attenuata nei suoi effetti repressivi anche da alcuni provvedimenti del 1861, attraverso cui il ministro dell'Interno ebbe modo di chiarire, tra l'altro, che anche le donne potevano mettersi a capo di un'attività editoriale[132]. Fu tuttavia riconfermata dal governo

[130] Tra questi periodici, la stessa impresa editoriale dei «Preussische Jahrbücher» diretta da Rudolf Haym vide la luce nel clima di risveglio delle coscienze e di fiducia nel futuro caratteristici dei primi mesi della Nuova Era. Cfr. I. CERVELLI, *Realismo politico e liberalismo moderato in Prussia*, pp. 77-161 e O. WESTPHAL, *Welt- und Staatsauffassung des deutschen Liberalismus*, pp. 52-63 e pp. 174-175.

[131] L. VON RÖNNE, *Das Staatsrecht der preußischen Monarchie*, 1869-1872^3, I.2 (1870), pp. 164 s.

[132] *Ibidem*, p. 147.

della Nuova Era, con legge del 29 giugno 1861, l'imposta di bollo (*Stempelsteuer*) introdotta nel 1852[133].

La libertà di stampa subì un nuovo attacco frontale quando, nel pieno svolgimento del conflitto costituzionale, venne emanata dallo *Staatsministerium,* sulla base dell'art. 63 della costituzione, l'ordinanza d'emergenza del 1° giugno 1863 «relativa al divieto di quotidiani e periodici»[134]. Volta a limitare pesantemente la libertà di stampa, in un momento di estrema difficoltà per il governo e invece di eccezionale partecipazione politica dell'opinione pubblica liberale a fianco della coalizione liberale maggioritaria della Camera dei deputati (*Deutsche Fortschrittspartei* e *Linkes Zentrum*), la detestata *Pressverordnung* attribuì alle autorità amministrative il potere di vietare la pubblicazione di quotidiani o riviste ritenute colpevoli o suscettibili di mettere a repentaglio l'ordine pubblico, sottraendolo a quelle giudiziarie. Tale ordinanza dovette essere infine revocata dal governo Bismarck, in seguito alle proteste della Camera dei deputati e dell'opinione pubblica, dopo essere stata dichiarata «incostituzionale» da una risoluzione della Camera dei deputati, sulla base tra l'altro di numerosi *Gutachten* stilati dai più prestigiosi giuspubblicisti del tempo (tra di essi Rudolf Gneist). Fu appoggiandosi a questi pareri scientifici che la Camera dei deputati si rifiutò di convertire in legge l'ordinanza[135], costringendo infine il governo a ritirarla. La legge prussiana del 1851, mai modificata o adattata ai nuovi tempi, fu estesa nel 1867, nonostante il mutato clima politico, anche ai territori entrati a far parte nel 1866 della monarchia prussiana. Rimase in vigore sino al 1874, quando fu emanata

[133] Per il *Gesetz wegen Erhebung der Stempelsteuer von Zeitungen, Zeitschriften und Anzeigeblätter, vom 29. Juni 1861*, si veda SCHWARCK, *Das Gesetz über die Presse vom 12. Mai 1851*, pp. 155-157.

[134] Per la *Verordnung, betreffend das Verbot von Zeitungen und Zeitschriften. Vom 1. Juni 1863* (in «GS», 1863, p. 349), si veda anche E.R. HUBER (ed), *Dokumente zur deutschen Verfassungsgeschichte*, 2, pp. 74-76, e inoltre L. VON RÖNNE, *Das Staatsrecht der preußischen Monarchie*, 1869-1872³, I.2 (1870), p. 166.

[135] L. VON RÖNNE, *Das Staatsrecht der preußischen Monarchie*, 1869-1872³, I.2 (1870), p. 167.

per tutto il *Reich* la legge sulla stampa del 7 maggio 1874[136]. La norma del 1851 fu tuttavia attenuata nei suoi effetti repressivi da alcune disposizioni della liberalizzante *Gewerbeordnung* del 21 giugno 1869 emanata per tutta la Confederazione della Germania del Nord, che annullò la necessità dell'autorizzazione o concessione preventiva per la pubblicazione di qualsiasi testo.

Anche nello sforzo di assicurare l'eguaglianza dei prussiani di fronte alla legge, la politica governativa della Nuova Era si lasciò guidare da un'impulso riformatore. Essa perlomeno si premurò di evitare discriminazioni sistematiche e mirate di singoli gruppi di cittadini, anche se non mancarono di farsi sentire le stesse ambiguità e incertezze che la contraddistinsero nel suo complesso. Eloquente a questo proposito un primo bilancio tentato da Rudolf Haym nel 1860 sulla politica della Nuova Era nei confronti degli ebrei[137]:

> «La posizione sin qui assunta dal governo sulla contestata questione è notoriamente che esso, prendendo le distanze dalla prassi del precedente governo, ha affermato e testardamente attuato contro ogni resistenza l'ammissione degli ebrei alle rappresentanze cetuali; riguardo all'immissione degli ebrei nel servizio pubblico, invece, si è mosso sempre, sia nella teoria che nella prassi, sulle orme del rimosso governo»[138].

Un primo riconoscimento del carattere indubitabilmente discriminatorio della politica del precedente governo degli anni Cinquanta nei confronti degli ebrei era venuto già da parte del ministro degli Interni Flottwell, insediatosi il 7 ottobre 1858 e rimasto in carica fino al 3 luglio 1859. Suo era infatti il *Cirkular-Reskript* del 16 febbraio 1859, emanato con il consenso di tutto

[136] E.R. HUBER (ed), *Dokumente zur deutschen Verfassungsgeschichte*, 1, pp. 522-526.

[137] R. HAYM, *Die Rechte der Juden in Preussen*.

[138] *Ibidem*, p. 106: «Die Stellung, welche bis dahin die Regierung in der Streitfrage genommen hat ist bekanntlich die, dass sie, abweichend von der Praxis des früheren Ministeriums, die Zulassung der Juden zu der ständischen Vertretung behauptet und gegen einen Widerstand beharrlich durchgeführt hat, während sie in Betreff der Anstellung derselben im Staatsdienst in Theorie und Praxis vollständig in die Fusstapfen des beseitigten Ministeriums getreten ist»; in merito cfr. anche R. HAYM, *Die Judenfrage noch einmal vor beiden Hausern des Landtags*, p. 33.

lo *Staatsministerium* e autorizzato dal reggente, con cui furono aboliti i precedenti rescritti di Westphalen del 29 luglio 1851 e dell'8 agosto 1853[139], e in cui si sosteneva con forza il punto di vista per cui i *Rittergutsbesitzer* ebrei dovevano poter esercitare il loro diritto di rappresentanza alle restaurate diete di circolo e provinciali come tutti gli altri prussiani. Alle proteste sollevate contro il rescritto di Flottwell dal conservatore Eberhard zu Stolberg-Wernigerode dall'interno della Camera dei signori, rispose il reggente in persona con una nota (*Allerhöchst Bescheid*) del 23 maggio 1860, dove si ribadiva come non si potessero continuare a considerare in vigore le limitazioni nei confronti degli ebrei contenute nei §§ 2 e 3 della legge del 23 luglio 1947, specialmente dopo l'ordinanza del 6 aprile 1848 e dopo l'art. 12 della costituzione. Il *Bescheid* del reggente del 23 maggio 1860 riuscì effettivamente a respingere i tentativi della Camera dei signori di mantenere l'esclusione degli ebrei dalle rappresentanze dei *Kreise* e delle *Provinzen*.

Al primo *Reskript* di Flottwell del 16 febbraio 1859 poté riallacciarsi anche il suo successore Maximilian von Schwerin-Putzar. Nel *Reskript* rilasciato l'11 agosto 1860 quest'ultimo ribadì come non potessero essere considerate ancora valide le vecchie disposizioni che escludevano gli ebrei dai *Provinziallandtagen* e dagli uffici pubblici[140]. Anche sulla possibilità che l'ufficio dello *Schulzen* fosse rivestito da un'ebreo il ministro dell'Interno Schwerin-Putzar rappresentò una posizione radicalmente opposta a quella del suo predecessore degli anni Cinquanta. Con suo rescritto circolare del 3 febbraio 1860[141], cui dopo qualche mese seguì la già citata nota regia del 23 maggio 1860, furono infatti definitivamente aboliti i rescritti degli anni Cinquanta, del 17 luglio 1853 e del 27 luglio 1856. Sulla politica ministeriale di Schwerin volta a rimuovere le discriminazioni

[139] Il rescritto di Flottwell fu pubblicato nel «Ministerialblatt der inneren Verwaltung», 1859, p. 50.

[140] *Ibidem*, 1860, pp. 142-145, e p. 169 cit. in L. von Rönne, *Das Staatsrecht der preußischen Monarchie*, 1869-1872³, I.2 (1870), pp. 187-188.

[141] «Ministerialblatt der inneren Verwaltung», 1860, p. 19, cit. in L. von Rönne, *Das Staatsrecht der preußischen Monarchie*, 1869-1872³, I.2 (1870), p. 187, nota 3.

degli ebrei nell'esercizio dei diritti politici non mancarono di ricompattarsi le spesso divergenti posizioni delle due Camere sulle questioni politiche più importanti. In un dibattito del 23 marzo 1859 la Camera dei deputati si schierò compatta in sua difesa, mentre la Camera dei signori votò per ben due volte, l'11 aprile e il 16 maggio 1861, contro le decisioni del ministro dell'Interno, anche se le sue risoluzioni non ebbero alcun effetto pratico.

Non propenso ad una soluzione di continuità rispetto alla politica ministeriale degli anni Cinquanta si mostrò invece subito il ministro della Giustizia, Ludwig Simons, che non era stato messo in discussione dal ricambio ministeriale operato dal reggente nel 1858. Simons, comprensibilmente, anche dopo l'inizio della Nuova Era rimase del parere di non ammettere gli ebrei agli uffici giudiziari, perché, a suo avviso, essi non erano in grado, né di ricevere il giuramento cristiano, né di ottemperare agli obblighi d'ufficio il sabato e nei giorni di festa. Le dichiarazioni in questo senso rese da Simons nell'aprile 1860 indussero però molti cittadini prussiani a inviare petizioni di protesta al governo, che, preso atto dell'imbarazzante situazione creatasi, cercò di correre ai ripari. Il 13 novembre 1860 fu infatti emanato un *Reskript* sottoscritto dal ministro della Giustizia (Simons), congiuntamente a quelli del Culto (Bethmann-Hollweg) e dell'Interno (Schwerin-Putzar), con cui evidentemente si tentava di sussumere la persistente inclinazione discriminatoria del ministro della Giustizia nel pronunciamento corale di tre ministri, con il chiaro scopo e l'indubbio effetto di produrre l'allineamento del ministro dissenziente alla linea prevalente, più liberale, del governo nella sua interezza. Nel *Reskript* del 13 novembre 1860 si affermava infatti che la *Staatsregierung* in merito all'ammissione degli ebrei ai pubblici uffici, in particolare a quelli giudiziari, amministrativi, scolastici e dei lavori pubblici, non poteva che muovere dal principio che la legge del 1847, sulla base dell'art. 109 della costituzione, fosse da considerarsi ormai abolita, perché indubitabilmente in contrasto con essa, e che ormai si doveva giudicare solo secondo i principi della costituzione vigente. Con questo *Reskript* ministeriale si ribadiva insomma lo stesso principio e lo stesso orientamento già affermato dal reggente nell'*Allerhöchst Erlass* del 23 maggio 1860[142].

Nel 1861 della questione non si arrivò a discutere nell'assemblea plenaria della Camera dei deputati, ma il nuovo ministro della Giustizia succeduto a Simons il 17 dicembre 1860, e cioè August von Bernuth, ebbe modo di dichiarare in commissione che il governo aveva discusso a lungo se l'ammissione degli ebrei agli uffici giudiziari fosse conciliabile con la legislazione esistente, senza tuttavia giungere ad una conclusione definitiva[143]. In un rescritto circolare di Bernuth del 21 maggio 1861 questa incertezza sembrò tuttavia essere stata nel frattempo superata, dal momento che gli ebrei furono di nuovo ammessi senza difficoltà all'esame per l'uditorato e al lavoro nei tribunali. Dopo il 17 marzo 1862 però, quando a conflitto costituzionale ormai iniziato Bernuth fu sostituito dal conservatore Leopold zur Lippe, che rimarrà in carica sino al 2 dicembre 1867, della questione dovette tornare nuovamente a occuparsi la Camera dei deputati. Già nella seduta plenaria del 1° luglio 1862 si ricominciò a discutere se gli ebrei non fossero da escludere dagli uffici giudiziari, e la questione della loro ammissibilità a questi uffici si ridusse nuovamente alla questione se essi fossero o meno in grado di accogliere un giuramento cristiano. In merito la Camera dei deputati si disse di avviso diverso dal ministro, e essa si trovò a dover ribadire sempre di nuovo questa sua posizione nel periodo dal 1862 al 1869, quindi anche oltre la fine del conflitto costituzionale prussiano. Solo nel 1869, quando fu emanata per tutta la Confederazione della Germania del Nord la più volte citata legge del 3 luglio «sulla parificazione delle confessioni dal punto di vista dei diritti civili e di cittadinanza»[144], la questione smise di essere oggetto dei dibattiti parlamentari.

[142] L. von Rönne, *Das Staatsrecht der preußischen Monarchie*, 1869-1872^3, I.2 (1870), p. 256, nota 2.

[143] *Ibidem*.

[144] Cfr. *Gesetz betreffend die Gleichberechtigung der Konfessionen in bürgerlicher und staatsbürgerlicher Beziehung*, del 3 luglio 1869, cit. *supra* nota 18.

Nel settore dell'istruzione il ministro del Culto della Nuova Era, Moritz August von Bethmann-Hollweg (6 novembre 1858 - 17 marzo 1862), sin dal marzo-aprile 1860 si espresse contro gli ostracismi di cui erano stati fatti oggetto gli ebrei negli anni Cinquanta, mostrandosi favorevole ad ammetterli all'anno di prova con cui iniziava la carriera dell'insegnante. Ma il ministro del Culto che gli succedette, Heinrich von Mühler, entrato in carica allo scoppio del conflitto costituzionale e rimastovi sino a dopo l'unificazione tedesca (17/18 marzo 1862 - 22 gennaio 1872), diede subito a vedere di voler nuovamente invertire la rotta. Dopo le sue dichiarazioni del 1° luglio 1862 e del 18 agosto dello stesso anno, per cui, fino all'emanazione della legge sull'istruzione (*Unterrichtsgesetz*) promessa dall'art. 26 della costituzione, avrebbero continuato a valere le determinazioni della legge precostituzionale del 23 luglio 1847 nonostante gli articoli 4 e 12 della costituzione, la Camera dei deputati prese apertamente le distanze dal ministro del Culto von Mühler[145]. Anche in seguito questi si riservò di verificare caso per caso se l'incarico di insegnamento da attribuire ad un ebreo avesse carattere confessionale o meno. Nell'aula della Camera dei deputati, il 12 gennaio 1867, il commissario del ministro disse che nelle *Realschulen* e nelle università gli ebrei avrebbero anche potuto essere assunti, mentre nelle scuole pubbliche elementari (*öffentlichen Volksschulen*) si sarebbe dovuta tenere in considerazione di volta in volta la specifica caratterizzazione confessionale della singola scuola nel rispetto dell'art. 14 della costituzione («La religione cristiana sta alla base delle istituzioni statali che hanno un qualche nesso con la pratica religiosa, al di là della libertà di religione garantita dall'art. 12»)[146]. Nonostante la posizione contraria della Camera dei deputati il ministro rimase della sua opinione, e cioè in linea di principio a favore della parificazione degli ebrei ai cristiani, ma con la riserva

[145] L. VON RÖNNE, *Das Staatsrecht der preußischen Monarchie*, 1869-1872[3], I.2 (1870), pp. 258-259.

[146] Art. 14: «Die christliche Religion wird bei denjenigen Einrichtungen des Staats, welche mit der Religionsübung im Zusammenhange stehen, unbeschadet der im Art. 12 gewährleisteten Religionsfreiheit zum Grunde gelegt».

del carattere confessionale delle singole scuole. Del resto, già nel *Reglement* del 12 dicembre 1866 «per gli esami dei candidati all'insegnamento superiore»[147] era stato detto, al § 7, che gli ebrei aspiranti all'insegnamento (*Schulamt*) dovevano certo essere ammessi all'esame, ma che ad essi non si poteva celare che dal superamento di quest'ultimo non conseguiva necessariamente l'ammissione all'anno di prova (*Probejahr*) o l'assunzione presso un istituto scolastico pubblico di religione cristiana. Così, nei *Reskripten* del 19 luglio e del 24 e 27 dicembre 1867 il ministro del Culto consentì che i candidati ebrei all'insegnamento potessero svolgere l'anno di prova presso *Realschule* cristiane, ma solo in via eccezionale. Nello stesso contesto egli tentò di relativizzare la discriminazione implicita nella sua decisione, con l'asserzione che la limitazione non toccava solo gli ebrei ma anche i cattolici, i quali infatti non potevano insegnare nelle scuole evangeliche, come pure gli evangelici, che non potevano esercitare nelle scuole cattoliche. L'impossibilità di accedere a determinati posti d'insegnante, insomma, sarebbe stata originata dall'orientamento confessionale del singolo; sarebbe stato questo a fondare un'*Inhabilität*, che non poteva certo essere scambiata con una discriminazione di carattere politico (*staatsbürgerlich*)[148]. Nelle istituzioni scolastiche che non avevano compiti educativi (*Erziehung*), come nelle università e nelle *Fachschulen*, nulla ostava, secondo il ministro, alla possibilità per gli ebrei di lavorarvi. Niente vietava nemmeno che, dove ce ne fosse bisogno, fossero erette delle scuole elementari ebree in cui avrebbero insegnato docenti ebrei, come già c'erano scuole evangeliche dove insegnavano gli evangelici ecc. Così asseriva il ministro, prendendo peraltro le mosse dal presupposto, in realtà per niente scontato, che le scuole prussiane dovessero essere necessariamente delle scuole confessionali[149]. Decisamente contrarie alla legge erano invece le

[147] Cfr. «Ministerialblatt der inneren Verwaltung», 1867, p. 11, cit. in L. VON RÖNNE, *Das Staatsrecht der preußischen Monarchie*, 1869-1872^3, I.2 (1870), p. 260, nota 4.

[148] L. VON RÖNNE, *Das Staatsrecht der preußischen Monarchie*, 1869-1872^3, I.2 (1870), pp. 258-259, 260.

[149] Su questa problematica cfr. *infra*, cap. 10 «Istituzioni educative e formative».

scuole confessionali non solo per Ludwig von Rönne ma anche per Rudolf Gneist. Quest'ultimo, che al fianco di Rönne aveva sostenuto le ragioni della maggioranza liberale della Camera dei deputati nel corso del lungo conflitto costituzionale del 1862-1866, proprio nel 1869 diede alle stampe un saggio in cui si ribadiva l'«inammissibilità» delle scuole confessionali «sulla base delle leggi della monarchia prussiana»[150].

Nell'uguale godimento dei diritti civili e politici da parte di tutti i cittadini prussiani, un momento di forte discontinuità storica segnò per la Prussia la legge, già più volte ricordata, del 3 luglio 1869 sull'eguaglianza dei diritti civili e politici dei cittadini della Confederazione della Germania settentrionale indipendentemente dalla confessione religiosa; solo essa si può dire avere attuato, almeno in parte, sia l'art. 4, sia l'art. 12 della costituzione prussiana.

Come si è visto, molti dei diritti riconosciuti in linea di principio dalla costituzione, laddove non poterono essere rimossi o mutilati attraverso leggi costituzionali varate con l'assenso delle Camere conservatrici degli anni Cinquanta, furono svuotati dall'interno e/o abilmente aggirati dall'azione pragmatica degli agenti del governo, che, in questa monarchia costituzionale, come del resto in tutte le altre europee ottocentesche, era quasi impossibile distinguere e/o separare da quelli dell'amministrazione[151]. Un tale stravolgimento e una mortificazione tanto ostinata della costituzione furono possibili per la debolezza dell'opposizione parlamentare liberale, ma anzitutto per la persistente autonomia del potere regolamentare regio e governativo nella monarchia costituzionale prussiana del nostro periodo. Solo nella nuova cornice statale della Confederazione della Germania del Nord, quando si trattò di prefigurare e rendere attrattivo il futuro spazio politico-giuridico-economico dell'Impero, alcuni dei «Diritti dei prussiani» trovarono finalmente, come si è visto, pieno riconoscimento perlomeno giuridico-formale. Altri diritti, invece, così mutilati com'erano,

[150] Cfr. R. VON GNEIST, *Konfessionelle Schulen* e L. VON RÖNNE, *Das Staatsrecht der preußischen Monarchie*, 1869-1872^3, I.2 (1870), pp. 261-262.

[151] A.G. MANCA, *Governo rappresentativo e dirigenze amministrative.*

entrarono a far parte del bagaglio dei diritti del cittadino prussiano nella nuova cornice imperiale, e per questa via, data la particolare dinamica annessionistica con cui si pervenne all'unificazione tedesca, del cittadino tedesco in genere.

Capitolo quinto

L'amministrazione

Nella catena di trasmissione del comando politico che teneva insieme l'amministrazione prussiana, e che aveva al vertice il ministro e alla base le autorità comunali, si potevano distinguere complessivamente ben 5 livelli di governo. Procedendo dal basso verso l'alto si incontravano: le autorità comunali (*Gemeindevorstand*), cioè il borgomastro e la giunta comunale, più o meno ristretta, che lo affiancava; il *Landrat*, cioè il vertice esecutivo monocratico del *Kreis*; la (*Bezirks-*)*Regierung* presieduta dal *Regierungspräsident-* o *direktor*; l'*Oberpräsident*, a capo di ogni provincia; il *Minister*. Mentre nell'amministrazione della giustizia si avevano 3 *Instanzen*, nell'amministrazione generale queste erano 5[1], le stesse esistenti anche prima dell'ingresso della Prussia nel novero degli Stati costituzionali. «Dall'introduzione della costituzione – si poteva leggere nel 1862 in una rinomata rivista dell'epoca – non è in realtà cambiato niente nell'organizzazione dell'amministrazione»[2].

[1] Cfr. K. TWESTEN, *Der preußische Beamtenstaat (Schluß)*, p. 134. In *Verwaltungsgrenzen in der Bundesrepublik Deutschland seit Beginn des 19. Jahrhunderts*, p. 8, si parla dell'amministrazione a quattro livelli (*vierstufige Verwaltung*) sotto al ministro come caratteristica eminentemente prussiana, laddove gli altri stati tedeschi ebbero in genere tutti 3 livelli (*dreistufige Verwaltung*). Sul tema *Circoscrizioni amministrative e autorità di govermo in Germania e in Prussia tra Otto- e Novecento*, si veda il mio contributo negli Atti del convegno «Orizzonti di cittadinanza. Per una storia delle circoscrizioni amministrative in Italia», tenutosi a Roma il 20 giugno 2014, attualmente in corso di stampa.

[2] X., *Über Verwaltungsreformen*, in «Deutsche Jahrbücher für Politik und Literatur», 3, 1862, pp. 26-43, qui p. 37: «Seit Einführung der Verfassung ist hinsichtlich der Organisation der Verwaltung eigentlich nichts geändert». Così, di recente, ancora Wolfgang Rüfner, per il quale, anche al di là della costituzionalizzazione, sarebbe comunque prevalsa in Prussia la continuità

Che con questa considerazione si intendesse sostanzialmente solo sottolineare la persistenza nell'organizzazione amministrativa di epoca costituzionale dei cinque livelli gerarchici anzidetti, e non si potesse invece pretendere di cogliere in tutta la sua particolarità la condizione dell'amministrazione prussiana nel complessivo sistema politico-istituzionale, emergerà chiaramente, spero, da quanto segue. Basti dire per ora che, evidentemente, l'amministrazione prussiana non poteva oggettivamente essere rimasta la stessa dell'epoca precostituzionale; glielo impediva, se non altro, il suo essere al servizio di un sovrano i cui poteri risultavano ora assai più limitati che in epoca precostituzionale, e limitati dal suo doversi costantemente e necessariamente relazionare con due organi costituzionali, il parlamento e il governo, che prima erano, o inesistenti, o avevano una fisionomia istituzionale assai differente.

Le autorità di ognuno dei cinque livelli amministrativi erano subordinate a quelle del livello immediatamente più alto, nonché a tutte le altre superiori e al ministro *in primis*. Per questa via esse, oltre che naturali rappresentanti degli interessi locali, erano contemporaneamente organi dell'amministrazione centrale e del potere ministeriale anzitutto. Il ministro, che le nominava e/o ne confermava la designazione, deteneva su di esse ampi poteri di controllo e tutela (*Aufsicht*), confermando il tradizionale carattere accentrato della monarchia prussiana e la sua qualità di *Verwaltungs- und Beamtenstaat*[3].

Immediatamente sotto al ministro dell'Interno stava la massima autorità politica e amministrativa della circoscrizione provinciale, l'*Oberpräsident*, che risiedeva nel capoluogo della provincia, ad eccezione di quello del Brandenburg che aveva sede a Potsdam. Le 8 città, una per provincia, sedi di *Oberpräsidium*, furono sino al 1866: per Preußen Königsberg, per Posen la città omonima di Posen, per Brandenburg Potsdam, per Pommern Stettin, per Schlesien Breslau, per Sachsen Magdeburg, per Westphalen Münster, per la Rheinprovinz

nell'organizzazione e nel funzionamento dell'amministrazione (W. RÜFNER, *Die Entwicklung der Verwaltung in den Bundesstaaten*, § 1. *Preussen*, p. 679).

[3] O. HINTZE, *Il principio monarchico e il regime costituzionale*.

Coblenz[4]. L'*Oberpräsident*, laddove il capoluogo della provincia coincideva con il capoluogo del *Regierungsbezirk*, che era la circoscrizione amministrativa immediatamente inferiore, non solo impersonava la massima autorità della provincia ma presiedeva anche la (*Bezirks-*)*Regierung*[5]. Il presidente della provincia, oltre ad essere commissario permanente dello *Staatsministerium* e a dipendere da ogni ministro rispettivamente per le singole questioni di competenza, fungeva anche da istanza di mediazione tra questo e la *Regierung*, su cui aveva potere di sorveglianza.

Sotto l'*Oberpräsident*, in ognuno dei 25 *Regierungbezirke* esistenti in Prussia sino al 1866, c'era il *Regierungspräsident* o *Regierungsdirektor*, che era a capo della collegiale (*Bezirks-*) *Regierung* e ne presiedeva i lavori. La *Regierung* era tuttavia un'«unità amministrativa puramente tecnica»[6], composta, quando si riuniva in forma plenaria, oltre che dai consiglieri governativi (*Regierungsräte*) e dagli assessori (*Assessoren*), da tanti alti consiglieri governativi (*Oberregierungsräte*) quante erano le sezioni (*Abtheilungen*), da 2 a 4, in cui si articolava, corrispondentemente ai settori di competenza affidati a ogni *Oberregierungsrat*. La prima sezione di ogni *Regierung* solitamente si occupava degli (affari) interni, la seconda riuniva insieme l'amministrazione ecclesiastica e quella scolastica, la terza si occupava cumulativamente dell'amministrazione delle imposte dirette, dei demani e delle foreste, la quarta, infine, dell'amministrazione delle imposte indirette. La *Regierung* svolgeva i suoi compiti 'per conto' dell'*Oberpräsident*; a questi, oltre ad essere affiancata, era gerarchicamente subordinata. Allo stesso tempo tuttavia la *Regierung* era subordinata ai vari ministeri, e in particolare ad ognuno a seconda delle materie di competenza, nonchè alle autorità dell'amministrazione centrale dello Stato. Insomma, la *Regierung* era subordinata alle stesse autorità a cui era sottoposto anche l'*Oberpräsident*,

[4] E. KELLER, *Der Preußische Staat*, II, p. 263.

[5] L. VON RÖNNE, *Das Staatsrecht der preußischen Monarchie*, 1869-1872[3], II.1 (1871), pp. 159-166.

[6] Così G.-Ch. VON UNRUH, *§ 3°. Preußen – Die Veränderungen der preussischen Staatsverfassung*, p. 456.

di cui doveva eseguire le disposizioni[7]. La tesi sostenuta da certa storiografia amministrativa, per cui al livello intermedio dell'amministrazione dello Stato prussiano sarebbero stati presenti due soggetti, l'*Oberpräsident* e la *Regierung*, che avrebbero dato vita a un'«istanza intermedia a due livelli», di cui una subordinata all'altra, è stata successivamente corretta nel senso che, in realtà, alcuni compiti (più politici?) sarebbero stati svolti dall'*Oberpräsident,* mentre altri, più tecnici, dalla *Regierung*[8].

La circoscrizione amministrativa del *Kreis* fu la più soggetta a variazioni nel tempo; al punto che per il 1861 Eduard Keller ne aveva contati 345[9], mentre il solitamente assai preciso Ludwig von Rönne, nella terza edizione del suo *Staatsrecht*, dice che sino al 1866 ci furono in Prussia 8 *Provinzen*, suddivise in 25 *Regierungsbezirke*, a loro volta articolati in 336 *landrätliche Kreise*, senza contare la città di Berlino, che aveva lo stato particolare di *Stadt-Bezirk*[10]. A capo del *Kreis* c'era il *Landrat*, che aveva una doppia fisionomia politico-istituzionale; egli, infatti, svolgeva compiti sia statali sia locali, ma anzitutto doveva farsi carico di quelli affidatigli dalla *Regierung*, di cui era commissario a livello del *Kreis*; egli la rappresentava come naturalmente rappresentava il re, che lo nominava, e il suo governo. Il *Landrat* era però anche l'uomo di fiducia (*Vertrauensmann*) della rappresentanza cetuale di circolo (*Kreistag* o *Kreisstände*), la stessa che aveva il diritto di proporre al re una rosa di tre nominativi al momento della sua nomina. A differenza del suo omologo bavarese, il *Landrat* prussiano non sommava alle sue attribuzioni amministrative alcuna funzione giudiziaria[11]; a lui

[7] L. VON RÖNNE, *Das Staatsrecht der preußischen Monarchie*, 1869-1872[3], II.1 (1871), pp. 166-178.

[8] Cfr. in merito W. RÜFNER, *Die Entwicklung der Verwaltung in den Bundesstaaten. § 1. Preussen*, pp. 686-687.

[9] E. KELLER, *Der Preußische Staat*, I, 1864, p. 238.

[10] L. VON RÖNNE, *Das Staatsrecht der preußischen Monarchie*, 1869-1872[3], II.1 (1871), p. 28.

[11] Cfr. *Verwaltungsgrenzen in der Bundesrepublik Deutschland seit Beginn des 19. Jahrhunderts*, p. 7. Sulla figura del *Landrat* cfr. anche G.-Ch. VON UNRUH, *Der Landrat*, e sul *Kreis*, dello stesso autore, *Der Kreis im 19. Jahrhundert zwischen Staat und Gesellschaft*.

era però affidata l'amministrazione della polizia nelle campagne ricadenti dentro la circoscrizione[12].

A livello comunale c'era infine il *Gemeindevorstand*, che poteva essere monocratico o collegiale, eletto o nominato a seconda della *Gemeindeordnung* in vigore, e su cui si tornerà ampiamente più avanti.

Tra il livello statale centrale e il governo comunale esistevano quindi 3 istanze, tra le quali vi erano però rimarchevoli differenze organizzative. Si è visto come la *Regierung*, vera e propria «autorità statale intermedia ... tra amministrazione statale e ... autogoverno locale»[13], fosse anche un organo della provincia subordinato all'*Oberpräsident*[14], il quale, peraltro, era da essa tenuto costantemente aggiornato dell'attività amministrativa attraverso i cosiddetti *Zeitungsberichte*[15]. Le *Regierungen*, a differenza dei *Kreise*, delle *Provinzen*, e anche delle *Gemeinden*, non erano anche organi di autogoverno, *Korporationen*, con patrimonio, interessi, diritti e obblighi propri, e con proprie istituzioni rappresentative[16], come i *Kreistage*, i *Provinziallandtage*, le *Gemeindeversammlungen*. Le *Regierungen* prussiane non avevano corrispondenti nell'organizzazione amministrativa degli altri stati tedeschi ed europei più importanti[17], e forse fu anche per questo che tra i liberali del 1848 era

12 H.F. JACOBSON, *Der preußische Staat*, p. 143.

13 Così G.-Ch. VON UNRUH, *§ 3°. Preußen – Die Veränderungen der preussischen Staatsverfassung*, p. 459.

14 L. VON RÖNNE, *Das Staatsrecht der preußischen Monarchie*, 1869-1872^3 II.1 (1871), pp. 161 e 178.

15 Nel periodo qui preso in considerazione ogni *Regierung* pubblicava all'incirca ogni 2 mesi i cosiddetti *Zeitungsberichte*, che «lungi dall'essere una raccolta di articoli di giornale, erano un genere particolare di resoconti amministrativi compilati a mano» (D. MELLIES, *Die amtlichen Zeitungsberichte der preussischen Regierungen*, p. 1); essi erano utilizzati per informare il *Zivilkabinett*, i singoli ministeri, e il presidente della provincia, nonostante fossero indirizzati formalmente al re in persona (p. 5).

16 L. VON RÖNNE, *Das Staatsrecht der preußischen Monarchie*, 1869-1872^3 II.1 (1871), pp. 31 e 33.

17 W. FROTSCHER, *Überblick über die Verwaltungsorganisation in den Bundesstaaten*, p. 413.

alquanto diffusa la convinzione che esse avrebbero inutilmente appesantito il flusso dell'amministrazione. Un'istanza per la modifica e/o addirittura l'abolizione delle *Regierungen* fu presentata alla Costituente prussiana da Hansemann in persona, ministro delle Finanze nel governo liberale presieduto da Rudolf von Auerswald (26 giugno 1848 - 8 settembre 1848), il giorno stesso del suo insediamento. Il 18 luglio 1848, infatti, egli portò in aula un disegno di legge che proponeva l'abolizione della costituzione collegiale della *Regierung*, nonché la sottrazione ad essa dell'amministrazione dei demani e delle foreste, che avrebbe dovuto essere affidata a singoli funzionari nominati dal re[18]. La proposta non ebbe tuttavia alcun esito. Il motivo per cui anche in seguito in campo liberale si continuò a chiedere la riforma e/o l'abolizione delle *Regierungen*, stava non solo nel fatto che ad esse non corrispondeva alcuna istanza rappresentativa, ma anche nell'ormai consolidata convinzione che esse, pur avendo una costituzione collegiale, funzionavano di fatto, data l'enorme mole di materie amministrative di cui si dovevano occupare, in un modo per cui, alla fine, «in esse pochissime questioni giungevano ad essere discusse e, ancor meno, deliberate collegialmente»; la maggior parte venivano decise senza il numero legale, oppure solo dal *Dezernent* incaricato di turno[19].

Sempre dall'interno della Costituente prussiana del 1848, e in particolare della sua commissione costituzionale, venne contestata anche la necessità e la bontà delle partizioni provinciali, ritenute artificiali e frutto solo di misure politico-amministrative. Così erano viste in particolare la Rheinprovinz e quella di Westphalen, ma anche quelle di Sachsen e Posen, istituite solo nel 1815. Per questo nel progetto costituzionale della Costituente, all'art. 102, non si menzionavano le province quando si parlava della divisione del territorio dello Stato in (*Regierungs-*)*Bezirke*, *Kreise* e *Gemeinden*[20]. Le province fecero

[18] X., *Über Verwaltungsreformen*, p. 37.

[19] *Ibidem*, p. 35.

[20] Cfr. L. von Rönne, *Das Staatsrecht der Preußischen Monarchie*, neubearbeitet von Ph. Zorn, 1899-1915/16^5, II (1906), pp. 302-303, nota 5.

però la loro ricomparsa già nella costituzione concessa del 5 dicembre 1848, e anche nel corso della sua revisione nel 1849 e 1850 prevalse la volontà del monarca, e delle forze conservatrici che lo sostenevano, di continuare a prevederle come partizione interna più larga dello Stato prussiano.

Con l'entrata in vigore della costituzione del 1850, che all'art. 105 aveva promesso per *Gemeinden*, *Kreise*, *Bezirke* e *Provinzen* una legge di riforma[21], sembrò aprirsi una nuova epoca per l'amministrazione locale e intermedia. La riforma, secondo l'art. 105, avrebbe dovuto ispirarsi a principi estremamente moderni per l'epoca: *a*) elettività delle assemblee rappresentative locali, di contro al carattere neocetuale di quelle finora esistenti; *b*) distinzione ad ogni livello amministrativo degli organi legislativi da quelli esecutivi e riconoscimento ai primi del potere di decisione politica; *c*) autogoverno (*Selbstverwaltung*) ai vari livelli dell'amministrazione locale e in particolare delle *Gemeinden*; *d*) diritto dei comuni di eleggere i borgomastri salvo conferma regia o comunque superiore, mentre per i presidenti (*Vorsteher*) di *Provinzen*, *Bezirke* e *Kreise* si sarebbe mantenuta la nomina regia (art. 105, II comma); *e*) contemperamento del principio della *Selbstverwaltung* con quello dell'alta sorveglianza (*Oberaufsicht*) da parte delle autorità superiori e della *Staatsregierung*, i cui confini però avrebbero dovuto essere precisati dalla legge al fine di evitare abusi; *f*) partecipazione dei comuni all'amministrazione della polizia, che però restava principalmente compito dello Stato ed era attribuita ad essi solo in via delegata; *g*) pubblicità, infine, delle sedute delle rappresentanze elettive, nonché dei bilanci da esse approvati.

La riforma dell'amministrazione locale e intermedia prospettata dall'art. 105, mirante chiaramente a una modifica dell'organizzazione dello Stato a partire 'dal basso', in grado di controbilanciare almeno in parte l'effetto devastante delle *Octroyierungen* varate 'dall'alto' a partire dal 5 dicembre 1848, riuscì ad essere varata prima dell'inizio vero e proprio della reazione. In attuazione dell'art. 105 furono effettivamente emanate, tutte lo stesso giorno e cioè l'11 marzo 1850, tre leggi, a cui già

[21] Per il testo dell'art. 105 cfr. *supra*, cap. 4 «Diritti», nota 67.

si è avuto modo di fare riferimento: una di riforma della legislazione sui comuni (*Gemeindeordnung*)[22], una di riordino dell'organizzazione degli enti intermedi di amministrazione e di governo (*Kreis- Bezirks- und Provinzialordnung*)[23], una terza, infine, sull'amministrazione di polizia[24]. Tutte e tre queste riforme avevano trovato un paladino, non solo nel movimento liberale, ma anche nell'allora ministro dell'Interno Manteuffel (8 novembre 1848 - 6 novembre 1850). Conservatore convinto, ma allo stesso tempo grande estimatore del *Verwaltungsstaat*, Manteuffel vide infatti in queste leggi lo strumento per riorganizzare, secondo principi omogenei, l'amministrazione locale e intermedia di tutto il Regno, contro i molti privilegi cetual-feudali e i particolarismi organizzativi che separavano la parte orientale del Regno da quella occidentale, le città dalle campagne. L'art. 66 della seconda riforma, in particolare, aboliva espressamente tutte le numerose leggi, diverse da luogo a luogo, istitutive dei *Kreistage* e dei *Provinziallandtage* di carattere cetuale, e la terza riforma revocava i poteri di polizia ancora detenuti dalla piccola nobiltà (*Gutsherren*, *Junker*), dai *Rittergutsbesitzer* e dagli *Standesherren* nelle comunità rurali da loro amministrate e loro sottomesse, in attuazione dell'art. 42 della costituzione, che aveva abolito i poteri signorili di polizia insieme a tutti gli altri diritti tradizionalmente e inestricabilmente connessi al possesso di determinati fondi.

L'avanzata *Gemeindeordnung* del 1850 non era stata ancora completamente attuata nelle province occidentali, ed era stata introdotta solo nella metà delle città e in alcuni comuni rurali (*Landgemeinde*) della parte orientale del Regno, quando con un decreto regio, e cioè con l'*Allerhöchst Erlaß* del 19 giugno 1852, Federico Guglielmo IV, guidato dalla sapiente e pervicace azione del ministro degli Interni Westphalen (19 dicembre 1850 - 7 ottobre 1858), nel frattempo succeduto a Manteuffel

[22] Cfr. *Gemeinde-Ordnung für den Preußischen Staat. Vom 11. März 1850*, in «GS», 1850, Nr. 3254, pp. 213-251.

[23] Cfr. *Kreis-, Bezirks- und Provinzialordnung für den Preußischen Staat. Vom 11. März 1850*, in «GS», 1850, Nr. 3255, pp. 251-265.

[24] Cfr. *Gesetz über die Polizeiverwaltung. Vom 11. März 1850*, in «GS», 1848, Nr. 3256, pp. 265-268.

nella carica, ne sospese l'attuazione insieme a quella della *Kreis- Bezirks- und Provinzialordnung* della stessa data[25]. Il potere di decidere sull'amministrazione e sulla sua organizzazione (*Organisationsgewalt*) veniva così nuovamente sottratto alla competenza dei tre fattori della legislazione per rientrare nell'ambito della prerogativa regia (*königlichen Prärogative*), nelle cui mani in via esclusiva si era trovato in epoca precostituzionale.

Il decreto sospensivo del re era stato peraltro preceduto da una circolare di Westphalen, assolutamente determinato a non dare attuazione alla legislazione del marzo 1850, il quale con un pretesto, il 15 maggio 1851, si era preso la libertà di riconvocare, seppure *ad interim*, le precostituzionali assemblee rappresentative di circolo di carattere cetuale (*Kreistage*)[26], andando così chiaramente contro l'art. 105 e la legislazione emanata in sua attuazione. Il pretesto addotto dal ministro per giustificare tale riconvocazione fu il ritardo accumulatosi nell'introduzione della legislazione del 1850, che non avrebbe consentito la designazione delle commissioni per la determinazione del carico fiscale (*Abschätzungskommissionen*) relativo alla nuova imposta sul reddito (*Klassen- und klassifizierten Einkommensteuer*) introdotta con legge del 1° maggio 1851, cui si doveva dare attuazione a partire dal successivo 1° luglio[27]. Sulla base di una semplice circolare ministeriale furono così incostituzionalmente riattivati i *Kreistage* precostituzionali di carattere cetuale, in cui per giunta, aveva precisato Westphalen, i rappresentanti delle città e dei comuni rurali (*Landgemeinde*)

[25] Su questo *Allerhöchster Erlaß, betreffend die Sistierung der Einführung der Gemeinde-Ordnung vom 11. März 1850 und der Bildung der in der Kreis-, Bezirks, und Provinzialordnung vom 11. März 1850 angeordneten neuen Kreis- und Provinzial-Vertretungen* (in «GS», 1852, Nr. 3580, p. 388), si veda L. VON RÖNNE, *Das Staatsrecht der preußischen Monarchie*, 1864-1865², I.2 (1864), p. 232.

[26] Sulla *Cirkular-Verfügung an die Königl. Oberpräsidien von Preußen, Pommern, Brandenburg, Schlesien und Magdeburg, die Einschätzung zur Klassensteuer und klassifizierten Einkommensteuer betreffend, vom 15. Mai 1851* (in «Ministerialblatt für die gesamte innere Verwaltung », 12, 1851, Nr. 99, pp. 90-92), si veda L. VON RÖNNE, *Das Staatsrecht der preußischen Monarchie*, 1864-1865², I.2 (1864), p. 233, nota 4 da p. 232.

[27] *Ibidem.*

mai avrebbero dovuto superare quelli dei *Rittergutsbesitzer*, annullando in questo modo la riforma della commissioni fiscali dei *Kreise* realizzata da Manteuffel con un *Regulativ* del 3 giugno 1850[28]. Il fatto che le rappresentanze cetuali di cricolo fossero state espressamente abolite dalla legislazione del marzo 1850, come ribadito anche in un *pamphlet* assai documentato dal futuro ministro del Culto della Nuova Era Bethmann-Hollweg[29], come pure la circostanza che già la legge del 24 luglio 1848[30] avesse espressamente abolito il diritto dei ceti di circolo di deliberare le imposte e di vincolare alle loro risoluzioni gli abitanti del *Kreis*, in quanto inconciliabile con il potere costituzionale della rappresentanza popolare di fissare le nuove imposte (art. 109) e di approvare la legge di bilancio (art. 99), non furono tenuti in alcun conto dal ministro dell'Interno. Non solo, Westphalen, a distanza di meno di due settimane dalla circolare del 15 maggio, e tenendo fede a quanto lì già annunciato, con un *Cirkular Reskript* del 28 maggio diretto a tutti gli *Oberpräsidenten*[31], riconvocò

[28] La precisazione fatta da Westphalen nella *Cirkular-Verfügung* del 15 maggio 1851, per cui «... darf aber überhaupt die bisherige Zahl der Vertreter der Städte und Landgemeinden auf dem Kreistage nicht dergestalt vermehrt werden, daß durch diese beiden Kategorien zusammen die Zahl der Rittergutsbesitzer auf dem Kreistage überschritten wird», conteneva infatti una radicale presa di distanza del ministro dell'Interno rispetto a quanto previsto da una disposizione ministeriale (*Regulativ*) del 3 giugno 1850 del precedente ministro Manteuffel. Detto *Regulativ*, infatti, per le commissioni formate a vario scopo all'interno dei vecchi *Kreistagen*, aveva previsto un numero maggiore di rappresentanti dei due ceti delle città e dei comuni rurali, lasciando invece inalterata la proporzione in cui erano presenti i *Rittergutsbesitzer*; in merito si veda L. von Rönne, *Das Staatsrecht der preußischen Monarchie*, 1864-1865², I.2 (1864), p. 232, nota 2.

[29] Cfr. M.A. von Bethmann-Hollweg, *Die Reaktivierung der Preußischen Provinziallandtagen*, p. 14.

[30] In «GS» del 1° agosto 1848, Nr. 3008, p. 192, e già citato *supra*, cap. 4 «Diritti», nota 40.

[31] L. von Rönne, *Das Staatsrecht der preußischen Monarchie*, 1864-1865², I.2 (1864), p. 233, nota 4 da p. 232. Rönne per il *Reskript* del 28 maggio 1851 rinvia alle *Drucksachen* degli *Stenographische Berichte* della Prima camera del 1851/52, Nr. 25, p. 8, che tuttavia non si è avuto modo di consultare direttamente.

ad interim, in aperta «violazione della costituzione e delle leggi» come si legge nei resoconti dei dibattiti parlamentari, anche i vecchi *Provinziallandtage*[32]. A giustificazione del suo rescritto il ministro disse, alquanto paradossalmente, che le vecchie diete provinciali erano necessarie, oltre che per sbrigare alcune incombenze amministrative loro spettanti in vista dell'introduzione della *Gemeindeordnung* del 1850 e per procedere all'elezione della commissione distrettuale per i reclami fiscali (*Bezirkskommission für Steuerreklamationen*), anche per collaborare all'attuazione della nuova *Kreisordnung*[33] e dare il loro parere sulla legislazione dell'11 marzo 1850. Il ministro, in questo modo, riportava surrettiziamente in vita anche il vecchio diritto dei *Provinziallandtage* di essere consultati su questioni attinenti il rispettivo territorio, un diritto che però, come obiettò persino il moderato Bethmann-Hollweg, non poteva più essere riconosciuto a diete già soppresse[34].

Al già citato *Erlaß* regio del 19 giugno 1852, giunto a suggellare retroattivamente l'incostituzionale riconvocazione dei *Kreis-* e *Provinziallandtage*, e con cui era stata definitivamente sospesa l'attuazione della legislazione dell'11 marzo 1850, seguirono poi, il 24 maggio 1853, due leggi di modifica costituzionale (*Verfassungsänderungsgesetze*), approvate cioè regolarmente da entrambe le Camere nel rispetto della procedura prevista dall'art. 107 della costituzione per la sua stessa modifica. Di queste, una, la n. 3751, aboliva l'art. 105 della costituzione e

[32] Questo rescritto circolare del ministro fu stigmatizzato da entrambe le Camere come una plateale «violazione della costituzione e delle leggi» (cfr. L. VON RÖNNE, *Das Staatsrecht der preußischen Monarchie*, 1864-1865², I.2 (1864), p. 233, nota 4 da p. 232). Sul «contromemoriale» approntato dal ministro degli Interni il 16 gennaio 1852 a giustificazione del suo operato incostituzionale, le Camere decisero di passare all'ordine del giorno; cfr *ibidem*.

[33] Il carattere paradossale delle giustificazioni del ministro fu opportunamente sottolineato da M.A. VON BETHMANN-HOLLWEG, *Die Reaktivierung der Preußischen Provinziallandtagen*, p. 16.

[34] *Ibidem*, pp. 16-19. Sulla riattivazione dei ceti di circolo e provinciali, per molti versi equivalente ad un «colpo di stato» e mirante alla riconvocazione del primo *Vereinigter Landtag* del 1847 al posto delle due Camere introdotte dalla costituzione del 1850, cfr. E.R. HUBER, *Deutsche Verfassungsgeschichte*, 3, pp. 165-167.

al suo posto si limitava a prospettare per il futuro una nuova legge sulla rappresentanza (*Vertretung*) e l'amministrazione (*Verwaltung*) di comuni, circoli, distretti, e province[35]; l'altra, la n. 3755, dichiarava abrogata la legislazione dell'11 marzo 1850 e rimetteva in vigore tutte le leggi e le ordinanze relative a *Gemeinde*, *Kreise*, e *Provinzen* da essa abolite (art. I)[36], nella misura in cui le stesse, si soggiungeva fingendo inconsapevolezza dell'insanabile conflitto che si andava introducendo dal punto di vista normativo, non fossero in contrasto con la costituzione[37].

Nella costituzione dei *Kreise* e delle *Provinzen* fu così rimessa in vigore tutta la vecchia legislazione e restaurata un'amministrazione di carattere cetuale assai differenziata da una provincia all'altra e da una circoscrizione all'altra. Per questa via ripresero a funzionare le precostituzionali rappresentanze cetuali, con la loro tradizionale prevalenza del Primo ceto dei principi, dei signori mediatizzati e/o dei *Rittergutsbesitzer* sui due ceti delle città e dei comuni rurali, accanto ad una rappresentanza di tutta la nazione fondata sul principio diametralmente opposto del moderno sistema rappresentativo elettivo[38]. In questo contesto il vertice amministrativo del *Kreis*, il *Landrat*, e della provincia, l'*Oberpräsident*, persero con il tempo quasi del tutto la loro «antica doppia condizione» (*alte Doppelstellung*) di rappresentanti della comunità locale e di funzionari statali, per mantenere quasi solo quest'ultima funzione, specialmente dal momento in cui la legge disciplinare del 1852 li confermò

[35] Cfr. *Gesetz, betreffend die Aufhebung des Art. 105 der Verfassungsurkunde vom 31. Januar 1850*, del 24 maggio 1853, in «GS», 1853, Nr. 3751, p. 228, ripubblicato anche in H.A. ZACHARIÄ (ed), *Die deutschen Verfassungsgesetze der Gegenwart*, p. 100.

[36] *Cfr. Gesetz, betreffend die Aufhebung der Gemeindeordnung vom 11. März 1850, sowie der Kreis-, Bezirks- und Provinzialordnung vom 11. März 1850*, del 24 maggio 1853, in «GS», 1853, Nr. 3755, pp. 238 s., ripubblicata anche in Ch.F. MÜLLER, *Städte-Ordnung vom 30. Mai 1853*, pp. 8 s.

[37] Si veda L. VON RÖNNE, *Das Staatsrecht der preußischen Monarchie*, 1864-1865², I.2 (1864), pp. 233-234.

[38] *Ibidem*, p. 235; cfr. in merito il sempre utile H. HEFFTER, *Die deutsche Selbstverwaltung im 19. Jahrhundert*.

tra i cosiddetti funzionari politici[39]. All'interno dei riattivati *Provinziallandtage* la nobiltà riacquistò la sua preponderanza rispetto agli altri ceti, e questo particolarmente nelle province orientali; nei *Kreistage* i *Rittergutsbesitzer* riacquistarono la loro *Virilstimme* (una testa, un voto) diventando nuovamente determinanti nell'occupazione della carica del *Landrat*[40]. I *Provinziallandtage*, tuttavia, che prima dell'emanazione della costituzione avevano rappresentato una sorta di sostituto della rappresentanza politica nazionale, da qui in poi si trovarono a svolgere compiti e ad affrontare questioni di rilievo assai inferiore rispetto a prima dell'entrata in vigore della costituzione del 1850, dati i nuovi, ampi poteri deliberanti assegnati nella legislazione alle nuove Camere[41]. Per una riforma moderna delle province si dovrà attendere il 1875; per la riforma dei *Kreise*, nonostante una proposta di riforma presentata dal governo conservatore il 1° dicembre 1853, e un'altra presentata da quello liberal-moderato della Nuova Era nel 1860[42] (ma non più ripresentata nel 1861), si dovrà attendere la *Kreisordnung* del 1872. Solo a questo punto fu abolita per le province orientali del Regno ogni base cetuale nella rappresentanza, per passare ad una nuova imperniata su classi di interesse, dove, tuttavia, il peso della grande proprietà fondiaria era alquanto ridimensionato rispetto a quello dei ceti produttivi delle città e dei comuni rurali. Fu con questa riforma che i signori fondiari (*Gutsherren*) persero definitivamente il potere di amministrare la polizia[43].

Per quanto riguarda invece l'amministrazione dei comuni, dopo l'abolizione della *Gemeindeordnung* del 1850 in genere non ci si arrestò, come avvenne invece a livello di circoscrizione e di

[39] G.-Ch. von Unruh, *§ 3°. Preußen – Die Veränderungen der preussischen Staatsverfassung*, p. 469; sulla legge del 1852 sui funzionari politici cfr. sotto nel testo in questo stesso capitolo.

[40] H. Heffter, *Der nachmärzliche Liberalismus*, p. 182.

[41] H. Heffter, *Die deutsche Selbsverwaltung im 19. Jahrhundert*, p. 330.

[42] G.-Ch. von Unruh, *§ 3°. Preußen – Die Veränderungen der preussischen Staatsverfassung*, p. 469.

[43] H. Heffter, *Die deutsche Selbstverwaltung im 19. Jahrhundert*, p. 656.

provincia, alla restaurazione del diritto precostituzionale. Ben presto, infatti, furono emanati nuovi ordinamenti, ancora diversi per i comuni cittadini (*Städteordnungen*) e i comuni rurali (*Landgemeindeordnungen*)[44], che all'interno di questi ultimi lasciarono sopravvivere rapporti di governo e relazioni di tipo feudal-cetuale, e che perpetuarono anche la tradizionale differenza tra la parte occidentale e quella orientale del Regno.

Per quanto riguarda i comuni rurali e in particolare quelli della Rheinprovinz, con legge del 15 maggio 1856 fu qui di nuovo introdotto, salvo qualche lieve modifica, il diritto precostituzionale (*vorkonstitutionelles Recht*), vale a dire la *Gemeindeordnung* del 23 luglio 1845, che non faceva distinzione alcuna tra città e campagna, e prevedeva che i borgomastri (*Bürgermeister*) fossero nominati dalla *Regierung* distrettuale su proposta del *Landrat*[45]. Un ordinamento diverso dai comuni rurali della provincia renana ottennero le *Landgemeinde* dell'altra provincia occidentale del Regno, quella di Westphalen, con legge del 19 marzo 1856[46], su cui si tornerà fra poco. Ancora differente per molti aspetti fu l'ordinamento dato ai comuni rurali delle sei province orientali con legge del 14 aprile 1856[47].

Quest'ultima, emanata in attuazione della legge del 24 maggio 1853, lasciò sopravvivere nelle campagne delle province orientali, accanto alle normali comunità di villaggio e ai comuni rurali (*Dorfgemeinde* e *Landgemeinde*), i cosiddetti *selbständige Gutsbezirke*, possedimenti signorili autonomi, facenti

[44] La separazione tra comuni rurali e cittadini ora reintrodotta si mantenne per tutta l'epoca monarchico-costituzionale; cfr. W. HOFMANN, *Aufgaben und Struktur der kommunalen Selbstverwaltung in der Zeit der Hochindustrialisierung*, p. 579.

[45] Cfr. *Gesetz, betreffend die Gemeindeverfassung in der Rheinprovinz. Vom 15. Mai 1856*, in «GS», 1856, Nr. 4425, pp. 435-444, e in merito L. VON RÖNNE, *Das Staatsrecht der preußischen Monarchie*, 1869-1872^3, II.1 (1871), pp. 373-374, 526, 537.

[46] Cfr. *Landgemeindeordnung für die Provinz Westphalen. Vom 19. März 1856*, in «GS», 1856, Nr. 4401, pp. 265-292.

[47] Cfr. *Gesetz, betreffend die Landgemeinde-Verfassungen in den sechs östlichen Provinzen der Preußischen Monarchie. Vom 14. April 1856*, in «GS», 1856, Nr. 4414, pp. 359-364.

cioè comune a sé, gli stessi che la poi revocata legislazione dell'11 marzo 1850 non aveva voluto riconoscere come corpi comunali (*Kommunalverbände*), costringendoli a rientrare all'interno della circoscrizione di un comune e a perdere la propria autonomia[48]. Dopo che la reazione era riuscita nel 1856 ad abolire anche la terza legge varata l'11 marzo 1850 sull'amministrazione della polizia, i signori fondiari dei comuni rurali delle 6 province orientali, che detenevano per nomina regia il potere di governo sul comune in cui si trovavano i loro *Güter*, tornarono a disporre anche, con il consenso della Camera dei deputati dominata in questo periodo dai «funzionari politici», e nella misura in cui già lo avevano detenuto prima del 1850, quel potere di polizia che consentiva loro di assicurarsi il pieno controllo del territorio[49]. Nei comuni rurali il diritto di voto all'interno dell'assemblea (*Gemeindeversammlung*), oltre a poter essere esercitato solo da chi possedeva una casa di abitazione nella circoscrizione comunale[50], non dipendeva principalmente dal censo, come nelle città, ma dalla proprietà fondiaria (*Grundbesitz*). Per questo motivo in taluni casi alle elezioni dell'assemblea comunale potevano partecipare anche i *Forenses*[51], poteva essere riconosciuto anche più di un voto a coloro che avevano grandi appezzamenti fondiari o, viceversa, un diritto di voto collettivo (*Kollektivstimme*) a piccoli proprietari fondiari, oppure, ancora, era concesso di

[48] Della legge del 14 aprile 1856 per i comuni rurali delle province orientali Rönne scrisse che essa era nient'altro che una lieve aggiunta (*Novelle*) alle leggi vigenti in epoca precostituzionale (L. von Rönne, *Das Staatsrecht der preußischen Monarchie*, 1869-1872^3, II.1 [1871], pp. 550-554). Su questo punto di vista concordava anche il liberale Adolph Lette, che in questo senso si pronunciò nel suo *Über die Verfassungszustände in Preußen*, pp. 51 ss. Sulle «autonome circoscrizioni signorili» (*selbständige Gutsbezirke*) cfr. di F.W. Schmidt, la voce *Gutsbezirke (selbstständige)*.

[49] Sull'amministrazione signorile di polizia (*gutsherrliche Polizeiverwaltung*) nei comuni rurali delle 6 province orientali L. von Rönne, *Das Staatsrecht der preußischen Monarchie*, 1869-1872^3, II.1 (1871), p. 275.

[50] *Ibidem*, p. 554.

[51] *Ibidem*, p. 555; sui *Forenses*, coloro che non risiedevano in un comune ma vi possedevano degli appezzamenti di terra o vi svolgevano attività produttiva di qualche tipo, si veda Markull, voce *Gemeinde. Preußen*, p. 51.

farsi rappresentare in assemblea anche a coloro che possedevano terre a cui era legato un diritto di voto nel comune ma che di per sé non avevano diritto di voto (donne, minorenni, persone giuridiche ecc.)[52]. Il vertice esecutivo (*Vorsteher*) di ogni comune rurale delle province orientali, propriamente detto *Schulze* o *Richter* (sculdascio o giudice) era nominato, a meno che non fosse disposto diversamente, dal signore del luogo (*Ortsobrigkeit*) sentita la comunità (*Gemeinde*), e era confermato dal *Landrat*, nelle cui mani lo *Schulze* prestava giuramento[53]. Lo *Schulze* perciò nello svolgimento del suo ufficio era obbligato contemporaneamente verso tre poteri diversi: verso il signore locale (*Ortsobrigkeit* o *Gutsherrschaft*), verso il rappresentante dell'autorità statale e cioè il *Landrat*, e verso la comunità locale (*Gemeinde*) che guidava e di cui era il capo (*Vorsteher*). Dopo che la legge del 14 aprile 1856 sulle autorità nei comuni rurali (*ländlichen Ortsobrigkeiten*) delle sei province orientali aveva ridato al *Gutsherrn* il potere di polizia[54], anche il suo esercizio rientrò tra gli uffici svolti dallo *Schulze* al servizio del signore fondiario. Lo *Schulze* aveva quindi anche poteri di polizia, oltre ad amministrare il comune nelle questioni non spettanti alla decisione della *Gemeindeversammlung*[55]. A decidere sui tributi comunali (*Gemeindeabgabe*) erano i contratti esistenti o le consuetudini, che erano però suscettibili di correzione attraverso la modifica dello statuto esistente o la elaborazione di uno nuovo[56]. Il potere di sorveglianza (*Aufsicht*) sui comuni rurali spettava al *Landrat*, o all'autorità amministrativa via via

[52] Cfr. §§ 5 e 6 del *Gesetz, betreffend die Landgemeinde-Verfassungen in den sechs östlichen Provinzen der Preußischen Monarchie. Vom 14. April 1856*, qui pp. 361-362.

[53] Cfr. § 21 del *Gesetz, betreffend die ländlichen Ortsobrigkeiten in den sechs östlichen Provinzen der Preußischen Monarchie. Vom 14. April 1856*, in «GS», 1856, Nr. 4413, pp. 354-358, qui p. 358.

[54] Cfr. *Gesetz, betreffend die ländlichen Ortsobrigkeiten in den sechs östlichen Provinzen der Preußischen Monarchie. Vom 14. April 1856*, §§ 1-4, pp. 354-355.

[55] L. von Rönne, *Das Staatsrecht der preußischen Monarchie*, 1869-1872[3], II.1 (1871), p. 556.

[56] *Ibidem*, p. 557.

superiore, cioè alla *Regierung*, all'*Oberpräsident* o al ministro degli Interni[57], anche se ancora nel 1855 il ministro Westphalen, in una disposizione (*Anweisung*) ministeriale, si lasciò sfuggire che la sorveglianza e tutela (*Aufsicht*) sul comune rurale spettava all'autorità locale (*Ortsobrigkeit*)[58].

Per quanto riguarda i comuni rurali della provincia di Westphalen, di cui si occupava la *Landgemeindeordnung* del 19 marzo 1856[59], anche qui sopravvissero i *Gutsbezirke*, equiparati dal punto di vista amministrativo ai comuni rurali. Era possibile anche che più *Gemeinden* si unissero, o tra di loro, o a dei possedimenti signorili (*Güter*), andando a formare un *Amt*, cioè una nuova circoscrizione amministrativa guidata da un *Amtmann*. Comunque ogni estensione di terra doveva rientrare nella circoscrizione di un comune (*Gemeindebezirk*) o di un possedimento signorile (*Gutsbezirk*)[60]. Ad avere diritto di voto nell'assemblea (*Gemeinde-* o *Amtsversammlung*) erano solo coloro che possedevano una casa di abitazione nel territorio comunale, non ricevevano alcun sussidio di povertà, e versavano alle casse pubbliche, o almeno 2 talleri di imposta fondiaria, o l'*Einkommensteuer*, oppure dai 4 ai 2 talleri di *Klassensteuer*[61]. Il *Vorsteher* del comune rurale del Westphalen era

57 *Ibidem*, p. 558.

58 *Ibidem*, p. 558, nota 1. Nel contestare vivamente questa affermazione di Westphalen, Rönne si affrettò a spiegare come, anche dopo l'abolizione dell'art. 42 della costituzione (cfr. *Gesetz, betreffend die Abänderung des Artikels 42 und die Aufhebung des Artikels 114 der Verfasungsurkunde vom 31. Januar. Vom 14. April 1856*, in «GS», 1856, N. 4412, p. 353), non fosse stata restituita al signore fondiario (*Gutsherr*) anche la potestà di giurisdizione (*Gerichtsbarkeit*), da cui esclusivamente discende ogni potere di controllo e tutela, ma solo il potere di amministrare la polizia. Con la costituzionalizzazione dello Stato ogni giurisdizione, sottolineò con forza Rönne, è stata trasmessa e rimane in capo allo Stato, il quale nel 1856 ha restituito ai *Gutsherren* solo l'amministrazione locale di polizia (*Ortspolizei*).

59 Cfr. *Landgemeinde-Ordnung für die Provinz Westphalen. Vom 19. März 1856*.

60 L. von Rönne, *Das Staatsrecht der preußischen Monarchie*, 1869-1872[3], II.1 (1871), p. 559.

61 Cfr. *Landgemeinde-Ordnung für die Provinz Westphalen. Vom 19. März 1856*, § 15, pp. 269-270.

eletto dalla *Gemeindeversammlung* quando il numero degli aventi diritto di voto non superasse le 18 persone; in caso contrario doveva essere allestita una delegazione comunale costituita da *Gemeindeverordneten* oppure essere eletta una rappresentanza comunale (*Gemeindevertretung*). Il *Vorsteher* era eletto dall'assemblea (*Gemeindeversammlung*) per 6 anni, ma dopo tre anni di carica il suo mandato poteva essere prolungato per i successivi 12 anni; la sua designazione doveva però essere confermata dal *Landrat*[62]. Sul *Gemeindevorsteher*, che amministrava il comune ed esercitava il potere di polizia locale, vigilava l'*Amtmann*, al quale erano sottoposti anche i proprietari dei *Rittergüter*. Essendo quella dell'*Amtmann* una carica onoraria, doveva essere affidata necessariamente ad un notabile del luogo con lettera del ministro degli Interni su ordine del re. Anche l'*Amtmann* come il *Gemeindevorsteher* era affiancato da un'assemblea (*Amtsversammlung*) che includeva tra gli altri anche i *Vorsteher* dei comuni di cui si componeva l'*Amt* (§ 75). In Westphalen il controllo e la sorveglianza (*Aufsicht*) sui comuni, sui *Güter* ad essi equiparati, sugli *Ämter*, erano esercitati dal *Landrat* in prima e dalla *Regierung* in seconda istanza (§ 80). Anche qui, come negli altri ordinamenti comunali della monarchia, l'assemblea (*Gemeindeversammlung* o *Amtsversammlung*) poteva essere sciolta da un'ordinanza regia (§ 82). Le *Gemeinde* e gli *Ämtern* costituiti nei territori degli *Standesherren*, andavano soggetti ad autonoma regolazione attraverso ordinanza regia (§ 85).

Un ordinamento simile a quello del 19 marzo 1856 dato ai comuni rurali del Westphalen fu adottato anche in quei comuni della Rheinprovinz in cui non era stata introdotta la *Gemeindeordnung* del 1845 come modificata nel 1856; anche qui le *Gemeinde* e gli *Ämter* insistenti sui territori degli ex-immediati dell'Impero erano soggetti ad uno statuto speciale[63]. I tentativi intrapresi dai liberali della Camera dei deputati nel 1861 e nel 1862 per indurre il governo a discutere una riforma degli

[62] *Ibidem*, § 38, p. 277.

[63] L. von Rönne, *Das Staatsrecht der preußischen Monarchie*, 1869-1872³, II.1 (1871), pp. 561-564.

ordinamenti dei comuni rurali della Rheinprovinz e del Westphalen, non diedero alcun esito per la chiusura della sessione nell'autunno del 1862[64], e le condizioni politiche per ridiscuterli mancarono naturalmente del tutto negli anni del conflitto.

In attuazione della legge del 24 maggio 1853 che aveva abolito gli avanzati ordinamenti comunali dell'11 marzo 1850, furono emanati anche, sempre separatamente per le 6 province orientali (30 maggio 1853), per la Rheinprovinz (15 maggio 1856), e per la provincia di Westfalen (19 marzo 1856), nuovi ordinamenti per la costituzione e l'amministrazione delle città (*Städteordnungen*)[65]. Questi ordinamenti cittadini, per quanto per molti versi simili, nel senso che in tutti si faceva sentire in modo opprimente la sorveglianza e la tutela dello Stato come pure il peso della burocrazia comunale[66], presentavano tuttavia alcune differenze.

Per quanto riguarda l'assemblea comunale (*Stadtverordneteversammlung*), che poi eleggeva il sindaco, tutti e tre gli ordinamenti comunali la facevano eleggere dai cittadini suddivisi a questo scopo in tre classi o sezioni (*Abtheilungen*) censitarie. Il sistema elettorale in uso era cioè sostanzialmente lo stesso che per l'elezione della Camera dei deputati (*Dreiklassenwahlrecht*), tranne che per qualche ovvia particolarità. Le classi censitarie erano composte, a seconda dei casi, in base alle imposte dirette versate nelle casse pubbliche, oppure, anche, a seconda del reddito (*Einkommen*). Ogni classe votava 1/3 dei consiglieri comunali e l'elettore non doveva votare necessariamente per un appartenente alla sua stessa classe. Almeno la metà degli eletti da ogni classe doveva essere costituita da proprietari di casa nel comune di residenza (*Hausbesitzern*)[67]. L'elezione del

[64] *Ibidem*, p. 559, nota 6.

[65] *Ibidem*, pp. 534 ss.

[66] Cfr. F. RUGGE, *Il governo delle città prussiane tra '800 e '900*; H. HEFFTER, *Die deutsche Selbstverwaltung im 19. Jahrhundert*, in particolare per l'ottima sintesi sui caratteri salienti dell'ordinamento cittadino delle 6 province orientali del 30 maggio 1853, *ibidem*, pp. 331-333.

[67] Cfr. *Städte-Ordnung für die sechs östlichen Provinzen der Preußischen Monarchie. Vom 30. Mai 1853*, in «GS», 1853, Nr. 3763, pp. 261-290,

consiglio comunale aveva validità di 6 anni, ma ogni due anni doveva essere rinnovato un terzo dei suoi membri; i deputati da rinnovare per la prima e seconda votazione erano scelti attraverso un'estrazione a sorte[68]. Come a livello nazionale per la Camera dei deputati, si votava pubblicamente, ma qui il carattere pubblico del voto era ulteriormente accentuato dall'obbligo di esprimere a voce alta (*mündlich und laut*) la preferenza, che veniva poi riportata in un registro adagiato sul banco della presidenza del seggio (*mündlicher Abstimmung zu Protokoll*). L'imbarazzo da ciò derivante era ancora maggiore per i minori censiti, dato che a votare per primi erano chiamati coloro che rientravano nella terza classe degli elettori[69].

Il presidente del consiglio comunale cittadino, nelle città delle sei province orientali e in Westphalen, era eletto ogni anno dal consiglio, che designava anche un segretario e un vice del presidente. Nelle città della Rheinprovinz, invece, era lo stesso borgomastro a dirigere le riunioni del consiglio; nelle città renane in cui però si era optato nello statuto per un magistrato collegiale, il presidente del consiglio era eletto dal seno della stessa assemblea consiliare[70].

Il governo cittadino (*Stadtvorstand*), nelle province orientali e in Westphalen, era formato di solito secondo la cosiddetta costituzione a magistrato (*Magistratverfassung*), e cioè come organo collegiale, affiancato da un'assemblea di deputati cittadini

qui § 16, pp. 268-269; L. von Rönne, *Das Staatsrecht der preußischen Monarchie*, 1869-1872^3, II.1 (1871), p. 541, e 541 nota 1. Sull'*Hausbesitzerprivileg* ampiamente F. Rugge, *Il governo delle città prussiane tra '800 e '900*, pp. 103-111. La *Städte-Ordnung für die sechs östlichen Provinzen der Preußischen Monarchie*, del 30 maggio 1853, fu ripubblicata tra l'altro anche in Ch.F. Müller, *Städte-Ordnung vom 30. Mai 1853*, pp. 11-79, 80-89 (per l'*Instruktion vom 20. Juni 1853*), e in R. Backoffner, *Die Städteordnungen der preußischen Monarchie*, pp. 3-46.

[68] Cfr. *Städte-Ordnung für die sechs östlichen Provinzen der Preußischen Monarchie. Vom 30. Mai 1853*, § 18, p. 268.

[69] *Ibidem*, § 25, p. 271 e § 21, p. 270.

[70] L. von Rönne, *Das Staatsrecht der preußischen Monarchie*, 1869-1872^3, II.1 (1871), p. 544.

(*Stadtverordnetenversammlung*)[71]. Nelle città della Rheinprovinz[72], invece, fu mantenuta di solito la costituzione a borgomastro (*Bürgermeistereiverfassung*), per cui il governo cittadino era incarnato da una sola persona, detta borgomastro (*Bürgermeister*) o alto borgomastro (*Oberbürgermeister*) (così nelle città non rientranti in alcun *Kreis*, e cioè nelle cosiddette *kreisfreie Städte*), affiancato da due o più aggiunti (*Beigeordnete*).

Nelle sei province orientali e in Westphalen il *Magistrat* si componeva del borgomastro (*Bürgermeister*), di un aggiunto o di un «secondo borgomastro» in funzione di vice, nonché di un certo numero di assessori (*Schöffen*), diversamente denominati (*Stadträthen*, *Rathsherren*, *Rathsmänner*) a seconda del comune cittadino e in numero diverso a seconda della popolazione; ad essi si aggiungeva, infine, un certo numero di funzionari retribuiti dalle competenze tecniche più specifiche (*Syndikus, Kämmerer, Schulrath, Baurath*)[73]. Lo stesso avveniva nelle città dove valeva l'ordinamento comunale cittadino renano e si era però scelto il magistrato collegiale.

Nelle sei province orientali i componenti del *Magistrat* (il *Bürgermeister*, il *Beigeordneter*, gli *Schöffen*)) erano eletti dall'assemblea dei deputati cittadini (*Stadtverordnetenversammlung*). In particolare il *Beigeordneter* e gli *Schöffen* erano eletti per 6 anni, mentre il borgomastro era eletto per 12 anni. L'elezione di quest'ultimo poteva tuttavia essere anche a vita, e così pure quella dei membri retribuiti del magistrato o del *Beigeordneter*.

[71] *Ibidem*, p. 538. Sull'imporsi nelle città prussiane della «vera» costituzione a magistrato, con un governo cittadino che non si limitava ad eseguire le decisioni dell'assemblea cittadina o i compiti affidatigli dallo Stato, ma stava invece allo stesso livello dell'assemblea, secondo un «sistema bicamerale» (*Zweikammersystem*) che, in vigore anche nella maggior parte delle città annesse nel 1866, sarà il tipo prevalente di costituzione comunale sino al 1933, cfr. W. Hofmann, *Aufgaben und Struktur der kommunalen Selbstverwaltung in der Zeit der Hochindustrialisierung*, in particolare p. 563.

[72] Cfr. *Städte-Ordnung für die Rheinprovinz. Vom 15. Mai 1856*, in «GS», 1856, Nr. 4424, pp. 406-434.

[73] Cfr. *Städte-Ordnung für die sechs östlichen Provinzen der Preußischen Monarchie*, del 30 maggio 1853, § 29, p. 272 e L. von Rönne, *Das Staatsrecht der preußischen Monarchie*, 1869-1872^3, II.1 (1871), p. 542.

Ogni 3 anni la metà degli *Schöffen* lasciava ed era sostituita. L'elezione del borgomastro, del *Beigeordneter*, degli *Schöffen*, dei membri retribuiti del magistrato, abbisognava tuttavia di conferma (*Bestätigung*); questa spettava direttamente al re nel caso del borgomastro e del suo vice nelle città con oltre 10.000 abitanti; negli altri casi e in città più piccole essa spettava alla *Regierung*[74]. In caso di mancata conferma, l'assemblea dei deputati cittadini doveva procedere ad altra elezione, e, se neanche questa veniva confermata, allora la città era commissariata fino a quando non aveva luogo un'elezione in grado di ricevere la conferma. Nella Rheinprovinz, invece, in caso di mancata conferma per due volte assumevano il potere di nomina il re o la *Regierung*; questo accadeva anche quando i consiglieri comunali si rifiutassero di procedere all'elezione oppure rieleggessero colui che non aveva ottenuto la conferma[75].

Il governo regio (*Staatsregierung*) fece largo uso per motivi politici di questo diritto di conferma, provocando peraltro molte rimostranze (*Beschwerde*) sollevate attraverso la Camera dei deputati. Nel marzo 1865 questa si spinse sino a chiedere l'abolizione del § 33 della *Städteordnung* per le province orientali e per il Westphalen, come pure del § 32 della *Städteordnung* per la Rheinprovinz, gli articoli relativi al potere di conferma (*Bestätigungsrecht*)[76]. Questo, come espressione del potere di alta sorveglianza (*Oberaufsichtsrecht*) dello Stato sulle elezioni dei membri del magistrato cittadino da parte delle assemblee comunali, fu peraltro strenuamente difeso nell'aula della Camera dei deputati dal ministro conservatore degli Interni Eulenburg (9 dicembre 1862 - marzo 1878), il 5 aprile 1865. In questa occasione egli ammise apertamente come il governo avesse cominciato a servirsi più spesso del potere di conferma come strumento di controllo politico delle città a partire da quando,

[74] Cfr. § 33 della *Städte-Ordnung für die sechs östlichen Provinzen der Preußischen Monarchie*, del 30 maggio 1853.

[75] Cfr. *Städte-Ordnung für die Rheinprovinz. Vom 15. Mai 1856*, §§ 32 e 71; L. VON RÖNNE, *Das Staatsrecht der preußischen Monarchie*, 1869-1872^3, II.1 (1871), p. 542.

[76] L. VON RÖNNE, *Das Staatsrecht der preußischen Monarchie*, 1869-1872^3, II.1 (1871), p. 542, nota 10, e 543, nota 10 da p. 542.

più o meno dopo l'ordinanza straordinaria sulla stampa del 1° giugno 1863, le città avrebbero cominciato a utilizzare l'elezione del magistrato per fare politica antigovernativa[77]. La proposta di abolire il potere di conferma dell'elezione dei membri del magistrato cittadino sarà rigettata dalla Camera dei signori, ma verrà poi ripresa dalla Camera dei deputati nel 1866-1867. Fu in un discorso del 1° dicembre 1866 che Eulenburg, nel gettare uno sguardo retrospettivo sull'ultimo anno del conflitto costituzionale, si soffermò a ricordare il caso della mancata conferma dell'elezione degli *Stadträthe* di Berlino nel 1865 e la nomina al loro posto da parte dello stesso ministro di commissari (*commissarische Stadträthe*), come pure il caso della mancata conferma dell'ex deputato Herrmann. Nel riconoscere l'«applicazione rigida» (*strenge Anwendung*) fatta negli anni del conflitto «del potere governativo di conferma dei membri del magistrato» Eulenburg dovette però ammettere anche la scarsa 'efficacia' dimostrata nel tempo dall'istituto della conferma rispetto allo scopo perseguito dal governo, quello cioè di «ottenere un candidato accettabile al posto di uno inaccettabile» («an Stelle des nicht zulaßbaren einen zulaßbaren Kandidaten zu erhalten»). La dichiarata disponibilità del ministro degli Interni a trattare con la Camera dei deputati per scambiare il vigente «diritto di conferma» (*Bestätigungsrecht*) con un diritto di proposta (*Präsentationsrecht*) dei membri del magistrato cittadino da parte del consiglio comunale (sulla scia di quanto accadeva per la nomina del *Landrat* su proposta del *Kreistag*)[78], proposta che apparentemente apriva alla possibilità di una rinuncia al potere di conferma, in realtà lasciava trapelare come i tempi, anche dopo il conflitto, fossero tutt'altro che propizi all'autogoverno (*Selbstverwaltung*) delle città.

I consigli comunali, che tra i compiti principali avevano quello di controllare l'amministrazione, soprattutto negli anni del conflitto furono spesso richiamati all'ordine dal ministro degli Interni attraverso le *Regierungen*, affinché nei loro dibattiti si

[77] Per l'intervento di Eulenburg del 5 aprile 1865 si veda *Zehn Jahre innerer Politik 1862-1872*, pp. 26-34.

[78] Cfr. il discorso del ministro Eulenburg all'AH del 1° dicembre 1866, *ibidem*, pp. 60-63, in particolare pp. 61 e 63.

occupassero solo ed esclusivamente di questioni relative alla vita del comune cittadino, senza oltrepassare l'ambito dei loro poteri; tra questi non sarebbe rientrata, infatti, la facoltà di discutere di questioni politiche generali relative a tutto il Paese. In questo senso fu indirizzato alle *Regierungen* un *Circular Erlaß* il 6 giugno 1863[79], con cui si dava loro disposizione di non consentire che i consigli comunali si occupassero di questioni relative alla costituzione dello Stato, e di quanto avveniva all'interno del *Landtag* della monarchia[80]. Nella stessa direzione molto eloquente fu anche la risposta fornita da Eulenburg l'8 marzo 1865 ad una petizione del consiglio comunale (*Stadtverordnetenversammlung*) di Breslau, contenente una severa condanna della politica governativa. Nella sua risposta il ministro, richiamandosi all'art. 35 della *Städteordnung* per le province orientali del 1853 («Über andere als Gemeinde-Angelegenheiten dürfen die Stadtverordneten nur dann berathen, wenn solche durch besondere Gesetze oder in einzelnen Fällen durch Aufträge der Aufsichtsbehörde an sie gewiesen sind») stigmatizzò con forza che un'assemblea comunale potesse avere ad oggetto dei suoi dibattiti una censura dell'operato del governo[81]. Del resto, argomentò Eulenburg, anche il precedente ministro liberale degli Interni Flottwell aveva negato ai *Kreistage* di Sachsen e Pommern il diritto di discutere e criticare il suo *Reskript* del 16 febbraio 1859, che aveva ammesso i *Rittergutsbesitzer* ebrei a partecipare alle loro sedute[82].

I casi in cui il comune per agire abbisognava dell'autorizzazione della *Regierung* erano comunque numerosi; ad esempio per vendere beni comunali o per contrarre prestiti, ma anche per

[79] Per il *Circular Erlaß* del ministro degli Interni Eulenburg del 6 giugno 1863 (orig. in «Ministerialblatt der inneren Verwaltung», 1863, p. 118), si veda [L.E. HAHN], *Die Innere Politik der preußischen Regierung von 1862 bis 1866*, pp. 199-200.

[80] L. VON RÖNNE, *Das Staatsrecht der preußischen Monarchie*, 1869-1872^3, II.1 (1871), p. 543, nota 2.

[81] Cfr. *Rede des Ministers des Inneren Grafen zu Eulenburg in der Sitzung des Abgeordnetenhauses vom 8. März 1865*, in [L.E. HAHN], *Die Innere Politik der preußischen Regierung von 1862 bis 1866*, pp. 387-393.

[82] *Ibidem*. Sul decreto di Flottwell cfr. *supra*, cap. 4 «Diritti», nota 139.

imporre nuove tasse e tributi, o addizionali a imposte esistenti, statali o comunali, che dovevano sempre essere autorizzate[83]. A proposito di fisco locale: le città governate dalle tre *Städteordnungen* del 1853 e del 1856, furono le prime a poter riscuotere una tassa d'ingresso (*Einzugsgeld*) da chi chiedesse di stabilirsi (*Niederlassung*) in una città diversa da quella di residenza (secondo quanto consentito dal § 4 della già incontrata legge 2317 del 31 dicembre 1842 sull'accoglienza di persone in ingresso). Come si desume dall'istruzione emanata per dare attuazione all'ordinamento comunale del 30 maggio 1853 per le sei province orientali, lo scopo di questa previsione era di «porre un argine alle domiciliazioni facili e alla pressione sulle città del proletariato[84]. Più in genere gli ordinamenti comunali del 1853 e del 1856 prevedevano che le città, sui movimenti interni della popolazione, potessero prelevare anche altre tasse oltre a quelle d'ingresso (*Einzugsgeld*): la tassa di cittadinanza (*Bürgerrechtsgeld*), da chi chiedesse la residenza piena, a tutti gli effetti, in un nuovo comune, di acquisto (*Einkaufsgeld*), da chi usufruisse delle utilità (*Nutzungen*) e in genere dei servizi offerti da un comune diverso da quello di residenza, e infine l'*Haustandsgeld*, da chi tornasse a stabilirsi in una città dopo averla lasciata, oppure da colui che, già in essa residente, andasse a fondare in un'altra abitazione un nuovo nucleo familiare[85]. La facoltà delle città di riscuotere l'*Einzugsgeld* e le altre tasse locali, che naturalmente ostacolavano la libertà individuale di scelta del domicilio (*Niederlassungsfreiheit*) e quella di circolazione in genere (*Freizügigkeit*), fu riconfermata anche da una legge del 14 maggio 1860[86], che però suscitò molte proteste; nel

[83] L. von Rönne, *Das Staatsrecht der preußischen Monarchie*, 1869-1872^3, II.1 (1871), p. 545.

[84] Per l'*Instruktion* del 20 giugno 1853 relativa all'attuazione della *Städteordnung* del 30 maggio (pubblicata in «Ministerialblatt der inneren Verwaltung», 1853, p. 142) si veda *ibidem*, p. 546, nota 1.

[85] *Ibidem*, p. 545. Anche nelle *Landgemeindeordnungen*, ad esempio in quella già citata per la provincia di Westphalen del 1856, si parlava della possibilità di prelevare imposte come quelle appena citate (§ 56).

[86] Cfr. *Gesetz, betreffend das städtische Einzugs-, Bürgerrechts- und Einkaufsgeld. Vom 14. Mai 1860*, in «GS», 1860, p. 237.

prelievo di queste imposte, infatti, gli interessi delle città e degli individui venivano inevitabilmente a collidere. La facoltà di un comune cittadino di esigere la tassa di ingresso (*Einzugsgeld*) sarà cancellata solo dalla legge del 2 marzo 1867, emanata nel nuovo contesto della Confederazione della Germania del Nord[87], e che anticiperà la legge sulla libera circolazione (*Freizügigkeitsgesetz*) dello stesso anno.

Nel complesso si può dire che tutti e tre gli ordinamenti cittadini del 1853 e 1856 seguirono comunque, almeno in parte, la *Gemeindeordnung* del 1850. Alle città era infatti riconosciuto complessivamente un certo grado di indipendenza dal governo dello Stato: la designazione dei membri della magistratura cittadina derivava da libere elezioni, anche se gli eletti per entrare in carica abbisognavano della conferma regia, e l'esecutivo collegiale era limitato nell'amministrazione da un'assemblea elettiva. Questi ordinamenti cittadini portarono, tuttavia, anche ad un notevole irrigidimento della sorveglianza e della tutela dello Stato (*Staatsaufsicht*); e questo non solo nel momento delle elezioni dei più alti funzionari comunali e non solo da parte del ministro o del re, ma anche da parte delle istanze amministrative immediatamente superiori a quella cittadina[88]. L'alta sorveglianza (*Oberaufsicht*) sull'amministrazione cittadina spettava infatti nella maggior parte dei casi alla *Regierung*, ma talvolta in prima istanza anche al *Landrat*. In particolare essa spettava alla *Regierung* nelle città dove vigeva la *Städteordnung* del 30 maggio 1853 e in tutte le città della Rheinprovinz e del Westphalen con più di 10.000 abitanti; nelle città più piccole delle due medesime province spettava al *Landrat* in prima istanza e alla *Regierung* in seconda; contro le decisioni della

[87] Cfr. in merito L. VON RÖNNE, *Das Staatsrecht der preußischen Monarchie*, 1869-1871[3], II.1 (1871), pp. 545-547 e MARKULL, voce *Gemeinde. Preußen*, in particolare p. 48; con questa legge del 1867 non furono aboliti invece il *Bürgerrechtsgeld* e l'*Einkaufsgeld*.

[88] L. VON RÖNNE, *Das Staatsrecht der preußischen Monarchie*, 1869-1872[3], II.1 (1871), pp. 523 (dove R. parla di una «sehr erhebliche Erweiterung des Aufsichtsrechts des Staates») e 373, nota 8 (dove R. si dice dell'avviso che l'istituto della conferma non avrebbe dovuto essere dispensato come un atto di grazia).

Regierung si poteva ricorrere all'*Oberpräsident* o al ministro degli Interni. Le autorità della *Regierung* e del *Landrat* per eventuali rimostranze non si rivolgevano direttamente all'assemblea comunale ma passavano attraverso il governo cittadino; l'autorità di sorveglianza, per far riflettere il consiglio comunale e indurlo a tornare su decisioni ritenute frutto di un eccesso di potere, illegali o dannose per il bene pubblico, si rivolgeva al governo cittadino, che poi a sua volta riferiva all'autorità superiore quali fossero state le reazioni del consiglio. La *Regierung* poteva anche obbligare il consiglio cittadino a inserire una voce di bilancio in rispetto di una legge o a porre in bilancio una spesa straordinaria[89]. Su richiesta dello *Staatsministerium* e attraverso un'ordinanza regia il consiglio comunale poteva anche essere sciolto; in questo caso dovevano essere indette nuove elezioni nell'arco di sei mesi[90].

Seppure con i limiti appena detti si riuscì nel complesso a riformare la costituzione dei comuni prussiani rispetto alla legislazione di epoca precostituzionale. Anche nello *status* dei funzionari dell'amministrazione, pur sullo sfondo di un'apparente continuità tra epoca precostituzionale e costituzionale, intervennero nel nostro periodo importanti mutamenti legislativi, che andarono a rimodulare la fisionomia e il ruolo del funzionario pubblico, il quale venne così a partecipare della nuova complessità e del difficile equilibrio della forma di governo monarchico-costituzionale.

Già nel periodo rivoluzionario il nuovo governo liberale si era mostrato immediatamente assai sensibile all'esigenza di poter contare su un corpo di funzionari pubblici (*Beamten*) in sintonia con il processo di costituzionalizzazione in atto. A questo scopo ci si mosse lungo due direttrici, convergenti tuttavia sullo stesso obiettivo.

Anzitutto ci si preoccupò di introdurre una rigida distinzione tra i funzionari dell'amministrazione generale (*Verwaltungsbe-*

[89] *Ibidem*, pp. 550-551.

[90] Sulla *Gemeindeverfassung* in genere E.R. HUBER, *Deutsche Verfassungsgeschichte*, 3, p. 126.

amten) e i funzionari dell'amministrazione della giustizia (*richterliche Beamten*), cioè i due tipi fondamentali di funzionari pubblici che erano stati posti sullo stesso piano da due ordinanze precostituzionali di egual data, e cioè la 'legge' disciplinare (*Disziplinargesetz*) e la 'legge' sulle pensioni (*Pensionierungsgesetz*) del 29 marzo 1844[91]. A distinguere tra i due tipi di funzionari pubblici intervenne molto presto la già più volte incontrata e fondamentale *Verordnung über einige Grundlagen der künftigen Preußischen Verfassung* del 6 aprile 1848; al suo § 3, infatti, le due ordinanze del 1844, concepite per essere applicate indistintamente a tutti i funzionari pubblici, furono dichiarate non più applicabili al ceto dei giudici (*richterliche Beamte*)[92]. In un secondo momento, poi, dopo che il *Märzministerium* liberale, in un rapporto (*Bericht*) del 12 giugno 1848 redatto in vista di una «riorganizzazione delle autorità statali», aveva manifestato al re la sua intenzione di collocare «a disposizione» (*zur Disposition*) un certo numero di funzionari, fu emanato un decreto regio che per l'appunto recepiva la volontà del governo e distingueva anch'esso tra *richterliche* e *nichtrichterliche Beamte*. Il decreto regio annunciava di voler concedere l'aspettativa (*Wartegeld*) ai funzionari collocati a disposizione, come pure a quelli in attesa di essere destinati ad altro ufficio o di essere collocati in pensione, con la precisazione, però, che il decreto non riguardava i funzionari dell'amministrazione giudiziaria[93].

La possibilità di collocare a disposizione funzionari considerati in posizione e ruolo chiave per l'attuazione del programma governativo, quelli cioè che di lì a poco sarebbero andati a comporre la categoria dei cosiddetti funzionari «politici»[94], fu

[91] Cfr. E. von Dultzig, *Das preußische Disziplinargesetz für die nichtrichterlichen Beamten*, p. 8.

[92] Sui giudici si tornerà più ampiamente *infra*, cap. 6 «Giustizia».

[93] Cfr. *Allerhöchster Erlaß vom 14. Juni 1848, betreffend die Bewilligung von Wartegeldern an disponible Beamte*, in «GS», 1848, Nr. 2987, pp. 153-154.

[94] Cfr. in merito anche A.G. Manca, *Governo rappresentativo e dirigenze amministrative*, pp. 7-25 e inoltre, sempre fondamentale, D. Kugele, *Der politische Beamte*.

così sfruttata, prima ancora che dal governo reazionario degli anni Cinquanta, dal governo rivoluzionario liberale presieduto da Camphausen prima e da Auerswald poi[95]. In una disposizione (*Verfügung*) del 15 luglio 1848 indirizzata «ai funzionari dello Stato» (*An die Beamten*)[96], il governo manifestò in modo inequivocabile la volontà di sostituire i funzionari pubblici ostili al nuovo corso con funzionari ad esso leali. Nei confronti dei funzionari pubblici che sarebbero rimasti ai loro posti, d'altra parte, il governo lanciò un chiaro segnale della sua volontà di imprimere una svolta rispetto al passato e di puntare a stabilire un rapporto di fiducia, quando, il 31 luglio 1848, decise l'abolizione delle «liste segrete di condotta» (*geheimen Konduitenlisten*), tradizionale strumento di disciplinamento e di asservimento del personale amministrativo[97].

Il principio convintamente sostenuto dal governo rivoluzionario della necessaria omogeneità politica con il governo in carica delle figure amministrative occupanti ruoli chiave per l'attuazione del programma politico, giunse però a una coerente trasposizione normativa troppo tardi perché se ne potesse avvalere il processo di consolidamento delle conquiste rivoluzionarie. L'ordinanza dell'11 luglio 1849, «relativa ai reati compiuti nello svolgimento del servizio dai funzionari non giudiziari, al loro trasferimento ad altro incarico o collocamento in pensione»[98], emanata tra l'altro il giorno successivo a un'altra ordinanza sulla stessa materia ma diretta stavolta ai funzionari

[95] Dal marzo al giugno 1848, a rivestire la carica di ministro dell'Interno fu Alfred von Auerswald. Gli successe nella carica Friedrich von Kühlwetter, ministro dell'Interno dal 25 luglio 1848 al 28 settembre dello stesso anno, e che era stato sino al maggio 1848 *Regierungspräsident* ad Aachen; cfr. W. STIRBRNY, *Kühlwetter, Friedrich von*; M. BLACK-VELDTRUP, *Friedrich von Kühlwetter*; D. WEGEMANN, *Die leitenden staatlichen Verwaltungsbeamten der Provinz Westphalen 1815-1918*.

[96] Cfr. in merito F. HARTUNG, *Geschichte der preußischen Verwaltung*, p. 709.

[97] Cfr. *Allerhöchster Erlaß vom 31. Juli 1848, betreffend die Abschaffung der geheimen Konduitenlisten in der Civilverwaltung*, in «GS», 1848, p. 200.

[98] Cfr. *Verordnung, betreffend die Dienstvergehen der nichtrichterlichen Beamten und die Versetzung derselben auf eine andere Stelle oder in den Ruhestand. Vom 11. Juli 1849*, in «GS», 1849, Nr. 3148, pp. 271-292.

dell'amministrazione della giustizia[99], giunse infatti quando il clima politico era ormai decisamente cambiato, ed era già iniziato il periodo controrivoluzionario.

Con l'ordinanza dell'11 luglio 1849 anzitutto veniva notevolmente allargata la casistica dei motivi che avrebbero potuto giustificare il licenziamento di un funzionario amministrativo per via disciplinare. Essa, infatti, prevedeva il licenziamento non più solo per alcolismo, sperpero, indebitamento facile o comportamento offensivo della religione o della moralità, ma anche per violazione dell'obbligo di fedeltà, mancanza di coraggio nell'espletamento delle funzioni, prese di posizione contro il governo (§ 20). Si rendeva così possibile a quest'ultimo di esercitare una pressione senza precedenti sui funzionari amministrativi non giudiziari (*nichtrichterliche Beamten*), anche se tale strumento di pressione a questo punto veniva a trovarsi nelle mani di un governo, come quello conservatore presieduto da Brandenburg, assai tiepido verso le stesse garanzie dei diritti prospettate dalla costituzione concessa del 5 dicembre 1848 e quindi già predisposto ad abusarne. Sotto Brandenburg e il suo ministro dell'Interno Manteuffel divenne così possibile ciò che sino a quel momento mai lo era stato sulla base di una legge, e cioè il perseguimento disciplinare di un funzionario per opinioni politiche considerate offensive dal governo e rese anche fuori dal servizio, mentre sin qui, ad essere perseguiti disciplinarmente, erano stati solo comportamenti riprovevoli tenuti nella vita privata[100].

Dalla conversione in legge delle due ordinanze del 10 e dell'11 luglio 1849, varate peraltro in forza del diritto straordinario di ordinanza attribuito all'esecutivo dall'art. 105 della costituzione del 1848, scaturirono, dopo aver superato il vaglio delle due Camere, le due leggi disciplinari con cui sarà gestita in Prussia la politica del personale amministrativo sino al

[99] Cfr. *Verordnung, betreffend die Dienstvergehen der Richter und die unfreiwilligen Versetzung derselben auf eine andere Stelle oder in den Ruhestand. Vom 10. Juli 1849*, in «GS», 1849, Nr. 3147, pp. 253-270.

[100] Cfr. *Zur Frage über das Disciplinarrecht der Minister gegen die Staatsbeamten*, in particolare p. 277.

1932[101]. La prima delle due leggi, quella del 7 maggio 1851, riguardava i reati compiuti dai giudici nello svolgimento del servizio (*Dienstvergehen der Richter*), e sarà oggetto di approfondimento nel successivo capitolo sulla giustizia. La seconda, che qui interessa più da vicino, del 21 luglio 1852, era «relativa ai reati d'ufficio compiuti dai funzionari non giudiziari, al loro trasferimento ad altro incarico o collocamento a riposo»[102]. Essa definiva le pene da infliggere ai funzionari pubblici non giudiziari che avessero compiuto dei reati d'ufficio (*Dienstvergehen*), reati che erano individuati molto estensivamente in ogni «atto» del funzionario compiuto «in violazione degli obblighi impostigli dall'ufficio», come pure nel «comportamento attraverso cui un funzionario, in o fuori dal servizio, si mostri indegno del rispetto, della considerazione o della fiducia richiesta dalla sua professione»[103].

A cadere vittime della legge del 1852 soprattutto negli anni Cinquanta saranno naturalmente numerosi funzionari pubblici impegnati politicamente nelle fila dell'opposizione. Tra di essi ci furono anche personalità eminenti come, ad esempio, lo stesso ex *Ministerpräsident* del 1848 Rudolf von Auerswald, Wilhelm Adolph Lette, David Hansemann ecc. Auerswald, dopo aver guidato con Hansemann il governo rivoluzionario nell'estate del

[101] Fino cioè all'emanazione della *preußische Beamtendienststrafverordnung* del 27 gennaio 1932.

[102] Cfr. *Gesetz, betreffend die Dienstvergehen der nicht richterlichen Beamten, die Versetzung derselben auf eine andere Stelle oder in den Ruhestand. Vom 21. Juli 1852*, in «GS», 1852, H. 31, Nr. 3609, pp. 465-488; ripubblicata anche in P. von Rheinbaben, *Die preußischen Disziplinargesetze*, pp. 17 ss. Sulla legge cfr. E. von Dultzig, *Das preußische Disziplinargesetz für die nichtrichterlichen Beamten*, pp. 16 ss.; G. Thilo, *Die Preußische Disziplinargesetzgebung für die unmittelbaren und mittelbaren Staatsbeamten*, pp. 77-178 (con commento).

[103] Cfr. *Gesetz, betreffend die Dienstvergehen der nicht richterlichen Beamten, die Versetzung derselben auf eine andere Stelle oder in den Ruhestand. Vom 21. Juli 1852*, §§ 2 e 3, p. 465. Sui *Verbrechen* dei funzionari pubblici prussiani sino al 1851 H. Lüpkes, *Die Verbrechen der Diener des Staats im Allgemeinen Landrecht*; sull'autonomizzarsi a partire da questa legge del diritto disciplinare da quello penale (anche il Codice penale prussiano [*Preußisches Strafgesetzbuch*] del 1851 si occupava infatti dei reati e delitti compiuti nello svolgimento del servizio [*Vergehen und Verbrechen im Amt*]) si veda ora K. Alten, *Amtsmißbrauch*.

1848, fu nominato *Oberpräsident* della Rheinprovinz, ma venne rimosso dal governo della reazione per essersi espresso contro la riconvocazione nel 1851 dei ceti di circolo e provinciali[104]. Lette, nominato nel 1845 presidente del *Revisionskollegium für Landeskultursachen* del ministero degli Interni, fu licenziato nel 1854 per l'opposizione condotta come liberale dall'interno della Seconda camera[105]. Hansemann, nominato nell'autunno del 1848 al vertice della *Preußische Bank*, venne rimosso dall'incarico già nel 1851.

Il diritto disciplinare del 1852, con *Allerhöchste Verordnung* del 23 settembre 1867, sarà introdotto anche nelle nuove province, con le poche modifiche necessarie ad adattarlo alle diverse istituzioni locali[106]. In questa occasione furono anche ulteriormente ampliate (art. VI), le categorie di quei funzionari che, secondo il comma 2, § 87 della legge, di cui si dirà tra poco, potevano in ogni momento, con ordinanza regia, essere collocati temporaneamente a riposo con aspettativa. Fu in questo modo possibile al governo prussiano aver ragione dei numerosi funzionari amministrativi delle nuove province che si rapportavano ad esso con animo riottoso o avverso[107].

Nella legge del 1852 le pene disciplinari erano distinte in pene d'ordine e in allontanamento dall'ufficio; quest'ultimo poteva consistere a sua volta in un trasferimento ad altro ufficio di pari rango con eventuale riduzione dello stipendio, per un certo periodo o per sempre, oppure culminare nel licenziamento, pena che portava con sé automaticamente la perdita del diritto alla pensione, a meno che l'autorità disciplinare non riscontrasse il sussistere di condizioni attenuanti che giustificassero la conservazione all'accusato di una parte

[104] Cfr. H. Heffter, *Die deutsche Selbstverwaltung im 19. Jahrhundert*, p. 333.

[105] H. Heffter, *Der nachmärzliche Liberalismus*, p. 191.

[106] L. von Rönne, *Das Staatsrecht der preußischen Monarchie*, 1869-1872^3, II.1 (1871), p. 364; P. von Rheinbaben, *Die preußischen Disziplinargesetze*, p. 8; di Rheinbaben si vedano anche la voce *Beamte* e la voce *Disziplin*.

[107] Su questo ampliamento cfr. P. von Rheinbaben, *Die preußischen Disziplinargesetze*, p. 8 e inoltre L. von Rönne, *Das Staatsrecht der preußischen Monarchie*, 1869-1872^3, II.1 (1871), p. 474.

della pensione[108]. La quintessenza di questo diritto disciplinare per i funzionari amministrativi non giudiziari, che costituì il fondamento legislativo della loro stretta dipendenza dai superiori gerarchici per tutta l'epoca monarchico-costituzionale, era sancita dal § 87 della legge. Era qui infatti che si parlava di disposizioni che potevano essere prese nell'interesse dell'ufficio senza nemmeno essere oggetto di procedimento disciplinare, e dove si specificavano tutta una serie di provvedimenti (come il «trasferimento ad altro ufficio di rango non inferiore con conservazione dello stipendio», la «temporanea collocazione a riposo con aspettativa» detta anche «collocazione a disposizione», il «collocamento a riposo definitivo con regolare pensione», cioè il pensionamento non volontario), che comunque implicavano allontanamenti forzati dall'ufficio, ed erano accomunati dal solo fatto di poter essere adottati, come si diceva nella legge, nell'interesse del servizio (*im Interesse des Dienstes*)[109]. In particolare la misura della collocazione temporanea a riposo con aspettativa (*einstweilige Versetzung in den Ruhestand mit Wartegeld*) poteva essere disposta in ogni momento (*jederzeit*), con semplice ordinanza regia (*durch Königliche Verfügung*) per tutta una serie di funzionari amministrativi di alto rango, e cioè per sottosegretari, direttori ministeriali, presidenti di provincia, presidenti e vicepresidenti di governo distrettuale, intendenti militari, funzionari della pubblica accusa presso i tribunali, capi delle autorità regie di polizia, presidenti di circolo, inviati e altri agenti diplomatici[110]. Saranno questi i funzionari amministrativi

[108] Cfr. *Gesetz, betreffend die Dienstvergehen der nicht richterlichen Beamten, die Versetzung derselben auf eine andere Stelle oder in den Ruhestand. Vom 21. Juli 1852*, §§ 14-16, pp. 467-468.

[109] *Ibidem*, § 87, pp. 484-485; in merito si veda E. VON DULTZIG, *Das preußische Disziplinargesetz für die nichtrichterlichen Beamten*, pp. 1-2.

[110] Cfr. § 87, 2) del *Gesetz, betreffend die Dienstvergehen der nicht richterlichen Beamten, die Versetzung derselben auf eine andere Stelle ober in den Ruhestand. Vom 21. Juli 1852*, p. 485, in cui si fa testuale riferimento ai funzionari potenzialmente interessati dall'applicazione dell'articolo della legge (*Unterstaatssekretaire, Ministerialdirektoren, Oberpräsidenten, Regierungspräsidenten und Vicepräsidenten, Militairintendanten, Beamte der Staatsanwaltschaft bei den Gerichten, Vorsteher Königlicher Polizeibehörden, Landräthe, Gesandten und andere diplomatische Agenten*).

che da qui in poi verranno detti comunemente *politische Beamte*, anche se la legge non utilizzava mai questa espressione, e ai quali la pena della «temporanea collocazione a riposo con aspettativa» poteva essere applicata, non solo senza l'avvio di alcuna procedura disciplinare, ma anche senza l'enunciazione dei motivi per cui era stata disposta, e, soprattutto, senza che il funzionario avesse il diritto di venire ascoltato sulle accuse mossegli a motivazione del provvedimento[111].

Nei casi in cui non si procedesse contro i funzionari cosiddetti politici e si avviasse invece un regolare procedimento disciplinare, a giudicare in ultima istanza, secondo la legge del 1852, doveva essere una corte giudiziaria, il *Disziplinarhof für die nicht richterlichen Beamten*, che nel *Königlich preußischer Staatskalender* risulta però catalogato tra le «autorità collocate immediatamente sotto il ministero di Stato», e cioè il governo[112]. A capo di questo tribunale disciplinare, tutt'altro che politicamente indipendente, fu posto lo stesso presidente (*Chefpräsident*) del massimo tribunale del Regno, il *Geheimes Obertribunal* di Berlino, al quale, per questo motivo, fu riconosciuto il diritto all'irrevocabilità dell'ufficio e dello stipendio[113]. Oltre al presidente il *Disziplinarhof* si componeva di 10 membri, tutti nominati dal re per tre anni, di cui però solo 4 dovevano essere giudici dell'*Obertribunal*. Gli altri membri erano tutti funzionari amministrativi (*Verwaltungsbeamten*), in quanto tali perciò essi stessi sottoposti alla legge disciplinare del 1852, e

[111] Sui *politische Beamte* e la legge del 1852 cfr. L. von Rönne, *Das Staatsrecht der preußischen Monarchie*, 1869-1872^3, II.1 (1871), pp. 434 ss., 473 ss.; F. Hartung, *Zur Geschichte der preußischen Verwaltung im 19. und 20. Jahrhundert*, pp. 709 ss.; G. Grünthal, *Grundlagen konstitutionellen Regiments in Preußen 1848-1867*, in particolare pp. 50-55; P. von Rheinbaben, voce *Beamte*, in particolare pp. 362 e 368; dello stesso autore, voce *Disziplin*; G. Schmoller, *Noch ein votum über die «politischen» Beamten»*; A. Lotz, *Politische Beamte in Preußen?*; sulla *«Versetzung (einstweilige) in den Ruhestand»*, comunemente detta *Zurdispositionsstellung*, cfr. anche R. von Bitter, *Versetzung (einstweilige) in den Ruhestand*.

[112] Cfr. ad esempio il *Königlich Preussischer Staats-Kalender für 1862 und 1863, Vergleichender Kalender für 1862*, pp. 3-107, qui p. 93.

[113] E. von Dultzig, *Das preußische Disziplinargesetz für die nichtrichterlichen Beamten*, p. V.

per di più rientranti nella categoria dei funzionari che potevano in qualsiasi istante essere collocati provvisoriamente a riposo con aspettativa oppure messi a disposizione[114].

La legge del 1852 sui reati d'ufficio non poteva neanche lontanamente essere considerata un valido sostituto della legge sullo *status* giuridico dei funzionari pubblici promessa dall'art. 98 della costituzione[115], per la quale si dovrà aspettare il 1873. Essa si rivelò invece per un lungo periodo molto efficace allo scopo di assicurare la «fedeltà» dei funzionari amministrativi e di quelli politici in particolare nei confronti del governo[116]. Su di essa il governo prussiano poté far leva durante gli anni Cinquanta per assicurarsi l'accondiscendenza della Camera dei deputati, e in particolare di quella eletta nel 1852 e nel 1855, che pullulava letteralmente di funzionari politici e soprattutto di *Landräte*[117]. Comunque, alla leggenda e/o al mito della neutralità/imparzialità della burocrazia prussiana non pagarono alcun tributo né i ministri dell'Interno degli anni Cinquanta (Manteuffel, Westphalen), né quelli degli anni del conflitto (Gustav von Jagow, 17 marzo - 9 dicembre 1862; Friedrich Albrecht zu Eulenburg, 9 dicembre 1862-marzo 1878), al contrario del ministro della Nuova Era, Schwerin-Putzar (3 luglio

[114] Cfr. *Zur Frage über das Disciplinarrecht der Minister gegen die Staatsbeamten*, qui p. 279. Sulla composizione di questo tribunale disciplinare cfr. H.-J. REJEWSKI, *Die Pflicht zur politischen Treue im preußischen Beamtenrecht*, pp. 72-73.

[115] Art. 98: «Die besonderen Rechtsverhältnisse der nicht zum Richterstande gehörigen Staatsbeamten, einschließlich der Staatsanwälte, sollen durch ein Gesetz geregelt werden, welches, ohne die Regierung in der Wahl der ausführenden Organe zweckwidrig zu beschränken, den Staatsbeamten gegen willkürliche Entziehung von Amt und Einkommen angemessenen Schutz gewährt». Sulla 'promessa' legislativa dell'art. 98 cfr. L. VON RÖNNE, *Das Staatsrecht der preußischen Monarchie*, 1869-1872^3, II.1 (1871), p. 363.

[116] Oltre alla letteratura già cit. si veda H.-J. REJEWSKI, *Die Pflicht zur politischen Treue im preußischen Beamtenrecht*; B. STEINBACH, *Die politische Freiheit der Beamten unter der konstitutionellen Monarchie in Preussen und im deutschen Reich*; H. FENSKE, *Preußische Beamtenpolitik vor 1918*; A.G. MANCA, *Il funzionario-deputato tra parlamento e governo nella Prussia dell'Ottocento*; E.R. HUBER, *Deutsche Verfassungsgeschichte*, 3, pp. 169 ss.; K.G.A. JESERICH, *Die Entwicklung des offentlichen Dienstes 1800-1871.*

[117] Cfr. in merito *supra*, cap. 3 «Elezioni».

1859 - 17 marzo 1862). Come peraltro gli fu pubblicamente e ripetutamente rimproverato dai liberali più risoluti nel corso del 1860 e del 1861 nell'aula della Camera dei deputati prussiana, egli preferì mostrarsi anche troppo tollerante nei confronti dei *reaktionäre Beamte* insediati dalla precedente (*Partei)Regierung* negli uffici più alti dell'amministrazione delle province, delle *Regierungen*, e soprattutto dei *Kreise*[118].

Un'imperdonabile debolezza Schwerin aveva mostrato in particolare verso la condotta tutt'altro che irreprensibile dell'allora capo della polizia prussiana, Konstantin von Zedlitz(-Neukirch), che al vertice del *Polizeipräsidium* di Berlino era succeduto al famigerato Hinckeldey[119], e che ricoprì la carica di *Polizeipräsident* sino al 1862. L'assai moderato ministro degli Interni esitò fino all'ultimo prima di prendere posizione e aprire un'inchiesta sulle azioni penalmente perseguibili di cui si erano resi colpevoli gli immediati sottoposti di Zedlitz, cioè il responsabile della sezione di polizia criminale, Wilhelm Stieber, e il maggiore Karl Johann L. Patzke, responsabile della *Schutzmannschaft*, la forza di sicurezza della città di Berlino[120].

L'introduzione della *Schutzmannschaft* era stata prevista da un'ordine di gabinetto (*Kabinettsorder*) del 23 giugno 1848. Pensata come corpo di polizia esecutiva sottoposto alle autorità civili locali, la *Schutzmannschaft* sarebbe dovuta servire a garantire la sicurezza dei cittadini, il controllo delle strade, e il mantenimento dell'ordine in caso di assembramenti di massa[121].

[118] Si veda in particolare A.G. MANCA, *La sfida delle riforme*, pp. 311-323.

[119] Su Karl Ludwig von Hinckeldey, presidente del *Polizeipräsidium* di Berlino durante gli anni della reazione fino al 1856, anno della sua morte in duello, e sulla sua opera di riorganizzazione della polizia berlinese fino a farla diventare la centrale della polizia politica prussiana, cfr. A. FUNK, *Polizei und Rechtsstaat*, in particolare pp. 55-91; W. SIEMANN, *Deutschlands Ruhe, Sicherheit und Ordnung*, pp. 340-371, in particolare pp. 343-368; J.R. GILLIS, *The Prussian Bureaucracy in Crisis 1840-1860*, pp. 183-187.

[120] Su Stieber (1818-1882) cfr. E.R. HUBER, *Deutsche Verfassungsgeschichte*, 3, p. 170, n. 61 e W. SIEMANN, *Deutschlands Ruhe, Sicherheit und Ordnung*, pp. 372 ss.

[121] Cfr. G.-Ch. VON UNRUH, *§ 3°. Preußen – Die Veränderungen der preussischen Staatsverfassung*, p. 460.

A partire dal luglio 1848, quando il corpo fu concretamente istituito e utilizzato in alternativa al ricorso all'intervento militare, la *Schutzmannschaft* soppiantò la guardia civica (*Bürgerwehr*), organizzata a Berlino nei primi mesi della rivoluzione[122].

L'amministrazione di polizia, in quanto branca particolare dell'amministrazione generale interna (*allgemeine innere Verwaltung*), era posta a livello centrale sotto la responsabilità del ministro degli Interni[123]. Nell'istanza intermedia l'amministrazione generale di polizia spettava al *Regierungspräsident*, mentre a livello locale il potere di polizia era esercitato, o dalle autorità cittadine, come attività delegata (*Auftragsangelegenheit*), oppure, nelle campagne, dal signore fondiario (*Gutsbesitzer*), quando non fosse stato affidato alle autorità del comune rurale (*Landgemeinde*) o ad altre autorità statali presenti nel territorio come il *Landrat*[124].

A Berlino, dopo la riorganizzazione del presidio di polizia (*Polizeipräsidium*) portata a termine da Hinckeldey nel 1854 (principalmente nell'intento di impedire la rinascita dello sconfitto movimento liberal-borghese), e realizzata soprattutto attraverso il rafforzamento dei poteri discrezionali del capo della polizia (*Polizeipräsident*) di Berlino, cioè dello stesso Hinckeldey, questi era assurto praticamente a capo della

[122] Cfr. A. FUNK, *Polizei und Rechtsstaat*, pp. 62-63 ss. Sulla *Schutzmannschaft* di Berlino cfr. anche A. ROTH, *Kriminalitätsbekämpfung in deutschen Großstädten*, pp. 119-121, 132-136.

[123] L'attività di polizia collaterale a quasi ogni attività amministrativa rimase invece di competenza dei rispettivi ministeri. Così, la polizia sanitaria (*Gesundheitspolizei*) era posta sotto il ministro del Culto; la polizia edile, ferroviaria, mineraria, portuale, di navigazione, come la maggior parte della polizia relativa alle attività produttive era sottoposta al ministro per i Lavori pubblici e per il Commercio; la polizia campestre, forestale, per caccia e pesca, veterinaria, al ministro dell'Agricoltura: G.-Ch. VON UNRUH, *§ 3°. Preußen – Die Veränderungen der preussischen Staatsverfassung*, in particolare pp. 459-460.

[124] Sulla *Polizei*, come branca particolare dell'*allgemeine innere Verwaltung*, cfr. anche W. RÜFNER, § 3 *Preussen B. DIE Verwaltungstätigkeit unter Restauration und Konstitution*, in particolare pp. 470-474. Sulla polizia in Prussia ma con attenzione comparativa, W. KNÖBL, *Polizei und Herrschaft im Modernisierungsprozeß*.

polizia politica di tutto il Paese, della polizia cioè che si occupava di tutelare la sicurezza dello Stato[125]. Hinckeldey era giunto a svolgere di fatto questo ruolo essendo riuscito a cumulare nella propria persona la carica di *Polizeipräsident* di Berlino e di capo della divisione di polizia del ministero degli Interni (*Generalpolizeidirektor*). La riorganizzazione del *Polizeipräsidium* di Berlino sotto Hinckeldey era passata anche per la creazione al suo interno di due nuovi uffici, l'Ufficio per le pubblicazioni a stampa (*Druckschriftentenbüro*), e l'Ufficio per le associazioni (*Vereinsbüro*)[126]. Così rafforzata la polizia politica prussiana continuò ad operare pressoché indisturbata anche nei primi anni della Nuova Era sotto il successore di Hinckeldey, Zedlitz. Contro i funzionari a lui direttamente sottoposti, il responsabile della sezione di polizia criminale Wilhelm Stieber e il maggiore Karl Johann L. Patzke, responsabile della *Schutzmannschaft* di Berlino, fu infine, nel 1860, avviato un processo dalla pubblica accusa presso il *Kammergericht* di Berlino Schwarck. Accusati per i misfatti amministrativi, le illegalità, la continua e sistematica violazione dei diritti di libertà personali compiuti nell'esercizio delle funzioni, i funzionari di Zedlitz uscirono indenni anche da questo processo, senza che il ministro degli Interni della Nuova Era, Schwerin, si risolvesse a dare il minimo cenno di voler intervenire e segnalare l'inizio di un rinnovamento anche nell'amministrazione di polizia. Solo dopo molte esitazioni Schwerin sembrò infine voler far chiarezza sull'operato di Zedlitz, facendo avviare un'inchiesta amministrativa, «non giudiziaria», come non mancò di biasimare la «Nationalzeitung»

[125] Sul compito della polizia politica A. ROTH, *Kriminalitätsbekämpfung in deutschen Großstädten*, pp. 195-196. Per un'ampia bibliografia sulla polizia politica prussiana sia qui consentito il rinvio a E.R. HUBER, *Deutsche Verfassungsgeschichte*, 3, p. 1016.

[126] Per uno schema assai chiaro di come fu riorganizzato sotto Hinckeldey il *Polizeipräsidium* di Berlino, cfr. A. FUNK, *Polizei und Rechtsstaat*, p. 72. Sulla polizia politica E.R. HUBER, *Zur Geschichte der politischen Polizei im 19. Jahrhundert*; in particolare sulla Abteilung I dell'*Oberpräsidium* di Berlino, divenuto la centrale della polizia politica prussiana, K. VON DER GROEBEN, *§ 2 Die Erfüllung von allgemeinen und besonderen polizeilichen Aufgaben*, pp. 448-449.

del 16 febbraio 1861[127]. Per giunta Schwerin suscitò molta delusione nell'opinione pubblica liberale per essersi rifiutato categoricamente di fornire delucidazioni sugli esiti dell'inchiesta da lui avviata. Così, mentre Zedlitz continuava a rimanere al suo posto, immediata sopraggiunse per contro la sospensione dal servizio, sotto forma di un collocamento a disposizione, di Schwarck, che, in quanto funzionario pubblico, era caduto sotto i colpi di scure della legge disciplinare del 1852. La sua violenta requisitoria contro Stieber costò addirittura il posto al ministro della Giustizia Simons. Stieber infatti, dopo essere stato prosciolto, si vendicò di lui, che aveva cercato di incriminarlo già negli anni Cinquanta, rendendo pubblico del materiale per lui compromettente e costringendolo alle dimissioni da ministro nel dicembre del 1860[128]. L'uscita di scena di Simons, che da alcuni settori dell'opinione pubblica fu interpretata come una vittoria della Nuova Era, avrebbe potuto essere letta, in realtà, come l'ennesima vittoria dell'amministrazione sulla giustizia[129]. Stieber, assolto in un secondo processo nel 1861, fu infine anch'egli collocato a disposizione. A richiamarlo in servizio sarà Bismarck, dopo la fine del conflitto costituzionale, come capo, di fatto, della polizia politica prussiana[130].

[127] Cfr. l'articolo *Zur Berliner Polizeiverwaltung* nel quotidiano liberale «Nationalzeitung» del 16 febbraio 1861.

[128] A Simons successe il più liberale August von Bernuth, che rimase in carica fino al marzo 1862 (su Bernuth cfr. E.R. HUBER, *Deutsche Verfassungsgeschichte*, 3, p. 288).

[129] Cfr. A. FUNK, *Polizei und Rechtsstaat*, p. 98.

[130] Cfr. E.R. HUBER, *Deutsche Verfassungsgeschichte*, 3, p. 170.

Capitolo sesto

La giustizia

Sull'onda della rivoluzione del 1848 trovarono una prima sanzione normativa e/o ancoramento costituzionale alcune rivendicazioni sull'organizzazione e il funzionamento della giustizia che già da qualche decennio tenevano banco nell'opinione pubblica colta della Prussia del *Vormärz*. Sin da allora, infatti, si era fatta sentire la necessità che la giurisdizione (*Gerichtsbarkeit* o *richterliche Gewalt*) fosse esercitata in tutta la monarchia solo da tribunali istituiti dallo Stato e da giudici indipendenti, cioè vincolati esclusivamente alla legge e nominati a vita a garanzia della loro autonomia di giudizio. Sin da allora si era andata affermando l'esigenza che l'amministrazione della giustizia (*Rechtspflege*), in particolare di quella penale, seguisse un procedimento accusatorio (*Anklageprozeß*), orale e quanto più possibile pubblico. Sin dal *Vormärz*, infine, era stata rimarcata l'iniquità rappresentata dall'esistenza di tribunali speciali (*Ausnahmegerichte*), sia patrimoniali (*Patrimonialgerichte*), quali si trovavano nelle campagne legati al possesso di *Rittergüter*[1], sia competenti per gruppi circoscritti di cittadini privilegiati come gli *Standesherren*, sia, infine, per giudicare su reati di tipo particolare, quali i politici.

Queste istanze riformatrici, rimaste inascoltate per tutta la prima metà dell'Ottocento, furono oggetto di provvedimenti normativi nel corso della rivoluzione. Già l'ordinanza del 6 aprile 1848, detta anche da un pratico del diritto «la legge fondamentale provvisoria dello Stato»[2], aveva abolito, al § 2,

[1] M. WIENFORT, *Patrimonialgerichte in Preußen*, in particolare pp. 322 ss.

[2] Così M. HOOFFMANN, consigliere di corte di appello [*Appellationsgerichtsrat*], nella sua recensione a G. THILO, *Die Preußische Disziplinargesetzgebung für die unmittelbaren und mittelbaren Staatsbeamten*.

ogni tribunale speciale per reati politici (*Staatsverbrechen*), che da qui in poi avrebbero dovuto essere giudicati dai tribunali ordinari (*ordentliche Gerichte*). Con il § 3 della stessa ordinanza, poi, era stata assicurata l'indipendenza dei giudici, sottraendoli, come si è già detto[3], all'applicazione di due ordinanze del 29 marzo 1844, riguardanti, una i procedimenti penali e disciplinari per reati d'ufficio contro tutti i funzionari pubblici, compresi quelli giudiziari, e l'altra la procedura da seguire nel pensionamento degli stessi[4]. Gli effetti liberalizzanti del § 3 dell'ordinanza del 6 aprile 1848, che affermava: «Le ordinanze del 29 marzo 1844 sul procedimento disciplinare e penale contro i funzionari pubblici e sul procedimento da seguire nel loro pensionamento ('Gesetzsammlung', pp. 77 e 90) non si applicherà più al ceto dei giudici», si fecero sentire chiaramente già alle elezioni per la Costituente prussiana. Ad essa furono eletti ben 63 giudici (*Richter*), pari all'11% dei deputati, percentuale questa che indurrà gli storici a parlare per la Costituente berlinese di un parlamento di giuristi (*Iuristenparlament*). Di questi funzionari giudiziari l'80% era alquanto vicino ai liberali moderati e *konstitutionell*, mentre il restante 20% all'ala moderata della Sinistra, lasciando emergere per la prima volta chiaramente all'interno del corpo dei giudici la presenza di schieramenti politici[5].

Dopo qualche tempo, quando la rivoluzione si era ormai spenta, al posto della prima delle due ordinanze del 1844 fu emanata, il 10 luglio 1849, un'ordinanza con forza provvisoria di legge (*Notverordnung*), rivolta specificamente ai *richterliche Beamten*. In essa si stabilì che un giudice poteva essere rimosso dall'ufficio solo con sentenza di un altro giudice, e si indicavano nell'*Obertribunal*, o, a seconda dei casi, nei tribunali di appello (*Appellationsgerichte*), le autorità competenti da qui in poi a giudicare sulle violazioni della disciplina di servizio da parte dei funzionari dell'amministrazione della giustizia. Questa

[3] Cfr. *supra*, cap. 5 «Amministrazione».

[4] Sulle ordinanze del 1844 cfr. M. Wienfort, *Preußen*, in particolare p. 976.

[5] Cfr. Ch. von Hodenberg, *Die Partei der Unparteischen*, pp. 13, 305 s., 319; Th. Ormond, *Richterwürde und Regierungstreue*, pp. 25-29.

ordinanza del 10 luglio 1849, convertita senza modifiche significative nella legge del 7 maggio 1851 «sui reati d'ufficio dei giudici e sul forzato trasferimento degli stessi ad altro incarico o collocamento a riposo», costituirà a lungo la base del diritto disciplinare per i giudici prussiani e, per questa via, anche per quelli imperiali e della *Bundesrepublik*[6].

La legge del 7 maggio 1851, che avrebbe dovuto tutelare l'indipendenza del giudice e sottrarlo alle azioni ritorsive della politica, venne tuttavia spesso usata nel periodo postrivoluzionario per colpire i giudici politicamente non allineati. Solo quando le sue armi si riveleranno insufficienti si ricorrerà ai processi penali per motivi politici. Alla fine del biennio rivoluzionario 1848/49 il giudice democratico Jodocus Donatus Hubertus Temme perse il suo incarico e addirittura il suo diritto alla pensione non in seguito a un procedimento disciplinare, ma a un processo per alto tradimento (*Hochverrat*)[7]. Fu in seguito a un processo penale con lo stesso capo d'accusa che Waldeck, membro del massimo tribunale di Berlino (*Obertribunalrat*) e già presidente della commissione costituzionale della Costituente, fu rimosso dall'ufficio su sentenza del *Kammergericht* di Berlino[8], il tribunale ordinario confermato anche dalla legge del 25 aprile 1853 come il solo competente per i reati politici[9].

6 Cfr. *Verordnung betreffend die Dienstvergehen der Richter*, del 10 luglio 1849, in «GS», 1849, Nr. 3147, pp. 253-270, e *Gesetz, betreffend die Dienstvergehen der Richter und die unfreiwillige Versetzung derselben auf eine andere Stelle oder in den Ruhestand. Vom 7. Mai 1851*, in «GS», 1851, Nr. 3385, pp. 218-235; la seconda norma si trova riprodotta anche in P. VON RHEINBABEN, *Die preußischen Disziplinargesetze*, pp. 341 ss. Sulla longevità della legge del 1851 si veda ora anche K. ALTEN, *Amtsmißbrauch*.

7 K. PETERS, *J.D.H. Temme und das preussische Strafverfahren in der Mitte des 19. Jahrhunderts*, pp. 35 ss.

8 Su Temme e Waldeck si veda Th. ORMOND, *Richterwürde und Regierungstreue*, pp. 27-28. Processi con intento chiaramente politico-punitivo furono avviati non solo contro il giudice Waldeck ma anche contro molti altri deputati della Costituente prussiana che avevano firmato lo *Steuerverweigerungsbeschluss* il 15 novembre 1848; cfr. H.-J. REJEWSKI, *Die Pflicht zur politischen Treue im preußischen Beamtenrecht*, pp. 38, 54 ss., 62 ss.

9 Già la *Allerhöchst Cabinets-Ordre* del 18 luglio 1846 aveva stabilito che i processi per alto tradimento fossero celebrati dal *Kammergericht* di Berlino; cfr. S. SCHUSTER, «*Des Hochverrats schuldig und deshalb mit dem Tode zu*

Le garanzie contenute nella legge del 1851 niente poterono nemmeno contro le numerose ritorsioni sulle carriere (mancate promozioni o progressioni ecc.) subite dai giudici politicamente impegnati nelle file dell'opposizione negli anni Cinquanta, quando a ricoprire la carica di *Justizminister* fu Ludwig Simons (10 aprile 1849 - 14 dicembre 1860). Tali ritorsioni risultarono tanto più insopportabili quanto più il ministro non mancò di premiare esemplarmente coloro che si erano mostrati funzionali al perseguimento del programma di governo. Lo *Stadtgerichtsrat* di Berlino che si era rivelato chiaramente filogovernativo nei cosiddetti *Stellvertretungskostenprozeße*, i processi risarcitori avviati contro l'amministrazione statale dai funzionari-deputati dell'opposizione che negli anni del conflitto si erano visti detrarre dagli stipendi i costi per la loro sostituzione negli uffici, fu promosso a giudice d'appello subito dopo la chiusura delle controversie[10].

Particolarmente numerose furono le azioni disciplinari avviate negli anni del conflitto su pressione del ministro della Giustizia, il *Graf* zur Lippe (17 marzo 1862 - 5 dicembre 1867). Bersaglio preferito dei procedimenti disciplinari furono soprattutto i numerosi giudici-deputati, soprattutto *Stadt-* e *Kreisrichter*, che in quegli anni erano andati ad ingrossare le file dei partiti antigovernativi e soprattutto della *Fortschrittspartei*. Il caso forse più clamoroso di accanimento della giustizia prussiana contro i giudici-deputati liberali fu quello dello *Stadtgerichtsrat* Twesten. Perseguito non solo disciplinarmente ma anche penalmente per le accuse pronunciate alla Camera sullo stato di corruzione della giustizia prussiana, Karl Twesten si trovò costretto, infine, a ritirarsi 'volontariamente' dal servizio pubblico[11].

bestrafen», p. 216, n. 20. Sul *Gesetz, betreffend die Kompetenz des Kammergerichts zur Untersuchung und Entscheidung wegen der Staatsverbrechen und das dabei zu beobachtende Verfahren. Vom 25. April 1853* (in «GS», 1853, pp. 162-165), cfr. E. SCHMIDT, *Kammergericht und Rechtsstaat*.

[10] Cfr. sulla questione l'impacciata autodifesa del ministro zur Lippe in *Aeußerungen des Justizministers Grafen zur Lippe in Betreff der Anstellung richterlicher Beamten*, in [L.E. HAHN], *Die innere Politik der Preußischen Regierung von 1862 bis 1866*, pp. 528-530.

[11] Cfr. in merito Th. ORMOND, *Richterwürde und Regierungstreue*, pp. 32, 35-45, con anche precisi dati statistici sulla presenza dei *Richter* nel *Landtag*

Oltre alle misure a garanzia dell'indipendenza dei giudici prospettate nel 1848 e divenute legge nel 1851, importanti principi di liberalizzazione e modernizzazione della giustizia trovarono espressione nella costituzione concessa del dicembre 1848, che, a sua volta, aveva recepito molto del lavoro svolto nella Costituente. Questi principi, attraverso la costituzione del 1848, passarono in quella del 1850, alcuni di essi dopo avere trovato attuazione in due importanti ordinanze con forza provvisoria di legge (*Notverordnungen*) del gennaio 1849. Le due ordinanze, del 2 e 3 gennaio 1849, modificarono in più punti sia l'organizzazione della giustizia (*Gerichtsverfassung*), sia il processo penale.

Con l'ordinanza del 2 gennaio 1849, che venne a costituire la base della moderna costituzione giudiziaria di epoca costituzionale – nonostante che l'art. 91 della costituzione del 1848 avesse ordinato che questa doveva essere stabilita per legge con l'approvazione delle Camere –, fu fissata in via definitiva l'organizzazione dei tribunali. Con essa, anzitutto, furono aboliti i tribunali eccezionali o speciali di vario tipo, e cioè i tribunali privati (*Privatgerichte*), i patrimoniali, quelli tradizionalmente funzionanti in alcune città, i fori ecclesiastici in questioni civili (*weltlich*), e, infine, il cosiddetto *eximierter und privilegierter Gerichtsstand*, cioè il foro giudiziario particolare di cui godevano determinate persone e/o connesso al possesso di determinati appezzamenti fondiari[12]. Si infliggeva così un colpo definitivo ai

prussiano; L. ROSENBAUM, *Beruf und Herkunft der Abgeordneten*, p. 53; M.A. VOSSIEG, *Parlamentarische Justizkritik in Preußen*; W. WALLMANN, *Einflußnahme der Exekutive auf die Justiz im 19. Jahrhundert.* Sulla giurisprudenza dell'*Obertribunal* negli anni del conflitto sia qui sufficiente il rimando a B. STEINBACH, *Die politische Freiheit der Beamten*, pp. 53-57. Sul caso Twesten, oltre a *ibidem*, pp. 56-57, cfr. anche J. HEYDERHOFF, *Karl Twesten.* Sulle numerosissime *Disziplinarverhandlungen* svoltesi nell'ottobre del 1864 davanti *all'Obertribunal* contro giudici e avvocati accusati di aver preso più o meno attivamente parte alla campagna elettorale del 1863 a fianco dell'opposizione, cfr. H. SCHULTESS, *Europäischer Geschichtskalender*, V, 1864, p. 169.

[12] Cfr. *Verordnung über die Aufhebung der Privatgerichtsbarkeit und des eximirten Gerichtsstandes, sowie über die anderweitige Organisation der Gerichte. Vom 2. Januar 1849*, in «GS», 1849, pp. 1-13. L'ordinanza non si applicava solo nella circoscrizione (*Bezirk*) della corte d'appello di Colonia

particolarismi e ai privilegi giurisdizionali di carattere feudale e cetuale ancora esistenti in Prussia verso la metà del secolo. Da qui in poi ogni cittadino, senza eccezione, era soggetto alla giurisdizione del tribunale ordinario competente per un determinato luogo o distretto secondo il principio del giudice naturale (*gesetzlicher Richter*), e ogni appezzamento fondiario, senza eccezione, ricadeva sotto la giurisdizione del tribunale ordinario istituito nella circoscrizione giudiziaria in cui rientrava geograficamente[13]. Da qui in poi ogni atto di giurisdizione sarebbe stato esercizio di potere statale, da parte di funzionari pubblici e in nome del re quale capo dello Stato.

Secondo quanto stabilito nell'ordinanza del 2 gennaio 1849, estesa nel 1866 anche alle nuove province[14], l'amministrazione della giustizia (*Justizverwaltung*) si svolgeva nei tribunali ordinari in 3 istanze[15]. In prima istanza essa era esercitata attraverso i tribunali cittadini (*Stadtgerichte*) o di circolo (*Kreisgerichte*); i primi erano istituiti solo nelle città sopra i 50.000 abitanti, mentre i secondi, i cui confini tendevano a sovrapporsi a quelli della circoscrizione amministrativa del *Kreis* senza tuttavia identificarvisi, erano istituiti in tutte le altre città e nelle campagne (*plattes Land*). Entrambi i tipi di tribunali erano organizzati collegialmente; i secondi erano anche in collegamento sul territorio e nelle periferie con giudici unici, commissioni giudiziarie, e deputazioni collegiali (*Einzelrichter, Gerichts-Kommissionen* e *kollegialische Deputationen*).

(*Appellations-Gerichtshof zu Köln*) dove si mantenne la costituzione giudiziaria (*Gerichtsverfassung*) francese che non aveva mai conosciuto tribunali privati e fori giudiziari speciali (L. von Rönne, *Das Staatsrecht der preußischen Monarchie*, 1869-1872³, II.1 [1871], p. 286).

13 *Ibidem*.

14 L'estensione alle nuove province avvenne con la sola eccezione dell'Hannover e del distretto (*Bezirk*) della città di Francoforte sul Meno, che invece mantennero le loro particolarità organizzative (*ibidem*).

15 Per una rappresentazione grafica della struttura piramidale dei tribunali (*Gerichtsaufbau*) prussiani nel periodo 1852-1879, cfr. Th. Ormond, *Richterwürde und Regierungstreue*, p. 49. Per un quadro completo e d'insieme delle autorità e delle circoscrizioni giudiziarie prussiane (*Zusammenstellung der Provinzial-Justizbehörden*) dopo l'ordinanza del 1849 cfr. E. Keller, *Der Preußische Staat*, II, pp. 290-299 in particolare pp. 297-299.

In seconda istanza la giustizia veniva amministrata attraverso 21 tribunali di appello. Questi, dal 1849, assunsero generalmente la denominazione di *Appellationsgerichte*, al posto di quella precedente di *Oberlandesgerichte*[16]. I confini delle loro circoscrizioni corrispondevano tendenzialmente a quelli delle circoscrizioni amministrative delle *Regierungen* (*Regierungsbezirke*), ma le loro sedi spesso divergevano dai capoluoghi di queste[17]. Dal tribunale di seconda istanza di Berlino, che anche dopo il 1849 mantenne il nome di *Kammergericht*, venivano composti il tribunale speciale per i membri della famiglia reale (*Geheimer Justizrath*), e il già incontrato Tribunale speciale per i reati politici (*Gerichtshof für die Untersuchung und Entscheidung wegen der Staatsverbrechen*). Gli *Appellationsgerichte*, che fungevano anche da corti disciplinari (*Disciplinar-Gerichte*) per tutti i loro membri, si suddividevano al loro interno in un senato civile e in uno criminale, che, a loro volta, laddove lo richiedesse la mole del lavoro, si potevano ulteriormente suddividere in *Deputationen*. Ognuno dei due senati aveva un suo presidente e i loro membri erano detti *Appellationsgerichtsräte*[18].

In terza e ultima istanza, nei territori facenti parte della monarchia sino al 1866, la giustizia era amministrata dall'*Obertribunal,* detto sino al 1849 *Geheimes Obertribunal*. Questo nel 1852, attraverso una legge del 17 marzo emanata in attuazione dell'art. 92 della costituzione del 1850, venne unificato con l'altro tribunale di terza istanza sino ad allora esistente, e cioè il *Rheinisches Revisions- und Kassationshof zu Berlin*, massima istanza giudiziaria per la Rheinprovinz. La monarchia fu così portata ad un più elevato grado di «unità giuridica», contribuendo a porre «una delle più importanti premesse dello Stato di diritto»[19]. Nel 1866, accanto all'*Obertribunal*, venne

[16] L. von Rönne, *Das Staatsrecht der preußischen Monarchie*, 1869-1872³, II.1 (1871), p. 294; E. Keller, *Der Preußische Staat*, II, p. 299, dove però si parla per il 1866 di 22 *Appellationsgerichte*, da 2 a 4 per provincia.

[17] E. Keller, *Der Preußische Staat*, II, p. 291.

[18] L. von Rönne, *Das Staatsrecht der preußischen Monarchie*, 1869-1872³, II.1 (1871), pp. 294-296.

[19] Cfr. E.R. Huber, *Deutsche Verfassungsgeschichte*, 3, p. 126.

istituito l'*Ober-Appellations-Gericht zu Berlin* per le province appena annesse. L'*Obertribunal*, che aveva sede a Berlino, si componeva di 6 senati – oltre a quello disciplinare previsto dalla legge del 7 maggio 1851 (*Disciplinarsenat*) – e cioè di cinque per il civile e uno per il penale, ognuno dei quali aveva un suo presidente[20].

Dopo aver detto dei tribunali ordinari, e al di là delle norme particolari in materia di costituzione giudiziaria mantenute per l'Hannover dopo l'annessione[21], per completare il quadro dell'organizzazione dei tribunali non si può omettere di ricordare come furono mantenuti alcuni tribunali speciali, tuttavia consentiti dall'art. 91 della costituzione, per materie particolari. Tra di essi, oltre ai già incontrati *Disziplinargerichte*, al *Geheime Justizrath der Kammergericht zu Berlin*, al *Gerichtshof fur die Untersuchungen und Entscheidung wegen der Staatsverbrechen*, basti qui far cenno ai tribunali universitari (*Universitätsgerichte*), militari (*Militairgerichte*), artigianali e industriali (*Gewerbegerichte*), commerciali (*Handelsgerichte*), e, infine, al tribunale per i conflitti di competenza tra giustizia e amministrazione (*Gerichtshof zur Entscheidung der Kompetenzkonflikte*) di cui si dirà tra poco[22].

Con la seconda delle due importanti ordinanze del 1849, quella del 3 gennaio, fu fissato invece il principio della oralità e pubblicità del processo penale. Si andò così verso l'introduzione delle corti giurate e il definitivo accantonamento del processo inquisitorio scritto, come già si era cominciato a fare con la nuova procedura (*Verfahrensordnung*) del 17 luglio 1846, voluta dal re per sfruttare appieno l'effetto pubblicità in vista del cosiddetto *Mammuthprozeß* contro i rivoltosi polacchi della provincia di Posen del 1847[23]. L'ordinanza del 3 gennaio 1849

[20] L. VON RÖNNE, *Das Staatsrecht der preußischen Monarchie*, 1869-1872^3, II.1 (1871), p. 299.

[21] *Ibidem*, pp. 322 ss.

[22] Sui tribunali speciali per materie L. VON RÖNNE, *Das Staatsrecht der preußischen Monarchie*, 1864-1865^2, I.1 (1864), p. 236 e 1869-1872^3, II.1 (1871), pp. 333-334.

[23] Cfr. *Verordnung über die Einführung des mündlichen und öffentlichen Verfahrens mit Geschworenen in Untersuchungssachen. Vom 3. Januar 1849*,

fu anche la prima norma a regolare l'istituto della pubblica accusa. Essa, infatti, dopo avere affermato che da ora in poi i tribunali, nell'avviare e condurre le indagini per violazione di legge, non potevano più procedere d'ufficio (*von Amtswegen*) ma solo in seguito alla sollevazione di un'accusa, stabilì anche l'ufficio, la *Staatsanwaltschaft*, cui all'interno del tribunale era affidato il compito di individuare il responsabile del reato, metterlo in stato di accusa e portarlo dinanzi al tribunale (§ 2). Sulla base di questa ordinanza furono così per la prima volta istituiti in ogni tribunale i funzionari (*Beamte*) giudiziari della pubblica accusa[24].

Che la *Staatsanwaltschaft* in Prussia «non [sia stata] figlia della rivoluzione, né tantomeno la sua introduzione [sia] da ricondurre al patrimonio ideale dello Stato liberale di diritto», è assunto ormai definitivamente condiviso dalla storiografia[25]. La prima introduzione, episodica, dell'istituto della *Staatsanwaltschaft* risaliva in effetti all'epoca precostituzionale, e in particolare alla già citata 'legge' del 17 luglio 1846, che si applicava però solo al *Kammergericht* e al *Kriminalgericht* di

in «GS», 1849, n. 3087, pp. 14-47. Sulla pubblicità (*Öffentlichkeit*) del processo civile e penale, principio affermato nell'art. 93 della costituzione del 1850, si veda E.R. HUBER, *Deutsche Verfassungsgeschichte*, 3, p. 41. L'ordinanza del 3 gennaio 1849 fu in parte modificata dalla legge del 3 maggio 1852 (cfr. SCHWARCK (Ober-Staats-Anwalt z.[ur] D.[isposition], *Der preußische Strafprozeß. Enthaltend: die Verordnung vom 3. Januar 1849, das Gesetz vom 3. Mai 1852 und die Kriminal-Ordnung für die Preußische Staaten*). Sul *Gesetz, betreffend das Verfahren in den bei dem Kammergericht und dem Kriminalgericht zu Berlin zu führenden Untersuchungen. Vom 17. Juli 1846* (in «GS», 1846, pp. 267-290) cfr. S. SCHUSTER, *«Des Hochverrats schuldig und deshalb mit dem Tode zu bestrafen»*, p. 218. Sull'introduzione delle corti giurate cfr. P. COLLIN, *Der Kampf gegen die Schwurgerichte*.

24 Cfr. in merito P. COLLIN, *Die Geburt der Staatsanwaltschaft in Preußen*; sulle critiche di parte liberale all'istituto della *Staatsanwaltschaft* cfr. A. MEYER, *Die Verantwortlichkeit der Beamten*, in particolare p. 124; sulla pubblica accusa come «organi della *Staatsregierung*»: L. VON RÖNNE, *Das Staatsrecht der preußischen Monarchie*, 1869-1872[3], II.1 (1871), p. 301.

25 Cfr. P. COLLIN, *Die Geburt der Staatsanwaltschaft in Preußen*, p. 8, ma, più in genere, dello stesso autore, si veda *«Wächter der Gesetze» oder «Organ der Staatsregierung»?*.

Berlino[26]. Con questa norma procedurale, infatti, fu messo per la prima volta in pratica il processo accusatorio, dove il giudice e l'accusato siedevano l'uno di fronte all'altro nel corso del dibattimento, che si svolgeva oralmente e in parziale pubblicità[27], e la pubblica accusa era chiamata a tutelare l'«interesse pubblico». In epoca costituzionale la *Staatsanwaltschaft*, con il suo monopolio dell'accusa, poteva svolgere un ruolo importante qualora i vertici burocratici intendessero proteggere i funzionari pubblici da 'ingiustificate' persecuzioni giudiziarie di diritto penale. Essendo stato questo suo potere per giunta ulteriormente consolidato da una disposizione (*Verfügung*) del ministro della Giustizia del 12 maggio 1854[28], non tardarono a farsi sentire in campo liberale critiche sempre più accese al monopolio dell'accusa di cui era titolare il pubblico ministero e all'uso strumentale a cui esso si prestava.

L'ufficio della *Staatsanwaltschaft* era espletato nell'*Obertribunal* di Berlino dal *General-Staatsanwalt* (procuratore generale) e da numerosi altri *Ober-Staatsanwälte* (procuratori-capo), nei tribunali d'appello da un procuratore-capo (*Ober-Staatsanwalt*), in ogni corte d'assise (*Schwurgericht*) e in ogni tribunale di circolo (*Kreisgericht*) da uno *Staatsanwalt* (procuratore)[29].

I pubblici ministeri non erano *richterliche Beamten* o equiparati ai giudici; di essi si trattava piuttosto all'interno della legge disciplinare sui funzionari non giudiziari del 1852. Qui, i *Beamte der Staatsanwaltschaft bei den Gerichten* rientravano addirittura tra i funzionari che in ogni istante e con semplice ordinanza regia potevano essere messi in disponibilità, e cioè tra i cosiddetti funzionari politici[30]. I funzionari della pubblica

[26] Cfr. § 1 del *Gesetz, betreffend das Verfahren in den bei dem Kammergericht und dem Kriminalgericht zu Berlin zu führenden Untersuchungen. Vom 17. Juli 1846.*

[27] S. SCHUSTER, «*Des Hochverrats schuldig und deshalb mit dem Tode zu bestrafen*», p. 218.

[28] E. LOENING, *Gerichte und Verwaltungsbehörde*, p. 255.

[29] L. VON RÖNNE, *Das Staatsrecht der preußischen Monarchie*, 1869-1872^3, II.1 (1871), p. 301, con vasta bibliografia contemporanea sul tema.

[30] Cfr. *supra*, cap. 5 «Amministrazione».

accusa costituivano un corpo chiuso, proprio come i giudici dei tribunali (*Gerichte*) in cui erano inseriti, e avevano una propria gerarchia, al cui vertice c'era però il ministro della Giustizia. Essi erano nominati o dal re, i più alti di grado, o dal ministro della Giustizia, gli altri. Le procure e i tribunali erano autorità tra loro indipendenti, ma coordinate, dato che perseguivano gli stessi scopi. I funzionari della *Staatsanwaltschaft* avevano il diritto e il dovere di individuare e perseguire d'ufficio (*von Amtswegen*) secondo la legge, cioè secondo l'ordinanza del 3 gennaio 1849 e l'«aggiunta» ad essa (*Zusatzgesetz*) del 3 maggio 1852, i reati e i delitti di cui avessero avuto notizia direttamente o attraverso voci riferite loro personalmente, oppure, ancora, su segnalazione dei tribunali, delle autorità di polizia, o di privati. Per evitare ritardi che potessero ostacolarne l'azione, essi potevano disporre un arresto o un sequestro in qualsiasi momento, e solo successivamente inoltrare la richiesta di avvio delle indagini, dimodoché la giustizia potesse seguire tempestivamente il suo corso.

Alla garanzia dell'indipendenza del potere giudiziario, fondamentale per uno Stato di diritto, la costituzione del 1850 dedicò quasi tutto il titolo VI sul potere giudiziario (V*on der richterlichen Gewalt*) (artt. 86-97). Qui il principio era garantito dagli articoli: 86, per cui i giudici non potevano essere soggetti a nessun'altra autorità se non a quella della legge; 87, dove era affermato il principio della nomina a vita dei giudici (*Anstellung auf Lebenszeit*) e della necessità per questi di essere privati dell'ufficio, o trasferiti anche solo temporaneamente, esclusivamente sulla base della sentenza di un altro giudice, e per le motivazioni previste dalla legge, a meno che non lo imponesse una riorganizzazione dei tribunali (*Gerichtsorganisation*) oppure una nuova delimitazione delle circoscrizioni giudiziarie; 88, che affermava che ai giudici non dovevano essere affidati altri «incarichi remunerati» che ne minacciassero l'indipendenza[31]; 89, per cui l'organizzazione dei tribunali doveva essere stabilita

[31] Questo articolo fu in seguito abolito da legge costituzionale del 30 aprile 1856; cfr. L. von Rönne, *Das Staatsrecht der preußischen Monarchie*, 1864-1865², I.1 (1864), p. 231.

per legge; 93, contenente l'affermazione del principio della pubblicità del processo civile e penale.

Era però in particolare all'art. 96 («La competenza dei tribunali e delle autorità amministrative è fissata per legge. Su conflitti di competenza tra autorità amministrative e giudiziarie decide un tribunale indicato dalla legge»)[32], sulla delimitazione della sfera di competenza della giustizia da quella dell'amministrazione e sul contenzioso amministrativo, e all'art. 97 («La legge definisce le condizioni sotto le quali i funzionari pubblici, sia civili che militari, possono essere chiamati a rispondere di fronte alla giustizia di violazioni del diritto compiute in abuso dei loro poteri d'ufficio. Non può però essere richiesta una precedente autorizzazione delle autorità superiori»)[33], che escludeva che per poter procedere in giudizio per abuso di potere contro un funzionario pubblico fosse prima necessaria l'autorizzazione a procedere dei suoi superiori gerarchici, che la costituzione del 1850 affrontava questioni evidentemente assai delicate per uno Stato esclusivamente amministrativo quale la Prussia era stata sino al 1848. Praticamente incontestato era sin qui rimasto, infatti, il principio cosiddetto dell'autoregolazione o «autocontrollo dell'amministrazione» (*Selbstkontrolle der Verwaltung*), principio che, evidentemente, era suscettibile di tralignare in ogni momento in quello dell'irresponsabilità dei funzionari pubblici di fronte a qualsiasi altro interesse, individuale o pubblico, che non fosse quello dell'amministrazione e della sua gerarchia. Da questo punto di vista, dunque, la costituzione del 1850 aveva segnato una forte rottura della continuità storica nel momento in cui aveva attribuito a un tribunale, sia la facoltà di interrompere un procedimento in corso contro un funzionario, sia la competenza a decidere chi delle due,

[32] Art. 96: «Die Kompetenz der Gerichte und Verwaltungsbehörden wird durch das Gesetz bestimmt. Über Kompetenzkonflikte zwischen den Verwaltungs- und Gerichtsbehörden entscheidet ein durch das Gesetz bezeichneter Gerichtshof».

[33] Art. 97: «Die Bedingungen, unter welchen öffentliche Civil- und Militairbeamte wegen durch Überschreitung ihrer Amtsbefugnisse verübter Rechtsverletzungen gerichtlich in Anspruch genommen werden können, bestimmt das Gesetz. Eine vorgängige Genehmigung der vorgesetzten Dienstbehörde darf jedoch nicht verlangt werden».

la giustizia oppure l'amministrazione, fosse competente a procedere, escludendo comunque che per la via giudiziaria fosse necessaria l'autorizzazione dei superiori gerarchici del *Beamte* accusato di abuso di potere.

Il valore di entrambe le disposizioni costituzionali degli artt. 96 e 97 fu tuttavia alquanto ridimensionato nel corso dei reazionari anni Cinquanta. Ciò accadde in particolare quando la corte di giustizia (*Gerichtshof*) di cui parlava l'art. 96 fu individuata, attraverso la legge del 13 febbraio 1854, non in un nuovo tribunale ma nel già esistente Tribunale per la decisione dei conflitti di competenza (*Gerichtshof zur Entscheidung der Kompetenzkonflikte*)[34].

Il cosiddetto *Kompetenzkonfliktshof* era stato insediato già in epoca precostituzionale, e cioè l'8 aprile 1847, praticamente come una 'sezione' del Consiglio di Stato (*Staatsrat*); da qui provenivano, infatti, i suoi membri più eminenti, tutti nominati a vita dal re. Il tribunale, un'istituzione esclusiva del diritto prussiano («eine speziell dem preußischen Recht angehörende Einrichtung»), non era in realtà per niente indipendente, composto com'era, oltre che da consiglieri del massimo tribunale della monarchia (*Obertribunalräte*), anche da funzionari amministrativi di alto grado (*höhere Verwaltungsbeamte*), cioè da *nicht richterlichen Beamten*. Esso finiva così con l'apparire nel complesso un tribunale prevalentemente politico, che per giunta si riuniva e dibatteva a porte chiuse, alimentando ulteriormente la diffidenza nei suoi confronti[35]. Con la legge del 1854, che gli aveva riconosciuto la *Kompetenz-*

[34] Cfr. *Gesetz, betreffend die Konflikte bei gerichtlichen Verfolgungen wegen Amts- und Diensthandlungen. Vom 13. Februar 1854*, in «GS», 1854, Nr. 3944, pp. 86-88. Cfr. in merito A. Fu, *Kompetenzkonflikte im preußischen Recht des 19. Jahrhunderts*; G. Lemmer, *Die Geschichte des preußischen Gerichtshof zur Entscheidung der Kompetenzkonflikte*; A. Wagner, *Der Kampf der Justiz gegen die Verwaltung in Preußen*.

[35] Sulla particolarità tipicamente prussiana del tribunale cfr. G. Gravenhorst, voce *Konflikt*, p. 607. Sulla sua composizione mista, di giudici e di funzionari pubblici non giudiziari, pose l'accento L. von Rönne, *Das Staatsrecht der preußischen Monarchie*, 1869-1872[3], I.1 (1871), pp. 300 ss., § 56 sub II. Sul «vorwiegend politischem Charakter» del tribunale E. Loening, *Gerichte und Verwaltungsbehörde*, pp. 248, 252.

Kompetenz, cioè la facoltà di decidere sui conflitti tra giustizia e amministrazione, quest'ultima, per quanto effettivamente non attribuita ad una generica autorità amministrativa (*Behörde*), come invece avrebbe voluto il re, non fu però nemmeno assegnata ai tribunali ordinari, come auspicato dal liberalismo più radicale[36]. Certo, da un punto di vista meramente giuridico-formale, la legge del 13 febbraio 1854 aveva dato senz'altro una risposta alla promessa di legge contenuta nell'art. 97 della costituzione[37], ed aveva segnato una certa discontinuità rispetto alla precostituzionale difesa *sans phrase* dello Stato amministrativo, quando aveva previsto che per perseguire un funzionario per abuso di potere non fosse più necessario il consenso dei superiori gerarchici. Ma essa, passata alla Camera dei deputati a strettissima maggioranza (156 voti contro 131), andò infine, nel momento in cui consentiva di interrompere un procedimento giudiziario già in corso, nella direzione di proteggere i *Beamten* da chiamate di responsabilità; si doveva evitare ad ogni costo, si disse all'epoca, che di queste avessero a soffrire l'autorità dell'amministrazione e dello stesso governo[38]. Di certo, comunque, il timore espresso alla Prima camera dal conservatore Stahl, che dal momento in cui i tribunali si fossero trovati a decidere sul comportamento dei *Beamten* nello svolgimento dell'ufficio, non si sarebbe più potuto negare che essi fossero diventati «signori dell'amministrazione» e indirettamente anche «signori del sovrano»[39], si dimostrò alla prova dei fatti del tutto infondato.

L'applicazione concreta della legge del 1854, infatti, diede modo di constatare come il suo valore effettivo fosse stato alquanto sopravalutato e il suo ambito di applicazione fosse risultato in realtà alquanto ristretto[40]. Del resto, da ingiustificate persecuzioni giudiziarie di diritto penale i funzionari pubblici

36 Cfr. E. LOENING, *Gerichte und Verwaltungsbehörde*, pp. 233-326, in particolare p. 233.

37 Cfr. E.R. HUBER, *Deutsche Verfassungsgeschichte*, 3, pp. 124-125.

38 Cfr. E. LOENING, *Gerichte und Verwaltungsbehörde*, p. 252.

39 *Ibidem*, p. 255.

40 *Ibidem*.

in genere erano già protetti dal monopolio dell'accusa (*Anklage-monopol*) del pubblico ministero, ulteriormente rafforzato dalla *Verfügung* del ministro della Giustizia del 12 maggio 1854[41]. I *Polizeibeamte* in particolare, poi, erano già tutelati da eventuali richieste di risarcimento per abuso di potere dalla 'legge' dell'11 maggio 1842, che consentiva di coprire l'irresponsabilità del funzionario con la discrezionalità dei superiori. La legge del 1854, alla fin dei conti, risultò applicata in genere a casi di scarsa importanza, ad esempio a *Injurienklagen*, o ad accuse sollevate contro funzionari di rango inferiore.

Comunque, le *Bezirksregierungen* e le altre autorità amministrative provinciali autorizzate a sollevare il conflitto di competenza, fecero sistematicamente ricorso alla legge per 'proteggere' i 'loro' funzionari da qualsiasi procedimento giudiziario, anche nel caso di abusi di potere manifesti. Al fenomeno tentò di porre un argine lo stesso ministro della Giustizia, Ludwig Simons, nel 1856 e 1857, incontrando però le resistenze, anzitutto del ministro degli Interni Westphalen, ma anche degli altri ministri. La convinzione di Simons sull'uso «smodato» (*maßlos*) da parte delle autorità amministrative della sollevazione del conflitto di competenza, comunque, non trova conferma nelle sentenze del *Gerichtshof zur Entscheidung der Kompetenzkonflikte*. Nel periodo compreso tra l'entrata in vigore della legge e il 1° ottobre 1858, del resto, dei 125 casi portati all'attenzione del *Gerichtshof*, ben 56 furono quelli in cui esso ritenne infondata la sollevazione del conflitto. Il tribunale, secondo Edgar Loening, avrebbe finito col dimostrarsi non sufficientemente all'altezza di ciò che da esso ci si era attesi, quando lo si era istituito come «autorità di carattere prevalentemente politico», dando invece prova di essere un «tribunale imparziale»[42].

Al di là del benevolo giudizio di Loening, è tuttavia indubbio che il tribunale godette di pessima fama nell'opinione pubblica; in esso si scorse di volta in volta «il compimento dello Stato di

[41] *Ibidem*, e P. COLLIN, «*Wächter der Gesetze*» *oder* «*Organ der Staatsregierung*»*?*.

[42] E. LOENING, *Gerichte und Verwaltungsbehörde*, pp. 256 s., e p. 259.

polizia»[43], oppure «l'ultimo anello della catena con cui l'amministrazione soffoca la costituzione e la giustizia», come scrisse Primker. Con esso, aggiunse lo *Stadtrichter* di Berlino, «potrà essere portato di fronte ad un giudice solo quel funzionario amministrativo che il governo vuole comunque lasciar cadere»[44]. Attraverso la legge del 1854 il governo e il partito conservatore allora al potere mostrarono chiaramente la sfiducia (*Mißtrauen*) e il disprezzo (*Mißachten*) che nutrivano verso i giudici e i tribunali, provocando anche nel popolo, come conseguenza della segretezza dei dibattimenti del *Kompetenz Konfliktshof* e degli insufficienti diritti processuali garantiti, un «crollo verticale della considerazione di cui godeva il diritto» («Erschütterung des Rechtsbewusstseins des Volkes»). Il 31 agosto 1859 lo stesso ministro della Giustizia ebbe a lamentare, tra gli effetti dell'operato di questo tribunale, il forte restringimento dell'accesso alla via legale, e la conseguente impunità degli abusi di potere particolarmente nell'amministrazione fiscale[45].

Quando con la Nuova Era fu nominato ministro dell'Interno Flottwell si aprirono concrete possibilità di revisione della legislazione sull'ammissibilità della via legale (*Zulässigkeit des Rechtsweges*). In questa direzione andava, tra l'altro, anche il programma politico dei liberali della Slesia, cosiddetto *Schlesisches Programm*, presentato all'opinione pubblica nell'ottobre 1858 in vista delle elezioni del novembre[46]. Simons concordò a questo punto sulla necessità di ridurre i casi in cui era escluso il ricorso alla via legale, e lo stesso *Staatsministerium* riconobbe che la misura in cui era stato sin qui sollevato il conflitto di competenza aveva dato l'impressione che si fossero voluti sottrarre i funzionari pubblici alla giusta pena giudiziaria; da ora in poi si doveva fare in modo di non dare più all'esterno l'impressione che si avallassero atti di arbitrio[47].

[43] *Ibidem*, p. 258.

[44] Cfr. F. PRIMKER, *Die Kompetenz-Konflikte in Preußen*, p. 64; cfr. in merito E. LOENING, *Gerichte und Verwaltungsbehörde*, p. 259.

[45] E. LOENING, *Gerichte und Verwaltungsbehörde*, pp. 259 s.

[46] *Ibidem*, pp. 262-263.

[47] *Ibidem*, p. 263.

Un primo tentativo di Simons di adattare la configurazione del *Kompetenzkonfliktshof* alle esigenze di uno Stato di diritto attraverso l'approntamento di due progetti di legge di riforma[48], fallì però per l'opposizione del re, che si fece forte di un parere (*Gutachten*) dello stesso tribunale in cui si ribadiva l'alta qualità giuridica del procedimento vigente[49].

Nel 1860 Friedrich Hermann von Sydow, consigliere di corte di appello che dal 1856 svolgeva servizio ausiliario (*Hilfsarbeit*) presso il ministero della Giustizia, redasse su incarico del ministro Simons un memoriale su «L'ammissibilità della via legale e i conflitti di competenza in Prussia»[50], arrivando a proporre l'abolizione della legge del 1854. Il rimedio estremo proposto da Sydow, per il quale la funzione del tribunale per la risoluzione dei conflitti di competenza avrebbe potuto essere rimpiazzata semplicemente dalla presentazione ai tribunali ordinari di un parere (*Gutachten*) dei superiori gerarchici del funzionario accusato di violazione dei doveri d'ufficio, non fu però condiviso dal ministro Simons. Questi decise quindi di formulare egli stesso delle proposte di riforma, dopo aver incassato l'assenso di tutti i ministri sulla necessità di rafforzare la garanzia giudiziaria per gli abusi di potere, soprattutto di quello di polizia, e dopo aver tenuto conto della resistenza del ministro delle Finanze ad una estensione generalizzata del *Rechtsweg* anche al prelievo e all'imposizione di tasse e tributi pubblici[51].

48 Cfr. G. LEMMER, *Die Geschichte des preußischen Gerichtshofes zur Entscheidung der Kompetenzkonflikte*, pp. 260 s. e 262 s. rispettivamente: Appendice (*Anhang*) III: *Gesetzes-Entwurf betreffend einige Abänderungen des Gesetzes über das Verfahren bei Kompetenz-Konflikten zwischen den Gerichten und Verwaltungsbehörden vom 8. April 1847*, e *Anhang* IV: *Gesetz-Entwurf betreffend einige Abänderungen des Gesetzes vom 8. April 1847 über das Verfahren bei Kompetenz-Konflikten und Aufhebung des Gesetzes vom 13. Februar 1854 über die Konflikte bei gerichtlichen Verfolgungen von Amts- und Diensthandlungen des preussischen Gerichtshofes zur Entscheidung der Kompetenzkonflikte vom 12.12.1859*.

49 Cfr. E.R. HUBER, *Deutscher Verfassungsgeschichte*, 3, p. 123.

50 F.H. VON SYDOW, *Die Zulässigkeit des Rechtsweges und die Kompetenzkonflikte in Preußen*.

51 E. LOENING, *Gerichte und Verwaltungsbehörde*, pp. 270 s.

A metà dicembre 1860, tuttavia, Simons fu costretto a dimettersi dalle ripercussioni del caso Stieber[52], e al suo posto si insediò quello che sin qui era stato il primo presidente della corte d'appello di Posen, August von Bernuth. La sua intenzione, in un primo momento, era di avanzare un solo progetto di legge al posto dei numerosi approntati da Simons, ma di recuperare la proposta di Sydow di abolire la legge del 1854[53]. A favore della sua abolizione si era peraltro dichiarato nel frattempo lo stesso *Gerichtshof für Kompetenzkonflikte* in un parere del 12 dicembre 1859, dove si sosteneva che, effettivamente, sino ad allora il conflitto era stato sollevato in casi non veramente importanti, e che nella maggior parte di essi, anche quando la sollevazione del conflitto era stata ritenuta fondata, si era poi giunti ad un giudizio di assoluzione dell'accusato. Nel parere del tribunale si diceva anche che l'«uso frequente» fatto di questo strumento da parte delle *Regierungen* aveva dato l'impressione che esso fosse ormai considerato dai funzionari un «espediente ... più affidabile e più comodo» che non la propria difesa di fronte ai tribunali, e non si mancavano di ammettere le «pesanti deficienze» e le «anomalie» di cui soffriva il procedimento: le parti non venivano poste a confronto o in contradditorio, né oralmente né pubblicamente di fronte al tribunale, e questo decideva dopo avere sentito le parti separatamente[54].

Il nuovo ministro della Giustizia, a differenza di Simons, riteneva che l'amministrazione dovesse avere come suo limite e confine la legge, e che quando i funzionari pubblici si rendevano colpevoli di danni a terzi o violavano la legge penale, semplicemente dovessero risponderne di fronte ai tribunali, mentre la legge del 1854 era poggiata su un'«ingiustificata sfiducia» nei loro confronti. Secondo Bernuth, però, non ci si poteva semplicemente limitare ad abolire la legge del 1854; bisognava anche che le autorità amministrative fossero messe in grado di farsi sentire presso i tribunali per dire ciò che ritenevano

[52] Cfr. *supra*, cap. 5 «Amministrazione».

[53] E. LOENING, *Gerichte und Verwaltungsbehörde*, pp. 271 s.

[54] *Ibidem*, p. 272.

opportuno al verificarsi di un «presunto abuso di potere» da parte di un loro subordinato[55].

Sui rapporti tra giustizia e amministrazione Bernuth decise infine di presentare complessivamente tre progetti di legge. Di questi tre solo il primo, e nemmeno il più importante, arrivò a diventare legge nonostante il clima politico più favorevole alle riforme della Nuova Era. La legge del 24 maggio 1861 di «estensione della via legale» (*betreffend die Erweiterung des Rechtsweges*), ammise nuovamente quest'ultima per le rivendicazioni dei funzionari relative agli stipendi, senza che si potesse minimamente sospettare all'epoca l'ampio uso che di questa possibilità sarebbe stata fatta negli anni del conflitto in occasione dei cosiddetti *Stellvertretungskostenprozeße*[56]. La via legale fu ammessa inoltre per imposte e tributi (*Steuern* e *Abgaben*), e in particolare per l'imposta di bollo (*Stempelsteuer*), come pure per le contribuzioni da versare alla chiesa, alla parrocchia o alla scuola (*Kirchen-, Pfarr- und Schulabgaben*) in base a normative locali o di distretto. Che la legge del 1861 non potesse tuttavia nemmeno lontanamente pretendere di rappresentare una coerente e compiuta attuazione del principio sostenuto in commissione dal relatore della legge, il grande giurista Rudolf Gneist, per il quale la via legale doveva essere ammessa in ogni caso in cui qualcuno si sentisse violato nei suoi *Privatrechte*, vale a dire nella sfera dei suoi diritti individuali, fu subito chiaro anche alla maggioranza dei membri della Camera dei deputati e della Camera dei signori che avevano approvato la legge. Soprattutto nella camera elettiva non ci si nascose certo come la legge del 1861 potesse tutt'al più essere considerata un «progresso lungo la via dell'assicurazione di tutto il diritto», o, come disse Waldeck, un primo passo verso il ristabilimento del vecchio principio per cui l'interpretazione del diritto era di competenza dei tribunali[57]. Della legge del 1861 disse invece lo stesso Gneist che essa rappresentava una

[55] *Ibidem*, pp. 273 s.

[56] Sugli *Stellvertretungskostenprozeße* si veda quanto si è già detto *supra*, in questo stesso capitolo.

[57] E. Loening, *Gerichte und Verwaltungsbehörde*, p. 277.

soluzione soddisfacente per la Prussia dell'epoca, dove a suo avviso non si era ancora pronti ad istituire appositi tribunali di diritto pubblico cui affidare il contenzioso amministrativo (*Verwaltungsstreitsachen*), e nemmeno i giudici ordinari erano tecnicamente preparati, dato il diritto processuale vigente, a giudicare in merito a ciò su cui sinora avevano giudicato le autorità amministrative (*Verwaltungsbehörde*)[58].

Dei tre progetti di legge presentati da Bernuth non furono invece approvati né il secondo, attraverso cui si sarebbe sottoposta al controllo della giustizia la *Polizeigewalt*, né il terzo sulla responsabilità e perseguibilità giudiziaria dei funzionari pubblici per reati compiuti nello svolgimento del servizio. La mancata approvazione di quest'ultimo fu salutata con particolare soddisfazione da Stahl che aveva visto in esso niente altro che un'espediente per modificare i rapporti tra i poteri nello Stato, e per reintrodurre la sovranità delle corti di giustizia, come già, secondo lui, si sarebbe tentato di fare nel 1848[59].

Dei due progetti di legge non varati era però il primo ad essere il più importante, quello che, se approvato, sarebbe andato a modificare le leggi sull'amministrazione di polizia dell'11 maggio 1842 e dell'11 marzo 1850, e in cui erano affrontate le questioni che avevano lasciato emergere preoccupanti falle nell'impalcatura dello Stato di diritto prussiano. Il § 20 della legge del 1850, in particolare, aveva irrigidito ulteriormente l'impiego da parte della polizia di misure coercitive (*Zwangsakten*) e l'applicazione di pene immediatamente esecutive (*Exekutionsgewalt*), che per giunta la legge del 1854 sul *Kompetenzkonfliktshof* aveva accuratamente preservato dalla possibilità che contro di esse si potessero adire le vie legali, proprio come aveva fatto la precedente legge del 1842[60]. Ma nei primi mesi del 1861, né il governo liberale, né la maggioranza della Camera, sentivano

58 *Ibidem*, p. 278.

59 *Ibidem*, p. 279.

60 Sulla mancata approvazione del progetto di legge in questione cfr. L. VON RÖNNE, *Das Staatsrecht der preußischen Monarchie*, 1864-1865², I.1 (1864), p. 208, nota 2, 2° colonna.

di avere forza sufficiente a portare avanti questa importante riforma e a dribblare l'opposizione della Camera dei signori[61]. Anche la proposta di riprendere in mano il progetto di legge avanzata nel 1862 dal deputato cattolico Reichensperger, rimarrà senza esito. Esso non fu più ripresentato[62] e in Prussia continuarono a restare inosservate persino le limitazioni legali che l'*Allgemeines Landrecht* aveva posto ai poteri della polizia. Solo il § 11, comma 2 della legge di introduzione della nuova costituzione giudiziaria del 1877 modificherà, in parte, la discutibile regolazione prussiana del conflitto di competenza[63].

Anche se la legge del 13 febbraio 1854 sarà formalmente abolita solo nel 1920[64], il dibattito politico e giuridico sul come porre limiti giudiziari ai poteri di polizia e all'amministrazione in genere non si interruppe certo con la fine della Nuova Era. Secondo Rudolf Gneist la soluzione del problema non stava nell'affidamento ai tribunali ordinari dei conflitti di competenza, ma nella necessità di dare protezione costituzionale al diritto pubblico attraverso organi e forme giudiziarie specifici. All'epoca però, diceva Gneist, i pratici del diritto non erano pronti a ciò, sia per la loro prevalente preparazione civilistica e penalistica, sia perchè il processo ordinario in vigore non lo consentiva, sia perchè, infine, non esisteva sul *Polizeirecht*, come del resto su altre branche del diritto amministrativo, legislazione sufficiente, su cui i tribunali avrebbero potuto poggiare i loro giudizi. Fondamentale era comunque per Gneist giungere a separare la massima istanza di ricorso dall'amministrazione ministeriale corrente. All'incirca in questa direzione si era incamminato in effetti nel 1863 il Baden, quando per la prima volta aveva istituito i tribunali amministrativi (*Verwaltungsgerichte*), anche se ancora con competenze assai limitate.

In Prussia solo dopo il 1866 e l'annessione delle nuove province, si cominciò a discutere un'ampia riforma dell'amministrazione

61 E. LOENING, *Gerichte und Verwaltungsbehörde*, p. 282.

62 Cfr. in merito *ibidem*, p. 285.

63 Sull'*Einführungsgesetz zum Gerichtsverfassungsgesetz vom 27. Januar 1877*, si veda E.R. HUBER, *Deutsche Verfassungsgeschichte*, 3, pp. 124-125.

64 E.R. HUBER, *Deutsche Verfassungsgeschichte*, 3, p. 125.

statale che, nel contesto di una complessiva riforma della *Kreisverfassung* nelle sei province orientali, prevedeva anche l'istituzione di un organo, il *Kreisausschuss*, cui sarebbe stata in seguito demandata la funzione di tribunale amministrativo di prima istanza. La proposta di riforma amministrativa in questo senso fu avanzata al *Landtag* prussiano l'8 ottobre 1869, e il progetto di legge, che doveva scaricare l'amministrazione centrale dal peso del contenzioso, incoraggiare l'autogoverno anche con l'assunzione di uffici onorari, contribuire, infine, ad una maggiore spoliticizzazione dell'amministrazione, sarà approvato solo nel 1872, ponendo le basi di quel sistema di giustizia amministrativa che sarà completato nel 1875.

Coerentemente con la scarsa considerazione in cui negli anni Cinquanta erano tenuti il diritto e i tribunali, anche la presenza nella rappresentanza popolare dei giudici, che era stata molto consistente nella Costituente prussiana come del resto in quella tedesca di Francoforte[65], cadde verticalmente. Dopo la fine del periodo rivoluzionario, quando alla necessità proclamata da più parti di fare ritorno all'ordine legale corrispose il massiccio ritiro nel privato di molti liberali, il governo prussiano iniziò a lavorare con zelo a una «epurazione della giustizia dai consiglieri giudiziari scomodi» e a una «sottile persecuzione», che, nel migliore dei casi, si espresse in una «posposizione nelle promozioni e nel riconoscimento di gratifiche»[66]. Dei giudici (*Gerichtsräte*) liberali che avevano partecipato al 1848, i più moderati riuscirono di solito, anche se a fatica, a mantenere i loro posti. Contro i giudici della minoranza liberale più di sinistra (Temme, Waldeck, Kirchmann, Esser), invece, il governo agì disciplinarmente e/o giudiziariamente, spesso con lo scopo di rimuoverli dall'ufficio e con procedimenti che talvolta si trascinarono a lungo[67].

[65] Th. ORMOND, *Richterwürde und Regierungstreue*, pp. 22 ss., 567.

[66] A parlare di «Rückzug in die entpolitisierte Privatheit», di «Säuberung der Justiz von mißliebigen Räten», di «subtilen Verfolgung», e infine di «zeitweilige Zurücksetzung bei Beförderung und Gratifikation», è Ch. VON HODENBERG, *Die Partei der Unparteischen*, pp. 306 ss., 324 s.

[67] Molto utile la sintetica biografia collettiva contenuta nell'appendice, *Biographische Daten zu Justizbeamten*, contenuta in Th. ORMOND, *Richterwürde*

Nonostante che i *Gerichtsräte* non fossero del tutto assenti neanche nelle Camere degli anni Cinquanta (basti qui ricordare Ludwig Gruwe e Adolph Winkelmann per la Sinistra, Franz Brisgen, Josef Brockhausen, Friedrich Reigers e Karl Ziegler per i costituzionali moderati)[68], fu però solo dopo la fine del periodo della reazione che i giudici-deputati risalirono decisamente la china per consistenza numerica e protagonismo politico. Già all'inizio della V legislatura della Camera dei deputati, nel gennaio 1859, si contavano complessivamente tra i suoi membri ben 95 funzionari giudiziari (*Justizbeamten*), di cui 21 tra presidenti e direttori di tribunale, 54 tra consiglieri di collegi giudicanti e giudici singoli, 11 tra pubblici ministeri e procuratori di grado superiore, 9 tra avvocati e notai[69]. Anche nella Camera degli anni del conflitto circa il 25,7% erano *richterliche Beamten*. Secondo i calcoli del deputato della *Fortschrittspartei* Rudolf Virchow del gennaio 1864, infatti, dopo le elezioni del 28 ottobre 1863 sedevano alla Camera dei deputati, su «127 funzionari attivi, pari al 36% di tutta la Camera», ben «89 funzionari giudiziari, includendo in essi anche i notai e gli avvocati, ... pari al 25,7% dei membri dell'intera Camera»[70]. In particolare, i funzionari dell'amministrazione della giustizia tendevano ad aumentare mano a mano che dalla destra dello schieramento politico ci si spostava verso sinistra. Così, mentre nella *Fortschrittspartei* insieme a 39 funzionari giudiziari c'era solo un funzionario amministrativo, nel gruppo parlamentare dei conservatori si contavano 13 funzionari amministrativi e solo 2 giudiziari[71]. Sempre Virchow, per la sessione del 1863 precedente le elezioni del 28 ottobre, che segnarono l'acme del successo elettorale dello schieramento antigovernativo degli

und Regierungstreue, pp. 579-635, e relativa però anche al corpo giudiziario del Baden e dell'Assia. Cfr. *ibidem*, p. 233; Ch. VON HODENBERG, *Die Partei der Unparteischen*, p. 325.

[68] Ch. VON HODENBERG, *Die Partei der Unparteischen*, p. 326.

[69] Per quesi dati cfr. la «Nationalzeitung» del 10 gennaio 1859 e, per un raffronto con i dati sulla composizione della precedente legislatura, «Nationalzeitung» del 30 novembre 1858.

[70] Cfr. *StenBer AH*, 28ª seduta, 19 gennaio 1864, p. 796, Dr. Virchow.

[71] Cfr. *ibidem*, p. 797, Dr. Virchow.

anni del conflitto, aveva calcolato tra i deputati 90 funzionari giudiziari su complessivi 126 funzionari attivi[72].

Sull'accresciuto impegno politico di molti pratici della giustizia a partire dalla fine della reazione era stata invero richiamata l'attenzione anche ai dibattiti del Congresso dei giuristi tedeschi (*Deutscher Juristentag*)[73], riunitosi per la prima volta a Berlino nell'agosto del 1860, e a cui presero parte, insieme a numerosi professionisti attivi nell'ambito dell'amministrazione della giustizia (giudici, pubblici ministeri, avvocati), anche molti dei più noti giuristi delle università prussiane e tedesche in genere. Nel corso dei dibattiti del Congresso emerse alquanto chiaramente l'impossibilità per il giurista pratico o universitario degli anni Sessanta dell'Ottocento di isolarsi dalla politica, magari schermendosi con gli argomenti classici dell'indipendenza del potere giudiziario o dell'autonomia della scienza (giuridica). I membri del Congresso, dove l'unico 'partito' a non essere rappresentato era, secondo Hinrichs, che stese un resoconto dei lavori per i «Preußische Jahrbücher»[74], quello «feudale», pur muovendo dalla premessa che «il terreno della politica [dovesse] restare chiuso al Congresso», avevano tuttavia individuato il «grande compito politico» di quest'ultimo nella segnalazione al legislatore delle situazioni particolarmente bisognose di normazione giuridica, come pure di quelle che rendevano necessaria una correzione delle norme esistenti[75]. Il Congresso, insomma, pur non ritenendo essere sua prerogativa quella di assumersi direttamente il compito di redigere progetti di legge, aveva tuttavia espressamente indicato nella «critica della situazione esistente» il centro della sua attività futura[76].

La preoccupata valutazione del presente che traspariva dai lavori del primo Congresso dei giuristi tedeschi certo teneva

[72] Cfr. *StenBerAH*, 11ª seduta, 10 febbraio 1863, p. 188.

[73] Su di esso si veda il recente E. HARTWICH, *Der Deutsche Juristentag von seiner Grundung 1860 bis zu den Reichsjustizgesetzen 1877*.

[74] Fr. HINRICHS, *Der erste deutsche Juristentag*.

[75] *Ibidem*, pp. 282 e 284.

[76] *Ibidem*, p. 283.

conto delle evidenti criticità che già nella Nuova Era segnavano la condizione dell'amministrazione della giustizia in Prussia, e che naturalmente si aggravarono ancor più negli anni del conflitto. In occasione della *Spezialdebatte* svoltasi alla Camera per discutere il bilancio del ministero della Giustizia per il 1865, alcuni dei più eminenti deputati liberali si spingeranno sino a denunciare l'esistenza di una *Präventiv-Justiz*, suscitando ovviamente le reazioni indignate dell'allora ministro della Giustizia, il conte zur Lippe (1° dicembre 1862 - 2 dicembre 1867)[77].

Questi, definito dal liberale Parisius «tra i ministri il più zelante nemico del liberalismo»[78], aveva iniziato la sua attività mandando segnali inequivocabili agli oppositori del governo Bismarck. Già il 1° dicembre 1862 aveva esordito con un decreto indirizzato ai presidenti dei tribunali, invitandoli a comunicargli i nomi di quei funzionari dell'amministrazione della giustizia distintisi per la partecipazione ad «agitazioni politiche»[79]. A questo decreto ne aveva fatto poi seguire un altro, indirizzato questa volta ai capi delle procure (*Oberstaatsanwälte*), del tutto uguale a quello inviato ai presidenti di tribunale. Il decreto fu commentato dalla «Berliner Allgemeine Zeitung» con un significativo: «da Elberfeld e da Insterburg è arrivata la notizia che i pubblici ministeri devono estendere il loro controllo politico anche ai giudici»[80]. Non solo, sia nel 1862, appena ricevuto l'incarico di ministro, sia successivamente nel 1863, il ministro zur Lippe non si era lasciato sfuggire l'occasione per 'precisare' che il funzionario pubblico poteva sì fare attività politica, ma solo se in sintonia con il governo in carica[81].

[77] Cfr. *StenBerAH*, 54ª seduta, 20 maggio 1865, pp. 1603-1633. Sul ritiro del ministro zur Lippe nel 1867, cfr. E.R. Huber, *Deutsche Verfassungsgeschichte*, 3, p. 374. Al conte zur Lippe successe, su pressione di Max von Forckenbeck, Gerhard Adolph Wilhelm Leonhardt (5 dicembre 1867-1879) (*ibidem*).

[78] Cfr. L. Parisius, *Leopold Freiherr von Hoverbeck*, II.1, p. 107.

[79] Cfr. H. Schultess, *Europäischer Geschichtskalender*, III, 1862, p. 186.

[80] Cfr. la rubrica *Deutschland. Berlin, 6. Januar*, sulla «Nationalzeitung» del 7 gennaio 1863.

[81] Cfr. M.A. Vossieg, *Parlamentarische Justizkritik in Preußen*, p. 146.

Era contro questa prassi intimidatoria del conte zur Lippe che il 20 maggio 1865 il deputato liberale Hennig aveva fatto risuonare nell'aula della Camera dei deputati la sua veemente denuncia dell'assoluta mancanza di indipendenza della giustizia e della pubblica accusa in particolare, sottoposta direttamente al ministro della Giustizia e assoggettata al medesimo diritto disciplinare dei funzionari amministrativi[82]. Nella stessa occasione anche il liberale Krieger-Goldap era intervenuto a richiamare l'attenzione sull'improrogabile necessità di una riforma dell'istituto della *Staatsanwaltschaft*[83], ma, soprattutto, di «corruzione sistematica dell'*Obertribunal*» e degli *Obergerichte*, aveva parlato, infine, il giudice-deputato Karl Twesten, al cui giudizio sul desolante stato dell'amministrazione della giustizia in Prussia non aveva esitato a unirsi anche Rudolf Gneist[84].

Come si può intuire dall'ampia copertura politica data dal presidente dei ministri Bismarck all'operato del ministro della Giustizia, le pressioni, le intimidazioni e gli avvertimenti di quest'ultimo allo scopo di 'spoliticizzare' la magistratura, erano in grado di conseguire contemporaneamente un doppio risultato: rendere questa più docile nel momento in cui era chiamata a diversi livelli a pronunciarsi sulla legalità della condotta governativa e ministeriale, e, allo stesso tempo, colpire direttamente e personalmente l'opposizione politica parlamentare. Parlano inequivocabilmente in questo senso le pressioni esercitate sui giudici coinvolti nei cosiddetti *Stellvertretungskostenprozesse*, in cui il governo fu chiamato a rispondere della legalità della detrazione dallo stipendio dei funzionari-deputati dei costi sopportati per la sostituzione nell'ufficio di coloro che avevano accettato il mandato parlamentare, ma altrettanto eloquenti sono da questo punto di vista le numerose *Disziplinarverhandlungen* che, particolarmente dall'ottobre del 1864, affollarono i lavori dell'*Obertribunal*, chiamato a pronunciarsi su giudici e avvocati accusati di aver

[82] Cfr. *StenBerAH*, 54ª seduta, 20 maggio 1865, pp. 1606-1608 (Hennig).

[83] Cfr. *ibidem*, pp. 1620-1621 (Krieger).

[84] Cfr. *ibidem*, pp. 1612-1615 (Twesten) e p. 1622 (Gneist).

preso parte più o meno attivamente alla campagna elettorale del 1863 a fianco dell'opposizione[85]. Invero, nei numerosissimi procedimenti disciplinari svoltisi in questi anni presso l'*Obertribunal*, questo si mostrò generalmente più rigido delle istanze giudiziarie inferiori[86]. Del resto, al ministro della Giustizia, le leggi disciplinari dell'epoca della reazione del 7 maggio 1851 e del 26 marzo 1856, avevano lasciato la possibilità, non solo di condizionare la carriera dei giudici, ma anche di influire direttamente sulla composizione del Senato disciplinare dell'*Obertribunal*[87]. Il caso forse più clamoroso di accanimento della giustizia prussiana contro i giudici deputati liberali fu quello, già citato, dello *Stadtgerichtsrat* Karl Twesten. Perseguito non solo disciplinarmente ma anche penalmente per l'accusa lanciata alla Camera dei deputati il 20 maggio 1865 contro il ministro della Giustizia zur Lippe e contro i tribunali prussiani per abuso di potere giudiziario a scopi politici (*Präventivjustiz*), e in particolare per l'accusa di *systematische Korruption* lanciata contro il massimo tribunale prussiano, l'*Obertribunal*, a Twesten non restò che ritirarsi dal servizio pubblico, dopo la condanna definitiva che lo riconobbe colpevole nonostante l'immunità parlamentare[88]. Il processo da lui subito provocò la risoluzione della Camera dei deputati prussiana del 10 febbraio 1866, risoluzione che sarà definita in seguito «l'attacco più violento che un parlamento tedesco abbia mai lanciato contro il potere giudiziario»[89].

[85] Cfr. H. SCHULTESS, *Europäischer Geschichtskalender*, V, 1864, p. 169.

[86] Sulla giurisprudenza dell'*Obertribunal* negli anni del conflitto sia qui sufficiente il rimando a B. STEINBACH, *Die politische Freiheit der Beamten*, pp. 53-57.

[87] Cfr. M.A. VOSSIEG, *Parlamentarische Justizkritik in Preußen*, p. 150.

[88] Sul caso Twesten, oltre a B. STEINBACH, *Die politische Freiheit der Beamten*, pp. 56-57, cfr. anche J. HEYDERHOFF, *Karl Twesten*. In merito a «la controversia sull'immunità dei deputati nel 1867» E.R. HUBER, *Deutsche Verfassungsgeschichte*, 3, p. 373.

[89] E.R. HUBER, *Deutsche Verfassungsgeschichte*, 3, pp. 329 s.

Capitolo settimo

L'esercito

Nella storiografia militare tedesca è ormai generalmente condiviso il punto di vista per cui il militarismo del XIX e XX secolo si impose, come fattore storico-politico-costituzionale di prim'ordine, negli anni Sessanta dell'Ottocento[1], dopo un relativamente lungo «periodo di latenza» seguito alle guerre di liberazione (*Befreiungskriege*) di inizio secolo[2]. Ciò è particolarmente vero per la Prussia, dove gli anni Sessanta si aprirono con la riforma dell'esercito, fortemente voluta e realizzata dal sovrano, con il sostegno fondamentale del ministro della Guerra e del *Ministerpräsident* Bismarck, portando ad un indubbio rafforzamento della Prussia come Stato militare (*Militairstaat*)[3].

Il decennio fu scandito dai successi con cui si conclusero le cosiddette guerre per l'unificazione (*Einigungskriege*): la guerra condotta dalla Prussia insieme all'Austria contro la Danimarca per lo Schleswig-Holstein nel 1864, la guerra

[1] Cfr. S. FÖRSTER, *«Vom Kriege»*, p. 265. La storiografia militare ha registrato un forte rinnovamento a partire dagli anni Sessanta e Settanta del XX secolo, quando ha cominciato ad indagare il militarismo prussiano anche nelle sue strettissime relazioni con la politica interna, e cioè come «strumento di contrasto della parlamentarizzazione e della democratizzazione». Per questa via si sono prese le distanze dalla sin qui prevalente tradizione storiografica esemplarmente rappresentata dal nazional-conservatore Gerhard Ritter († 1967) (di lui si ricordi soprattutto *Staatskunst und Kriegshandwerk*), che aveva infatti preferito parlare di militarismo solo per il periodo successivo al cancellierato di Bismarck (dal 1890 in poi), e aveva visto in esso solo il precipitato di una relazione disturbata tra politica estera e politica militare (M. MESSERSCHMIDT, *Das preußische Militärwesen*, p. 438).

[2] Th. STAMM-KUHLMANN, *Militärstaat Preußen*, qui p. 120; W. WETTE (storico pacifista), *Militarismus in Deutschland*, pp. 20, 35-48 ss.; H.-U. WEHLER, *Der Aufbruch in die Moderne 1860 bis 1890*, pp. XXIII, XXV.

[3] M. MESSERSCHMIDT, *Das preußische Militärwesen*, p. 390.

contro l'Austria del 1866, che portò alla fuoriuscita della Prussia dalla Confederazione germanica (*Deutscher Bund*) e alla sua confluenza all'interno del nuovo spazio politico ed economico della Confederazione della Germania del Nord (*Norddeutscher Bund*), la guerra contro la Francia del 1870, che eliminò ogni residuo ostacolo alla fondazione del Secondo Impero a egemonia prussiana. Questi furono gli anni in cui il concetto storico (*geschichtlicher Grundbegriff*) di militarismo si impose come *Kampfbegriff* nel linguaggio politico[4], in cui il militarismo prussiano divenne «prussiano-tedesco», e in cui l'ordinamento sociale e politico iniziò ad essere segnato «in modo determinante da interessi militari e schemi di pensiero bellici»[5]. Fu negli anni Sessanta, insomma, che si posero le premesse per il «raddoppio» (*Dopplung*) caratteristico del fenomeno del militarismo: la decisione eminentemente politica di andare verso il rafforzamento e l'efficientamento dell'apparato militare, sprigiona una forte pressione, per una maggiore diffusione nella società di comportamenti manifestamente improntati allo «spirito militare», e per una penetrazione dei valori tipicamente militari del comando e della subordinazione nei modi di pensare, nei valori e nelle norme della società, sollecitando e determinando le condizioni per una riattivazione di quel processo di «socializzazione» dell'esercito, che, seppure in altri termini, già aveva segnato il XVIII secolo in Prussia[6].

Del nuovo orientamento critico della storiografia militare tedesca ha potuto certo trarre profitto anche Michael Salewski quando, in un saggio del 2001[7], ha messo in discussione la concezione per cui il militarismo avrebbe unito come un filo rosso la storia prussiano-tedesca da Bismarck sino alla catastrofe del *Terzo Reich*, negando che sia possibile inserire su una ininterrotta linea di continuità storica la vicenda dello Stato militare prussiano,

4 Si veda M. GEYER - R. STUMPF, voce *Militarismus*.

5 W. WETTE, *Militarismus in Deutschland*, p. 17.

6 Sulla *Dopplung*: F. BECKER, *Synthetischer Militarismus*, p. 125. Di «socializzazione» (*Vergesellschaftlichung* o *Vergesellschaftung*) dell'esercito parla lo storico militare di Berna S. FÖRSTER, *Einführende Bemerkungen*, p. 120.

7 M. SALEWSKI, *Preußischer Militarismus*.

quella del militarismo prussiano-tedesco di epoca imperiale, e infine quella di epoca nazionalsocialista[8]. L'impostazione storiografica di Salewski, se da un lato ha spianato la strada per un ritorno alle fonti di storia militare prussiana libero dalla pesante ipoteca storiografica del canone militarista, dall'altro non dovrebbe nemmeno indurre a sottovalutare il dato di fatto, incontrovertibile e di recente nuovamente sottolineato anche da Stamm-Kuhlmann, che l'esercito fu il campo in cui il re Guglielmo I credette di dover e poter difendere al meglio il cosiddetto principio monarchico[9]. Il che però, urge precisare, è ancora altro dal dire che al centro del conflitto costituzionale del 1862-1866 sia stata la contrapposizione frontale tra due diverse concezioni dell'esercito, tra *Königsheer* e *Volksheer*, come talvolta asserito in passato[10]. Infatti, la tesi per cui la Camera dei deputati prussiana avesse di mira proprio la sottrazione al re del potere di comando sull'esercito (*Kommandogewalt*), il cui contenuto peraltro fu più o meno «ampio a seconda dei tempi e delle circostanze (*kasuistisch*)»[11], tralascia di considerare adeguatamente come il conflitto fosse invece scoppiato per il sussistere nella stessa forma di governo

[8] W. WETTE, *Militarismus in Deutschland*, p. 32.

[9] Si concorda in questo con T. STAMM-KUHLMANN, *Militärstaat Preußen*, pp. 120-121.

[10] La contrapposizione tra *Königsheer* e *Volksheer* fu invece al centro del conflitto costituzionale del 1862 per W. BUSSMANN, *Königliche Armee – Volksheer*. Convergente con la formulazione di quella contrapposizione, nell'indicare nella maggioranza parlamentare liberale il soggetto di una politica volutamente aggressiva e che lancia la sfida definitiva per il potere, è la tesi di E.R. Huber per cui nel conflitto il contrasto fondamentale si sarebbe addensato intorno all'alternativa tra *Parlamentarisches oder Königliches Regiment* (E.R. HUBER, *Deutsche Verfassungsgeschichte*, 3, p. 298); per Huber, infatti, lo scopo ultimo della lotta liberale degli anni del conflitto sarebbe stata la «Parlamentarisierung der Kommandogewalt und des Heeres, und damit Parlamentarisierung der Regierung und des Staats, die Unterwerfung des preussischen Königtums unter die Volksvertretung», insomma una rivoluzione a freddo (*kalte Revolution*) a cui si sarebbe 'giustamente', secondo Huber, e strenuamente opposto Guglielmo I. Per Huber addirittura nel conflitto costituzionale la posta in gioco sarebbe stata addirittura la «Entscheidung, ob das Verfassungssystem sich zur Parlamentsherrschaft fortentwickeln oder als Königsherrschaft befestigen solle» (p. 299).

[11] Così M. MESSERSCHMIDT, *Das preußische Militärwesen*, p. 416.

monarchico-costituzionale di una contrapposizione strutturale e oggettiva, il cui germe era innestato anche nel testo della costituzione del 1850. La possibilità di collisione tra la *Kommandogewalt* del monarca, quale assicurata dagli artt. 46 e 47 della costituzione prussiana[12], e l'altrettanto incontestabile potere delle Camere prussiane di autorizzare tutta la spesa pubblica, e quindi anche quella destinata a finanziare la spesa militare (per rafforzamenti e riorganizzazioni dell'esercito, nuovi e più moderni armamenti, ridefinizione dell'equilibrio tra i diversi corpi dell'esercito, mobilitazioni e operazioni belliche)[13], era infatti programmata sin dall'inizio. Il conflitto era destinato a esplodere, anche senza che fosse messa in discussione la *Kommandogewalt* del monarca, al primo manifestarsi di una precisa volontà regia di non voler scendere a compromesso con i poteri costituzionali delle Camere in materia di approvazione della spesa dello Stato.

La lunga «latenza» del militarismo seguita alle guerre di liberazione di inizio secolo, fu interrotta bruscamente, prima ancora che negli anni Sessanta, dalla mobilitazione dell'esercito nel biennio rivoluzionario, quando ad esso il re fece ricorso anche per il mantenimento dell'ordine pubblico. Tra esercito e popolazione civile si era aperta un'incolmabile distanza quando il re, tra il 18 e il 19 marzo 1848, aveva ordinato la carica dell'esercito sulla popolazione in rivolta causando tra i 230 e i 400 morti tra gli insorti e circa 36 tra i soldati. A colmare questa distanza Federico Guglielmo IV non riuscì neanche con l'ordine di ritiro delle truppe del successivo 21 marzo[14], e l'autorizzazione a far scendere in campo, allo scopo di «difendere la libertà costituzionale e l'ordine legale», la guardia civica (*Bürgerwehr*), sottoposta al ministro dell'Interno

[12] Cfr. Art. 46: «Il re ha il comando supremo (*Oberbefehl*) dell'esercito» e Art. 47: «Il re nomina a tutte le cariche nell'esercito e nelle altre branche del servizio pubblico, a meno che la legge non disponga diversamente».

[13] Si veda in merito J. DÜLFFER (ed), *Parlamentarische und öffentliche Kontrolle von Rüstung in Deutschland*.

[14] M. MESSERSCHMIDT, *Die Preussische Armee während der Revolution in Berlin*. Più in generale sul rapporto tra popolazione civile ed esercito nel 1848 D. LANGEWIESCHE, *Die Rolle des Militärs*.

(ad essa era chiamato, all'interno del comune o del *Kreis* di residenza, ogni prussiano di 24 anni che avesse già assolto l'obbligo militare)[15].

La frattura apertasi nel marzo 1848, tra il re ed il 'suo' esercito da un lato e il popolo dall'altro, resa vieppiù pericolosa da quella insorta tra il re e alcuni generali che non avevano condiviso la cautela che aveva consigliato al primo di ritirare l'esercito da Berlino, e che perciò da quel momento si concentrarono a Potsdam ad architettare colpi di stato[16], anziché ridursi col tempo, andò via via allargandosi. Sino a divenire incolmabile in seguito a vari eventi, e cioè dopo che l'8 novembre era stato incaricato di assumere le redini del governo il conte Brandenburg, già *Kommandierender General* a Breslau; dopo che il 10 novembre 1848 Berlino era stata occupata dall'esercito sotto il comando del generale Friedrich von Wrangel, e l'Assemblea costituente, una volta arresasi nelle mani dei militari anche la *Bürgerwehr*, era stata obbligata a sospendere le sue sedute e a proseguirle nella cittadina di Brandenburg an der Havel[17]; dopo, infine, che a Berlino e dintorni il 12 novembre 1848 sempre Wrangel aveva proclamato lo stato d'assedio,

[15] Sulla *Bürgerwehr* sarà tuttavia emanata una vera e propria legge istitutiva solo molto tardi (cfr. § 1 del *Gesetz über die Errichtung der Bürgerwehr. Vom 17. Oktober 1848*, in «GS», 1848, H. 47, n. 3047-3048, pp. 289-310), quando ormai alla sua mobilitazione si era ampiamente e ripetutamente preferita quella della *Schutzmannschaft*, il corpo di sicurezza della città di Berlino (cfr. in merito *supra*, cap. 5 «Amministrazione»). Molto presto arrivarono per contro le prime limitazioni all'uso delle armi da parte dei suoi membri con la *Verordnung über die Befugnisse der Bürgerwehr. Vom 19. April 1848* (in «GS», Nr. 2959, p. 111). Sul tema cfr. inoltre R. Pröve, *Politische Partizipation und soziale Ordnung*. Sull'impiego dell'esercito nella rivoluzione del 1848 S. Müller, *Das preussische Heer in der Revolution von 1848/49*; D. Langewiesche, *Die Rolle des Militärs*.

[16] M. Messerschmidt, *Das preußische Militärwesen*, qui pp. 408 s., e, dello stesso autore, *Die preußische Armee während der Revolution in Berlin*.

[17] M. Messerschmidt, *Das preußische Militärwesen*, p. 415. Sull'esercito lanciato nel 1848 contro lo stesso popolo da cui esso era prevalentemente reclutato dal 1814 in poi, e contro le *Bürgerwehren* di origine rivoluzionaria, cfr. anche S. Müller, *Das preußische Heer in der Revolution von 1848/49*, e la bibliografia ivi citata pp. 211 ss.; cfr. inoltre della stessa autrice, *Soldaten in der deutschen Revolution von 1848/49*.

applicando tutte le disposizioni del caso (sospensione della libertà di stampa, scioglimento della *Bürgerwehr*, imputazione alla città di Berlino di tutta la responsabilità dei danni procurati dai rivoluzionari al patrimonio dello Stato, disconoscimento di qualsiasi autorità alla già sciolta Assemblea costituente) senza alcun controllo e limiti di legge[18]. Questi verranno introdotti, da un punto di vista formale, solo con il varo della legge sullo stato di assedio del 4 giugno 1851[19], legge che nel 1867 andò a regolare lo stato di eccezione anche nei territori della Confederazione della Germania del Nord. Estesa quindi agli stati sotto la costituzione del *Reich* del 1871 (art. 68), la legge del 1851 rimase in vigore sino al 1919[20].

Nel novembre 1848 il re si spinse addirittura sino a impegnare contro i rivoluzionari la *Landwehr* (milizia mobile), una componente dell'esercito che avrebbe dovuto essere mobilitata solo in caso di guerra. Contro il popolo delle piazze fu così scagliato il cosiddetto «popolo in armi» (*Volk in Waffen*), con il risultato di numerose diserzioni e/o repentini passaggi di campo dei soldati dalla parte dei rivoltosi, quando non di veri e propri ammutinamenti. Di queste dolorose esperienze il re

[18] Cfr. *Bekanntmachung über die Verhängung des Belagerungszustandes von 12. November 1848*, in E.R. Huber (ed), *Dokumente zur deutschen Verfassungsgeschichte*, 1, p. 477 e in merito M. Messerschmidt, *Das preußische Militärwesen*, pp. 447-449. Lo stato di assedio, che ergeva a massimo potere la *Kommandogewalt* monarchica e implicava la possibilità di utilizzare l'esercito all'interno del Paese, era evidentemente particolarmente adatto a mettere il potere civile di fronte a tutta la sua impotenza.

[19] Cfr. *supra*, cap. 4 «Diritti», intorno alle note 98 e 99.

[20] L'istituto dello stato d'assedio, mentre da un lato sembrò aver trovato adeguata precisazione giuridica nel *Gesetz über den Belagerungszustand vom 4. Juni 1851* emanato in attuazione dell'art. 111 della costituzione del 1850 (Art. 111: «Für den Fall eines Krieges oder Aufruhrs können bei dringender Gefahr für die öffentliche Sicherheit die Artikel 5, 6, 7, 27, 28, 29, 30 und 36 der Verfassungs-Urkunde zeit- und distriktweise außer Kraft gesetzt werden. Das Nähere bestimmt das Gesetz»), dall'altro diventò da questo momento un potente strumento in mano allo Stato per sospendere senza alcun riguardo i diritti civili e politici di cittadinanza (M. Messerschmidt, *Das preußische Militärwesen*, p. 446). La legge del 1851 consentiva diverse forme di stato di assedio a seconda delle specifiche garanzie costituzionali sospese (*ibidem*, pp. 448-449).

terrà certo conto al momento di progettare, alla fine degli anni Cinquanta, la sua riforma dell'esercito, riforma che prenderà le mosse proprio dal presupposto dell'incerta affidabilità politica, oltre che della scarsa efficienza militare, della *Landwehr*[21]. Andate deluse anche le aspettative regie riguardo all'efficacia controrivoluzionaria di un utilizzo sulle piazze della *Landwehr*, sarà l'esercito permanente, sotto la guida del *Generalmajor* Wrangel ad avanzare su Berlino il 19 novembre 1848. La marcia rappresentò l'inizio di una controrivoluzionaria politicizzazione dell'esercito, che rimase determinante per la politica della Prussia-Germania sino alla Prima guerra mondiale[22].

Al contrario di quanto promesso all'inizio della rivoluzione da Federico Guglielmo IV, e di quanto previsto per il *Bürger-Soldat* (cittadino in uniforme) dalla legge di istituzione della guardia civica, nella costituzione del 1850 non era previsto per le forze armate il giuramento di fedeltà alla costituzione; anzi, l'obbligo per i soldati di prestare tale giuramento era esplicitamente escluso. Ad essi restava così solo l'obbligo di prestare giuramento alla bandiera (*auf den reinen Fahneneid*), vale a dire al superiore gerarchico e, in ultima istanza, al re. Erano con ciò poste solide premesse perché l'esercito si affermasse anche in epoca costituzionale come uno Stato nello Stato. Le disquisizioni di Ernst Rudolf Huber, secondo il quale l'esercito «doveva essere organizzato non 'fuori' ma 'dentro' l'ambito costituzionale ..., e ... il comando dell'esercito non era ... sottratto alla costituzione, ma al potere di controllo del parlamento»[23], sono destinate ad apparire mere speculazioni di fronte alla chiara e incondizionata volontà del re di Prussia, sia di Federico Guglielmo IV prima, sia di Guglielmo I poi, di restare anche in epoca costituzionale l'unico e incontrastato signore dell'esercito. Tale volontà regia poteva peraltro, in epoca costituzionale, far leva sui poteri riconosciuti al sovrano in

[21] Cfr. in merito E.R. HUBER, *Heer und Staat in der deutschen Geschichte*, pp. 173-177.

[22] Cfr. M. MESSERSCHMIDT, *Das preußische Militärwesen*, p. 434.

[23] E.R. HUBER, *Deutsche Verfassungsgeschichte*, 3, p. 78.

materia militare dagli artt. 46, 47, e anche 48 della costituzione[24], che disegnavano un comando supremo dell'esercito (*militärischer Oberbefehl* o *Kommandogewalt*) collocato nell'ambito della prerogativa regia e non legato ad alcuna controfirma ministeriale; solo, esso era destinato a incontrare un limite invalicabile nel diritto del parlamento di autorizzare 'tutto' il bilancio dello Stato (art. 99), e quindi anche qualsiasi spesa derivante dall'esercizio regio della *Kommandogewalt*[25].

All'esercito erano dedicati anche gli artt. 34-39 della costituzione del 1850, allocati nella parte sui «Diritti dei prussiani»[26]. Essi contenevano tra l'altro la determinazione, all'art. 34, per cui «Tutti i prussiani sono tenuti all'obbligo di leva»[27], mentre era lasciata alla legge la precisazione dell'estensione e del tipo di questo obbligo («Den Umfang und die Art dieser Pflicht bestimmt das Gesetz»).

La 'legge' sull'esercito in vigore nel 1848, quella cioè che precisava, non solo le forme e i modi dell'assolvimento dell'obbligo militare, ma anche la formazione e l'organizzazione interna dell'esercito, era ancora quella di Hermann von Boyen risalente al 1814 (*Gesetz über die Verpflichtung zum Kriegsdienst*). Da allora le erano state apportate solo alcune modifiche per via meramente amministrativa, sia in materia di obbligo di leva (*Wehrpflicht*), sia concernenti l'organizzazione e la formazione dell'esercito.

[24] Per gli artt. 46 e 47 cfr. *supra*, nota 12; l'art. 48 così esordiva: «Il re ha il diritto di dichiarare la guerra e di concludere la pace ...».

[25] Come riconosce anche E.R. HUBER, *Deutsche Verfassungsgeschichte*, 3, p. 77 «la competenza del parlamento per questioni di *budget* derivanti dall'organizzazione militare era incontestabile».

[26] Dice erroneamente E.R. HUBER, *Deutsche Verfassungsgeschichte*, 3, p. 73, che questi articoli si troverebbero «nella parte sui diritti fondamentali («im Grundrechtsteil»); sull'uso improprio del termine *Grundrechte* cfr. in merito quanto già detto nel cap. 4 «Diritti».

[27] Cfr. E.R. HUBER, *Deutsche Verfassungsgeschichte*, 3, pp. 73 s., che a questo proposito richiama con forza la «integrierende Funktion der Armee in Zeiten von allgemeiner Wehrpflicht sowie der Schule in Zeiten der allgemeiner Schulpflicht».

Per quanto riguarda in particolare l'assolvimento dell'obbligo militare la legge sull'esercito (*Wehrgesetz*) del 3 settembre 1814 aveva anzitutto introdotto il principio della sua generalità, di contro alle numerose esenzioni e ingiustizie ammesse dal precedente sistema, il cosiddetto *Kantonssystem*. Ciononostante l'esercito prussiano non era diventato certo un «esercito dello Stato» ed era rimasto invece, nonostante l'obbligo generale alla leva (*allgemeine Wehrpflicht*), un «esercito del re»[28]. In esso infatti continuavano a sopravvivere corpi chiusi, esclusioni e privilegi di vario tipo: il corpo dei cadetti (*Kadettenkorps*), sulla base di due *Kabinettsordres* del marzo 1851 e del giugno 1852, continuava ad accogliere di fatto solo figli di ufficiali[29]; il corpo degli ufficiali (*Offizierkorps*), che negli anni Cinquanta contava tra le 5.600 e le 7.000 unità, nonostante la diminuzione dei cadetti e nonostante che l'obbligo inserito nel 1859 di frequenza delle *Kriegsschulen* rappresentasse un deterrente per le antiche famiglie di ufficiali, continuava ad essere reclutato prevalentemente al loro interno; i comandanti di reggimento (*Regimentskommandeure*), che svolgevano il ruolo più importante nella selezione degli ufficiali, continuavano ad essere in stragrande maggioranza nobili[30]; i reggimenti della *Garde* rappresentavano ancora l'«élite nell'élite» e godevano di una propria giurisdizione (*Ehrengerichtsbarkeit*); i consiglieri del re raccolti nella *Generaladjuntatur*, del tutto irresponsabili, continuavano ad essere molto influenti; il *Militärkabinett*, parimenti irresponsabile, continuava a guidare l'esercito in stretta sintonia con il re[31].

Per quanto riguarda l'organizzazione interna dell'esercito la legge di Boyen del 1814 aveva stabilito che le forze armate dovessero consistere di quattro corpi: 1) l'esercito permanente o *stehendes Heer*, di cui i primi tre anni si trascorrevano nella *Linie*, gli altri due nella *Reserve*; 2) la milizia mobile di prima

[28] Cfr. M. Messerschmidt, *Das preußische Militärwesen*, pp. 365, 391, 422.

[29] *Ibidem*, p. 411.

[30] Cfr. a questo proposito l'eloquente tabella *ibidem*, p. 419.

[31] Cfr. quanto detto in merito *supra*, cap. 2 «Struttura costituzionale dello Stato centrale».

chiamata (*Landwehr des ersten Aufgebots*), chiamata a sostenere l'esercito permanente in caso di guerra e a tenere esercitazioni periodiche in tempo di pace; 3) la milizia mobile di seconda chiamata (*Landwehr des zweiten Aufgebots*), che in caso di guerra doveva servire o a rafforzare le guarnigioni (*Garnisonen*) o a presidiare le fortezze (*Festungen*), ma che in tempo di pace non faceva esercitazioni frequenti; 4) la milizia d'assalto (*Landsturm*), che doveva essere convocata solo in presenza di un'incursione nemica sul territorio nazionale (evenienza che però non si verificò sino al 1866), o anche in tempo di pace per il mantenimento dell'ordine all'interno.

Con la medesima fondamentale 'legge' del 1814 era stata inoltre fissata in 3 anni la durata del servizio militare attivo (*Linie*) e in altri 2 anni quella della riserva (*Reserve*) nell'esercito permanente; in questo perciò si restava inquadrati complessivamente dal 20° al 25° anno di età. Per gli anni successivi c'era invece l'obbligo di servire ed esercitarsi nella milizia mobile, che nell'intento di Boyen doveva fungere da luogo di mediazione degli interessi dell'esercito con quelli della borghesia economicamente attiva. Sempre allo scopo di avvicinare la borghesia all'esercito era stato previsto anche l'istituto degli *Einjährige-Freiwillige* (i volontari per 1 anno), una concessione di privilegio per le classi colte e possidenti (*Bildung und Besitz*): i loro rampolli potevano entrare volontariamente nell'esercito, di solito negli *Jäger- und - Schützenkorps*, dopo avere provveduto autonomamente a tutto l'equipaggiamento necessario, e restarvi (solo) per un anno prima di poter tornare alle loro occupazioni. Gli *Einjährigefreiwillige* avevano il diritto di entrare automaticamente nella *Landwehr* allo scadere del terzo anno dall'arruolamento, e godevano di trattamenti di favore (promozioni più facili e privilegi vari) qualora assunti nella pubblica amministrazione[32].

In attuazione della legge del 1814 era stata poi varata la *Landwehrordnung* del 21 novembre 1815. Gli abili alla leva, infatti, come già detto, una volta congedati anche dalla riserva, erano inquadrati per i successivi 14 anni della loro vita all'interno della

[32] M. MESSERCHMIDT, *Das preußische Militärwesen*, p. 366.

milizia mobile, e qui erano chiamati ad esercitarsi militarmente per brevi periodi nel corso dell'anno; in particolare, per 7 anni all'interno della milizia mobile di prima chiamata (e cioè solitamente dal 26° al 32° anno di età), e per i successivi 7all'interno di quella di seconda chiamata (solitamente dal 33° al 39° anno di età). In caso di guerra la *Landwehr* di prima chiamata, e ogni sua brigata (*Brigade*), andava a costituire con ogni brigata della *Linie* l'esercito di campo (*Feldarmee* o *Felddivision*), mentre in tempo di pace *Linie* e *Landwehr* restavano separate. Nella concezione del riformatore Boyen la *Landwehr*, che come già detto doveva servire a collegare esercito e nazione, costituiva la «seconda colonna delle forze armate»[33].

Un primo colpo alla legge di Boyen, e all'organizzazione dell'esercito poggiante sulle due gambe della *Linie* e della *Landwehr*, venne inferto però già nel 1819, quando furono sciolti 34 battaglioni della seconda, producendo un complessivo ridimensionamento dell'istituto. Un secondo colpo fu poi assestato alla *Landwehr* nel 1841, quando, essendo Boyen appena ritornato al ministero della Guerra per la seconda volta, e dovendo essere nominati circa 416 capicompagnia (*Kompanieführer*), solo 240 posti furono occupati con ufficiali della *Landwehr*, mentre i rimanenti furono coperti tutti con ex ufficiali della *Linie*. La *Landwehr* aveva così perso già molto della sua importanza e autonomia organizzativa, e aveva ormai subito numerosi adattamenti alle esigenze della *Linie*, quando, nel 1860, intervenne la riforma dell'esercito di Roon, che andò ancora più decisamente nella direzione di ridurne la consistenza e relativizzarne l'importanza rispetto alla *Linie*.

Anche quest'ultima però, nel corso degli anni Cinquanta e prima della riorganizzazione militare del 1860, fu interessata da alcuni provvedimenti correttivi della dinamica innescata dalle prescrizioni della legge del 1814, dato che non tutto quanto qui stabilito aveva dato buona prova di sé. In particolare, la riduzione a 2 anni del periodo di arruolamento obbligatorio nella *Linie*, decisa nel 1833 per esigenze di risparmio finanziario,

[33] *Ibidem*, p. 368.

fu mantenuta solo sino al 1853[34]. A partire da allora e sino al 1855 fu così reintrodotto prima il servizio militare di 2 anni e mezzo per la fanteria della *Linie*, e poi, a partire dal 1857, quello di 3 anni, ritenuto necessario per garantire la penetrazione dello spirito militare nel cittadino, una migliore disciplina militare e una più alta preparazione professionale del soldato[35].

Dopo la mobilitazione dell'esercito del 1850, gli stessi ministri della Guerra (August Ernst von Stockhausen: 27 febbraio 1850 - 31 dicembre 1851; Eduard von Bonin: 13 gennaio 1852 - 5 maggio 1854; Friedrich von Waldersee: 5 maggio 1854 - 6 novembre 1858) avevano cominciato infatti a lamentare sempre più spesso lo scarso numero di ufficiali (*Offiziere*) dell'esercito prussiano nel suo complesso, cioè sia della *Linie* che della *Landwehr*, e particolarmente la carenza di sottufficiali (*Unteroffiziere*), che erano poi quelli che svolgevano il maggior lavoro e che erano invece spesso remunerati in modo inadeguato. Contemporaneamente gli stessi ministri avevano sollecitato anche un maggiore reclutamento di soldati comuni (*Gemeinen*), per rafforzare un esercito che, in tempo di pace (*auf dem Friedensstand*), avrebbe

[34] Cfr. H. Beitzke, Major a.[usser] D.[ienst], Abgeordneter der Fortschrittspartei, *Das preussische Heer vor und nach der Reorganisation*, p. 19.

[35] L'esercito prussiano, prima della riorganizzazione del 1860, si componeva dei seguenti corpi: *Infanterie*, *Cavallerie*, *Artillerie*, *Pioniere*. Di essi i primi due erano organizzati in *Linie* e *Landwehr*, mentre negli altri la distinzione non esisteva (così H. Beitzke, *Das preussische Heer vor und nach der Reorganisation*, p. 11). Sempre prima della riorganizzazione l'esercito prussiano ammontava, secondo Beitzke, in tempo di pace a 120.164 soldati comuni (*Gemeine*) + 7.500 ufficiali + 3.000 funzionari militari (*Militairbeamten*), medici ecc., cioè complessivamente a 130.664 uomini (*ibidem*, p. 11); da questa cifra era esclusa la *Landwehr II. Aufgebot*, che in tempo di pace non era convocata e che però era in grado all'occorrenza di mettere a disposizione 93.032 uomini (p. 12). Sul piede di guerra (*auf dem Kriegsfuß*) invece, l'esercito complessivamente sarebbe arrivato a contare 357.221 uomini, compresi gli ufficiali e i funzionari militari, a cui si potevano aggiungere le truppe sostitutive (*Ersatztruppen*) ammontanti a 92.405 uomini, per una complessiva forza militare (*Stärke des Heeres*) di 449.626 uomini. Ad essa si poteva aggiungere eventualmente la convocazione della *Landwehr II Aufgebot*, in grado di mettere a disposizione i suoi 93.032 uomini, che però era stata radunata solo in occasione della mobilitazione (*Mobilmachung*) del 1850, che aveva preceduto l'umiliante trattato di Olmütz (*ibidem*, pp. 12-13; sul trattato cfr. quanto detto *supra*, cap. 1 «Territorio», nota 15.

contato solo 122.260 uomini, come si calcolava in un *pamphlet* anonimo del 1852, *Preussen als Militairstaat*, che ebbe all'epoca larga diffusione. Al di là della confrontabilità o meno dei calcoli dell'autore del *pamphlet* con quelli messi a disposizione dalla storiografia militare odierna, certo è comunque che le sue argomentazioni trovarono larga eco nell'opinione pubblica. La consistenza dell'esercito prussiano, secondo il *pamphlet*, «basta[va] appena alla difesa delle 28 fortezze presenti sul territorio», e il suo aumento era reso vieppiù improrogabile dalle necessità di uno Stato militare come la Prussia, uno Stato che «collega[va] in una lunga linea l'Est dell'Europa con l'Ovest», e che, inoltre, «[era] circondato da tutte le parti da vicini potenti che pure manten[evano] significative forze militari»[36].

Al pari dell'anonimo autore del *pamphlet* del 1852, ad un convinto rafforzamento dello Stato militare invitava qualche anno più tardi, e cioè nel 1859, anche il pubblicista Constantin Frantz con un altro fortunato *pamphlet* intitolato *Der Militairstaat*. In esso si insisteva su come il carattere militare dello Stato prussiano si fosse alquanto indebolito negli ultimi tempi, su quanto esiguo fosse l'impegno finanziario prussiano nell'esercito in rapporto a quello di altri Stati europei, su come negli ultimi tempi si fosse speso più per rafforzare il *Beamtenstaat* che non il *Militairstaat*, e, infine, su come invece la Prussia dovesse sforzarsi di restare uno Stato militare anche in futuro «per conservare il suo *status* di grande potenza»[37].

Di sicuro al costante aumento della popolazione registratosi in Prussia nell'ultimo mezzo secolo circa, non era corrisposto un aumento proporzionale degli arruolati, quale invece si sarebbe dovuto attendere se fosse stato effettivamente attuato il principio della coscrizione generale obbligatoria introdotto dalla legge del 1814. Calcolò anche Friedrich Engels che, al tempo in cui era stata fatta l'ultima fondamentale riforma

[36] Cfr. *Preussen als Militairstaat*, per le citazioni pp. 40, 38 ma anche pp. 40 ss. Come si può notare le cifre relative alla consistenza dell'esercito in tempo di pace riferiti da Beitzke (cfr. *supra*, alle nota 35) non sono immediatamente raffrontabili a quelle riportate nel *pamphlet* qui preso in esame.

[37] C. FRANTZ, *Der Militairstaat*, pp. 9, 70, 72-75, 126.

dell'esercito, nel 1815, la Prussia, che contava allora solo circa 10 milioni di abitanti, arruolava annualmente 40.000 uomini, vale a dire il 4% della popolazione; nel 1859, invece, quando la popolazione prussiana ammontava a 17.739.913 unità, avendo registrato una crescita percentuale rispetto all'ultimo censimento del 1855 del 3,12%, veniva arruolato solo poco più del 2% della popolazione[38]. Ad ogni modo, nell'ormai generale consapevolezza di quanto la Prussia fosse rimasta indietro nell'arruolamento militare rispetto ai tempi immediatamente successivi alle riforme della prima metà del secolo, buon gioco ebbe negli anni Cinquanta Roon, quando, ancora prima di diventare ministro della Guerra, molto si adoperò insieme al re affinché circolasse e penetrasse a fondo nella coscienza dell'opinione pubblica la tesi dell'insufficiente preparazione militare degli ufficiali della *Landwehr*[39].

La composizione dell'esercito di *Linie*, *Landwehr* e *Landsturm* era stata riconosciuta anche dalla costituzione del 1850. All'art. 35 qui si affermava infatti: «L'esercito comprende tutte le divisioni dell'esercito permanente e della milizia mobile. In caso di guerra il re può portare in campo il *Landsturm* secondo le disposizioni di legge»[40]. Poco o nulla si diceva nella costituzione, invece, del ministro della Guerra (*Kriegsminister*). Il fatto però che ben sei ministri si siano alternati dal 1848 al 1851, è un chiaro indizio di una difficoltà oggettiva nella costellazione di figure più o meno istituzionali che decidevano sull'esercito, e in particolare nella relazione tra il ministro e il re.

La concezione regia che con la costituzionalizzazione dello Stato poco o niente fosse cambiato nella sua posizione rispetto all'esercito, era evidentemente destinata a riflettersi immediatamente sull'importanza del ruolo di mediazione che il ministro costitu-

38 Cfr. F. ENGELS, *Die preußische Militärfrage und die deutsche Arbeiterpartei*, p. 45. I dati dell'ultimo censimento eseguito in Prussia alla fine del 1858, resi noti dalle «Mittheilungen des statistischen Bureaus in Berlin», furono ripresi dalla «Nationalzeitung» del 9 settembre 1859.

39 M. MESSERSCHMIDT, *Das preußische Militärwesen*, p. 391.

40 Art. 35: «Das Heer begreift alle Abtheilungen des stehenden Heeres und der Landwehr. / Im Falle des Krieges kann der König nach Maaßgabe des Gesetzes den Landsturm aufbieten».

zionale era chiamato a svolgere tra l'esercito e il re[41]. L'incertezza del ministro della Guerra sulla reale estensione del suo potere si addensò infatti ben presto nella problematicizzazione del campo di applicazione dell'istituto eminentemente costituzionale della controfirma in relazione a quello dell'*Oberbefehl* regio sull'esercito. Federico Guglielmo IV, che considerava il suo potere di comando sull'esercito un efflusso della prerogativa regia, nell'estenderlo, con un semplice *Handbillet* del 1° luglio 1849, a «potere di ordine e comando supremo» (*Befehls- und Kommandogewalt*), non si lasciò sfuggire l'occasione per confermarlo svincolato da qualsiasi autorizzazione del parlamento e ribadire surrettiziamente nello stesso momento il suo essere a maggior ragione sciolto da qualsiasi altro potere di controfirma. Ad avviso del monarca, nella configurazione della sua *Kommandogewalt*, vero e proprio cardine dello Stato militare prussiano[42], niente era cioè cambiato con il passaggio allo Stato costituzionale, tantomeno poteva essere intervenuta una qualsiasi limitazione ad opera della controfirma di un 'suo' ministro.

Nella direzione tracciata da Federico Guglielmo IV proseguì poi Guglielmo I. Non appena salito al trono, attraverso l'*Allerhöchster Erlaß* del 18 gennaio 1861[43], questi si affrettò infatti a rivendicare «il carattere di ordini militari a tutti gli ordini [*Ordres*] regi da notificare all'esercito», escludendoli così dall'obbligo della controfirma. Ad essa avrebbero dovuto andare soggetti, invece, gli atti relativi all'amministrazione militare in generale o a singole sue branche, come pure tutti gli ordini in questioni militari che implicassero una modifica del bilancio del ministero, o che contenessero, si precisava puntigliosamente, un atto di governo[44], creando così una distinzione inedita, invero

[41] M. MESSERSCHMIDT, *Das preußische Militärwesen*, p. 375.

[42] Cfr. *ibidem*; cfr. inoltre E.R. HUBER, *Heer und Staat*, p. 209; F. Frhr. M. VON BIEBERSTEIN, *Verantwortlichkeit und Gegenzeichnung bei Anordnungen des Obersten Kriegsherrn*, p. 30, nota 10.

[43] Cfr. l'*Allerhöchster Erlaß, die Gegenzeichnung und Bekanntmachung der Armee-Befehle betreffend. Vom 18. Januar 1861*, in «Ministerialblatt für die gesamte innere Verwaltung», 22, 1861, Nr. 82, pp. 73 s.

[44] Cfr. punto 4 dell'*Allerhöchster Erlaß, die Gegenzeichnung und Bekanntmachung der Armee-Befehle betreffend. Vom 18. Januar 1861*: «... alle Meine

alquanto problematica, tra atti di comando che richiedevano la controfirma del ministro della Guerra e altri che invece potevano restarne privi[45].

La pressione monarchica verso la progressiva neutralizzazione politica del ministro della Guerra, aveva invero conosciuto una forte accentuazione sin dall'inizio della reggenza del principe Guglielmo, portando ben presto alle dimissioni del ministro liberal-moderato della Nuova Era Eduard von Bonin (6 novembre 1858 - 27 novembre 1859), notoriamente favorevole alla reintroduzione del servizio militare attivo a due anni[46], e alla sua sostituzione con Albrecht von Roon (5 dicembre 1859 - 9 settembre 1873)[47]. Lungi dal cercare di rafforzare la sua stessa autonomia decisionale, Roon riuscì a mantenersi saldamente e a lungo sullo scranno ministeriale proprio in quanto schierato a difesa della totale indipendenza politica del re come comandante in capo dell'esercito (*Oberbefehlshaber*). Quest'ultimo, dal canto suo, trovò un valido sostegno nel perseguimento della sua politica di estromissione del ministro della Guerra dalla gestione della materia militare nel capo del suo *Militärkabinett*, Edwin von Manteuffel (1856-1865), già *Flügeladjutant* del re, che però preferì sempre l'intrigo dietro le quinte all'azione pubblica. L'insidioso ruolo del capo del Gabinetto militare naturalmente non mancò di creare talvolta profondi conflitti tra lui stesso e il re, da un lato, e il governo, più precisamente il ministro della Guerra e/o lo stesso Pre-

der Armee bekannt zu machenden Ordres [haben] den Charakter des militairischen Befehls ...» e «... Alle übrigen, nur die Militair-Verwaltung im Allgemeinen oder in ihren einzelnen Zweigen betreffenden Ordres, so wie alle anderen Ordres in Armee-Angelegenheiten, welche die Etats alteriren oder sonst einen Regierungsakt enthalten, werden, wie bisher, vor der Absendung mit der Gegenzeichnung des Kriegs-Ministers versehen».

45 Cfr. in merito APEL, voce *Armeebefehl und Armeeverordnung*, e, dello stesso autore, voce *Kriegsministerium*; nella seconda voce si sorvola del tutto positivisticamente sulla nuova collocazione politica del ministro della Guerra (*Kriegsminister*) nel nuovo contesto costituzionale della monarchia prussiana.

46 Cfr. W. PETTER, *Die Roonsche Heeresorganisation und das Ende der Landwehr*, p. 224.

47 Cfr. E.R. HUBER, *Deutsche Verfassungsgeschichte*, 3, p. 376. Su Roon cfr. R. PAETAU, voce *Albrecht von Roon*.

sidente dei ministri Bismarck, dall'altro. Manteuffel tuttavia, sempre compattamente schierato con il re in difesa del ruolo speciale che l'esercito doveva svolgere nello Stato, fu anche sempre teso a sganciarsi dalla sua subordinazione formale al ministro della Guerra, sforzo che però riuscirà del tutto solo al responsabile del Gabinetto militare che gli succedette nella nuova cornice imperiale[48].

Un fedele alleato nella difesa dell'esercito come istituzione extracostituzionale e dipendente solo e direttamente dal re, quest'ultimo lo trovò sempre nel corpo degli ufficiali (*Offizierkorp*), dove una tale posizione del re era intesa come ovvia, ma anche, nello Stato maggiore (*Generalstab*)[49]. Nel corso degli anni Sessanta, infatti, e in particolare a partire dal 1866, nella costellazione delle personalità di primo piano che gestivano l'esercito andò assumendo un ruolo sempre più autonomo, dribblando la mediazione del ministro della Guerra fino ad entrare in relazione diretta (*Immediatstellung*) con il re, il capo di stato maggiore (*Generalstabschef*), ruolo che, a partire dal 1857, fu impersonato da Helmut von Moltke. Nel 1866, sia la preparazione della guerra contro l'Austria, sia le operazioni belliche, che sin qui erano state condotte dal ministro della Guerra, si svolsero sotto la programmazione e il comando del capo di Stato maggiore[50]. Sotto la sua direzione sarà posta successivamente anche la *Kriegsakademie*, come nel 1859 fu ribattezzata l'*Allgemeine Kriegsschule*[51], dato che in tempo di pace lo Stato maggiore si dedicava soprattutto alla formazione degli ufficiali e alle mobilitazioni belliche.

Un'altra figura da cui il ministro della Guerra si dovette guardare le spalle, oltre che dal capo del Gabinetto militare e dal capo di Stato maggiore, fu quella del *Kommandierender General*. Presente in ogni singola provincia (nel territorio della monarchia ce n'erano in tutto 9), egli impersonava il massimo potere

48 M. MESSERSCHMIDT, *Das preussische Militärwesen*, p. 378.

49 H. STÜBIG, *Die Entwicklung des preußisch-deutschen Generalstabs im 19. Jahrhundert*.

50 M. MESSERSCHMIDT, *Das preussische Militärwesen*, p. 381.

51 L. VON SCHARFENORT, *Die Königlich Preußische Kriegsakademie 1810-1910*.

militare accanto a quello civile degli *Oberpräsidenten*. Come rappresentante più importante della *Kommandogewalt* regia a livello provinciale, il generale comandante aveva competenze molto vaste: era il garante della sicurezza all'interno (in questo ruolo le sue competenze erano state fissate dalla legge sullo stato di assedio del 4 giugno 1851), ma poteva anche radunare le truppe, occuparsi della loro formazione e della logistica; sin dal 1820 egli aveva anche il massimo comando dei corpi d'armata dislocati sul territorio di competenza, entrando in diretta concorrenza con il ministro della Guerra e in relazione immediata con il re da cui solo riceveva ordini. Dalla guerra del 1866 in poi e nel corso di essa, era ai *kommandierende Generäle* che andavano direttamente gli ordini operativi del capo di Stato maggiore, mentre il ministro della Guerra doveva semplicemente essere informato. Fu così che essi, dato che nessuna delle altre autorità centrali che conferivano direttamente con il re in tempo di pace (il ministro della Guerra, il capo del Gabinetto militare, il capo di Stato maggiore) aveva poteri di comando dell'esercito, vennero ad acquisire una tale posizione speciale (*Sonderstellung*), che fece sbalzare in secondo piano non solo il ministro, ma anche, in tempo di pace e sino alla Prima guerra mondiale, il capo di Stato maggiore[52].

L'esercito delle guerre di unificazione fu, com'è noto, quello che scaturì dalla riforma militare di Roon[53], riforma attuata dopo che la mobilitazione di alcuni corpi d'armata durante la guerra austro-franco-italiana del 1859 aveva messo a nudo le rilevanti deficienze dell'esercito prussiano e, soprattutto, come non si stancarono di ripetere le fonti ufficiali, il ruolo frenante esercitato sull'azione complessiva delle truppe dalla milizia mobile (*Landwehr*).

Per la mobilitazione dell'esercito del 1859 il *Landtag* prussiano, con legge del 21 maggio 1859, aveva messo a disposizione del governo ingenti risorse finanziarie, come concessione straordinaria e nella forma di *Anleihe*, per un ammontare massimo di

52 M. MESSERSCHMIDT, *Das preussische Militärwesen*, pp. 381-385.

53 Cfr. in merito W. DIERK, *Preußische Heeresreformen 1807-1870*; W. PETTER, *Die Roonsche Heeresorganisation und das Ende der Landwehr*.

40 milioni di talleri[54]. Terminata la guerra e stipulata tra Austria e Francia la pace di Villafranca, grande sorpresa suscitò la risoluzione del governo e del monarca che, dopo aver condotto sul campo oltre ai battaglioni dell'esercito permanente anche quelli corrispondenti della milizia mobile di prima chiamata, sembravano non essere intenzionati a sciogliere questi ultimi non appena cessato il pericolo. Del resto, già il fatto che nel 1859 la milizia fosse stata mobilitata contemporaneamente ai battaglioni dell'esercito permanente, in netta contraddizione con gli intenti originari dei riformatori d'inizio secolo, per i quali si sarebbe dovuto e potuto ricorrere alla milizia solo nel caso che le truppe della *Linie* si fossero trovate in serie difficoltà belliche, era stato interpretato come un chiaro segno della volontà di assimilare la *Landwehr* alla *Linie*, di dissolvere quindi la prima nella sua specificità, ignorandone l'originaria differente natura, esclusivamente sussidiaria e difensiva[55]. Non minore sorpresa suscitò poi anche la nomina, a cui si è già fatto cenno ed effettuata alla fine del 1859 senza fornire alcuna motivazione e in totale segretezza, del nuovo ministro della Guerra, nella persona del conte Albrecht von Roon, al posto del vecchio liberale Bonin[56]. Fu in questo periodo che sugli organi di stampa del movimento liberale si cominciò a parlare dell'esistenza di un piano monarchico-governativo di modifica

[54] Cfr. *Gesetz, betreffend den außerordentlichen Geldbedarf der Militair- und der Marineverwaltung. Vom 21. Mai 1859*, in «GS», 1859, Nr. 5066, p. 242. A questa legge seguirono le disposizioni attuative in forma di decreto regio del 28 maggio 1859 (*Allerhöchster Erlaß vom 28. Mai 1859, betreffend die in Gemäßheit des Gesetzes vom 21. Mai 1859* [«Gesetz-Sammlung, S. 242»] *aufzunehmende Staatsanleihe von dreißig Millionen Thaler*», in «GS», 1859, Nr. 5071, p. 277) che fissava il prestito pubblico contratto dal governo nella misura di 30 milioni di talleri, e di un'ordinanza dello stesso giorno (*Verordnung, betreffend die Überweisung der in Gemäßheit des Gesetzes vom 21. Mai 1859 aufzunehmenden Staatsanleihe an die Hauptverwaltung der Staatsschulden. Vom 28. Mai 1859*, in «GS», 1859, Nr. 5072, p. 278) con cui la stessa somma era trasferita all'Amministrazione del debito pubblico e messa concretamente a disposizione del governo.

[55] K. von Vincke-Olbendorf, *Über Reformen in der preußischen Kriegsverfassung*, in particolare pp. 145-146.

[56] Cfr. *Der Rücktritt des Kriegsministers*, in «Nationalzeitung» del 15 dicembre 1859.

della costituzione militare vigente, mirante a fare dell'esercito «un corpo ancora più grande e indipendente dalla volontà del popolo». Se anche, si proseguiva sulla «Nationalzeitung» del 18 dicembre 1859, «la milizia mobile non verrà completamente soppressa, assumerà tuttavia più importanza l'esercito permanente; e ciò non solo per il rafforzamento numerico, ma anche per la modifica stessa cui sarà sottoposto. Saranno creati molti nuovi posti di ufficiale, ma lo spirito di corpo degli ufficiali sarà plasmato secondo quello della nobiltà feudale; a quest'ultima dovrà adeguarsi lo spirito dei borghesi»[57].

Poco tempo dopo, in effetti, e cioè il 12 gennaio 1860, l'allora reggente principe Guglielmo annunciò come prossima la presentazione di un progetto di legge di riorganizzazione dell'esercito riguardante l'obbligo militare. Il progetto fu presentato alla Camera dei deputati il 10 febbraio 1860 dallo stesso Presidente dei ministri, il principe di Hohenzollern-Sigmaringen, insieme però ad un altro disegno di legge, con cui il governo chiedeva ben 9 milioni e mezzo di talleri per l'attuazione della riorganizzazione dell'esercito[58]. Nel suo intervento in aula a motivazione e difesa dei due disegni di legge il ministro della Guerra Roon disse che con la legge di riforma dell'esercito il governo aveva anzitutto voluto far fronte al bisogno, avvertito ormai in tutto il Paese, di adeguare l'effettivo dell'esercito alle nuove ed accresciute esigenze militari, nonché alla forte crescita della popolazione prussiana. Negli ultimi tempi, infatti, la forbice tra gli abili e coloro che effettivamente prestavano il servizio militare, si sarebbe ulteriormente aperta, vanificando il principio per cui «a tutti devono derivare gli stessi oneri dall'obbligo generale al servizio militare»[59].

La relazione parlamentare sul progetto governativo di riforma dell'esercito redatta dal generale Friedrich Karl Stavenhagen, esperto militare altamente stimato della liberal-moderata *Fraktion Vincke* su incarico della commissione militare della Camera

[57] Cfr. *Feudale und Liberale*, in «Nationalzeitung» del 18 dicembre 1859.

[58] Cfr. A.G. Manca, *La sfida delle riforme*, pp. 282-285.

[59] Cfr. *StenBerAH*, 10ª seduta, 10 febbraio 1860, p. 96, Roon.

dei deputati, conteneva però una critica serrata della proposta governativa di riforma militare[60]. Alla fine il progetto di riforma dell'esercito non riuscì nemmeno a raggiungere l'aula.

I membri del governo intervenuti ai lavori della commissione militare spiegarono come esso fosse stato mosso a preparare un piano di riforma dell'esercito dopo aver visto confermati, durante la mobilitazione del 1859, i timori sull'insufficienza della preparazione militare degli ufficiali e sottufficiali della milizia mobile. Nella convinzione che la sua debolezza e inefficienza fossero dovute a cause strutturali e non contingenti, e che esse comunque non dovessero pregiudicare oltre la forza dell'esercito prussiano nel suo complesso, il governo si era infine risolto a mettere a punto la riforma militare sottoposta al vaglio della commissione. Per assicurare alla Prussia un esercito più forte ed efficiente, oltre che più consono alle esigenze di una grande potenza quale essa era ormai diventata, si erano rese necessarie tutta una serie di misure, che finivano per ridisegnare l'intero assetto e l'organizzazione interna delle forze armate prussiane. Tra i provvedimenti adottati vi erano: anzitutto l'aumento degli arruolati e, in generale, una più sistematica attuazione del *Kadersystem*, e cioè di quella particolare articolazione delle truppe per cui in tempo di pace erano presenti solo virtualmente i quadri che venivano immediatamente completati in caso di guerra; in secondo luogo, l'inclusione delle classi più giovani della milizia di prima chiamata tra le truppe dell'esercito regolare; in terzo luogo, ma in via tutt'altro che subordinata – era infatti questo il provvedimento che il principe reggente considerava assolutamente irrinunciabile –, la fissazione definitiva della triennalità della ferma di leva per la fanteria. Secondo il principe Guglielmo, infatti, la reintroduzione della ferma di leva biennale, praticata per periodi anche lunghi durante i passati decenni, aveva sicuramente avuto un effetto inibitorio sul processo, cui invece ora si voleva imprimere una spinta risoluta con la progettata riforma militare, di totale identificazione del

[60] Cfr. *Der Kommissionsbericht über die Militärvorlage*, in «Nationalzeitung» del 7 maggio 1860, *Abendblatt* e *Fortsetzung und Schluß der Mittheilungen aus dem Kommissionberichte*, in «Nationalzeitung» dell'8 maggio 1860.

cittadino in servizio di leva con il suo ruolo di soldato, con il risultato di massimizzarne il livello di preparazione e di professionalità tecnica[61].

Sull'attuazione di un sostanzioso innalzamento delle quote annuali di reclutamento da 40.000 a 63.000 uomini, misura che avrebbe consentito un avvicinamento ulteriore all'effettiva realizzazione del principio della coscrizione generale obbligatoria, la commissione militare della Camera dei deputati si disse d'accordo con il governo. Da essa fermamente respinta fu invece l'accusa impietosa degli esponenti governativi di inefficienza e di scarsa preparazione tecnico-militare dei soldati e degli ufficiali della milizia mobile. Secondo la commissione, il governo non poteva disconoscere con tanta leggerezza la positiva e insostituibile funzione di collante da sempre svolta dalla milizia tra esercito e popolo. L'ulteriore svolgimento di questa funzione sarebbe però stato inevitabilmente pregiudicato dalla reintroduzione della ferma triennale di leva per la fanteria e dalla conseguente assimilazione da parte del soldato dell'«esclusivo spirito» di ceto caratteristico del corpo degli ufficiali, ancora reclutati quasi esclusivamente nei ranghi della nobiltà. Il governo di conseguenza, se proprio voleva attuare con maggiore rigidità il *Kadersystem*, che procedesse pure; nel fare ciò, però, avrebbe dovuto limitarsi quanto più possibile alle truppe dell'esercito regolare (*Linie*), osservando e rispettando l'originaria diversità della milizia mobile (*Landwehr*), che dai provvedimenti governativi usciva invece quasi assimilata all'esercito regolare. La proposta governativa di includere le classi più giovani della milizia mobile tra le truppe dell'esercito regolare equivaleva, infatti, secondo i liberali della commissione militare, all'eliminazione della milizia dall'esercito di campo, laddove invece quest'ultimo, secondo la legge in vigore del 1814, si componeva della *Linie*, e cioè dei soldati dell'esercito permanente, e della *Landwehr* di prima chiamata[62]. Se la milizia mobile di prima chiamata fosse stata ridotta delle sue

[61] Cfr. *Der Kommissionsbericht über die Militärvorlage*, in «Nationalzeitung» del 7 maggio 1860, *Abendblatt*.

[62] Cfr. l'articolo di fondo *Die Militärvorlage II*, in «Nationalzeitung», 24 febbraio 1860.

tre coorti più giovani, sarebbero inevitabilmente rimaste solo le sue quattro più anziane, che però, secondo la costituzione militare vigente, non potevano assumere altro compito se non quello di difendere le frontiere e le fortificazioni.

La difesa della milizia era consigliata inoltre, secondo alcuni membri della commissione militare, da gravi motivi di ordine finanziario. Non si poteva sottovalutare il fatto che il sistema della milizia aveva da sempre consentito alla Prussia, inferiore per mezzi finanziari e popolazione agli stati limitrofi, di non impiegare in tempo di pace, per il mantenimento di un grande esercito, le riserve materiali che le erano invece indispensabili in caso di guerra. La ferma triennale, si argomentò all'interno della commissione militare, avrebbe fatto lievitare eccessivamente i costi della riorganizzazione dell'esercito, laddove, «anche solo dall'accoglimento della ferma di leva biennale per la fanteria, sarebbe derivato un risparmio annuale di circa 3 milioni»[63].

La critica cui furono sottoposti i due progetti di legge governativi all'interno della commissione militare della Camera dei deputati, critica che, come si è detto, si addensò soprattutto sui due propositi governativi di eliminare di fatto la milizia mobile dall'esercito di campo, nel momento in cui si innestavano le sue tre classi più giovani nella riserva della *Linie*, e di reintrodurre la ferma di leva triennale al posto di quella biennale, portò l'opinione pubblica a conoscenza dell'esistenza di un forte contrasto tra la maggioranza liberale e il governo monarchico, su una questione però che il reggente avrebbe preferito che restasse sottratta alla pubblica discussione. Tanto più che egli, in materia di riforma dell'esercito, si riteneva libero dalla ricerca dell'approvazione della rappresentanza popolare, anche in virtù dell'art. 46 della costituzione che, come si è visto, gli aveva attribuito il supremo comando dell'esercito.

Vista la crescente sensibilizzazione politica di larghi strati dell'opinione pubblica sulla questione militare, il principe reggente e il suo governo si risolsero ai primi di maggio 1860 a ritirare

[63] Sull'aspetto finanziario della riforma cfr. *Die Mittel zur Militär-Reform*, in «Nationalzeitung» del 7 marzo 1860 e *Die Steuerbelastung in Preußen*, in «Nationalzeitung» del 16 marzo 1860.

dalla Camera i due progetti di legge presentati a febbraio. Al loro posto ne furono presentati alla Camera altri due il 5 maggio 1860, che non contenevano alcuna proposta di riforma militare, ma si limitavano ad esprimere, invece, una richiesta di mezzi finanziari straordinari per scopi militari. Alla rappresentanza popolare il governo chiedeva in concreto 9 milioni di talleri, al fine di «mantenere provvisoriamente», dato il «perdurare» della situazione di pericolo nei rapporti tra le principali potenze europee, l'effettivo a cui era stato portato l'esercito con la mobilitazione disposta l'anno precedente.

I 9 milioni di talleri furono concessi dalla Camera dei deputati il 15 maggio 1860, anche se sulla decisione certo pesarono non poco sia la dichiarazione del governo di voler intendere la concessione del credito come un voto di fiducia nei suoi confronti, sia la minaccia, fatta circolare dal monarca, che in caso di mancata concessione del credito egli avrebbe anche potuto far ricorso allo scioglimento della Camera o addirittura al licenziamento dei ministri liberal-moderati in carica[64]. D'altra parte, le rassicurazioni fornite alla *Fraktion Vincke* dall'ex deputato liberale degli anni Cinquanta e ora ministro delle Finanze Patow, secondo cui il governo con i progetti di legge del 5 maggio aveva rinunciato, perlomeno momentaneamente, a dare soluzione definitiva, sia al problema del ruolo e della collocazione della milizia mobile nell'esercito di campo, sia a quello della ridefinizione per legge della durata del servizio militare, non potevano essere apertamente contestate senza provocare una pericolosa rottura con il governo 'amico' della Nuova Era. In questa situazione, anche ai deputati più scettici nei confronti delle vere intenzioni del monarca, non restava altra strada se non di accogliere la richiesta del governo e di concedere a titolo «provvisorio» e «straordinario» il sostanzioso credito di 9 milioni. Si confidava naturalmente sul fatto che la concessione non avrebbe pregiudicato per il futuro una libera discussione politica in parlamento sugli aspetti più rilevanti della riforma dell'esercito, e che tale discussione fosse solo rinviata alla successiva sessione legislativa. Soprattutto in campo liberale

[64] A.G. MANCA, *La sfida delle riforme*, pp. 293-295.

si sperava che, lasciando aperta la via del compromesso sulla modifica della legge del 3 settembre 1814, si sarebbe potuta evitare la temuta spaccatura tra i ministri della Nuova Era e la maggioranza della Camera.

La concessione dei crediti per il «provvisorio mantenimento della riorganizzazione dell'esercito» del 15 maggio 1860, recepita con legge del 27 giugno 1860[65] e passata alla storia come *I Provisorium*, non aveva tuttavia mancato di suscitare qualche dubbio sulle vere intenzioni del governo e del re nello stesso Georg von Vincke, l'assai moderato capo dei liberali alla Camera dei deputati. Nello stesso giorno in cui fu approvato il I Provvisorio, egli non nascose di essere al corrente che ancora «negli ultimi giorni ... il governo [aveva] istituito 'reggimenti combinati' di fanteria», adottando misure di modifica del consolidato assetto dell'esercito che difficilmente avrebbero potuto essere considerate solo come «scorrettezze isolate» nei confronti della Camera[66]. Vincke, tuttavia, non ritenne per questo di dover recedere dall'atteggiamento interlocutorio sin qui adottato nei confronti del governo della Nuova Era, e continuò a confermare

[65] Cfr. *Gesetz, betreffend den außerordentichen Geldbedarf der Militairverwaltung für die Zeit vom 1. Mai 1860 bis zum 30. Juni 1861. Vom 27. Juni 1860*, in «GS», 1860, Nr. 5237, p. 278. La storia delle leggi con cui furono autorizzati provvisoriamente i crediti straordinari per la «einstweilige Aufrechterhaltung und Vervollständigung derjenigen Maßnahmen, welche für die fernere Kriegsbereitschaft und erhöhte Streitbarkeit des Heeres erforderlich und auf den bisherigen gesetzlichen Grundlagen thunlich sind» (*ibidem*, p. 278), ma in realtà per il mantenimento della riorganizzazione dell'esercito, prima che la Camera dei deputati avesse modo di pronunciarsi sui suoi principi fondanti, è ripercorsa anche in [R. GNEIST], *Bericht der XI. Kommission zur Vorprüfung des Gesetz-Entwurfes, betreffend die Verpflichtung zum Kriegsdienst*, del 16 gennaio 1864, in *StenBerAH, Anlage*, 1864, Bd. 4, 2. Teil, *Aktenstück* Nr. 99, pp. 675-711. Al credito di 9 milioni concessi in via straordinaria si aggiunsero le entrate derivanti dalla riproposizione, anche per il periodo dal 30 giugno 1860 al 30 giugno 1861, della medesima addizionale del 25% sulle imposte dirette già prelevata dal giugno 1859 al 30 giugno 1860; l'addizionale fu assicurata da un'altra legge, sempre del 27 giugno 1860 (cfr. *Gesetz, betreffend die Forterhebung eines Zuschlages zur klassifizirten Einkommensteuer, zur Klassensteuer und zur Mahl- und Schlachtesteuer. Vom 27. Juni 1860*, in «GS», 1860, Nr. 5238, p. 279). Su queste leggi di carattere finanziario cfr. tuttavia *infra*, cap. 11 «Finanze».

[66] Cfr. *StenBerAH*, 51ª seduta, 15 maggio 1860, p. 1123 (Vincke).

la sua fiducia al governo 'amico' e al ministro delle Finanze in particolare.

Quest'ultimo, invéro, mentre in passato, quando era deputato, aveva più volte chiesto al re e al ministro della Guerra che fossero ridotte le spese militari, nel 1861 sembrò aver fatto ormai definitivamente suo il punto di vista del ministro della Guerra e del monarca, per cui l'aspetto finanziario della riforma militare doveva/poteva essere affrontato separatamente da quello più propriamente politico. Quando nel corso dell'anno divenne finalmente chiaro che Roon non aveva più nessuna intenzione di sottoporre alla Camera quel piano di riorganizzazione dell'esercito che l'anno precedente era stato tanto severamente criticato dalla commissione militare, la segreta speranza non solo del re ma forse anche del ministro delle Finanze era che, in qualche modo, si riuscisse ad evitare una discussione parlamentare sulla riforma e/o che la sua attuazione fosse portata a termine prima che la Camera potesse ostacolarla.

Come già nel 1860, anche nel 1861 Patow chiese alla Camera maggiori stanziamenti per l'esercito. Il 21 gennaio 1861, infatti, al momento di presentare il progetto di legge di bilancio per l'anno in corso, egli formulò anche una richiesta consistente di fondi, per un ammontare di 9,5 milioni di talleri, allo scopo di mantenere in vita, si affermava stavolta chiaramente nel testo del progetto di legge, le misure di riorganizzazione dell'esercito precedentemente adottate[67]. La riorganizzazione militare appariva qui, non solo come una questione meramente di bilancio, ma anche come 'già' realizzata[68]. Era in questa prospettiva che nel progetto di bilancio militare per il 1861 i fondi necessari per mantenere in vita la riorganizzazione dell'e-

[67] Nel presentare il progetto di legge *«betreffend die Feststellung des Staatshaushalts-Etats pro 1861»*, e quello *«betreffend die Forterhebung eines Zuschlages zur klassifizierten Einkommensteuer, zur Klassensteuer und zur Mahl- und Schlachtsteuer»*, il ministro delle Finanze spiegò che quasi tutto l'importo di cui consisteva l'eccedenza della previsione di spesa rispetto al bilancio dell'anno precedente, importo pari a oltre 9,5 milioni di talleri, era destinato a coprire le spese causate dalle nuove istituzioni militari: cfr. *StenBerAH*, 5ª seduta, 21 gennaio 1861, p. 25 (Patow).

[68] *StenBerAH*, 5ª seduta, 21 gennaio 1861, p. 27.

sercito, erano stati fatti rientrare dal governo per la maggior parte tra i capitoli di spesa del bilancio ordinario, anziché di quello straordinario com'era stato fatto l'anno precedente. In particolare, nel progetto governativo di bilancio per il 1861, dei 9 milioni e 591.000 talleri di maggiori spese rispetto all'anno precedente, solo 1 milione e 300.000 circa avrebbero dovuto essere concessi come straordinario di bilancio, mentre i restanti 8 milioni e 300.000 talleri circa erano chiesti tra le voci del bilancio ordinario[69].

La concezione del potere parlamentare di approvazione del bilancio che in questo modo il ministro *altliberal* delle Finanze mostrava di abbracciare, era evidentemente quella di un *Budgetrecht* parlamentare spogliato ormai quasi del tutto della sua qualità di arma di pressione politica, un *Budgetrecht* ridotto a mero atto amministrativo, insomma a un atto 'dovuto'. Evidentemente Patow non voleva rischiare di creare seri imbarazzi al governo e soprattutto al re, che alla 'sua' riorganizzazione dell'esercito non aveva voluto rinunciare e di fatto, forse, l'aveva già attuata all'insaputa del parlamento[70]. Già nel 1860, in effetti, la liberale «Nationalzeitung» aveva riferito di voci e circostanze da cui si poteva facilmente evincere come lariorganizzazione dell'esercito non solo fosse già stata avviata, ma si trovasse anche a uno stadio piuttosto avanzato di realizzazione. Nel numero del 6 luglio 1860 del quotidiano liberale, ad esempio, si parlava con preoccupazione del fatto che le modifiche apportate all'organizzazione dell'esercito durante la prima metà del 1860 non fossero state poi revocate, di come nell'esercito fossero state conferite in un arco di tempo assai concentrato un numero sorprendentemente alto di promozioni, e, infine, di come fossero già stati nominati in via definitiva come comandanti i militari che sino ad allora erano stati i capi provvisori dei nuovi 'reggimenti combinati' (linea e milizia mobile) di fanteria formati nel 1859[71]. Con queste nuove nomine,

[69] *StenBerAH*, 5ª seduta, 21 gennaio 1861, p. 25 (Patow).

[70] Sul diritto/potere parlamentare di bilancio delle Camere prussiane si veda *infra*, cap. 11 «Finanze».

[71] Cfr. l'edizione del 6 luglio 1860 della «Nationalzeitung».

aveva commentato a mo' di chiusa la «Nationalzeitung», le riforme militari erano passate da un *definitives Provisorium* ad un *provisorisches Definitivum*[72]. Del resto, lo stesso monarca, in occasione del suo discorso di apertura della sessione della Camera dei deputati (*Thronrede*) del 14 gennaio 1861, aveva parlato della riorganizzazione dell'esercito come di un'opera ormai compiuta, come di un risultato raggiunto, che la Camera avrebbe dovuto preservare e difendere. E il successivo 18 gennaio 1861, lo stesso giorno del già citato decreto regio con cui molte delle disposizioni relative al personale dell'esercito erano state sottratte all'obbligo della controfirma ministeriale, furono solennemente consegnate le bandiere ai nuovi reggimenti risultati dalla combinazione di uomini della milizia mobile di prima chiamata e dell'esercito regolare[73].

La legge del 27 giugno 1860 aveva assicurato la copertura dei costi della riorganizzazione dell'esercito fino a tutto il primo semestre del 1861. Da questo momento in poi sarebbero stati necessari ancora circa 4,8 milioni di talleri (4.882.025), che il governo chiese gli fossero concessi all'interno del bilancio militare per il 1861 allo scopo di «mantenere alta la preparazione dell'esercito»[74]. Il piccolo gruppo parlamentare degli *Junglitthauen*, che raccoglieva i liberali più radicali nel frattempo fuoriusciti dalla *Fraktion Vincke*, giudicata troppo arrendevole verso i *desiderata* militari del re e la politica eccessivamente moderata del governo della Nuova Era, fu il solo a rifiutare, già in sede di commissione bilancio, la somma chiesta dal governo per il secondo semestre del 1861. Gli *Junglitthauen* volevano così evitare che un'altra concessione di crediti straordinari per l'esercito potesse essere interpretata come approvazione e sanzione definitiva di una riorganizzazione militare su cui la rappresentanza popolare non era stata (ancora) chiamata a

[72] Cfr. «Nationalzeitung» del 10 luglio 1860 e, nello stesso senso, anche l'articolo di fondo del medesimo quotidiano liberale dell'11 luglio 1861 apparso sotto il titolo *Die neue Ernennungen im Heere*.

[73] Sulla consegna delle bandiere si veda E.R. HUBER, *Heer und Staat*, p. 210.

[74] Cfr. *Die bevorstehende Berathung des Militar-Etats*, in «Nationalzeitung» del 23 maggio 1861.

pronunciarsi. A differenza del portavoce degli *Junglitthauen* in commissione bilancio, e cioè Hoverbeck, la stragrande maggioranza di questa (15 membri su 6), si orientò però ancora una volta a favore della concessione al governo dei crediti straordinari per la riorganizzazione. E ciò nonostante che anche tra la maggioranza della commissione, per lo più membri del gruppo Vincke, fossero cominciati ad affiorare sempre più insistenti i dubbi sulla reale buona fede del governo. In conseguenza di ciò il credito governativo non fu concesso dalla commissione, né nell'ammontare richiesto, bensì con una detrazione di circa 1,5 milioni di talleri, né tantomeno nella forma richiesta, cioè come 'ordinario' di bilancio, ma invece sotto i titoli dello 'straordinario'[75].

I crediti per finanziare la riorganizzazione dell'esercito ottennero infine il *placet* dell'aula il 31 maggio 1861. La concessione di questi crediti, passati alla storia come *II Provisorium*, avvenne tuttavia ora, a differenza che nel 1860, a strettissima maggioranza, e cioè con 159 voti a favore e 148 contro. La forma in cui gli stessi furono concessi era quella suggerita da un emendamento presentato in aula dal vecchio liberale Kühne, che mediava tra la proposta della commissione e la richiesta del ministro. La somma concessa al governo venne così fatta rientrare tra le voci straordinarie del bilancio militare, come aveva chiesto la commissione bilancio, ma l'ammontare richiesto dal governo venne decurtato di (soli) 750.000 talleri, pari alla metà circa della somma proposta dalla commissione[76].

Nel 1862 l'emanazione di una nuova legge sull'organizzazione dell'esercito, già necessaria per recepire nella legislazione il principio dell'obbligo generale al servizio di leva affermato dall'art. 34 della costituzione del 1850, era diventata, secondo il pubblicista liberale Freimund Gutsmuths, addirittura improrogabile[77]. Con la riorganizzazione dell'esercito del 1860 si era

[75] Cfr. «Nationalzeitung» del 16 maggio 1861.

[76] *StenBerAH*, 60ª seduta, 31 maggio 1861, pp. 1515-1517.

[77] F. GUTSMUTHS (ma Dr. Werner Adolf Frantz), *Preußens Heerwesen vom konstitutionellen Standpunkte betrachtet*.

infatti non solo modificata di fatto la situazione creata dall'ordine di gabinetto del 24 settembre 1833, che aveva introdotto, per esigenze di natura finanziaria, la ferma biennale per la fanteria, ma si era anche intervenuti, cosa ancora più importante, sia sulla combinazione della *Linie* e della *Landwehr*, sia sulla composizione interna di quest'ultima, toccando materie sin qui regolate dalla 'legge' sull'obbligo di leva (*Wehrpflichtgesetz*) del 3 settembre 1814 e dalla *Landwehrordnung* del 21 novembre 1815.

Non solo secondo gli *Junglitthauen*, ma anche secondo l'intera componente liberale della Camera dei deputati, entrambe queste normative precostituzionali potevano essere modificate, dopo l'ingresso della Prussia nel novero degli stati costituzionali, esclusivamente attraverso un provvedimento legislativo. Secondo i liberali, solo la discussione di una legge in materia militare avrebbe tra l'altro fornito l'occasione e la possibilità di far leva sul diritto della rappresentanza popolare ad autorizzare il bilancio militare, per cercare di imporre al governo la controproposta condivisa dalla maggioranza della Camera dei deputati, di una ferma di leva biennale.

Un nuovo progetto di modifica della 'legge' su cui poggiava la costituzione militare prussiana, presentato dal governo il 23 gennaio 1862, fu però sottoposto non più alla Camera dei deputati ma alla Camera dei signori, dove il governo era certo di trovare maggiore se non addirittura incondizionata approvazione[78]. Il progetto di legge, che non teneva in alcun conto le aspettative di riforma dei liberali della Camera dei deputati, e soprattutto non faceva alcun riferimento ad un'eventuale introduzione della ferma biennale, non incontrò, manco a dirlo, alcuna obiezione sostanziale alla Camera dei signori; essa semplicemente lo approvò senza apportare alcuna modifica, dopo che in commissione era stato licenziato in una sola seduta[79].

Il progetto di legge governativo di riforma dell'esercito del 23 gennaio 1862 suscitò invece, come c'era da aspettarsi, molte

[78] H. SCHULTESS, *Europäischer Geschichtskalender*, III, 1862, pp. 124-125.

[79] Cfr. *Die Militär-Vorlage im Herrenhause*, in «Nationalzeitung» del 2 febbraio 1862.

perplessità nella Camera dei deputati. Tant'è vero che questa decise di sospendere momentaneamente il pronunciamento definitivo su di esso fino alla conclusione dell'esame del preventivo di spesa militare da parte della sua commissione bilancio, che chiuse i lavori con la stesura di una relazione destinata alla discussione dell'aula[80]. A parere della commissione, la presenza all'interno del bilancio del ministero della Guerra di titoli molto comprensivi, ammontanti talvolta da soli a ben 31 milioni di talleri, come ad esempio il n. 3 per l'approvvigionamento e l'armamento delle truppe[81], rischiava di vanificare di fatto del tutto il diritto della rappresentanza popolare di autorizzare la spesa pubblica. Fatti i conti con questa spiacevole prospettiva, la commissione bilancio non esitò a chiedere al governo, con la cosiddetta controproposta (*Gegen-Antrag*) Hagen, un'ulteriore specializzazione del bilancio. La richiesta suscitò tuttavia immediatamente l'indignazione del governo che, erigendo la questione della specializzazione del bilancio a questione di fiducia, decise, il 9 marzo 1862, di inoltrare al monarca la sua richiesta di dimissioni. A queste dimissioni Guglielmo I rispose dal canto suo l'11 marzo 1862, intuendo il trattamento che la Camera intendeva riservare sia al suo progetto di riforma della costituzione militare, sia alla sua richiesta di crediti straordinari per il mantenimento della riorganizzazione dell'esercito del 1860, con lo scioglimento d'autorità della Camera dei deputati, per la prima volta dall'emanazione della costituzione.

Allo scioglimento della Camera fecero seguito naturalmente le elezioni politiche, svoltesi nel maggio 1862, dalle quali uscì la Camera dei deputati della VII legislatura (19 maggio 1862 - 13 ottobre 1862) che, una volta ricostituita la commissione bilancio, la fece di nuovo presiedere da Bockum-Dolffs del gruppo del *Linkes Zentrum*. Questa commissione, quando si trovò nuovamente a decidere se autorizzare o meno le spese per la riorganizzazione dell'esercito, le stesse che erano state concesse come 'straordinario' di bilancio nel 1861, propose stavolta a

[80] L. PARISIUS, *Leopold Freiherr von Hoverbeck*, II.1, p. 16.

[81] *StenBerAH*, 16ª seduta, 6 marzo 1862, p. 275 (Hoverbeck), 276 (Hagen), 284 (Virchow).

larga maggioranza di rifiutarle[82]. Il monarca, molto irritato da questa decisione, rigettò anche l'unica proposta concreta di compromesso pervenuta al governo, e cioè la proposta di mediazione firmata dai deputati liberali Stavenhagen, Sybel e Twesten[83]. Con questa proposta, in considerazione del fatto che l'anno finanziario del 1862 era quasi giunto al termine, e che gran parte delle spese preventivate in bilancio erano state ormai effettuate, si proponeva la concessione pressoché totale delle spese straordinarie chieste dal governo per il mantenimento della riorganizzazione militare, in cambio però dell'impegno a fissare per legge una riduzione a due anni della ferma di leva dell'esercito permanente. Con il rigetto di questo cosiddetto *Vermittlungs-Antrag* da parte del governo e del monarca, gli esigui spazi di contrattazione ancora presenti in sede di discussione del bilancio militare, svanirono improvvisamente del tutto, e, da questo momento, le discussioni all'interno dell'aula della Camera dei deputati andarono assumendo toni sempre più accesi.

La nuova proposta avanzata dalla commissione bilancio l'11 settembre 1862 di eliminare dal progetto governativo di legge finanziaria tutti i costi inseriti a copertura della riorganizzazione dell'esercito, fu accolta a grande maggioranza, e cioè con 308 voti a favore e solo 11 contrari, dall'aula della Camera dei deputati il 23 settembre 1862. Già il giorno successivo però, e cioè il 24 settembre 1862, il monarca, in risposta alla sfida lanciatagli dall'aula e dopo aver accolto la richiesta di dimissioni del ministro delle Finanze von der Heydt, nominato nel marzo 1862 ma non più disposto ad assumersi la responsabilità di continuare a guidare le finanze prussiane senza una legge di bilancio, chiamò Otto von Bismarck alla carica di Presidente dei ministri.

[82] Cfr. la ricostruzione degli eventi fatta nel *Bericht der Kommission zur Prüfung des Staatshaushalts-Etats über den Etat der Militair-Verwaltung pro 1862*, del 2 settembre 1862, redatto da von Vaerst (*Fortschrittspartei*), in *StenBerAH, Anlagen*, VII, 1862, *Aktenstück* n. 126, pp. 1173-1219.

[83] Cfr. *Abänderungs-Vorschlag zum Bericht der Budget-Kommission über den Etat der Militair-Verwaltung pro 1862*, dell'8 settembre 1862, in *StenBerAH, Anlagen*, VII, 1862, *Aktenstück* n. 127, pp. 1350-1351.

La nomina di Bismarck non fu che l'atto iniziale di una complessiva e radicale azione di smantellamento delle premesse politico-istituzionali che avevano reso possibile l'instaurazione della fattiva collaborazione tra governo monarchico e rappresentanza popolare iniziata nell'autunno del 1858. Il governo, e soprattutto il monarca, non mostrarono alcuna disponibilità a ridiscutere con la rappresentanza popolare la riforma militare avviata nel 1860. Era loro ferma convinzione che dalla *Kommandogewalt* del re derivasse la facoltà di decidere autonomamente sull'organizzazione dell'esercito, e quindi anche il potere di modificare il rapporto tra esercito regolare e milizia mobile secondo le necessità, nonché di decidere autonomamente sulla durata della ferma di leva. La rappresentanza popolare, dal canto suo, reagì all'intransigenza del re e del suo ministro della Guerra irrigidendosi anch'essa, nella convinzione che dal diritto parlamentare di legislazione e di bilancio di epoca costituzionale discendessero limiti innegabili anche alla *Kommandogewalt* del re; a suo avviso egli non poteva più pretendere, né di modificare da solo la costituzione militare vigente, poggiante sulla 'legge' del 1814, né di disporre delle risorse pubbliche per scopi militari senza alcuna autorizzazione delle Camere.

Per ben quattro anni consecutivi la Camera dei deputati negò il suo assenso all'effettuazione delle spese militari preventivate nei progetti governativi di legge finanziaria. La decisione di cancellare i costi della riorganizzazione militare dal preventivo governativo di bilancio per il 1862, votata dalla Camera elettiva il 23 settembre 1862, fu infatti rinnovata nei tre anni successivi a ogni votazione sul progetto governativo di bilancio sino al 1866. A ognuna di queste risoluzioni della Camera dei deputati fece seguito quella della Camera dei signori in senso opposto; questa, infatti, si schierò ogni volta, com'era prevedibile data la sua composizione, dalla parte del re e del governo Bismarck, rompendo così l'unità della rappresentanza politica prussiana. Mentre i liberali progressisti ritenevano che il governo avrebbe dovuto insistere nella ricerca del compromesso con la Camera dei deputati sino a quando non l'avesse trovato[84],

[84] Cfr. ad esempio [J. KÖNIGER], *Zur Verständigung in der Militärfrage*; cfr. inoltre, *Die neuesten Flugschriften über die Militärfrage*.

e cioè modificare il preventivo di bilancio militare e il progetto di riorganizzazione dell'esercito finché le sue proposte non avessero incontrato il consenso della maggioranza dei deputati[85], Bismarck invece, il cui destino politico dipendeva dal monarca che lo aveva chiamato a domare la maggioranza parlamentare 'ribelle', assunse immediatamente la difesa risoluta e a oltranza della necessità di potenziare militarmente lo Stato prussiano e dei poteri metacostituzionali del monarca come capo dell'esercito (*Kriegsherr*). Riconoscere alla rappresentanza popolare un potere di veto anche in questioni concernenti l'organizzazione dell'esercito avrebbe significato, come si ripeté quasi ossessivamente anche nella pubblicistica politica conservatrice di quegli anni, spalancare le porte alla transizione da un sistema monarchico-costituzionale a uno sfacciatamente parlamentare.

Durante la sessione parlamentare del 1862, che terminò con il rigetto da parte della Camera dei signori del prospetto finanziario annuale emendato dai deputati e con l'illegittimo ristabilimento del progetto di bilancio presentato dal governo[86], il governo non ripresentò più alcun progetto di legge di riforma dell'esercito. Due disegni di legge furono da esso presentati nel corso del 1863, e poi un altro nel corso del 1865, che però, sostanzialmente uguali, rimasero tutti senza esito alcuno. Sul disegno di legge dell'8 febbraio 1863, la commissione della Camera dei deputati chiamata ad esaminarlo redasse un *Bericht* datato 24 aprile 1863, ma poi il disegno di legge fu tolto dall'ordine del giorno della Camera dei deputati il 18 maggio 1863, quindi poco tempo prima che il *Landtag* fosse chiuso il 27 maggio[87]. Sul secondo progetto di legge, del 13 novembre 1863,

[85] Così Rudolf Virchow in un discorso parlamentare dell'11 settembre 1862, ripubblicato in R. VIRCHOW, *Sämtliche Werke*, XXX, p. 229.

[86] Cfr. in merito *infra*, cap. 11 «Finanze».

[87] Per la storia di questo progetto di legge cfr. la relazione della commissione parlamentare stesa da R. GNEIST, *Bericht der XI. Kommission zur Vorprüfung des Gesetz-Entwurfes, betreffend die Verpflichtung zum Kriegsdienst*, del 16 gennaio 1864, in particolare pp. 688-692. A questo *Bericht* è allegato anche un interessante Rapporto del *Generalmajor* Heinrich Wilhelm Lehmann (*Linkes Zentrum*) in qualità di referente tecnico, del 7 gennaio 1864 (*ibidem*, pp. 711-727).

non si fece parimenti in tempo a deliberare a causa della chiusura della sessione il 25 gennaio 1864[88]. Su di esso l'XI commissione della Camera, presieduta da Bockum-Dolffs e avente come membri i più grandi esperti militari presenti tra le fila dei liberali (Dr. Beitzke, von Vaerst, Stavenhagen), fece redigere da Rudolf Gneist in qualità di relatore (*Berichterstatter*) l'eccellente *Bericht* del 16 gennaio 1864[89]. Il rapporto, steso poco prima che il *Landtag* venisse chiuso (il 24 gennaio 1864) e la Prussia scendesse in campo per lo Schleswig-Holstein, al fianco dell'Austria e contro la Danimarca, non incontrò naturalmente l'attenzione che avrebbe meritato.

Fu proprio nella guerra contro la Danimarca del 1864 che per la prima volta fu messo alla prova il nuovo esercito riformato nel 1860[90]; un esercito che ormai reclutava annualmente 63.000 soldati anziché i 40.000 di prima, e in cui le due annate più giovani di quella che prima del 1860 era stata la milizia mobile di prima chiamata (*Landwehr ersten Aufgebots*), erano già entrate a far parte della *Reserve* dell'esercito permanente. La riserva durava ora quattro anni, anziché i due di prima, e l'esercito permanente veniva a contare ormai 450.000 uomini. Una mobilitazione (*Mobilmachung*) di ciò che era rimasto della precedente *Landwehr* non avrebbe più avuto luogo se non in presenza di impegni bellici straordinari[91].

Dopo la pace di Vienna del 30 ottobre 1864, con cui si concluse la guerra danese, le possibilità di contrasti tra le due più grandi potenze tedesche, anziché ridursi aumentarono notevolmente, e le ambizioni annessionistiche di Bismarck riguardo ai due ducati dello Schleswig e dell'Holstein erano destinate a sfociare al più presto in una guerra aperta contro l'Austria[92]. Fu dopo la fine della guerra con la Danimarca che il governo presieduto da Bismarck si decise a ripresentare l'ultimo dei progetti di legge

88 Cfr. *ibidem*, pp. 692-694 ss.

89 *Ibidem*.

90 Cfr. *Vortheil der Armee-Reorganisation*.

91 *Ibidem*, pp. 290-291.

92 Cfr. in merito quanto si è detto *supra*, cap. 1 «Territorio».

di modifica della costituzione militare prussiana a cui si è fatto cenno prima, e cioè il *Gesetzentwurf über die Verpflichtung zum Kriegsdienst* dell'8 febbraio 1865, a detta dello stesso ministro della Guerra assai simile a quello da lui presentato cinque anni prima alla Camera[93]. Anche questo progetto, che proprio come gli altri non conteneva alcun tentativo di mediazione, fu rigettato dall'aula il 5 maggio[94], cioè qualche tempo prima che venisse chiusa la seconda sessione dell'VIII legislatura del *Landtag* (17 giugno 1865).

Nel periodo che va dallo scoppio del conflitto alla sua conclusione nel 1866, furono presentati perciò ben quattro progetti di legge di modifica della fondamentale 'legge' del 3 settembre 1814, rimasti tutti senza esito a causa della indisponibilità al compromesso dei fattori della legislazione[95]. Il compromesso fu effettivamente cercato dal governo solo nel 1866, dopo la conclusione vittoriosa della guerra con l'Austria, e anche stavolta solo sul piano finanziario, con la richiesta formale al parlamento di concessione dell'«indennità» per aver gestito per ben quattro anni consecutivi le finanze dello Stato senza alcuna base legale. Nessuna richiesta di indennità fu avanzata, invece, per aver proceduto alla riorganizzazione dell'esercito senza passare per una formale modifica parlamentare della 'legge' del 3 settembre 1814. La riorganizzazione militare, attuata a partire dal 1859-1860 dal re, dal ministro della Guerra e poi anche da Bismarck senza il minimo coinvolgimento del *Generalstab*[96], portò comunque nel 1866 ad un deciso rafforzamento di quello che sin dai primi anni Cinquanta era detto essere

[93] Cfr. *StenBerAH*, 7ª seduta, 8 febbraio 1865, p. 95 (Roon).

[94] *StenBerAH*, 46ª seduta, 5 maggio 1865, p. 1355. Un brano (*Auszug*) dal testo del *Gesetzentwurf über die Verpflichtung zum Kriegsdienst* presentato dal governo alla Camera dei deputati l'8 febbraio 1865, è stato pubblicato anche in [L.E. HAHN], *Die innere Politik der Preußischen Regierung von 1862 bis 1866*, pp. 365 ss. Sui lavori della seconda sessione dell'VIII legislatura si veda [Dr. G. LEWINSTEIN], *Die gewählte Preußische Volksvertretung im Jahre 1865*, pp. 1-46.

[95] Cfr. in merito le dichiarazioni dello stesso ministro della Guerra, Roon, in *StenBerAH*, 42ª seduta, 28 aprile 1865, p. 1209.

[96] M. MESSERSCHMIDT, *Das preußische Militärwesen*, p. 390.

il *Militairstaat Preußen*. Se prima del 1859 la forza armata (*Heeresstärke*) prussiana era complessivamente di 532.700 unità, dopo la riforma essa constava di ben 616.000 unità[97]. Dopo la riforma l'esercito di campo copriva solo 7 anni (*Jahrgänge*), e non più 12 come prima, esso era stato cioè molto ringiovanito, ma all'abbassamento dell'età dei soldati era corrisposta la creazione *ex novo* di 39 reggimenti di fanteria e 10 di cavalleria. Con il ringiovanimento dei soldati era andato di pari passo quello del corpo degli ufficiali; anche la durata dei corsi delle *Kadettenschulen* e delle *Kriegsschulen* era stata ridotta per far fronte all'urgente bisogno di nuovi ufficiali. Soprattutto fu mantenuto il servizio militare a tre anni come voluto pervicacemente dal monarca.

Per il successo dell'esercito prussiano nelle guerre di unificazione (*Einigungskriegen*), molto importante fu anche la modernizzazione degli armamenti (*Bewaffnung*). Mentre nel 1855 erano solo 90 i battaglioni (*Fanteria*) che utilizzavano i fucili all'epoca più evoluti, e cioè i *Zündnadel-Hinterlader*, prima delle guerre di unificazione tutti i vecchi fucili, e cioè i fucili a percussione (*Perkussionsgewehre*), furono sostituiti. Nella guerra austro-prussiana l'esercito potè contare su circa 270.000 *Zündnadelgewehre*, oltre che su munizioni di gran lunga più perfezionate e su una artiglieria di livello molto alto, prodotta ora in genere dall'industria privata, e in particolare dalla Krupp. La superiorità nella guerra contro la Francia dell'artiglieria di campo prussiana, per il cui addestramento fu anche fondata nel 1867 una *Artillerieschießschule*, fu schiacciante; nelle fila dei prussiani si potevano contare ben 1260 cannoni, in quelle francesi solo 925. Le vittorie militari prussiane furono merito della guida operativa del capo di Stato maggiore Moltke, che guidò le mobilitazioni del 1866 e del 1870, ma anche dei progressi compiuti nel frattempo nell'ampliamento della rete

[97] Per la sintesi degli esiti della riforma militare che segue si è fatto riferimento soprattutto a M. Messerschmidt, *ibidem*, pp. 392-394. Alcuni dati sulla riorganizzazione dell'esercito con cui la Prussia si presentò all'appuntamento della guerra con l'Austria nel 1866, si ricavano anche dal già citato *pamphlet* di H. Beitzke, Major a. D., *Das preussische Heer vor und nach der Reorganisation*, *passim*, che però, come già avvertito, fornisce cifre non immediatamente confrontabili con quelle fornite da Messerschmidt.

ferroviaria prussiana; già nel 1866 ci si servì ampiamente delle ferrovie per spostare agevolmente le truppe da un luogo all'altro come si era cominciato a fare solo nel 1848/1849[98].

Dopo la conclusione vittoriosa della guerra con l'Austria nel 1866 e la fondazione della Confederazione della Germania del Nord, fu alla legislazione di questa che venne attribuita la competenza in materia di esercito e di marina da guerra, seppure con la clausola (art. 5, comma 2 della costituzione della Confederazione della Germania del Nord, *Norddeutsche Bundesverfassung*) che la Prussia avrebbe potuto disporre del potere di veto all'interno del nuovo Consiglio federale (*Bundesrat*) in caso di modifiche di istituzioni militari già esistenti[99]. Nel dibattito svoltosi all'interno del parlamento federale (*Reichstag*) sulla consistenza dell'esercito e sul bilancio militare (*Heeresstärke* e *Heeresetat*), cioè le due questioni che erano state al centro del conflitto costituzionale del 1862-1866, si decise infine a favore della proposta presentata dal nazionalliberale Forckenbeck e che portò all'approvazione degli artt. 60 e 62 della *Norddeutsche Bundesverfassung*: per i 4 anni successivi, fino al 1° dicembre 1871, l'esercito di pace sarebbe stato arruolato nella misura dell'1% della popolazione di tutta la Confederazione, e il bilancio militare sarebbe ammontato alla cifra risultante dalla messa a disposizione di un *budget* per soldato di 225 talleri all'anno. In questo modo per ben 4 anni l'argomento delle spese militari, che era stato al centro del quadriennale conflitto costituzionale del 1862-1866, fu automaticamente eliminato dal tavolo della discussione politica; non vi sarebbe ricomparso sino al momento in cui si discusse una nuova legge sull'esercito nel nuovo contesto dell'Impero[100]. All'interno del *Norddeutscher Bund* e del Secondo Impero (*Zweites Reich*) il re prussiano, come capo dell'esercito federale (*Bundesfeldherr*), assunse in guerra il ruolo di comandante supremo (*Oberbefehlhaber*); allo

[98] Sull'utilizzo militare delle ferrovie nel periodo considerato cfr. K.-J. Bremm, *Von der Chaussee zur Schiene*, pp. 154 ss., in particolare sulle campagne del 1866, pp. 188 ss.

[99] E.R. Huber, *Deutsche Verfassungsgeschichte*, 3, p. 663.

[100] *Ibidem*, p. 664.

stesso tempo lo Stato maggiore prussiano divenne responsabile delle operazioni delle forze armate di tutta la Germania[101].

Sulla durata del servizio di leva obbligatorio, altro argomento che era stato al centro del conflitto costituzionale del 1862-1866, venne emanata nella Confederazione della Germania del Nord una legge, precisamente il 9 novembre 1867, che sottrasse ogni validità alla legge prussiana sull'esercito del 1814[102]. Al § 6 della legge del 1867 l'obbligo al servizio attivo di leva nell'esercito permanente fu fissato in 3 anni ininterrotti per tutti i cittadini abili di 20 anni compiuti[103], proprio quanto aveva sempre sostenuto dovesse durare Guglielmo I durante il conflitto costituzionale del 1862-1866.

[101] H. MÜLLER, *Das Reichsmilitärgesetz von 1874 als erstes deutsches Septennat*.

[102] Cfr. *Gesetz, betreffend die Verpflichtung zum Kriegsdienste. Vom 9. November 1867*, in «Bundesgesetzblatt des Norddeutschen Bundes», 1867, Nr. 22, pp. 131-136. La legge venne pubblicata il 13 novembre 1867.

[103] Cfr. *ibidem*, § 6: «L'obbligo al servizio nell'esercito permanente, o nella flotta, inizia con il 1° gennaio, e in particolare di regola dell'anno in cui l'abile alla leva compie il 20° anno di età, e dura 7 anni. Nel corso di questi 7 anni le truppe sono obbligate al servizio attivo ininterrottamente per i primi 3 anni».

Capitolo ottavo

La cultura costituzionale

A partire dall'autunno del 1848, con il progressivo venir meno della minaccia rivoluzionaria, le cerchie intellettuali e le personalità colte che alle sfide rinnovatrici lanciate dal processo di costituzionalizzazione avevano sin qui guardato con animo rassegnato, passarono alla controffensiva. Nel mobilitarsi per ricacciare indietro gli *inputs* modernizzanti di quel processo, che, a loro avviso, con l'introduzione del dualismo tra monarca e moderna rappresentanza popolare, aveva gettato il seme della discordia nelle relazioni sociali e politiche, esse fecero ricorso a tutti gli strumenti dottrinari a disposizione per puntellare ideologicamente e legittimare discorsivamente la loro controffensiva politica[1]. La mobilitazione delle forze politico-ideali della reazione, a sostegno dell'iniziativa politica

[1] Sul «Diskurs als konstitutives Faktor des Verfassungskulturbegriffs» si veda A. SCHLEGELMILCH, *«Verfassungskultur» als Gegenstand der Geschichtswissenschaft*, p. 14. Per ulteriore bibliografia sulla storia cultural-costituzionale si rinvia a H.-J. BECKER (ed), *Interdependenzen zwischen Verfassung und Kultur*; R. BLÄNKNER, *La storia costituzionale come storia culturale*; W. REINHARD, *Verfassungsgeschichte als Kulturgeschichte. Historische Grundlagen europäischer politischer Kulturen*; H.D. KITTSTEINER, *Was heißt Kulturgeschichte*, p. 5. Sulle personalità di spicco del mondo della cultura conservatrice politicamente *engagiert* (Friedrich Julius Stahl, i fratelli Ernst Ludwig e Leopold von Gerlach, Hermann Wagener, Ferdinand Walter, Ernst Alfred Christian von Stockmar) oltre a I. CERVELLI, *Liberalismo e conservatorismo in Prussia*, sia qui consentito il rinvio a A.G. MANCA, *La sfida delle riforme*, *passim*, e *Konservativismus und Liberalismus in Preußen zwischen 1840 und 1866*, *passim*. Su Ludwig von Gerlach si vedano i lavori di H.Ch. KRAUS, *Ernst Ludwig von Gerlach*, e, a cura dello stesso autore, *Ernst Ludwig von Gerlach e Konstitutionalismus wider Willen*; su F.J. Stahl cfr. W. FÜSSL, *Professor in der Politik*; J.B. MÜLLER, *Der politische Professor der Konservativen – Friedrich Julius Stahl*; Ch. SCHÖNBERGER, *État de droit et État conservateur*; su Hermann Wagener si veda il recente H. ALBRECHT, *Antiliberalismus und Antisemitismus*.

concreta portata avanti dalla *konservative* e dalla *feudale Partei* all'interno del *Landtag* prussiano, come pure al suo esterno attraverso un'intensa attività associativa e pubblicistica[2], non deve essere in alcun modo sottovalutata nel suo strenuo sforzo di ostacolare la 'naturalizzazione' della costituzione. Del resto, non si può prescindere dall'interrogare anche la cultura anticostituzionale in una ricostruzione storica basata su un concetto «lato» di costituzione, come quello utilizzato dai curatori dell'*Handbuch der europäischen Verfassungsgeschichte im 19. Jahrhundert*[3], soprattutto se tale cultura, come in Prussia, giunse a farsi in qualche misura costituzione 'materiale'. Tentare di individuare le principali dinamiche dell'interazione discorsiva e dello scambio dialettico che tennero banco nell'opinione pubblica colta e politicamente sensibile, e di mettere a fuoco le opzioni politico-ideali che prevalsero nei principali gruppi di opinione e tra le *Prominenzen* che animarono il contesto politico-culturale che nutrì e/o su cui si innestò il processo di costituzionalizzazione dello Stato, è peraltro uno sforzo che non ci si può esimere dal compiere, pena la riduzione della storia costituzionale a mera storia della legislazione da un lato, o ad un'ancora più arida e tradizionale *Behördengeschichte* (storia delle autorità) dall'altro.

Nel clima di reazione degli anni Cinquanta, in cui assai forte era l'eco delle teorie organicistiche dello Stato di conio conservatore, che vedevano nel monarca «il naturale interprete della

[2] Tra le associazioni dei conservatori sia qui sufficiente ricordare il *Verein für König und Vaterland*, il *Verein zum Schutz des Eigentums und zur Förderung des Wohlstandes aller Volksklassen (Junkerparlament)*, il *Preußischer Volksverein*; tra le pubblicazioni periodiche più in vista, sempre di orientamento conservatore, la «Neue Preußische (Kreuz-)Zeitung» e la «Berliner Revue». Sulla mobilitazione politico-pubblicistica e politico-associativa dei conservatori dal 1848 in poi B. RÜTZ, *Der preußische Konservativismus im Kampf gegen Einheit und Freiheit*; W. SCHWENTKER, *Konservative Vereine und Revolution in Preußen 1848/49*.

[3] Sul concetto di costituzione in senso lato sia qui consentito il rinvio al capitolo introduttivo «Verfassungsbegriff und Verfassungsvergleich», della *Einleitung* dei quattro curatori P. BRANDT - M. KIRSCH - A. SCHLEGELMILCH - W. DAUM all'*Handbuch der Europäischen Verfassungsgeschichte im 19. Jahrhundert*, 1: *Um 1800*.

totalità dell'organismo sociale e politico»[4], sulle altre spiccarono anzitutto le teorizzazioni del filosofo del diritto conservatore F.J. Stahl[5]. L'intento immediatamente politico e le ricadute pratiche della sua dottrina erano già allora immediatamente percepibili nei suoi interventi parlamentari. Sull'altro versante politico, quello liberale, come eminentemente politiche si caratterizzarono invece le motivazioni e le implicazioni concrete del trattato sul nuovo diritto costituzionale prussiano del giudice e parlamentare liberale Ludwig von Rönne[6]. Il suo studio, assolutamente originale nel panorama della produzione giuspubblicistica della seconda metà dell'Ottocento per il metodo storico-critico adottato, rappresenterà un punto di riferimento imprescindibile per tutto il liberalismo politico prussiano di epoca costituzionale.

[4] Cfr. M. FIORAVANTI, *Giuristi e costituzione politica nell'Ottocento tedesco*, p. 232.

[5] F.J. STAHL, *Die Revolution und die constitutionelle Monarchie*, e, dello stesso autore, *Die Philosophie des Rechtes*, II.2.

[6] Lo *Staatsrecht der Preußischen Monarchie* di Ludwig von Rönne uscirà complessivamente in cinque edizioni, di cui le prime quattro da lui stesso curate. Tutte le edizioni furono pubblicate a Lipsia, tutte erano organizzate in due volumi (I e II), di cui il I sul diritto costituzionale (*Verfassungs-Recht*) e il II sul diritto amministrativo (*Verwaltungsrecht).* Ogni volume, a sua volta, era organizzato in sezioni (1, 2). La I edizione uscì nel 1856-1863, la II edizione nel 1864-1865, la III edizione, «vermehrt und verbessert», nel 1869-1872, la IV edizione nel 1881-1883, la V edizione, «neubearbeitet von Philipp Zorn», nel 1899-1915/16. Prima ancora del I volume (1856) dello *Staatsrecht der Preußischen Monarchie*, e subito dopo l'entrata in vigore della costituzione prussiana del 1850, era però già uscita la prima edizione della *Bearbeitung der preußischen Verfassungsurkunde vom 31. Januar 1850 unter Vergleichung mit den früheren Entwürfen derselben und den Revisionsarbeiten der Kammern, unter Berücksichtigung der Motive*, Berlin 1850 [1852[2]; 1859[3]: *Die Verfassungs- Urkunde für den Preußischen Staat, vom 31. Januar 1850, nebst einem Nachtrage*]. Di Ludwig von Rönne, primo studioso, interprete e sistematizzatore rigoroso del diritto costituzionale positivo prussiano, la cui opera è comunemente riconosciuta come «il testo di riferimento del costituzionalismo liberale, in campo politico-costituzionale» (M. STOLLEIS, *Storia del diritto pubblico in Germania*, II, cap. VII, § 5, p. 431, intorno a nota 142), e di cui non esiste a tutt'oggi una biografia politica e scientifica all'altezza del grande giurista, sia qui consentito il rinvio a A.G. MANCA, *La sfida delle riforme*, dove è stato ricostruito per grandi linee il suo confronto giuridico-politico con Stahl (pp. 96-114, ma *passim*).

È lo stesso Rönne nel suo *Staatsrecht* a far emergere chiaramente il nesso inestricabile esistente tra il contenuto dottrinario degli scritti di Stahl e gli interventi parlamentari da lui tenuti alla Prima camera in favore della conservazione della pienezza del potere regio. Quello che Rönne chiamava il «cosiddetto» principio monarchico appariva invece a Stahl messo in serio pericolo dalla costituzione prussiana[7]. D'altra parte, finalità eminentemente pratica avevano anche le considerazioni di Rönne, solo apparentemente teorico-dottrinarie, sulla nuova forma di governo (*konstitutionell*) della Prussia, e cioè sulla sua «costituzione in senso lato»[8], come pure sul rapporto in cui questa nuova «costituzione in senso lato» stava o avrebbe dovuto stare con la nuova «costituzione in senso stretto» (*Verfassung im engeren Sinne*), e cioè con la costituzione scritta. La perizia di Rönne nell'evidenziare puntigliosamente i punti in cui la costituzione in senso stretto della Prussia aveva modificato o mirava a modificare irreversibilmente la sua tradizionale costituzione in senso lato, e soprattutto la sua ricostruzione storicamente e giuridicamente circostanziata delle enormi difficoltà di naturalizzazione incontrate in Prussia dalla costituzione scritta[9], lasciano affiorare distintamente l'intima convinzione del giurista che la divulgazione del diritto costituzionale positivo prussiano e il portare la sua condizione critica a conoscenza dell'opinione pubblica, andassero per così dire 'naturalmente' in soccorso della nuova *konstitutionelle Verfassung* del 1850. Particolarmente dopo la «mutilazione» da essa subita negli anni Cinquanta, l'impegno del costituzionalista doveva, secondo Rönne, concentrarsi a scongiurare il rischio

[7] Si veda in questo senso il § 30: «Die Fundamentalsätze des jetzigen Preußischen Verfassungs-Rechtes», in L. von Rönne, *Das Staatsrecht der Preußischen Monarchie*, 1856-1863, I (1856), pp. 106-110, in particolare p. 107, nota 7.

[8] Sulla *Verfassung im weiteren Sinne* della Prussia di epoca costituzionale si veda *ibidem*, p. 105; per Rönne la costituzione in senso lato era «la quintessenza delle norme giuridiche sul soggetto del massimo potere nello Stato e sull'esercizio del potere statale. La *Verfassung* – continuava Rönne – definisce perciò, sia chi esercita il potere statale (la forma di governo dello Stato), sia come, entro quali limiti».

[9] Cfr. *ibidem*.

assai concreto che la modernizzazione della Prussia si arrestasse al «costituzionalismo [solo] apparente»[10].

A orientare la trattazione di Rönne, nel suo procedere, prima, dalla lettera della costituzione all'evidenziazione degli imperativi che essa aveva formulato per il governo e per l'amministrazione, e poi, seguendo il percorso inverso, dalla condizione storicamente determinata dell'amministrazione alla misurazione della distanza che la separava dalla costituzione scritta, era comunque e sempre il suo punto di vista sulla misura in cui la nuova *konstitutionelle Verfassung* dovesse (ancora) penetrare e modificare la costituzione in senso lato della monarchia prussiana, nella direzione indicata congiuntamente dalla lettera dei suoi singoli articoli costituzionali e dal cosiddetto «spirito» della costituzione nel suo complesso. Una problematica questa che evoca immediatamente la difficoltà incontrata dai liberali delle due Camere prussiane non solo nell'attuare la costituzione, ma addirittura nell'impedirne la sistematica *Rückwärtsrevidierung*, perseguita e realizzata dalle destre negli anni della reazione (1851-1857), non di rado anche attraverso la personale discesa in campo del monarca[11]. Tale difficoltà politica oggettiva del liberalismo postrivoluzionario, sia detto qui tra parentesi, è la stessa che la storiografia politica tedesca ha colpevolmente ignorato o sottovalutato quando si è concentrata sull'atteggiamento 'realpolitico' che sarebbe stato opportunisticamente abbracciato da molti liberali all'indomani del 'fallimento'

[10] Sulla mutilazione subita dalla costituzione e il costituzionalismo apparente a cui essa aveva condannato la Prussia cfr. *ibidem*, p. 111, nota 1 da p. 110,

[11] Sulla revisione subita dalla costituzione prussiana del 1850 vedi E. LASKER, *Wie ist die Verfassung in Preußen gehandhabt worden*. Sulla questione imprescindibile resta G. GRÜNTHAL, *Parlamentarismus in Preußen*, ma in merito si veda anche A.G. MANCA, *La Costituzione 'al di sopra' o 'a disposizione' del legislatore?*, dove ci si confronta criticamente sia con il III volume della *Deutsche Verfassungsgeschichte* di E.R. HUBER, sia con il più recente saggio di H.Ch. KRAUS, *Konstitutionalismus wider Willen*. L'impatto politico dell'opera di revisione della costituzione degli anni Cinquanta è invece adeguatamente tenuto in considerazione nell'*Einleitung* (pp. 1-45) della curatrice B. HOLTZ (ed), *Die Protokolle des Preußischen Staatsministeriums 1817-1934/38*, 4/1, dove si può seguire l'alta rilevanza politica rivestita dalla questione nel corso delle *Staatsministerialberatungen*.

rivoluzionario. Amplificando impressionisticamente l'eco avuta in Prussia dai *Grundsätze der Realpolitik* di Ludwig August von Rochau[12], e le ripercussioni politiche dell'astensionismo elettorale praticato dai (liberal)democratici prussiani in forma di protesta contro l'*Oktroyierung* del diritto elettorale a tre classi, certa storiografia politica della seconda metà del secolo scorso ha insistito talora sensazionalisticamente sul rifugiarsi del liberalismo postrivoluzionario nella presunta sfera spoliticizzata del privato e/o più spesso dell'economia, hegelianamente contrapposte a quella politica[13].

Ad ogni modo, certo è che nel primo ventennio circa di vita della monarchia costituzionale prussiana, le principali coordinate discorsive del dibattito politico-giuridico colto non erano ancora affatto ipotecate alle dicotomie evocate a cascata dal binomio costituzione formale *versus* costituzione materiale, costruzione e precipitazione storico-concettuale questa che giunse a piena maturità solo verso l'epilogo del ventennio qui preso in considerazione, in coincidenza con il definitivo prevalere del giuspositivismo nella nuova cornice politica dell'Impero[14]. Anche le importanti distinzioni di F.J. Stahl in merito al concetto di costituzione e sulla diversa «misura della costituzione» (*Maß der Verfassung*), che pure contribuirono a porre le basi dell'impalcatura argomentativo-discorsiva del positivismo giuridico prussiano-tedesco dominante nella seconda metà dell'Ottocento, erano negli anni Cinquanta ancora ben lontane dall'essersi riversate e/o addirittura esaurite nella opposizione tra costituzione materiale e formale. Le distinzioni stahliane riflettevano piuttosto il livello raggiunto dal dibattito politico-giuridico all'epoca in cui Stahl scriveva e interveniva

[12] Su L.A. von Rochau, *Grundsätze der Realpolitik*, cfr. ora F. Trocini, *L'invenzione della «Realpolitik»*.

[13] Tra coloro che hanno operato tale sopravvalutazione dell'atteggiamento realpolitico dei liberali da ricordare senz'altro H. Böhme con il suo *L'ascesa della Germania a grande potenza*; sui rapporti economia e politica si tornerà ampiamente *infra*, cap. 12 «Legislazione politico-economica».

[14] Cfr. Ph. Zorn, *Die Entwicklung der Staatsrechts-Wissenschaft seit 1866*; P. von Oertzen, *Die soziale Funktion des staatsrechtlichen Positivismus*; M. Stolleis, *Storia del diritto pubblico in Germania*, II.

alla Prima camera prussiana[15], un dibattito segnato ancora sostanzialmente dalle prese di posizione pro o contro l'attuazione (*Ausbau*) della costituzione prussiana del 1850. Che così fosse è dimostrato anche dal fatto che l'acme delle riflessioni di Stahl sull'essenza (*Wesen*) della *konstitutionelle Verfassung* del 1850[16] non coincidesse affatto con il riconoscimento di quest'ultima come costituzione meramente formale, ma si fermasse alla sua catalogazione come «costituzione riflessa» (*reflektierte Verfassung*); una costituzione cioè, dal punto di vista di Stahl, ancora a metà tra la tradizione e l'innovazione, una carta costituzionale non condannata al silenzio proprio in virtù del suo esprimere, nonostante tutto, uno sforzo di compromesso tra la (tradizionale) costituzione storica prussiana e la nuova costituzione rappresentativa[17].

Di certo, il dibattito politico-giuridico-costituzionale del ventennio che seguì la costituzionalizzazione quarantottesca aveva ormai superato le irregolari oscillazioni caratteristiche del concetto 'ancora' «aperto» di costituzione documentato da R. Blänkner per la prima metà dell'Ottocento[18], e quale si può ancora ritrovare nella voce «costituzione» della seconda edizione dello *Staatslexikon* di Rotteck e Welcker[19]. In Prussia, di un tale concetto 'aperto' di costituzione, dell'incerto interrogarsi

[15] Sul dialogo a distanza tra Friedrich Julius Stahl e Ludwig von Rönne sulla costituzione prussiana cfr. A.G. MANCA, *La sfida delle riforme*, pp. 96-114.

[16] Sul protrarsi del dibattito storiografico sul *Wesen* delle costituzioni monarchico-costituzionali ottocentesche sino agli anni Novanta del secolo XX, sia qui consentito il rinvio a A.G. MANCA, *La monarchia costituzionale nell'Europa del lungo Ottocento*.

[17] Secondo F.J. Stahl «riflesse» potevano dirsi le costituzioni tedesche in genere e quella prussiana in particolare «che certo si basano sulla situazione costituzionale data, ma da un lato [materialmente] intraprendono nuove, incisive riforme degli elementi presenti, e dall'altro [formalmente] si depositano in un documento principale che viene a toccare tutto il diritto pubblico... La loro giustificazione e la loro apprezzabilità dipende però dal fatto che esse siano date e interpretate in senso storico e non rivoluzionario, come esaltazione dell'evoluzione storica e non in contrasto con essa»: F.J. STAHL, *Die Philosophie des Rechtes*, II.2, p. 276.

[18] R. BLÄNKNER, *La storia costituzionale come storia culturale*.

[19] K. VON ROTTECK, voce *Constitution*.

del discorso pubblico sul possibile esito dell'innestarsi della *Konstitution* (scritta, di conio francese, prodotto e strumento rivoluzionario per eccellenza) sulla *Verfassung* (intesa invece come esito storicamente dato della organizzazione politica delle forze sociali dominanti), si può certo trovare traccia anche nella produzione di Stahl, ma solo e non per caso, in quella di epoca prerivoluzionaria e precostituzionale, a cui ad esempio risale il suo vecchio saggio sul principio monarchico[20]. Dopo l'entrata in vigore della nuova *konstitutionelle Verfassung* del 1850 tale concetto aperto di costituzione era però condannato a scomparire, insieme al diritto pubblico 'filosofico' di cui era espressione e che si occupava più che altro dell'«idea dello Stato», quel diritto pubblico filosofico che anche Robert von Mohl nel 1856 vedeva ormai irrimediabilmente in declino[21]. Al suo posto si andava invece affermando, come disciplina autonoma, il diritto pubblico positivo di uno Stato ben determinato, con la sua caratteristica partizione interna di *Verfassungsrecht* e *Verwaltungsrecht*[22], partizione che in Prussia minacciava di tralignare in opposizione, data la resistenza dell'amministrazione a lasciarsi penetrare dallo spirito della nuova costituzione[23]. Così, all'indomani stesso dell'entrata in vigore della costituzione del 31 gennaio 1850, a tenere banco nel dibattito politico-giuridico-costituzionale non fu più il confronto astratto sulle forme di Stato e di governo, o sulle proposizioni teoriche che avrebbero dovuto trovar posto in una *konstitutionelle Verfassung*, quanto piuttosto, assai più concretamente, quello attorno alla lettera e allo spirito della

[20] F.J. STAHL, *Das monarchische Princip*.

[21] Cfr. R. VON MOHL, *Die Geschichte und Literatur der Staatswissenschaften*, II, pp. 345-349; L. VON RÖNNE, Einleitung a *Das Staatsrecht der preußischen Monarchie*, 1856-1863, I (1856), p. 4; A.G. MANCA, *La sfida delle riforme*, pp. 67 ss., in particolare pp. 74-83.

[22] Sulla nascita del diritto amministrativo come intimamente «connessa alla fondazione della dimensione «costituzionale» dello Stato» cfr. ora P. SCHIERA, *La comune storia europea del diritto amministrativo e della sua scienza*, in particolare pp. 62-68.

[23] Sull'opposizione di *Verfassung* e *Verwaltung* cfr. *Politische Correspondenz* (fine gennaio 1865), in «Preußische Jahbücher», 15, 1865, pp. 211-226, qui p. 215.

costituzione prussiana. Un confronto questo che portava ad una spaccatura netta dell'opinione pubblica colta, come del resto dello schieramento politico, e quale si può trovare emblematicamente documentato, ad esempio, negli articoli di contrapposto orientamento politico-dottrinario raccolti nel primo, e rimasto unico, volume della rivista di Ludwig Aegidi[24].

Sia negli anni della reazione, sia in quelli del conflitto costituzionale, la discriminante politica fondamentale tra liberali e conservatori fu rappresentata, infatti, dal punto di vista su quale dovesse essere il 'futuro della costituzione', se la sua attuazione o la sua neutralizzazione politica[25]. Da un lato, e cioè in campo liberale, si considerava la costituzione del 1850 come 'solo' l'inizio di un lungo e profondo processo di modernizzazione sociale e istituzionale, un processo da portare avanti con decisione superando le incertezze che, in questa direzione, avevano contrassegnato gli anni della Nuova Era,

[24] L.K. AEGIDI (ed), *Zeitschrift für deutsches Staatsrecht und deutsche Verfassungsgeschichte*, dove si trovano saggi di Mohl, Rönne, ma anche di Stockmar, e del giovane Gerber.

[25] Sull'alternativa tra attuazione o revisione all'indietro della costituzione la pubblicistica dell'epoca è indominabile; ci si limita qui a ricordare per il versante conservatore F. WALTER, *Über die Revision der Verfassungsurkunde*; [E.L. VON GERLACH], *Die Krisis Preußens im September 1862*; dello stesso autore si vedano inoltre: *Die Krisis Preußens im September 1862. Schluß*; *«Vom Verfasser der Rundschauen», Der Landtag von 1865*; *Die Interpretation der Verfassungs-Urkunde*; *Von der Revolution zum Norddeutschen Bund*; C. RÖSSLER, *Studien zur Fortbilbung der preußischen Verfassung*. Per il versante liberale invece, oltre ai lavori di Ludwig von Rönne, Rudolf Haym, Eduard Lasker, si veda anche F. HARKORT, *Eine Stimme aus dem liberalen Lager*. Gli intellettuali vicini al gruppo parlamentare (*Fraktion*) raccoltosi attorno a Bethmann-Hollweg (detto anche *Wochenblattpartei* dal nome della rivista di riferimento, il *Preußisches Wochenblatt*), sulla *Verfassungsfrage* non diedero origine ad alcuno schieramento politico di centro, né in parlamento, né nell'opinione pubblica colta politicamente orientata. La *Wochenblattpartei*, costituitasi come gruppo parlamentare a sé stante, indipendente dai conservatori, in seguito alla riattivazione dei ceti provinciali, una volta passata all'opposizione vi si mantenne anche sulla questione del rispetto da osservare nei confronti della costituzione in vigore, caratterizzandosi solitamente per le sue posizioni anticetuali, contro ogni restaurazione e ogni arretramento nell'attuazione dello Stato di diritto (cfr. M. BEHNEN, *Das Preußische Wochenblatt (1851 bis 1861)*, pp. 162-163, e 183-198, sul dialogo di Bethmann-Hollweg con Stahl).

e sottraendo terreno alla forza corrosiva dell'etica pubblica e individuale sprigionata dal costituzionalismo solo apparente (*Scheinkonstitutionalismus*)[26]. In questa prospettiva bisognava dare al più presto attuazione alle innumerevoli promesse di leggi organiche sparse generosamente nel testo della costituzione[27]. In considerazione inoltre del rappresentare quest'ultima il *Grundgesetz* dello Stato, e cioè la norma più in alto nella gerarchia delle fonti giuridiche, bisognava procedere speditamente sulla via che dallo Stato legislativo (*Gesetzesstaat*) settecentesco portava alla realizzazione di un moderno Stato di diritto (*Rechtsstaat*), uno Stato cioè dove la legge è subordinata alla costituzione, non meno di quanto l'ordinanza lo sia alla legge ordinaria.

Nella destra conservatrice, il campo dei nemici e dei detrattori della costituzione, questa era vista invece come il prodotto finale, e il residuo allo stesso tempo, di un periodo, quello rivoluzionario, la cui portata doveva essere relativizzata al più presto, pena l'ingovernabilità dello Stato[28]. La costituzione prussiana, con le sue promesse di legge, «troppe» e «velleitarie», con le sue pericolose «lacune» normative, con le sue ambiguità sui reali poteri del parlamento e sulla via da seguire in caso di insorgenza di profondi dissidi con la Corona, con il suo essere in troppi punti una *lex imperfecta*, insomma una legge che impartiva ordini senza tuttavia prevedere sanzioni per chi li violasse, troppo facilmente si prestava ad essere utilizzata come strumento per un'eversiva parlamentarizzazione dello Stato. Dal punto di vista di Gerlach e della destra in genere, il violento conflitto sorto nel 1862-1866 sull'interpretazione dell'art. 99 della costituzione, in conseguenza del mancato raggiungimento di un accordo tra i tre fattori della legislazione sulla legge di

[26] Cfr. L. VON RÖNNE, *Das Staatsrecht der Preußischen Monarchie*, 1856-1863, I (1856), p. 111, nota 1 da p. 110: «Il blocco dello sviluppo del sistema costituzionale, potrebbe essere più svantaggioso del suo abbandono definitivo; il costituzionalismo apparente porta, senza rafforzare il governo, alla distruzione morale».

[27] A.G. MANCA, *La Costituzione 'al di sopra' o 'a disposizione' del legislatore*, pp. 297-302.

[28] [E.L. VON GERLACH], *Die Interpretation der Verfassungs-Urkunde.*

bilancio[29], altro non era se non l'eccezione che conferma la regola. Di fronte alla minaccia di continua instabilità politica rappresentata dalla costituzione, secondo la destra urgeva così anzitutto riaffermare come la sovranità nello Stato costituzionale spettasse ancora al re, in continuità con quanto già avveniva prima del varo della costituzione e nel rispetto del cosiddetto principio monarchico (art. 57 dei *Wiener Schluß-Akte*). Del resto, lo stesso re, sin dall'indomani stesso della concessione costituzionale del 1848, avrebbe compreso di essersi lasciato estorcere molto di più di quanto fosse necessario a preservare dalla furia rivoluzionaria l'istituzione monarchica[30]. Insomma, per le forze politiche conservatrici e ultraconservatrici, una volta passato il pericolo della rivoluzione, bisognava tornare indietro a cercare di recuperare quanto ceduto della tradizionale autorità della monarchia a favore del ruolo deliberativo di rappresentanze meccaniche e individualistiche del Paese.

Tornare indietro si poteva però sostanzialmente per due vie, non sempre tuttavia compatibili l'una con l'altra. Da un lato si poteva cercare di rivitalizzare lo Stato e le istituzioni amministrative intermedie e locali, lasciandovi affluire la linfa portata dalle rappresentanze cetuali storiche e dalla signoria fondiaria (*Gutsherrschaft*) in esse prevalente. Per quanto possibile, alle moderne istituzioni rappresentative di carattere elettivo e divise al loro interno in 'partiti' politici, si dovevano cioè nuovamente sostituire le rappresentanze corporative dei ceti. Della messa in discussione del moderno principio rappresentativo fondato sull'elezione fecero in effetti le spese, sia la composizione della Prima camera, da cui fu eliminata del tutto la componente elettiva, sia gli organi rappresentativi degli enti amministrativi intermedi, che non elessero più liberamente le loro rappresentanze e videro ristabilite le vecchie diete di circolo e provinciali.

[29] Cfr. in merito ampiamente *infra*, cap. 11 «Finanze».

[30] Sulla concessione delle costituzioni ottocentesche come espediente per arginare e scongiurare l'anarchia e la rivoluzione, e come strumento per conferire nuova legittimazione alla stessa monarchia, vedi V. SELLIN, *Gewalt und Legitimität. Die europäische Monarchie im Zeitalter der Revolutionen*; K.L. GROTKE - M.J. PRUTSCH (edd), *Constitutionalism, Legitimacy, and Power.*

Tornare indietro si poteva però anche passando per una stretta centralistica e burocratica nell'organizzazione e nel funzionamento dello Stato, stretta che certo avrebbe sacrificato anzitutto il principio costituzionale dell'autogoverno delle amministrazioni locali e intermedie, ma soprattutto i due principi base dello Stato di diritto, la divisione dei poteri e la garanzia dei diritti individuali. Al loro posto si avrà in effetti, durante gli anni Cinquanta, il prevalere dell'amministrazione sulla giustizia da un lato[31], e delle autorità amministrative e di polizia sui diritti costituzionali di libertà e uguaglianza dei cittadini dall'altro[32]. Da questa stretta centralistica e burocratica uscirono così senz'altro rafforzate quelle aggettivazioni già caratteristiche dello Stato prussiano settecentesco (lo Stato dei funzionari, lo Stato di polizia, lo Stato militare, lo Stato protestante ecc.) che in passato avevano assicurato forza e coesione interna alla monarchia prussiana, ma che la costituzione del 1850 aveva tentato di mettere in discussione[33].

Il crescente insinuarsi di una grande distanza tra lo Stato prussiano quale promesso o prefigurato dal testo originario della costituzione prussiana del 1850, e quello reale che si poteva osservare funzionante in Prussia nel governo e nell'amministrazione dagli anni Cinquanta in poi, distanza che giustificava secondo i liberali l'uso del termine di *Scheinkonstitutionalismus*, non fu però da essi mai visto come un dato oggettivo e immutabile, o da accettare fatalisticamente. Secondo i liberali, la distanza tra costituzione scritta e costituzione 'materiale' in

31 Cfr. *supra*, cap. 6 «Giustizia».

32 E. Lasker, *Polizeigewalt und Rechtsschutz in Preußen*. Cfr. in merito *supra*, cap. 4 «Diritti».

33 Per una critica di parte liberale dello Stato burocratico o Stato dei funzionari K. Twesten, *Der preußische Beamtenstaat (Schluß)* del 1866, dove il giudice liberale si scaglia contro il rafforzamento dello Stato burocratico (*Beamtenstaat*), determinato dalla legge disciplinare sui funzionari del 1852 e da quella sul *Gerichtshof für Kompetenzkonflikte* del 1854 (p. 142). Twesten si scaglia anche contro la limitazione dei poteri dei consigli comunali, seguita alle *Gemeindeordnungen* del 1853 e 1856 e l'accresciuto potere del governo cittadino (*Magistrat*), che, ad ogni dissidio con il consiglio, poteva chiedere l'intervento delle (*Bezirks-*)*Regierungen* (p. 141). Oggetto degli strali di Twesten sono, infine, lo Stato militare e lo Stato confessionale.

nessun caso poteva essere letta come un modo particolare di materializzarsi della forma di governo monarchico-costituzionale, un suo modo specifico di concretizzarsi giustificato dalla collocazione geopolitica della monarchia prussiana o dalla tradizionale dominanza in essa del principio monarchico[34]. Lo scollamento tra *Verfassung* e *Verwaltung*, da cui traeva origine il problema dell'*Ausbau der Verfassung*, per i liberali andava affrontato ed eliminato gradualmente proprio attraverso l'attuazione delle riforme legislative promesse dalla costituzione. Da un lato bisognava adattare l'amministrazione alle nuove norme costituzionali e allo spirito della costituzione, dall'altro lavorare alla riforma di quella Confederazione germanica che condizionava e addirittura ostacolava la liberalizzazione interna della Prussia[35]. La necessità di portare avanti l'*Ausbau der Verfassung* fu l'irrinunciabile obiettivo politico-costituzionale che spinse il liberalismo, un movimento politico guidato da notabili generalmente colti e/o possidenti, tendenzialmente restii a lasciarsi imbrigliare in rigide organizzazioni di partito e solitamente più propensi, invece, a confluire in libere associazioni di vario tipo (*Kongreß der deutschen Volkswirte*, *Handwerkertage*, *Deutscher Juristentag*, *Nationalverein* ecc.)[36], a organizzarsi in gruppi parlamentari relativamente stabili o addirittura in partiti politici (*Fraktion Vincke*, *Fraktion Bockum-Dolffs*, *Fortschrittspartei*), per far avanzare il processo di costituzionalizzazione dello Stato.

Alla lettura liberale della realtà storico-politico-costituzionale, imperniata sulla contrapposizione tra *Verfassung* e *Verwaltung*, venne a contrapporsi, soprattutto negli anni del conflitto e ad opera della pubblicistica conservatrice di Stockmar, una

[34] Su questa linea si troverà, invece, ancora ai primi del Novecento lo storico prussiano Otto Hintze, che da questo punto di vista, riprende tutti i tradizionali canoni della storiografia borussica (cfr. O. HINTZE, *Il principio monarchico e il regime costituzionale*).

[35] Cfr. *Der Weg zur deutschen Reform*, in «Nationalzeitung» del 19 agosto 1859 (*Morgen-Ausgabe*); *ibidem*, 20 agosto 1859 (*Morgen-Ausgabe*); *ibidem*, 21 agosto 1859 (*Morgen-Ausgabe*).

[36] Per la tendenza dei liberali a impegnarsi politicamente ma rifugiandosi in *Vereine* 'parapolitici': Fr. HINRICHS, *Der erste deutsche Juristentag*.

lettura della situazione politica prussiana che anticipò per molti versi la dottrina labandiana della contrapposizione tra costituzione formale e costituzione materiale, caratteristica del maturo positivismo giuridico[37]. Tuttavia la transizione a questa, come già avvertito, non si compie in questo momento. A partire dalla fine del conflitto costituzionale nel 1866 si percepisce piuttosto, assai distintamente, un arresto del dibattito pubblico sulla natura della costituzione prussiana e il suo spirito, come se il dilemma su cui esso si era avvitato (una costituzione filomonarchica o filoparlamentare?), si fosse sciolto nella prima direzione contestualmente alla soluzione giuridico-finanziaria 'inventata' dal governo prussiano per chiudere il conflitto. Il dibattito sull'*Ausbau der Verfassung* proseguirà, certo, oltre il conflitto, ma, spogliato della sua carica ideale, sarà condotto a partire da questo momento solo in stretta relazione con il progetto nazionalliberale di modernizzazione della *Verwaltung* e delle sue istituzioni. Sarà nel livello amministrativo, e nell'amministrazione delle nuove province annesse in particolare, che i liberali divenuti forza di governo (*Nationalliberalen*), esprimeranno e concentreranno i loro sforzi riformatori, mentre l'importanza della costituzione prussiana del 1850 veniva diminuita dall'essere ormai sovrastata dalla costituzione tedesco-settentrionale del 1867 prima e da quella imperiale del 1871 poi. La classificazione di Stahl della costituzione prussiana del 1850 come «costituzione ri-

[37] Si vedano a questo proposito gli interventi di E.A.Chr. von Stockmar, in *Zeitschrift für Deutsches Staatsrecht und Deutsche Verfassungsgeschichte»* curata da L.K. Aegidi: *Der allgemeine juristische Charakter der preußischen Verfassung*; *Gesetz und Verordnung* (Studien über das preußische Staatsrecht, II), I, Berlin 1867, 2, pp. 196-219; *Die Verordnung mit Gesetzeskraft* (Studien über das preußische Staatsrecht, III), *ibidem*, 3, pp. 221-243; *Von einem gewöhnlichen Mangel der staatsrechtlichen Gesetzgebung und Lehre in besonderer Anwendung auf die preußische Verfassung* (Studien über das preußische Staatsrecht, IV), *ibidem*, 4, pp. 477-484. I saggi di Stockmar sono stati già analizzati nella parte terza di A.G. Manca, *La sfida delle riforme*. Sulla fortuna della dicotomia costituzione formale/costituzione materiale nel più tardo e maturo positivismo giuridico ottocentesco Ph. Zorn, *Die Entwicklung der Staatsrechts-Wissenschaft seit 1866*; P. von Oertzen, *Die soziale Funktion des staatsrechtlichen Positivismus*; M. Stolleis, *Storia del diritto pubblico in Germania*, II.

flessa», sostanzialmente come compromesso, si dimostrerà invece ancora all'altezza dei nuovi tempi anche dopo la fine del conflitto costituzionale. Essa, infatti, sarà in grado di rispecchiare pienamente il perdurante dibattersi della forma di governo monarchico-costituzionale alla ricerca di un «instabile equilibrio» tra i suoi due poli, quello monarchico-governativo e quello parlamentare-rappresentativo[38].

[38] Sulla *Konfliktanfälligkeit* della monarchia costituzionale prussiana cfr. R. Wahl, *Die Entwicklung des deutschen Verfassungsstaates bis 1866*, p. 12; attorno a questa questione ha ruotato tuttavia tutto il dibattito storico-costituzionale della seconda metà del secolo scorso, di cui si è cercato di tirare le fila in A.G. Manca, *La monarchia costituzionale nell'Europa del lungo Ottocento*.

Capitolo nono

La chiesa

Il 1848 non segnò la medesima cesura nella storia delle due chiese cristiane presenti in Prussia verso la metà del secolo, l'evangelica dell'*Union* (o *unierte Landeskirche*), esito della fusione della Chiesa riformata con quella luterana avviata nel 1817[1], da un lato, e la *römisch-katholisch*, che da sempre si autogovernava e amministrava attraverso i suoi vescovi, dall'altro. L'anno della rivoluzione era destinato ad assumere un significato ancora differente nella storia delle altre comunità religiose (*Religiongesellschaften*) solo 'tollerate' dallo Stato prussiano, com'erano le cristiane degli *Herrnhuter*, degli *Altlutheraner*, dei *Mennoniten*, dei *Baptisten*, e le ebree delle comunità sinagogali (*jüdischen Synagogengemeinde*).

Particolarmente in queste ultime, ma non solo in esse, grandi aspettative suscitò la più volte citata ordinanza del 6 aprile 1848, che aveva affermato che i diritti civili dovevano essere garantiti in Prussia indipendentemente dalla religione (§ 5: «Die Ausübung staatsbürgerlicher Rechte ist fortan von dem religiösen Glaubensbekenntnisse unabhängig»). Il principio, confluito nel più generale riconoscimento della «libertà di confessione e di associazione religiosa in comunità» espresso dall'art. 12 della costituzione del 1850[2], era però ridimensionato nella sua

[1] Cfr. B. Holtz, *Friedrich Wilhelm III*; L. von Rönne, *Das Staatsrecht der preußischen Monarchie*, 1864-1865², I.2 (1864), pp. 483-487, nonché M. Wienfort, *Preußen*, pp. 983-984.

[2] Art. 12: «È garantita la libertà di confessione e di associazione religiosa (artt. 30 e 31), come pure di pratica religiosa in comune, sia all'interno delle mura domestiche, sia in pubblico. Il godimento dei diritti civili e politici è indipendente dalla confessione religiosa. L'esercizio della libertà religiosa non può essere di pregiudizio all'assolvimento dei doveri civili e politici».

portata dalla presenza in quest'ultima di un altro articolo, il 14, secondo cui «la religione cristiana è posta alla base delle istituzioni dello Stato che stanno in relazione con la pratica della religione, al di là della libertà garantita in materia nell'art. 12»[3]. Introdotto in sede di revisione della costituzione del 1848 su proposta di Ferdinand Walter e F.J. Stahl, l'art. 14 aveva così (ri)stabilito uno stretto collegamento tra Chiesa e Stato, facendo rientrare dalla finestra ciò che era stato cacciato via dalla porta nell'art. 12, e cioè la prospettiva dello Stato confessionale.

Per le due sole chiese cristiane, la cattolica e l'evangelica, riconosciute come corporazioni di diritto pubblico, un'importanza maggiore che per le altre comunità religiose rivestiva senz'altro l'affermazione, già presente nella costituzione concessa del 1848 (art. 12) e poi accolta all'art. 15 di quella del 1850, secondo cui «La chiesa evangelica e la cattolico-romana, così come ogni altra società religiosa, si ordinano e amministrano autonomamente ...»[4]. Con quest'articolo, infatti, con cui si sanciva il principio dell'autonomia della Chiesa rispetto allo Stato, s'invitavano implicitamente le chiese riconosciute ufficialmente ad autoriformarsi e a organizzarsi in modo autonomo dal potere politico. A imprimere ulteriore forza all'azione di stimolo diretta alle due chiese a darsi una propria organizzazione e autogovernarsi, nella costituzione del 1850, all'art. 17, era poi anche prospettata l'emanazione di una legge che avrebbe dovuto stabilire tempi, modi e condizioni di abolizione del diritto, ora in capo al monarca o ad altri soggetti, di intervenire nella nomina di cariche ecclesiastiche (*Kirchenpatronat*)[5]. Premesso che la legge prospettata dall'art. 17 non sarà mai emanata[6],

[3] Art. 14: «Die christliche Religion wird bei denjenigen Einrichtungen des Staats, welche mit der Religionsübung im Zusammenhange stehen, unbeschadet der im Art. 12 gewährleisteten Religionsfreiheit zum Grunde gelegt».

[4] Art. 15: «Die evangelische und die römisch-katholische Kirche, so wie jede andere Religionsgesellschaft, ordnet und verwaltet ihre Angelegenheiten selbstständig ...».

[5] Art. 17: «Sul patronato ecclesiastico e sulle condizioni alle quali esso può essere abolito, sarà emanata una legge».

[6] L. VON RÖNNE, *Das Staatsrecht der Preußischen Monarchie*, 1864-1865[2], I.2 (1864), p. 487.

a conferma della difficoltà della legislazione di intervenire su un tema, i rapporti Stato-Chiesa, di importanza vitale per la monarchia prussiana, va detto subito che anche l'attuazione degli altri articoli costituzionali incontrò non lievi difficoltà.

In particolare il principio di separazione della Chiesa dallo Stato e di autonoma organizzazione della prima (artt. costituzionali 12 del 1848 e 15 del 1850), si presentò da subito non facilmente realizzabile, anche perché poneva problemi e richiedeva soluzioni differenti per la chiesa cattolica e per quella evangelica.

La chiesa cattolica, radicata soprattutto nelle province occidentali del Regno, ma presente anche nelle province orientali di Schlesien (*Regierungsbezirk* di Oppeln e Niederschlesien), di Posen e nel territorio del Westpreußen[7], si era organizzata in Prussia sin dall'inizio del tutto autonomamente dal vertice tradizionalmente protestante dello Stato ed anzi in relativa contrapposizione ad esso. Essa aveva invece sempre cercato di intensificare i rapporti diretti con la Santa Sede di Roma, anche se in alcuni casi il monarca prussiano aveva conservato ancora il diritto di *placet* rispetto alle nomine vescovili delle cariche ecclesiastiche. La chiesa cattolica fu così quella delle due chiese prussiane che riuscì a trarre maggior vantaggio dalla rivoluzione del 1848 e dai movimenti di cambiamento da essa innescati, non tralasciando alcuna occasione per allargare ulteriormente la sfera della sua libertà d'azione, e partecipando in più modi al dibattito costituzionale in corso[8]. Infatti, fece sentire la propria voce attraverso i deputati cattolici presenti al *Landtag*, la pubblicazione di periodici come il «Lichtfreunde», le assemblee vescovili, e, infine, l'organizzazione dei *Pius-Vereine für religiöse Freiheit*, che nel 1848 furono convocati tutti a Mainz in un'assemblea generale destinata a diventare un'istituzione per tutta la chiesa cattolica

[7] Ch. RATHGEBER, *Das Kultusministerium und die Kirchenpolitik 1817 bis 1934*, pp. 292 s.

[8] H.-J. SCHEIDGEN, *Der deutsche Katholizismus in der Revolution von 1848/49*.

tedesca, il *Katholikentag*[9]. A questo periodo risale anche la fondazione del *Katholischer Verein für Deutschland*, il futuro parlamento spirituale del popolo cattolico tedesco[10].

Dalla rivoluzione, insomma, la chiesa cattolica uscì alla fine alquanto rafforzata[11], al punto da non poter più in seguito essere sottovalutata nella sua qualità di forza politica e sociale, e come non mancherà di emergere in particolare nell'ambito della politica scolastica, ma non solo, nel corso degli anni Cinquanta. Della nuova consapevolezza politica della chiesa cattolica ebbe modo di rendersi conto molto presto, all'indomani stesso dell'entrata in vigore della costituzione del 1848, e precisamente nel gennaio del 1849, lo stesso ministro del Culto, Adalbert von Ladenberg, nominato *ad interim* il 3 luglio 1848 e insediatosi definitivamente l'8 novembre successivo (rimase in carica sino al 19 dicembre 1850)[12]. Ladenberg, dopo aver manifestato agli *Oberpräsidenten* la sua intenzione di dare attuazione alle determinazioni della costituzione concessa del 1848 e di voler preparare la remissione a vescovi e arcivescovi di molti dei poteri sin qui esercitati dal signore territoriale (*Landesherr*), o dal potere temporale in genere, sui cosiddetti *kirchliche externa*[13], si era rivolto direttamente ai vescovi cattolici invitandoli a entrare in contatto con lui per dare corso alle trattative acciò necessarie[14]. L'occasione d'incontro

9 R. von Thadden, *II. Die Geschichte der Kirchen und Konfessionen*, pp. 590-591; sui *Piusvereine* vedi E. Einen, *Katholizismus und Gesellschaft*, pp. 31 ss.

10 Ch. Rathgeber, *Das Kultusministerium und die Kirchenpolitik 1817 bis 1934*, p. 363.

11 Così B. Holtz, *Ministerialabteilung auf Zeit*, p. 187.

12 La denominazione ufficiale del ministro del Culto (*Kultusminister*) era in realtà, per esteso, quella di *Minister der geistlichen, Unterrichts- u. Medizinal-Angelegenheiten*. Sui ministri del Culto prussiani nel periodo 1817-1934, cfr. *Anhang* (Appendice) a *Acta Borussica*, NF, 2. Reihe: *Preußen als Kulturstaat*, Abt. I, Bd. 1.1, pp. 342-346.

13 Cfr. *Cirkular-Erlaß an sämmtliche Königl. Oberpräsidenten, die Verhältnisse der katholischen Kirche betreffend, vom 6. Januar 1849*, in «Ministerialblatt für die gesamte innere Verwaltung», 10, 1849, Nr. 390, p. 265.

14 Cfr. *Cirkular-Erlaß an sämmtliche katholische Bischöfe, sowie abschriftlich an sämmtliche Königl. Oberpräsidenten, in derselben Angelegenheit, vom 1.*

cercata dal ministro dava la possibilità ai vescovi cattolici di discutere dei numerosi singoli poteri sussunti sin qui sotto la più generale competenza del potere temporale in materia di cosiddetti *kirchliche externa*: potere di sorveglianza sul patrimonio ecclesiastico, di amministrazione di determinati *Fonds*, di limitazione dei rapporti intrattenuti dai vescovi con la Curia romana, di *placet* su determinate disposizioni ecclesiastiche, nonché, ultimo ma non per importanza, di esercizio «da parte del sovrano dello *jus circa sacra*, comprendente ... la conferma delle collazioni vescovili di parroci e titolari di benefici, la conferma o la autorizzazione di designazioni a cariche ecclesiastiche avvenute in forza di diritto di patronato privato e perfezionate dal vescovo con il conferimento dell'istituzione canonica, la ratifica della nomina vescovile di arcipreti, decani e di altri funzionari vescovili»[15].

I poteri sin qui esercitati dal sovrano sulla chiesa cattolica erano, evidentemente, di grande rilievo 'politico', e il solo fatto che il ministro si fosse mostrato disponibile a discuterne con i vescovi cattolici, in un altro momento storico sarebbe forse stato interpretato come un gesto di conciliazione e un segno di volontà di compromesso da cogliere al volo. Dopo la rivoluzione del 1848, invece, i vescovi cattolici reagirono in un modo che lasciò esterrefatto il ministro del Culto. A qualche tempo di distanza dal decreto circolare del 1° marzo 1849 con cui essi erano stati invitati al dialogo, Ladenberg si ritrovò infatti a dover amaramente constatare come il suo appello ad avviare trattative fosse stato accolto con grande supponenza e praticamente

März 1849, in «Ministerialblatt für die gesamte innere Verwaltung», 10, 1849, n. 391, p. 266.

[15] Cfr. *Cirkular-Erlaß an sämmtliche katholische Bischöfe, sowie abschriftlich an sämmtliche Königl. Oberpräsidenten, in derselben Angelegenheit, vom 1. März 1849*: «landesherrliche[s] *jus circa sacra* ..., mithin insbesondere die Bestätigung der bischöflichen Kollationen für die von den Bischöfen angestellten Pfarrer und Benefiziaten, die Bestätigung resp. Genehmigung der kraft Privatpatronatrechts erfolgten, bischöflicher Seits durch Ertheilung der kanonischen Institution vollzogenen Besetzung geistlicher Stellen, die Genehmigung der bischöflicher Seits erfolgten Anstellung von Erzpriestern und Dechanten und sonstiger bischöflicher Beamten».

ignorato dalle autorità vescovili cattoliche[16]. Le problematiche rimaste in sospeso nei rapporti tra lo Stato e la chiesa cattolica dopo il fallito tentativo ministeriale di dialogo del 1849, erano tante e di peso: la questione del patronato, l'amministrazione e la sorveglianza sul patrimonio ecclesiastico, la definizione e la riscossione delle somme o prestazioni in genere destinate a scopi ecclesiastici, l'edilizia ecclesiastica, la fissazione definitiva dei fondi spettanti alla chiesa cattolica sul bilancio del ministero del Culto, la risposta ai reclami indirizzati allo Stato da chiese e fondazioni (*Stiftungen*) relativamente a patrimoni confiscati con la secolarizzazione, i bilanci dei vescovati, la cura delle anime, i fondi provinciali per la chiesa e la scuola ecc. Tutte queste questioni erano elencate ancora qualche anno dopo in un memoriale del 21 novembre 1852 di Matthias Aulike, direttore della Divisione cattolica (*katholische Abteilung*) del ministero del Culto, dove, tra l'altro, si formulava di nuovo l'esigenza impellente di riunire a Berlino, esperti di materie ecclesiastiche in rappresentanza del governo, da un lato, i vescovi o loro rappresentanti, dall'altro, per discuterne e individuare delle soluzioni[17].

Ad ogni modo, nei due decenni circa che seguirono l'emanazione della costituzione del 1848, la chiesa cattolica molto raramente entrò in conflitto diretto con lo Stato, se non su questioni di politica ecclesiastica o relative all'attività dei gesuiti[18]. Non esplicitamente ma chiaramente diretti contro i gesuiti, contro il

[16] Cfr. *Cirkular-Erlaß an sämmtliche katholische Bischöfe ec. ec., sowie an sämmtliche Königl. Oberpräsidenten in eben derselben Angelegenheit, vom 15. Dezember 1849*, in «Ministerialblatt für die gesamte innere Verwaltung», 10, 1849, n. 392, pp. 267 ss.

[17] Cfr. *Denkschrift des Ministerialdirigenten Matthias Aulike. Berlin. 21. November 1852 (Regularien für Verhandlungen mit der katholischen Kirche über die verfassungsgemäße Ausgestaltung ihres Verhältnisses zum Staat. – Agenda der inhaltlichen Hauptpunkte. – Möglichkeit auch zu persönlichen Verhandlungen mit den Bischöfen. – Entwurf eines allgemeinen Einladungschreibens an die Bischöfe)*, in *Acta Borussica*, NF, 2. Reihe: *Preußen als Kulturstaat*, Abt. I, Bd. 3.2, pp. 208-221. In merito si veda B. HOLTZ, *Ministerialabteilung auf Zeit*, pp. 188-189.

[18] Sui gesuiti, che però iniziarono ad essere perseguitati solo a partire dagli anni Settanta, S. SAMERSKI, *Jesuiten in Preussen. Toleranzprobleme.*

rafforzarsi a partire dal 1848 della loro presenza e l'estendersi del loro raggio di attività, ma soprattutto contro il loro preoccupante influsso sul mondo della formazione e dell'istruzione, furono i tre decreti contro il clero cattolico rilasciati nel 1852 dal ministro protestante del Culto Karl Otto von Raumer (19 dicembre 1850 - 6 novembre 1858) insieme al ministro dell'Interno Westphalen[19]. I cosiddetti *Raumersche Erlasse*[20] erano finalizzati a limitare l'ingresso di ecclesiastici stranieri in Prussia, a impedire l'organizzazione di missioni (*Volksmissionen*) cattoliche, e, infine, a introdurre il vincolo dell'autorizzazione da parte dello Stato prussiano per la frequenza del *Collegium Germanicum* di Roma da parte di teologi cattolici. Erano queste tutte misure che andavano controcorrente rispetto alla politica di conciliazione verso la chiesa cattolica praticata all'inizio del suo regno da Federico Guglielmo IV, e contro cui si batterono in parlamento, seppure senza successo, i deputati cattolici. Questi le rigettarono in quanto contrarie a numerosi articoli della costituzione, primo fra tutti l'articolo 15[21], e da questo momento si organizzarono in un gruppo parlamentare autonomo all'interno della Camera dei deputati (*katholische Fraktion*)[22]. Anche dopo i *Raumersche Erlasse*, tuttavia, i motivi di conflitto dei cattolici con il ministero non mancarono. Un aspro confronto si originò, ad esempio, riguardo all'utilizzo del capitale (*Stiftungsfonds*) creato dalle secolarizzazioni e dalla confisca dei beni dei gesuiti, che, secondo i cattolici, avrebbero dovuto essere usati solo a profitto della chiesa cattolica e non a favore della popolazione protestante, come si rimproverava

[19] Su Karl Otto von Raumer si veda B. Holtz, voce *Karl Otto von Raumer.*

[20] Sugli *Erlasse* dei ministri Raumer e Westphalen *betreffend die Tätigkeit ausländischer Geistlicher in Preußen, staatliche Maßnahme gegen die katholischen Volksmissionen und staatliche Maßnahmen gegen das Studium am Collegium Germanicum zu Rom*, del 25 febbraio 1851, del 22 maggio 1852, e del 6 luglio 1852, si veda Ch. RATHGEBER, *Die Kirchenpolitik im Kulturstaat Preußen bis zur Mitte des 19. Jahrhunderts*, in particolare pp. 198 ss. Cfr. inoltre B. ALTANER, *Preussen und die katholische Kirche von 1740 bis 1861.*

[21] Cfr. Ch. RATHGEBER, *Das Kultusministerium und die Kirchenpolitik 1817 bis 1934*, in particolare pp. 363-364; B. HOLTZ, *Ministerialabteilung auf Zeit*, pp. 187 ss.

[22] B. HOLTZ, voce *Karl Otto von Raumer*, p. 204.

di fare al ministro del Culto[23]. Un altro conflitto insorse nel 1856 sul divieto impartito dal governo prussiano di tenere a Köln l'assemblea generale del *Katholischer Verein*, che, di conseguenza, si radunò a Linz nel 1857[24].

Gli affari relativi alla chiesa cattolica, in particolare gli interventi dello Stato sulla base del suo alto potere di sorveglianza (*Oberaufsichtsrecht*) in *jura circa sacra*, continuarono ad essere gestiti in epoca costituzionale, proprio come prima del 1848, all'interno del ministero del Culto (*Kultusministerium*) dalla *Abteilung für die katholischen Kirchen-Angelegenheiten*, correntemente evocata per brevità come *katholische Abteilung*. Questa divisione ministeriale, che aveva cominciato a funzionare nel gennaio del 1841, fu diretta da Matthias Aulike dal 1846 fino alla sua morte nel 1865[25].

La *katholische Abteilung* era all'inizio degli anni Cinquanta assai sottodimensionata in quanto a dotazione di personale, particolarmente in rapporto agli oltre 7 milioni di cattolici prussiani, pari a circa i 2/5 della popolazione[26]. Non mancarono di rilevarlo criticamente i cattolici di entrambe le Camere prussiane tra la fine del 1852 e l'inizio del 1853. Nel bel mezzo dello scalpore suscitato dai *Raumersche Erlasse*, i decreti che andando contro l'art. 23 della costituzione avevano finito per confermare il controllo dei religiosi (protestanti) sulle istituzioni scolastiche[27],

23 Ch. RATHGEBER, *Das Kultusministerium und die Kirchenpolitik 1817 bis 1934*, p. 365.

24 *Ibidem*.

25 Cfr. B. HOLTZ, *Matthias Aulike*, e inoltre B. HOLTZ, *Ministerialabteilung auf Zeit*, pp. 173 ss., dove si ricordano i rapporti di Aulike con Ignaz Döllinger (cfr. V. CONZEMIUS, *Die Briefe Aulikes an Döllinger*), nonché il lungo carteggio intrattenuto con il giurista e in seguito parlamentare prussiano August Reichensperger. La nomina di Aulike a direttore della *Abteilung* divenne definitiva solo nel 1858.

26 Cfr. B. HOLTZ, *Ministerialabteilung auf Zeit*, p. 148, la quale precisa che la Divisione cattolica si mantenne anche in seguito a ranghi ridotti.

27 In merito si veda *infra*, cap. 10 «Istituzioni educative e formative». L'art. 23 affermava: «Tutte le istituzioni formative e educative, pubbliche e private, stanno sotto la sorveglianza di autorità nominate dallo Stato».

i deputati cattolici chiesero l'erezione, al posto della *katholische Abteilung*, di un vero e proprio ministero per le «Katholischen Kirchen- und Unterrichtsangelegenheiten», un ministero che fosse in grado di garantire la «pace confessionale» (*konfessionelle Ruhe*) all'interno dello Stato[28], ma senza successo. Anche le richieste di assunzione per l'*Abteilung* di semplici ausiliari (*Hilfsarbeiter*), ripetutamente avanzate dallo stesso Aulike nell'ottobre del 1858, non portarono a niente. Allo sperato rafforzamento della Divisione cattolica del ministero non si giunse nemmeno con il cambio alla guida del ministero del Culto nel novembre 1858 e l'insediamento di Moritz August von Bethmann Hollweg (1858-1862). Anzi, la nomina da parte sua per la prima volta di un sottosegretario (*Unterstaatssekretär*) nella persona di Hermann Lehnert (1° luglio 1861 - 22 ottobre 1871) fu interpretata da Aulike, che dirigeva la Divisione cattolica, come un modo di frapporre ulteriore distanza tra lui e il ministro protestante[29], in un momento in cui i rapporti tra la chiesa cattolica e lo Stato prussiano minacciavano di diventare ancora più difficili per il riemergere del nazionalismo polacco. Anche quando nel 1864 il legato (*Gesandter*) prussiano a Roma, il barone Adolf Friedrich von Willisen, che pure godeva della fiducia del sovrano, fece richiesta che ecclesiastici cattolici fossero assunti come aiutanti al ministero, l'allora ministro del Culto Heinrich von Mühler (17/18 marzo 1862 - 17/22 gennaio 1872) si oppose decisamente[30].

La crescente inimicizia tra la chiesa cattolica e lo Stato prussiano, che col tempo appariva ai cattolici sempre più come uno Stato protestante, nel corso degli anni Sessanta raggiunse in più occasioni picchi assai elevati. Ciò accadde anzitutto

[28] Cfr. *Immediateingabe von 73 katholischen Abgeordneten der ersten und der Zweiten preußischen Kammer. Berlin, 14. Dezember 1852*, in *Acta Borussica*, NF, 2. Reihe: *Preußen als Kulturstaat*, Abt. I, Bd. 3.2, pp. 222-229, e in merito B. HOLTZ, *Reformprojekte und Debatte zur Organisationsstruktur. Die Jahre von 1817 bis 1866*, in particolare, pp. 76-77.

[29] B. HOLTZ, *Ministerialabteilung auf Zeit*, p. 197.

[30] Cfr. *Handschreiben des Kultusminister Heinrich von Mühler an den Ministerpräsidenten Otto von Bismarck. Berlin, 31. August 1864*, in *Acta Borussica*, NF, 2. Reihe: *Preußen als Kulturstaat*, Abt. I, Bd. 2.2, pp. 554-555.

nel periodo immediatamente successivo alla pubblicazione nel 1864 del *Syllabus Errorum*[31], in cui Pio IX si scagliava contro il liberalismo e il suo ideale di progresso, ma anche, indirettamente, contro lo spirito nazionalliberale dominante in Prussia in quel torno di tempo, rigettando con forza l'idea che la chiesa cattolica dovesse piegarsi all'imperante spirito del tempo e all'ideale della civilizzazione. Allo scontro aperto si arrivò di nuovo in occasione della nomina di alcuni vescovi nel 1864/1866. Il governo prussiano, che dagli anni Quaranta in poi non aveva più fatto uso polemico o ritorsivo del suo diritto di proposta (*Vorschlagsrecht*) in questa materia, si oppose in questo periodo per ben due volte consecutive alle differenti liste di candidati stilate dal capitolo del duomo (*Domkapitel*) di Köln. Con quest'ultimo il governo presieduto da Bismarck si era rifiutato categoricamente di entrare in trattative, preferendo dialogare invece direttamente con la Curia romana, e accettando in seguito il candidato da questa proposto nella persona del vescovo di Osnabrück, Paulus Ludolph Melchers, lo stesso candidato che però era stato respinto quando era stato presentato dal capitolo del duomo di Köln[32]. Insomma, pur di non rischiare di trovarsi ad avere a Colonia un vescovo non gradito, il governo prussiano aveva osato opporsi al diritto della chiesa cattolica tedesca di scegliersi il proprio vescovo. E lo stesso si verificò quando giunse il momento di sostituire il vescovo di Gnesen-Posen, nella cui diocesi il clero cattolico non era certo favorevole al governo Bismarck. Anche in questa circostanza quest'ultimo non recepì le proposte del capitolo del duomo, preferì entrare in trattativa diretta con la Curia romana, e, infine, accettò come vescovo il nunzio papale, il conte Mieczyslaw von Ledochowski[33]. Ultima, ma certo non per

[31] Cfr. la voce *Katholische Kirche*, di MEURER, qui p. 498.

[32] Cfr. Ch. RATHGEBER, *Das Kultusministerium und die Kirchenpolitik 1817 bis 1934*, pp. 366-367; B. HOLTZ, *Ministerialabteilung auf Zeit*, pp. 198-200.

[33] Cfr. *Immediatbericht des Kultusministers Heinrich von Mühler. Berlin, 15. Dezember 1865*, in merito a: «Katholische Bischofswahlen in Preußen und die bisherige Rolle des Königs bzw. des Staats. Rechte des Königs bei den noch unerledigten Wahlverfahren in Köln und Posen und der Wiederbesetzung der erledigten Bischofssthühle», in *Acta Borussica*, NF, 2. Reihe: *Preußen als Kulturstaat,* Abt. I, Bd. 2.2, pp. 556-570.

importanza, un'altra occasione di conflitto tra governo prussiano e chiesa cattolica sorse durante la guerra austro-prussiana del 1866, quando alcuni predicatori cattolici della diocesi di Breslau dovettero essere difesi dal principe-vescovo (*Fürstbischof*) locale dall'accusa di aver fatto propaganda antinazionale[34].

Al di là dell'intrinseca fragilità del rapporto tra governo e chiesa cattolica, che comunque all'esterno non appariva particolarmente conflittuale, a partire dal 1848 si confermò ed anzi precisò ulteriormente il doppio processo già innescatosi negli anni Quaranta e destinato a segnare durevolmente i rapporti tra lo Stato e la chiesa cattolica: il coinvolgimento attivo di quest'ultima nella cosiddetta *soziale Frage*, da un lato, e la politicizzazione del movimento cattolico, dall'altro[35]. In particolare questo secondo processo, che come si è detto aveva portato alla fine del novembre 1852, come reazione ai *Raumersche Erlasse*, al consolidarsi definitivo alla Camera dei deputati di un gruppo parlamentare cattolico (*katholische Fraktion*)[36], avvenne su parole d'ordine e in un clima politico che portò i cattolici durante il conflitto costituzionale a schierarsi sempre più decisamente dalla parte dell'opposizione liberale e contro Bismarck. È sicuramente da ricercare anche nel prevalente

[34] Cfr. *Handschreiben des Breslauer Fürstbischofs Heinrich Förster an Kultusminister Heinrich von Mühler. Breslau, 16. Mai 1866*, avente per oggetto «Zurückweisung des Vorwurfs, dass die dem Fürstbischof von Breslau unterstehende Geistlichkeit in ihren Predigten oder anderswo gegen ihre Untertanenpflicht handelt», in *Acta Borussica*, NF, 2. Reihe: *Preußen als Kulturstaat*, Abt. I, Bd. 2.2, pp. 571-573. Si veda in merito: B. HOLTZ, *Ministerialabteilung auf Zeit*, che, dopo aver ricordato come «Il titolo di principe-vescovo era proprio di quei vescovi che fino al 1806 accanto al potere spirituale esercitarono anche potere temporale su un determinato territorio», aggiunge però anche che «nel vescovato di Breslau il titolo di principe-vescovo fu utilizzato sino al 1918» (p. 160).

[35] Su questa duplice strategia di avvicinamento della chiesa cattolica alla politica Ch. RATHGEBER, *Das Kultusministerium und die Kirchenpolitik 1817 bis 1934*, p. 363. Sulla *soziale Frage* cfr. più analiticamente *infra*, cap. 13 «Legislazione politico-sociale».

[36] Cfr. in merito il documento *Für den Fortbestand der Katholischen Fraktion im Preußischen Abgeordnetenhaus*, del 16 gennaio 1853, in R. MORSEY (ed), *Katholizismus, Verfassungsstaat und Demokratie: vom Vormärz bis 1933*, pp. 49-51.

atteggiamento antigovernativo della *katholische Fraktion*, oltre che nel timore che i fenomeni di conversione si moltiplicassero incontrollatamente, la via via crescente propensione del governo prussiano a sopprimere la *katholische Abteilung* del ministero del Culto. Tale propensione, che raggiungerà il suo obiettivo nel luglio 1871, in un clima che andava anticipando pericolosamente il *Kulturkampf* degli anni seguenti, fu però in un primo tempo molto abilmente dissimulata dal ministro del Culto von Mühler. Questi, ancora alla fine del 1865 aveva dovuto spendere tutte le sue capacità persuasive per indurre il re a desistere dal proposito di sciogliere la Divisione cattolica del ministero del Culto, facendo ricorso però all'argomento, tutt'altro che rassicurante per la Divisione stessa, che a questa non era comunque lasciata alcuna autonomia (*Selbständigkeit*) nella trattazione delle questioni relative alla chiesa cattolica. Contro le incessanti pressioni ad abolire la Divisione cattolica esercitate sul re in una conferenza ministeriale del dicembre 1865 anche da altri ministri[37], il ministro del Culto a malapena riuscì però a mascherare che il suo interesse a conservarla almeno momentaneamente in vita era ormai più che altro di carattere personale. Ciò che in realtà premeva di più al ministro in quel periodo, dopo cioè la recente scomparsa del direttore ministeriale Aulike, che aveva sin qui diretto la *katholische Abteilung*, era di garantirsi che il re prendesse in considerazione la proposta di sostituire Aulike con il procuratore capo (*Oberstaatsanwalt*) di Bromberg, il Dr. Kraetzig.

Nonostante gli sforzi di von Mühler per convincere il monarca prussiano dell'opportunità politica oltreché finanziaria di tenere in piedi la *katholische Abteilung*, per quest'ultima era però, ormai, solo questione di tempo. Dopo la morte di Aulike per ictus il 22 ottobre 1865, e l'insediamento alla guida della *katholische Abteilung* nel gennaio 1866 di Albert Kraetzig, futuro deputato *freikonservativ* al *Reichstag*, la ormai nota volontà del principe Friedrich di scioglierla e di concentrare

[37] Cfr. *Immediatbericht des Kultusministers von Mühler an König Wilhelm I.*, del 31 dicembre 1865, in A. CONSTABEL (bearb.), *Die Vorgeschichte des Kulturkampfes*, pp. 108 ss. e ripubblicato in estratto anche in E.R. HUBER - W. HUBER (edd), *Staat und Kirche im 19. und 20. Jahrhundert*, 2, pp. 101-107.

in una sola divisione ministeriale gli affari di tutte e due le chiese ufficialmente riconosciute in Prussia, ebbe infine il sopravvento. Per un po' di tempo ancora il ministro del Culto riuscì a tenere momentaneamente a bada le pressioni crescenti per l'abolizione della Divisione cattolica, anche se l'incertezza sul suo futuro non mancò di manifestarsi anche nel fatto che la stessa nomina di Kraetzig divenne definitiva solo nel marzo 1868. Comunque, dopo l'annessione delle nuove province nell'estate del 1866, quando era il momento di avviare trattative con i vescovi cattolici di Osnabrück, Hildesheim, Fulda e Limburg, il ministro non nascose nemmeno a questi quattro nuovi vescovati prussiani che egli, per la risoluzione di eventuali conflitti che fossero insorti sulla nomina dei responsabili delle sedi vescovili o di membri di capitoli del duomo, non avrebbe esitato a intraprendere la via diretta delle trattative con Roma, lasciando loro intuire di quanta libertà e autorevolezza godesse la chiesa cattolica in Prussia. A partire da questo periodo, e nonostante altre dichiarazioni più concilianti del ministro, che disse di non voler affrettare in alcun modo il passaggio al nuovo Stato delle diocesi cattoliche delle nuove province, i funzionari della Divisione cattolica del ministero cominciarono invece subito a lavorare alacremente per portare tutta la chiesa cattolica sotto più stretto controllo dello Stato.

L'atto di scioglimento dell'*Abteilung*, autorizzato da Guglielmo I l'8 luglio 1871, può senz'altro essere considerato come il primo atto del *Kulturkampf* di Bismarck, che nel nesso tra cattolicesimo, particolarismo e pericolo polacco vedeva una seria minaccia per il nuovo Stato nazionale tedesco[38]. Dietro la motivazione da lui addotta per lo scioglimento, di voler da qui in poi relazionarsi su un piano di parità con le due chiese, quella cattolica e quella evangelica, stava a ben vedere la necessità di muoversi liberamente rispetto alle pretese del partito ultramontano, nonché la volontà di disfarsi degli alti funzionari cattolici del ministero (*katholische Räte*). Questi, infatti, stretti nella morsa di una sorta di *doppelte Loyalität*, erano spesso apparsi a Bismarck come rappresentanti più degli

[38] B. Holtz, *Ministerialabteilung auf Zeit*, pp. 202-203.

interessi della chiesa cattolica che non dello Stato prussiano[39]. Gli sforzi compiuti all'interno della *katholische Abteilung*, da Aulike per primo e dai suoi funzionari, per l'integrazione sociale dei cattolici nell'interesse dello Stato prussiano, non vennero riconosciuti non solo dai protestanti, che chiusero quella divisione ministeriale dopo trent'anni di attività, ma nemmeno dagli stessi esponenti dell'episcopato e del clero cattolico, che avevano guardato con sospetto alla sua azione di regolamentazione e di controllo[40].

Per quanto riguarda la chiesa evangelica, bisogna anzitutto premettere che essa in nessun caso avrebbe potuto guardare all'art. 12 della costituzione del 1848 (art. 15 della costituzione del 1850) con così tante aspettative come la cattolica.

Il diritto riconosciuto alla chiesa di darsi un ordinamento e un'organizzazione che la mettesse al riparo da pesanti intromissioni dello Stato, difficilmente poteva suscitare speranze di libertà e di autonomia organizzativa nella chiesa evangelica, che, come ha scritto Ernst Rudolf Huber, «continuava a rimanere sottoposta ad una fortissima ingerenza statale in virtù del perdurante governo della chiesa da parte del signore territoriale»[41]. Ciononostante, evidentemente, anche la chiesa evangelica non poteva non leggere nell'affermazione costituzionale del principio dell'autonoma organizzazione della Chiesa dallo Stato perlomeno un segnale di mutamento dello *status quo*, e non poteva non scorgervi un appiglio per riprendere con nuovo vigore il tentativo di sganciamento dalla tradizionale *Kirchenhoheit*, cioè dal governo ecclesiastico da parte del signore territoriale[42].

39 *Ibidem*, p. 205.

40 *Ibidem*.

41 Cfr. E.R. HUBER, *Deutsche Verfassungsgeschichte*, 3, p. 117: «nur die katholischen Bischöfe in Preussen waren imstande, das der Kirche durch art. 15 zuerkannte Recht zur selbsstandige Ordnung und Verwaltung ihrer Angelegenheiten alsbald in Anspruch zu nehmen ...; die evangelische Kirche Preussens dagegen blieb vermoge des fortbestenden landesherrlichen Kirchenregiments weiterhin der stärksten staatlichen Einwirkung unterworfen».

42 Cfr. KAHL, voce *Kirchenhoheit*.

La determinazione dell'art. 12 rappresentava un ormeggio sicuro in particolare per la componente riformatrice della chiesa evangelica, che, sin dall'inizio del XIX secolo, andava invocando un più armonico raccordo con la società prussiana. Lo strumento per raggiungere questo scopo era stato da essa generalmente individuato nella cosiddetta *Presbyterial-* e *Synodalverfassung*, cioè nello sviluppo di istanze autonome, locali e intermedie, di autogoverno ecclesiastico, e, allo stesso tempo, di rappresentanze elettive per il livello comunale (*Presbyterial-Verfassung*), circoscrizionale (*Kreis-Synode*), provinciale (*Provinzial-Synode*) e nazionale (*Landes-* o *General-Synode*), in cui avrebbero trovato posto, oltre agli ecclesiastici, anche i laici. Con la rivendicazione di forme più moderne di organizzazione e di rappresentanza, costruite dal basso verso l'alto, la chiesa evangelica aveva cercato nel *Vormärz* di controbilanciare, se non addirittura di depotenziare, i concistori (*Konsistorien*), e cioè le istituzioni che il monarca prussiano, in quanto massima autorità della *evangelische Landeskirche*, aveva istituito per poterla meglio governare, controllare e funzionalizzare alle esigenze dello Stato. Istituiti a livello provinciale nel 1817 e riformati nel 1845, di costituzione collegiale (di essi erano membri anche tutti i *Räte* ecclesiastici delle *Regierungen*), i concistori si mantennero in vita oltre la cesura rivoluzionaria del 1848, come organi a cui erano demandati tutti i compiti di amministrazione attiva della chiesa evangelica. Il fatto che i concistori fossero generalmente presieduti dagli stessi vertici esecutivi dell'amministrazione civile provinciale, e cioè dagli *Oberpräsidenten*, e avessero sede nelle stesse città capoluogo di provincia in cui aveva sede anche la massima autorità politica provinciale dell'*Oberpräsidium* (e cioè a Königsberg, Stettin, Breslau, Posen, Magdeburg, Münster e Koblenz, con la sola eccezione della provincia del Brandenburg, che aveva il concistoro a Berlino e l'*Oberpräsidium* a Potsdam), rispondeva certo anche ad esigenze di natura pratica e funzionale, ma è già di per sé alquanto significativo. I concistori erano anche affiancati dai *General-Superintendenten*, autorità eminentemente ecclesiastiche nominate e insediate dal re in ognuna delle otto province, che però non costituivano istanza intermedia tra il ministero e le autorità ecclesiastiche provinciali; essi prendevano parte alle riunioni dei concistori con il titolo di *Direktoren*. Dai concistori e dai loro presidenti dipendevano invece direttamente i *Superintendenten*, nominati dal ministro su proposta dei concistori, preposti al controllo dei *Kreise*, e di grado più o meno equivalente ai vescovi cattolici. Dai concistori dipendevano anche i sinodi provinciali laddove nel frattempo erano stati istituiti, e cioè nelle due province occidentali (Rheinprovinz e Westphalen)[43]. Solo qui infatti avevano cominciato a funzionare dal 1835 corpi rappresentativi a livello comunale e provinciale, i *Presbyterien* e i *Provinzial-Synode*, mentre nelle vecchie province prussiane (*altpreussisch*), (Brandenburg, Pommern, Preußen, Posen, Schlesien, Sachsen), questi corpi rappresentativi non si riuscì a crearli anche per l'ostacolo rappresentato dai tradizionali diritti di patronato.

L'istituzione nel gennaio 1848 di un *Oberkonsistorium*, concepito come chiusa accentratrice di tutta l'impalcatura concistoriale (soprintendenti, concistori, Alto concistoro), era stata appena realizzata che, a rivoluzione ormai galoppante, dovette essere abolita. La soppressione dell'*Oberkonsistorium* avvenne, per decreto dello *Staatsministerium* liberale, già il 15 aprile 1848[44], su sollecitazione dell'allora ministro del Culto, il liberal-moderato von Schwerin-Putzar (18 marzo 1848 - 25 giugno 1848). Schwerin riteneva infatti un tale Alto concistoro, in quanto organo centrale di governo dato dall'alto alla chiesa evangelica dal suo *Landesherr*, chiaramente in contrasto con il principio dell'autonomia della Chiesa dallo Stato che si era andato affermando dall'inizio della rivoluzione[45]. Poco prima

[43] Cfr. L. von Rönne, *Das Staatsrecht der preußischen Monarchie*, 1864-1865², I.1 (1864), pp. 495, 496 e 496, nota 6 (sul *Superintendent*), pp. 497-498 (sul *landesherrliches Kirchenregiment* della chiesa evangelica, cioè sull'assenza di autonomia dallo Stato, e sulle istanze sinodali), e *ibidem*, 1869-1872³, II.1 (1871), pp. 218 ss., in particolare p. 219 (sulle città sedi di concistoro), pp. 221-224 (sulle loro competenze), pp. 227, 229 (sui *General-Superintendenten*).

[44] L. von Rönne, *Das Staatsrecht der Preußischen Monarchie*, 1864-1865², I.2 (1864), p. 499.

[45] Cfr. B. Holtz, *Reformprojekte und Debatte zur Organisationsstruktur*, pp. 74-77; sarà lo stesso re a raccontare in seguito come l'abolizione dell'*Oberkonsistorium* fosse stata dovuta principalmente all'insistenza di Schwerin.

dell'abolizione dell'*Oberkonsistorium* era stata del resto insediata dal governo prussiano, con decreto del 27 marzo 1848, una commissione, di cui faceva parte anche l'allora *Ministerial-Direktor* e futuro ministro del Culto Ladenberg, e i cui lavori sarebbero dovuti andare in una direzione del tutto opposta a quella dell'istituzione di un *Oberkonsistorium*. A questa commissione, infatti, era stato assegnato il compito di studiare una riforma della chiesa evangelica, tale che ponesse le premesse per una rinnovata *Presbyterial- und Synodal-Verfassung*, e da cui sarebbe addirittura dovuta partire la convocazione di un «sinodo costituente nazionale» (*eine konstituierende Landes-Synode*)[46].

Con grande disappunto del movimento di rinnovamento della chiesa evangelica tuttavia, solo poco tempo dopo la concessione della costituzione del 5 dicembre 1848, il re, prendendo a pretesto l'urgenza, nelle more dell'attuazione del dettato costituzionale, di dare almeno provvisoriamente espressione agli interessi unitari della Chiesa evangelica, prese alcuni provvedimenti che andavano nuovamente in una direzione opposta. Al posto del soppresso *Oberkonsistorium* Federico Guglielmo IV decise infatti di erigere, all'interno del ministero del Culto e accanto alla già esistente Divisione evangelica (*Evangelische Abteilung*), la Divisione per le questioni interne della chiesa evangelica (*Abteilung für die inneren evangelischen Kirchensachen*), lasciando alla divisione ministeriale già esistente solo la competenza per le questioni cosiddette esterne (*äussere Angelegenheiten*). La nuova *Abteilung für die inneren evangelischen Kirchensachen*, che non era intesa come subordinata ma come coordinata al ministro, e che entrava in contatto diretto con il monarca attraverso il suo direttore, avrebbe dovuto occuparsi come istanza amministrativa centrale più alta delle medesime questioni «interne» dell'amministrazione ecclesiastica affrontate a livello provinciale dai *Konsistorien*. Nella

[46] Del *Ministerialerlass zur Niedersetzung einer Kommission zur Ausarbeitung eines Entwurfs zu einer Presbyterial- und Synodal-Verfassung und eines Wahlgesetzes für die Landes-Synode*, varato dal *Minister der geistlichen Angelegenheiten* von Schwerin il 27 marzo 1848 e pubblicato sul «Preußischer Staatsanzeiger» si riferisce in L. von Rönne, *Das Staatsrecht der preußischen Monarchie*, 1864-1865², I.2 (1864), p. 499.

sua qualità di «massima autorità amministrativa provvisoria» (*provisorische oberste Verwaltungsbehörde*) della chiesa evangelica, questa nuova divisione ministeriale doveva lavorare, così perlomeno si diceva in un decreto ministeriale del febbraio 1849, in attesa che la chiesa evangelica si desse in piena autonomia, come prescritto dalla costituzione del 1848, una nuova costituzione e organizzazione interna; solo su questa base si sarebbe potuta deliberare la convocazione di un «sinodo costituente generale del Paese» che, per il momento, non si era ancora in grado di indire[47].

Sarà proprio questa Divisione ministeriale per le questioni interne della chiesa evangelica, di cui all'inizio era stato rimarcato il carattere provvisorio, ad essere investita ben presto, ossia nel giugno 1850, delle funzioni di massima autorità di 'autogoverno' della chiesa evangelica sotto il nome di *Evangelischer Oberkirchenrat* (OKR o EKR)[48]; accanto ad esso il ministro del Culto avrebbe continuato ad esercitare il suo potere in tutte le «questioni esterne» (*externis*). Da qui in poi fu l'Alto consiglio ecclesiastico della chiesa evangelica, organo burocratico collegiale interamente di nomina regia[49], composto di membri della *unierte Kirche*, di luterani e di *reformierte*, guidato da un presidente, nominato nella persona di Rudolf von Uechtritz,

[47] Sul decreto ministeriale del febbraio 1849 con cui fu istituita la *Abteilung für die inneren evangelischen Kirchensachen*, cfr. *ibidem*, p. 501.

[48] Cfr. *Allerhöchster Erlass betreffend die Grundzüge einer Gemeindeordnung für die evangelischen Kirchengemeinde der östlichen Provinzen und die Einsetzung des Evangelischen Oberkirchenrats nebst Ressortreglement für die Evangelische Kirchenverwaltung. Vom 29.6. 1850*, in «GS», 1850, pp. 344 ss., ripubblicato in E.R. HUBER - W. HUBER (edd), *Staat und Kirche im 19. und 20. Jahrhundert*, 2, pp. 315 ss. Sull'*Evangelischer Oberkirchenrat* si veda anche W. RÜFNER, *§ 3 Preussen B. Die Verwaltungstätigkeit unter Restauration und Konstitution*, qui p. 493; E.R. HUBER, *Deutsche Verfassungsgeschichte*, 3, p. 175; H. SANDER, *Die oktroyierte Verfassung und die Errichtung des Evangelischen Oberkirchenrats*, pp. 402-418. Dopo la trasformazione della *Abteilung für die inneren evangelischen Kirchensachen* nell'OKR, le *Abteilungen* del ministero del Culto, a partire dal 29 giugno 1851, si ridussero nuovamente a 4 (cfr. B. HOLTZ, *Stellenstruktur, Binnenorganisation und Zunahme des Geschäftsbetriebes*, p. 105).

[49] L. VON RÖNNE, *Das Staatsrecht der preußischen Monarchie*, 1869-1872^3, II.1 (1871), p. 153.

che stava in rapporto diretto (*Immediatstellung*) con il monarca oltre che con il ministro del Culto, ad esercitare in via esclusiva tutte le molte e importanti competenze di governo interno della chiesa evangelica: «la decisione sui sinodi e sulle questioni dogmatiche e liturgiche relative alla santa messa, la sorveglianza sull'ora di religione, sulla formazione, l'esame e l'ordinazione dei sacerdoti, come pure sulla nomina all'ufficio di parroco, la giurisdizione relativa alla disciplina degli ecclesiastici, alla preservazione dell'ordine (*Kirchenzucht*) e alle visite pastorali»[50].

Al decreto regio di istituzione dell'*Evangelischer Oberkirchenrat*, controfirmato dal ministro Adalbert von Ladenberg (3 luglio (*ad interim*)/8 novembre 1848 - 4/19 dicembre 1850), che nel frattempo aveva cambiato idea in materia di rapporti tra Stato e chiesa evangelica rispetto al 1848, erano allegati dei *Motiven* in cui si spiegava cosa avesse mosso il re e il ministro all'istituzione dell'OKR. Da qui si intuisce come l'Alto consiglio rappresentasse il limite invalicabile oltre il quale il signore territoriale (*Landesherr*) non intendeva spingersi nell'accettare il principio costituzionale dell'autonomia organizzativa della chiesa evangelica. Certo, nei *Motiven* allegati al decreto regio del 29 giugno 1850 non si arrivava a dire chiaramente che con l'istituzione dell'Alto consiglio ecclesiastico si considerava definitivamente chiuso il discorso dell'attuazione dell'art. 15 della costituzione del 1850. Si diceva però che non si riteneva più giuridicamente necessario un sinodo generale per dare alla chiesa quell'indipendenza dallo Stato di cui si parlava nell'articolo 15, e che la prosecuzione del «*landesherrliches Regiment*» della chiesa evangelica era tutt'altro che inconciliabile con i

[50] Si veda § 1 del *Ressort-Reglement für die evangelische Kirchen-Verwaltung*, in *Allerhöchster Erlaß vom 29. Juni 1850, betreffend die Grundzüge einer Gemeinde-Ordnung für die evangelischen Kirchengemeinden der östlichen Provinzen und die Einsetzung des Evangelischen Ober-Kirchenraths nebst Ressort-Reglement für die evangelische Kirchen-Verwaltung*: «für das Synodalwesen, für die dogmatischen und lyturgischen Fragen des Gottesdienstes, für die Aufsicht über den Religionsunterricht, über die Ausbildung, Prüfung und Ordination der Pfarrer, über die Besetzung der Pfarreramtes, für die Disziplin der Geistlichen, die Wahrung der Kirchenzucht und die Visitation der Gemeinde»; cfr. in merito E.R. HUBER, *Deutsche Verfassungsgeschichte*, 3, pp. 174-176.

principi affermati nella costituzione[51]. Si concedeva che la chiesa evangelica non avrebbe più potuto essere guidata dal ministro in persona; a dare ad essa quell'«istituzione centrale» (*Zentralbehörde*) di cui aveva urgente bisogno, poteva però essere senz'altro il *Landesherr*, cioè il sovrano, in virtù del suo collocarsi dentro e non fuori dalla Chiesa; solo ed esclusivamente in questo senso era da interpretarsi la decisione del re di individuare una tale istituzione nell'istituendo OKR[52].

Il ministro che succederà a Ladenberg, Karl Otto von Raumer (19 dicembre 1850 - 6 novembre 1858), che non nascondeva certo di essere un fautore dello Stato evangelico[53], non farà che ripetere più o meno lo stesso concetto affermando che il *Landesherr* certo governava la chiesa evangelica ma dal suo interno, secondo le sue stessi leggi e attraverso autorità quali l'*Oberkirchenrat*, i *Konsistorien*, i *Superintendenten*, che dovevano senza alcun dubbio essere considerate istituzioni della chiesa (e non dello Stato), sue legittime rappresentanti, anche se nominate dal re. In questo senso, anche per Raumer, l'art. 15 della costituzione del 1850 doveva ritenersi già attuato e in via definitiva[54].

Il punto di vista del ministro del Culto degli anni della reazione era però tutt'altro che generalmente condiviso, e l'instaurazione dell'*Oberkirchenrat* era ben lungi dal poter rappresentare per l'opinione pubblica colta dell'epoca «un passo importante nel percorso verso il distacco dell'amministrazione ecclesiastica da quella statale» («ein wichtiger Schritt zur Loslösung der kirchlichen von der staatlichen Verwaltung»), come ancora oggi sembra essere benevolmente interpretata persino dalla storiografia costituzionale più avvertita[55]. L'istituzione dell'*Oberkirchenrat* fu infatti energicamente stigmatizzata dai liberali prussiani

[51] Cfr. L. von Rönne, *Das Staatsrecht der preußischen Monarchie*, 1864-1865^2, I.2 (1864), p. 502.

[52] *Ibidem*, p. 503.

[53] Così E.R. Huber, *Deutsche Verfassungsgeschichte*, 3, pp. 114 ss. e 174 ss.

[54] *Ibidem*.

[55] B. Holtz, *Zuständigkeiten, Tätigkeitsgebiete und Organisationsstruktur*, qui p. 30.

del tempo, primo fra tutti Ludwig von Rönne. Per il giurista liberale essa rappresentava un caso emblematico di «falsa» implementazione della costituzione, dove l'attuazione solo formale stava al posto di una sostanziale e anzi perseguiva lo scopo di impedirla; in nessun caso l'OKR avrebbe potuto essere considerato come attuazione dell'art. 15, essendo l'Alto consiglio al contrario del tutto anticostituzionale[56].

Nel corso degli anni Cinquanta la chiesa evangelica delle sei province orientali dovette rinunciare definitivamente al sistema piramidale di sinodi rappresentativi cui aspirava da tempo e che invece erano stati realizzati, anche se solo in parte, nelle due province occidentali. A riprendere il discorso sarà, durante la Nuova Era, Bethmann-Hollweg (6 novembre 1858 - 10 marzo 1862), al quale, come ministro del Culto, erano però rimaste competenze in *jura circa sacra*, da esercitare da solo o in collaborazione con l'*Oberkirchenrat*, molto ristrette, da quando quest'ultimo era stato istituito nel 1850[57]. A coadiuvare il ministro era la Divisione per le questioni esterne della chiesa evangelica (*Abteilung für die äußeren evangelischen Kirchen-Angelegenheiten*), con l'ausilio della quale egli assolveva ai suoi compiti per l'appunto nelle cosiddette «questioni esterne», la qual cosa implicava l'assunzione di tutte le competenze in materia di culto prima spettanti alle *Regierungen*: l'amministrazione del cosiddetto Fondo statale per scopi ecclesiastici (*Staatsfonds für bestimmten kirchlichen Zwecken*), la sorveglianza sui registri parrocchiali (*Kirchenbücher*), sul patrimonio delle chiese non sottoposte al patronato del *Landesherr*, come pure sul patrimonio di fondazioni e istituti ecclesiastici (*kirchliche Stiftungen* e *Institute)*, la nomina delle persone chiamate ad amministrare quei patrimoni ecc.[58].

56 L. von Rönne, *Das Staatsrecht der preußischen Monarchie*, 1869-1872³, II.1 (1871), pp. 150 ss.

57 B. Holtz, *Zuständigkeiten, Tätigkeitsgebiete und Organisationsstruktur*, p. 292.

58 Si veda § 3 del *Ressort-Reglement für die evangelische Kirchen-Verwaltung*, pubblicato unitamente all'*Erlaß* del 29 giugno 1850 con cui era stato istituito l'OKR; cfr. anche L. von Rönne, *Das Staatsrecht der preußischen Monarchie*, 1869-1872³, II.1 (1871), pp. 125 ss.

Al di là della conformità o meno alla lettera e/o allo spirito costituzionale dell'istituzione dell'OKR, questione che sarà oggetto del dibattito politico e parlamentare dell'epoca, è tuttavia indubitabile che a partire dal 1850 l'influsso diretto del ministero del Culto sulla chiesa evangelica non era più consentito, né formalmente, né di fatto. Questa circostanza, che certo non significava nemmeno lontanamente l'instaurazione di una separazione tra Stato e Chiesa, ancor meno risparmiò il ministero del Culto dall'essere coinvolto nel divampare all'inizio degli anni Cinquanta di nuovi conflitti tra le due componenti principali della chiesa evangelica, separate soprattutto da questioni liturgiche, come il rito dell'*Abendmahl* dei vetero-luterani (*Altlutheraner*) e l'*Hostie* dei *Reformierte*, e diversamente concentrate nelle due parti del Regno. Laddove infatti i *Reformierte*, o evangelici della confessione augustana, vivevano in maggioranza nelle province occidentali del Regno ed erano poco presenti in quelle orientali (1/5 della popolazione protestante), i luterani invece prevalevano di gran lunga in queste ultime, e quelli ortodossi in particolare si erano concentrati soprattutto in Sachsen[59].

Fu proprio in seguito al tendenziale prevalere all'interno dell'OKR dei cosiddetti *Vereinslutheraner*, in cui si riconoscevano tra l'altro i principali consiglieri del re in materie ecclesiastiche, e cioè ultraconservatori come Friedrich Julius Stahl e Ernst Ludwig von Gerlach[60], che Federico Guglielmo IV si vide indotto a intervenire sull'OKR affinché questo si adoperasse a garanzia dell'*Union* dell'*Evangelische Landeskirche*. Il decreto regio del 6 marzo 1852, emanato in questo senso all'indirizzo dell'OKR[61], pur senza voler contrastare in alcun modo il libero sviluppo di ognuna delle due confessioni protestanti, agì però

[59] Ch. Rathgeber, *Das Kultusministerium und die Kirchenpolitik 1817 bis 1934*, pp. 292, 299.

[60] *Ibidem*, p. 324.

[61] Sull'*Allerhöchst Erlass* del 6 marzo 1852 cfr. L. von Rönne, *Das Staatsrecht der preußischen Monarchie*, 1869-1872^3, II.1 (1871), p. 153. Questo decreto è stato ripubblicato anche in E.R. Huber - W. Huber (edd), *Staat und Kirche im 19. und 20. Jahrhundert*, 2, pp. 319-320.

nel senso di rinvigorire le antiche polemiche, e anzi da esso prese avvio una pericolosa «ricaduta nelle divisioni confessionali interne al protestantesimo»[62]. Il decreto, che ottenne perciò proprio l'effetto opposto a quello che il sovrano si era ripromesso di raggiungere, provocò in particolare tutta una valanga di interrogazioni all'OKR da parte dei *Konsistorien*, a cui cercò di rispondere il presidente von Uechtritz con una circolare del 7 febbraio 1853, ma senza successo[63]. Il re, informato da Uechtritz tramite un rapporto (*Bericht*) del 4 novembre 1852 delle differenti e talvolta opposte interpretazioni a cui avevano prestato il fianco le affermazioni contenute nel suo decreto del 6 marzo 1852, si decise, dopo essersi consultato con i principali responsabili della politica ecclesiastica prussiana in una conferenza svoltasi il 24 giugno 1853[64], a emanare un altro decreto. Diretto all'*Oberkirchenrat* e da questo poi trasmesso ai concistori, l'ordine regio del 12 luglio 1853[65] ribadiva la ferma volontà del monarca di non consentire arretramenti verso la divisione e il settarismo nelle comunità (*Gemeinde*) dove ormai l'*Union* era una realtà consolidata. Sia nel resoconto del dibattito (*Beratungsprotokoll*) svoltosi in occasione della conferenza del 24 giugno 1853, sia nello stesso decreto del 12 luglio 1853, si faceva ampio riferimento alle forme concrete assunte dalle contestazioni dell'Unione seguite al decreto regio del 6 marzo 1852. Qui si illustrava infatti come in singole comunità «il morbo della divisione» si fosse manifestato con la richiesta di abolizione dell'Unione e del suo rito, e come, in assenza di documentazione attestante l'appartenenza all'Unione, fosse stata messa in dubbio e negata alle comunità la loro stessa qualità di *unierte Gemeinde*

[62] E.R. HUBER, *Deutsche Verfassungsgeschichte*, 3, p. 176.

[63] Per la circolare di Uechtritz del 7 febbraio 1853, cfr. *Aktenstücke aus der Verwaltung des Evangelischen Oberkirchenraths*, pp. 1-6, pp. 1-4.

[64] Cfr. *Konferenz unter dem Vorsitz König Friedrich Wilhelm IV. Zur Union der beiden evangelischen KirchAen, Beratungsprotokoll. Bellevue, 24. Juni 1853*, in *Acta Borussica*, NF, 2. Reihe: *Preussen als Kulturstaat*, Bd. 2.2, pp. 534-537.

[65] Sull'*Allerhöchste Ordre vom 12. Juli 1853*, cfr. *Aktenstücke aus der Verwaltung des Evangelischen Oberkirchenraths*, p. 6, e E.R. HUBER - W. HUBER (edd), *Staat und Kirche im 19. und 20. Jahrhundert*, 2, pp. 320-321.

(comunità dell'*Union*)[66]. Non era nemmeno mancato il caso di alcune assemblee sinodali (*Synodalversammlungen*) e di singoli ecclesiastici che, male interpretando lo spirito del decreto, avevano preso ad abolire la dicitura comprensiva di *evangelische Gemeinde* o il rito caratteristico dell'*Union* di spezzare il pane al pasto serale (*Abendmahl*), per reintrodurre con spirito settario certe denominazioni per le comunità religiose e certe pratiche liturgiche richiamanti una sola delle due confessioni protestanti, restaurando così le vecchie pericolose divisioni confessionali precedenti all'*Union*.

Rispetto comunque al notevole rafforzarsi durante l'era della reazione del partito confessionale ortodosso, a cui erano da ricondurre i tentativi di far regredire l'unità interna della chiesa evangelica che stava a cuore a Federico Guglielmo IV, già alla conferenza evangelica di Berlino del 1856 ricominciò a consolidarsi durevolmente l'idea dell'*Union*[67]. Quest'ultima ebbe la sua riscossa soprattutto all'inizio della Nuova Era, sotto il ministro Bethmann-Hollweg, che fece anche ritirare tutte le misure di polizia contro le minoranze religiose dei *Lichtfreunde* e contro le cosiddette comunità libere (*Freie Gemeinde*). Sempre durante il suo ministero fu anche emanato un decreto, il 27 febbraio 1860[68], che prevedeva l'introduzione, a partire dal 1861, di sinodi di circolo (*Kreis-Synode*), prima nella provincia di Preußen, e poi via via nelle altre province orientali. Non riuscì invece a Bethmann-Holwegg di introdurre il matrimonio civile, neanche nella forma molto attenuata, cosiddetta facoltativa (*fakultative Zivilehe*), che avrebbe permesso almeno di appianare le differenze esistenti nella contrazione

[66] Cfr. *Konferenz unter dem Vorsitz König Friedrich Wilhelm IV. Zur Union der beiden evangelischen Kirchen, Beratungsprotokoll. Bellevue, 24. Juni 1853*, p. 535: «in einzelnen Provinzen habe sich die Krankheit der Trennung nicht durch Losreißen von der Landeskirche, aber durch das Verlangen nach Aufhebung der Union und ihres Ritus manifestiert. Man habe bei dem Mangel urkundlicher Verbriefung des Beitritts einzelner Gemeinde zur Union die Eigenschaft derselben als unierte Gemeinden in Frage und Abrede gestellt».

[67] E.R. Huber, *Deutsche Verfassungsgeschichte*, 3, p. 176.

[68] Su di esso vedi il saggio di G. Besier, *Die Neue Ära und die Einleitung eines kirchlichen Verfassungsneubaus*.

del matrimonio tra le province occidentali e quelle orientali del Regno; il suo progetto, infatti, passò alla Camera dei deputati, ma non a quella dei signori[69].

Al progressivo riaffermarsi dell'unità interna della chiesa evangelica non si accompagnò però la pacificazione sulla modalità della sua gestione, centrale e dall'alto, e nelle relazioni tra i suoi massimi responsabili. Il ministro del Culto entrò spesso e volentieri in contrasto con il presidente dell'OKR Uechtritz nell'esercizio degli *jura circa sacra*, in particolare per contestarne il diritto di proposta (*Vorschlagsrecht*) nell'occupazione di alti uffici ecclesiastici e nella nomina dei parroci, su cui il re aveva diritto di patronato (*landesherrliches Patronat*)[70]. Talvolta riuscì al ministro di condizionare pesantemente la chiesa evangelica, sia per l'influsso diretto di cui godeva presso il *summus episcopus*, il *Landesherr*, sia per il potere codecisionale o consultivo di cui godeva in tante materie: nell'amministrazione del fondo statale per scopi ecclesiastici, nell'elaborazione di una costituzione (*Verfassung*) per la chiesa evangelica, nella scelta del presidente dell'*Oberkirchenrat*, nella sorveglianza sui concistori delle nuove province dopo il 1866[71]. Il ruolo del ministro del Culto divenne molto importante in particolare quando, dopo la morte di Uechtritz nel 1863, a presiedere seppure *ad interim* l'*Oberkirchenrat* venne chiamato, nel novembre di quell'anno, l'allora ministro del Culto Heinrich von Mühler (17/18 marzo 1862 - 17/22 gennaio 1872). Von Mühler rimase in quella carica sino al 24 gennaio 1865, quando fu sostituito dal sin qui presidente del concistoro (*Konsistorialpräsident*) del Brandenburg, il liberal-moderato Ludwig Emil Mathis, che restò in carica sino al 1872 sotto lo sguardo diffidente di Mühler[72].

69 Il matrimonio civile obbligatorio (*obligatorische Zivilehe*) sarà introdotto solo nel 1874 per tutto l'Impero tedesco.

70 Cfr. *Acta Borussica*, NF, 2. Reihe: *Preußen als Kulturstaat*, Abt. I, Bd. 2.2, Nr. 55 e 56, pp. 537-548 e 548-553.

71 Molto interessante a questo proposito la riflessione riassuntiva: «Fazit: Die Bedeutung des Kultusministeriums für die Kirchenpolitik» a conclusione del saggio di Ch. Rathgeber, *Das Kultusministerium und die Kirchenpolitik 1817 bis zum Jahre 1934*, di cui si vedano in particolare le pp. 382-385.

72 *Ibidem*, pp. 342-343.

Capitolo decimo

Istituzioni educative e formative

I circa due decenni compresi tra il 1848 e il 1870 rappresentarono l'ultimo periodo di incubazione di quella dimensione di eccellenza delle istituzioni educative e formative prussiane che ne fece un modello per tutta l'Europa, e che recentemente ha motivato un qualificato gruppo di studiosi dell'Accademia delle Scienze a tornare a indagare la dimensione *kulturstaatlich* della monarchia prussiana[1].

La costituzione materiale del settore della *Bildung* fu segnata in questo periodo, anzitutto, da un ulteriore rinsaldamento della presa dello Stato sulle istituzioni educative e formative, volto a far arretrare il controllo sin qui esercitato dalla Chiesa[2]. Solo a prima vista in contraddizione con questo sforzo di penetrazione delle istituzioni statali, ancora alla fine del ventennio persisteva tuttavia, con buona pace dei principi costituzionali sia della separazione tra organizzazione ecclesiastica e statale (art. 15), sia della titolarità statale del potere di sorveglianza (*Aufsicht*) su tutte le istituzioni scolastiche (art. 23)[3], il carattere

[1] Cfr. i 6 voll. (Berlin 2009-2012) degli *Acta Borussica*, NF, 2. Reihe: *Preußen als Kulturstaat*, Abt. I: *Das Preußische Kultusministerium als Staatsbehörde und gesellschaftliche Agentur (1817-1934)*, e, in particolare, W. NEUGEBAUER, *Einleitung. Staatlicher Wandel. Kulturelle Staatsaufgaben als Forschungsproblem*, p. XXIV. Sempre di W. NEUGEBAUER cfr. anche *Preußen als Kulturstaat.*

[2] Cfr. in merito K.-E. JEISMANN, *Einleitung. Zur Bedeutung der «Bildung» im 19. Jahrhundert.*

[3] Art. 23: «Alle öffentlichen und Privat-Unterrichts- und Erziehungsanstalten stehen unter der Aufsicht vom Staate ernannter Behörden. Die öffentlichen Lehrer haben die Rechte und Pflichten der Staatsdiener» («Tutte le istituzioni di istruzione e di educazione, pubbliche o private, stanno sotto la sorveglianza di autorità nominate dallo Stato. Gli insegnanti pubblici hanno i diritti e i doveri dei servitori dello Stato»).

tradizionalmente confessionale delle scuole, particolarmente di quelle elementari, ma non solo. Il quasi ininterrotto governo del settore da parte di ministri schierati in difesa del carattere spiccatamente confessionale dello Stato, sarà infine dirimente nell'attuazione concreta del pluralismo confessionale enunciato all'articolo 24 della costituzione del 1850[4].

Il ventennio considerato segnò però anche, in secondo luogo, un'importante tappa nel processo di differenziazione interna del sistema scolastico, che era nel nostro periodo «piramidale» e «a tre gradi»[5]. Alla base stava la *Volksschule*, termine con cui si indicavano sia la *Elementarschule*, sia la *Mittelschule*, che assumerà un'identità istituzionale autonoma solo negli anni Settanta[6]; al livello intermedio c'era la *höhere Schule*,

[4] Art. 24: «Bei der Einrichtung der öffentlichen Volksschulen sind die konfessionellen Verhältnisse möglichst zu berücksichtigen. Den religiösen Unterricht in der Volksschule leiten die betreffenden Religionsgesellschaften. Die Leitung der äußeren Angelegenheiten der Volksschule steht der Gemeinde zu. Der Staat stellt, unter gesetzlich geordneter Betheiligung der Gemeinden, aus der Zahl der Befähigten die Lehrer der öffentlichen Volksschulen an». («Nell'istituzione delle scuole popolari [*Volksschulen*] si devono tenere in conto, per quanto possibile, le situazioni confessionali. L'insegnamento in esse della religione avviene sotto la guida delle rispettive comunità religiose. La responsabilità per le questioni esterne della scuola elementare spetta ai comuni. Lo Stato assume gli insegnanti delle scuole elementari pubbliche dalla cerchia degli abilitati con la compartecipazione regolata per legge dei Comuni»).

[5] Cfr. E. ENGEL, *Beiträge zur Geschichte und Statistik des Unterrichts*, I, p. 108.

[6] Sul campo semantico del concetto di *Volksschule* F.-M. KUHLEMANN, *Modernisierung und Disziplinierung*, pp. 25-26, che avverte come all'interno del concetto sia necessario recuperare tutto quel settore di scuole che nel 1872 presero il nome di *Mittelschule* (*mittlerer Bildungsbereich*) ma che prima esisteva comunque, anche se rientrava nei gradini più bassi della formazione. Secondo Kuhlemann molti studiosi di storia della scuola e della formazione lavorano senza una chiara definizione di *Volksschule* (p. 25), senza interrogarsi cioè su quali scuole si debbano far rientrare in questo concetto e quali invece no. Dal canto suo Kuhlemann dichiara (p. 26) di lavorare con un concetto di *Volksschule* in cui più specificamente sono fatte rientrare: la *einklassige Landschule*, la *städtische Armenschule*, fino alla *gehobene Elementarschule*, alla *Mittelschule* e alla *Bürgerschule*. Kuhlemann, dopo aver richiamato più volte l'indefinitezza del concetto di *Volksschule* utilizzato dalla storiografia, passa a dare una sua definizione del concetto di *Volksschulen*, che sono per lui scuole che danno una formazione generale, che servono essenzialmente all'assolvi-

denominazione sotto cui si sussumevano sia il *Gymnasium*, destinato a diventare dopo l'unificazione un modello per tutti gli altri stati tedeschi, sia la *höhere Bürger-* e *Realschule*[7]; al livello più alto si trovava, infine l'università. Negli anni Cinquanta, rispetto a un sistema che era parso sin qui solidamente organizzato nei suoi tre livelli, si andò profilando e affermando, al secondo grado del sistema e accanto al ginnasio, il tipo delle *Realschulen* come istituzioni formative statali. Su questa importante differenziazione interna dell'*höheres Schulwesen*, di cui fu responsabile Ludwig Wiese, che lavorò al ministero del Culto a partire dal 1852[8], si tornerà tra poco, dopo aver inquadrato per grandi linee il rapporto del sistema dell'istruzione con lo Stato prussiano.

Intorno alla metà del secolo XIX la volontà dello Stato di estendere e intensificare il controllo sul mondo dell'istruzione non era necessariamente destinato a entrare in conflitto con la realtà delle scuole private. Queste ultime, infatti, che si rivolgevano soprattutto all'istruzione di livello inferiore (*Elementarschule*, *Mädchenschulen*, *Bürgerschule*, *Fabrikschule* ecc.), non rappresentavano all'epoca una realtà considerevole. Ernst Engel registrava ad esempio per il 1858 24.923 scuole elementari pubbliche e solo 791 private; le scuole private sarebbero state presenti in quantità degna di nota solo nelle città più grandi, e anche qui avrebbero perso gradualmente terreno[9].

Ancor meno la volontà di controllo dello Stato era destinata sin dall'inizio a entrare in contrasto con il processo di costituzionalizzazione iniziato nel 1848[10], se solo si fosse accettata

mento dell'obbligo scolastico, che non hanno un'opzione fissa per una certa lingua straniera, che non rilasciano un attestato finalizzato a qualcos'altro, e i cui insegnanti non hanno formazione accademica (*ibidem*, p. 40).

[7] Sulla *höhere Schule* cfr. L. von Rönne, *Das Staatsrecht der preußischen Monarchie*, 1864-1865², II.2 (1865), pp. 400 ss.

[8] L. Wiese, *Das höhere Schulwesen in Preussen*.

[9] Si vedano a questo proposito i dati forniti da E. Engel nel 1869 nel suo *Beiträge zur Geschichte und Statistik des Unterrichts*, I, qui pp. 103 e 108.

[10] Cfr. in genere sul tema L. Gall, *Verfassungsstaat und Bildungswesen*, in particolare pp. 162-179.

l'idea da parte delle autorità di settore (ministro, alti funzionari ministeriali) che nel nuovo Stato costituzionale c'erano altri soggetti politico-istituzionali con cui consultarsi all'atto di progettare interventi riformatori. Anzitutto, infatti, non si sarebbe potuto prescindere dalle due Camere del *Landtag*; avrebbero dovuto essere ascoltate anche le nuove organizzazioni professionali degli insegnanti, che proprio a partire dal 1848 cominciarono ad articolare una rappresentanza dei loro interessi economici; più in genere, avrebbero dovuto essere coinvolte le cerchie colte dell'opinione pubblica, che non avevano sin qui trovato modo di incidere direttamente.

Ciò però non accadde, e anche nel nuovo contesto dello Stato costituzionale le autorità statali strinsero ulteriormente la presa sulle istituzioni educative e formative senza soluzione di continuità rispetto al *Vormärz*, sia per gli strumenti normativi utilizzati, sia per le politiche perseguite. Dell'attestarsi delle autorità statali sulla linea della continuità storica fu espressione importante e positiva la scelta di perseguire una maggiore razionalizzazione e efficienza del settore dell'istruzione e della formazione servendosi della leva già collaudata, veloce e diretta, della macchina dell'amministrazione scolastica (*Schulverwaltung*). Venne invece scartata in partenza la via dell'attuazione di una riforma legislativa complessiva dell'organizzazione scolastica (*Schulverfassung*); questo nonostante la promessa contenuta nell'articolo 26 della costituzione di una nuova legge sull'istruzione (*Unterrichtsgesetz*), che non verrà emanata[11].

La rivoluzione del 1848 e la costituzione del 1850 che questa aveva lasciato in eredità, avevano portato ad affermazione, insieme al principio della libertà della scienza e del suo insegnamento[12], quello altrettanto liberale per cui «chiunque è libero di impartire insegnamento e di fondare e dirigere istituti d'istruzione, dopo aver dimostrato dinanzi alle autorità

[11] Cfr. K.-E. Jeismann, *Schulpolitik, Schulverwaltung, Schulgesetzgebung*, in particolare p. 111. Sull'ennesima promessa costituzionale di legislazione organica non mantenuta cfr. R. Schmidt-Bleker, *Legislative Defizite im Schulrecht der preussischen konstitutionellen Monarchie*.

[12] Art. 20: «Die Wissenschaft und ihre Lehre ist frei».

competenti il possesso delle necessarie capacità morali, scientifiche e tecniche»[13]. Sempre nella costituzione del 1850 era detto anche essere compito dello Stato di provvedere alla «formazione della gioventù» attraverso scuole pubbliche, di adoperarsi per far rispettare ai genitori l'obbligo scolastico dei figli (in Prussia dal 6° sino al 14° anno di età), e di fare in modo che le scuole pubbliche garantissero l'assolvimento di tale obbligo[14].

Ora, al compito assegnato allo Stato dalla costituzione di assicurare l'alfabetizzazione della popolazione e l'assolvimento dell'obbligo scolastico, corrispondeva in realtà, all'inizio della seconda metà dell'Ottocento, un obiettivo in larga parte già raggiunto dalle politiche pubbliche di epoca precostituzionale. Nel 1849, infatti, la percentuale di alfabetizzazione della popolazione prussiana si aggirava ormai intorno all'80%, ed era quindi molto alta, soprattutto se messa a confronto con quella degli altri Stati europei dell'epoca[15]; in misura inversamente proporzionale, molto bassa era invece la percentuale dei bimbi che non frequentavano la scuola dell'obbligo[16].

Tutt'altro che già assolti erano invece gli altri compiti implicitamente assegnati allo Stato dalla costituzione, e cioè di garantire

[13] Art. 22: «Unterricht zu ertheilen und Unterrichtsanstalten zu gründen und zu leiten, steht Jedem frei, wenn er seine sittliche, wissenschaftliche und technische Befähigung den betreffenden Staatsbehörden nachgewiesen hat».

[14] Art. 21: «Für die Bildung der Jugend soll durch öffentliche Schulen genügend gesorgt werden. Eltern und deren Stellvertreter dürfen ihre Kinder oder Pflegebefohlenen nicht ohne den Unterricht lassen, welcher für die öffentlichen Volksschulen vorgeschrieben ist».

[15] Cfr. B. Holtz - Ch. Rathgeber, *Zwischen Bildungskonzept und Bildungsweg*, p. 8; l' alfabetizzazione della popolazione raggiunse nel 1871 addirittura l'88%. Sulla questione si veda anche P. Flora, *Indikatoren der Modernisierung: ein historisches Datenhandbuch*, pp. 755-768.

[16] Cfr. E. Engel, *Beiträge zur Geschichte und Statistik des Unterrichts*, II, in particolare p. 176; dei bambini sottoposti all'obbligo scolastico (*schulpflichtig*), ben l'88,8% di quelli delle campagne, e il 92,7% delle città (con una media del 90%) frequentavano effettivamente la scuola (*schulbesuchende Kinder*). Sulla questione si veda inoltre il paragrafo «Schulpflichtdurchsetzung und Alphabetisierung», in F.-M. Kuhlemann, *Modernisierung und Disziplinierung*, pp. 107-135.

adeguati livelli retributivi agli insegnanti e di soccorrere finanziariamente i comuni che incontrassero difficoltà nell'istituzione e nel mantenimento delle *Volksschulen* necessarie a garantire l'adempimento dell'obbligo scolastico. Nella costituzione del 1850, infatti, dopo che l'art. 23 aveva affermato che allo Stato e alle sue autorità spettava la sorveglianza su tutte le istituzioni scolastiche, e che tutti gli insegnanti pubblici avrebbero avuto i diritti oltre che i doveri dei «servitori dello Stato»[17], all'art. 25 si assegnava all'intervento dello Stato il compito di garantire agli insegnanti elementari uno stipendio fisso e adeguato al livello di vita e delle retribuzioni locali[18], e all'art. 24 si precisava che gli insegnanti delle *Volksschulen* avrebbero dovuto essere assunti dallo Stato anche se con la compartecipazione regolata per legge dei comuni[19].

La traduzione in pratica di questi articoli costituzionali, tuttavia, andò nel senso di lasciare tra parentesi il ruolo dello Stato e di spingere invece in primo piano le responsabilità dei comuni. Furono i comuni in prima istanza, e lo Stato invece solo in via sussidiaria e/o complementare, a sopportare l'onere finanziario di assicurare gratuitamente l'insegnamento nelle scuole elementari pubbliche (*öffentliche Volksschulen*), furono essi che continuarono a provvedere, come del resto avevano fatto sinora, sia al sostentamento e all'ampliamento delle scuole pubbliche, sia a garantire agli insegnanti un compenso fisso, anche se non sempre decoroso, nella generale latitanza dello Stato.

Al contrario di quanto promesso nella costituzione del 1848, ancora prima che in quella del 1850, gli insegnanti delle scuole elementari pubbliche prussiane percepivano all'epoca della rivoluzione, ma la loro condizione non mutò sostanzialmente

17 Per l'art. 23 cfr. *supra*, nota 3.

18 Art. 25: «Die Mittel zur Errichtung, Unterhaltung und Erweiterung der öffentlichen Volksschule werden von den Gemeinden und, im Falle des nachgewiesenen Unvermögens, ergänzungsweise vom Staate aufgebracht. Die auf besonderen Rechtstiteln beruhenden Verpflichtungen Dritter bleiben bestehen. Der Staat gewährleistet demnach den Volksschullehrern ein festes, den Lokalverhältnissen angemessenes Einkommen. In der öffentlichen Volksschule wird der Unterricht unentgeltlich ertheilt».

19 Per l'art. 24 cfr. *supra*, nota 4.

neanche negli anni successivi, non solo retribuzioni assai differenziate tra loro, con scarti che affondavano le loro radici nelle diverse condizioni finanziarie dei comuni prussiani, ma anche retribuzioni generalmente molto basse, particolarmente nelle campagne. Nei mesi della rivoluzione essi protestarono senza sosta, non da ultimo attraverso petizioni alla Camera dei deputati, per non essere adeguatamente retribuiti dai comuni, i quali, a loro volta, lamentavano la bassissima compartecipazione statale alla spesa per il sostentamento delle scuole, che li costringeva a contare, come fonte di finanziamento, sulle tasse scolastiche (*Schulgeld*), con buona pace della gratuità della scuola dell'obbligo affermata in costituzione (art. 25). Il fatto che gli insegnanti elementari, a causa dei bassi livelli stipendiali, chiedessero insistentemente di venire assimilati retributivamente agli impiegati statali e di poter godere dei loro diritti pensionistici[20], non solo lascia emergere come il loro *status* giuridico ed economico fosse nel nostro periodo ancora ben lontano dall'essere assimilato a quello dei funzionari dello Stato (*Beamte*)[21], ma consente anche di venire a contatto con le motivazioni che stavano dietro alle tensioni filorivoluzionarie che interessarono il movimento degli insegnanti delle *Volksschulen* prussiane nel biennio 1848/49. In quel periodo essi unirono, alla rivendicazione di una scuola più libera dai condizionamenti ecclesiastici, e alla richiesta di un maggiore impegno finanziario dello Stato nel sistema educativo e formativo, la domanda pressante di una maggiore considerazione del loro ruolo sociale da parte dello Stato e di un sostanziale miglioramento delle loro condizioni retributive.

Già si è detto come l'affermazione in costituzione della titolarità statale del potere/dovere di sorveglianza (*Aufsicht*) sulle scuole di ogni grado, sia pubbliche sia private, mirasse a scalzare il ruolo prevalente della Chiesa nel governo delle istituzioni educative e formative. Tale ruolo, già messo in discussione dall'*Allgemeines Landrecht* (ALR) senza però riuscire ad accan-

[20] P.M. ROEDER, *Gemeindeschule in Staatshand.*

[21] Cfr. H.-E. TENORTH, *Lehrerberuf und Lehrerbildung*; P.M. ROEDER, *Gemeindeschule in Staatshand.*

tonarlo del tutto, era guardato con sospetto se possibile ancora maggiore nel nuovo Stato costituzionale, che lo considerava in contraddizione con la sua stessa sovranità; il legislativo diffidava dell'influsso della Chiesa sull'istruzione in quanto difficilmente sussumibile sotto la generalità della legge, ma anche l'esecutivo lo percepiva come intralcio al libero dispiegarsi del suo potere regolamentare e all'autogoverno della sua amministrazione. Risoluto nella sua volontà di sostituirsi alla Chiesa nella sorveglianza e nel governo delle istituzioni scolastiche, lo Stato non era però altrettanto pronto ad assumersi la quota di maggioranza dell'onere di finanziamento della scuola pubblica, che continuò anche in epoca costituzionale a gravare principalmente sui comuni. Con le sue pretese di governo del mondo dell'istruzione, lo Stato prussiano non intendeva comunque spingersi tanto oltre da interrompere del tutto la continuità storica del legame esistente tra la scuola e la religione cristiana; esso infatti, si intendeva anzitutto come uno Stato cristiano, e non voleva rinunciare a un'educazione e a una formazione scolastica, com'era particolarmente quella elementare, che fosse, allo stesso tempo, luogo per eccellenza di avvicinamento alla religione e veicolo delle regole della pacifica e ordinata convivenza civile e politica. Più in particolare lo Stato prussiano non intese affatto dissolvere il legame che, spesso costitutivamente, univa la stragrande maggioranza delle scuole con una delle due confessioni religiose prevalenti nel Regno di Prussia. In ogni scuola l'opzione di partenza per la religione cattolica o evangelica era dirimente nella scelta degli insegnanti, dei contenuti formativi, dei manuali scolastici e, evidentemente, nell'insegnamento della religione, che era materia fondamentale nella scuola elementare. Questa era d'altronde non solo la situazione data verso la metà del secolo XIX, ma anche quella riproiettata nel futuro dall'art. 24 della costituzione del 1850, che, come si è visto, aveva affermato che «nell'istituzione delle scuole popolari pubbliche si devono tenere in conto, per quanto possibile, le condizioni confessionali. L'insegnamento in esse della religione avviene sotto la guida delle rispettive comunità religiose ... ».

Anche a regolare i rapporti tra Stato e Chiesa nelle istituzioni educative e formative, e cioè a bilanciare l'intervento dello Stato e l'autonomia delle istituzioni scolastiche, sarebbe dovuta intervenire una nuova legge, secondo la già evocata 'promessa' o riserva di legge (*Gesetzesvorbehalt*) contenuta nell'art. 26 della costituzione del 1850: «una legge speciale regola tutto il settore dell'istruzione»[22]. Tale legge però non sarà mai emanata in epoca costituzionale, forse proprio per la difficoltà di comporre in modo chiaro e definitivo uno dei nodi strutturali dello Stato costituzionale prussiano, per l'appunto i rapporti tra Stato e Chiesa[23]. Alla mancata emanazione di questa legge si deve se le istituzioni scolastiche prussiane continuarono a conservare ancora a lungo un assetto molto differenziato, fedelmente rispecchiante i particolarismi locali. E tra le istituzioni educative e formative prussiane, furono soprattutto le *Volksschulen* a continuare ad esibire caratteristiche assai diverse da provincia a provincia, come pure forti differenze tra città e campagna, oltre che a presentarsi quasi sempre come inequivocabilmente ascrivibili all'una o all'altra delle due confessioni cristiane prevalenti.

I particolarismi che continuarono a segnare la realtà delle istituzioni educative e formative trassero per giunta nuova linfa dal fallimento della uniformante legislazione riformatrice del 1850 sugli enti amministrativi inferiori e sui comuni in particolare[24]. Ad essa infatti si sarebbe dovuta agganciare la nuova legislazione di riforma del settore dell'istruzione prospettata all'art. 26 della costituzione, che però, come già accennato, non riuscì a vedere la luce. Ad un progetto di legge di riforma dell'istruzione lavorò nel settembre 1850 il ministro del Culto Ladenberg, che tuttavia non giunse ad essere discusso a causa delle dimissioni

[22] Art. 26: «Ein besonderes Gesetz regelt das ganze Unterrichtswesen».

[23] Cfr. in merito R. Schmidt-Bleker, *Legislative Defizite im Schulrecht der preussischen konstitutionellen Monarchie*. L'articolo 26 sarà infine modificato con legge del 10 luglio 1906 ricevendo la seguente formulazione: «Das Schul- und Unterrichtswesen ist durch Gesetz zu regeln. Bis zu anderweiter gesetzlicher Regelung verbleibt es hinsichtlich des Schul- und Unterrichtswesens bei dem geltenden Rechte».

[24] Sulla *Gemeinde-, Kreis-, und Provinzialverfassung* dell'11 marzo 1850 cfr. *supra*, cap. 5 «Amministrazione».

di quest'ultimo alla fine del 1850[25]. Dopo l'assunzione della titolarità del ministero da parte del conservatore Raumer (19 dicembre 1850 - 6 novembre 1858)[26], questi disse sin da subito di non vedere alcuna necessità di una legge generale sull'istruzione. A suo avviso era certo urgente intervenire sulla formazione degli insegnanti, ma anche a questo scopo non c'era alcuna necessità di una legge, potendo egli farlo più agevolmente attraverso le *Behörde*, vale a dire le autorità amministrative esistenti, e per mezzo dello strumento normativo dell'ordinanza[27]. A questo orientamento del ministro, e cioè a evitare in tutti i modi una riforma attraverso lo strumento della legge, corrispose in effetti l'emanazione delle cosiddette Regole di Stiehl (*Stiehlsche Regulative*) del 1854, su cui si tornerà più avanti, e che, per quanto relative a problematiche circoscritte, andranno a 'sostituire' per quasi un ventennio la legge sull'istruzione (*Unterrichtsgesetz*) promessa dall'art. 26.

Un nuovo progetto di legge di riforma dell'istruzione fu elaborato nel 1861; anche questo di interesse settoriale, e cioè relativo solo alle scuole elementari e alle *Bürgerschulen*, non arrivò a essere discusso dalla Camera dei deputati perché il ministro liberal-moderato Bethmann-Hollweg che lo aveva voluto, nel marzo del 1862, cioè con l'esplosione del conflitto costituzionale, fu costretto a dimettersi[28]. Nel 1865 la Camera dei deputati chiese di nuovo che fosse il governo a presentare un disegno di legge, ma anche questa volta senza alcun risultato.

[25] Cfr. B. HOLTZ - Ch. RATHGEBER, *Zwischen Bildungskonzept und Bildungsweg*, in particolare pp. 26-27.

[26] Cfr. In merito [K.W.J. BINDEWALD], *Der Staatsminister von Raumer und seine Verwaltung des Ministeriums*, e inoltre R. LÜDICKE, *Die Preußischen Kultusminister und ihre Beamten im ersten Jahrhundert des Ministeriums 1817-1917*. Sui vari ministri del Culto che si alternarono dal 1848 al 1870 si veda B. HOLTZ - Ch. RATHGEBER, *Ressortleitung und Räte von 1817 bis 1866*, in particolare pp. 171-175 e *passim*; H. SPENKUCH - R. PAETAU, *Ressortleitung und Räte von 1867 bis 1914/18*, in particolare pp. 223-224, e l'appendice *Preußische Kultusminister 1817-1934*, in *Acta Borussica*, NF, 2. Reihe: *Preußen als Kulturstaat*, Abt. I, Bd. 1.1, pp. 342-346, qui pp. 342 e 344.

[27] Cfr. B. HOLTZ - Ch. RATHGEBER, *Zwischen Bildungskonzept und Bildungsweg*, in particolare p. 27.

[28] *Ibidem*, p. 28.

Il settore dell'istruzione continuò per tutto il nostro periodo ad essere gestito con gli strumenti dell'amministrazione (*Schulverwaltung*) senza che si pervenisse ad una sua complessiva sistemazione legislativa (*Schulverfassung*)[29]. Un nuovo progetto di legge del ministro Mühler del 1869 non arriverà ad essere discusso in parlamento, e si dovrà quindi attendere l'ottobre del 1872 per vedere le *Regulative* di Stiehl del 1854 soppiantate dalle *Allgemeine Bestimmungen über das Volksschul-, Präparanden-, und Seminarwesen* rilasciate con un'ordinanza dal nazionalliberale Falk, che segnarono anche l'inizio della fine delle *Konfessionsschule* fino ad allora dominanti[30].

A situazione legislativa invariata, la cui possibilità era peraltro contemplata dalla disposizione transitoria dell'art. 112 della costituzione[31], le istituzioni scolastiche furono così governate esclusivamente attraverso l'autonomo potere regolamentare dell'esecutivo e in particolare attraverso atti normativi variamente denominati, cioè *Erlasse*, *Regulative*, *Cirkular Reskripte*, *Verordnungen*. Furono essi a imprimere il proprio marchio al sistema scolastico, spesso piegandone irrimediabilmente l'autonomia nella definizione dei contenuti e degli obiettivi educativi e formativi, alle finalità, più o meno esplicitamente dichiarate, delle politiche scolastiche delle forze dominanti e dei ministri in carica, generalmente conservatori.

Un esempio particolarmente eloquente delle politiche scolastiche reazionarie degli anni Cinquanta è rappresentato dai tre già menzionati *Stiehlsche Regulative* del 1854, emanati sotto il ministro reazionario allora in carica Karl Otto von Raumer (19 dicembre 1850 - 6 novembre 1858), e elaborati materialmente da Ferdinand Stiehl (1812-1878), teologo e pedagogo conservatore, nonché *Geheimer Regierungsrat* al ministero del Culto. I tre *Regulative*, tutti diretti esclusivamente agli istituti

[29] H. Spenkuch - R. Paetau, *Kulturstaatliche Intervention, schulische Expansion und Differenzierung als Leistungsverwaltung (1866 bis 1914)*.

[30] *Ibidem*, pp. 59-61.

[31] Art. 112: «Bis zum Erlaß des im Art. 26 vorgesehenen Gesetzes bewendet es hinsichtlich des Schul- und Unterrichtswesens bei den jetzt geltenden gesetzlichen Bestimmungen».

di istruzione e formazione di religione evangelica, riguardavano rispettivamente: il primo, del 1° ottobre 1854, l'insegnamento negli istituti di formazione degli insegnanti elementari (*Schullehrer-Seminarien*); il secondo, del 2 ottobre 1854, la preparazione degli aspiranti a entrare in quegli istituti; il terzo, del 3 ottobre 1854, la scuola elementare e l'insegnamento in essa[32]. Queste Regole, incisero profondamente e a lungo, con scarsa discontinuità anche nei pochi anni della Nuova Era e sino al 1872, sull'educazione dei fanciulli e sulla formazione degli aspiranti insegnanti. In particolare esse riuscirono nell'intento di forgiare le coscienze dei ragazzi e di renderli docili strumenti dei poteri religiosi e politici costituiti (trono e altare), anche sotto il manto della pretesa apoliticità dei contenuti educativi imposti. Di sicuro la loro penetrazione riuscì a neutralizzare almeno momentaneamente l'influsso delle tendenze pedagogiche progressiste, miranti ad assicurare ai ragazzi un'educazione finalizzata al libero dispiegamento della personalità individuale, e una preparazione culturale adeguata alle nuove esigenze della società e del mondo del lavoro[33]. In particolare i *Regulative* di Stiehl si contrapponevano alle concezioni pedagogiche, prevalse nel periodo rivoluzionario e di segno diametralmente opposto, del liberale Adoph Diesterweg[34], chiamato al ministero nel

[32] Cfr. F.[erdinand] STIEHL, *Die drei Preußischen Regulative vom 1. 2. und 3. October 1854*, dove si trovano la *Regulation für den Unterricht in den evangelischen Schullehrer-Seminarien der Monarchie*, del 1° ottobre 1854; il *Regulativ für die Vorbildung evangelischer Seminar-Präparanden*, del 2 ottobre 1854; l'*Einrichtung und Unterricht der evangelischen einklassigen Elementarschule*, del 3 ottobre 1854, rispettivamente alle pp. 3-48, 49-59, 61-76. I tre *Regulative* sono stati ripubblicati in estratto anche in E.R. HUBER - W. HUBER (edd), *Staat und Kirche im 19. und 20. Jahrhundert*, 2, pp. 325-331.

[33] Sui *Regulative* di Stiehl ferve ancora oggi il dibattito: si veda il resoconto di G. KLUCHERT (in *H-Soz-u-Kult*, del 26.8.2004), sui lavori del convegno dedicato a «Die Preußischen Regulative von 1854 im Kontext der deutschen Bildungsgeschichte», svoltosi l'11 giugno 2004 a Berlino e organizzato da H. Kemnitz e Ch. Ritzi per conto della Bibliothek für Bildungsgeschichtliche Forschung des Deutschen Instituts für Internationale Pädagogische Forschung. Sui *Regulative* cfr. anche K. Goebel, *Die Normierung des Schulwesens durch die Stiehlschen Regulative (1854).*

[34] Su Diesterweg, che sarà eletto nel 1858 alla Camera dei deputati prussiana, si veda lo schizzo biografico di U. HERRMANN, *Friedrich Adolph Wilhelm Diesterweg.*

1850 con il titolo onorifico di *Geheimer Regierungsrat*, in qualità di esperto (*Referent*) per le problematiche attinenti alle *Volksschulen* e agli istituti di preparazione degli insegnanti (*Schullehrerseminare*). I *Regulative* di Stiehl, che rappresentarono la «prima norma vincolante per la distribuzione degli insegnamenti nell'orario scolastico quotidiano»[35], sono stati riconosciuti in quanto tali, al di là cioè dei valori da essi veicolati, come un importante strumento di razionalizzazione e modernizzazione del sistema[36]. È tuttavia innegabile che essi, con il pretesto di allontanare la politica dalla scuola, in realtà spalancarono le porte alla centralità dell'insegnamento della religione nei programmi scolastici per le scuole elementari.

Le istituzioni scolastiche, nel periodo qui considerato, non solo non furono mai riformate secondo un progetto legislativo coerente e moderno, finendo piuttosto con l'essere governate attraverso decreti e ordinanze settoriali per giunta di impronta inconfondibilmente tradizionalistica, ma continuarono anche ad essere gestite rigidamente dal centro. In particolare esse furono governate dall'*Abteilung für die Unterrichtsangelegenheiten*, una delle divisioni in cui era suddiviso funzionalmente il *Kultus-Ministerium*, che erano 4 nel 1860: la *Unterrichtsabteilung*, la *Katholische Abteilung*, la *Medizinalabteilung*, la *Abteilung für die äusseren Evangelischen Angelegenheiten*[37]. Dalla Divisione per l'istruzione partiva l'impulso, diretto alle autorità pubbliche via via subordinate e delegate in periferia dal ministro, a concretizzare la sorveglianza dello Stato e a tradurre in pratica politica il suo investimento progettuale, amministrativo e

[35] F.-M. KUHLEMANN, *Modernisierung und Disziplinierung*, p. 237: «die erste verbindliche Norm für die den Schulalltag bestimmenden Stundenpläne».

[36] Così anche W. NEUGEBAUER, *Das Bildungswesen in Preußen seit der Mitte des 17. Jahrhunderts*, p. 739.

[37] Sulla Divisione per l'Istruzione (*Unterrichtsabteilung*) del ministero del Culto, da cui dipendevano le istituzioni deputate all'insegnamento di ogni ordine e grado e tutte le istituzioni scientifiche, si veda L. VON RÖNNE, *Das Staatsrecht der preußischen Monarchie*, 1869-1872³, II.1 (1871), pp. 124 ss. e soprattutto pp. 128 ss. Sulle quattro divisioni del ministero nel 1860, cfr. B. HOLTZ - Ch. RATHGEBER, *Ressortleitung und Räte von 1817 bis 1866*, p. 184. In merito cfr. inoltre B. HOLTZ, *Stellenstruktur, Binnenorganisation und Zunahme des Geschäftsbetriebes*, pp. 105-107.

finanziario, nel campo della *Bildung*. Un investimento che non mancherà di dare il suo frutto, al più tardi nella nuova cornice dell'Impero e proporzionalmente all'ampliarsi delle sfere di attività dello Stato e all'intensificarsi del suo intervento, in quel cospicuo spessore 'culturale' dello Stato prussiano della seconda metà dell'Ottocento, che farà della Prussia, prima e più che un vero *Verfassungsstaat*, un modello di *Kulturstaat*[38].

La rete della sorveglianza, del governo e dell'amministrazione delle istituzioni scolastiche era fitta, articolata, e assolutamente continua; il suo intreccio non ammetteva, almeno in linea di principio, isole di libertà formativa[39]. Chiamati all'amministrazione, al governo e/o alla sorveglianza degli istituti di istruzione e di formazione erano, o le medesime autorità dell'amministrazione generale, di solito indirettamente, oppure organismi scolastici specifici; da questi ultimi dipendeva più spesso la sorveglianza diretta o l'alta direzione scientifica (*obere Leitung in wissenschaftlicher Hinsicht*) come pure l'ordinamento interno (*innere Verfassung*) degli istituti scolastici.

Dal basso verso l'alto, tra gli organismi specifici dell'amministrazione scolastica a livello locale si trovavano, con funzioni direttive e in ogni *Volksschule*, gli *Schulvorstände* (direzioni scolastiche) nelle campagne e le *Schuldeputationen* (deputazioni scolastiche) nelle città, che però sottostavano per alcuni aspetti, anzitutto nella gestione del patrimonio scolastico, al controllo delle *Regierungen*. Da queste ultime, che al loro interno avevano una divisione deputata alle questioni scolastiche[40], e dagli organismi di amministrazione speciale delle commissioni scolastiche (*Schulkommissionen*), dipendeva il

38 La letteratura sull'argomento, dopo la pubblicazione dei preziosi volumi della seconda serie degli *Acta Borussica*, va arricchendosi di giorno in giorno: cfr. da ultimo G. Mettele - A. Schulz (edd), *Preussen als Kulturstaat im 19. Jahrhundert*.

39 Sul governo del settore dell'istruzione B. Holtz, *Zuständigkeiten, Tätigkeitsgebiete und Organisationsstruktur*, p. 31.

40 Sulla divisione della *Regierung* deputata a occuparsi dell'istruzione, oltre che delle questioni ecclesiastiche, cfr. L. von Rönne, *Das Staatsrecht der preußischen Monarchie*, 1869-1872[3], II.1 (1871) pp. 168, 172.

livello più basso del sistema dell'istruzione (*niederes Schulwesen* era termine comprensivo includente le scuole elementari e le medie inferiori). Le *Volksschulen*, gestite direttamente e quotidianamente dagli *Schulvorstände* e dalle *Schuldeputationen*, di cui facevano parte anche religiosi e autorità locali, ricadendo comunque in ultima istanza sotto l'autorità massima del ministero, sottostavano anche, oltre che al controllo più tecnico delle *Regierungen*, alla sorveglianza, più politica e ravvicinata, dei *Landräte*. Per quanto riguarda gli organismi dell'amministrazione specificamente scolastica, a livello di circolo le *Volksschulen* erano poste sotto la sorveglianza degli ispettori scolastici (*Schulinspektoren*), uffici solitamente ricoperti da religiosi sino al *Kulturkampf* degli anni Settanta. A ogni sovrintendenza evangelica (*Superintendantur*), istituita come si è detto più o meno a livello delle diocesi vescovili cattoliche, e a ogni decanato cattolico (*Dekanats-Bezirk*), corrispondeva infatti, in genere, un distretto scolastico (*Schulbezirk*), posto sotto la sorveglianza di un ispettore, nella persona rispettivamente del *Superintendent* (sovrintendente) o del *Dekan* cattolico (*Erzpriester*). Della costituzione interna delle *Volksschulen* oltre che della formazione dei loro insegnanti, si occupava il livello ancora superiore dell'amministrazione scolastica, e cioè il *Provinzialschulkollegium*, istituito in ogni provincia[41].

I collegi scolastici provinciali stavano immediatamente sotto il ministro e erano sempre presieduti dall'*Oberpräsident*. Da essi dipendevano direttamente le scuole medie superiori (*höhere Schulen*), vale a dire i ginnasi e, dal 1859, le *Realschulen*. In particolare i *Provinzialschulkollegien*, che sulle *Volksschulen* e le *Bürgerschulen* avevano solo la supervisione (*obere Leitung*), cioè un controllo non diretto e non quotidiano, esercitavano invece direttamente la sorveglianza sulle *gelehrte Schulen* della provincia, che consentivano l'accesso all'università, sulle *Realschulen erster Ordnung*, di cui si dirà tra poco, nonché, infine, sugli istituti di preparazione degli insegnanti (*Schullehrerseminarien*).

41 Sul sistema di controlli a cui erano sottoposte le *Volksschulen*, si veda la ricostruzione di L. von Rönne, *Das Staatsrecht der preußischen Monarchie*, 1864-1865², II.2 (1865), pp. 388-400, in particolare pp. 397 e 392.

Le *Fachschulen* e le *Realschulen zweiter Ordnung* erano lasciate invece sotto la direzione delle *Regierungen*.

Dei *Provinzialschulkollegien*, che, come suggerisce il termine, avevano costituzione collegiale, erano membri i consiglieri scolastici (*Schulräte*) delle *Regierungen*. Essi decidevano a maggioranza ma, a parità di voti, era il presidente ad essere determinante, e avevano sede a Königsberg, Berlin, Stettin, Breslau, Posen, Magdeburg, Münster e Koblenz, dove avevano sede anche i concistori. Dopo il 1867, ai *Provinzialschulkollegien* delle 8 vecchie province se ne aggiunsero altri 3 con sede a Kiel, Hannover e Kassel[42].

Al di sopra dei *Provinzialschulkollegien* c'erano naturalmente il direttore (*Ministerialdirektor*) della *Abteilung für die Unterrichtsangelegenheiten* del ministero del Culto e gli alti funzionari (*Ministerialräte* o *Vortragende Räte*) che qui lavoravano[43].

In cima alla gerarchia, sia propriamente amministrativa, sia dell'organizzazione specificamente scolastica, stava infine, il ministro; da lui dipendevano direttamente le università e le accademie scientifiche, tra cui anzitutto l'Accademia prussiana delle Scienze (*Preussische Akademie der Wissenschaften*)[44]. Le università, che potevano essere istituite solo su autorizzazione dello Stato e costituivano delle *privilegierte Korporationen*, stavano sotto la diretta autorità del ministro, che aveva come suoi rappresentanti e agenti all'interno di ogni università i *Kuratorien*. Come si vedrà più precisamente sotto nel testo, erano questi organismi, solitamente di carattere collegiale, a esercitare la sorveglianza diretta dello Stato sulle università, a dirigerle, sia

[42] I *Provinzialschulkollegien* decidevano anche sui libri scolastici, controllavano l'esame *pro facultate docendi* delle *gelehrte Schulen*, e in queste ultime, inoltre, erano responsabili delle commissioni per i maturandi (*Abiturienten*), come pure della chiamata, promozione, disciplina, sospensione e licenziamento degli insegnanti (cfr. L. von Rönne, *Das Staatsrecht der preußischen Monarchie*, 1869-1872^3, II.1 [1871], pp. 224-228).

[43] Sui direttori ministeriali e i *Vorträgende Räte* del ministero nel periodo qui considerato si veda R. Lüdicke, *Die preußischen Kultusminister und ihre Beamten im ersten Jahrhundert 1817-1917*.

[44] L. von Rönne, *Das Staatsrecht der preußischen Monarchie*, 1864-1865^2, II.2 (1865), p. 420.

economicamente, sia nell'amministrazione delle sue casse, e a rappresentarle verso l'esterno, anche di fronte alla giustizia[45].

Era in virtù dell'efficienza di questa rete amministrativa e di questa catena istituzionale che il sistema formativo prussiano appariva all'esterno a guida fortemente centralizzata e saldamente ancorato alla politica scolastica ministeriale; contribuendo così tra l'altro, col tempo, a far passare in secondo piano il problema dell'assenza di una unitarietà legislativa di base nella concezione del sistema. L'unitarietà verrà così calata quotidianamente dall'alto, da una circolare ministeriale all'altra, da un decreto all'altro, attraverso lo strumento dell'amministrazione, senza peraltro che ciò entrasse in contraddizione, almeno apparentemente, con le esigenze di complessiva modernizzazione e razionalizzazione del sistema. Esigenze imposte non solo dalla governabilità stessa di quest'ultimo, ma anche, come si vedrà fra poco, dai portati del progresso socio-economico e dell'industrializzazione in particolare[46]. Furono essi a far balzare in primo piano la necessità di maggiore specializzazione delle figure professionali formate dal sistema scolastico (particolarmente nell'artigianato, nell'industria e nel commercio) e di ulteriore precisazione del profilo professionale dell'insegnante; quella del maestro di scuola elementare, tuttavia, faticò a lungo prima di affermarsi come una professione dal compito specifico e ben definito[47].

Sugli insegnanti elementari in particolare si appuntarono nel decennio della reazione gli strali del monarca e le misure punitive dei ministri conservatori e/o degli alti funzionari insediati

[45] *Ibidem*, pp. 414 ss.

[46] P. Lundgreen, *Schulbildung und Frühindustrialisierung in Berlin/ Preußen.*

[47] F.-M. Kuhlemann, *Modernisierung und Disziplinierung*, pp. 256 ss., in particolare pp. 260 ss.; per il maestro elementare Kuhlemann preferisce parlare di *Verberuflichung* (evoluzione a figura professionale) anziché di *Professionalisierung* (professionalizzazione), ponendo così l'accento sul processo di progressiva differenziazione (*Ausdifferenzierung*) della figura dell'insegnante elementare da tutte le mansioni secondarie, addirittura di custodia dell'edificio scolastico, a cui inizialmente tale figura era inscindibilmente connessa, prima di cominciare a diventare, dalla fine del XIX secolo, un funzionario pubblico (*Beamte*) a tutti gli effetti.

nei posti strategici di comando dell'amministrazione scolastica prussiana[48]. L'obiettivo era di bloccare il processo d'impetuosa sensibilizzazione politica del loro movimento, che si era andato via via organizzando in libere associazioni e nelle *Volksschullehrerkonferenzen* sin dai tardi anni Trenta[49], ma che nel 1848 era assurto a vero e proprio soggetto politico. La politicizzazione degli insegnanti elementari era avvenuta anzitutto in reazione alla loro bassa remunerazione, a fronte tra l'altro dei gravosi servizi accessori di varia natura che essi dovevano prestare alla scuola e alla comunità in cui questa era inserita, servizi spesso ritenuti parte integrante del mestiere d'insegnante. Un notevole ruolo nella politicizzazione degli insegnanti elementari nel 1848 ebbero anche, da un punto di vista non meramente economicistico, sia la loro sofferta dipendenza dai poteri locali (genitori, parroci, autorità comunali), sia il persistente controllo della scuola (*Schulaufsicht*) in mano ai religiosi.

Soprattutto gli insegnanti elementari politicizzati, non certo quelli dei ginnasi, presero di mira le stigmatizzazioni regie delle contestazioni quarantottesche e le disposizioni ministeriali che seguirono, miranti a prevenire per il futuro il loro ripetersi. Nella *Cirkular-Verfügung* diretta «a tutte le *Regierungen* in materia di sorveglianza delle scuole elementari e dei loro insegnanti, esercitata dai sovrintendenti e dagli arcipreti o decani [cattolici] nella loro qualità di ispettori scolastici» del 1° ottobre 1851, si affermava la necessità di instillare negli insegnanti delle *Volksschulen* il dovere dell''obbedienza politica'. Essi sarebbero stati colpevoli di inculcare nel popolo lo spirito di rivolta, anziché quello di obbedienza verso le autorità costituite, e di fare opera di sobillazione, distorcendo così il fondamentale compito educativo loro istituzionalmente assegnato[50].

48 Cfr. L. von Rönne, *Die Verfassung und Verwaltung des Preußischen Staates*, 8. Theil: *Die kirchlichen und Unterrichtsverhältnisse*, 2. Bd.: *Das Unterrichts-Wesen des Preußischen Staates*, pp. 474-490, e V. Wittmütz, *Die preußische Elementarschule im 19. Jahrhundert*, 1., pp. 15-32.

49 W. Neugebauer, *Das Bildungswesen in Preußen seit der Mitte des 17. Jahrhunderts*, pp. 734-735.

50 Cfr. *Cirkular-Verfügung an sämmtliche Königliche Regierungen, die Beaufsichtigung der Elementar-Schulen und ihrer Lehrer durch die Superintendenten,*

L'azione di 'disciplinamento' degli insegnanti elementari non mancò di sfociare talvolta addirittura in vere e proprie persecuzioni e in dispense dal servizio (*Dienstenthebungen*). Anche agli insegnanti elementari, che pure si batterono per essere riconosciuti a tutti gli effetti funzionari pubblici senza però riuscirci, furono in taluni casi applicati gli articoli del *Disziplinargesetz für nicht richterliche Beamte* del 1852, che indicavano come istanze disciplinari provinciali sia le *Regierungen* sia i *Provinzialschulkollegien*; entrambe queste autorità furono autorizzate a intervenire anche qualora gli insegnanti fossero dei religiosi[51]. Fu in questo contesto postrivoluzionario di intimidazione e persecuzione politica che la volontà statale di 'disciplinamento' degli insegnanti elementari assurse a quintessenza e principio guida dei già ricordati *Stiehlsche Regulative* introdotti nel 1854. Con essi furono riformate per via amministrativa le sempre più frequentate e sempre più numerose scuole di avviamento all'insegnamento elementare; di queste ce n'erano in Prussia nel 1848 42, nel 1860 47, nel 1872 64[52]. Con gli *Stiehlsche Regulative* del 1854 si tentò di limitare al minimo, anche per il maestro di scuola, l'acquisizione di conoscenze «teoriche» e «astratte», ritenute non necessarie per la trasmissione agli scolari di nozioni di base (*Minimalbildung*), e si diede nuova legittimazione al ruolo dei religiosi e della Chiesa in genere nel funzionamento e nel controllo del sistema scolastico[53].

I *Regulative*, al di là della loro longevità, non incontrarono tra gli insegnanti quella ricezione assoluta e incondizionata che a lungo

Erz-Priester und Dechanten als Kreis-Schul-Inspektoren betreffend, vom 1. Oktober 1851, in «Ministerialblatt für die gesamte innere Verwaltung», 12, 1851, Nr. 246, pp. 218 s.

[51] L. von Rönne, *Die Verfassung und Verwaltung des Preußischen Staates*, 8. Theil: *Die kirchlichen und Unterrichtsverhältnisse*, 2. Bd.: *Das Unterrichts-Wesen des Preußischen Staates*, 1., pp. 266, 463, 475-476, e soprattutto pp. 478 s., 480 ss., 491, 497 ss.

[52] Cfr. F.-M. Kuhlemann, *Modernisierung und Disziplinierung*, p. 268.

[53] Cfr. K.-E. Jeismann, *Die «Stiehlschen Regulative»*, e, per la successiva critica ai *Regulative* dall'interno della Camera dei deputati, P.M. Roeder, *Gemeindeschule in Staatshand*. Sulla questione si veda anche H. Kemnitz - Ch. Ritzi (edd), *Die Preußischen Regulative von 1854 im Kontext der deutschen Bildungsgeschichte*.

si è creduto. La loro attuazione dipendeva infatti dalle autorità amministrative locali e da quelle specificamente scolastiche delle diverse province, nonché dallo stesso ministro del Culto. Fu così che nella Nuova Era, sotto il ministro liberal-moderato Bethmann-Hollweg, furono apportate loro alcune modifiche, tese a non ostacolare la perseguita professionalizzazione (*Verberuflichung*) degli insegnanti elementari e in genere la naturale modernizzazione del settore. Le modifiche spingevano per un inserimento delle discipline scientifico-tecniche (*Realien*) tra le materie di insegnamento, nonché per una maggiore attenzione alle esigenze di qualificazione e di formazione professionale provenienti dal mondo dell'economia e del commercio; esse tenevano anche in conto le potenzialità della formazione come strumento di ascesa sociale[54].

Se dal settore delle *Volksschulen* e dalle problematiche degli insegnanti elementari, ci si sposta a considerare il secondo grado del sistema dell'istruzione prussiano, la prima questione a cui far cenno è senz'altro la già evocata grande innovazione che modificò profondamente, non solo il mondo delle istituzioni formative di secondo livello, ma l'impianto dell'intero sistema. Nel cosiddetto livello superiore dell'istruzione (*höheres Schulwesen*), di cui a partire dal 1852 si occupò al ministero del Culto Ludwig Wiese[55], giunse a maturazione verso la fine degli anni Cinquanta un processo di diversificazione interna che portò all'affermarsi, accanto al *Gymnasium*, del tipo delle *Realschulen* come istituzioni formative statali. Il processo incontrò un primo momento di cristallizzazione nell'«Ordinamento scolastico e norme relative al conseguimento del titolo nelle *Realschulen* e nelle *höheren Bürgerschulen*» del 6 ottobre 1859[56], con cui venne composto il vecchio contrasto tra i sostenitori del *preussisches Gymnasium*, da un lato, e i

[54] F.-M. KUHLEMANN, *Modernisierung und Disziplinierung*, pp. 86 ss., in particolare pp. 92 e 276.

[55] Suo il già citato L. WIESE, *Das höhere Schulwesen in Preussen*.

[56] Cfr. l'*Unterrichts- und Prüfungsordnung der Realschulen und der höheren Bürgerschulen, vom 6. Oktober 1859*, e le allegate *Erläuternde Bemerkungen*, in «Ministerialblatt für die gesamte innere Verwaltung», 20, 1859, Nr. 272, pp. 262-296, rispettivamente pp. 263-277, 277-279, 279-296.

cosiddetti *Realschulmänner*, i sostenitori delle *höhere Bürger- und Realschulen*, dall'altro; di queste ultime se ne potevano contare in Prussia nel 1857 già 57[57].

Il *Gymnasium* era all'epoca sinonimo d'istituzione dotta, atta a dare una formazione culturale complessiva (*allgemeinbildend*) e a preparare all'università. Dal ginnasio, con il conseguimento della maturità (*Abitur*) al nono anno, si poteva poi passarediret-tamente all'università. Esso era frequentato soprattutto dal ceto colto e possidente (il cosiddetto *Besitz- und Bildungsbürgertum*), ma anche dalla nobiltà; la sua frequenza dava diritto al privilegio dell'*einjähriger freiwilliger Dienst* (servizio volontario di un anno)[58]. Il ginnasio era la scuola, insomma, che formava le *élites* politico-amministrative prussiane[59].

Le *höhere Bürger- und Realschulen*, invece, erano quelle in cui s'insegnavano le lingue moderne, cioè francese e inglese, dove maggiore era l'attenzione per le scienze esatte e naturali (*Realien*), e in cui non s'insegnava il latino, che però all'epoca ancora rappresentava il lasciapassare per trovare un impiego pubblico anche di medio livello. Il diploma di maturità (*Reifezeugnis*) da esse conferito, al contrario dell'*Abitur* ginnasiale, non consentiva però, il passaggio all'università.

In seguito alla riforma del 1859, il «realistisch-humanistischer Kompromiß par excellence» come l'ha definita Jost[60], le *Realschulen* anzitutto furono suddivise in *Realschulen* di 1° e di 2° grado. Nelle prime, dette in seguito alla riforma anche *Realgymnasien*, si insegnava anche il latino, oltre alla matematica e alle altre scienze naturali ed esatte, e l'attestato finale consentiva di accedere a tutti i privilegi e vantaggi della maturità ginnasiale, anche se ancora non consentiva di accedere a scuole tecniche di livello universitario (*Hochschule*). Le *Realschulen*

[57] Cfr. *Acta Borussica*, NF, 2. Reihe: *Preußen als Kulturstaat*, Abt. I, Bd. 2.1, p. 52.

[58] Cfr. *supra*, cap. 7 «Esercito».

[59] Sulle *höhere Schulen* e in particolare sul «ginnasio prussiano» cfr. K.-E. JEISMANN, *Gymnasium, Staat und Gesellschaft in Preussen*.

[60] Così W. JOST, *Gewerbliche Schule und politische Macht*, p. 41.

di 2° grado, più vicine al tipo delle *Realschulen* di prima della riforma del 1859, non prevedevano il latino tra le materie fondamentali e andarono pian piano scomparendo[61]. Il riconoscimento delle *Realschulen* come istituzioni statali fu l'esito, come si può intuire facilmente, di un potente movimento di modernizzazione e segnò una vittoria determinante, com'è stato detto, della cosiddetta «produzierende Gesellschaft» sullo Stato amministrativo prussiano[62].

Nella stessa direzione dell'ammodernamento del sistema scolastico, del suo adattamento allo sviluppo dell'economia e delle attività produttive attraverso la via della diversificazione interna, andò anche il movimento di riforma del «caos organizzato» delle scuole professionali. Tale movimento, avviato nel 1848/49, portò a un primo importante esito nel 1850.

Le scuole professionali (*Berufsschulen*), a differenza delle *Realschulen*, non rientravano in Prussia, come nel resto della Germania, nella competenza del ministero del Culto. Esse dipendevano invece dalla Divisione per le attività produttive (*Gewerbeabteilung*) del ministero per il Commercio (*Handelsministerium*), oppure, a seconda dei periodi e del tipo di scuola professionale, ricadevano nella sfera di competenza di altri ministeri. Queste scuole non rilasciavano alcun attestato (*Berechtigung*) che contribuisse al riconoscimento sociale di chi, sulla base della sua frequenza, avviava un'attività produttiva, e, soprattutto, erano orientate più a fornire le conoscenze pratiche necessarie a ciò, che non a dare una formazione culturale[63].

Le scuole professionali esistenti in Prussia verso la metà del secolo erano spesso molto diverse tra loro per *target* (*Adressaten*) e per *Klassenstufen* (*ein-* oppure *mehrklassig*), e inoltre erano istituite sotto il cappello delle più diverse organizzazioni e con le più varie denominazioni. Solitamente si chiamavano *Gewerbeschule* o *Provinzialgewerbeschule*; di queste nel 1848

[61] Cfr. *Acta Borussica*, NF, 2. Reihe: *Preußen als Kulturstaat*, Abt. I, Bd. 2.1, pp. 53-55.

[62] *Ibidem*, p. 55.

[63] W. Jost, *Gewerbliche Schule und politische Macht*, p. 67.

se ne contavano in Prussia 20, di 5 tipi diversi[64]. Altre volte però queste scuole professionali prendevano il nome di scuole tecniche (*technische Schulen*), o di scuole artigiane (*Handwerkerschulen*), scuole di addestramento (*Fortbildungsschulen*), scuole per l'impresa edile (*Baugewerbeschulen*), scuole di disegno (*Zeichenschulen*), scuole di tessitura (*Webeschulen*) e scuole professionali speciali (*Fachschulen*). Che una riforma fondamentale delle scuole professionali, come quella del 1850, abbia trovato il modo di farsi largo in un periodo, come fu quello 1850-1873, di indiscutibile alta congiuntura (*Hochkonjunktur*) economica, nonché di forte ascesa della borghesia come classe produttiva (*Wirtschaftsbürgertum*) dopo la sconfitta politica dello *Staats- und Bildungsbürgertum*, non fu certo un caso[65].

Le tre ordinanze di riorganizzazione del variegato mondo delle scuole professionali (*Gewerbeschulwesen*) del 5 giugno 1850, emanate dal ministro per il Commercio[66], erano anzitutto un tentativo di dare sistematicità e ordine al settore. La via scelta per giungere a ciò era una loro più netta delimitazione rispetto alle *höhere Bürger-* e soprattutto alle *Realschulen*, e un'ulteriore precisazione del loro percorso formativo. Tra i primi obiettivi della riforma c'era naturalmente l'eliminazione delle notevoli diversità sin qui esistenti tra le *Gewerbeschulen*, per lo più legate alle differenti strutture produttive locali, e a questo si arrivò anzitutto attraverso la normazione, uguale per tutte le scuole, dell'esame finale (*Reifeprüfung*). Era infatti diventato ormai chiaro che senza un esame finale di licenza (*Entlassungsprüfung*), nessuna scuola professionale sarebbe più stata competitiva e avrebbe rischiato di scomparire[67].

Il piano riorganizzativo del settore mirava, come si è detto, alla razionalizzazione del sistema delle scuole professionali e alla loro omogeneizzazione; in questo senso ogni anno il

[64] *Ibidem*, p. 55.

[65] *Ibidem*, p. 66.

[66] Sulle *Verordnungen über die Organisation des Gewerbeschulwesens in Preußen, vom 5. Juni 1850*, cfr. *ibidem*, pp. 72 ss.

[67] *Ibidem*, pp. 74-75.

piano degli studi doveva essere approvato dal ministro, e si previde per tutte le scuole una durata biennale del corso di studi[68]. L'onere di finanziamento delle scuole riformate fu però scaricato dallo Stato soprattutto sui comuni, che dovevano istituire anche una scuola di preparazione (*Vorschule*) alle scuole professionali provinciali (*Provinzialgewerbeschule*). Tutte queste, indistintamente, consentivano dopo la riforma l'accesso al *Technisches Gewerbe-Institut*, che nel 1866 da scuola speciale (*Fachschule*) divenne accademia (*Akademie*), ottenendo una propria autonomia direttiva[69], ma solo ad esso. L'istituto, che non formava le *élites* tecniche statali ma solo tecnici per l'economia privata, era comunque in grado, in genere, di offrire possibilità di ascesa sociale e culturale anche ai ragazzi degli strati sociali più svantaggiati[70]. Alla *Bauakademie* (1855) o alla *Bergakademie* si continuò ad arrivare esclusivamente attraverso il ginnasio o attraverso la *Realschule*. Il ginnasio, in particolare, si conservò come l'unica scuola che lasciava aperte tutte le possibilità[71]. In seguito, nel 1858, sarà riconosciuto il privilegio del servizio militare di un solo anno (*einjähriger Militärdienst*), sin qui riconosciuto solo a chi aveva frequentato il ginnasio, anche a chi usciva dalle *Gewerbeschulen*[72]. Il sistema del 1850 si mantenne sino alla fine degli anni Sessanta quando si ricominciò a parlare della necessità di una riforma; questa però, realizzata infine nel 1870, sarà tesa a distruggere il sistema del 1850[73].

Per quanto riguarda il terzo grado dell'istruzione pubblica, quello universitario, sino al 1866 c'erano in Prussia sei università, ognuna organizzata nelle sue quattro facoltà tradizionali: teologica, giuridica, medica, filosofica; a capo di ognuna di esse veniva eletto ogni anno il decano (*Dekan*), scelto dai e tra i professori ordinari. Tutte le facoltà avevano il

[68] *Ibidem*, p. 76.

[69] *Ibidem*, pp. 194 e 196.

[70] K.-E. JEISMANN, *Einleitung. Zur Bedeutung der «Bildung» im 19. Jahrhundert*, p. 18.

[71] W. JOST, *Gewerbliche Schule und politische Macht*, pp. 77-79.

[72] *Ibidem*, p. 80.

[73] *Ibidem*, p. 200.

privilegio di conferire gradi accademici, di cui il più alto era quello di *Doktor*, che doveva essere in possesso di tutti coloro che volessero diventare professori ordinari; altri titoli conferiti erano poi quello del *Lizenziat* o del *Magister*, che davano anche la possibilità di insegnare come *Privatdozent*. Per l'assolvimento dei compiti spettanti all'università, per la sorveglianza sugli studenti, per l'esercizio su di essi del potere disciplinare, per informare sulle questioni relative all'università e per intrattenere relazioni con le autorità e le istituzioni esterne, il consiglio di tutti i professori ordinari eleggeva un senato accademico (*akademischer Senat*), che si componeva del rettore (*Rektor*), di professori ordinari e di un giudice universitario. Le sei università prussiane erano le seguenti: la Friedrich Wilhelms-Universität di Berlino, la Rheinische Friedrich-Wilhelms-Universität di Bonn (che aveva al suo interno due facoltà teologiche, una cattolica e una protestante), l'università Viadrina di Breslau (che nel 1811 aveva assorbito l'università di Frankfurt an der Oder e che, come quella di Bonn, aveva al suo interno due facoltà teologiche), l'università di Greifswald, la Friedrichs-Universität Halle-Wittenberg di Halle (che aveva inglobato l'università di Wittenberg), l'Albertus-Universität di Königsberg. Münster, con la sua Accademia teologico-filosofica, era allora una *Hochschule* e formava anche insegnanti di scuola superiore[74]. Dopo il 1866, alle sei già esistenti, si aggiunsero le tre università delle nuove province: Göttingen, Kiel e Marburg.

Le università, come «corporazioni privilegiate», godevano di particolari prerogative, solitamente relative al patrimonio e alle modalità della sua amministrazione, ma manifestantisi anzitutto nel diritto/potere di darsi i propri statuti; questi, però, dovevano essere approvati dallo Stato. A partire dall'ordinanza del 12 ottobre 1854[75], alle prerogative già riconosciute alle università,

[74] Cfr. L. von Rönne, *Die Verfassung und Verwaltung des Preußischen Staates*, 8. Theil: *Die kirchlichen und Unterrichts-Verhältnisse*, 2. Bd.: *Das Unterrichts-Wesen des Preußischen Staates*, 2., p. 399, e, dello stesso autore, *Das Staatsrecht der preußischen Monarchie*, 1864-1865², II.2 (1865), pp. 414 ss.

[75] L'ordinanza era quella sulla cui base il re procedette alla nomina dei membri della Prima camera. Cfr. in merito *supra*, cap. 2 «Struttura costituzionale dello Stato centrale».

si aggiunse anche il *Präsentationsrecht*, cioè il diritto di proporre come membro della Prima camera un proprio rappresentante, scelto dal Senato tra i professori ordinari[76].

All'interno delle università, che, come già accennato, dipendevano immediatamente dal ministro del Culto, questo era rappresentato dai *Kuratorien*, organi collegiali cui spettava per conto del ministro la sorveglianza sulle università, la loro direzione economico-finanziaria e la loro rappresentanza di fronte alla giustizia. Attraverso i *Kuratorien* si svolgeva la comunicazione scritta tra il ministero e gli organi interni dell'università; questi ultimi solo in casi eccezionali si rivolgevano direttamente al ministero[77]. A conferma dell'importanza rivestita dalle università per il potere politico, il ruolo del curatore (*Kurator*) era di solito assunto dall'*Oberpräsident*, che, per questo incarico, era retribuito aggiuntivamente. La richiesta partita dalle università nel 1848, che il *Kurator* fosse sostituito da un consiglio di amministrazione (*Verwaltungsrat*) eletto tra gli accademici, non trovò alcuna risposta.

Nel corso del biennio rivoluzionario numerosi furono tuttavia i provvedimenti ministeriali orientati ad una maggiore liberalizzazione della vita accademica. Già il 14 luglio 1848 il ministro del Culto Ladenberg inviò un rescritto circolare,«a tutti i plenipotenziari governativi straordinari (*außerordentliche Regierungsbevollmächtigte*) e ai *Kuratoren* delle università», relativo all'«ammissione di intellettuali ebrei ai posti di docente presso le università»; con questo rescritto il ministro dichiarava di voler riconoscere anche agli ebrei la possibilità di accedere a tutte le cattedre universitarie, naturalmente sempre che la natura dell'insegnamento non presupponesse necessariamente la religione cristiana (come reciterà in seguito l'art. 14 della costituzione del 1850). Sul medesimo argomento a questo rescritto circolare ne seguirà un altro nel 1849, inviato il 5 giugno congiunta-

[76] L. VON RÖNNE, *Die Verfassung und Verwaltung des Preußischen Staates*, 8. Theil: *Die kirchliche und Unterrichts-Verhältnisse*, 2. Bd.: *Das Unterrichts-Wesen des Preußischen Staates*, 2., p. 479.

[77] L. VON RÖNNE, *Das Staatsrecht der preußischen Monarchie*, 1864-1865², II.2 (1865), pp. 414-415.

mente dal ministro del Culto e da quello dell'Interno Puttkamer, da cui si deduceva chiaramente la loro indisponibilità a continuare ad applicare il famigerato articolo 2 della legge del 22 luglio 1847[78], che aveva escluso gli ebrei dall'insegnamento nelle università prussiane. Entrambi i provvedimenti ministeriali citati, miranti a superare la discriminazione degli ebrei nell'accesso all'insegnamento universitario, erano però destinati a rimanere lettera morta durante gli anni Cinquanta, e a essere successivamente evocati tra le molte promesse di eguaglianza del periodo rivoluzionario rimaste inapplicate e senza seguito.

Non trascurabili, né solo estemporanei, furono per contro i progressi concreti realizzati in epoca rivoluzionaria sulla via della liberalizzazione del governo delle università. Anzitutto, con una disposizione (*Verfügung*) del 18 luglio 1848 del ministro del Culto Ladenberg, le università furono finalmente liberate dal controllo dei plenipotenziari governativi straordinari, la cui nomina era stata prevista dalle leggi eccezionali (*Ausnahmegesetze*) del *Bundestag* tedesco del 1819[79]. Questi plenipotenziari governativi, che spesso erano venuti a coincidere con le persone dei curatori, talvolta avevano potuto fare addirittura le chiamate dei professori[80], anche se molto era dipeso da chi aveva impersonato il ruolo[81]. Degno di nota è però anche un altro provvedimento di epoca rivoluzionaria, e cioè il *Cirkular*

[78] Sul *Cirkular Reskript an sämmtliche außerordentliche Reg. Bevollmächtigte und Kuratoren der Universität, betr. die Zulassung jüdischer Gelehrten zu akademischen Lehrämter*, del 14 luglio 1848, e sul *C.R.* congiunto del ministro del Culto (Ladenberg) e dell'Interno del 5 giugno 1849, si veda L. von Rönne, *Die Verfassung und Verwaltung des Preußischen Staates*, 8. Theil: *Die kirchliche und Unterrichts-Verhältnisse*, 2. Bd.: *Das Unterrichts-Wesen des Preußischen Staates*, 2., p. 31.

[79] Sul *Bundes-Universitätsgesetz* del 20 settembre 1819 cfr. W. Neugebauer, *Das Bildungswesen in Preußen seit der Mitte des 17. Jahrhunderts*, p. 727.

[80] L. von Rönne, *Die Verfassung und Verwaltung des Preußischen Staates*, 8. Theil: *Die kirchliche und Unterrichts-Verhältnisse*, 2. Bd.: *Das Unterrichts-Wesen des Preußischen Staates*, 2., pp. 409-410. Sull'abolizione dei *Regierungsbevollmächtigten* nel 1848 cfr. anche C. Varrentrapp, *Johannes Schulze und das Preussische Unterrichtswesen in seiner Zeit*, p. 535.

[81] W. Neugebauer, *Das Bildungswesen in Preußen seit der Mitte des 17. Jahrhunderts*, p. 730.

Reskript del 21 luglio 1848. Con esso sempre Ladenberg abolì la limitazione degli *Spruchkollegien* delle facoltà giuridiche a essere sentiti solo su questioni di diritto civile, limitazione introdotta anch'essa dal *Deutscher Bund*[82]. Solo nel 1865, invece, saranno aboliti anche i cosiddetti *juristische Zwangskollegien* (collegi giuridici obbligatori), che costringevano le facoltà giuridiche a esprimersi pro o contro il governo[83], suscitando un conflitto di interessi destinato inevitabilmente, o a creare difficoltà, o a indurre atteggiamenti politicamente conformisti.

Per quanto riguarda lo *status* giuridico dei docenti universitari, va detto anzitutto che essi godevano dei diritti dei funzionari regi (*königliche Beamte*); solo gli ordinari, però, venivano chiamati dal re e dal ministro, mentre i *Privatdozenten* insegnavano con l'autorizzazione della sola università. In seguito all'ordinanza del 2 gennaio 1849 di abolizione del foro giudiziario privilegiato[84], i professori universitari, sia gli ordinari che gli straordinari, furono sottoposti direttamente ai tribunali ordinari[85]. Per quanto riguarda il comportamento politico, anche ad essi era vietato, secondo un rescritto circolare ministeriale inviato a tutte le *Regierungen* e a tutte le università, di associarsi in *Vereine* che per statuto o di fatto intendessero adottare o sostenessero posizioni antigovernative[86]. Tutti i pro-

[82] L. von Rönne, *Das Staatsrecht der preußischen Monarchie*, 1869-1872³, II.2 (1872), pp. 566-567. Ogni facoltà giuridica universitaria formava anche nel suo insieme uno *Spruchkollegium*, e cioè un collegio abilitato al rilascio di pareri giuridici (*Gutachten*) per i dicasteri di quegli Stati tedeschi nei quali era ancora ammessa la remissione degli atti per un parere (*Aktenversendung*) a facoltà giuridiche (*ibidem*, p. 566).

[83] N. Andernach, *Der Landtag und die Hochschul- und Wissenschaftspolitik in Preußen 1848-1918*, p. 44.

[84] Cfr. *Verordnung über die Aufhebung der Privatgerichtsbarkeit und des eximierten Gerichtsstandes, sowie über die anderweitige Organisation der Gerichte. Vom 2 Januar 1849*, del 2 gennaio 1849, in «GS», 1849, pp. 1-13, qui p. 3; in merito cfr. quanto detto *supra*, cap. 6 «Giustizia».

[85] L. von Rönne, *Die Verfassung und Verwaltung des Preußischen Staates*, 8. Theil: *Die kirchliche und Unterrichts-Verhältnisse*, 2. Bd.: *Das Unterrichts-Wesen des Preußischen Staates*, 2., p. 497.

[86] *Ibidem*, p. 498.

fessori, compresi i *Privatdozenten*, erano sottoposti all'autorità disciplinare della facoltà, ma solo agli strutturati si applicava la legge disciplinare del 21 luglio 1852 sui funzionari pubblici non giudiziari. Secondo quanto previsto dall'articolo 96 della legge, tuttavia, ai professori universitari non si applicava il suo § 87, rivolto ai cosiddetti funzionari politici, che consentiva, anche fuori da qualsiasi procedimento disciplinare, il trasferimento ad altro ufficio «nell'interesse del servizio», il temporaneo collocamento a riposo con aspettativa e il pensionamento forzato[87]. L'applicazione ai professori universitari della legge disciplinare del 1852 non poté comunque impedire, specialmente negli anni del conflitto costituzionale, quando «anche nella presunta tanto autoritaria Prussia erano proprio i funzionari pubblici universitari a guidare l'opposizione»[88], che si profilasse nettamente il cosiddetto *liberaler Professorentyp*, esattamente come nel resto della Germania[89]. Basti pensare al ruolo svolto nei gruppi parlamentari liberali da professori universitari come Heinrich von Sybel, Theodor Mommsen, Rudolf Gneist, Rudolf Virchow, Ludwig von Rönne[90].

Nonostante l'ondata di liberalizzazione che nel 1848/49 investì taluni aspetti della vita delle università prussiane, queste continuarono a caratterizzarsi immediatamente per il loro carattere confessionale. Negli anni Cinquanta un certo influsso sulle facoltà teologiche cattoliche di Bonn e Breslau era riconosciuto rispettivamente all'arcivescovo di Köln e al principe vescovo di Breslau, come pure all'arcivescovo di Münster sulla locale Accademia[91]. Su pressione dei vescovi cattolici, e nonostante il parere contrario di Johannes Schulze, nominato nel 1849 da

87 N. ANDERNACH, *Der Landtag und die Hochschul- und Wissenschaftspolitik in Preußen 1848-1918*, pp. 12-14, qui p. 14.

88 Cit. da Th. NIPPERDEY, *Preußen und die Universität*, p. 82.

89 Cfr. P. SCHIERA, *Il laboratorio borghese*.

90 Cfr. A.G. MANCA, *La sfida delle riforme*, *passim*.

91 L. VON RÖNNE, *Die Verfassung und Verwaltung des Preußischen Staates*, 8. Theil: *Die kirchlichen und Unterrichts-Verhältnisse*, 2. Bd.: *Das Unterrichts-Wesen des Preußischen Staates*, 2., p. 412.

Ladenberg direttore della Divisione per l'istruzione del ministero del Culto, e divenuto poi sotto il reazionario Raumer referente per l'università con il titolo di *Geheimer Oberregierungsrat* e *vortragender Rat*[92], venne addirittura emanato un ordine di gabinetto (*Cabinetsordre*), il 26 settembre 1853, secondo cui sia a Bonn sia a Breslau dovevano essere nominati due docenti, uno di confessione cattolica e un altro di confessione evangelica, sia per filosofia, che per storia, come pure, infine, per diritto canonico[93].

L'influsso delle confessioni religiose sulle istituzioni universitarie si faceva sentire particolarmente nelle chiamate (*Berufungen*). Secondo il ministro del Culto Bethmann-Hollweg, che il 25 aprile 1860 intervenne sulla questione nell'aula della Camera dei deputati, nelle università confessionali si potevano chiamare solo docenti del medesimo orientamento religioso dell'università nel suo complesso; nelle università di carattere «paritetico» si potevano chiamare indifferentemente cattolici e protestanti; nelle università come Berlino e Breslau, che non avevano impresso nel loro statuto alcun carattere confessionale, potevano essere chiamati a insegnare anche gli ebrei; nell'università di Halle, invece, potevano essere assunti solo insegnanti e funzionari evangelici[94].

Contro l'istituzione a Bonn e Breslau di cattedre cattoliche non solo di teologia, ma anche di diritto, filosofia e storia, cattedre che a Halle e Königsberg erano invece escluse per statuto, niente poterono gli articoli costituzionali 12, sulla garanzia dei diritti civili e politici indipendentemente dalla confessione religiosa, e 4, sull'uguaglianza giuridica dei cittadini nell'accesso agli uffici pubblici. Su di essi prevalse piuttosto, dato il carattere spiccatamente confessionale delle istituzioni formative prussiane,

[92] Johannes Schulze si ritirò in pensione, ormai vecchio, quando la direzione del ministero fu assunta da Bethmann-Hollweg; cfr. C. Varrentrapp, *Johannes Schulze und das Preussische Unterrichtswesen in seiner Zeit*, p. 556.

[93] *Ibidem*, p. 544.

[94] Cit. da L. von Rönne, *Das Staatsrecht der preußischen Monarchie*, 1869-1872^3, II.2 (1872), p. 568.

sia ai gradi più bassi che a quelli più alti del sistema[95], l'art. 14 della medesima costituzione. Questo articolo, che consentiva di porre la religione cristiana alla base di quelle istituzioni statali che avessero un qualche nesso con la pratica religiosa, e che a prima vista appariva formulato come eccezione atta a confermare la regola dell'indifferenza religiosa dello Stato costituzionale prussiano, fu invece puntualmente utilizzato a legittimare la conservazione dello *status quo*. Di fronte alla rassegnata accettazione generale del carattere confessionale delle scuole e delle università, poco riuscì ad incidere l'opposizione dei deputati liberali moderati degli anni Cinquanta come Georg Vincke, il quale, in polemica diretta con la *katholische Fraktion* di August Reichensperger, non si stancò di ribadire che i soli criteri delle chiamate alle cattedre universitarie dovessero essere competenza scientifica e intelligenza. Per Vincke, a dover servire da esempio non erano le doppie chiamate, ma invece il caso dei cattolici Urlichs, docente di estetica, e di Baumstark, docente di economia agricola (*Landwirtschaft*), entrambi chiamati all'università evangelica di Greifswald[96].

Nella politica delle chiamate (*Berufungspolitik*), oltre che nel generoso finanziamento dell'università, anche dopo il 1848 si fecero sentire distintamente i vertici del ministero[97]. Ancora alla conferenza delle università (*Universitätskonferenz*) prussiane del 1849, convocata da Ladenberg per ascoltare il parere delle più alte istituzioni formative del paese sull'emanazione di una legge generale sull'istruzione (*Unterrichtsgesetz*), molti avevano sperato di riuscire a imporre che, in caso di vacanza di una cattedra, le facoltà e il Senato potessero proporre all'approvazione del ministro un solo nome, e non più una rosa di tre nomi come fatto sinora. Questo auspicio non trovò però

[95] L. von Rönne, *Die Verfassung und Verwaltung des Preußischen Staates*, 8. Theil: *Die kirchliche und Unterrichts-Verhältnisse*, 2. Bd.: *Das Unterrichts-Wesen des Preußischen Staates*, 2., p. 494.

[96] N. Andernach, *Der Landtag und die Hochschul- und Wissenschaftspolitik in Preußen 1848-1918*, pp. 20-27.

[97] H. Spenkuch, *Die Politik des Kultusministeriums gegenüber den Wissenschaften und den Hochschulen*, qui pp. 150 ss.

realizzazione, e le dimissioni di Ladenberg, seguite alla sconfitta subita dalla Prussia a Olmütz, vanificarono definitivamente ogni speranza in questo senso[98]. Negli anni Cinquanta le chiamate alle università prussiane di Berlino, Bonn e Breslau, di tre studiosi eccellenti come il filologo Moritz Haupt, Jahn, e lo storico liberale dell'antichità Mommsen, furono senz'altro dovute all'azione concorde del ministro conservatore Raumer e di Johannes Schulze[99]. Quest'ultimo, infatti, come invéro non di rado accadeva tra le fila degli alti funzionari ministeriali, molto sapientemente si lasciò guidare dal principio per cui

> «nell'occupazione di posti di professori ordinari deve essere scelto il più capace in tutta la Germania e non si deve risparmiare alcuno sforzo per conquistarlo. Riguardi compassionevoli nei confronti di questo o quel professore da tempo straordinario non devono trovare spazio, se non si vuole che la mediocrità prenda il posto dell'eccellenza portando le università alla rovina»[100].

E nel medesimo contesto egli esplicitò ulteriormente il suo punto di vista riguardo alla necessità di far prevalere il merito come criterio di selezione nelle chiamate, quando disse di preferire la promozione di *Privatdozenten* alla nomina di professori straordinari già inseriti in pianta organica. A una politica delle chiamate universitarie all'insegna del criterio dell'eccellenza, quale perseguita anche sotto il ministero del reazionario Raumer, si dovette anche il richiamo a Berlino del liberale di sinistra Rudolf Virchow dall'Università di Würzburg, la cui cattedra fu resa ancora più attrattiva dalla nuova apertura di un istituto

[98] C. VARRENTRAPP, *Johannes Schulze und das Preussische Unterrichtswesen in seiner Zeit*, p. 542 e H. SPENKUCH, *Die Politik des Kultusministeriums gegenüber den Wissenschaften und den Hochschulen,* p. 163.

[99] C. VARRENTRAPP, *Johannes Schulze und das Preussische Unterrichtswesen in seiner Zeit*, p. 548 e [K.W.J. BINDEWALD], *Der Staatsminister von Raumer und seine Verwaltung des Ministeriums*, pp. 73 ss.

[100] C. VARRENTRAPP, *Johannes Schulze und das Preussische Unterrichtswesen in seiner Zeit*, p. 551: «Bei Erledigung von ordentlichen Professuren muss der Tüchtigste in ganz Deutschland ausgewählt und kein Aufwand, um ihn zu gewinnen, geschont werden. Mitleidige Rücksichten gegen diesen oder jenen außerordentlicher vieljähriger Professor dürfen nicht stattfinden, wenn die Mittelmässigkeit nicht an die Stelle der Trefflichkeit treten und den Ruin der Universitäten herbeiführen soll».

anatomo-patologico[101]. A una precisa indicazione di Raumer si dovette però parimenti la destituzione dal suo posto di professore a Breslau di Nees von Esenbeck, per il comportamento politico tenuto nel 1848/49; con un giudizio disciplinare fu tolto al docente addirittura il diritto alla pensione[102].

Nel complesso, tuttavia, l'imposizione violenta alle facoltà di decisioni ministeriali sulle chiamate fu piuttosto rara[103]. Paradossalmente, fu durante la Nuova Era, e precisamente nei primi mesi del 1859, che il ministro Bethmann-Hollweg procedette a fare alcune chiamate, peraltro eccellenti, nonostante l'opposizione della facoltà, quando decise di chiamare alla Friedrich-Wilhelms-Universität di Berlino, sia il grande storico dell'antichità e teorico della storia Johann Gustav Droysen[104], sia il giurista, anche lui noto in tutta la Germania, Georg Beseler[105]. Il ministro, il cui esperto di riferimento per l'università (*Universitätsreferent*) era all'epoca l'orientalista Justus Olshausen, si era risolto a effettuare le chiamate dei due studiosi probabilmente anche dietro insistenza dei liberali moderati che avevano la maggioranza all'interno della Camera dei deputati[106]. Su pressioni parlamentari, che nella Nuova Era si fecero sentire assai più distintamente che nel periodo precedente, si ebbe nel 1861 anche la chiamata all'università prussiana di Bonn del grande storico Heinrich von Sybel, proveniente da Monaco, dove nel 1859 aveva fondato la «Historische Zeitschrift»[107].

101 N. ANDERNACH, *Der Landtag und die Hochschul- und Wissenschaftspolitik in Preußen 1848-1918*, p. 18.

102 H. SPENKUCH, *Die Politik des Kultusministeriums gegenüber den Wissenschaften und den Hochschulen,* p. 163.

103 *Ibidem*, p. 164.

104 Tra i lavori più recenti dedicati alla sua figura vd. N. LENHARD-SCHRAMM, *Konstrukteure der Nation.*

105 Su Georg Beseler cfr. R. HÜBNER, voce *Georg Beseler.*

106 N. ANDERNACH, *Der Landtag und die Hochschul- und Wissenschaftspolitik in Preußen 1848-1918*, pp. 28-30, 40.

107 Su Heinrich von Sybel cfr. da ultimo V. DOTTERWEICH, voce *Heinrich von Sybel*; N. ANDERNACH, *Der Landtag und die Hochschul- und Wissenschaftspolitik in Preußen 1848-1918*, pp. 30-31.

Un comportamento alquanto irrispettoso dell'autonomia universitaria il ministro Bethmann-Hollweg aveva però adottato anche in un'altra occasione. Con *Reskript* del 5 ottobre 1859, indirizzato contemporaneamente, al barone von Schleinitz, *Oberpräsident* in Schlesien e *Kurator* dell'università di Breslau, e al *Kuratorium* dell'Università di Bonn, egli era intervenuto nel caso di due *Privatdozenten*, il giurista Beckhaus e l'oftalmologo Schauenburg, a cui l'università di appartenenza, dopo avergli dato la *licentia docendi*, gliel'aveva ritirata quattro anni dopo, secondo quanto consentito tuttavia dallo statuto dell'università. In questo caso il ministro era intervenuto a decretare come non più in vigore gli articoli statutari che avevano consentito all'università di annullare la *venia docendi* già concessa. Nell'intento di garantire la libertà costituzionale della scienza e del suo insegnamento, il ministro aveva finito col mettere in discussione un'altra libertà, e col minare pesantemente un'altra autonomia, quella dell'università. Questo il punto di vista stavolta della facoltà giuridica di Bonn, che, per tutta risposta, votò contro l'eliminazione del paragrafo statutario finito sotto la scure del ministro[108].

In un sistema dell'istruzione governato con gli strumenti classici dello Stato amministrativo, poco tollerate erano naturalmente le 'ingerenze' dei deputati. L'intromissione della dieta (*Landtag*) nella politica del ministero del Culto calò ulteriormente nel corso del conflitto costituzionale sotto il ministero di Heinrich von Mühler (18 marzo 1862-1871)[109]. A lui fu rimproverato da deputati della *Fortschrittspartei* come Möller, Mommsen, Virchow e Twesten, in particolare nel dibattito del 17 marzo e del 31 maggio 1865, di aver lasciato tagliare i fondi per l'università e la cultura in genere per consentire l'aumento delle spese militari, facendo così desistere molti scienziati di chiara

[108] N. ANDERNACH, *Der Landtag und die Hochschul- und Wissenschaftspolitik in Preußen 1848-1918*, pp. 32-37.

[109] Sul ministro degli anni del conflitto cfr. WIPPERMANN, voce *Heinrich von Mühler*; W. REICHLE, *Zwischen Staat und Kirche. Das Leben und Wirken des preußischen Kultusministers Heinrich von Mühler*; la più recente voce biografica di H. NEUBACH, *Heinrich von Mühler*.

fama dall'accogliere la chiamata delle università prussiane per la scarsa attrattività delle retribuzioni accordate[110].

L'atteggiamento di Mühler nei confronti delle università fu segnato però soprattutto dai numerosi provvedimenti disciplinari emessi contro accademici per motivi politici. Una misura di sospensione dall'ufficio prima, e di rimozione dallo stesso poi, fu emanata, nel 1863, contro il professore di medicina e chirurgia dell'università di Königsberg, Julius Möller, per l'attività politica svolta come militante della *Fortschrittspartei*[111]. In seguito a questo provvedimento Möller dovette lasciare tutti i suoi incarichi accademici e dedicarsi quasi solo alla politica. Un altro provvedimento disciplinare, stavolta un ammonimento, fu indirizzato sotto Mühler anche all'allora professore straordinario della facoltà di diritto di Berlino, Franz von Holtzendorff, che, dopo aver fondato nel 1860 il *Deutscher Juristentag*, diverrà penalista noto a livello internazionale come cocuratore delle più rinomate imprese editoriali, collane e riviste giuridiche ottocentesche[112]. All'origine del provvedimento disciplinare contro Holtzendorff stava l'addebito di aver partecipato a un'assemblea di elettori del primo collegio elettorale della città di Berlino, in cui era stata approvata una risoluzione a sostegno della Camera dei deputati e contro le «incostituzionali *Octroyierungen*» del governo Bismarck[113]. Un'ennesima pesante incursione del ministro Mühler nella vita universitaria fu al centro del dibattito svoltosi alla Camera dei deputati il 31 maggio

110 N. ANDERNACH, *Der Landtag und die Hochschul- und Wissenschaftspolitik in Preußen 1848-1918*, pp. 37 ss.

111 Cfr. il suo memoriale [J. MÖLLER], *Actenstücke der wider mich geführten Disziplinaruntersuchung*; dall'autore del memoriale deriva la denominazione ufficiale della malattia di Möller-Barlow, che Möller descrisse per primo insieme a Thomas Barlow. Cfr. inoltre N. ANDERNACH, *Der Landtag und die Hochschul- und Wissenschaftspolitik in Preußen 1848-1918*, p. 38.

112 Suo *Die Reform der Staatsanwaltschaft in Deutschland*, 1864. Di recente sono stati ristampati anche i suoi *Prinzipien der Politik. Einleitung in die staatswissenschaftliche Betrachtung der Gegenwart*, 1869. Cfr. C. MELTZ, voce *Franz von Holtzendorff*.

113 Sul caso Holtzendorff, come pure su quello prima esposto di Möller, cfr., dal punto di vista liberale, *Zur Frage über das Disciplinarrecht der Minister gegen die Staatsbeamten*.

1865. In quest'occasione il deputato della *Fortschrittspartei* Twesten accusò Mühler di avere abusato del suo potere di sorveglianza (*Oberaufsichtsrecht*) sulle università, quando era intervenuto personalmente a rimuovere il *Privatdozent* Merz in dispregio dell'autonomia dell'università di Bonn. L'art. 62 dello statuto di questa università prevedeva infatti, che a vigilare sull'attività dei *Privatdozenten*, e ad esercitare su di loro il potere disciplinare con l'irrogazione di pene che potevano spingersi sino alla rimozione dall'ufficio, potesse essere solo la facoltà, anche se ogni rimozione abbisognava poi della conferma del ministro[114]. Il protagonismo autoritario del ministro Mühler fu di nuovo e platealmente stigmatizzato, nel corso stavolta di un dibattito parlamentare sul bilancio del ministero del Culto, dal grande patologo cellulare e anche lui deputato della *Fortschrittspartei* Rudolf Virchow; a Mühler Virchow attribuì «l'introduzione della consuetudine di chiamare ordinari contro la proposta delle facoltà o, addirittura, senza interpellarle»[115].

Dopo il 1866, gli aspri confronti verbali sulla politica universitaria sin qui solitamente insorti tra il ministro e la Camera dei deputati nel corso della discussione del bilancio del ministero, divennero più rari. Alcuni temi spinosi mai risolti, come ad esempio il carattere confessionale delle università, non mancarono tuttavia di tornare periodicamente alla ribalta nonostante il ministro non amasse pronunciarsi pubblicamente in merito. Quando ad esempio il deputato di Königsberg Dr. Kosch riportò all'attenzione della Camera la questione, allora assai dibattuta nella città dell'Albertina, se gli statuti universitari che escludevano i non evangelici dovessero essere modificati per essere allineati al dettato costituzionale, Mühler fu del parere che uno statuto universitario, che conteneva «spezielle Rechte einer Korporation», dovesse essere modificato solo nel caso che fosse l'università a sentirne il bisogno. Quando effettivamente

[114] In seguito alla rimozione di Merz presentò le sue dimissioni anche il decano, il filologo Ritschls; con quest'ultimo e contro Otto Jahn si era schierato Merz nel cosiddetto *Philologenkrieg* (N. ANDERNACH, *Der Landtag und die Hochschul- und Wissenschaftspolitik in Preußen 1848-1918*, pp. 38-39).

[115] *Ibidem*, p. 40: «... er eigentlich zuerst die Praxis eingeführt hat, Ordinarien zu berufen gegen den Vorschlag der Fakultäten oder ohne sie zu hören».

l'università di Königsberg si risolse a modificare il passo in questione dello statuto, non fu certo su stimolo del ministro[116].

Verso la fine degli anni Sessanta, però, i liberali della Camera dei deputati tornarono a fare una dura opposizione contro Mühler. Tra i principali argomenti all'ordine del giorno in questo periodo vi era quello della figura del *Kurator*, che i liberali insistevano dovesse essere riordinata nelle sue molteplici forme. La carica era infatti assegnata a volte come ufficio principale (*hauptamtlich*), altre come accessoria (*nebenamtlich*), talvolta era esercitata monocraticamente, talaltra collegialmente, in certi casi era retribuita, in altri era svolta gratuitamente. Quest'ultimo era ad esempio il caso delle università di Kiel, Breslau e Königsberg, dove era esercitata dall'*Oberprasident*. Contro i liberali, che volevano che la carica del *Kurator* fosse ridotta a una «sinecura», Mühler insistette invece sulla sua opinione. A suo avviso un ufficio come quello del *Kurator*, cui spettava il compito di gestire le casse e amministrare il patrimonio, non poteva essere affidato a subalterni, né poteva sottrarre tempo agli accademici, e doveva essere perciò necessariamente e debitamente remunerato. L'attacco sferrato dai liberali in questa occasione contro il preventivo di bilancio presentato dal ministro per il settore dell'istruzione, dove erano allocate le indennità dei vari *Kuratoren* che avevano provocato l'acceso dibattito parlamentare, lasciò tuttavia emergere con chiarezza come l'obiettivo polemico dei liberali non fosse tanto la figura del *Kurator* e la tutela esercitata attraverso di lui dallo Stato sull'università, ma fosse invece lo stesso ministro, il cui scranno alla fine degli anni Sessanta cominciò seriamente a vacillare[117].

Le difficoltà politiche del ministro Mühler sopraggiunsero non solo in un momento di grandi rivolgimenti politici, ma anche in un momento di forte ripensamento delle relazioni tra istituzioni formative e mondo dell'economia, come esito di un'industrializzazione ormai galoppante. Sempre più forte era sentito anche a livello governativo il bisogno di valorizzare e

[116] *Ibidem*, pp. 45-46.

[117] *Ibidem*, pp. 50-51.

sfruttare economicamente le nuove acquisizioni del progresso tecnico-scientifico, e in un contesto di questo tipo non si poteva più rischiare di rimanere invischiati nell'ormai stantia contrapposizione tra scienze umane o dello spirito, da un lato, e scienze tecniche e naturali, dall'altro. Già negli anni Sessanta, quando l'Istituto tecnico-professionale (*Gewerbeinstitut*) di Beuth, peraltro trasformato nel 1866 in *Gewerbe-Akademie*, costituiva ancora l'unico istituto centrale cui si potesse accedere dopo le scuole professionali provinciali (*Provinzialgewerbeschulen*), le *technische Wissenschaften* smisero di essere guardate con sospetto, e si cominciò seriamente a riflettere su come assicurare anche alle scienze naturali (*Naturwissenschaften*) una possibilità di sviluppo a livello universitario. Specialmente prima che il *Polytechnikum* di Hannover passasse nel 1866 alla Prussia, molto pesante fu avvertito anche lo svantaggio insito nel fatto che gli studenti prussiani fossero costretti a frequentare 'all'estero' il *Polytechnicum* di Karlsruhe, nel caso volessero ricevere una formazione tecnico-scientifica di livello universitario[118]. Fu certo sull'onda di queste suggestioni che Gustav Mevissen, nella sua qualità di presidente della Camera di commercio di Köln (*Kölner Handels-Kammer-Präsident*), decise nel 1856-1857 di dotare la sua città di un istituto politecnico, proprio però quando ormai un progetto simile era maturato contemporaneamente anche nella città di Aachen. Si innescò così una gara di concorrenza tra le due città, che nel 1863 si risolse però a favore della seconda. Il *Kurator* insediato ad Aachen dal governo nella persona del *Regierungspräsident* Moritz von Bardeleben, decise tuttavia infine, nel 1866, di erigere un'università tecnica (*Technische Hochschule*), non più un istituto superiore politecnico (*polytechnische Fachschule*), e di porre la prima università tecnica (TU) sotto il ministero del Commercio allora guidato da von der Heydt. La *Technische Hochschule* di Aachen, che si diede un suo statuto nel 1870, fu tra l'altro la prima delle istituzioni di formazione scientifica per l'industria e la tecnica a essere eretta per volontà e con mezzi finanziari non solo statali. Nel 1868 anche la *Gewerbe-*

[118] H SPENKUCH, *Die Politik des Kultusministeriums gegenüber den Wissenschaften und den Hochschulen*, p. 207.

Akademie di Berlino ricevette come direttore un accademico anziché un funzionario amministrativo, prima di essere unita alla *Bau-Akademie* e andare così a formare la prima *Technische Hochschule* di Berlino[119].

Dal 1866 la metà di tutte le università tedesche stavano su suolo prussiano, anche se in campo formativo e scientifico non si poteva ancora parlare di un «ruolo speciale» della Prussia, che si inseriva piuttosto in un *trend* più in genere tedesco di sviluppo e di investimenti crescenti nel settore della formazione e della scienza[120]. Ancora in questo periodo, tuttavia, era il ministero ad avere «potere di veto e diritto di decisione ultima in fatto di chiamate di professori, di fondazione di istituzioni, e in organismi e riorganizzazioni di ogni tipo», conformemente all'idea che si aveva delle università come, anzitutto, «istituzioni statali» (*staatliche Veranstaltungen*)[121].

[119] *Ibidem* pp. 207-209.

[120] *Ibidem*, pp. 266 ss.

[121] *Ibidem*, p. 267.

Capitolo undicesimo

Le finanze

Nella monarchia prussiana divenuta costituzionale, l'amministrazione delle finanze, cioè delle entrate, delle uscite, del patrimonio e del debito dello Stato, non era più di esclusiva competenza del monarca e del suo ministro delle Finanze, ma anche delle due Camere del *Landtag*. Già secondo la costituzione del 5 dicembre 1848 (art. 98), che su questo punto coincideva alla lettera con la costituzione riveduta del 1850 (art. 99), i criteri per la conduzione delle finanze pubbliche e il bilancio preventivo dello Stato dovevano trovare espressione in una legge[1]. Secondo il terzo comma dell'art. 62 della costituzione del 1850, tuttavia, i progetti di legge di bilancio dovevano essere sottoposti 'prima' alla Seconda camera, che sola aveva il diritto di emendarli; soltanto dopo potevano essere trasmessi alla Prima camera, che poteva, invece, o approvarli oppure rigettarli *in toto*[2].

[1] Cfr. Art. 99: «Tutte le entrate e le uscite dello Stato devono essere ogni anno calcolate in anticipo e portate nel preventivo del bilancio dello Stato. Quest'ultimo è definito ogni anno per legge».

[2] Art. 62, III comma: «Progetti di legge finanziari e bilanci dello Stato sono presentati prima alla Seconda camera; i secondi sono dalla Prima camera accolti o respinti *in toto*». Sulla materia finanziaria, oltre al citato art. 62, cfr. il titolo VIII, «Dell'amministrazione delle finanze» dell'*oktroyierte Verfassung* del 1848, artt. 98-103 (in particolare artt. 98 e 102), e l'omonimo titolo VIII, della costituzione del 1850, artt. 99-104. Sul bilancio in forma di legge richiesto dalla costituzione prussiana si veda K.H. FRIAUF, *Der Staatshaushaltsplan im Spannungsfeld zwischen Parlament und Regierung*, pp. 44-45, 66, 76, che contesta a E.R. HUBER (*Deutsche Verfassungsgeschichte*, 3, p. 955, n. 48), l'affermazione per cui fu quella prussiana la 'prima' costituzione tedesca in assoluto a richiedere la definizione del bilancio pubblico sotto forma di legge, che invece sarebbe stata realizzata per primo dal piccolissimo ducato Sachsen-Coburg-Saalfeld con la costituzione del 1821

Il primo bilancio della monarchia prussiana di epoca costituzionale a essere accolto in una legge, a essere cioè concordato dal governo insieme alle Camere, fu quello concernente il 1849. Inizialmente pubblicato con la riserva di ricevere l'approvazione delle Camere, esso fu ratificato retroattivamente dalle Camere nel 1850, quando l'anno finanziario si era ormai chiuso. La prima legge di bilancio della Prussia costituzionale recava così la data dell'11 marzo 1850, lo stesso giorno in cui era pubblicato anche il bilancio per il 1850, anche questo dopo l'inizio dell'anno finanziario[3]. Il ritardo che contrassegnò l'esame da parte delle Camere anche del successivo preventivo di bilancio, quello per il 1851, indusse il governo a ricorrere a un decreto ministeriale, lo *Staatsministerialbeschluß* del 16 dicembre 1850[4], per fornire una base giuridica alle spese che si fossero rese necessarie all'inizio dell'anno, e prima che si fosse concluso il necessario *iter* di approvazione del preventivo di bilancio da parte delle Camere. Fu così inaugurata una modalità incostituzionale di varo del bilancio pubblico per decreto governativo, a cui il governo Bismarck non esiterà a fare nuovamente e ripetutamente ricorso negli anni del conflitto costituzionale. Com'è largamente noto, infatti, per ben 4 lunghi anni, dal 1862 al 1866, il governo prussiano, guidato da Bismarck dal settembre 1862, gestì incostituzionalmente le finanze dello Stato senza appoggiarsi ad una legge di bilancio regolarmente approvata con la rappresentanza popolare[5]. Comunque, dopo il varo dello *Staatsministerialbeschluß* del 16 dicembre 1850, i bilanci successivi, da quello per il 1852 sino

(K.H. Friauf, *Der Staatshaushaltsplan im Spannungsfeld zwischen Parlament und Regierung,* pp. 14, 44-45).

[3] Cfr. *Gesetz betreffend die Feststellung des Staatshaushaltsetat für das Jahr 1849*, in «GS», 1850, n. 3246, p. 177, e *Gesetz betreffend die Feststellung des Staatshaushaltsetat für das Jahr 1850*, in «GS», 1850, n. 3247, pp. 178-196.

[4] Sullo *Staatsministerialbeschluß* del 16 dicembre 1850. Cfr. K.H. Friauf, *Der Staatshaushaltsplan*, pp. 151 ss.; E. Hahndorff, *Das Budgetrecht*, pp. 43 ss.; E.L. von Gerlach, *Die Krisis Preußens im September 1862*, del 10 settembre 1862.

[5] Su questo conflitto costituzionale la letteratura è praticamente indominabile; sia qui consentito per brevità il rinvio a A.G. Manca, *La sfida delle riforme*, e alla letteratura qui citata.

a quello per il 1861 e quelli dal 1867 in poi, furono invece tutti regolarmente varati con legge dello Stato, e cioè con l'approvazione del *Landtag*[6].

Il ministro delle Finanze, durante gli anni della reazione impersonato dal conservatore Carl von Bodelschwingh (luglio 1851 - 6 novembre 1858)[7], non era responsabile solo della predisposizione del progetto di legge di bilancio, della sua presentazione e difesa di fronte alle Camere che dovevano autorizzarne l'attuazione. A conclusione dell'esercizio finanziario annuale a lui spettava anche, infatti, la predisposizione del consuntivo di bilancio. Quest'ultimo, che doveva essere sottoposto dal ministro all'approvazione delle due Camere della dieta prussiana (*Landtag*), doveva contenere anche, opportunamente evidenziati secondo l'art. 104 della costituzione[8], gli eventuali sforamenti di bilancio (*Etatsüberschreitungen*) segnalati nelle osservazioni (*Bemerkungen*) annotate per iscritto dalla Corte dei conti (*Oberrechnungskammer*, ORK).

Quest'ultima, un'istituzione di origine settecentesca e quindi risalente all'epoca dello Stato assoluto, poteva evidentemente svolgere un ruolo chiave nel nuovo Stato costituzionale, in particolare nel rendere più effettivo il controllo parlamentare sull'amministrazione delle finanze prospettato negli articoli 99

6 C.J. Bergius, *Grundsätze der Finanzwissenschaft mit besonderer Beziehung auf den Preussischen Staat*, p. 179.

7 Bodelschwingh fu chiamato al governo dal *Ministerpräsident* Otto Theodor von Manteuffel nel luglio 1851 e si dimise, insieme a quasi tutto il governo da lui guidato, il 6 novembre 1858. Tornò, sempre come ministro delle Finanze, il 30 settembre 1862, per restare sino al giugno 1866, quando gli successe August von der Heydt. Su Bodelschwingh si veda il saggio di V. Niehus, *Carl von Bodelschwingh*, e E. Trox - R. Meindl, *Sachwalter des Westens?*.

8 Art. 104: «Per le spese effettuate in deroga alla legge di bilancio (*Etats-Überschreitungen*) è necessaria la successiva autorizzazione delle Camere. I conti relativi al bilancio dello Stato (*Staatshaushalts-Etat*) sono verificati e fissati definitivamente dalla Corte dei conti (*Ober-Rechnungskammer*). Il conto generale (*allgemeine Rechnung*) relativo al bilancio statale di ogni anno, ivi compreso un prospetto del debito pubblico (*Übersicht der Staatsschulden*), deve essere presentato alle Camere con le osservazioni (*Bemerkungen*) della Corte dei conti per il discarico (*Entlastung*). Una legge particolare dovrà definire l'organizzazione (*Einrichtung*) e le facoltà della Corte dei conti».

e seguenti della costituzione. Secondo il già citato art. 104, che aveva anche affermato espressamente la necessità di una futura legge di riforma dell'istituzione di controllo contabile, la Corte dei conti doveva, infatti, verificare i numeri del bilancio dello Stato; una volta fatta questa operazione avrebbe poi dovuto licenziare «il rendiconto generale relativo al bilancio annuale dello Stato, ivi compreso il prospetto del debito pubblico» (*allgemeine Rechnung über den Staatshaushalt jedes Jahres einschliesslich einer Uebersicht der Staatsschulden*) accompagnato dalle sue osservazioni (*Bemerkungen*), affinché fosse sottoposto all'approvazione delle Camere.

Nel marzo 1862, finalmente, il governo liberal-moderato della Nuova Era si decise a presentare un progetto di legge di riforma dell'ORK; con esso si sarebbe dovuto finalmente chiarire, sia quanto concreto e preciso avrebbe dovuto essere il contenuto delle «osservazioni» della Corte, sia quando e a chi (il governo, il re, le due Camere?) questa avrebbe dovuto segnalare gli eventuali «sforamenti di bilancio» (*Etatsüberschreitungen*) riscontrati. Il momento scelto per discutere un progetto di legge così importante si rivelò però estremamente sfavorevole. Il tentativo di riformare la Corte dei conti naufragò, infatti, nella tempesta che stravolse i rapporti tra parlamento e governo dal marzo 1862 e per tutti i quattro anni successivi. Il disegno di legge governativo del 7 marzo 1862 non arrivò nemmeno a essere discusso in aula. La Camera dei deputati fu infatti sciolta dal monarca il successivo 11 marzo, in risposta ad una risoluzione da essa votata il precedente 6 marzo, con cui si chiedeva al governo di specializzare maggiormente le voci del preventivo di bilancio. In questo modo la Camera dei deputati voleva essere messa in grado, sia di comprendere quali spese effettivamente si nascondessero dietro ad alcune voci di bilancio troppo comprensive, sia di verificare in futuro la corrispondenza dei diversi titoli e capitoli del preventivo di bilancio con quelli del consuntivo.

Contro qualsiasi aspettativa coltivata particolarmente dai liberali, la Corte dei conti nel suo lavoro si mostrò sempre assai restia ad agevolare la commissione bilancio della Camera dei deputati nello svolgimento del suo compito di controllo politico e finanziario dei bilanci dello Stato. Essa diede chiaramente a vedere di preferire relazionarsi direttamente con il solo monarca[9], rafforzando la concezione, peraltro accreditata e riflessa anche da pubblicazioni di carattere ufficiale, della sua natura di istituzione dello Stato centrale indipendente anche dal ministro delle Finanze di turno[10]. La Corte ebbe modo di ribadire questa interpretazione del suo ruolo e della sua collocazione nel sistema politico anche all'epoca del conflitto costituzionale.

Il ministro delle Finanze, data la pesante responsabilità che in epoca costituzionale gravava su di lui in materia di bilancio dello Stato, sin dall'inizio degli anni Cinquanta era stato rafforzato nella sua autonomia decisionale, anche rispetto ad eventuali risoluzioni assunte a maggioranza dallo *Staatsministerium*, da un decreto regio (*Allerhöchst Erlass*) del 15 febbraio 1852[11]. Nonostante questo, tuttavia, sin dai primi mesi del conflitto costituzionale, quando l'allora ministro delle Finanze August von der Heydt[12] assunse personalmente alcune iniziative per

[9] Sulla condizione in cui versava l'istituto della Corte dei conti cfr. F. Gutsmuths, *Die Preußische Ober-Rechnungskammer und ihre Reform*, e inoltre F. Pfühlstein, *Der Weg von der Preußischen Generalrechenkammer zum Bundesrechnungshof*, pp. 50 e 54. Secondo Pfühlstein dietro lo pseudonimo di F. Gutsmuths si celava in realtà Werner Adolf Frantz; cfr. *ibidem*, pp. 52-53.

[10] Sulla Corte dei conti come istituzione dello Stato centrale, formalmente non dipendente da alcun ministero, in rapporto diretto col re e autonomamente amministrantesi, cfr. L. von Rönne, *Das Staatsrecht der preußischen Monarchie*, 1869-1872[3], II.1 (1871), pp. 154-157; G. Hirth (ed), *Preußischer Landtags-Almanach, X. Legislatur - Periode - 1. Session*, pp. 143-144. Istituzioni di questo tipo erano considerate anche la *Preussische Bank* (cfr. cap. 11. «Finanze») e l'*Oberkirchenrat* (cfr. cap. 10 «Chiesa»).

[11] Cfr. O. Schwarz, voce *Finanzverwaltung, Finanzbehörde*, p. 787.

[12] August von der Heydt entrò nel governo presieduto da von Hohenloe nel marzo 1862 come *Finanzminister ad interim*, ma si dimise ben presto, quando cioè, il 24 settembre 1862, Bismarck fu chiamato dal re a presiedere il governo. Von der Heydt riprenderà a dirigere il dicastero delle Finanze il 5 giugno 1866, subito prima della guerra con l'Austria, per dimettersi di nuovo il 26 ottobre 1869, per dissensi sulla politica finanziaria e soprattutto fiscale con Bismarck (a quest'ultimo proposito vedi K. Zuchardt, *Die Finanzpolitik Bismarcks und der Parteien im Norddeutschen Bunde*, e W. Köllmann, voce *August von der Heydt*. Riuscì a finanziare la guerra con l'Austria nel 1866

spingere la Corte dei conti ad un operato più effettivo, ebbe modo di toccare con mano i limiti dei suoi reali poteri. La vicenda si colloca nel periodo successivo a una risoluzione adottata dalla Camera dei deputati della VII legislatura il 5 luglio 1862. Con essa si era voluto rammentare al governo come 10-14 mesi dopo la chiusura dell'anno finanziario dovessero pervenire al parlamento, sia il prospetto (*Übersicht*) contenente le segnalazioni degli sforamenti di bilancio (*Etatsüberschreitungen*), sia un altro prospetto contenente una documentazione sommaria delle entrate e delle uscite dello Stato, sia, infine, verso la fine del terzo anno dalla chiusura dell'anno finanziario, la *Allgemeine Rechnung über den Staatshaushalt zur Entlastung der Verwaltung*[13], cioè il consuntivo di bilancio per il discarico dell'amministrazione.

Fu in seguito a questa risoluzione della Camera del 5 luglio 1862 che August von der Heydt, previo assenso del re espresso tramite un decreto del successivo 21 luglio[14], chiese che nei consuntivi di bilancio degli anni successivi al 1859, alle segnalazioni delle *Etatsüberschreitungen* fossero allegate anche le osservazioni particolareggiate (*Bemerkungen*) della Corte dei conti, e che queste fossero sottoposte non solo a lui, come ministro, ma anche alle Camere del parlamento. Di quest'ordine del ministro però la Corte non volle tenere alcun conto, persistendo nell'atteggiamento di considerarsi al solo servizio dell'amministrazione. In concreto ciò significava che avrebbe continuato a bastarle un ordine di gabinetto regio (*Königliche Kabinetsordre*) per 'pareggiare' gli sforamenti di bilancio con arbitrari spostamenti dei suoi titoli; anche se di questo passo, alla fine, le *Allgemeine Rechnungen* finivano col non dare più

senza attivare nessun prestito pubblico (*Anleihe*), dopo essersi occupato soprattutto del finanziamento della costruzione della rete ferroviaria; fece costruire l'*Ostbahn* (da Berlino a Königsberg) con finanziamenti statali. Sul grande banchiere cfr. la biografia di A. Bergengrün, *Staatsminister August Freiherr von der Heydt.*

13 E. Richter, *Das Preussische Staatsschuldenwesen und die Preussischen Staatspapiere*, p. 136.

14 C.J. Bergius, *Grundsätze der Finanzwissenschaft mit besonderer Beziehung auf den Preussischen Staat*, p. 181.

alcuna informazione attendibile sul vero utilizzo delle risorse pubbliche[15]. La supponenza con cui nell'estate del 1862 la Corte dei conti ignorò l'ordine del ministro, dimessosi peraltro di lì a poco (24 settembre 1862), sarà rimarcata criticamente anche qualche anno più tardi dalla commissione bilancio della Camera dei deputati del 1865, nel tornare a denunciare per l'ennesima volta con forza come le annotazioni della Corte continuassero a venire redatte in forma tanto scarna da essere di fatto assolutamente inservibili. Il fatto che la Corte, cui certo doveva essere già accaduto di notare discordanze tra i preventivi e i consuntivi di bilancio, non le avesse però segnalate alla rappresentanza popolare, schermendosi dietro l'argomento che esse, probabilmente, erano state 'giustificate' da ordini regi e così fatte sparire dagli incartamenti finanziari ancora prima che questi le fossero trasmessi, rendeva del tutto «illusorio» – si diceva nella relazione della commissione bilancio per il 1865 – il diritto di controllo delle finanze da parte delle Camere. Senza la collaborazione dell'*Oberrechnungskammer* il controllo parlamentare dei consuntivi finanziari prescritto dall'art. 104 della costituzione, si riduceva insomma ad una mera «revisione numerica»[16].

La Corte dei conti, anche dopo la fine del conflitto costituzionale, persisterà nell'atteggiamento non collaborativo verso la Camera dei deputati. Quest'ultima, dopo aver concesso al governo nel 1866 l'indennità, prima per la gestione illegale delle finanze negli anni del conflitto[17], e successivamente per gli illeciti emersi dai rendiconti finanziari (*Allgemeine Rechungen*) relativi agli anni 1859-1863 e all'amministrazione nel 1860-1863 dei

[15] E. Richter, *Das Preussische Staatsschuldenwesen und die Preussischen Staatspapiere*, p. 136.

[16] Così l'*Allgemeiner Bericht über den Entwurf zum Staatshaushalts-Etat pro 1865,* del 27 febbraio 1865, in *StenBerAH*, *Drucksachen*, VIII legislatura, 2ª sessione, II, 1865, *Aktenstück* n. 80, pp. 1-83, qui p. 4. Sulla pratica governativa di coprire eventuali sforamenti di bilancio attraverso semplici *Kabinettsordres,* con cui venivano spostate a piacere le somme dei titoli del bilancio, molto critico anche E. Richter, *Das Preussische Staatsschuldenwesen und die preußischen Staatspapiere*, p. 136.

[17] Cfr. in merito *infra*, in questo stesso capitolo.

fondi del cosiddetto *Staatsschatz*[18], si affrettò, già il 27 gennaio 1867, a chiedere nuovamente una riforma della Corte dei conti. Pur avendo sicuramente preso visione di quei rendiconti prima che pervenissero alla Camera dei deputati, la Corte aveva infatti evidentemente preferito tacere sulle illegalità che da essi affioravano chiaramente, piuttosto che interferire con l'operato illegale e incostituzionale del governo. Anche stavolta, tuttavia, non si arriverà ad una riforma della Corte e si dovrà invece aspettare il 1872, quando sarà approvata in tutt'altro clima politico e in una situazione generale completamente diversa. Comunque, anche questa riforma non mancherà di lasciare al governo, e al ministro delle Finanze in particolare, la possibilità di 'aggiustare' i conti del consuntivo di bilancio, dopo l'esame della Corte e prima che arrivasse sotto la lente di ingrandimento della commissione bilancio della Camera dei deputati. La riforma, varata con legge del 27 marzo 1872, chiarì una volta per tutte quale dovesse essere il posto della Corte nel sistema politico-istituzionale della monarchia costituzionale prussiana, anche se il chiarimento non andò certo nel senso di assegnare alla Corte un ruolo ausiliario e/o di supporto tecnico-contabile rispetto al controllo politico-finanziario svolto dalle Camere, e dalla Camera dei deputati in particolare. Soprattutto, la Corte non avrebbe dovuto in nessun caso ridursi al ruolo auspicato dai liberali prussiani degli anni Sessanta, ed essere cioè un'emanazione più o meno diretta del *Landtag*. Proprio

[18] Lo *Staatsschatz* era una riserva di fondi separata per casi di particolare emergenza e solitamente destinati a scopi militari. La Prussia era in quegli anni uno dei pochissimi Stati europei in cui esisteva ancora un'istituzione come lo *Staatsschatz*, alimentata con fondi provenienti sia da avanzi di bilancio (*Uberschüsse*) sia da entrate eccedenti (*Mehreinnahmen*); E. Klein (*Geschichte der öffentlichen Finanzen in Deutschland [1500-1870]*), ha definito questa istituzione prussiana come «eine europäische Kuriosität» negli anni Sessanta dell'Ottocento (p. 125). Sulla storia dell'istituto dello *Staatsschatz* cfr. H. von Schulze-Gaevernitz, *Das preußische Staatsrecht*, II, pp. 191-192, e inoltre R. Hue de Grais, *Handbuch der Verfassung und Verwaltung in Preußen und dem Deutschen Reiche*, p. 185. Sullo *Staatsschatz* erano state varate due norme al tempo di Federico Guglielmo III, l'ordinanza del 17 gennaio 1820 e la *Kabinettsorder* del 17 giugno 1826, entrambe accolte a suo tempo nella *Gesetzsammlung* del 1820 e del 1826, e considerate ancora valide in epoca costituzionale, non avendo la costituzione emesso alcuna nuova disposizione in merito.

per escludere alla radice questa possibilità, fu infatti introdotta in costituzione, attraverso la legge del 27 marzo 1872, una rigida incompatibilità tra il ruolo di consigliere della Corte e di membro del *Landtag*[19]. La Corte, che certo doveva restare un'autorità indipendente dal resto dell'amministrazione, fu però, alquanto paradossalmente, sottoposta direttamente al governo (*Staatsministerium*)[20].

Ancora prima della sua riforma nel 1872 l'ORK era nel frattempo diventata un'istituzione dal raggio di attività ben più vasto, essendo stata chiamata dopo il 1866 a controllare i bilanci anche delle nuove province prussiane. Non solo, qualche anno più tardi, con la nuova denominazione di *Rechnungshof des Norddeutschenbundes*, essa era passata anche, con legge del 4 luglio 1868, a controllare tutto il bilancio della Confederazione della Germania settentrionale[21]. Fu per questa via che venne assicurata, anche nel controllo contabile della spesa pubblica, la continuità tra organi dell'amministrazione statale prussiana e i corrispondenti organi federali prima e imperiali poi. Il presidente dell'ORK prussiana venne infatti a coincidere con quello della Corte dei conti dell'Impero tedesco (*Rechnungshof des deutschen Reichs*)[22].

Per quasi tutto il nostro periodo non solo non si arrivò a riformare la Corte dei conti, ma non si riuscì nemmeno a risolvere il problema del ritardo con cui solitamente veniva approvata la legge di bilancio. Essa continuò ad essere approvata con grande ritardo rispetto all'inizio dell'anno finanziario, che, nel nostro periodo, ancora coincideva con quello solare.

19 Attraverso la legge del 1872 fu aggiunto un II comma all'art. 74 della costituzione prussiana che affermava: «Il presidente e i membri dell'*Ober-Rechnungskammer* non possono essere membri di una delle due Camere del *Landtag*».

20 Cfr. H. Schmökel, *Die Entstehung des Ober-Rechnungskammer-Gesetzes vom 27. März 1872*.

21 L. von Rönne, *Das Staatsrecht der preußischen Monarchie*, 1869-1872^3, II.1 (1871), pp. 154-157.

22 Cfr. R. Hue de Grais, *Handbuch der Verfassung und Verwaltung in Preussen und dem Deutschen Reich*, p. 181.

Sin dai primi anni Cinquanta, il governo prussiano e i conservatori delle due Camere, nel tentativo di dare una base legale al ritardo con cui era approvato il preventivo di bilancio, avevano tentato di far passare il principio per cui quest'ultimo si sarebbe potuto scindere in due blocchi: il bilancio 'ordinario' (*Normalbudget*), cioè le spese per l'amministrazione corrente, che avrebbe potuto essere slegato dal vincolo di autorizzazione annuale delle Camere, da un lato, e il bilancio 'straordinario' (*Extraordinarium*), vale a dire le spese straordinarie, eccezionali, o comunque non previste nei bilanci degli anni precedenti, che invece avrebbe dovuto continuare a essere regolarmente approvato ogni anno dalle Camere, dall'altro. Il tentativo di introdurre questa differenziazione, che, evidentemente, avrebbe garantito al governo una maggiore libertà di azione nella gestione delle finanze pubbliche, fu veicolato attraverso ripetute proposte governative di modifica del fondamentale art. 99 della costituzione, rimaste però tutte senza successo.

Una prima proposta in questo senso, approvata dalla Prima camera prussiana l'8 marzo 1852, fu rigettata dalla Seconda il 28 aprile con 186 voti contro 82[23]. In occasione del dibattito della Seconda camera su questa proposta, forti perplessità sull'opportunità di una modifica in questo senso dell'art. 99 furono manifestate dallo stesso ministro delle Finanze Bodelschwingh[24]. Un altro progetto di legge, sempre mirante a una divisione del bilancio in ordinario e straordinario, presentato dal ministro degli Interni Westphalen alla fine del dicembre 1852, fu bloccato per la seconda volta dall'opposizione della Seconda camera[25]. La questione, pervicacemente riportata all'ordine del giorno della Prima camera nel marzo 1854, fu lasciata cadere per mancanza di tempo, per essere poi riproposta, ancora alla Prima camera, nella sessione del 1855/56. Stavolta la proposta fu stralciata dall'ordine del giorno prima ancora di essere messa ai voti, dopo che il ministro delle Finanze aveva nuovamente

[23] E. Hahndorff, *Das Budgetrecht in den Verhandlungen des Preussischen Landtags*, p. 49.

[24] *Ibidem*, p. 51.

[25] *Ibidem*.

rimarcato la difficoltà di pervenire ad una divisione delle spese in ordinarie e straordinarie[26].

Proposte di modifica del fondamentale art. 99 furono però avanzate non solo durante gli anni Cinquanta[27], ma anche durante la Nuova Era, quando a dirigere il ministero delle Finanze era il liberale moderato Robert von Patow (6 novembre 1858 - 17 marzo 1862)[28]. Anche in questo periodo le componenti liberali delle due Camere più volte biasimarono il ministro per il ritardo con cui veniva varata la legge di bilancio; questo, rendendo necessario l'esercizio provvisorio di bilancio, vanificava di fatto la prescrizione costituzionale del diritto annuale delle Camere di approvare il bilancio (*Budgetrecht*).

Al pari dei colleghi conservatori che lo avevano preceduto, anche il liberal-moderato Patow non seppe resistere alla tentazione di risolvere con un espediente il problema del ritardo con cui il bilancio veniva solitamente approvato dalle Camere. Il 23 marzo 1861, con la motivazione di voler ovviare a tale ritardo, da lui peraltro ripetutamente biasimato come deputato degli *Altliberalen* nella Seconda camera degli anni Cinquanta, egli presentò un «disegno di legge di integrazione dell'art. 99 della costituzione del 31 gennaio 1850», consistente di un solo articolo[29]. Il progetto di legge, che prendeva le mosse dal riconoscimento in linea di principio anche da parte del

[26] *Ibidem*, p. 52.

[27] Sui tentativi di parte governativa e conservatrice degli anni Cinquanta di imporre una modifica dell'art. 99 della costituzione cfr. G. GRÜNTHAL, *Parlamentarismus in Preußen*, pp. 418 ss.

[28] Su Patow, uno dei leader dei liberali moderati (detti in seguito *Altliberalen*) degli anni della reazione, vedasi le voci biografiche H. VON PETERSDORFF, e, più recente, di G. HEINRICH.

[29] Per la presentazione dell'*Entwurf eines Gesetzes, betreffend die Ergänzung des Artikels 99 der Verfassungs-Urkunde vom 31. Januar 1850*, si veda in *StenBerAH*, 29ª seduta, 23 marzo 1861, p. 582 (Patow). Per la storia delle origini di questo progetto di legge cfr. *Bericht der XVI. Kommission zur Vorberathung des Gesetz-Entwurfs, betreffend die Ergänzung des Art. 99 der Verfassungs-Urkunde vom 31. Januar 1850*, del 9 gennaio 1864, relatore [R.] GNEIST, in *StenBerAH*, *Anlagen,* IV 2, 1864, *Aktenstück* n. 75, pp. 478-489, qui p. 482.

liberale Patow della necessità per il governo di «continuare a governare, fino a quando non fosse stata varata la legge di bilancio, sulla base del bilancio varato l'anno precedente»[30], suscitò però molte perplessità all'interno della XVI commissione della Camera dei deputati che lo aveva esaminato. Nella sua relazione del 3 luglio 1861, pubblicata quando la sessione era ormai conclusa, la commissione, infatti, chiese all'aula di non accogliere il progetto di legge del ministro 'amico'. La concezione del diritto parlamentare di bilancio qui abbracciata troppo disinvoltamente, corrispondeva, secondo la commissione, a un potere di controllo finanziario delle Camere meramente ragionieristico e impolitico.

Sin troppo facile immaginare cosa sia passato nelle menti dei membri liberali della Commissione bilancio, quando si accorsero che la medesima disinvolta concezione del *Budgetrecht* che stava alla base della proposta del ministro delle Finanze del 23 marzo, aveva già trovato tacita applicazione nella stesura da parte del governo del progetto di bilancio per l'anno in corso, e cioè per il 1861. Qui si trovava un esempio pratico di cosa si sarebbe permesso di fare al governo qualora si fosse accolta la proposta di suddividere il bilancio in ordinario e straordinario. Già nel progetto di bilancio per il 1861, infatti, all'interno del titolo relativo al bilancio militare, i fondi necessari a mantenere in vita la riorganizzazione dell'esercito avviata precedentemente e non ancora approvata con legge, erano stati fatti rientrare dal governo in gran parte tra i titoli di spesa del bilancio ordinario, anziché di quello straordinario. Concretamente, dei totali 9 milioni e 591.000 talleri richiesti in più rispetto al bilancio militare dell'anno precedente, solo 1 milione e 300.000 circa erano chiesti come straordinario di bilancio, mentre i restanti 8 milioni e 300.000 talleri circa erano stati inseriti nel preventivo dell'ordinario di bilancio[31]. La rassicurazione del ministro, per cui con l'approvazione del suo progetto di legge di 'integrazione' dell'art. 99 le spese 'straordinarie' non avrebbero comunque potuto essere effettuate prima che il

[30] Cfr. *StenBerAH*, 29ª seduta, 23 marzo 1861, p. 582.

[31] Cfr. *StenBerAH*, 5ª seduta, 21 gennaio 1861, p. 25 (Patow).

bilancio fosse stato approvato dalle Camere, mentre avrebbero potuto essere spesi gli importi delle voci del bilancio ordinario già presenti nel bilancio dell'anno precedente, e che perciò già una volta avevano ricevuto l'approvazione della dieta[32], non fece che confermare quanto i liberali più radicali avevano sospettato. Con il progetto di bilancio per il 1861 Patow si era spinto sino ad applicare una riforma dell'art. 99 della costituzione che la Camera dei deputati era però ben lontana dal voler approvare. Tanto è vero che la sessione si concluse prima che la XVI Commissione avesse trovato il tempo e il modo di trasmettere all'aula la sua relazione sul progetto di legge di modifica dell'art. 99, relazione che, come si è detto, ne conteneva un giudizio sostanzialmente negativo.

Un'altra proposta di modifica dell'art. 99 della costituzione fu presentata nel 1863 da Bodelschwingh, tornato alla guida del ministero il 30 settembre 1862 dopo le dimissioni di von der Heydt, mentre era in pieno svolgimento il conflitto costituzionale. Questa volta la chiara finalità del progetto non era solo di risolvere il solito ritardo nell'approvazione del bilancio pubblico, ma anche di provare a sciogliere 'tecnicamente' il conflitto che in materia di bilancio militare contrapponeva la Camera dei deputati e il governo, e che era però eminentemente politico. La proposta di Bodelschwingh, presentata il 18 dicembre 1863, consisteva, come quella di Patow del 1861, di un solo articolo, contenente anch'esso un'«integrazione» (*Ergänzung*) all'articolo 99. Nel suo primo comma si prevedeva che nel caso in cui «non si riusc[isse] a raggiungere il necessario accordo tra il monarca e le due Camere sulla definizione legale del bilancio dello Stato, resta[va] in vigore l'ultimo bilancio legalmente approvato fino a che non si [fosse raggiunto] l'accordo sul nuovo bilancio»[33]. Nel secondo comma del progetto di Bodelschwingh, dove si parlava delle spese straordinarie di bilancio, si stabiliva che queste, «qualora non poggianti su obblighi già contratti dallo Stato, [potessero] sì venire effettuate, ma solo se destinate a scopi

[32] Cfr. *StenBerAH*, 29ª seduta, 23 marzo 1861, p. 582 (Patow).

[33] Cfr. *StenBerAH*, 19ª seduta, 18 dicembre 1863, pp. 477-479.

per i quali erano già state concesse autorizzazioni di spesa nell'ultimo bilancio legalmente varato e solo nell'ammontare qui autorizzato». Dietro l'incalzare delle domande dei membri della XVI commissione della Camera dei deputati, Bodelschwingh ammise candidamente che, in effetti, la prima parte del progetto di legge voleva rispondere anzitutto alla necessità del governo di uscire dal presente conflitto, e che ciò sarebbe stato possibile in tempi brevi semplicemente ristabilendo l'ultimo bilancio regolarmente approvato, quello del 1861[34]. Bodelschwingh sapeva bene che quello del 1861 era stato l'ultimo bilancio regolarmente approvato in cui erano state autorizzate dalle Camere le spese per la riorganizzazione dell'esercito.

I membri in maggioranza liberali della commissione, anziché lasciarsi trascinare in una sterile polemica sul 'vero' obiettivo, eminentemente politico, del disegno di legge di modifica dell'art. 99, opposero subito al ministro la questione di metodo e di principio. Secondo loro, attraverso la scomposizione del bilancio in un'ordinario permanente, da un lato, e in uno straordinario, variabile e soggetto ad approvazione ogni anno, dall'altro, si andava a modificare sostanzialmente il diritto costituzionale vigente. Che così fosse non aveva potuto negare neanche il filosofo del diritto conservatore Friedrich Julius Stahl, ricordarono i liberali a Bodelschwingh, che pure quella scomposizione del bilancio aveva vivamente caldeggiata[35]. L'intento del governo di modificare la costituzione attraverso una semplice legge, ignorando cioè le restrizioni alla via ordinaria della legislazione previste per le modifiche costituzionali dall'art. 107[36], fu però, com'era prevedibile, recisamente negato dal ministro[37], tuttavia senza convincere.

[34] Per le dichiarazioni rese da Bodelschwingh in commissione cfr. il *Bericht der XVI. Kommission zur Vorberathung des Gesetz-Entwurfs, betreffend die Ergänzung des Art. 99 der Verfassungs-Urkunde vom 31. Januar 1850*, del 9 gennaio 1864, relatore [R.] GNEIST, qui p. 484.

[35] Cfr. J.F. STAHL, voce *Budget*, in particolare pp. 598-600.

[36] Sull'art. 107 cfr. *supra*, cap. 2: «Struttura costituzionale dello Stato centrale», intorno alla nota 57.

[37] Per l'interessante dibattito svoltosi in commissione: *Bericht der XVI. Kommission zur Vorberathung des Gesetz-Entwurfs, betreffend die Ergänzung*

In qualità di relatore della XVI commissione toccò al giurista liberale Rudolf Gneist, allora aderente alla *Fraktion Bockum-Dolffs*, il gruppo parlamentare che insieme alla *Fortschrittspartei* costituì il nocciolo duro della maggioritaria opposizione parlamentare degli anni del conflitto, argomentare le ragioni dell'opposizione della sua commissione al progetto ministeriale. Una legalizzazione della divisione del bilancio in un'ordinario e in uno straordinario avrebbe finito, affermò Gneist, con lo svuotare completamente di significato il diritto parlamentare di autorizzazione della spesa pubblica (*Ausgabebewilligungsrecht*). E l'eventuale accoglimento del progetto di legge avrebbe inoltre pregiudicato in partenza la possibilità di arrivare in futuro a una messa in stato di accusa dei ministri resisi responsabili di un'amministrazione delle finanze statali priva della necessaria autorizzazione delle Camere (*budgetlose Verwaltung*)[38], neutralizzando contemporaneamente due importantissimi articoli costituzionali, il 99 e il 61. A partire da queste posizioni, l'esito del dibattito svoltosi in aula il 19 gennaio 1864 sul progetto governativo di modifica dell'art. 99 del 18 dicembre 1863, era scontato. Esso fu rigettato a grande maggioranza dall'aula, come già era avvenuto per quello similare del 1861[39].

Nel corso del quadriennale conflitto costituzionale che oppose il governo prussiano e la maggioranza liberale della Camera dei deputati, quest'ultima, a partire dal marzo 1862, si rifiutò ogni anno di approvare il progetto governativo di bilancio che accoglieva tra le spese ordinarie quelle per il mantenimento della riorganizzazione dell'esercito, in attesa che questa fosse discussa e fissata per legge con il concorso delle due Camere. Il governo, dal canto suo, sostenne sin dal settembre 1862 la tesi che in conseguenza del mancato raggiungimento di un accordo tra i tre fattori della legislazione sulla legge di bilancio, ci si

des Art. 99 der Verfassungs-Urkunde vom 31. Januar 1850, del 9 gennaio 1864, relatore [R]. Gneist, in particolare pp. 479 e 484.

38 Così Gneist nel *Gutachten* del 7 gennaio 1864, redatto su specifica richiesta della stessa commissione parlamentare di cui era relatore, e intitolato *Die Preußische Gesetzgebung über den Staatshaushalts-Etat*; esso era allegato al citato *Bericht der XVI. Kommission*, del 9 gennaio 1864, pp. 487-489.

39 *StenBerAH*, 28ª seduta, 19 gennaio 1864, p. 781.

veniva a trovare di fronte ad una situazione non contemplata dalla costituzione, insomma, di fronte ad una lacuna o ad una *tabula rasa*, che chiamava e legittimava il diritto straordinario del governo (*Notrecht*) di continuare ad amministrare le finanze statali anche senza una legge di bilancio, per far fronte alle improrogabili necessità dello Stato[40]. Dopo lo sdegnato ritiro governativo dall'ordine del giorno della Camera dei deputati non solo del preventivo di bilancio per il 1862, ma anche di quello per gli anni seguenti, l'amministrazione delle finanze statali fu trattata per ben quattro anni dal governo Bismarck come una faccenda di sua esclusiva competenza.

La segretezza con cui furono amministrate le finanze da parte del governo fu assoluta particolarmente nei primi due anni del conflitto. Le due leggi di bilancio per il 1862 e per il 1863, su cui governo e parlamento non erano riusciti a trovare un accordo, furono 'sostituite' surrettiziamente con due semplici risoluzioni governative, rispettivamente del 15 ottobre 1862 e del 9 giugno 1863[41]. In esse, emanate entrambe dopo la chiusura d'autorità del *Landtag* da parte del re rispettivamente il 13 ottobre 1862 e il 27 maggio 1863, erano messe per iscritto le direttive governative cui avrebbero dovuto attenersi gli alti dirigenti ministeriali nel condurre l'amministrazione dello Stato. Nella risoluzione ministeriale del 15 ottobre 1862 il governo, a parziale giustificazione del suo operato, si richiamava esplicitamente al 'precedente' che sarebbe stato rappresentato

[40] Cfr. *StenBerAH*, *Anlagen*, VIII 4, 1862, *Aktenstück* n. 151, pp. 1606-1610, qui p. 1609, dove si riporta col discorso indiretto l'intervento fatto da Bismarck in questo senso in commissione: «Da das Zustandekommen des Budgetgesetzes die Zustimmung der 3 Faktoren voraussetze, so sei *tabula rasa* vorhanden, wenn ein Faktor die Zustimmung verweigere. Ein einseitiges Bewilligungs-Recht stehe dem Abgeordnetenhause dem Buchstaben der Verfassung nach, nicht zu; es folge daraus, wenn das Budget-Gesetz nicht zu Stande komme, ein *Noth-Recht* der Staats-Regierung, die Verwaltung ohne ein solches weiter zu führen. Was in der Verfassung nicht ausdrücklich den andern Faktoren der Gesetzgebung übertragen worden, sei ein Recht der Krone geblieben».

[41] Il primo a ritrovarle, tra i protocolli delle sedute dello *Staatsministerium*, fu H.-J. VON COLLANI (cfr. il suo *Die Finanzgebarung des preußischen Staates zur Zeit des Verfassungskonfliktes 1862-1866*, pp. 10 e 19).

dallo *Staatsministerialbeschluß* del 16 dicembre 1850; non si diceva, naturalmente, che quella risoluzione era stata varata per fronteggiare un ritardo nel varo della legge di bilancio e non per 'coprire' un conflitto costituzionale ormai degenerato in una logorante guerra di posizione.

Anche le sessioni della Camera dei deputati del 1864 e del 1865[42], conclusesi come le precedenti senza che si arrivasse ad approvare una regolare legge di bilancio, si chiusero ognuna con l'emanazione di un provvedimento amministrativo emanato unilateralmente dal governo Bismarck in sostituzione della regolare legge di bilancio prevista dalla costituzione. Il primo di questi due provvedimenti, la risoluzione governativa (*Staatsministerialbeschluss*) del 12 febbraio 1864[43], emanata poco tempo dopo che il monarca aveva chiuso la Camera il 25 gennaio, giunse a conoscenza dell'opinione pubblica solo a circa un anno di distanza e per via non ufficiale[44]. Il secondo dei due provvedimenti, l'*Allerhöchster Erlaß über den Staatshaushalt für 1865* del 5 luglio 1865, unitamente a un «Prospetto delle entrate statali previste e delle spese pubbliche da effettuarsi per il 1865» (*Nachweisung der im Jahr 1865 zu erwartenden Staatseinnahmen und zu leistenden Staatsausgaben*) e a un memoriale (*Denkschrift*) sul medesimo prospetto datato 22 giugno 1865, dopo essere stato sottoposto al monarca 'in sostituzione' della regolare legge di bilancio per il 1865, fu rivestito della forma di decreto regio, e quindi pubblicato il

42 Cfr. *supra*, cap. 3 «Elezioni».

43 Il testo del *Beschluß des Staats-Ministeriums vom 12. Februar 1864* è trascritto integralmente nel *Nachtrag zum Allgemeinen Bericht über den Entwurf zum Staatshaushalts-Etat pro 1865*, del 7 marzo 1865, relatore [M. von] FORCKENBECK, pp. 1-5, a sua volta allegato all'assai voluminoso *Allgemeiner Bericht über den Entwurf zum Staatshaushalts-Etat pro 1865*, del 27 febbraio 1865, contenuto in *StenBerAH*, *Drucksachen*, VIII legislatura, 2ª sessione, II, 1865, *Aktenstück* n. 80, pp. 1-83.

44 Il testo del *Beschluss* (risoluzione) del 12 febbraio 1864, come risultava trascritto nel sopra citato *Allgemeiner Bericht* del 27 febbraio 1865 a distanza di circa un anno da quando era stato varato, fu immediatamente portato a conoscenza dell'opinione pubblica da numerosissimi giornali; tra di essi, naturalmente, anche la liberal-democratica «Volkszeitung» (cfr. la rubrica *Parlamentarische Nachrichten*, nel suo numero del 9 marzo 1865).

successivo 20 luglio sull'ufficioso «Staatsanzeiger», anziché sulla «Gesetzsammlung»[45].

In difesa del diritto parlamentare di bilancio e contro il cosiddetto diritto straordinario (*Notrecht*) del governo di amministrare le risorse pubbliche anche in caso di mancato accordo con la rappresentanza popolare sulla legge di bilancio, il fronte liberale della maggioranza parlamentare antigovernativa, che comprese anche i cattolici sino alla fine del conflitto[46], si mostrò sempre assai compatto sino al 1866.

Solo alle elezioni politiche del 3 luglio 1866, lo stesso giorno della vittoriosa battaglia di Königgratz, che ovviamente dischiuse prospettive del tutto nuove alla politica nazionale della monarchia prussiana, vennero chiaramente alla luce le differenze politiche nel frattempo maturate all'interno della maggioranza parlamentare[47]. Queste elezioni sancirono un vertiginoso crollo elettorale dei due più consistenti gruppi parlamentari liberali degli anni del conflitto. Il blocco formato dal *Linkes Zentrum* e dalla *Fortschrittspartei*, forte sin qui di ben 247 mandati, vide i suoi seggi ridursi addirittura dei 2/5, conservandone solo 148[48]. Fu pertanto a una Camera dei deputati in cui il fronte dell'opposizione più risoluta si era alquanto ristretto numericamente, che Bismarck, nell'estate del 1866, fece un'offerta di compromesso per il definitivo superamento del lungo conflitto

[45] Il testo dell'*Allerhöchster Erlaß über den Staatshaushalt für 1865*, del 5 luglio 1865, come ripreso dalla «Provinzialkorrespondenz» del 19 luglio 1865, è stato ripubblicato anche in [L.E. HAHN], *Die innere Politik der Preußischen Regierung von 1862 bis 1866*, pp. 569-575.

[46] Non era certo un caso insomma se la difesa del *Budgetrecht* parlamentare era stata assunta, nel lungo memoriale del 22 gennaio 1866 *Denkschrift, betreffend das verfassungsmässige Budgetrecht des Hauses der Abgeordneten* (in *StenBerAH*, *Anlagen*, II, 1866, *Aktenstück* n. 20, pp. 33-46), dal cattolico P. Reichensperger che, dopo un argomentato rigetto della tesi governativa della lacunosità dell'art. 99, invitava il governo Bismarck a scendere a compromesso e a comporre il conflitto costituzionale in corso.

[47] Le elezioni furono fissate per il 3 luglio 1866 dopo lo scioglimento ufficiale della Camera dei deputati del 9 maggio 1866, quando era ormai imminente lo scoppio della guerra con l'Austria.

[48] Cfr. in merito E.R. HUBER, *Deutsche Verfassungsgeschichte*, 3, p. 352.

costituzionale sul bilancio statale. A questo passo egli si risolse anche in seguito al rientro nella compagine ministeriale, come ministro delle Finanze, del barone von der Heydt (5 giugno 1866 - 26 ottobre 1869), il quale, prima di insediarsi, aveva incassato rassicurazioni dal re e dallo stesso Bismarck sulla volontà di ristabilimento della legalità costituzionale nell'amministrazione delle finanze quando fosse giunta al termine la guerra con l'Austria. Una volta conclusasi vittoriosamente quest'ultima von der Heydt si trovò anche personalmente più motivato alla ricerca di un accordo dalla prospettiva di partecipare da protagonista alla costruzione della nuova cornice statal-federale della Confederazione della Germania del Nord a guida prussiana e all'allargamento della monarchia alle tre nuove province.

Fu perciò sotto la guida del 'nuovo' ministro delle Finanze che il governo Bismarck fece pervenire alla Camera dei deputati la sua richiesta di compromesso, richiesta che fu avanzata ufficialmente dallo stesso monarca nel discorso di apertura della nuova legislatura il 5 agosto 1866. Il dispositivo del compromesso prevedeva il rilascio al governo Bismarck da parte della Camera dei deputati di un'autorizzazione retroattiva per le spese pubbliche effettuate senza base legale (*bill of indemnity*) nel corso del quadriennio 1862-1866, e cioè anche per l'anno ancora in corso, in cambio di una implicita ammissione da parte del governo dell'illegalità con cui in quel periodo aveva condotto le finanze dello Stato. La richiesta del monarca, avanzata in un clima politico assai più favorevole al compromesso sull'onda dell'innegabile successo riportato da Bismarck nella questione nazionale che tanto stava a cuore anche ai liberali, fu approvata dalla nuova maggioranza della Camera il 3 settembre 1866. Il cosiddetto *Indemnitätsgesetz*, modificato nella forma ma non nella sostanza dalla Camera dei signori l'8 settembre, entrò in vigore il giorno della sua pubblicazione sulla «Gesetzsammlung», e cioè il 14 settembre 1866[49].

[49] Cfr. *Gesetz betreffend die Ertheilung der Indemnität in Bezug auf die Führung des Staatshaushalts vom Jahre 1862 an und die Ermächtigung zu den Staatsausgaben für das Jahr 1866*, in «GS», 1866, H. 48, Nr. 6410, p. 563, ripubblicato anche in E.R. HUBER (ed), *Dokumente zur deutschen*

Al suo art. 1 si affermava che i prospetti delle entrate e delle uscite dello Stato per gli anni dal 1862 al 1865, allegati alla legge alla stregua di consuntivi finanziari, fungevano da base per la concessione al governo del discarico per l'amministrazione delle finanze condotta in quegli anni. All'art. 2 della legge, poi, si concedeva al governo l'«indennità» per la gestione delle finanze statali portata avanti dal 1862 in poi senza una legge di bilancio[50]. Con l'art. 3 della legge, infine, si regolava l'amministrazione delle finanze per il 1866, che pure mancava ancora di una base legale. Con questo articolo infatti (cosiddetto *Kreditgesetz*) si metteva a disposizione del governo un «credito» di 154 milioni, cioè un ammontare finanziario pari al preventivato fabbisogno finanziario dello Stato prussiano per il 1866[51].

Il compromesso che stava alla base di questa «legge di indennità» non era certo equilibrato, e la bilancia pendeva inequivocabilmente a favore del governo Bismarck. Con questa legge, infatti, la Camera dei deputati scaricava il governo della responsabilità giuridico-penale di aver gestito illegalmente per quattro anni le finanze dello Stato, ottenendo in cambio solo l'am-

Verfassungsgeschichte, 2, pp. 102-103. In tedesco all'epoca, il termine di indennità non esisteva; esso fu mutuato per l'occasione dall'inglese, dove invece una legge di questo tipo e contenuto prendeva la denominazione di *bill of indemnity* (cfr. G. Ritter, *Die Entstehung der Indemnitätsvorlage von 1866*, p. 34). Fu in questa occasione che il termine «indennità», come ebbero modo di sottolineare sia il deputato conservatore Wilhelm Ludwig von Wedemeyer sia l'ormai nazionalliberale Twesten, fece per la prima volta il suo ingresso nel «diritto pubblico» positivo prussiano (cfr. *StenBerAH*, 12ª seduta, 3 settembre 1866, rispettivamente pp. 202 e 203).

[50] L'art. 2 della legge di indennità asseriva infatti letteralmente: «Al governo si concede l'indennità per l'amministrazione condotta dall'inizio del 1862 ad oggi senza una legale legge di bilancio, ... Per quanto riguarda la responsabilità del governo, sarà come se l'amministrazione nel periodo anzidetto sia stata legalmente condotta sulla base di un bilancio pubblico fissato per legge e tempestivamente pubblicato» (cfr. *StenBerAH*, 12ª seduta, 3 settembre 1866, p. 204).

[51] Che l'art. 3 della legge, cosiddetto *Kredit-Gesetz*, fosse da considerarsi «equivalente alla legge di bilancio per l'anno in questione», fu ribadito anche da Eduard Lasker nella seduta del 3 settembre 1866 (*StenBerAH*, 12ª seduta, 3 settembre 1866, p. 183); lo stesso Lasker che prima aveva lottato contro il governo, votò nel 1866 a favore della legge di indennità.

missione dell'incostituzionalità e illegalità della sua condotta. Certo, la legge conteneva anche un nuovo riconoscimento giuridico-formale dell'imprescindibilità della collaborazione della rappresentanza popolare nella definizione della legge di bilancio. Questo riconoscimento, tuttavia, non aggiungeva niente a coloro che a lungo avevano lottato per non veder negato il diritto di bilancio della Camera dei deputati, e, comunque, la legge non era nemmeno in grado di fornire alcuna garanzia per il futuro. Anzi, nello stesso art. 3 della legge si dava ad intendere che l'autorizzazione di spesa qui contenuta fosse da considerarsi «equivalente ad una regolare legge di bilancio», laddove in realtà tale legge nemmeno nel 1866 aveva potuto essere discussa e approvata a causa della chiusura anticipata della brevissima terza sessione dell'VIII legislatura (14 gennaio - 23 febbraio 1866).

Il conflitto quadriennale tra governo e rappresentanza popolare in materia di *Budgetrecht*, conclusosi con il varo della legge di indennità[52], difficilmente avrebbe potuto ripresentarsi dopo il 1866 in forma tanto acuta come dal 1862 in avanti; se non altro a causa della struttura federale della forma statale della Confederazione della Germania del Nord. Nelle sue casse la Prussia, come tutti gli altri stati membri, doveva conferire ogni anno il cosiddetto *Matrikularbeitrag*, un versamento in denaro stabilito in proporzione alla popolazione, una specie di testatico, che vincolava in partenza e alla fonte la destinazione di buona parte delle entrate prussiane, sottraendo così al *Landtag* la possibilità di decidere sul loro impiego e alleggerendo

[52] A favore della concessione dell'indennità (art. 2 del progetto di legge) votarono deputati come Karl Twesten, Eduard Lasker, Hennig, Vaerst, Otto Lüning, Max von Forckenbeck ecc., tutti deputati questi che, a detta del progressista Ludolf Parisius, su tante questioni si erano sin qui mostrati «non meno 'decisi'» di coloro che invece votarono contro. Contro la concessione dell'indennità votò invece il giurista Gneist, insieme ai deputati comunemente ritenuti più radicali (Becker, Berger [Solingen], Bresgen, Frentzel, Haebler, Hagen, Harkort, Herrmann, Hoverbeck, Jacoby, John, Krieger [Goldap], v. Saucken-Tarputschen, Schulze [Berlin], Virchow, Waldeck). Gneist, pur favorevole al *Kreditgesetz*, si disse invece irremovibilmente contrario alla concessione dell'indennità al governo (E.R. HUBER, *Deutsche Verfassungsgeschichte*, 3, pp. 353-358).

alquanto la relazione parlamento-governo da possibile materia di contenzioso[53].

I *Matrikularbeiträge* statali erano l'unica voce delle entrate del bilancio della Confederazione della Germania del Nord a dover essere approvata tutti gli anni dal *Reichstag,* il parlamento federale, in base all'art. 70 della sua costituzione. Una voce che, da sola, rappresentava peraltro quasi 1/3 di tutte le entrate del *Bund*, e che era quindi di importanza vitale per l'esistenza della Confederazione. Per questo motivo i *Matrikularbeiträge* non erano soggetti all'approvazione dei singoli *Landtage*, e quindi nemmeno delle due Camere prussiane[54]. Anche la decisione sull'entità del *Matrikularbeitrag* era di competenza del *Reichstag*; esso, che nel 1868 fu calcolato per la Prussia in ben 60 milioni di marchi, tendeva per giunta a crescere in continuazione[55].

Ora, stando così le cose a livello finanziario-federale, il *Landtag* prussiano, evidentemente, poteva iniziare a discutere il suo bilancio solo dopo che fossero stati fissati dal *Reichstag* del *Norddeutscher Bund* (NDB) i *Matrikularbeiträge*, il che avveniva di solito relativamente tardi rispetto all'esigenza di avere il bilancio approvato «in anticipo», come prescriveva l'art. 99 della costituzione prussiana, cioè prima dell'inizio dell'anno finanziario. Fu proprio a causa del ritardo con cui solitamente continuò a essere approvato il bilancio della monarchia prussiana all'interno del più largo Stato federale tedesco, che Twesten chiese, sia per la Prussia sia per il *Bund*, che non si facesse più coincidere l'anno finanziario con l'anno solare, e si facesse invece iniziare il primo dall'1 luglio. La sua richiesta, momentaneamente respinta, sarà accolta, invece,

[53] A. THIER, *Steuergesetzgebung und Verfassung in der konstitutionellen Monarchie*, p. 689.

[54] Cfr. K. ZUCHARDT, *Die Finanzpolitik Bismarcks und der Parteien im Norddeutschen Bunde*, pp. 56, 58; le entrate della Confederazione erano costituite in larga misura, oltre che dai *Matrikularbeiträge,* da dazi doganali (*Zölle*): cfr. in merito A. THIER, *Steuergesetzgebung und Verfassung in der konstitutionellen Monarchie*, p. 691.

[55] K. ZUCHARDT, *Die Finanzpolitik Bismarcks und der Parteien im Norddeutschen Bunde*, pp. 64, 78.

nel 1877[56], ponendo fine ai problemi derivanti dalla ritardata approvazione della legge di bilancio.

Alla competenza della rappresentanza popolare prussiana, che riuscì a varare un bilancio unico per le vecchie e le nuove province solo nel 1868, nella nuova cornice della Confederazione della Germania settentrionale era però sottratta non solo la decisione su parte notevole delle sue uscite, come si è visto, ma anche quella sulla spesa militare, da cui aveva preso avvio il conflitto costituzionale del 1862-1866. Questa, infatti, fu attratta nell'orbita delle decisioni spettanti al livello federale, disinnescando in partenza la possibilità che altri conflitti costituzionali potessero insorgere in futuro in materia. In particolare, attraverso l'approvazione del cosiddetto «compromesso Forckenbeck», poi incorporato nella nuova costituzione della Confederazione della Germania settentrionale, si decise che la spesa complessiva per l'esercito federale dovesse essere calcolata a partire dalla somma individuata in via forfettaria come necessaria al mantenimento di ogni soldato, e che questa somma dovesse mantenersi invariata per un periodo relativamente lungo. La somma necessaria al mantenimento di un soldato fu infine stabilita nell'art. 62 della costituzione federale del 16 aprile 1867 in 225 talleri per il tempo che fosse intercorso sino al 31 dicembre 1871[57]. Una volta stabilito il principio che la spesa complessivamente destinata all'esercito dovesse essere 'blindata' a livello federale (il cosiddetto *eiserner Militäretat*), e che questa somma dovesse restare ferma per quattro anni, le spese militari non solo non furono più oggetto di dibattito all'interno del *Landtag* prussiano, ma il loro stesso ammontare complessivo venne comunicato al parlamento federale (*Reichstag*) solo per conoscenza[58].

Secondo la costituzione del 1850, non solo la legge di bilancio ma anche la contrazione di debito pubblico doveva essere

[56] *Ibidem*, p. 52.

[57] Cfr. E.R. HUBER, *Deutsche Verfassungsgeschichte*, 3, pp. 663-664.

[58] Cfr. K. ZUCHARDT, *Die Finanzpolitik Bismarcks und der Parteien im Norddeutschen Bunde*, pp. 59-60.

autorizzata dal *Landtag*. Al fine di dare attuazione alla determinazione in questo senso dell'art. 103[59] sin dall'inizio dell'epoca costituzionale fu varata una legge, il 24 febbraio 1850, che si occupava dell'«amministrazione del debito pubblico» e provvedeva all'istituzione di una commissione per il suo controllo, la *Staatsschulden-Kommission*[60]. Questa doveva essere mista, cioè non esclusivamente parlamentare, e svolgere il compito di esaminare i conti della *Hauptverwaltung der Staatsschulden*, cioè della struttura burocratica cui era demandata in prima istanza l'«amministrazione centrale del debito pubblico». Istituita come autorità responsabile dell'ammortamento del debito pubblico e del puntuale pagamento dei relativi interessi, essa doveva vegliare anche affinché nessun debito restasse fuori dalla sua conoscenza e dal suo bilancio. La *Hauptverwaltung* era un'autorità staccata dalle altre istituzioni finanziarie dello Stato, ma posta immediatamente, a partire per l'appunto dall'entrata in vigore della legge del 24 febbraio 1850, sotto la direzione del ministro delle Finanze.

Al ministero delle Finanze spettava così non solo il compito di preparare il bilancio dello Stato, di verificarne i conti e di esercitare il controllo sulle entrate e le uscite dello Stato, ma anche quello di essere il centro della contabilità di tutto lo Stato. A esso facevano capo tutte le casse dello Stato e, dal 1850, sotto la sua guida fu posta anche, per l'appunto, la *Hauptverwaltung der Staatsschulden*. Secondo la legge del 24 febbraio 1850, quest'ultima avrebbe dovuto amministrare tutti i debiti contratti per legge, provvedere all'iscrizione a registro delle garanzie di Stato, e soprattutto avrebbe dovuto operare, conformemente alle esigenze della forma costituzionale di governo, sotto l'autorità di un ministro responsabile. Per quanto riguarda i dirigenti diretti della *Hauptverwaltung* e la loro nomina, la legge del 1850

[59] Art. 103: «La contrazione di debito pubblico (*Anleihen für die Staatskasse*) ha luogo solo sulla base di una legge. Lo stesso vale per l'assunzione di garanzie a carico dello Stato».

[60] Sul *Gesetz, betreffend die Verwaltung des Staatsschuldenwesens und Bildung einer Staatsschulden-Kommission. Vom 24. Februar 1850*, cfr. E. RICHTER, *Das Preussische Staatsschuldenwesen und die Preussischen Staatspapiere*, pp. 57-58, 120.

stabilì che essi dovessero essere individuati in un direttore e in altri tre membri, e che tutti questi alti funzionari dovessero essere nominati dal re. La figura del direttore tuttavia non avrebbe più potuto coincidere con quella del ministro delle Finanze, assumendo una posizione in qualche modo «anomala nell'organismo dello Stato»[61].

Direttore della *Hauptverwaltung* fu dal 1850 al 1861 il *Geheimer Ober-Finanzrat* Heinrich August Christian Natan, e dal 1861 al 1874 l'ex *Regierungspräsident* di Merseburg, il *Geheimer Ober-Finanzrat* Busso von Wedell, rimosso dal suo posto per motivi politici dal governo Schwerin-Patow[62]. Dall'*Hauptverwaltung* dipendevano anche la Cassa di ammortamento del debito pubblico (*Staatsschulden-Tilgungskasse*) e il Controllo dei titoli di Stato (*Controlle der Staatspapiere*), nonché, fino al 1866, la Tipografia dello Stato (*Staatsdruckerei*), che da allora in poi fu sottoposta direttamente al ministro delle Finanze[63]. Dopo il 1866 di pertinenza dell'*Hauptverwaltung* prussiana fu anche, sino a quando non venne creata una struttura apposita per la Confederazione della Germania del Nord, l'amministrazione dei debiti del *Bund*, tra cui il debito di 10 milioni di talleri autorizzato nel 1868 per rafforzare la marina dello Stato federale tedesco-settentrionale e la difesa delle sue coste[64]. Fu per questa via che l'*Hauptverwaltung* diventò anche un'istituzione dell'Impero; essa, attraverso modifiche e adattamenti vari, si è conservata sino al 2004 sotto il nome di *Bundesschuldenverwaltung*.

La commissione di controllo della *Hauptverwaltung* (*Staatsschulden-Kommission*) introdotta dalla legge del 1850, doveva comporsi di 3 membri della Prima camera, di altri 3 membri

[61] Così si espresse in merito E. Richter, *Das Preussische Staatsschuldenwesen und die Preussischen Staatspapiere*, pp. 375-387, in particolare pp. 376-380. Sulla legge del 1850 cfr. anche L. von Rönne, *Das Staatsrecht der preußischen Monarchie*, 1869-1872³, II.1 (1871), p. 50.

[62] Cfr. in merito H. Romeyk, *Die leitenden staatlichen und kommunalen Verwaltungsbeamten der Rheinprovinz 1816-1945*, p. 801.

[63] E. Richter, *Das Preussische Staatsschuldenwesen und die Preussischen Staatspapiere*, p. 383.

[64] *Ibidem*, p. 381.

della Seconda, tutti eletti per tre anni, e del presidente della Corte dei conti (ORK)[65]. Anche i lavori della commissione si ridussero però col tempo a un mero *Calculatorenarbeit*, proprio come si è avuto modo di dire del lavoro della Corte dei conti, e alla sola ricapitolazione dei prospetti numerici della *Hauptverwaltung*. Per i suoi membri si rivelò decisiva, in particolare, la breve durata dell'ufficio, che invece avrebbe richiesto tempi lunghi di pratica per dare ricadute concrete. La commissione, dirà in seguito Eugen Richter, sarebbe stata superflua se solo fosse stata realizzata una riforma della Corte dei conti e questa fosse diventata un organo del *Landtag*[66].

Anche se le Camere diedero sempre il discarico (*Entlastung*) all'amministrazione per la gestione del bilancio, rifiutandolo solo nel periodo dal 1862 al 1866, in realtà sin dall'inizio dell'epoca costituzionale si assistette ad una continua violazione dell'art. 103 della costituzione. Lo Stato contrasse debiti senza esservi autorizzato da una legge, e nello stesso modo effettuò i pagamenti derivanti dai debiti contratti senza riportarli tra le uscite della legge di bilancio. Insomma, non tutto il debito dello Stato prussiano rientrò sotto il controllo della *Hauptverwaltung*. Una procedura anomala seguì ad esempio in alcune occasioni la contrazione di debito pubblico volta a ripianare l'esposizione finanziaria dell'istituto della *Seehandlung*[67], le cui entrate e

[65] *Ibidem*, p. 138.

[66] *Ibidem*, p. 141. Sulla mancata riforma della Corte dei conti sino al 1872 vedi quanto detto sopra in questo stesso capitolo.

[67] La *Seehandlung* era stata istituita inizialmente solo per sostenere il commercio con l'estero, ma aveva poi estremamente diversificato i suoi investimenti, al punto da diventare il centro propulsore dello sviluppo economico del Regno. Nella prima metà dell'Ottocento essa fu un istituto bancario e monetario finanziato dallo Stato, che svolgeva in prima persona anche un'intensa attività industriale, commerciale e addirittura politico-sociale. Questo prima di essere parzialmente privatizzata e fatta rientrare nel 1848 sotto il controllo diretto del ministro delle Finanze, perdendo così la sua indipendenza e diventando banca dello Stato; cfr. in merito W. RADTKE, *Die Preußische Seehandlung*; C.J. BERGIUS, *Grundsätze der Finanzwissenschaft mit besonderer Beziehung auf den Preussischen Staat*, pp. 376-389; W. RADTKE, *Die Preussische Seehandlung zwischen Staat und Wirtschaft in der Frühphase der Industrialisierung*; W. RADTKE, *Armut in Berlin*, p. 133, che parla dell'istituto finanziario della *Seehandlung*, diretto da Christian Rother dal 1831, come

uscite peraltro non comparivano nel bilancio dello Stato; i debiti della *Seehandlung* rimasero per qualche tempo 'nascosti' tra le pieghe del bilancio del ministero delle Finanze. Anche le *Renten* pagate agli *Standesherren* e ai principi un tempo immediati dell'Impero come corrispettivo per i privilegi aboliti[68], non furono riportate tra le voci del debito pubblico, al pari di altri fondi utilizzati per indennizzare la Danimarca[69].

Attraverso ben 13 *Staatsanleihen* il debito pubblico prussiano passò dai circa 158,5 milioni di talleri della fine del 1848 agli oltre 271 milioni della fine del 1859; e salì a circa 290 milioni alla fine del 1865[70]. Molti di questi prestiti (*Anleihen*) furono finalizzati a prestazioni belliche (*Kriegsleistungen*), furono cioè contratti per rendere possibili mobilitazioni belliche o guerre. Uno fu contratto nel 1850 per la mobilitazione contro l'Austria, un altro nel 1854 per la mobilitazione in vista della guerra di Crimea (guerra orientale), un terzo fu chiesto nel 1859 per la mobilitazione contro la Francia[71], un quarto, di ben 12 milioni di talleri, fu chiesto nel dicembre 1863, un altro ancora, di oltre 6 milioni di talleri, fu chiesto ai *Kreise* nel 1866 dopo la mobilitazione bellica (*Mobilmachung*) in vista della guerra contro l'Austria. Relativamente al prestito del 1859 è interes-

del «più grande imprenditore dello Stato prussiano». Prima del 1848 Rother fu contemporaneamente, oltre che direttore della *Seehandlung*, presidente dell'*Hauptverwaltung der Staatsschulden* e *Chef* della *Preussische Bank* (C.J. BERGIUS, *Grundsätze der Finanzwissenschaft mit besonderer Beziehung auf den Preussischen Staat*, p. 381). A differenza della *Seehandlung*, che era stata fatta rientrare sotto il controllo del ministro delle Finanze, la *Preußische Bank* fu sottratta a quest'ultimo e posta invece sotto il ministero per il Commercio. La *Seehandlung*, a partire dal 1848 e ancor più dal 1850, si trovò a dover restringere sensibilmente il raggio delle sue attività e a svolgere, in quanto istituto prevalentemente finanziario e senza più i profitti di un tempo, azione di sostegno delle attività commerciali e industriali (cfr. L. VON RÖNNE, *Das Staatsrecht der preußischen Monarchie*, 1869-1872^3, II.1 [1871], pp. 90-100, in particolare pp. 98-99).

68 Su questi indennizzi cfr. quanto si è detto *supra*, cap. 4 «Diritti».

69 E. RICHTER, *Das Preussische Staatsschuldenwesen und die Preussischen Staatspapiere*, p. 381.

70 *Ibidem*, pp. 61-67.

71 Cfr. in merito *infra*, nel testo, in questo stesso capitolo.

sante notare come esso fu ottenuto sulla base di un'ordinanza straordinaria varata ai sensi dell'art. 63 della costituzione, solo successivamente ratificata dal *Landtag*[72]. Riguardo invece al prestito di ben 12 milioni di talleri chiesto dal governo nel dicembre 1863, non si può non aggiungere come anche la richiesta di questo credito risentì inevitabilmente del clima arroventato e della contrapposizione politica tra governo e Camera dei deputati caratteristici degli anni del conflitto, nel senso che la richiesta venne rigettata dalla Camera dei deputati.

Il prestito di 12 milioni, aveva spiegato alla Camera il ministro delle Finanze Bodelschwingh il 9 dicembre 1863, sarebbe dovuto servire per preparare l'esercito e la marina prussiani ad affrontare un'eventuale guerra con la Danimarca[73], che da qualche tempo minacciava seriamente gli interessi tedeschi nella sempre più intricata questione dei due ducati dello Schleswig e dell'Holstein. L'invasione dell'Holstein avvenne tuttavia lo stesso giorno (22 gennaio 1864) in cui la Camera dei deputati aveva appena iniziato a discutere in aula la relazione della XV commissione parlamentare, relazione che però, alla fine, si esprimeva negativamente sulla richiesta del ministro delle Finanze. Nel rafforzare la maggioranza della Camera nel proposito di negare al governo il prestito richiesto, un grosso peso avevano indubbiamente avuto le dichiarazioni, estremamente provocatorie, fatte in commissione da Bismarck nella sua veste di ministro degli Esteri. Sfidando apertamente la Camera, Bismarck aveva infatti asserito che, quand'anche il prestito gli fosse stato negato, non avrebbe esitato a prendere i soldi che gli servivano laddove li avesse trovati[74]. Particolarmente dopo dichiarazioni di questo tenore, la risposta negativa della Camera alla richie-

72 E. RICHTER, *Das Preussische Staatsschuldenwesen und die Preussischen Staatspapiere,* p. 380. Cfr. *Gesetz, betreffend den außerordentlichen Geldbedarf der Militair- und der Marineverwaltung. Vom 21. Mai 1859*, in «GS», Nr. 5066, p. 242.

73 Cfr. *StenBerAH*, 10ª seduta, 9 dicembre 1863, p. 332.

74 Le dichiarazioni di Bismarck furono riportate nel *Bericht der XV. Kommission über den Gesetz-Entwurf betreffend den außerordentlichen Geldbedarf der Militair- und Marine-Verwaltung,* del 15 gennaio 1864, in *StenBerAH*, *Anlagen,* IV 2, 1864, *Aktenstuck* n. 83, pp. 525-537, qui p. 533.

sta governativa era evidentemente prevedibile, anche perché la Camera sperava che, creando a Bismarck serie difficoltà in politica estera, questi si sarebbe finalmente visto costretto a fare i conti con l'opposizione interna, e magari a rassegnare le dimissioni. La relazione della commissione contraria al prestito, messa ai voti, fu approvata il 22 gennaio 1864 con 275 voti a favore e soli 51 contrari[75]. La decisione della Camera fu stigmatizzata da Bismarck come «un'intrusione [della rappresentanza popolare] nella sfera dell'esecutivo», e profondamente lesiva del «diritto del monarca di decidere su guerra e pace [art. 48 della costituzione]»[76]. Dopo questa decisione della Camera, cui nei giorni successivi fu anche trasmessa la risoluzione con cui la Camera dei signori aveva provocatoriamente rigettato il progetto di bilancio emendato dalla Camera dei deputati, ristabilendo per contro, incostituzionalmente e per la seconda volta dopo l'ottobre del 1862, quello governativo[77], la risoluzione del monarca di chiudere la Camera non si fece attendere. L'ordine di chiusura giunse il 25 gennaio 1864, quando la maggioranza liberale dei deputati, prima di lasciare l'ultima seduta della sessione, mise ai voti e approvò una risoluzione presentata da Forckenbeck, in cui era riprodotto quasi immutato il testo di una precedente risoluzione del 13 ottobre 1862. Con essa la Camera dei deputati, dopo aver dichiarato «null und nichtig» la decisione sul bilancio della Camera dei signori, in quanto in contrasto con l'art. 62 della costituzione, lanciò l'ennesimo atto di accusa al governo, «colpevole» di «aperta violazione della costituzione» nel continuare a disporre delle entrate dello Stato senza il consenso della rappresentanza popolare[78]. Il prestito di 12 milioni di talleri non autorizzato fu sostituito dal governo con il ricorso a non meglio precisate maggiori entrate (*Überschüsse*) fiscali, di cui però non c'era traccia nel preventivo di bilancio.

[75] Cfr. *StenBerAH*, 30ª seduta, 22 gennaio 1864, p. 876.

[76] Cfr. *StenBerAH*, 30ª seduta, 22 gennaio 1864, p. 846 (Bismarck).

[77] Cfr. la comunicazione del presidente Grabow in *StenBerAH*, 32ª seduta, 25 gennaio 1864, p. 917.

[78] Cfr. *StenBerAH*, 32ª seduta, 25 gennaio 1864, p. 931.

Se numerosi furono i prestiti chiesti dal governo per spese di guerra, nondimeno ve ne furono molti altri che servirono invece per far fronte a imprescindibili esigenze di modernizzazione del paese. Ben sette prestiti, secondo Eugen Richter, per complessivi 76 milioni di talleri circa, furono infatti chiesti e ottenuti dal governo per fare investimenti nelle ferrovie (Ostbahn, Westphälischer Bahn, Saarbrücker Bahn, Verbindungsbahn in Berlin, Schlesische Gebirgsbahn)[79].

Comunque, spinto verso l'alto da esigenze finanziarie di natura diversa, il debito prussiano continuò ad aumentare fino al 1869, quando arrivò a circa 480 milioni di talleri. Con una popolazione aumentata a 23.970.820 unità, il debito gravante su ogni abitante era nel 1869 di circa 20 talleri, mentre ancora nel 1866 era stato di circa 17 talleri[80]. Il debito pubblico prussiano era tuttavia all'epoca assai più basso rispetto a quello di Stati come l'Italia e l'Austria, e soprattutto era 9 volte più basso rispetto a quello della Gran Bretagna[81]. Di certo, il suo impatto sulla complessiva situazione finanziaria era assai meno preoccupante che negli altri Stati europei, data la buona situazione economica e patrimoniale del Paese[82].

Un'eccezione rispetto alla norma generale dell'art. 99 della costituzione, che affermava che tutte le entrate dello Stato dovevano essere riportate nel bilancio pubblico e autorizzate dal *Landtag*, era contenuta nel successivo art. 109. Questo articolo, collocato tra le *Allgemeine Bestimmungen* (artt. 106-111), affermava infatti: «Le imposte e i tributi continuano a essere prelevati, ... sino a che non sono modificati da una legge»[83].

79 E. RICHTER, *Das Preussische Staatsschuldenwesen und die Preussischen Staatspapiere*, p. 58. Cfr. anche H. SCHISSLER, *Preußens Finanzpolitik nach 1807*.

80 E. RICHTER, *Das Preussische Staatsschuldenwesen und die Preussischen Staatspapiere*, p. 85.

81 *Ibidem*, p. 86.

82 *Ibidem*, pp. 89, 93.

83 Art. 109: «Die bestehenden Steuern und Abgaben werden forterhoben, und alle Bestimmungen der bestehenden Gesetzbücher, einzelnen Gesetze und Verordnungen, welche der gegenwärtigen Verfassung nicht zuwiderlaufen,

Dell'importanza di questa determinazione costituzionale, che inficiava pesantemente il carattere in linea di principio illimitato del diritto parlamentare annuale di autorizzazione delle imposte (*Steuerbewilligungsrecht*), l'opposizione liberale della Camera dei deputati dovette prendere tristemente atto nel corso del conflitto costituzionale del 1862-1866. In questi anni, infatti, in cui la rappresentanza popolare negò ripetutamente al governo l'assenso ad utilizzare risorse pubbliche, senza però poter impedire che il flusso fiscale continuasse ad alimentare generosamente le casse dello Stato, il governo poté disporre per i suoi scopi non solo delle entrate previste e regolarmente iscritte nel preventivo di bilancio, ma anche delle inaspettate maggiori entrate garantite da un gettito fiscale costantemente in crescita a partire dal 1850.

Particolarmente nel 1865 i liberali della Camera dei deputati poterono infatti verificare con dati alla mano, come proprio le entrate fiscali in eccesso rispetto a quelle preventivate, soprattutto se sommate alle entrate garantite dalle ferrovie o da altre imprese e speculazioni industriali[84], avessero consentito al governo, sia di affrontare le maggiori spese derivanti dalla riorganizzazione dell'esercito avviata nel 1860, sia di sostenere nel 1864 senza troppi problemi la guerra contro la Danimarca a fianco dell'Austria per i due ducati dello Schleswig e dell'Holstein.

Intorno alla metà dell'Ottocento circa, il sistema fiscale prussiano[85], come del resto quello degli altri Stati tedeschi di questo periodo, era caratterizzato dal fatto che, ormai, la maggior parte delle entrate dello Stato proveniva dalle tasse, non più dall'amministrazione di possedimenti (*Domänen*) di vario tipo

bleiben in Kraft, bis sie durch ein Gesetz abgeändert werden» («Le imposte e i tributi esistenti sono prelevati, e tutte le determinazioni di codici vigenti, di singole leggi e ordinanze che non contrastino con la costituzione, restano in vigore, fin quando non sono modificati per legge»).

84 R. TILLY, *The Political Economy of Public Finance and the Industrialization of Prussia*, p. 493; C.J. BERGIUS, *Grundsätze der Finanzwissenschaft mir besonderer Beziehung auf den Preussischen Staat*, p. 182.

85 Cfr. E. SCHREMMER, *Steuern und Staatsfinanzen während der Industrialisierung Europas.*

e/o dai diritti riscossi su determinati beni in virtù di privilegio (*Regalien*)[86]. Le entrate derivanti dal fisco ammontavano nel periodo tra il 1862 e il 1866 in media a circa il 34,89% di tutte le entrate statali[87].

Era stato peraltro proprio all'inizio del nostro periodo che in Prussia aveva cominciato a svilupparsi legislativamente una moderna tassazione diretta progressiva, certo ancora molto imperfetta nella sua applicazione pratica[88], ma destinata col tempo a dare proventi superiori a quelli assicurati dalle imposte indirette. All'amministrazione di questi due tipi di imposte il ministero delle Finanze provvedeva rispettivamente dall'interno di due delle quattro divisioni (*Abteilungen*) in cui esso si articolava, e cioè, la terza divisione per l'amministrazione delle imposte indirette, e la quarta per l'amministrazione di quelle dirette[89].

Nel 1850 le entrate garantite allo Stato dalle imposte indirette[90] superavano ancora di gran lunga le entrate dalle imposte dirette (28,6%), ammontando esse al 37% di tutte le entrate[91]. Ciò

[86] V. HENTSCHEL, *Deutsche Wirtschafts- und Sozialpolitik 1815 bis 1945*, p. 14. Sui demani (*Domänen*) e diritti di privilegio (*Regalien*) si veda C.J. BERGIUS, *Grundsätze der Finanzwissenschaft mit besonderer Beziehung auf den Preussischen Staat*, pp. 190-402.

[87] A. THIER, *Steuergesetzgebung und Verfassung in der konstitutionellen Monarchie*, p. 679.

[88] E. KLEIN, *Geschichte der offentlichen Finanzen in Deutschland (1500-1870)*, p. 137.

[89] Cfr. L. VON RÖNNE, *Das Staatsrecht der preußischen Monarchie*, 1869-1872[3], II.1 (1871), pp. 90-100, in particolare pp. 92 ss. Le altre due divisioni del ministero delle Finanze, la prima e la seconda, erano, rispettivamente, per i bilanci e le casse statali, e per l'amministrazione dei demani e delle foreste.

[90] Imposte indirette erano ad esempio i dazi doganali (*Zölle*), le imposte sul consumo (*Verbrauchsteuer*) di beni d'importazione o di produzione interna, le tasse sui passaggi di proprietà o successorie in particolare (*Verkehrsteuer*), le imposte cosidette sul lusso (*Luxusteuer*), ad esempio sul possesso di cani o sul personale di servizio nelle grandi città; sulla differenziazione tra imposte dirette e indirette cfr. G. VON MAYR, voce *Abgabe*.

[91] Cfr. la tabella sulle entrate dello Stato prussiano (*Preußische Staatseinnahmen*) relative al periodo 1821-1850 riportata in I. MIECK, *Preußen von 1807 bis 1850*, p. 123. Nel 1850 le entrate lorde (*Brutto Einahmen*) dalle

era conseguenza anzitutto del fatto che in Prussia, in questo periodo, l'applicazione di un'imposta generale sul reddito (*allgemeine Einkommensteuer*) appariva quasi impossibile per la difficoltà degli accertamenti a ciò necessari, e poco elaborato era anche il sistema d'imposizione fiscale basato sulla rendita (*Ertragssteuersystem*). In alcune città esisteva ancora la vecchia tassa sulla macellazione e sul macinato (*Schlacht- und Mahlsteuer*)[92]. Di sicuro, il fatto che le imposte indirette sui consumi fossero meno chiaramente percepite dalla popolazione di quelle dirette, e che una volta approvate continuassero ad affluire nelle casse dello Stato crescendo 'naturalmente', senza bisogno che il loro aumento fosse soggetto all'approvazione della rappresentanza popolare, le rendeva più attrattive agli occhi dei governanti rispetto a quelle dirette[93].

Le imposte indirette, anch'esse come le dirette legate molto strettamente allo sviluppo economico, andarono tuttavia progressivamente diminuendo dal 1855. Al punto che nel 1870 non avevano più un ruolo importante nel complesso delle entrate statali prussiane, rappresentando ormai solo il 9,76% delle entrate a fronte del 25,11% di introito garantito dalle imposte dirette[94]. Un ruolo decisivo in questa diminuzione del gettito delle imposte indirette svolse certo la circostanza che, dal 1867 in poi, alcune di queste imposte (anzitutto i dazi [*Zölle*], ma anche imposte sul consumo [*Verbrauchsteuer*] come quelle su sale, zucchero, birra, acquavite, tabacco) fossero divenute,

imposte, cioè le entrate calcolate prima dello scorporo dei costi del prelievo fiscale (*Erhebungskosten*), costituivano il 47,08% di tutte le entrate lorde dello Stato; nel periodo tra il 1862 e il 1866 rappresentarono in media il 34,89% delle medesime (A. THIER, *Steuergesetzgebung und Verfassung in der konstitutionelklen Monarchie*, pp. 678-679).

92 K. ZUCHARDT, *Die Finanzpolitik Bismarcks und der Parteien im Norddeutschen Bunde*, p. 37. Sulla *Mahl- und Schlachtsteuer* si veda la voce di ALTMANN e più avanti nel testo.

93 K. ZUCHARDT, *Die Finanzpolitik Bismarcks und der Parteien im Norddeutschen Bunde*, p. 39. Per lo stesso motivo le imposte indirette erano criticate dai liberali e, ovviamente, anche dai socialdemocratici; cfr. il saggio di F. LASSALLE, *Die indirekten Steuern und die Lage der arbeitenden Klassen*.

94 A. THIER, *Steuergesetzgebung und Verfassung in der konstitutionellen Monarchie*, p. 685.

insieme alle entrate da poste e telegrafi, fonte importante di finanziamento del *Norddeutscher Bund*, e non venissero nemmeno più fissate dal *Landtag* prussiano, ma invece dal *Bundesrat* dello *Zollverein* oppure dallo *Zollparlament*[95].

Le maggiori entrate fiscali dello Stato prussiano degli anni Sessanta, quelle a cui poté fare ricorso il governo Bismarck per finanziare la sua politica militare, provenivano così principalmente non dalle imposte indirette ma da quelle dirette, il cui aumento era anche incoraggiato e/o compensato politicamente dalla tendenza spiccatamente «plutocratica» del sistema elettorale prussiano. In base alle imposte dirette versate, come si è visto, gli *Urwähler* venivano ripartiti in 3 classi in vista del voto, conformemente all'art. 71 della costituzione e secondo quanto meglio specificato nell'ordinanza elettorale del 30 maggio 1849[96]. Si innescava così una dinamica per cui con l'aumento delle imposte dirette tendeva anche ad accrescersi l'importanza elettorale e politica della 1ª classe, come anche, seppure in misura minore, della 2ª classe; in queste due classi si concentrò di conseguenza un numero via via sempre più piccolo di elettori primari, a cui però spettava di eleggere lo stesso numero di *Wahlmänner* della 3ª classe, dove si addensava la massa degli elettori[97]. Il fatto che a un aumento della pressione fiscale corrispondesse automaticamente un maggiore peso politico dei maggiori contribuenti, lascia emergere chiaramente il radicamento del diritto elettorale a tre classi in una dialettica tra prestazione fiscale e riconoscimento di capacità politica[98], che certo non era d'ostacolo alla

[95] K. ZUCHARDT, *Die Finanzpolitik Bismarcks und der Parteien im Norddeutschen Bunde*, p. 8.

[96] Cfr. § 10-13 della *Verordnung über die Ausführung der Wahl der Abgeordneten zur zweiten Kammer*, del 30 maggio 1849 citata *supra*, cap. 3 «Elezioni»; sulla tendenza plutocratica del sistema elettorale prussiano cfr. A. THIER, *Steuergesetzgebung und Verfassung in der konstitutionellen Monarchie*, in particolare pp. 858 ss.

[97] La tendenza plutocratica del sistema elettorale prussiano è chiaramente documentata per il periodo 1849-1866 nella tabella riportata in A. THIER, *Steuergesetzgebung und Verfassung in der konstitutionellen Monarchie*, p. 887.

[98] Cfr. *ibidem*, pp. 862 e 864.

senz'altro già presente predisposizione della classe dirigente ad un aumento delle imposte dirette.

Nel nostro periodo il sistema delle imposte statali dirette poggiava in Prussia fondamentalmente su tre colonne: l'imposta personale per classi (*Klassensteuer*), l'imposta reale fondiaria e sui fabbricati (*Grundsteuer* e *Gebäudesteuer*), e, infine, l'imposta sulle attività produttive, fossero esse industriali, commerciali o artigianali (*Gewerbesteuer*)[99].

La *Klassensteuer* tradizionale, la principale imposta prussiana, introdotta con legge del 30 maggio 1820 al posto dell'*Einkommensteuer* del 1808/12, e prelevata sino al 1851 su circa l'85% della popolazione prussiana senza bisogno di alcuna dichiarazione dei redditi, era ancora assai simile a un testatico (*Kopfsteuer*), soprattutto nei gradini d'imposta più bassi[100]. L'imposizione della *Klassensteuer* del 1820 riguardava le campagne e le città più piccole, la cui popolazione ai fini del suo prelievo, era ripartita in complessive 13 classi fiscali. Dove non era prelevata la *Klassensteuer*, cioè nelle città grandi e medie, che in Prussia nel 1851 erano 88, la riforma fiscale del 1820 aveva previsto fosse riscossa la tassa sul macinato e sulla macellazione (*Mahlsteuer* e *Schlachtsteuer*)[101]. Così, anche in campo fiscale, come persistenza della «particolare evoluzione del diritto finanziario prussiano»[102], esisteva una spaccatura netta tra città e campagna, che per giunta si sovrapponeva ad un'estrema diversificazione dei sistemi di tassazione esistenti nelle varie province del Regno.

[99] Sul sistema delle imposte dirette prussiane ottocentesche cfr. G. SCHMOLLER, *Umrisse und Untersuchungen, zur Verfassungs-, Verwaltungs- und Wirtschaftsgeschichte*, in particolare pp. 207-210; H. SCHULZE, *Das Staatsrecht des Königsreichs Preußen*, pp. 106-107; W. RÜFNER, *§ 3 Preussen B. Die Verwaltungstätigkeit unter Restauration und Konstitution,* in particolare il cap. VII «Die preußische Staatsfinanzen», pp. 497-503.

[100] Cfr. E. VON BECKERATH, *Die preussische Klassensteuer und die Geschichte ihrer Reform bis 1851*, p. 2, e P. LINZBACH, *Der Werdegang der preussischen Einkommensteuer*, pp. 154-155.

[101] Cfr. G. SCHMOLLER, *Umrisse und Untersuchungen, zur Verfassungs- Verwaltungs- und Wirtschaftsgeschichte*, in particolare pp. 207-210.

[102] H. VON SCHULZE-GAEVERNITZ, *Das preußische Staatsrecht*, II, p. 190.

La *Klassensteuer*, che insieme alla *Mahlsteuer* e alla *Schlachtsteuer* si mantenne sino al 1873, fu però riordinata con legge del 1° maggio 1851. Fu a questo punto che da essa si sviluppò la prima, rudimentale, tassazione progressiva sul reddito (*Einkommensteuer*) nella forma della cosiddetta imposta sul reddito per classi (*klassifizierte Einkommensteuer*)[103]. Con la legge del 1851[104] la parte della popolazione sin qui sottoposta al regime della *Klassensteuer* (e cioè quella delle campagne e delle città più piccole) con entrate superiori ai 1.000 talleri, venne sottoposta ad un' imposta corrispondente al 3% dell'entrata. A questa nuova «imposta sul reddito per classi» andarono perciò soggette le fasce impositive più alte della vecchia *Klassensteuer,* e in genere la parte più benestante della popolazione prussiana, mettendo anche in discussione, almeno in linea di principio, il tradizionale dualismo fiscale tra città e campagna, che sarà tuttavia superato definitivamente solo nel 1873[105].

Anche dopo il 1851 la *Klassensteuer* tradizionale continuò a venir prelevata, ovviamente nelle località non soggette alla tassa sulla macellazione e sul macinato (*Mahl- und Schlachtensteuer*), sulla base di una suddivisione della popolazione in tre classi principali (*Hauptklassen*) e in totali dodici classi[106].

[103] Cfr. *Gesetz, betreffend die Einführung einer Klassen- und klassifizirten Einkommensteuer. Vom 1. Mai 1851*, in «GS», 1851, H. 12, Nr. 3381, pp. 193-212.

[104] La legge del 1851 sarà modificata nel 1872/73 (cfr. A. THIER, *Steuergesetzgebung und Verfassung in der konstitutionellen Monarchie*, pp. 91 ss.), quando, con legge del 25 maggio 1873, la tassa sul macinato e sulla macellazione sarà abolita come imposta statale e sarà generalizzata al suo posto la *Klassensteuer* (H. VON SCHULZE-GAEVERNITZ, *Das preußische Staatsrecht*, II, p. 251).

[105] E. SCHREMMER, *Steuern und Staatsfinanzen während der Industrialisierung Europas*, pp. 110-175, qui p. 122.

[106] Le tre classi fiscali principali includevano: I. lavoratori salariati, apprendisti artigiani, lavoratori a giornata, proprietari di terra e piccoli imprenditori che non riuscivano a vivere autonomamente del proprio lavoro; II. proprietari fondiari più facoltosi, imprenditori artigiani, fittavoli, liberi professionisti e funzionari più o meno della medesima capacità fiscale; III. tutti i censiti che stavano al di sopra della seconda classe ma al disotto della soglia dei 1000 *Taler-Marke*, che rappresentava la soglia minima da raggiungere per rientrare nell'imposizione della *klassifizierte Einkommensteuer* (A. THIER,

Il prelievo era rivolto al nucleo familiare (*Haushalte*) e non al singolo individuo, e il suo ammontare annuale era ripartito in quote mensili (*Quotisierung*), ovviamente di entità diversa a seconda della 'classe' di appartenenza. Dal 1851 in poi furono esentati dall'obbligo di versare la *Klassensteuer* solo coloro che ricevevano un sussidio pubblico di povertà[107], e cioè gli indigenti; questo anche nel rispetto dell'art. 101 della costituzione che aveva vietato qualsiasi esenzione fiscale[108], e in osservanza della già incontrata legge del 7 dicembre 1849, che aveva accantonato, almeno in parte, gli esoneri di cui sino ad allora avevano goduto gli *Standesherren*, ma anche i funzionari pubblici e i militari[109].

Dal 1860 al 1870 l'imposta diretta personale articolata sui due bracci della *Klassensteuer* e della *klassifizierte Einkommensteuer* venne a rappresentare in media circa il 45,07% di tutte le entrate fiscali dello Stato[110]. L'*Einkommensteuer*, che si calcolava sul totale del reddito (*Gesammteinkommen*), quale risultante cioè dall'insieme di valori patrimoniali, attività autonoma e/o da capitali, e che era applicata secondo 30 gradini fiscali, solo apparentemente teneva conto più da vicino della capacità contributiva dei singoli. In realtà questa imposta tendeva a diminuire quanto più aumentavano le entrate annuali, e, avendo fissato la legge un tetto impositivo massimo del 3%

Steuergesetzgebung und Verfassung in der konstitutionellen Monarchie, pp. 57-58; P. GREIM-KUCZEWSKI, *Die preußische Klassen- und Einkommensteuergesetzgebung im 19. Jahrhundert*; W. RÜFNER, *§ 3 Preussen B. Die Verwaltungstätigkeit unter Restauration und Konstitution*, pp. 498-499).

107 Cfr. A. THIER, *Steuergesetzgebung und Verfassung in der konstitutionellen Monarchie*, p. 60.

108 Art. 101: «In Betreff der Steuern können Bevorzugungen nicht eingeführt werden. Die bestehende Steuergesetzgebung wird einer Revision unterworfen und dabei jede Bevorzugung abgeschafft» («Riguardo alle imposte non possono essere introdotti privilegi. La legislazione fiscale vigente deve essere sottoposta a revisione e con essa abolito qualsiasi privilegio»).

109 Cfr. il *Gesetz wegen Aufhebung der Klassensteuer-Befreiungen. Vom 7.12.1849*, in «GS», 1849, p. 436, su cui cfr. *supra*, cap. 4 «Diritti». Gli *Standesherren* furono però di nuovo esentati dall'imposta nel 1855.

110 A. THIER, *Steuergesetzgebung und Verfassung in der konstitutionellen Monarchie*, p. 485.

dell'*Einkommen*, favoriva i soggetti all'imposta con imponibili più alti[111]. Erano questi ultimi i favoriti da un sistema di imposizione fiscale che non prevedeva alcuna autocertificazione e in mano ai ceti locali socialmente più elevati, gli stessi che nei *Kreise* e nelle città dominavano le commissioni che fissavano (*Einschätzungskommissionen*) il carico fiscale[112]. Queste commissioni si mostrarono solitamente molto attente a non violare la sfera privata del contribuente per raggiungere la sua reale capacità contributiva, lasciandosi così sfuggire spesso la possibilità di tassare congruamente il reddito da capitale, e in particolare quello derivante dal possesso di azioni (*Aktienbesitz*) o da interessi creditori (*Darlehenzinsen*), così favorendo naturalmente il processo di accumulazione capitalistica.

La seconda colonna del sistema di imposizione fiscale diretta era, come già accennato, l'imposta fondiaria (*Grundsteuer*)[113]. Questa, nonostante l'art. 101 della costituzione, che aveva abolito senza equivoci ogni privilegio fiscale e aveva promesso l'adeguamento della legislazione fiscale vigente alla nuova forma costituzionale dello Stato, era ancora negli anni Cinquanta, a dispetto anche dell'«unpraktisches Gesetz» del 24 febbraio 1850[114], un'imposta da cui restavano ancora esenti numerosi possedimenti signorili[115]. La legge del 1850 infatti, pur avendo stabilito che tutti i terreni che fornivano una rendita netta dovessero essere sottoposti all'imposta fondiaria, aveva lasciato sussistere molte esenzioni, dato che le proposte presentate in attuazione delle

[111] *Ibidem*, p. 58; cfr. E. ENGEL, *Die Ergebnisse der Classenstseuer, der classifizirten Einkommensteuer und der Mahl- und Schlachtsteuer im Preussischen Staate*, che analizza il periodo 1852-1867, e inoltre, dello stesso autore, *Die Klassen- und klassificirte Einkommensteuer und die Einkommenvertheilung im preussischen Staate*, pp. 112-140.

[112] Cfr. A. THIER, *Steuergesetzgebung und Verfassung in der konstitutionellen Monarchie*, p. 63.

[113] Cfr. VON HECKEL, voce *Grundsteuer*, e inoltre E. WURM, *Die Finanzgeschichte des Deutschen Reichs*, pp. 77-79.

[114] Così fu definito nel 1860 da H. BURGHART, *Zur Grundsteuerfrage in Preußen*, p. 31, il già ricordato *Gesetz, betreffend die Aufhebung der Grundsteuerbefreiungen. Vom 24. Februar 1850*, in «GS», 1850, Nr. 3224, pp. 62-63.

[115] R. HAYM, *Der preußische Landtag während der Jahre 1851 bis 1857*, p. 208.

determinazioni di questa legge non avevano mai trovato la maggioranza necessaria alla Camera dei deputati. Così, nel 1859 si potevano ancora incontrare nel Regno di Prussia circa 20 diversi sistemi di prelievo dell'imposta fondiaria, e circa la metà dei *Rittergüter*, con la sola eccezione di quelli delle due province occidentali della Rheinprovinz e del Westphalen, continuavano ad essere esentati da qualsiasi imposta[116]. L'imposta sarà infine ridefinita e la sua imposizione generalizzata solo con la legge del 21 maggio 1861[117], varata nel corso della Nuova Era. Nella stessa occasione venne introdotta per la prima volta anche un'imposta specifica sui fabbricati, la *Gebäudesteuer*, che sino al 1861 era stata contenuta principalmente nella *Grundsteuer*, come imposta sulla rendita che colpiva sia i terreni sia il possesso di fabbricati[118].

Un primo tentativo di modificare la *Grundsteuer* era stato fatto nel 1856, quando si era cercato di differenziare da essa un'imposta sui fabbricati. La progettata riforma fiscale fallì allora per la decisa opposizione della Camera dei signori, che, nell'occasione, si era sommata a quella, diversamente motivata, della componente liberale della Camera dei deputati, facendo cadere il pacchetto governativo di progetti di legge che avevano scontentato tutti. Tra di essi ve ne era uno che proponeva l'introduzione di un'imposta sui fabbricati, che avrebbe colpito tanto le città quanto le campagne, ma ce n'era anche un altro che proponeva un aumento del prezzo del sale, allora monopolio di Stato. Il governo, oltre a doversi scontrare all'interno della Camera dei deputati con la minoranza della Sinistra, contraria tanto all'aumento del prezzo del sale (che avrebbe toccato gli strati più bassi della popolazione) quanto all'imposta sui fabbricati (che avrebbe colpito soprattutto le città), non poté contare in quell'occasione nemmeno sull'appoggio leale della

[116] Cfr. W. PYTA, *Liberale Regierungspolitik im Preussen der «Neuen Ära» vor dem Heereskonflikt*, qui p. 182.

[117] *Gesetz, betreffend die anderweite Regelung der Grundsteuer. Vom 21. Mai 1861*, in «GS», 1861, H. 19, Nr. 5379, pp. 253-257. Cfr. In merito più avanti nel testo.

[118] Cfr. VON HECKEL, voce *Gebäudesteuer*.

Camera dei signori, che votò sia contro l'aumento del prezzo del sale, sia contro l'imposta sui fabbricati. Nell'imposizione generalizzata di quest'ultima la Camera dei signori vedeva infatti il primo nucleo di una generalizzazione dell'imposta fondiaria da cui, come si è detto, erano ancora esenti negli anni Cinquanta numerosissimi possedimenti signorili.

Nuovi progetti di riforma dell'imposta fondiaria furono presentati dal ministro delle Finanze liberal-moderato Patow, nel 1859, con l'intento, in primo luogo, di uniformare i differenti sistemi impositivi applicati nelle otto province del Regno e, all'interno di ogni provincia, nei *Kreise*. In secondo luogo, i progetti di Patow si preoccupavano di abolire, in nome del principio dell'equità fiscale, i privilegi e le esenzioni sull'imposta fondiaria ancora largamente diffusi soprattutto nelle quattro province orientali di Brandenburg, Pommern, Preußen e Posen, e invece già aboliti nelle due province occidentali sin dai tempi della dominazione francese. In terzo luogo, ultimo ma non per importanza, con la riforma dell'allora vigente sistema di imposizione fondiaria, Patow voleva introdurre una distinzione netta, come detto sin qui sconosciuta, tra imposta fondiaria e imposta sui fabbricati[119]. Gli ambiziosi progetti governativi del 1859, che avevano lo scopo di dare finalmente attuazione all'art. 101 della costituzione, finirono però per arenarsi nella commissione finanze e non riuscirono a raggiungere l'aula prima della chiusura della sessione. Al loro accantonamento già in commissione non furono estranee le divergenze di vedute presenti all'interno dello stesso campo liberale tra i deputati delle diverse province; specialmente in questa materia, essi si trovarono infatti a doversi fare portatori e rappresentanti di interessi localistici spesso in contrasto tra loro.

Dopo il fallimento dei progetti di riforma dell'imposta fondiaria, sorte ben diversa toccò ad altri 3 progetti di legge di carattere fiscale presentati da Patow, a sessione ormai inoltrata, il 5 maggio 1859. Questi progetti, anch'essi destinati ad innalzare ulteriormente la già notevole pressione fiscale diretta gravante

[119] Sui motivi che avevano indotto il ministro delle Finanze alla presentazione dei progetti di legge cfr. *StenBerAH*, 17ª seduta, 26 febbraio 1859, pp. 242-246.

sul contribuente prussiano, tuttavia non andavano a ledere gli interessi di alcun ceto privilegiato in particolare, come quelli sull'imposta fondiaria, e per giunta erano chiaramente sponsorizzati dal re. Con essi, infatti, si chiedeva al Paese un notevole sforzo finanziario per far fronte alle necessità militari insorte con l'acuirsi dei contrasti tra il Regno di Sardegna e l'Austria. Con il primo dei progetti di legge Patow faceva richiesta di un prestito (*Anleihe*) di 40 milioni di talleri, da trasferire al ministero della Guerra e alla Marina, per sostenere i costi della mobilitazione bellica contro la Francia[120]. Con il secondo progetto di legge proponeva la modifica della legge del 30 maggio 1853 che aveva introdotto le imposte sulle ferrovie (*Eisenbahnabgaben*), un tipo particolare di *Gewerbesteuer*, cioè di imposta diretta sulle attività produttive in genere (industria, commercio, artigianato), il cui gettito era peraltro destinato a ridursi di pari passo con la progressiva statalizzazione delle ferrovie prussiane[121]. L'*Eisenbahnsteuer*, applicata a tutte le ferrovie in mano ai privati e calcolata sul ricavo netto dalle stesse[122], la si voleva modificare nel 1859 per aumentarla e consentire allo Stato di utilizzare i maggiori proventi per finanziare, almeno parzialmente, i costi della mobilitazione dell'esercito. Con il terzo progetto di legge fiscale presentato da Patow, infine, il governo chiedeva l'autorizzazione della Camera ad imporre un'addizionale del 25% sulle imposte dirette personali, e cioè su *Klassensteuer*, *klassifizierte Einkommensteuer* e *Mahl- und Schlachtsteuer*; l'addizionale da sola avrebbe dovuto assicurare allo Stato, secondo le stime del governo, una somma di circa 3 milioni e 600 mila talleri[123].

[120] Su questo prestito a scopo bellico cfr. quanto si è già detto *supra*, cap. 7 «Esercito», nota 54.

[121] Cfr. in merito più avanti nel testo e inoltre *infra*, nel cap. 12 «Legislazione politico-economica».

[122] Cfr. H. von Schulze-Gaevernitz, *Das Preußische Staatsrecht*, II, p. 254.

[123] Cfr. I. *Entwurf eines Gesetzes betreffend den außerordentlichen Geldbedarf der Militair- und Marine-Verwaltung*; II. *Entwurf eines Gesetzes wegen Abänderung des Gesetzes vom 30. Mai 1853, betreffend die von den Eisenbahnen zu entrichtende Abgabe, und wegen Verwendung der Zinsen von den Amts- und Zeitungs-Cautions-Kapitalien*; III. *Entwurf eines Gesetzes, die Erhebung eines Zuschlages zur klassifizirten Einkommensteuer, zur Klassensteuer und zur*

La commissione parlamentare incaricata di esaminare i tre progetti di legge finanziari, presieduta dalla più grande autorità liberale dell'epoca in materia di finanze, Kühne[124], terminò molto presto di stilare la sua relazione. Così, già il 12 maggio, a soli due giorni dalla chiusura della dieta (14 maggio 1859), i progetti di legge ottennero l'approvazione della Camera, che li licenziò accompagnandoli con manifestazioni di fiducia nei confronti del governo[125], per aver imboccato la via della «mediazione armata» nel conflitto tra Francia e Austria sulla questione italiana. Dei tre progetti di legge i primi due furono addirittura votati all'unanimità[126], mentre ciò non si verificò al momento dell'approvazione del terzo, anch'esso divenuto legge il 21 maggio 1859[127].

La Camera, nel concedere per scopi militari un supplemento del 25% sulle imposte personali, aveva manifestato una disponibilità all'approvazione di prelievo fiscale straordinario, di cui il governo non tarderà ad approffittare nuovamente in

Mahl- und Schlachtsteuer betreffend, in *StenBer* AH, *Anlagen*, IV 2, 1859, *Aktenstück* n. 114, pp. 828-829.

124 Ludwig Samuel Bogislav Kühne (1786-1864), aveva esercitato un grande influsso sull'amministrazione delle finanze prussiane prendendo parte all'opera di fondazione dell'Unione doganale tedesca *(Zollverein)*. Dall'8 novembre 1848 al 24 febbraio 1849 diresse *ad interim* il ministero delle Finanze, e dal 1849 al 1852 fu membro della Prima camera. All'interno della Camera dei deputati degli anni Cinquanta fu sempre relatore per la commissione bilancio. Su Kühne cfr. ora, oltre a H. Conrad - B. Haunfelder, *Preussische Parlamentarier*, p. 87, M. Kreutzmann, *Die höheren Beamten des Deutschen Zollvereins: eine bürokratische Funktionselite*, pp. 266-268.

125 *StenBerAH*, *Anlagen*, IV 2, 1859, *Aktenstück* n. 115, pp. 832-835, in particolare p. 833, e inoltre *StenBerAH*, 49ª seduta, 12 maggio 1859, pp. 1083 (Vincke), 1096 (Arnim, Berlin), 1100 (Riedel), 1104 (Dr. Simson).

126 Cfr. *Gesetz, betreffend den außerordentlichen Geldbedarf der Militair- und Marine-Verwaltung. Vom 21. Mai 1859*, in «GS», 1859, Nr. 5066, p. 242, e *Gesetz wegen Abänderung des Gesetzes vom 30. Mai 1853, betreffend die von den Eisenbahnen zu entrichtende Abgabe, und wegen Verwendung der Zinsen von den Amts- und Zeitungs-Kautionskapitalien. Vom 21. Mai 1859*, in «GS», 1859, Nr. 5067, p. 243.

127 Cfr. *Gesetz, die Erhebung eines Zuschlages zur klassifizirten Einkommensteuer, zur Klassensteuer und zur Mahl- und Schlachtsteuer betreffend. Vom 21. Mai 1859*, in «GS», 1859, Nr. 5068, p. 244.

seguito, anche quando non ci sarà più alcuna mobilitazione bellica a motivarne la richiesta. Il prelievo dell'addizionale sulle imposte dirette, nuovamente richiesto dal governo nel febbraio 1860[128], fu autorizzato dalla Camera dei deputati per la seconda volta con legge del 27 giugno 1860[129], senza che nella legge fosse lasciata la benché minima traccia di una spiegazione del motivo che rendeva necessaria la prosecuzione (*Forterhebung*) del prelievo straordinario; come se allo scopo potesse bastare un semplice richiamo al precedente rappresentato dalla legge del 1859[130]. Non solo, la richiesta del prelievo dell'addizionale del 25%, motivata stavolta con la necessità di coprire le spese causate dalle nuove istituzioni militari, fu rinnovata dal governo anche nel 1861[131], e nuovamente autorizzata dalla Camera con legge del 10 giugno 1861[132]. L'addizionale fiscale 'straordinaria' del 25% sulle imposte dirette venne così a essere prelevata per ben tre anni consecutivi, andando quasi certamente a finanziare l'illegale riorganizzazione dell'esercito in corso, a cui il governo aveva inizialmente pensato di destinare i proventi della progettata riforma dell'imposta fondiaria.

I progetti di legge presentati da Patow per la riforma della *Grundsteuer*, che non erano riusciti ad arrivare in aula nel 1859,

[128] Il presidente dello *Staatsministerium*, all'epoca il principe di Hohenzollern-Sigmaringen, presentò infatti il 10 febbraio 1860, insieme al progetto di legge riguardante l'obbligo al servizio militare (*die Verpflichtung zum Kriegsdienst*), un altro progetto di legge integrativo rispetto al preventivo finanziario per il 1860, e avente ad oggetto «... die Forterhebung eines Zuschlages zur klassifizirten Einkommenssteuer, Klassensteuer und Mahl- und Schlachtssteuer» (*StenBerAH*, 10ª seduta, 10 febbraio 1860, p. 96).

[129] Cfr. *Gesetz, betreffend die Forterhebung eines Zuschlages zur klassifizirten Einkommensteuer, zur Klassensteuer und zur Mahl- und Schlachtsteuer. Vom 27. Juni 1860*, in «GS», 1859, Nr. 5238, p. 279.

[130] *Ibidem.*

[131] Il 21 gennaio 1861, unitamente al progetto di legge di bilancio per l'anno in corso, Patow presentò infatti alla Camera un progetto di legge *betreffend die Forterhebung eines Zuschlages zur klassifizierten Einkommensteuer, zur Klassensteuer und zur Mahl- und Schlachtsteuer* (cfr. *StenBerAH*, 5ª seduta, 21 gennaio 1861, p. 25).

[132] Cfr. *Gesetz, betreffend die Forterhebung eines Zuschlages zur klassifizirten Einkommensteuer, zur Klassensteuer und zur Mahl- und Schlachtsteuer. Vom 10. Juni 1860*, in «GS», 1861, Nr. 5382, p. 341.

furono da lui ripresentati il 16 gennaio 1860[133]. Nella segreta speranza di renderli più 'accettabili' al re e ai signori fondiari dei cui interessi egli si era fatto paladino ormai da tempo, i progetti di legge di riforma dell'imposta fondiaria stavolta non erano più giustificati con esigenze di equità fiscale, quanto piuttosto, con il bisogno di recuperare nuovi fondi per finanziare la riorganizzazione dell'esercito[134]. I progetti di legge, e in particolare il secondo, che prevedeva l'introduzione di un'imposta generale sui fabbricati destinata fatalmente a gravare soprattutto sulla popolazione delle città e sul «terzo stato»[135], pur lasciando emergere chiaramente la loro natura eminentemente «fiscale»[136], alla fine, tuttavia, ottennero l'approvazione della Camera dei deputati. Essi incontrarono però di nuovo una forte opposizione nella Camera dei signori. Quest'ultima, infatti, nella prospettata unificazione dei diversi tassi di prelievo dell'imposta fondiaria, vedeva anzitutto «un attacco del liberalismo cittadino e capitalista a uno dei bastioni dell'ordine cetuale»[137]; essa sarebbe stata una vera e propria «rapina fiscale», dato che l'allineamento dei criteri impositivi avrebbe inevitabilmente portato ad un aumento dell'imposta[138].

I progetti di legge sulla *Grundsteuer* ripresentati da Patow nel 1861, trovarono stavolta degli oppositori anche nella componente liberal-democratica della Camera dei deputati, la stessa che pure, in linea di principio, aveva auspicato convintamente la riforma. Waldeck, ad esempio, sosteneva che il governo non avrebbe dovuto porre mano ad alcuna riforma dell'imposta

133 Cfr. *StenBerAH*, 4ª seduta, 16 gennaio 1860, p. 22.

134 Cfr. *ibidem*, p. 23 (Patow: «... una tale [riorganizzazione dell'esercito] non sarà attuabile senza un notevole innalzamento del bilancio militare; per rendere ciò possibile, sarà assolutamente necessaria una modifica dell'imposta fondiaria». Cfr. in merito anche *Die Grundsteuervorlage*, in «Nationalzeitung» del 9 febbraio 1860.

135 Così si sosteneva anche in H. BURGHART, *Zur Grundsteuerfrage in Preußen*, p. 31.

136 Cfr. *Die Grundsteuervorlagen*, in «Nationalzeitung», 9 febbraio 1860.

137 Cfr. W. PYTA, *Liberale Regierungspolitik in Preußen der «neuen Ära» vor dem Heereskonflikt*, p. 207.

138 *Ibidem*, pp. 208-209.

fondiaria prima che fosse realizzato un catasto generale, e prima che fosse attuata la riforma degli ordinamenti comunali e di circolo delle province orientali. La sua critica non risparmiava nemmeno il progetto di legge relativo all'introduzione della nuova imposta sui fabbricati[139]. Anzitutto il fatto che il nuovo sistema d'imposizione sui terreni e sui fabbricati avrebbe dovuto essere introdotto solo gradualmente e andare a regime solo nel 1865, per consentire all'amministrazione dello Stato di avere il tempo necessario per adeguarsi alla nuova normativa, suscitava in lui forti perplessità. I tempi lunghi e scaglionati con cui sarebbe dovuta avvenire la transizione dal vecchio al nuovo sistema impositivo, dato che solo dal gennaio 1865 le due nuove imposte sarebbero state calcolate e prelevate nel rispetto di tutte le nuove disposizioni di legge messe a punto nel 1861, era, secondo Waldeck, da giudicare molto negativamente. In questo modo, infatti, oltre a dilazionare eccessivamente l'attuazione della riforma, si vincolavano le future Camere a difendere una decisione che non erano state chiamate a prendere[140], violandone l'autonomia. I progetti di legge vennero tuttavia molto criticati non solo dai democratici come Waldeck, ma anche da molti altri liberali. Furono infatti in molti a interrogarsi sul perché ai 'privilegiati' fosse stato riconosciuto il diritto ad essere risarciti, e altrettanti coloro che comunque non si potevano nascondere che, prevedibilmente, l'imposta sui fabbricati sarebbe diventata un tributo molto pesante, saccheggiando letteralmente città e campagna[141].

Comunque, alla fine, i progetti governativi che introducevano per la prima volta un'imposta separata sui fabbricati e che riformavano alla base la vecchia imposta fondiaria, furono approvati dalla Camera dei deputati il 12 marzo 1861 e dalla Camera dei signori circa 2 mesi dopo, divenendo legge il 21 maggio 1861[142]. Oltre a stabilire la quota di imposta fondiaria

[139] Cfr. *StenBerAH*, 21ª seduta, 6 marzo 1861, p. 360.

[140] Cfr. *StenBerAH*, 21ª seduta, 6 marzo 1861, p. 360.

[141] Cit. in L. Parisius, *Leopold Freiherr von Hoverbeck*, I.1, p. 196.

[142] Cfr. *Gesetz betreffend die anderweitige Regulierung der Grundsteuer, vom 21.5.1861*, in «GS», 1861, pp. 253-257, 258-316; *Gesetz betreffend die*

che ogni provincia prussiana avrebbe dovuto versare nelle casse dello Stato, la prima delle tre leggi, al § 3, stabiliva anche il contingente massimo dell'imposta fondiaria in 10 milioni di talleri. La seconda legge era quella che più propriamente distingueva definitivamente la *Gebäudesteuer*, che sarebbe gravata sugli edifici, i cortili e i giardini ad essi pertinenti, dalla *Grundsteuer* vera e propria, che avrebbe pesato sui fondi rustici (*Liegenschaften*). La terza legge, infine, era quella che stabiliva gli indennizzi per coloro che erano stati sin qui i 'privilegiati'. Le leggi sulla *Grundsteuer* e sulla *Gebäudesteuer* del 21 maggio 1861 furono introdotte anche nelle nuove province annesse nel 1866[143], come del resto avverrà per quasi tutte le norme fiscali delle *altpreußische Provinzen*, prima fra tutte quella relativa alll'attività d'impresa.

La *Gewerbesteuer*, un'imposta diretta sul reddito introdotta nel 1810 come correlato alla liberalizzazione dell'attività d'impresa (*Gewerbefreiheit*)[144], era stata già riordinata e semplificata nella procedura impositiva con legge del 30 maggio 1820. Quest'ultima aveva classificato i diversi tipi d'impresa (*Gewerbe*) secondo il settore di attività, aveva distinto quattro tipi d'impresa secondo il luogo in cui essa era svolta e secondo la grandezza dell'impresa, aveva contingentato l'imposta complessiva da versare ogni anno da parte di ogni città o di ogni *Kreis*. Solo dalla combinazione tra loro di tutte queste variabili si arrivava a stabilire il gettito fiscale dovuto da ogni azienda[145]. L'imposta, che fu modificata solo in qualche dettaglio con leggi

Einführung einer allgemeinen Gebäudesteuer, vom 21.5.1861, in «GS», 1861, pp. 317-325; *Gesetz betreffend die für die Aufhebung der Grundsteuerbefreiungen und Bevorzugungen zu gewährende Entschädigung, vom 21.5.1861*, in «GS» 1861, pp. 327-340. In merito si veda anche S. WAGNER, *Die staatliche Grund- und Gebäudesteuer in der preussischen Rheinprovinz 1815-1895*, pp. 69-71; A. AMEND, *Von der Kunst, eine «Steuerfrage aus einer Parteifrage in eine Finanzfrage zu verwandeln»*.

143 H. VON SCHULZE-GAEWERNITZ, *Das preußische Staatsrecht*, II, p. 249.

144 Cfr. M. VON HECKEL, voce *Gewerbesteuer. Preußen*.

145 W. RÜFNER, *§ 3 Preussen B. Die Verwaltungstätigkeit unter Restauration und Konstitution*, p. 499.

del 22 giugno e del 19 luglio 1861[146], e che nel 1866 sarà introdotta anche nelle nuove province, avvantaggiava soprattutto le province occidentali, dato che il prelievo si basava non sul profitto (*Ertrag*) ma sulla dimensione dell'impresa. Soprattutto il meccanismo impositivo adottato, per cui le piccole imprese che magari producevano molto, potevano invece dichiarare di non riuscire a versare la quota media (*Mittelsatz*) di imposte stabilita per quel tipo di impresa e di quel determinato settore economico, sfavoriva le grandi imprese che si trovavano a dover compensare il mancato versamento delle piccole[147]. Con queste irrazionalità impositive la *Gewerbesteuer* si mantenne per settant'anni circa subendo solo lievi modifiche.

Il quadro sin qui tracciato per grandi linee della condizione finanziaria e fiscale della monarchia prussiana era all'incirca lo stesso con cui si confrontarono i liberali prussiani nel 1865, quando cominciarono a rendersi conto che la loro politica di ostruzionismo e rigetto dei progetti governativi finanziari e di bilancio, era ben lungi dall'aver arrecato insormontabili disagi al governo nella sua amministrazione all'interno, e nemmeno aveva condizionato sostanzialmente la sua politica estera e militare. Complice in ciò era stata indubbiamente la favorevole congiuntura economico-finanziaria attraversata negli anni Sessanta dalla Prussia, quando molte branche dell'amministrazione statale sin qui sovvenzionate dallo Stato, prima fra tutte quella delle ferrovie[148], avevano cominciato non solo ad autofinanziarsi e a esibire bilanci in pareggio, ma a dare addirittura cospicui

[146] Cfr. *Gesetz, betreffend die Abänderung einiger Bestimmungen der Allgemeinen Gewerbeordnung vom 17. Januar 1845. Vom 22. Juni 1861*, in «GS», 1861, Nr. 5405, pp. 441-445 e *Gesetz, betreffend einige Abänderungen des Gesetzes wegen Entrichtung der Gewerbesteuer vom 30. Mai 1820. Vom 19. Juli 1861*, in «GS», 1861, Nr. 5413, pp. 697-704.

[147] A. Thier, *Steuergesetzgebung und Verfassung in der konstitutionellen Monarchie*, p. 44.

[148] Sulle maggiori entrate affluite nelle casse dello Stato nel corso della prima metà degli anni Sessanta provenienti dalle imprese ferroviarie si è soffermato R. Tilly, *The Political Economy of Public Finance and the Industrialization of Prussia*, qui p. 493; a maggiori entrate provenienti da imprese di altro tipo e da speculazioni industriali fece riferimento già C.J. Bergius (*Grundsätze der Finanzwissenschaft*, p. 182).

profitti[149]. Non meno complice era però stato anche l'alto livello di tassazione, sia diretta che indiretta, che pesava sui cittadini prussiani, e che per giunta tendeva a crescere naturalmente, come risultava alla commissione bilancio della Camera dei deputati del 1865[150]. Ad ogni modo, al di là delle circostanze

[149] In Prussia, come nel resto della Germania, la costruzione e la gestione delle reti ferroviarie erano state dapprima lasciate quasi completamente in mano ai privati; la statalizzazione delle ferrovie avvenne solo verso la fine degli anni Settanta e l'inizio degli anni Ottanta. Nel periodo precedente dominò un sistema per così dire misto, un sistema cioè che spesso vide lo Stato agire non solo come imprenditore esso stesso, ma anche come azionario di società ferroviarie private o come garante di iniziative private. Sul ruolo trainante del settore ferroviario nella rivoluzione industriale tedesca (anni Quaranta-Settanta), cfr. R. FREMDLING, *Eisenbahnen und deutsches Wirtschaftswachstum 1840-1879*, in particolare pp. 109 ss., 123 ss., 129 ss. (sul rapporto Stato-ferrovie), e inoltre p. 128 (sulle entrate statali da questo settore). Sul tema cfr. inoltre R. KOSELLECK, *Preußen zwischen Reform und Revolution*, pp. 616 ss.; J. KOCKA, *Eisenbahnverwaltung in der industriellen Revolution*. In merito cfr. comunque *infra*, cap. 12 «Legislazione politico-economica».

[150] Sulle petizioni pervenute al *Landtag* contro l'eccessiva pressione fiscale si vedano esemplificativamente le *Parlamentarische Nachrichten* della liberale «Volkszeitung» del 28 febbraio 1865. Un quadro della situazione dell'imposizione fiscale in Prussia dalle tinte assai fosche, aveva tracciato la commissione bilancio della Camera dei deputati impegnata nel vaglio del progetto governativo di bilancio per il 1865 (cfr. il già citato *supra*, *Allgemeiner Bericht über den Entwurf zum Staatshaushalts-Etat pro 1865*, del 27 febbraio 1865). Il dato più clamoroso era la straordinariamente alta imposizione fiscale diretta. Le imposte dirette, che secondo i dati in possesso della commissione, avevano continuato a crescere anche negli ultimi anni dal 1863 al 1865, erano aumentate, a giudizio della stessa commissione, in misura per niente proporzionale alle pur accresciute possibilità di contribuzione della popolazione prussiana. Tale aumento complessivo della tassazione diretta era da ricondursi, da un lato, all'introduzione di nuove imposte, quale quella per le ferrovie e quella progressiva sul reddito (*klassifizierte Einkommenssteuer*), dall'altro era però anche l'effetto – si affermava nell'*Allgemeiner Bericht* – delle modifiche apportate a imposte esistenti già da tempo come la *Gewerbesteuer*, e la *Klassensteuer* (*ibidem*, p. 26). Tra le imposte dirette non personali la tendenza ad un aumento smisurato avrebbero assecondato non solo la normativa del 1861 sulla *Gewerbesteuer* gravante sulle imprese, ma anche la legislazione di riforma dell'imposta fondiaria sempre del 1861 (p. 34), che peraltro, continuando a essere prelevata dallo Stato, anziché dai comuni o dai *Kreise* come auspicabile, continuava a rappresentare un grosso ostacolo sulla via dello sviluppo dell'autogoverno locale. Anche la tassa introdotta nel 1861 della *Gebäudesteuer* costituiva un altro esempio, secondo la commissione, della tendenza del sistema vigente di imposizione fiscale diretta a fruttare allo Stato entrate ben maggiori di quelle che la rappresentanza popolare

che avevano contribuito a determinare la situazione di fatto, certo era che il rifiuto della Camera dei deputati di autorizzare il varo della legge di bilancio o la contrazione di nuovo debito pubblico, sembrava proprio non avere sortito alcun effetto pratico rilevante. Questo suggeriva impietosamente il dato inoppugnabile che fosse stata realizzata compiutamente una riforma dell'esercito che aveva richiesto l'impiego di mezzi finanziari molto consistenti, come pure il fatto che fosse stata condotta e portata a termine con successo la guerra contro la Danimarca nel 1864.

Per la sua politica estera e militare il governo Bismarck, in effetti, poté attingere largamente e senza alcun controllo ai fondi accumulatisi negli anni precedenti nello *Staatsschatz*, che era, come già si è avuto modo di dire, una sorta di 'tesoretto' fuori bilancio. Qui, nel 1865, si dovevano trovare custoditi circa 20 milioni di talleri[151], che, secondo la commissione bilancio della Camera dei deputati, non avrebbero potuto essere prelevati se non previa autorizzazione della rappresentanza popolare[152].

Nel contesto di un sistema fiscale che garantiva un gettito forte e crescente, e di una congiuntura economica favorevole[153], peral-

aveva creduto di autorizzare nel momento in cui aveva acconsentito alla loro introduzione o riforma. Laddove secondo i calcoli del 1861 l'imposta sui fabbricati avrebbe dovuto portare nelle casse dello Stato 2.843.260 talleri, dalle previsioni di bilancio per il 1865 il suo gettito fiscale era risultato di ben 3.506.000 talleri (p. 37). I violenti strali della commissione bilancio si diressero però non solo contro le imposte dirette, ma anche contro quelle indirette, e in particolare contro l'allora vigente monopolio statale del sale, che sarà abolito definitivamente nel 1867. Sulla necessità di abolire questo monopolio aveva peraltro scritto in quegli anni un saggio il deputato della *Fortschrittspartei* Samuel Kerst, trovando ampia risonanza sulle colonne della liberal-democratica «Volkszeitung» (cfr. *Das Salzmonopol, I., II., III. [Schluß]*, nei numeri del 16, 17 e 18 febbraio 1865).

151 W. RÜFNER, *§ 3 Preussen B. Die Verwaltungstätigkeit unter Restauration und Konstitution*, p. 503. Cfr. in merito quanto si è già detto *supra*, in questo stesso capitolo.

152 Cfr. H.-J. VON COLLANI, *Die Finanzgebarung des preußischen Staates zur Zeit des Verfassungskonfliktes 1862-1866*, pp. 32-33 e 14.

153 Secondo E. KLEIN, *Geschichte der öffentlichen Finanzen in Deutschland (1500-1870)*, p. 119, fino al 1849 le entrate aumentarono proporzionalmente alla crescita della popolazione, come risulta dalla seguente tabella:

tro riconosciuta dallo stesso monarca nella *Thronrede* del 14 gennaio 1865 come la circostanza che aveva «consentito di fare la guerra danese senza ... contrarre nuovi prestiti ...»[154], riuscì a Bismarck anche nel 1866 di portare avanti la sua aggressiva politica bellica antiaustriaca, senza alcun bisogno di imporre nuove imposte, ma solo attingendo alle entrate fiscali eccedenti le previsioni di bilancio (*Mehreinnahme*) e ai residui di bilancio (*Überschüsse*) accumulatisi nello *Staatsschatz*. Nel calcolo dell'ammontare preciso e complessivo dei fondi fuori bilancio a disposizione del governo per condurre la guerra del 1866, si sono spesso avventurati i più grandi storici tedeschi dell'economia, senza comunque pervenire a una certezza definitiva. Lungi perciò dal volerci avventurare in qualsiasi congettura in merito, sia qui sufficiente riportare le dichiarazioni rese dal deputato Karl Twesten nella seduta della Camera dei deputati del 25 settembre 1866. Nell'evocare «gli incredibili mezzi a disposizione del governo» nella guerra contro l'Austria, Twesten, infatti, riprendendo cifre fornite dal commissario del ministro delle Finanze, parlò di «7 milioni di fondi di gestione della cassa statale (*Betriebsfonds der Staatskasse*), [di] 7,5 milioni di talleri dell'amministrazione residuale (*Bestände der Restverwaltung*), [di] 13,8 milioni di talleri di crediti fiscali recuperati, [di] 10 milioni di prestiti concessi alle ferrovie (*Eisenbahnanleihen*),

Entrate e uscite nette	popolazione
1829 50 milioni (talleri)	12,7 milioni
1849 63 milioni (talleri)	16,3 milioni
1865 92 milioni (talleri)	19,1 milioni

Successivamente le entrate aumentarono in misura ancora maggiore sull'onda dell'industrializzazione. Il ricavato della *Gewerbesteuer*, dal 1820 al 1865, arrivò addirittura a triplicarsi: da 1,6 a 4,8 milioni di talleri. In merito a questi ultimi dati riportati da Klein, R. TILLY (*The Political Economy of Public Finance and the Industrialization of Prussia, 1815-1816*), ritenne opportuno puntualizzare come ad aumentare costantemente, a partire dal 1849, furono in particolare le entrate 'non' provenienti dal fisco:

	1838	1847	1849	1856	1866
entrate fiscali	66	66	65	56	49
entrate non fiscali	34	34	35	44	51

(Fonte: R. TILLY, *The Political Economy*, p. 493).

[154] Per la *Thronrede* del 14 gennaio 1865 cfr. *StenBerAH*, seduta d'apertura delle due Camere riunite del *Landtag*, 14 gennaio 1865, p. 2.

insomma complessivamente [di] oltre 38 milioni di talleri, che, aggiunti agli ulteriori 6 milioni provenienti da conferimenti del territorio (*Landlieferungen*), [avevano dato] una disponibilità fuori bilancio per il governo, oltre a quella dello *Staatsschatz*, di ben 44 milioni di talleri»[155].

I liberali, che avevano osato mettere in dubbio la reale necessità finanziaria delle misure fiscali straordinarie degli anni 1859, 1860 e 1861, quando per tre anni consecutivi era stato imposto il supplemento del 25% sulle imposte dirette, potevano insomma già nel 1866, sulla base delle cifre rese note da Twesten, dimostrare con dati alla mano di aver avuto ragione in passato, quando avevano lamentato l'eccessivo carico fiscale e avanzato il sospetto che il governo sottostimasse ampiamente (quanto consapevolmente non era dato sapere) le entrate pubbliche[156]. Di certo, comunque, la maggioranza della Camera dei deputati degli anni del conflitto non aveva pregiudicato in alcun modo la politica nazionale di Bismarck, nemmeno quando, il 2 giugno 1865, aveva rifiutato al ministro della Guerra la concessione, sotto forma di prestito, di «mezzi finanziari straordinari per la marina» pari a 10 milioni di talleri[157], e che sarebbero dovuti servire al consolidamento degli stabilimenti portuali sul Mare del Nord e sul Mar Baltico, nonché all'acquisto di altre navi per la marina prussiana[158].

Il governo Bismarck, dal canto suo, dimostrò chiaramente di non voler trarre alcuna lezione dal modo in cui si era chiuso il conflitto. Egli aveva da poco più di 10 giorni incassato poli-

[155] Il discorso di Twesten del 25 settembre 1866 è citato in C.J. BERGIUS, *Grundsätze der Finanzwissenschaft*, p. 179. Sul finanziamento delle guerre di unificazione della Germania cfr. W. TREUE, *Die Finanzierung der Kriege 1864-1871 durch die deutschen Länder*.

[156] Sulla sottostima delle entrate pubbliche da parte del governo si sofferma anche R. TILLY, *Fiscal Policy and Prussian Economic Development, 1815-1866*, in particolare p. 772.

[157] Tali mezzi erano stati stimati in complessivi 19 milioni di talleri per i successivi 6 anni, di cui ben 10 avrebbero dovuto essere concecci già nel 1865 come *Anleihe* (cfr. *StenBerAH*, 34ª seduta, 5 aprile 1865, pp. 961-962, Roon, ministro della Guerra e della Marina).

[158] Cfr. *StenBerAH*, 62ª seduta, 2 giugno 1865, p. 1901.

ticamente l'indennità da parte della Camera per la *budgetlose Verwaltung*, quando si ripresentò in parlamento chiedendo, e ottenendo dalla nuova maggioranza della Camera dei deputati, un altro credito, di ben 60 milioni di talleri, per «coprire a posteriori le spese provocate dalla guerra». La legge del 28 settembre 1866[159], con cui venne concesso il credito richiesto, servì, come si venne a sapere in seguito, proprio come quella di indennità del 14 settembre, a coprire 'a posteriori' l'impiego di risorse pubbliche precedentemente disposto senza copertura legale, allo scopo di consolidare il già realizzato rafforzamento dell'esercito e della marina e alimentare il fondo dello *Staatsschatz*. La legge, insomma, confermò inequivocabilmente il timore di molti liberali, che la richiesta di indennità, che aveva posto formalmente termine al conflitto costituzionale del 1862-1866, lungi dal rimanere un'eccezione nell'amministrazione finanziaria prussiana, minacciava, con Bismarck, di assurgere a regola. La legge del 28 settembre 1866, addirittura, pur senza prevederlo esplicitamente, servì anche a finanziare immediatamente un accordo risarcitorio stipulato dal governo prussiano con Giorgio V, che non voleva rinunciare definitivamente ai suoi diritti sull'Hannover. La legge che Bismarck si trovò costretto a presentare al parlamento espressamente per coprire il costo dell'accordo con Giorgio V, sarà approvata *cum tempore* solo il 28 febbraio 1868; passerà alla Camera dei deputati, non senza difficoltà, con una maggioranza *ad hoc*, formata dai due partiti conservatori del *Reichstag* e dai deputati delle nuove province annesse.

[159] Cfr. *Gesetz betreffend den außerordentlichen Geldbedarf der Militär- und Marineverwaltung und die Dotierung des Staatsschatzes vom 28. September 1866*, in «GS», 1866, p. 607, citato in E.R. Huber, *Deutsche Verfassungsgeschichte*, 3, p. 588.

Capitolo dodicesimo

La legislazione politico-economica

Dell'alta congiuntura economica mondiale e dell'ondata di industrializzazione dell'occidente europeo dell'inizio della seconda metà dell'Ottocento, la Prussia, in una costellazione d'interdipendenze ormai globale, non solo partecipò, ma fu una delle potenze protagoniste[1]. Gli anni Cinquanta e Sessanta dell'Ottocento furono in Prussia anni di impetuoso slancio economico e di decollo della grande impresa capitalistica. La pressione dall'esterno alla produzione e all'innovazione si incontrò all'interno con alti tassi di crescita in tutta una serie di settori guida dell'economia (nella costruzione delle ferrovie, nella produzione del ferro e dell'acciaio, nel settore minerario e meccanico), nonché con un'alta intensificazione del commercio e una notevole dinamicizzazione degli investimenti di capitale. Il decollo economico fu certo agevolato in Prussia, oltre che dal forte aumento della popolazione, che mise a disposizione dei capitalisti forza-lavoro a prezzi relativamente bassi, da una serie di fattori concomitanti: la modernizzazione della società e dell'economia avviata con le riforme della prima metà del secolo[2], lo sviluppo dei mezzi e dei metodi di produzione nell'industria e nell'agricoltura (impiego mirato

[1] H.-U. WEHLER, *Deutsche Gesellschaftsgeschichte*, 3, pp. 66 ss. Sulla prima ondata di globalizzazione economica iniziata all'incirca nel 1850 si veda C. TORP, *Die Herausforderung der Globalisierung*, pp. 13 ss., 27 ss., il quale, nell'affermarsi dell'economia globale durante il lungo Ottocento ritiene opportuno distinguere tre processi concomitanti: lo sviluppo del commercio mondiale, la crescita della mobilità internazionale dei capitali, l'emigrazione di massa. Sul tema cfr. inoltre H.-W. HAHN, *Die industrielle Revolution in Deutschland*, e, sui rapporti tra economia e politica, H.-H. BRANDT, *Deutsche Geschichte 1850-1870. Entscheidung über die Nation*.

[2] Cfr. P. BRANDT - K. MÜNGER, *Preußen*, pp. 846 ss.

delle macchine, utilizzo della macchina a vapore [*Dampfmaschine*], crescente divisione del lavoro ecc.), l'evoluzione dei mezzi di comunicazione e di trasporto delle merci e delle persone (telegrafo elettromagnetico, estensione della rete viaria, ferroviaria, postale, della navigazione a vapore), la fondazione di nuove banche (nel 1849 c'erano in Prussia ben 439 banche private e 233 casse di risparmio [*Sparkassen*] e nel 1848 ebbe luogo anche la parziale 'privatizzazione' della *Seehandlung*, su base azionaria)[3], e infine, ultimo ma non per importanza, la liberalizzazione della politica commerciale all'interno dello spazio economico dello *Zollverein*[4].

Se si guarda alla legislazione economica cercando di cogliere il ruolo che lo Stato si assegnava o riservava nelle politiche pubbliche, l'immagine che si ricava è alquanto mossa. Da un lato queste politiche non furono univocamente segnate dalla volontà statale di astenersi dall'intervenire per lasciare il passo al libero dispiegarsi dell'iniziativa privata, dall'altro le stesse politiche non furono nemmeno, ancora, espressione coerente di un orientamento interventista. Ciò va ribadito anche per prendere le distanze da quanto è stato affermato di nuovo anche di recente, e cioè che l'intervento dello Stato, in particolare nell'economia, sarebbe decollato in Germania proprio a partire dagli anni Cinquanta dell'Ottocento, quando avrebbero cominciato ad essere chiaramente percepibili le conseguenze non solo di ordine politico ma anche sociale del libero agire economico-capitalistico[5].

[3] Sulla modernizzazione e lo sviluppo del sistema bancario si veda I. MIECK, *Preußen von 1807 bis 1850*, pp. 137-157, specificamente sulle banche p. 134 (dove è riportata una tabella dalla *Deutsche Gesellschaftsgeschichte* di H.U. WEHLER), e p. 137. Sulla *Seehandlung* (oltre a quanto si è già detto *infra*, cap. 11 «Finanze») va precisato che questa (cfr. C.J. BERGIUS, *Grundsätze der Finanzwissenschaft mit besonderer Beziehung auf den Preußischen Staat*, pp. 376-389), anche dopo il 1848 continuò a svolgere attività di profitto nell'intermediazione bancaria e nella contrazione di debito pubblico al di fuori del controllo della rappresentanza popolare.

[4] Sulla Lega doganale tedesca cfr. ora H.-W. HAHN - M. KREUTZMANN (edd), *Der Deutsche Zollverein*.

[5] Cfr. W. PLUMPE - J. SCHOLTYSECK, *Einleitung. Der Staat und die Ordnung der Wirtschaft*, p. 11. Sull'argomento si veda anche G. AMBROSIUS, *Der Staat*

Ancora prima dell'inizio della rivoluzione il governo prussiano si era infine risolto a dare l'autorizzazione a istituire in tutta la Prussia le camere di commercio (*Handelskammern*). Il decreto dell'11 febbraio 1848, infatti, messo a punto con lo scopo di «stimolare» il commercio e le attività produttive («zur Beförderung des Handels und der Gewerbe)», autorizzò la costituzione di rappresentanze d'interesse elettive delle forze vitali di questi settori economici[6]. Chiaro segno della volontà dello Stato di assicurare un collegamento costante e un flusso informativo dinamico e sollecito tra le forze e le organizzazioni economiche di base, da un lato, e le istituzioni pubbliche cointeressate allo sviluppo economico, dall'altro, l'introduzione delle camere di commercio doveva servire a conoscere, controllare, indirizzare, ma all'occasione anche sostenere i singoli attori e le aziende economicamente attivi.

In questa stessa direzione ancora più eloquente fu la creazione, dopo lo scoppio della rivoluzione, di due ministeri prettamente economici. Precisamente nel periodo in cui la presidenza dello *Staatsministerium* stava per passare nelle mani del banchiere renano Ludolf Camphausen, in seguito a una decisione assunta il 27 marzo 1848, il 17 aprile successivo venne varato il decreto regio di istituzione del ministero per il Commercio, le attività produttive e i lavori pubblici (*Ministerium für Handel, Gewerbe und Öffentliche Arbeiten*), detto comunemente per brevità del Commercio (*Handelsministerium*)[7]. Il ministero per l'Agricol-

als Unternehmer, nonché, sempre sui rapporti Stato-economia, l'utilissimo quadro storico d'insieme di F. FACIUS, *Wirtschaft und Staat*, in particolare pp. 39-52.

[6] Cfr. *Verordnung über die Errichtung von Handelskammern. Vom 11. Februar 1848*, in «GS», 1848, Nr. 2935, pp. 63-68; sull''importazione' in Prussia delle camere di commercio dalla Francia di epoca rivoluzionaria R. BOCH, *Staat und Wirtschaft im 19. Jahrhundert*, p. 25.

[7] Cfr. *Allerhöchster Erlaß vom 17. April 1848, betreffend die Bildung des Ministeriums für Handel, Gewerbe und öffentlichen Arbeiten unter einstweiliger Leitung des Wirklichen Geheimen Legationsraths Dr. V. Patow, sowie die Feststellung des Ressorts des Finanzministeriums*, in «GS», 1848, Nr. 2958, pp. 109-110. In questo decreto erano indicati i settori di competenza che da altri ministeri (in particolare dal ministero degli Interni) sarebbero passati al Commercio, e veniva anche ridefinito, rispettivamente ridimensionato,

tura, i demani e le foreste (*für Landwirtschaft, Domänen und Forsten*), detto per brevità per l'Agricoltura (*Landwirtschaftsministerium*), fu istituito dopo solo qualche mese, sottraendone gli ambiti di competenza al ministero del Commercio, attraverso lo stesso decreto regio, del 25 giugno 1848, con cui l'*Oberpräsident* Rudolf von Auerswald era nominato a capo dello *Staatsministerium* al posto di Camphausen[8].

I provvedimenti citati, relativi alle Camere di commercio, il primo, e all'istituzione dei ministeri economici, gli altri due, sono emblematici di una duplice e complementare attenzione dello Stato verso il mondo dell'economia. Nello stesso momento in cui si erigevano organi di governo centrale del sottosistema economico, si accoglieva e anzi si rilanciava la spinta uguale e contraria proveniente dal basso all'organizzazione sul territorio di rappresentanze di interesse. Si trattava di assicurare alle forze vitali dell'economia, e soprattutto ai moderni settori produttivi (industria, commercio, artigianato) che minacciavano da vicino la tradizionale predominanza dell'agricoltura come settore trainante dell'economia, stabili ormeggi nelle istituzioni centrali dello Stato, punti di riferimento certi per agevolare e preparare adeguatamente l'emanazione di nuova legislazione settoriale, oltre che la tutela amministrativa degli interessi economici in ascesa. Attraverso questi atti normativi della prima metà del 1848 prese forma un doppio movimento dialettico tra Stato e moderne forze economiche, che, per quanto non scevro da contraddizioni e ambivalenze, fu caratteristico della virtuosa sinergia che presiedette ai rapporti tra Stato ed economia nel nostro ventennio e che sarebbe fuorviante costringere semplicisticamente nelle formule del *laissez faire* o dello Stato interventista *tout court*[9]. Del resto, il cosiddetto

l'ambito di attività del ministero delle Finanze, che cedeva così molti dei suoi ambiti di competenza all'istituendo ministero del Commercio. Fu con questo decreto che la *Seehandlung* passò sotto il ministero delle Finanze.

8 Cfr. *Allerhöchster Erlaß vom 25. Juni 1848, betreffend die Bildung eines neuen Staatsministeriums und die Ernennung des bisherigen Oberpräsident von Auerswald zum Präsidenten desselben*, in «GS», 1848, Nr. 2992, p. 159.

9 Formula così questa relazione mobile e complessa V. HENTSCHEL, *Deutsche Wirtschafts- und Sozialpolitik 1815 bis 1945*, p. 8: «So wenig der Staat die

libero mercato, da un lato presupponeva, allora, non meno che oggi, la delimitazione attraverso confini del contesto entro cui solo avrebbe potuto dispiegarsi incontrastato e massimizzare le sue intrinseche energie creative di libertà e ricchezza, e dall'altro richiedeva regole certe a garanzia dell'effettiva libertà di produzione e di scambio economico, quando non addirittura norme sanzionatorie a tutela dell'inviolabilità di quella libertà; precondizioni queste che solo un'entità statale sovrana, con la sua legislazione e la sua amministrazione, potevano assicurare[10].

Particolarmente nell'istituzione dei due ministeri economici del Commercio e dell'Agricoltura, realizzata per giunta nel bel mezzo della rivoluzione del 1848, o forse nonostante essa, si può ritrovare quell'attenzione e quell'interesse dello Stato amministrativo prussiano per la modernizzazione sociale e economica per cui esso si era distinto sin dalle riforme di inizio secolo. In particolare però, è nell'istituzione del ministero del Commercio che il governo liberal-borghese di Camphausen volle riporre le sue speranze di riuscire a 'guidare', seppure con mano possibilmente impercettibile, la transizione verso una moderna società commerciale e industriale borghese. È questo addensarsi di speranze e di energie eminentemente liberal-borghesi e allo stesso tempo intrinsecamente rivoluzionarie, che si percepisce all'opera dietro l'istituzione del ministero del Commercio e la sua organizzazione burocratica interna in divisioni, dove furono concentrati il governo e l'amministrazione di tutte o quasi le attività economiche produttive orientate al futuro e in via di inarrestabile ascesa. È nella sorprendente continuità di direzione assicurata a questo ministero sin dall'i-

Wirtschaft im Sinne eines falsch verstandenen 'laisser faire' in Deutschland je ganz und gar sich selbst überlassen hat, so wenig hat er sie je maßnahmen- und zielbewußt gesteuert. Das Verhältnis von Staat und Wirtschaft ist in Deutschland zwischen 1815 und 1939 ... nie so eng geworden, daß man von 'Interventionsstaat' sprechen könnte».

[10] In questa direzione interpretativa mi sembra si muova anche la recente teoria istituzionale della storia economica; cfr. C. WISCHERMANN - A. NIEBERDING (edd), *Die institutionelle Revolution*, p. 25: «Adam Smiths berühmte 'unsichtbare Hand' des Marktes setzte ein System von Verfügungsrechte und Institutionen voraus, das die Funktionsfähigkeit liberaler Marktmechanismen erst ermöglichte».

nizio, in radicale contrasto con la discontinuità e l'opacità che segnarono la guida del ministero dell'Agricoltura, che si può leggere chiaramente il grande investimento progettuale che stava dietro il salto di qualità compiuto dalla classe dirigente borghese dell'epoca rivoluzionaria di fronte alle sfide del presente, puntando tuttavia di nuovo e ancora una volta sui classici strumenti di governo dello Stato amministrativo.

Nel ministero per il Commercio e in quello per l'Agricoltura, la cui istituzione fu il prodotto di un grande sforzo di razionalizzazione dell'organizzazione statale, vennero a confluire competenze su settori sin qui governati all'interno di altri ministeri, in particolare, nell'Ufficio per il Commercio (*Handelsamt*) del ministero delle Finanze e nel ministero degli Interni[11].

La guida del ministero per il Commercio, affidata nella prima fase della rivoluzione per brevi periodi prima a Robert von Patow e poi a Karl August Milde, fu in seguito presa in mano dal banchiere renano August von der Heydt; egli la mantenne saldamente e a lungo (4.12.1848 - 18.5.1862), riuscendo a passare indenne oltre i rivolgimenti governativi del 1858 e del marzo 1862. Dopo di lui, che nel 1862 lasciò il Commercio per passare alle Finanze (da cui si allontanò però già nel settembre dello stesso anno per dissidi con Bismarck), la guida del ministero, dopo il breve intervallo rappresentato da Heinrich Wilhelm von Holtzbrinck, passò nelle mani, parimenti per un periodo relativamente lungo, di Heinrich Friedrich von Itzenplitz (8 ottobre (*ad interim*) / dicembre 1862 - 13 maggio 1873).

Il ministero per l'Agricoltura, a differenza di quello per il Commercio, non solo mutò spesso il suo titolare (sette volte dal 1848 al 1873), ma per lunghi periodi non ebbe nemmeno una sua guida in via esclusiva. Nei primi tempi, infatti, fu diretto in unione personale col ministero degli Interni, prima dal conservatore Otto Theodor von Manteuffel (8 novembre

[11] Cfr. W. HUBATSCH, *Aufbau, Gliederung und Tätigkeit der Verwaltung in den deutschen Eizelstaaten (1815-1866)*, pp. 183-185; in merito si veda anche W. RÜFNER, *Die Entwicklung der Verwaltung in den Bundesstaaten. §1 Preußen*, in particolare p. 684.

1848 - 19 dicembre 1850), e poi, *ad interim*, dal reazionario von Westphalen (19 dicembre 1850 - 16 ottobre 1854). Nel periodo seguente, poi, esso fu guidato, o da figure opache come Karl Otto von Manteuffel (16 ottobre 1854 - 6 novembre 1858), fratello maggiore del *Ministerpräsident* Otto Theodor, che non lasciò sul ministero alcuna impronta particolare, oppure da esponenti della nobiltà fondiaria o addirittura dell'alta nobiltà. Allo *Standesherr* conte Erdmann von Pückler (6 novembre 1858 - 17 marzo 1862), successe infatti il *Gutsbesitzer* Heinrich Friedrich von Itzenplitz (in carica solo per pochi mesi dal marzo al dicembre 1862), e a questo il *Rittergutsbesitzer* e *Oberpräsident* della provincia di Brandenburg, Werner von Selchow (9 dicembre 1862 - 13 gennaio 1873). Di questi ultimi tre ministeri, soprattutto il primo e il terzo indubbiamente garantirono al vertice del ministero agricolo una certa continuità di indirizzo, ma ancor più e soprattutto essi si preoccuparono della difesa degli interessi del ceto sociale privilegiato cui appartenevano. Il ministero per l'Agricoltura, infatti, oltre che per le misure di sostegno allo sviluppo dell'agricoltura (*Landwirtschaftsförderung*) e per le questioni relative alle dighe e agli argini (*Deichangelegenheiten*), fu competente per la regolazione di questioni che ormai si trascinavano stancamente sin dall'inizio del secolo, senza trovare soluzione definitiva, come la regolazione dei rapporti tra signore e contadino (*Regulierung der gutsherrlich-bäuerlichen Verhältnisse*), ossia l'abolizione della servitù e delle relazioni sociali di tipo feudale, la suddivisione dei beni comuni (*Gemeinheitsteilungen*), l'estinzione dei gravami signorili (*Ablösung gutsherrlicher Lasten*)[12].

Completamente diverso è il quadro che si ricava dalla presa in considerazione dell'attività del ministero per il Commercio, ben più ampia e strettamente legata allo sviluppo galoppante della nuova economia commerciale e industriale di segno capitalistico. A questo ministero competevano infatti, oltre al commercio, alle attività artigianali e industriali, ai lavori pubblici (*Bauwesen*), che comparivano nella sua stessa titolazione, anche tutta la materia

[12] W. RÜFNER, *Die Entwicklung der Verwaltung in den Bundesstaaten. §1 Preußen*, p. 685.

delle miniere, delle fonderie e delle saline (*Berg-, Hütten- und Salinenwesen*), il controllo di polizia sulle attività produttive e sui lavori pubblici (*Gewerbe-* e *Baupolizei*), nella misura in cui questa competenza era rientrata sin qui nell'ambito del ministero degli Interni, e, infine, l'amministrazione delle poste e telegrafi, settore quest'ultimo che il ministero perse però nuovamente nel 1867, quando ne cedette la competenza al cancelliere federale (*Bundeskanzler*)[13]. Il ministero si suddivideva in 5 divisioni, di cui la I per le poste e telegrafi; la II per l'amministrazione delle ferrovie (*Eisenbahn-Angelegenheiten*), articolantesi a sua volta in commissariati per le ferrovie private, e in direzioni (*Direktionen*) per le ferrovie statali o private sotto l'amministrazione statale; la III per i lavori pubblici, dove ci si occupava anche delle vie e delle strade e da cui dipendeva, sia la prestigiosa Deputazione tecnica per i lavori pubblici (*technische Baudeputation*), sia l'Accademia regia per i lavori pubblici (*Königliche Bau-Akademie*) di Berlino; la IV per le questioni relative a commercio e attività produttive (industria e artigianato); la V, infine, per l'amministrazione di miniere, fonderie e saline[14]. Non rientravano in questo periodo tra i settori di competenza del ministero per il Commercio i demani e le foreste (*Domänen und Forsten*), che rimasero invece assegnati sino al 1878 alla III *Abteilung* del ministero delle Finanze[15].

Ad ogni modo, fu ai due ministeri istituiti nei primi mesi della rivoluzione, e in particolare al ministero per il Commercio per alcuni aspetti, a quello per l'Agricoltura per altri, che toccò di confrontarsi con la questione, posta con forza all'ordine del giorno dalla rivoluzione e dalla costituzione, della liberalizzazione delle relazioni socio-economiche. Nel contesto degli anni Cinquanta, sullo sfondo della reazione politica e della spinta del ceto agrario all'autoconservazione e al protezionismo economico, nonché alla difesa a oltranza dei valori

[13] L. von Rönne, *Das Staatsrecht der preußischen Monarchie*, 1869-1872^{3}, II.1 (1871), pp. 103 ss.

[14] *Ibidem*, pp. 105-110 e E. Keller, *Der preußische Staat*, II, pp. 252-256. Sulla V Divisione in particolare si veda E. Kroker, *§ 6 Bergverwaltung*, p. 518.

[15] E. Keller, *Der preußische Staat*, II, p. 247.

sociali e politici del mondo della signoria fondiaria, era del tutto prevedibile che contraddizioni o resistenze provenienti da questo mondo si opponessero all'«abolizione degli ostacoli e delle limitazioni alla libertà di persone, lavoro e proprietà terriera»[16], libertà che era invece vitale per la nuova economia capitalistico-borghese in via di affermazione. Della forza di tali resistenze regressive e della loro persistente capacità di incidere sulle politiche governative, come pure dell'azione di contrasto prontamente attivata per neutralizzarle, non hanno probabilmente tenuto conto adeguatamente quegli storici, prevalentemente dell'economia ma anche della politica, che si sono lasciati guidare dall'idea che la rivoluzione capitalistica industriale decollata negli anni Cinquanta in Prussia sia stata anzitutto l'espressione della mano invisibile del libero mercato, minimizzando per contro il ruolo sapiente e vigile dello Stato prussiano e della sua burocrazia ministeriale in particolare. Indubitabilmente si dovrebbe anche rifuggire dall'eccesso opposto, di indicare cioè nello Stato del nostro periodo un «fattore di produzione industriale» di prim'ordine (Boch), proiettando all'indietro il modello interventistico del *Leistungsstaat*, negli anni Cinquanta ancora difficilmente ricomponibile sul piano storico[17]. Nel suo rapporto con le forze vitali dell'economia l'alta burocrazia statale sembra piuttosto aver puntato molto pragmaticamente, secondo criteri assai selettivi e ben ponderati calcoli di costi e benefici, su alcuni nuovi settori economico-produttivi ritenuti trainanti (industria pesante, metallurgica e

[16] L. von Rönne, *Das Staatsrecht der preußischen Monarchie*, 1864-1865², II.2 (1865), pp. 280-281: «Aufhebung der ... Fesseln und Beschränkungen der Freiheit von Personen, Arbeit und Grundeigenthum».

[17] Negli ultimi decenni sono prevalse nella storiografia le differenziazioni nella valutazione del ruolo dello Stato nei vari ambiti di intervento pubblico (cfr. T. Pierenkemper - R. Tilly, *The German Economy during the Nineteenth Century*, pp. 68 ss. e 135 ss.). A parlare dello Stato come «fattore di produzione industriale» è stato Rudolf Boch; sin dall'inizio degli anni Cinquanta lo Stato sarebbe intervenuto a salvare grandi imprese, banche, e a conservare posti di lavoro, facendo rigonfiare la spesa pubblica, finanziata con *Anleihe*, sino a 33 milioni di talleri (R. Boch, *Staat und Wirtschaft im 19. Jahrhundert*, pp. 29-31). Così ha sostenuto Boch, correggendo dunque almeno in parte quanto sui rapporti tra Stato e economia ha argomentato per la Germania in genere Volker Hentschel (si veda *supra*, nota 9).

siderurgica, costruzioni ferroviarie), piuttosto che non su altri (industria tessile), dirottando verso i primi un flusso considerevole di risorse non solo finanziarie ma anche amministrative, smobilitandole gradualmente, ma secondo un programma ben definito, da altri settori storici di impegno statale (miniere, monopoli). Su questi ultimi venne contemporaneamente spinto e accompagnato l'investimento privato, cui lo Stato non fece peraltro mai mancare il suo sostegno indiretto, anzitutto a livello legislativo, ma anche attraverso il finanziamento dello sviluppo della rete infrastrutturale come pure l'istituzione e il mantenimento di *Gewerbe-, Handwerker- e Handelschulen*[18]. In un momento di eccezionale espansione dell'economia capitalistica industriale e di forte dilatazione del volume degli scambi commerciali, lo Stato prussiano, soprattutto, si guardò bene dall'operare una scelta (di civiltà?) tra industria e agricoltura, e si adoperò invece con grande lungimiranza per evitare che il processo di industrializzazione svuotasse le campagne. Laddove i signori fondiari (*Gutsherren*) mostrarono propensione a innovare nei mezzi di produzione e a operare come moderni imprenditori agricoli, lo Stato favorì il processo di sfruttamento capitalistico della terra, portando anche ad un sensibile accrescimento del valore commerciale di quella coltivata. Per questa via lo Stato diede un segno tangibile e concreto della sua volontà di far partecipare l'agricoltura e la terra del circolo virtuoso innescato dall'industrializzazione e dall'ampliamento dei mercati commerciali.

Lo strumento principale di intervento, indiretto, dello Stato sulle attività economiche produttive e sul commercio dei privati fu indubbiamente quello della legislazione. I segnali lanciati attraverso di essa, sia nel clima di incipiente reflusso rivoluzionario, sia in seguito, andarono tuttavia talvolta in controtendenza rispetto al *trend* inequivocabilmente liberistico che prevarrà più decisamente alla fine del nostro ventennio.

Un primo esempio di segnale contraddittorio fu l'ordinanza (*Verordnung*) del 9 febbraio 1849 sulle attività artigianali e industriali, con cui furono modificate in senso restrittivo e

[18] Cfr. a questo proposito *supra*, cap. 10 «Istituzioni educative e formative».

corporativo-protezionistico alcune determinazioni dell'ultima importante normativa quadro sull'attività d'impresa, la *Gewerbeordnung* (GO o GWO) del 1845, che, per quanto non senza qualche incertezza, aveva fatto fare qualche passo avanti alla liberalizzazione economica. Con la GO del 1845 di solito si era potuto avviare un'impresa autonoma senza autorizzazione, ma con un semplice avviso, e solo a un ristretto gruppo di imprese era stato ancora richiesto, per poter impiegare degli apprendisti, un attestato di appartenenza ad una associazione/corporazione professionale (*Innung*), che però esimeva dal dover produrre prova del conseguimento del titolo di abilitazione all'esercizio della professione. Con l'ordinanza del 9 febbraio 1849[19] all'introduzione di criteri più restrittivi si accompagnò per giunta la prescrizione che essi dovessero essere rispettati da una casistica molto più larga di imprese. Con il § 23 dell'ordinanza l'attestato che qualificava all'esercizio della professione autonoma di mastro artigiano diventò presupposto indispensabile per l'avvio di molti tipi di imprese artigianali, specificamente enumerate, con grave limitazione della libertà d'impresa. Non solo, la stessa ammissione all'esame per ottenere la qualifica di mastro artigiano fu subordinata, al § 35 dell'ordinanza, al possesso di determinati requisiti, vale a dire al compimento del 24° anno di età e al precedente superamento dell'esame di apprendista (*Lehrling*). Eventuali eccezioni a questa regola avrebbero potuto essere valutate solo dai consigli aziendali

[19] Cfr. *Verordnung, betreffend die Errichtung von Gewerberäthen und verschiedene Abänderungen der allgemeinen Gewerbeordnung. Vom 9. Februar 1849*, in «GS», 1849, H. 6, Nr. 3102, pp. 93-110. Sulle modifiche apportate alla GO del 1845 dall'ordinanza del 1849 cfr. W. RÜFNER, *§ 3 Preussen B. Die Verwaltungstätigkeit unter Restauration und Konstitution*, in particolare pp. 477-478, e inoltre K.H. KAUFHOLD, *Die Auswirkungen der Einschränkung der Gewerbefreiheit in Preußen*. L'impatto regressivo determinato dall'introduzione di queste limitazioni alla libertà dell'attività d'impresa è stato sottovalutato da H.-U. WEHLER (cfr. *Deutsche Gesellschaftsgeschichte*, 3, p. 60: «In Preußen setzte sich trotz der Verordnung von 1849 in der Realität die Gewerbefreiheit weiterhin durch»). Secondo i contemporanei, infatti, le determinazioni dell'ordinanza del 9 febbraio 1849 riportarono la situazione della libertà d'impresa alla situazione in cui si trovava addirittura prima del 1810 e del 1811 (così L. VON RÖNNE, *Das Staatsrecht der preußischen Monarchie*, 1864-1865^2, II.2 (1865), pp. 282, 319 ss., 325).

(*Gewerberäthe*) che, sulla base dei §§ 1-22 dell'ordinanza, avrebbero dovuto essere istituiti come rappresentanze comuni dei datori di lavoro e dei lavoratori, nonché come organi di raccordo tra le forze economicamente produttive e lo Stato. Le determinazioni del 1849, che saranno sospese solo nel 1868, avranno quindi lunga vita prima della loro abolizione. Saranno soppresse del tutto con la *Gewerbeordnung* del 1869 per il *Norddeutscher Bund*[20], che a sua volta diventerà legge per tutto l'Impero tedesco dal 1871. Alla GO del 1869, peraltro, si arriverà solo gradualmente attraverso una serie di leggi liberalizzanti varate dal ministro von der Heydt nel periodo della Nuova Era. Prima fra tutte quella del 22 giugno 1861[21], che introdusse notevoli limitazioni al sistema di concessioni da parte della polizia (*Gewerbepolizei*), ma poi anche quella del 1° luglio 1861, sull'avvio di impianti produttivi. Con quest'ultima da un lato si precisarono meglio, più di quanto non avesse fatto la GO del 1845, i tipi d'impianti richiedenti necessariamente la concessione, dall'altro si razionalizzò ulteriormente il procedimento di autorizzazione[22].

Un secondo esempio di resistenza alle liberalizzazioni si può rinvenire negli ostacoli ancora frapposti negli anni del decollo economico e industriale alla libertà di movimento delle persone. Una libertà questa più che mai necessaria in un periodo di accelerata urbanizzazione, in cui cioè la popolazione, che sino alla metà del secolo circa aveva vissuto soprattutto nelle campagne, aveva cominciato a spostarsi in massa e a concentrarsi soprattutto nelle città; e più che mai importante in un periodo per giunta di consistente spostamento di ampie fasce di lavoratori stagionali e a giornata dalla parte orientale a quella

[20] W. Rüfner, *§ 3 Preussen B. Die Verwaltungstätigkeit unter Restauration und Konstitution*, p. 478.

[21] Cfr. *Gesetz, betreffend die Abänderungen einiger Bestimmungen der Allgemeinen Gewerbe-Ordnung vom 17. Januar 1845. Vom 22. Juni 1861*, in «GS», 1861, Nr. 5405, pp. 441-445.

[22] *Gesetz, betreffend die Errichtung gewerblicher Anlagen. Vom 1. Juli 1861*, in «GS», 1861, H. 33, Nr. 5427, pp. 749-753. Su questa legge cfr. L. von Rönne, *Das Staatsrecht der preußischen Monarchie*, 1864-1865², II.2 (1865), pp. 283 e 286, nota. 2b, e 310 ss.

occidentale della monarchia, che, di conseguenza, acquistò una centralità economico-industriale non solo in Prussia ma anche sul continente europeo del tutto inedita[23].

La libertà di movimento degli individui continuò a essere regolata in Prussia, anche oltre il 1848 e a dispetto delle garanzie costituzionali della libertà personale[24], dall'editto precostituzionale del 22 giugno 1817, che aveva imposto l'obbligo del passaporto (*Paßzwang*) e il controllo dello stesso (*Paßkontrolle*) come suo correlato. Gli effetti restrittivi di questo editto sulla libertà di movimento personale furono attenuati solo in parte dall'accordo (*Staatsvertrag*) concluso dai governi della maggior parte degli stati della Confederazione germanica (*Deutscher Bund*) il 21 ottobre 1850[25]. Questo trattato aveva consentito infatti di sostituire il passaporto con una cosiddetta carta di circolazione (*Paßkarte*) a tutti coloro che viaggiavano «negli stati tedeschi», ad eccezione però di ben determinate categorie di individui, tra le quali vi erano anzitutto gli apprendisti artigiani (*Handwerkergesellen*), gli aiutanti (*Gewerbegehülfen*), i servitori (*Dienstboten*) e gli individui in cerca di lavoro in genere. Escluse dalla possibilità di servirsi della *Paßkarte* erano con ciò le fasce economicamente più deboli della popolazione, le stesse persone solitamente considerate come socialmente e politicamente più 'pericolose'; queste, anche per spostarsi da una provincia all'altra del Regno, dovevano essere in possesso, se non proprio del passaporto, di cosiddette carte di transito (*Wanderkarte*) o di soggiorno (*Aufenthaltskarte*), utilizzate come strumento di controllo degli stranieri da parte della polizia che

23 Cfr. I. MIECK, *Preußen von 1807 bis 1850*, pp. 94-95. La popolazione prussiana passò dai 16 milioni e oltre (16,33) di persone del 1849 agli oltre 24 milioni e mezzo (24, 64) del 1870: H.-U. WEHLER, *Deutsche Gesellschaftsgeschichte*, 3, p. 34. Berlino, nel periodo dal 1850 al 1870, giunse a raddoppiare quasi la sua popolazione, passando da 427.000 a 786.000 abitanti: *ibidem*, p. 9; sempre *ibidem*, pp. 11-37 cfr. in particolare il capitolo «Die Inkubationsphase der Urbanisierung».

24 L. VON RÖNNE, *Das Staatsrecht der preußischen Monarchie*, 1864-1865^2, II.2 (1865), pp. 105-106.

25 L'accordo non era del 18 ottobre come erroneamente si dice in J. TORPEY - M. CHARLOT, *Le contrôle des passports et la liberté de circulation*, p. 66.

vegliava sui fenomeni migratori (*Fremdenpolizei*)[26]. Le determinazioni assai restrittive dell'editto prussiano del 1817, che induceva la *Fremdenpolizei* a un controllo addirittura assillante dei passaporti, rilasciati solo dalle *Regierungen* provinciali o addirittura dal ministero dell'Interno e per giunta con validità di solo un anno, rimasero in vigore anche dopo il citato trattato intertedesco del 1850 e non saranno modificate se non molto più tardi.

Alle restrizioni opposte alla libertà di movimento delle persone dalla legislazione statale e confederale, si cumulavano poi le tasse che rendevano disagevole e gravoso lo spostamento delle persone da un comune all'altro. Anche le determinazioni delle due leggi, del 14 maggio 1860[27], sulla riscossione dell'*Einzugs-*, *Bürgerrechts-* e *Einkaufsgeld* nei comuni cittadini[28], e del 24 giugno 1861, sul prelievo dell'*Einzugs-* e dell'*Einkaufsgeld* nei comuni rurali[29], leggi che in certi casi ancora vincolavano l'acquisizione dello *status* di membro del comune (*Gemeindeangehörigkeit*) al versamento di una tassa di ingresso (*Einzugsgeld*), costituivano chiaramente uno strumento per difendersi dai problemi di governabilità creati dalle masse di lavoratori che si spostavano in cerca di lavoro da una parte all'altra del Regno.

Nei primi anni Sessanta, all'interno del *Landtag* prussiano, le norme dell'editto del 1817 furono più volte oggetto d'interpellanze al ministro degli Interni; gli si chiese che fossero modificate anche con un semplice ordine di gabinetto, non essendoci bisogno necessariamente di una legge, così almeno si argomentava, per abolire delle norme precostituzionali. Esse

[26] L. von Rönne, *Das Staatsrecht der preußischen Monarchie*, 1864-1865^2, II.2 (1865), pp. 107, 110, 113.

[27] *Gesetz, betreffend das städtische Einzugs-, Bürgerrechts- und Einkaufsgeld. Vom 14. Mai 1860*, in «GS», 1860, Nr. 5233, pp. 237-240. L'*Einzugsgeld* poteva variare dai 3 ai 20 talleri a seconda della grandezza delle città.

[28] Cfr. in merito quanto si è già detto *supra*, cap. 5 «Verwaltung».

[29] Cfr. *Gesetz, betreffend das Einzugs- und Einkaufsgeld in den Landgemeinden und den nach der Landgemeinde-Ordnung verwalteten Städten der Provinz Westphalen*, in «GS», 1861, Nr. 5406, pp. 446-448; in merito cfr. L. von Rönne, *Das Staatsrecht der preußischen Monarchie*, 1869-1872^3, II.1 (1871), p. 562, nota 3b.

però alla fine non furono modificate; il ministro disse di voler attendere la normalizzazione della situazione politica nel Regno di Polonia, particolarmente difficile nel 1863[30], prendendo evidentemente a pretesto le rivolte dei polacchi verificatesi in quel periodo nella provincia di Posen per mantenere la situazione legislativa invariata. Solo nella seconda metà degli anni Sessanta riuscirà a farsi sentire la forte pressione esercitata dalla borghesia imprenditoriale e industriale per l'abolizione di quelli che si presentavano come dei veri e propri ostacoli alle esigenze di mobilità indotte dall'industrializzazione; la stessa borghesia, ad esempio, in caso di scioperi, voleva sentirsi libera di fare ricorso a operai provenienti dall'estero.

Con la costituzione della Confederazione della Germania settentrionale del 16 aprile 1867 la legislazione sulla libertà di movimento (*Freizügigkeit*), sui cambi di domicilio *(Niederlassungsverhältnisse)*, sui passaporti (*Paßwesen*) e sulla polizia di frontiera (*Fremdenpolizei*), fu attirata a livello federale[31]. Una prima modifica in senso liberale della legislazione prussiana esistente si avrà così in seguito al varo della legge federale sui passaporti del 12 ottobre 1867[32], che riprese i termini di una legge già approvata nel 1865 da alcuni stati medi tedeschi, e che però la Prussia non aveva ancora recepito. La legge soppresse passaporti e visti sia per i soggetti della Confederazione sia per gli stranieri all'interno del territorio della Confederazione, senza fare più alcuna distinzione tra visti di entrata, di uscita, di soggiorno o di transito. Essa soppresse anche le cosiddette carte di soggiorno, rese il passaporto facoltativo, purché

[30] L. von Rönne, *Das Staatsrecht der preußischen Monarchie*, 1864-1865², II.2 (1865), p. 107.

[31] Cfr. art. 4 della *Verfassung des Norddeutschen Bundes*, del 16 aprile 1867 (in «Bundesgesetzblatt des Norddeutschen Bundes», 1867, Nr. 1, pp. 1-23). Sulla legislazione del NDB, che prevaleva su quella dei singoli stati, e riguardò soprattutto gli ambiti del libero sviluppo e della protezione dell'individuo da un lato, dell'unificazione giuridica e della modernizzazione degli scambi e della costituzione economica, dall'altro, si rinvia a K.E. Pollmann, *Der Norddeutsche Bund*, pp. 226-227, e inoltre Hartmann, voce *Meldewesen*.

[32] Cfr. *Gesetz über das Paßwesen. Vom 12. Oktober 1867*, in «Bundesgesetzblatt des Norddetschen Bundes», 1867, Nr. 5, pp. 33-35.

si fosse in grado di dimostrare su richiesta delle autorità la propria identità, prevedeva la tassa di solo 1 tallero per l'ottenimento del passaporto, e, soprattutto, non faceva più alcun cenno a gruppi circoscritti di popolazione o a ben determinati tipi di lavoratori, suscettibili, in quanto equiparati agli individui socialmente 'pericolosi', di essere sottoposti all'obbligo di passaporto o di visto[33]. A questa legge sui passaporti fece per giunta immediatamente seguito, sempre all'interno della cornice della Confederazione della Germania del Nord, l'importantissima e già più volte citata «legge sulla libera circolazione delle persone» (*Gesetz über die Freizügigkeit*) del 1° novembre 1867[34], che garantiva la libertà di soggiorno (*Aufenthalt*) e di domicilio (*Niederlassung*) a ogni cittadino confederale. Il varo, due anni dopo, della liberale *Gewerbeordnung* del 21 giugno 1869[35], che scindeva la concessione dell'autorizzazione necessaria all'avvio di un'impresa dal legame con il comune di residenza dell'imprenditore, abolì qualsiasi restrizione al libero movimento di lavoratori e imprenditori, naturalmente entro i confini prima della Confederazione e poi dell'Impero. La legge sta ancora oggi alla base della legislazione tedesca sulla libertà d'impresa[36].

Le esitazioni e i momentanei arresti di cui fu lastricata la via della legislazione prussiana verso la libertà economica non si replicarono, invece, com'è del resto ampiamente noto, nella politica commerciale e nel cammino verso la costruzione di uno spazio sufficientemente ampio e libero per lo scambio delle merci.

[33] J. Torpey - M. Charlot, *Le contrôle des passports et la liberté de circulation*, p. 75.

[34] Cfr. *Gesetz über die Freizügigkeit. Vom 1. November 1867*, in «Bundesgesetzblatt des Norddeutschen Bundes», 1867, Nr. 7, pp. 55-58, e ripubblicata in Ch. Sachsse - F. Tennstedt - E. Roeder (edd), *Armengesetzgebung und Freizügigkeit*, erster Halbband, Nr. 8, pp. 29-31; sui lavori del *Bundesrat* e del *Reichstag* del NDB in merito si veda anche *ibidem*, Nr. 2-7, pp. 5-28.

[35] Cfr. la *Gewerbeordnung für den Norddeutschen Bund. Vom 21. Juni 1869*, in «Bundesgesetzblatt des Norddeutschen Bundes», 1869, Nr. 312, pp. 245-282, cui si è già fatto cenno *supra*, intorno alla nota 18 ma *passim* del cap. 4 «Diritti».

[36] Così P. Badura, *Wirtschaftsverfassung und Wirtschaftsverwaltung*, p. 5.

Un momento importante in questa direzione rappresentò senz'altro l'introduzione in Prussia, con legge del 24 giugno 1861, del Codice tedesco di commercio (*Allgemeines Deutsches Handel-Gesetzbuch*, ADHG), che garantì un diritto omogeneo ai commercianti di tutto il Regno[37]. Ad essere determinanti nella marcia di avvicinamento alla definizione di uno spazio commerciale sempre più ampio, e anche sempre più chiaramente delimitato in funzione antiaustriaca, furono però i rinnovi del trattato alla base della Lega doganale tedesca (*Zollverein*) del 1853, del 1865 e del 1867, nonché la stipula del trattato commerciale franco-prussiano del 1862.

I trattati commerciali per il consolidamento dello *Zollverein*[38] furono frutto anche della presenza, dal 1849 in poi, al ministero per il Commercio di un funzionario di grandi capacità

[37] Sull'ADHG, che entrò in vigore il 1° marzo 1862, cfr. L. von Rönne, *Das Staatsrecht der preußischen Monarchie*, 1864-1865², II.2 (1865), p. 335.

[38] Cfr. 1) *Vertrag zwischen Preußen, Bayern, Sachsen, Hannover, Württemberg, Baden, Kurhessen, dem Großherzogthume Hessen, den zum Thüringischen Zoll- und Handelsvereine gehörigen Staaten, Braunschweig, Oldenburg, Nassau und der freien Stadt Frankfurt, die Fortdauer und Erweiterung des Zoll- und Handelsvereines betreffend. Vom 4. April 1853*, in «GS», 1853, H. 29, Nr. 3777, pp. 406-426 (secondo il trattato la proroga dello *Zollverein* entrava in vigore per tutti gli stati membri a partire dal 1° gennaio 1854 e aveva una durata prevista di 12 anni); 2) *Vertrag zwischen Preußen, Bayern, Sachsen, Hannover, Württemberg, Baden, Kurhessen, dem Großherzogthume Hessen, den zum Thüringischen Zoll- und Handelsvereine gehörigen Staaten, Braunschweig, Oldenburg, Nassau und der freien Stadt Frankfurt, die Fortdauer des Zoll- und Handelsvereines betreffend. Vom 16. Mai 1865*, in *Verträge und Verhandlungen aus dem Zeitraume 1833 bis einschließlich 1870 über die Bildung und Ausführung des deutschen Zoll- und Handels-Vereins*, 5, pp. 43-67; 3) *Vertrag zwischen dem Norddeutschen Bunde, Bayern, Württemberg, Baden und Hessen, die Fortdauer des Zoll- und Handelsvereins betreffend. Vom 8. Juli 1867*, in *Verträge und Verhandlungen aus dem Zeitraume 1833 bis einschließlich 1870 über die Bildung und Ausführung des deutschen Zoll- und Handels-Vereins*, 5, pp. 82-103. Sullo *Zollverein* la letteratura è vastissima; per ragioni di spazio ci si limita qui a rinviare, oltre al sempre utile H. Böhme, *L'ascesa della Germania a grande potenza*, e a E.R. Huber, *Deutsche Verfassungsgeschichte*, 3, pp. 148-150 e 615-637 (Kap. XI: «Krise und Reform des Zollvereins»). Tra le pubblicazioni più recenti si veda M. Kreutzmann, *Die höheren Beamten des Deutschen Zollvereins: eine bürokratische Funktionselite*, e H.-W. Hahn - M. Kreutzmann (edd), *Der deutsche Zollverein. Ökonomie und Nation im 19. Jahrhundert.*

come Rudolph Delbrück, nemico giurato dell'Austria a partire dal 1850[39]. Fu lui a riuscire a convincere l'Hannover a entrare nello *Zollverein*[40], fu sempre lui a guidare l'azione di avvicinamento alla Francia che portò al trattato commerciale franco-prussiano del 29 marzo - 2 agosto 1862, con cui la Prussia aprì di fatto le porte a «un comune spazio commerciale europeo-occidentale»[41]. Dall'ingresso della Prussia in questo spazio comune europeo uscì rafforzato il ruolo economico della Renania in Europa, ma soprattutto venne anticipata nell'economia e nella politica economica, anche attraverso la lunga crisi dello *Zollverein* che durò sino al 1865, la soluzione piccolo-tedesca della questione nazionale, quale poi oggettivatasi nella costruzione politica della Confederazione della Germania del Nord[42].

[39] Su Delbrück, chiamato da Bismarck nella sua qualità cancelliere del NDB, a ricoprire la carica di presidente del *Bundeskanzleramt*, cioè, praticamente di vicecancelliere, cfr. R. MORSEY, *Rudolph Delbrück (1817-1903)*.

[40] Cfr. H. BÖHME, *L'ascesa della Germania a grande potenza*, pp. 41-42.

[41] Sull'aprirsi di questo spazio si veda C. TORP, *Die Herausforderung der Globalisierung*, pp. 124 ss. Sulla conclusione dell'accordo commerciale austro-prussiano del 19 febbraio 1853 e sull'accordo commerciale franco-prussiano, E.R. HUBER, *Deutsche Verfassungsgeschichte*, 3, pp. 414 e 616 ss.; sul trattato franco-prussiano cfr. inoltre U. LAPPENKÜPER, *Bismarck und Frankreich*. Sui «compiti» dello *Zollverein* si veda il contributo di F. SCHÖNERT-RÖHLK, *Aufgaben des Zollvereins*. L'accoglienza entusiasta riservata al trattato franco-prussiano dall'opinione pubblica colta contemporanea è documentata emblematicamente sulle pagine della prestigiosa rivista tedesca dei «Deutsche Jahrbücher» (3, 1862) da un articolo di H. RENTZSCH dal titolo *Der deutsch-französische Handelsvertrag* (pp. 372-388). Con grande soddisfazione il trattato commerciale franco-prussiano fu accolto anche, evidentemente, dai sostenitori del liberismo economico raccolti nel *Kongreß deutscher Volkswirthe*, fondato nel settembre 1858 a Gotha, e su cui si veda V. HENTSCHEL, *Die deutsche Freihändler und der volkswirtschaftliche Kongreß 1858 bis 1885*. Una valutazione complessivamente positiva del trattato commerciale franco-prussiano si trova anche in A. MEYER, *Der achte volkswirtschaftliche Congreß*, in particolare p. 505, dove si afferma che esso segnò «l'inizio del sistema politico-commerciale europeo». Contro il trattato franco-prussiano invece, soprattutto per la sua valenza inconfondibilmente antiaustriaca, si veda il lungo intervento dell'economista A. SCHÄFFLE, *Der preußisch-französische Handelsvertrag*.

[42] Cfr. C. TORP, *Die Herausforderung der Globalisierung*, pp. 134 ss.; il cap. «Krise und Reform des Zollvereins» in E.R. HUBER, *Deutsche Verfassungsgeschichte*, 3, pp. 615 ss. Per il rinnovo del trattato dello *Zollverein*

L'8 luglio del 1867 la Prussia e tutti gli stati della Confederazione tedesco-settentrionale, cui nel frattempo si erano associati anche i due Mecklemburg e la città di Lübeck, si unirono in un nuovo *Zollverein* con i quattro stati tedesco-meridionali e il Lussemburgo[43]. Fu attraverso questo trattato del 1867 che si pervenne alla fondazione, il 1° ottobre 1868, di uno Stato commerciale federale (*Zollbundesstaat*), con un suo parlamento (*Zollparlament*), eletto con voto generale, uguale e diretto, e all'introduzione in esso, il 1° gennaio 1870, del Codice commerciale tedesco, come modificato il 5 giugno 1869. Giunse così a coronamento il sogno di Delbrück di realizzare, all'interno della Confederazione della Germania settentrionale prima e dell'Impero (*Reich*) tedesco poi, l'idea della libera economia di mercato perseguita dai riformatori d'inizio secolo.

Nel *take-off* economico-industriale degli anni Cinquanta, secondo la letteratura storico-economica degli ultimi decenni, un ruolo addirittura maggiore dello *Zollverein* avrebbero svolto gli investimenti statali nel settore ferroviario[44]. Quest'ultimo, nel contesto di una più generale attenzione dello Stato alla creazione di nuove infrastrutture e alla estensione e al miglioramento della rete esistente delle vie di comunicazione (strade, vie fluviali di navigazione interna ecc.), fu ritenuto tanto strategico per lo sviluppo economico, industriale, commerciale e culturale del paese, da indurre lo Stato, lentamente ma risolutamente, a sostituirsi all'industria privata nella costruzione e nella gestione delle ferrovie; alla statalizzazione del settore, che sarà portata a compimento solo entro i confini della nuova cornice imperiale[45], si arriverà tuttavia gradualmente.

del 1865 come «spettacolare compiersi di una graduale metamorfosi della politica commerciale in politica statuale e di potenza» si veda V. HENTSCHEL, *Deutsche Wirtschafts- und Sozialpolitik*, p. 21.

[43] *Vertrag zwischen dem Norddeutschen Bunde, Bayern, Württemberg, Baden und Hessen, die Fortdauer des Zoll- und Handelsvereins betreffend. Vom 8. Juli 1867*, cit. *supra*, alla nota 38; in merito W. TREUE, *Preußens Wirtschaft vom Dreißigjährigen Krieg bis zum Nationalsozialismus*, p. 530.

[44] V. HENTSCHEL, *Deutsche Wirtschafts- und Sozialpolitik*, p. 17.

[45] M. SCHMÖKEL, *Rechts- und Ideengeschichte der Regulierung im 19. Jahrhundert am Beispiel der Bahn*.

Intorno alla metà del secolo lo Stato prussiano, che si era inizialmente limitato ad affiancare l'iniziativa privata, dando sovvenzioni, acquistando azioni e obbligazioni, assumendo su di sé la garanzia dei dividendi e accordando priorità nei dividendi agli azionisti privati, cominciò a investire direttamente e sempre più massicciamente in azioni delle medesime società ferroviarie che gli avevano garantito ottimi profitti[46]. Si profilò così col tempo una sorta di economia di Stato, sia nella costruzione delle ferrovie, sia nella gestione di quelle che man mano venivano restituite allo Stato dalle imprese ferroviarie private, dopo la scadenza dei 30 anni, stabiliti dalla legge del 9 novembre 1838, che dovevano trascorrere prima che lo Stato potesse rientrare in possesso delle azioni investite al valore nominale[47]. Furono in effetti soprattutto i grandi cantieri ferroviari ad attirare l'immigrazione di grandi masse di manodopera dall'Est, e fu sulla base della legge sulle ferrovie del 1838 che venne facilitata la raccolta sul mercato dei capitali necessari a dar vita a grandi imprese, avendo essa consentito per la prima volta la costituzione di società per azioni[48].

Assai vantaggiosi continuarono ad essere tuttavia in questo periodo anche gli investimenti privati nelle ferrovie. Le 20 società per azioni ferroviarie funzionanti sino al 1867, le cui azioni erano registrate e trattate alla borsa di Berlino, diedero dividendi in media del 7,45%. Un capitalista che avesse acquistato azioni di una delle 20 società ferroviarie esistenti nel 1838, e le avesse rivendute tutte nel 1867, riusciva ad ottenere guadagni di capitale anche di oltre il 30% e dividendi di oltre il 5%. Già alla fine degli anni Sessanta si poteva vedere chiaramente lo straordinario sviluppo conseguito da questo ramo dell'economia che esisteva da soli 30 anni circa. Le azioni delle società ferroviarie, insieme a quelle di assicu-

[46] Cfr. R. BOCH, *Staat und Wirtschaft im 19. Jahrhundert*, pp. 19 ss.; cfr. anche W. TREUE, *Preußens Wirtschaft vom Dreißigjährigen Krieg bis zum Nationalsozialismus*, p. 528.

[47] W. RÜFNER, *§ 3 Preussen B. Die Verwaltungstätigkeit unter Restauration und Konstitution*, pp. 481-482.

[48] *Ibidem*, p. 482. Sulla politica prussiana nel settore ferroviario cfr. H.St. SEIDENFUS, *Eisenbahnwesen*, in particolare pp. 234-243.

razioni e banche, aumentarono infatti il capitale in esse investito del 50%, più di quanto potessero dare gli investimenti nelle miniere (*Bergwerke*) e nelle fonderie (*Hütten*), che pure godevano fama tra l'opinione pubblica di settori particolarmente favorevoli all'investimento di capitali[49].

Gli investimenti statali nelle ferrovie, peraltro sostenuti dalla concessione di numerosi prestiti (*Anleihen*) da parte del *Landtag*[50], funsero solitamente da traino e da volano per lo sviluppo della grande industria, sia meccanica che pesante, sia estrattiva che metallurgica[51]. Per l'estrazione dei metalli necessari alla costruzione dei binari ferroviari fu decisivo che ancora all'inizio del nostro periodo lo Stato continuasse a detenere allo sfruttamento delle miniere, altro settore fondamentale dell'economia prussiana. Lo Stato, il cui diritto esclusivo allo sfruttamento del sottosuolo (*Bergregal*) era sganciato dal possesso della terra e prevedeva contrattualmente la specificazione dei diversi minerali (potassio [*Kali*]), piombo argentato [*Silbererz*] ecc.) oggetto di estrazione a seconda del territorio, arrivò tuttavia alla fine del nostro periodo alla quasi totale dismissione degli stabilimenti minerari. Se ancora nel 1849 si trovavano nelle sue mani 31 cave (*Gruben*) e 22 fonderie (*Hüttenwerke*), nei successivi 25 anni prevalse invece l'orientamento a liberarsi di esse e lasciare il loro sfruttamento ai privati. Attraverso l'emanazione di ben 14 leggi (tra cui il *Miteigentümergesetz* del 1851, il *Knappschaftsgesetz* del 1854, il *Freizügigkeitsgesetz* per i minatori del 1860, il *Kompetenzgesetz* del 1861 ecc.), si giunse infine al Codice di diritto minerario per gli Stati prussiani (*Allgemeines Berggesetz für die Preußischen Staaten*) (ABG) del 24 giugno 1865, con cui, a conclusione di un lungo percorso di circa 15 anni, si pervenne ad

[49] W. Treue, *Preußens Wirtschaft vom Dreißigjährigen Krieg bis zum Nationalsozialismus*, p. 542.

[50] Cfr. quanto si è detto *supra*, cap. 11 «Finanze».

[51] Si veda in merito R. Tilly, *Die politische Ökonomie der Finanzpolitik und die Industrialisierung Preußens*; su «Railways and the Leading Sector Syndrome» cfr. anche T. Pierenkemper - R. Tilly, *The German Economy during the Nineteenth Century*, pp. 58 ss.

una complessiva ridefinizione in senso liberale di tutto il diritto minerario (*Bergrecht*)[52].

Già con la legge «sulla comproprietà» (*Miteigentümergesetz*) del 12 maggio 1851 fu definitivamente messo in discussione il sistema per cui, in continuità con il privilegio di un tempo del signore territoriale (*Regalität*), era riconosciuto allo Stato un ampio diritto di direzione (*Direktionsrecht*) nella gestione di tutte le miniere, anche di quelle private. Un'altra legge «sulla comproprietà» del 1860 lasciò alle assemblee dei soci delle cooperative minerarie (*Gewerkenversammlungen*) e alla direzione delle cave (*Grubenvorstand*) piena autonomia nell'amministrazione dei loro affari. La legge poi sulla «libertà di movimento» (*Freizügigkeit*) per le miniere del 1860, che abolì di diritto e *de facto* la tutela statale sulle miniere (*Direktionsprinzip*), limitò sensibilmente anche il ruolo dell'autorità pubblica nella sorveglianza delle miniere, lasciò piena libertà d'impresa ai proprietari delle miniere e, infine, liberalizzò la stipula dei contratti tra proprietari delle cave, funzionari delle miniere e minatori. Con il successivo *Kompetenzgesetz* del 10 giugno 1861 furono anche eliminate le 10 circoscrizioni territoriali in cui avveniva l'amministrazione statale delle miniere, e soppressi i corrispondenti 10 *Bergämter*, le autorità amministrative speciali (*Sonderbehörde*) ad esse preposte[53], per tornare ad un'amministrazione delle miniere organizzata su tre livelli: distretto minerario (*Bergrevier*), circoscrizione mineraria (*Oberbergamt*), ministero[54]. Con il *Kompetenzgesetz* del 1861 anche le fonderie (*Hüttenwerke*) furono sottratte alla sorveglianza statale per essere sottoposte invece a quella delle *Regierungen*; gli stabilimenti per l'estrazione di piombo e carbone (*Erz,*

[52] Sullo sfruttamento delle miniere (*Bergbau*) cfr. W. RÜFNER, *§ 3 Preussen B. Die Verwaltungstätigkeit unter Restauration und Konstitution*, pp. 479-480; sulla complessiva riforma del diritto minerario (*Bergrechtsreform*) attuata tra il 1851 e il 1865 si veda W. FISCHER, *Das wirtschafts- und sozialpolitische Ordnungsbild der preußischen Bergrechtsreform 1851-1865* [1961], e inoltre E. KROKER, *§ 6 Bergverwaltung*, qui pp. 519 ss.

[53] G.-Ch. VON UNRUH, *§3 Preußen. A. Die Veränderungen der Preußischen Staatsverfassung*, p. 460.

[54] E. KROKER, *§ 6 Bergverwaltung*, p. 520.

Kohle) continuarono invece a sottostare alla sorveglianza della autorità statale con cui entrarono spesso in conflitto[55]. Le circoscrizioni degli *Oberbergämter*, così come ridefinite nel 1861, non coincidevano con le province ed avevano invece carattere sovraprovinciale. Ai 4 *Oberbergämter*, individuati secondo criteri geologici, giuridico-minerari ed economici[56], se ne aggiungerà un altro nel 1866[57].

Oltre alla riorganizzazione amministrativa sulle tre istanze suddette, si impose come necessaria anche la codificazione complessiva del diritto minerario, cui si è già fatto cenno. Il nuovo Codice di diritto minerario (*Allgemeines Bergrechts-Gesetz*, ABG), che entrò in vigore il 1° ottobre del 1865, distinse finalmente tra il diritto di estrazione dei minerali e la proprietà del fondo, dichiarando i minerali più importanti liberamente estraibili (*bergbaufrei*); con esso il *Muter*, cioè colui che aveva fatto richiesta di sfruttamento del sottosuolo, otteneva anche il possesso della miniera. Con l'ABG il nesso tradizionale tra il principio di privativa delle miniere (*Bergregalität,* cioè il diritto del re e/o dello Stato di sfruttare economicamente le miniere in forza di privilegio originario) e il *Direktionsprinzip* fu definitivamente annullato, e l'attività delle autorità amministrative speciali preposte alle miniere fu limitata a compiti di sorveglianza e di controllo su questioni come le misure di sicurezza o i salari minimi. L'ABG introdusse anche per la prima volta l'assicurazione obbligatoria dei minatori, anticipando uno sviluppo, quello della socializzazione del rischio professionale, che negli altri settori produttivi doveva prodursi solo tre decenni dopo circa[58]. Con l'assicurazione obbligatoria dei minatori e l'autogoverno delle miniere da parte degli imprenditori minerari e dei minatori, furono risolti anche pressanti problemi di ordine sociale[59].

[55] *Ibidem*, p. 522.

[56] Cfr. in merito E. KELLER, *Der preußische Staat*, II, pp. 299-300.

[57] E. KROKER, *§ 6 Bergverwaltung*, p. 522.

[58] *Ibidem*, p. 520.

[59] *Ibidem*.

Il nuovo Codice di diritto minerario, che aveva molto limitato i poteri dell'amministrazione statale sull'impresa privata, non volle però rinunciare al principio della sorveglianza statale sulle miniere attraverso l'autorità specificamente chiamata a questo compito, e cioè gli *Oberbergämter*. Questi, istituiti come si è detto con legge del 10 giugno 1861, tennero sempre nettamente distinte la loro funzione di sorveglianza sulle imprese private da quella di gestione diretta delle miniere statali, funzioni che invece avevano teso a mescolarsi nella precedente istanza amministrativa inferiore dei *Bergämter* funzionanti prima del 1861. Poco o per niente toccate dalla liberalizzazione del diritto minerario furono le miniere e le fonderie statali concentrate nella zona mineraria della Saar o dell'Oberschlesien, mentre le cave gestite direttamente dallo Stato nella zona della Ruhr erano state vendute quasi tutte già nel 1852.

Con le annessioni del 1866 il Codice di diritto minerario prussiano fu esteso, come molta altra legislazione prussiana, alle nuove province, anche se nel sottoporle ad esso si tenne conto delle loro particolarità. Nell'Impero l'ABG fu assimilato anche da altri stati tedeschi, tra cui la Baviera, il Baden, l'Assia, il Württemberg ecc., gli stati facenti parte cioè del «gruppo del diritto minerario prussiano» (*preußische Bergrechtsgruppe*), cosiddetto per distinguerlo dal «gruppo del diritto minerario sassone» (*sächsische Bergrechtsgruppe*) e da quei territori che, non avendo proprie leggi minerarie, si orientavano nelle singole questioni al diritto minerario tedesco comune.

Se si guarda al percorso seguito dalla Prussia ottocentesca nel suo cammino dal neo-mercantilismo al liberismo economico, si vede come, già nel ventennio preso in considerazione, la presenza attiva dello Stato nell'economia si fece percepire sempre assai distintamente, anche se animata da motivazioni non sempre coerenti tra loro. Tale soggettività statale dinamica e allo stesso tempo discreta si fece sentire, talvolta attraverso la messa in campo di nuove politiche e forme istituzionali inedite, talaltra attraverso la rimodulazione di politiche e strumenti organizzativi già sperimentati, in qualche circostanza attraverso il paternalistico soccorso portato all'economia in difficoltà con strumenti preferibilmente legislativi, in qualche altra con la rimozione degli ostacoli che ne rallentavano o ostacolavano il cammino, di solito seguendo una strategia di lungo respiro, ma occasionalmente anche rispondendo a esigenze eminentemente tattiche. In linea generale, comunque, l'iniziativa dello Stato fu oggettivamente sollecitata dalle molte timidezze che avevano caratterizzato la liberalizzazione economica della *Gewerbeordnung* del 1845, arrestatasi anche di fronte ai numerosi monopoli statali esistenti nello sfruttamento delle miniere, nel servizio postale, nelle lotterie, nel commercio del sale, nella carta da bollo (*Stempelpapier*), nel riconoscimento di nuovi brevetti (*Patentgesetzgebung*)[60]. Il protagonismo dello Stato fu nondimeno eccitato molto venalmente dalle concrete aspettative di guadagno e dalla prospettiva di investimenti altamente remunerativi quando esso decise di impegnarsi in un settore, come quello della costruzione e dell'ampliamento della rete ferroviaria, che sino all'inizio degli anni Cinquanta aveva garantito lauti profitti agli investitori privati. Altri settori che

[60] Cfr. a questo proposito A. HEGGEN, *Erfindungsschutz und Industrialisierung in Preußen 1793-1877*, in particolare pp. 34 ss. e 50 ss. La protezione delle scoperte (*Erfindungsschutz*) e il riconoscimento di nuovi brevetti era compito dello Stato, che operava attraverso la *Technische Deputation* del ministero per il Commercio. Contro il proliferare dei brevetti riconosciuti dallo Stato, che pure sino alla *Gewerbeordnung* del 1845 erano stati visti come strumento di progresso tecnologico e veicolo di sviluppo industriale, si andò tuttavia col tempo formando un vasto movimento di opinione. Il movimento antibrevetti diventò maggioritario in Prussia in particolare alla fine degli anni Cinquanta, vale a dire in coincidenza con la nomina, nel 1859, del liberista Rudolf Delbrück a direttore ministeriale. Delbrück, che ben presto andò a dirigere anche la *Technische Deputation*, impose da subito un corso di liberalizzazioni assai più spinte rispetto a quelle perseguite dal suo predecessore, Beuth. La protezione statale delle scoperte e dei brevetti era fortemente criticata, sin dall'inizio degli anni Cinquanta, in quanto vantaggiosa più per gli inventori che non per gli imprenditori e il progresso industriale; essa avrebbe scoraggiato gli imprenditori dall'impegnarsi in proprio per il perfezionamento delle macchine esistenti e dei modi di produzione. La nuova concezione che osteggiava la protezione statale dei brevetti andò prendendo sempre più piede in Prussia, sino ad indurre le autorità a modificare l'atteggiamento sin qui osservato e a maneggiare il loro potere di riconoscimento di nuovi brevetti sempre più restrittivamente, nel senso che vennero riconosciuti sempre meno brevetti e per una durata sempre inferiore. Nel clima ormai decisamente liberistico della fine degli anni Sessanta, e cioè nel 1868, si arriverà infine alla completa abolizione della protezione statale delle scoperte e dei brevetti (*Erfindungs- und Patentschutz*).

lo Stato prussiano preferì mantenere in regime di monopolio, anziché dismetterli come fece con le miniere, furono quello delle poste, in Prussia da sempre servizio statale[61], e quello del sale, a cui la Prussia rinuncerà solo al momento della sua confluenza nella confederazione della Germania del Nord, quando le imposte indirette, compresa quella sul sale, andarono in gran parte ad alimentare le casse federali.

I consistenti investimenti statali nel settore ferroviario svolsero da subito un ruolo di vero e proprio volano dell'economia, portando immediatamente a un considerevole incremento della domanda di produzione nell'industria del ferro e dell'acciaio, ma anche nelle miniere di carbonfossile (*Steinkohl*); scivolarono per contro immancabilmente in secondo piano altri tipi più tradizionali di industria, come ad esempio quella tessile sviluppatasi soprattutto nella Slesia. In particolare nell'estrazione di carbon fossile, che aveva il suo centro nel distretto della Ruhr, la Prussia balzò subito al primo posto all'interno della Confederazione germanica; nel 1869, poi, la sua produzione risultava aumentata rispetto al 1850 del 400%, assurgendo così ad uno dei settori guida dell'economia prussiana.

Lo sviluppo industriale innescato dai massicci interventi statali nel settore delle ferrovie ebbe però ripercussioni non solo sull'industria estrattiva e metallurgica ma anche sull'industria meccanica, in particolare sulla produzione di locomotive, ma

[61] Sulla riforma dell'amministrazione postale del 1850 cfr. E. SCHILLY, *Nachrichtenwesen*, in particolare pp. 278-280. La casata altonobiliare dei Thurn und Taxis e il servizio postale da essa garantito in quasi tutta la Germania del tempo, non aveva mai preso piede in Prussia, dove il monopolio statale del servizio postale consentì di organizzare quest'ultimo in modo omogeneo per tutte le province della monarchia. La legge del 5 giugno 1852 unificò il diritto postale e attenuò il *Postzwang* (obbligo di servirsi del trasporto postale effettuato dal servizio pubblico) che fu mantenuto solo per lettere chiuse, oggetti di valore, quotidiani e pachetti sino a 20 *Pfund*. Il monopolio statale del servizio postale fu invece mantenuto per il trasporto di persone e cose sulle strade secondarie (*Landstrassen*). Attraverso una legge del 21 maggio 1860 il *Postzwang* fu abolito per il trasporto di persone e cose, ma fu mantenuto per le lettere chiuse e per i giornali di contenuto politico; ai contenuti di questa legge si orientò la legge imperiale sulla posta del 28 ottobre 1871 (W. RÜFNER, *§ 3 Preussen B. Die Verwaltungstätigkeit unter Restauration und Konstitution*, p. 481).

anche di macchine tessili, a vapore e strumentali. La stessa innovazione tecnica della macchina a vapore fu spesso detta essa stessa il «motore dell'industrializzazione». Molta diffusione incontrarono in questo periodo anche l'utilizzo degli altiforni a carbone kok (*Kokskohlehochofen*) e la tecnologia importata dall'Inghilterra del *Puddelverfahren*, cioè l'utilizzo di forni di puddellaggio per lavorare il ferro grezzo, da cui si ricavava l'acciaio puddellato, particolarmente adatto alla produzione di binari. I binari venivano poi utilizzati nella zona della Ruhr, della Saar ma anche in Oberschlesien, zona quest'ultima, però, assai svantaggiata nello smercio dei suoi prodotti dalla lontananza dai mercati più importanti[62]. Già nel 1862 la Prussia era lo Stato dello *Zollverein* che aveva il più alto numero di fabbriche meccaniche, e precisamente 314[63].

Lo sviluppo industriale, con il suo effetto a catena, fu favorito indirettamente dallo Stato non solo agevolando l'introduzione d'innovazioni tecnologiche o l'approntamento d'infrastrutture tecniche, ma anche attraverso lo strumento della società per azioni (AG, *Aktiengesellschaft*) cui si è già fatto fugacemente cenno[64]. Si intendeva con questa un soggetto giuridico costituito sulla base di un fondo capitale, rappresentato dai suoi organi (di solito una direzione, un'assemblea degli azionisti e magari anche un organo di controllo), e con responsabilità limitata degli azionisti. La società per azioni, spesso fondata nei distretti industriali da grandi imprenditori o da imprenditori che facevano anche i banchieri, era lo strumento più adatto per sopperire ai bisogni di raccolta dei consistenti capitali necessari soprattutto per gli investimenti nelle imprese ferroviarie; successivamente, tuttavia, i capitali così raccolti,

62 Cfr. Ch. Kleinschmidt, *Technik und Wirtschaft im 19. und 20. Jahrhundert*, pp. 4-10. Con il *Puddelverfahren*, in pratica, il ferro grezzo veniva arricchito con aria e acidi per privarlo del contenuto di carbone e rendere la materia maneggiabile sino a ricavarne, attraverso un ulteriore stadio di lavorazione, l'acciaio puddellato.

63 H.-U. Wehler, *Deutsche Gesellschaftsgeschichte*, 3, pp. 77-79.

64 Cfr. a questo proposito I. Cervelli, *Introduzione all'edizione italiana*, di H. Rosenberg, *Ascesa e prima crisi mondiale del capitalismo (1848-1857)*, pp. 11 ss. e H. Rosenberg, *ibidem*, pp. 92 ss., 103 ss., 125 ss.

furono investiti anche nell'industria estrattiva e metallurgica, nelle società assicurative e nelle banche. Il carattere di corporazione delle società per azioni non era tuttavia in Germania, a differenza ad esempio che in Inghilterra o in Francia, affatto percepito come naturale, e per questo il loro atto fondativo rimase a lungo sottoposto a numerosi vincoli. Anche sotto la legge prussiana del 9 novembre 1843 (*Gesetz über die Aktiengesellschaften*) e la successiva *Instruktion* del 22 aprile 1845, la loro istituzione era assai ostacolata da una prassi burocratica pedante e formalista di autorizzazioni e concessioni dall'alto, cui sottostava una concezione del riconoscimento della responsabilità limitata degli azionisti come largizione benevola di un privilegio da parte del sovrano.

La legge prussiana del 1843 fu tuttavia la prima a consentire la fondazione di società per azioni anche diverse da quelle per investimenti nel settore ferroviario, già previste dalla precedente legge del 1838[65]. Fu sulla base di questa legge del 1843, che assicurò anche l'obbligo di un grado minimo di pubblicità nella gestione delle società azionarie e mantenne allo Stato un certo ruolo ad esempio nell'approvazione degli statuti, che in Prussia, non da ultimo sull'onda dell'entusiasmo suscitato dalla fondazione in Francia del *Crédit Mobilier*, poterono essere fondate le società per azioni per lungo tempo, e, precisamente, sino al 1861. A questo punto, infatti, fu introdotto il Codice commerciale tedesco che portò alla prima codificazione unitaria per tutta la Germania dello strumento della società per azioni. Dalla sua entrata in vigore fino al 1870 furono fondate in Prussia ben 203 società per azioni[66]. Un'ulteriore liberalizzazione del diritto azionario si ebbe solo alla fine del nostro periodo. La *Aktienrechtsnovelle* dell'11 giugno 1870, infatti, abolì la concessione statale come base dell'*incorporation* delle società per azioni di nuova istituzione; essa consentì però anche, d'altra parte, l'anonimato o perlomeno una maggiore opacità nella

[65] H.-D. ASSMANN, *Die Aktiengesellschaft und das Aktienrecht von den Anfängen bis 1945*, p. 31.

[66] *Ibidem*, p. 45, a cui si rinvia per ulteriore bibliografia sull'argomento.

base finanziaria delle società, con conseguenti maggiori rischi per gli azionisti[67].

Dell'alta congiuntura industriale del 1850-1857, della presenza di un largo spazio commerciale come lo *Zollverein*, dell'aumento della disponibilità di forza-lavoro a basso prezzo, e infine, ultimo ma non per importanza, del sapiente intervento regolatore dello Stato, si avvantaggiò anche l'agricoltura (*Landwirtschaft*), nonostante che proprio nel nostro periodo iniziasse la trasformazione della Prussia da Stato prevalentemente agricolo a Stato industriale. Ancora verso la metà del secolo la maggior parte della popolazione, e cioè il 72% di essa, risultava vivere nelle campagne. Il dato, su cui indubbiamente si riflette la circostanza che le comunità aventi tra i 1.000 e i 3.000 abitanti presentavano spesso più il carattere di campagna che di città, e si potevano trovare comuni rurali (*Landgemeinde*) assai più popolosi di molte città, è evidentemente assai significativo. In media, tuttavia, solo il 45% della popolazione prussiana era occupato nell'agricoltura come attività principale[68].

Il lavoro nelle campagne si avvantaggiò enormemente e prontamente della nuova produzione di macchine per i raccolti o, in genere, delle nuove macchine per l'agricoltura. Queste erano comunque più convenienti della manodopera agricola, che cominciava a diventare scarsa, e che in Prussia stava peggio che nel resto della Germania. Questo particolarmente dopo la cosiddetta *Landarbeitsordnung* del 24 aprile 1854[69], che ebbe

[67] H.-U. WEHLER, *Deutsche Gesellschaftsgeschichte*, 3, p. 81. In merito cfr. inoltre G. LANDWEHR, *Die Organisationsstrukturen der Aktienunternehmen*, che si concentra, dal punto di vista della storia costituzionale, soprattutto sul mutamento subito dai consigli di amministrazione.

[68] W. TREUE, *Preußens Wirtschaft vom Dreißigjährigen Krieg bis zum Nationalsozialismus*, pp. 532-533.

[69] Il *Gesetz, betreffend die Verletzungen der Dienstpflichten des Gesindes und der ländlichen Arbeiter. Vom 24. April 1854* (in «GS», 1854, Nr. 16, pp. 214-216), fu pubblicato anche nel «Königlich Preußischer Staats Anzeiger», N. 112, Sonnabend den 13. Mai 1854. Esso mirava ad assicurare l'obbedienza quasi assoluta di domestici, servitori, mozzi, lavoratori manuali in genere e agricoli in particolare al servizio di un signore (*Herrschaft*). Soprattutto puniva con la carcerazione sino a un anno qualsiasi tentativo di

l'effetto di assimilare per molti versi il proletariato agricolo a quello industriale, portando peraltro i lavoratori delle campagne a reagire e a sviluppare senso di appartenenza a un gruppo sociale a sé stante, come si percepirono vieppiù dopo questa vessatoria e illiberale legge del 1854.

Lo Stato fece la sua parte per la modernizzazione della costituzione agraria e per la dinamicizzazione dell'economia agricola. Già nel corso della rivoluzione del 1848, con legge del 9 ottobre, furono sospesi tutti i procedimenti in corso di attuazione dell'editto del 14 settembre 1811 per la «regolazione della condizione dei signori fondiari e dei contadini»[70] (su di essi stavano lavorando le *Generalkommissionen* istituite *ad hoc* in ogni provincia), come pure dell'editto dello stesso giorno per il miglioramento della coltivazione dei fondi (*Edikt zur Beförderung der Landeskultur*). Quest'ultimo, in particolare, aveva portato al frazionamento di ciò che sino ad allora era stato un bene collettivo (*Gemeingut*), allo scopo di consentirne uno sfruttamento più intensivo e razionale, tendenzialmente però a danno dei piccoli contadini che ne persero il tradizionale diritto d'uso[71].

estorcere concessioni al datore di lavoro attraverso l'astensione dal lavoro in 'coalizione' con altri lavoratori alle dipendenze del medesimo datore di lavoro o di altri *Arbeitsgeber*. La legge del 1854, l'unica norma in Prussia a regolare le relazioni tra i lavoratori agricoli e il signore-proprietario terriero, dal momento che la *Gewerbeordnung* non si applicava ai lavoratori agricoli, non verrà tuttavia introdotta nelle nuove province del Regno annesse nel 1866; cfr. SCHLEGELBERGER, voce *Landwirtschaft. A. Landwirtschaftliche Arbeiter*.

70 In particolare sull'*Edikt, die Regulierung der gutsherrlichen und bäuerlichen Verhältnisse betreffend*, del 14 settembre 1811 cfr. P. BRANDT - K. MÜNGER, *Preußen*, in particolare pp. 846-848, dove si ricorda come l'obiettivo di queste riforme, creare una classe di contadini economicamente indipendenti, fu raggiunto solo in parte. All'acquisizione da parte dei contadini della libertà personale all'interno della *Gutsherrschaft* o dei *Domänen* non si accompagnò l'acquisizione dell'indipendenza economica; i contadini infatti si trovarono di fronte all'alternativa, o di cedere gran parte della terra su cui avevano sin qui lavorato, o di riscattarla attraverso il pagamento di un indennizzo, che però di solito non erano in grado di versare proprio per le condizioni di servitù in cui avevano vissuto sino ad allora.

71 Cfr. a questo proposito M. WIENFORT, *Preußen*, pp. 988-989.

Ad un coerente intervento nel settore agricolo si pervenne tuttavia nello stesso periodo in cui furono varate anche le riforme degli enti amministrativi inferiori e intermedi. Con la legge del 2 marzo 1850 sulla «regolazione del rapporto signore fondiario-contadino» e sulla «abolizione delle servitù feudali»[72], che voleva essere anche una modifica e un'integrazione della legge di riordino dei beni collettivi (*Gemeinheitstheilungsordnung*) del 7 giugno 1821[73], fu prevista la possibilità per il contadino di disfarsi di ogni obbligo alla prestazione di servizi feudali; in cambio però egli doveva versare al signore fondiario un consistente indennizzo, cioè una somma in denaro pari a 18 volte l'ammontare annuale della prestazione dovuta. A questo scopo fu fondata in ogni provincia una *Rentenbank*, che doveva anticipare al signore fondiario la somma necessaria a liberare il contadino dai suoi obblighi, restando però quest'ultimo debitore alla banca di un prestito (*Rente*), da restituire in un'unica soluzione oppure a rate[74].

L'attuazione della legge del 2 marzo 1850, che si protrasse sino agli anni Ottanta, consentì a molti contadini di liberarsi degli obblighi di prestazione feudale, imprimendo con ciò un certo impulso all'agricoltura, e aumentando al contempo la possibilità dei grandi proprietari terrieri di accumulare i capitali necessari a investire nelle loro terre[75]. Non pochi furono infatti i

[72] Su questo *Gesetz, die Regulierung der gutsherrlich-bäuerlichen Verhältnisse und die Ablösung der Reallasten betreffend*, del 2 marzo 1850 si è già richiamata l'attenzione *supra*, cap. 4 «Diritti», intorno alla nota 65.

[73] Cfr. in merito M. WIENFORT, *Preußen*, p. 989. Sulla *Gemeinheitstheilung* (divisione di fondi posseduti indivisi da più comproprietari e utilizzati comunitariamente) cfr. anche PELTZER (Glatzel), voce *Gemeinheitstheilung (Zusammenlegung). I Preußen*, p. 159.

[74] W. RÜFNER, *§ 3 Preussen B. Die Verwaltungstätigkeit unter Restauration und Konstitution*, p. 483. Sulla liberazione dei contadini dalla servitù cfr. Ch. DIPPER, *Die Bauernbefreiung in Deutschland*, e, dello stesso autore, *Landwirtschaft im Wandel*; H. HERNISCH, *Kapitalistische Agrarreform und industrielle Revolution*. Sulla *Bauernbefreiung* si veda infine il fondamentale lavoro in due parti di G.F. KNAPP, *Die Bauernbefreiung und der Ursprung der Landarbeiter in den älteren Theile Preußens.*

[75] W. RÜFNER, *§ 3 Preussen B. Die Verwaltungstätigkeit unter Restauration und Konstitution*; W. TREUE, *Preußens Wirtschaft vom Dreißigjährigen Krieg*

Gutsbesitzer che prima del 1870 si trovarono nella necessità, per riuscire a essere competitivi e a stare sul mercato, di compiere il salto da una coltivazione tradizionale del fondo a una gestione dell'impresa agraria secondo criteri capitalistici[76]. La diffusa propensione allo sfruttamento capitalistico delle campagne si può comprendere ancora meglio se si pensa come già nel 1855 solo il 55% dei *Rittergüter* delle sei province orientali fosse ancora nelle mani di nobili[77], e come la coltivazione della terra rappresentasse comunque per la grande maggioranza dei *Rittergutsbesitzer* la principale o addirittura l'unica fonte di entrata[78]; essi, solitamente, non davano la terra in affitto, ma ne gestivano personalmente la coltivazione[79]. Fu comunque negli anni Cinquanta e Sessanta dell'Ottocento che gli *Junker* delle province orientali raggiunsero l'apice della loro forza economica, complici i bassi salari, dovuti all'eccesso di offerta di forza lavoro agricola, e l'aumento dei prezzi, agevolato quest'ultimo anche dall'abolizione in Inghilterra nel 1846 dei dazi sul grano[80].

A crescere notevolmente, all'incirca dal 1863, furono in particolare i prezzi dei principali prodotti dell'economia agricola prussiana, che erano all'epoca i cereali (*Getreide*) e le patate. Ricavi considerevoli diedero anche le attività collaterali all'agricoltura, tra di esse la coltivazione dei boschi e le piantagioni di frutta e i vigneti. I prezzi di segale (*Roggen*), orzo, avena, patate e grano aumentarono tra il 1831 e il 1868 del 100% e più. Nelle più importanti attività collaterali all'agricoltura, e cioè produzione di birra, lavorazione della canna da zucchero,

bis zum Nationalsozialismus p. 534. La riforma non riuscì però a eliminare i servizi e le servitù feudali (*Reallasten*) gravanti su scuole, chiese e *Stiftungen*.

[76] I. Buchsteiner, *Adel und Bodeneigentum*, p. 45. In merito cfr. inoltre R. Schiller, *Vom Rittergut zum Großgrundbesitz*, e inoltre, sullo stato della ricerca sulla nobiltà fondiaria, H. Reif, *Adel im 19. und 20. Jahrhundert*.

[77] J.R. Gillis, *Aristocracy and Bureaucracy in Nineteenth-century Prussia*, p. 113.

[78] I. Buchsteiner, *Adel und Bodeneigentum*, p. 56.

[79] H. Schissler, *Die Junker*, p. 115.

[80] *Ibidem*, p. 105.

distillazione di grappa da patate ecc., dove i costi di produzione erano molto bassi, alla fine del nostro periodo i guadagni erano notevolmente più alti che all'inizio dello stesso. In particolare le distillerie di grappa subirono un forte processo di concentrazione sotto la gestione di *Gutsbesitzer*, *Domänenpächter* o di società da essi dirette. Nella coltivazione delle grandi proprietà fondiarie si registrarono insomma aumenti di valore e margini di guadagno prima insospettabili.

Le imprese latifondiste e signorili a Est dell'Elba superavano per redditività tutti gli altri settori economici; coltivare la terra rendeva molto, come spiegava lo statistico e storico dell'agricoltura prussiano August Meitzen nel suo studio sullo sfruttamento del suolo del 1871[81]. Anche i prezzi dei grandi poderi signorili salirono molto, di tre o quattro volte, e al confronto i *Bauerngüter* erano ancora più cari. Il proprietario di grandi appezzamenti fondiari alla fine degli anni Sessanta stava molto meglio, per l'aumento del valore del terreno, del prezzo dei prodotti, dei ricavi dalle foreste, del possessore di azioni ferroviarie. Lo Stato prussiano, come proprietario dei *Domänen*, gli affittuari dei *Domänen*, i *Gutsbesitzer* e i grandi agricoltori, si avvantaggiarono prontamente dell'estensione della rete ferroviaria, che aprì ai mercati la loro produzione e/o i loro possedimenti fondiari, consentendogli di diventare anche politicamente più forti. Meitzen, che quantificò il valore capitale delle *Liegenschaften* (i fondi rustici senza fabbricati) in 5,2 miliardi di talleri, e quello delle case e dei fabbricati agricoli in 0,8 milioni di talleri, pervenendo così alla cifra di 6 miliardi di talleri, calcolò il valore capitale reale mobilitato nell'agricoltura, una volta detratto l'indebitamento di 2,1 miliardi di talleri, in 3,9 miliardi di talleri; le ferrovie, sempre secondo i suoi calcoli, avevano invece un capitale di deposito, con interessi in media del 5,5%, di soli 520 milioni di talleri.

La forza economica dell'agricoltura, tendenzialmente conservatrice, rispetto alle società per azioni ferroviarie, tendenzialmente liberali, era dunque molto grande. Se il proprietario terriero

[81] Cit. da W. Treue, *Preußens Wirtschaft vom Dreißigjährigen Krieg bis zum Nationalsozialismus*, pp. 542-543; da qui anche i dati riferiti di seguito nel testo.

cadeva in difficoltà finanziarie, poteva rivolgersi agli istituti di credito creati appositamente per lui e otteneva crediti a circa il 4%; se invece crollava il corso delle azioni, cadeva anche la credibilità del possessore delle azioni irreparabilmente. E questo nonostante che le azioni ferroviarie appartenessero in media ai titoli con interessi più vantaggiosi. Nell'agricoltura condotta con spirito e strumenti capitalistici, tuttavia, i salari erano in assoluto i più bassi, mentre il commercio ne pagava di molto alti[82].

A completamento della ricostruzione della relazione tra politiche pubbliche e economia agricola non si può non ricordare come lo Stato prussiano intervenne a sostenere l'agricoltura non solo attraverso la legislazione, ma anche, più o meno indirettamente, in tanti altri modi. In primo luogo esternalizzando gradualmente i suoi *Domänen*, su cui aveva sin qui mantenuto il monopolio, e liberando così l'economia agricola privata dallo scomodo concorrente statale; in secondo luogo istituendo, all'inizio degli anni Cinquanta, un *Dispositionsfond* permanente per il miglioramento dei fondi (*Landesmeliorationen*), che sarà sciolto solo nel 1875 e che concedeva agli imprenditori agricoli prestiti senza interessi o a interessi vantaggiosi, e talvolta anche contributi a fondo perduto (*Zuschüsse*); in terzo luogo favorendo la contrazione di prestiti per l'agricoltura attraverso istituti pubblici di credito come le *Landschaften* di nuova istituzione, le casse di risparmio comunali e statali, le *Provinzialhilfskassen*[83]; in quarto luogo prevedendo fondi di sostegno all'agricoltura, distribuiti attraverso le associazioni di patronato agricolo formatesi nel corso del XIX secolo; infine, ultimo ma non per importanza, istituendo e mantenendo scuole di avviamento all'agricoltura[84]. Insomma, in soli vent'anni il ministero dell'Agricoltura andò assai più vicino al raggiungimento della sua missione di quanto si potesse sospettare che sarebbe riuscito a fare all'inizio della sua esistenza.

82 *Ibidem*, p. 544.

83 Cfr. HERMES, voce *Landwirtschaft. B. Landwirtschaftliches Kreditwesen*.

84 W. RÜFNER, *§ 3 Preussen B. Die Verwaltungstätigkeit unter Restauration und Konstitution*, p. 484.

Capitolo tredicesimo

La legislazione politico-sociale

In un periodo di accelerata industrializzazione quale quello qui preso in esame, era naturale che la più generale questione sociale (*soziale Frage*) tendesse a ridursi alla sola questione operaia (*Arbeiterfrage*), e l'emergenza rappresentata dallo stato di bisogno della classe lavoratrice a sovrapporsi quasi senza residui al fenomeno del pauperismo. È a causa di questa 'illusione ottica' che nella storiografia per alcuni decenni è prevalso l'accordo sulla tesi per cui le misure di protezione e assicurazione del lavoro, di cui si dirà analiticamente fra poco, rappresentano e fissano nel tempo il punto di partenza della più tarda politica sociale. Il panorama euristico-interpretativo sulla questione si presenta tuttavia oggi assai più mosso e complesso di qualche decennio fa. Infatti, a seconda del rapporto ricostruito storicamente tra le prime misure contro la povertà in genere e quelle adottate per fronteggiare i bisogni della classe lavoratrice più in particolare, la moderna storiografia sulla politica sociale (*Sozialpolitik*), intesa quest'ultima come insieme di misure volte ad affrontare i problemi dei ceti socialmente ed economicamente più svantaggiati, si è andata via via differenziando al suo interno in tre gruppi[1]. Nel primo gruppo troviamo gli storici che, a partire dalla fine del XIX secolo e sino a Karl Erich Born († 2000), hanno 'ristretto' il concetto di *Sozialpolitik* a misure e idee per la soluzione della cosiddetta «questione operaia» (*Arbeiterpolitik*). Nel secondo gruppo si possono raccogliere gli studiosi che hanno cominciato a valorizzare l'intima connessione esistente tra la *Arbei-*

[1] Seguo su questo punto la *Einleitung*, a Ch. SACHSSE - F. TENNSTEDT - E. ROEDER (edd), *Armengesetzgebung und Freizügigkeit*, erster Halbband, pp. XIX-XLVIII, qui p. XLV.

terfrage e la questione del pauperismo (*Armenfrage*), e in particolare a considerare lo sviluppo ottocentesco di politiche a sostegno dei lavoratori (*Arbeiterpolitik*) come l'esito di un processo di progressiva diversificazione dell'assistenza ai poveri (*Armenfürsorge*), storicamente più risalente, indicando insomma in quest'ultima la base da cui si sarebbe sviluppata la politica di assicurazione dei lavoratori (*Arbeiterversicherungspolitik*). In questo secondo filone storiografico, più moderno, rientra anche l'indirizzo di ricerca avente come capofila Michael Stolleis, che nella legislazione sui poveri (*Armengesetzgebung*) ha individuato il punto di avvio dello sviluppo del moderno diritto sociale (*Sozialrecht*)[2]. Nel terzo gruppo, infine, si (auto) collocano i curatori del VII volume della prima serie della rinomata *Quellensammlung zur Geschichte der deutschen Sozialpolitik 1867 bis 1914*[3], che, con riferimento ai principi alla base delle misure politico-sociali adottate prima dell'era bismarckiana classica, preferiscono parlare di «una politica sociale prima dello Stato sociale»[4]. Una «Sozialpolitik vor dem Sozialstaat» sarebbe stata insomma all'ordine del giorno in Prussia all'indomani della fondazione della Confederazione della Germania del Nord (NDB); entro questa cornice sarebbe stato posto il fondamento di tutta la politica sociale tedesca di epoca successiva con l'allargamento a tutti gli stati tedeschi del sistema di assistenza ai poveri (*Armenpflege*) tipicamente *altpreussisch*, un sistema caratterizzato dal moderno prevalere della responsabilità della comunità di residenza su quella della comunità di nascita, del principio dell'*Unterstützungswohnsitz* sull'*Heimatprinzip*.

Ora, la politica sociale cui fa riferimento il terzo filone storiografico anzidetto, e nel cui orizzonte rientrano senza dubbio le misure di politica sociale dello Stato prussiano che ci accingiamo a vedere più da vicino, ben poco aveva in comune con quella

2 M. STOLLEIS, *Quellen zur Geschichte des Sozialrechts*, e, dello stesso autore, *Geschichte des Sozialrechts in Deutschland*.

3 Cfr. *Einleitung*, a Ch. SACHSSE - F. TENNSTEDT - E. ROEDER (edd), *Armengesetzgebung und Freizügigkeit*, erster Halbband, pp. XIX-XLVIII, qui p. XLV.

4 *Ibidem*, p. XLVI.

attuata da Bismarck a partire dalla fine degli anni Settanta. Com'è noto, infatti, questa poggiava saldamente sulla concezione paternalistica dei social-conservatori (*Sozialkonservativen*) raccolti attorno a Hermann Wagener, per i quali la politica sociale doveva essere utilizzata anzitutto in funzione di integrazione e sussunzione nello Stato della classe lavoratrice[5]. La «politica sociale prima dello Stato sociale», invece, si inseriva ancora all'interno dell'ideale liberale del *Rechts- und Verfassungsstaat*; essa muoveva cioè dal principio che lo Stato dovesse farsi garante della cornice necessaria affinché a ogni cittadino fosse assicurato il minimo vitale, ma riteneva altrettanto fermamente che lo Stato dovesse intervenire nel sociale solo indirettamente e/o in ultima istanza, sostanzialmente limitarsi al ruolo di sorvegliante, comunque in nessun caso accreditarsi come soggetto largitore in prima persona di prestazioni (*Leistungsstaat*)[6].

Una volta chiarito il contesto politico-ideale generale della «politica sociale prima dello Stato sociale» in Germania, bisogna però dire subito che la questione che a questo punto si impone è ancora più complessa. Si tratta infatti di vedere se, sulla base delle fonti e della legislazione prussiane del periodo, sia effettivamente rintracciabile una politica sociale che possa dirsi tale, cioè una consapevole strategia politica con l'obiettivo di tentare di governare, attraverso riforme di spettro d'azione circoscritto e senza passare da un più complessivo riordino dell'economia e della società, la crisi strutturale derivante dal passaggio da una società prevalentemente agraria, e per certi aspetti ancora feudale, ad una capitalistica industriale e di mercato.

Infatti, anche al di là della complessa problematica storiografica sopra evocata del rapporto storicamente ricostruibile tra la prestazione di assistenza ai poveri (*Armenpflege*) e la ricerca di soluzioni per la questione operaia (*Arbeiterfrage*), va avver-

5 Cfr. *Einleitung*, a F. TENNSTEDT - H. WINTER (edd), *Grundfragen staatlicher Sozialpolitik*, pp. XXI-LVIII, in particolare pp. XXI-XXX e pp. 2-4. Su Herman Wagener si veda H. ALBRECHT, *Antiliberalismus und Antisemitismus*, pp. 48-94, 141-154.

6 Cfr. la *Einleitung*, a Ch. SACHSSE - F. TENNSTEDT - E. ROEDER (edd), *Armengesetzgebung und Freizügigkeit*, erster Halbband, in particolare p. XLVI.

tito subito che una politica sociale vera e propria è alquanto difficile da rintracciare nel nostro periodo. Di certo non si trova traccia di una coerente politica per il lavoro (*Arbeiterpolitik*) che abbracci 'tutti e tre' gli ambiti classici d'intervento della politica sociale: *1)* la protezione dei lavoratori (*Arbeiterschutz*) dai pericoli, per la salute e la vita, causati dai nuovi processi di lavoro, attraverso ad esempio: a) la sorveglianza statale sulle imprese (*staatliche Gewerbeaufsicht*), b) il divieto o la limitazione del lavoro dei fanciulli, delle donne e dei maschi adulti nelle fabbriche e nelle miniere, c)il divieto o la limitazione del lavoro festivo o domenicale, d) il divieto di orari di lavoro troppo prolungati anche per i lavoratori maschi adulti; *2)* la regolazione delle relazioni industriali (*Regelung der Arbeitsbeziehungen*) tra datori di lavoro e operai, come pure la mediazione del rapporto tra questi e le rispettive organizzazioni di rappresentanza degli interessi, attraverso leggi statali e una giurisprudenza basata su di esse; infine, *3)* l'assicurazione sociale dei lavoratori per vecchiaia, invalidità, malattia e morte (*Alters- Invaliden-, Kranken-, Sterbeversicherung*), in grado di sostituirsi almeno in parte alla tradizionale assistenza ai poveri (*Armenhilfe*)[7]. Così, per quanto gli interventi indiretti dello Stato a sostegno dell'impresa di cui si è detto nel precedente capitolo sulla politica economica, presentassero anche un indubbio carattere sociopolitico, e per quanto si possa senz'altro concordare sull'estrema modernità delle misure di protezione e assicurazione del lavoro varate nel nostro periodo e sul loro rappresentare l'origine della più tarda politica sociale, bisogna peraltro riconoscere che di una coerente politica sociale del lavoro (*Arbeiterpolitik*) ancora non si trova traccia in Prussia nel periodo storico qui indagato. Si ha piuttosto a che fare con una serie di provvedimenti concreti e di misure legislative che affrontano ora questa, ora quell'altra emergenza, senza tuttavia che siano riconoscibili tratti di coordinamento politico-progettuale nel carattere e nella tempistica degli interventi.

Distintamente e diversamente dalla questione operaia (*Arbeiterfrage*) in senso stretto era percepita dall'opinione pubblica

[7] G.A. Ritter, *Soziale Frage und Sozialpolitik in Deutschland seit Beginn des 19. Jahrhunderts*, p. 5.

prussiana la minaccia rappresentata dalla cosiddetta *soziale Frage*, nei suoi molteplici, concomitanti e dirompenti effetti sull'ordine politico e sociale[8]. Soprattutto dal 1848 in poi, essa, a differenza della questione operaia, scivolò rapidamente al centro del dibattito pubblico animato da politici, economisti, pubblicisti, associazioni, quotidiani e periodici, eminenti esponenti della chiesa cattolica, nonché, seppure in misura molto inferiore, di quella protestante.

Soziale Frage era un'espressione con cui nel nostro periodo erano colti cumulativamente fenomeni assai diversi (la problematica del pauperismo, la cosiddetta questione operaia, il consistente aumento e la crescente miseria degli strati più bassi della società svolgenti lavoro manuale ecc.), ma capitava anche spesso che fosse fatta semplicisticamente coincidere con la questione operaia[9]. La *soziale Frage*, che altro non era se non l'insieme delle «conseguenze sociali e politiche della graduale trasformazione in corso da una società cetual-assolutistica, organizzata corporativamente e segnata dalla dominanza economica dell'agricoltura, ad una 'libera' società capitalistico-industriale di mercato»[10], aveva assunto in Prussia, intorno alla metà del secolo, un aspetto molto preoccupante. La classe operaia prussiana, infatti, non poteva contare su una rappresentanza sindacale dei suoi interessi a causa del vigente divieto di coalizione[11], e, nemmeno dopo la costituzionalizzazione dello Stato, su una propria rappresentanza politica alle Camere. Essa, com'è noto, non riuscirà a individuare sue stabili rappresentanze rispetti-

[8] Cfr. R. Stremmel - F. Tennstedt - G. Fleckenstein (edd), *Grundfragen der Sozialpolitik in der öffentlichen Diskussion*.

[9] Cfr. la *Einleitung*, a R. Stremmel - F. Tennstedt - G. Fleckenstein (edd), *Grundfragen der Sozialpolitik in der öffentlichen Diskussion*, pp. XV-XL, qui p. XV.

[10] Cfr. G.A. Ritter, *Soziale Frage und Sozialpolitik in Deutschland seit Beginn des 19. Jahrhunderts*, pp. 1-2; qui la definizione della questione sociale come «die sozialen und politischen Konsequenzen einer allmählichen Transformation der ständisch-absolutistischen Gesellschaft, die von der Dominanz des Agrarsektors und der Regelung der Gewerbe durch Zünfte geprägt wurde, in eine liberal-kapitalistische Markt- und Industriegesellschaft».

[11] Sul divieto di coalizione si tornerà ampiamente sotto in questo stesso capitolo.

vamente prima del maggio 1863, a cui risale la fondazione, sotto la guida di Ferdinand Lassalle, dell'*Allgemeiner Deutscher Arbeiterverein* (ADAV), il partito autonomo dei lavoratori sorto come organizzazione centrale delle varie associazioni operaie, e prima dell'agosto 1869, l'anno della fondazione, ad opera soprattutto di August Bebel, del partito socialdemocratico dei lavoratori (*Sozialdemokratische Arbeiterpartei*, SDAP)[12].

Fu sull'onda della risonanza che la *soziale Frage* incontrava nell'opinione pubblica soprattutto colta, che vennero assunte dalle autorità, sia le prime misure specificamente volte a contrastare il pauperismo, sia alcune misure di protezione e di assicurazione del lavoro; esse, per quanto non inserite in un programma coerente e completo di politica sociale, rappresentano comunque un segno concreto della volontà delle autorità di confrontarsi propositivamente con la *soziale Frage*[13]. Il fatto che in esse, e in particolare nelle misure politico-sociali degli anni della reazione, l'interesse politico-statuale al disciplinamento sociale rischiasse di prevalere sull'intento politico di sollevazione dal bisogno e di prevenzione dal rischio di povertà o di malattia, obbliga tuttavia a collocarle su una linea di continuità con il paternalismo che ispirò la politica sociale di epoca bismarckiana successiva, al di là stavolta di qualsiasi contrapposizione storiografica netta tra politica sociale pre- e postbismarckiana.

Per quanto riguarda le misure contro il pauperismo, che con buona pace di Hans Rothfels rientrano appieno tra i contenuti della *Sozialpolitik*[14], bisogna ricordare anzitutto che all'inizio della seconda metà dell'Ottocento trovavano ancora

[12] Cfr. a questo proposito S. NA'AMAN - H.-P. HARSTICK (edd), *Die Konstituierung der deutschen Arbeiterbewegung 1862-1863*; Ch. EISENBERG, *Deutsche und englische Gewerkschaften*. Le due organizzazioni si sarebbero fuse nel 1875 nella *Sozialistische Arbeiterpartei Deutschlands*, la formazione politica che precedette la fondazione della SPD.

[13] Cfr. in merito G.A. RITTER, *Der Sozialstaat*, e, dello stesso autore, si vedano inoltre, *Sozialversicherung in Deutschland und England*, pp. 18-22, e *Soziale Frage und Sozialpolitik in Deutschland seit Beginn des 19. Jahrhunderts*; R. JESSEN, *Polizei, Wohlfahrt und die Anfänge des modernen Sozialstaats in Preußen*, pp. 157 ss.

[14] Sulla posizione di Rothfels, secondo cui sarebbe stato «generalmente accettato ... [che] la politica sui poveri, in quanto misura di cura e assistenza

applicazione in Prussia due leggi di epoca precostituzionale, entrambe del 31 dicembre 1842, una sull'«obbligo di assistenza ai poveri»[15], e un'altra relativa all'«accoglienza di persone in ingresso»[16]. Il combinato disposto delle due leggi aveva trasferito la responsabilità per l'assistenza ai poveri (*Armenversorgung*) dalla comunità di nascita (*Geburtsgemeinde*) a quella in cui si era stabilito il domicilio (*Wohngemeinde*), fosse questa un comune cittadino, rurale o una signoria fondiaria (*Gutsherrschaft*), purché costituisse o rientrasse in un *Armenverband* (corporazione a sé stante ai fini dell'assistenza ai poveri). In questo modo, nell'assistenza ai poveri, si era fatto prevalere, come già si è avuto modo di rilevare, il principio del soggiorno (*Aufenthaltsprinzip*) o del domicilio (*Wohnsitz*), su quello della patria di origine (*Heimatprinzip*), venendo così incontro anche all'accresciuta necessità ed esigenza economica e lavorativa di spostarsi da un luogo ad un altro (*Freizügigkeit*)[17].

A confermare il ruolo dirimente del luogo di soggiorno o domicilio per l'individuazione dell'autorità a cui spettava l'obbligo di prestare assistenza ai poveri (*Armenunterstützung*), giunsero anche, dopo le due leggi prussiane del 1842, due importanti convenzioni sovrastatali a cui la Prussia aderì nel corso degli anni Cinquanta. La prima era la convenzione di Gotha (*Gothaer Konvention*) del 15 luglio 1851, che limitava la possibilità di uno Stato ad essa aderente di respingere la richiesta di soggiorno di un cittadino di un altro Stato, creando così le premesse per un diritto di soggiorno sovrastatale. La seconda era la convenzione di Eisenach (*Eisenacher Konvention*) dell'11 luglio 1853, che regolava l'obbligo reciproco degli Stati contraenti di venire incontro ai cittadini di un altro stato che vi soggiornassero e

individuale e non collettiva, non rientra all'interno del concetto di politica sociale», cfr. il pronunciamento critico dei curatori nella *Einleitung* a F. TENNSTEDT - H. WINTER (edd), *Grundfragen staatlicher Sozialpolitik*, p. XLI.

15 Cfr. *Gesetz über Verpflichtung zur Armenpflege. Vom 31. Dezember 1842*, in «GS», 1843, Nr. 2318, pp. 8-14.

16 Sulla legge relativa all'*Aufnahme neu anziehender Personen*, cfr. *supra*, cap. 4 «Diritti», intorno alla nota 114.

17 Cfr. G.A. RITTER, *Soziale Frage und Sozialpolitik in Deutschland seit Beginn des 19. Jahrhunderts*, p. 2.

si venissero a trovare nella condizione di richiedere il sussidio di povertà (*Armenunterstützung*)[18]. Anche nel quadro di queste convenzioni interstatali la legislazione sull'assistenza ai poveri e la sua amministrazione (*Armenverwaltung*) continuarono tuttavia a essere di competenza di ogni singolo Stato[19].

Il combinato disposto delle due leggi del 1842, che in materia di assistenza ai poveri non attribuivano allo Stato alcun obbligo, ma solo un ruolo di mediazione (*Vermittelung*) attraverso la legislazione e l'alta sorveglianza (*Oberaufsicht*)[20], fu integrato negli anni della reazione dalla legge sull'*Armenpflege* del 21 maggio 1855[21]. Questa legge, che secondo il punto di vista di Ludwig von Rönne, si occupava soprattutto di «disciplina dei poveri» (*Armenzucht*), prendeva le mosse dalla distinzione di diversi tipi di indigenti, una distinzione invero più tendenziosa che effettivamente utile ad una selettiva scomposizione del fenomeno. La legge del 1855, infatti, distingueva tra i poveri in cui il bisogno di assistenza (*Fürsorge*) scaturito dalle circostanze della vita (*von Natur*), come nel caso di orfani, figli naturali, anziani, malati, da un lato, e i poveri in cui il bisogno di assistenza fosse insorto per loro stessa responsabilità, o meglio «per colpa». Era quest'ultimo il caso dei poveri per debiti, per superficialità (*Liederlichkeit*), per pigrizia o per spreco, dei quali si sarebbe dovuta occupare la polizia di Stato (*Staatspolizei*) e quella per gli indigenti (*Armenpolizei*) col fine di riportarli alla disciplina (*zur Zucht*)[22]. Alle *armenpolizeiliche Bestimmungen* erano destinati gli articoli centrali e più 'inno-

[18] Cfr. *Einleitung*, a Ch. SACHSSE - F. TENNSTEDT - E. ROEDER (edd), *Armengesetzgebung und Freizügigkeit*, p. XIX.

[19] Cfr. C. ROCHOLL, *System des Deutschen Armenpflegerechts*, pp. 5 ss.

[20] Così L. VON RÖNNE, *Das Staatsrecht der preußischen Monarchie*, 1856-1863, II (1863), p. 524, nota 2 e p. 527, nota 6.

[21] Cfr. *Gesetz zur Ergänzung der Gesetze vom 31. Dezember 1842 über die Verpflichtung zur Armenpflege und die Aufnahme neu anziehender Personen. Vom 21. Mai 1855*, in «GS», 1855, Nr. 4224, pp. 311-315; in merito L. VON RÖNNE, *Das Staatsrecht der preußischen Monarchie*, 1856-1863, II (1863), pp. 524 e 527.

[22] Cfr. § 338: «Die Armenpolizei und die Armenpflege», in L. VON RÖNNE, *Das Staatsrecht der preußischen Monarchie*, 1856-1863, II (1863), pp. 519-520 e § 344: «Von der Armen-Zuchtpolizei», pp. 535-536.

vativi' della legge del 1855, dall'11 al 15. Qui si prevedeva che coloro che non avevano un tetto, ma fossero in grado di lavorare, potessero essere rinchiusi e detenuti in una casa di lavoro (*Arbeitsanstalt*), trovando così anche quell'alloggio che essi non erano stati in grado di procurarsi o non avevano cercato (art. 11). La stessa misura avrebbe potuto essere adottata dalla polizia anche nei confronti degli oziosi, poveri che usufruivano dell'assistenza ma ritenuti in grado di lavorare (art. 12). L'internamento forzato nella casa di lavoro avveniva su richiesta del presidente dell'*Armenverband*, cioè dell'autorità deputata all'assistenza ai poveri, e per ordine del *Landrat*; nelle città extracircondariali (*kreisfreie Städte*) che avessero una propria *Arbeitsanstalt* e non fossero sotto la sorveglianza di alcun *Kreis* nell'amministrazione generale e nell'amministrazione di polizia, l'internamento avveniva su ordine del vertice dell'esecutivo del comune (*Gemeindevorstand*), fosse esso retto a *Magistrat* collegiale o da un *Bürgermeister*[23]. La misura d'internamento forzato in una casa di lavoro era posta in essere con una risoluzione immediatamente esecutiva (*ein sofort vollstreckbares Resolut*)[24]. La legge del 1855 consentiva anche il reindirizzo del povero reclamante assistenza alla precedente comunità di appartenenza, nel senso che la comunità locale era tenuta obbligatoriamente all'assistenza del povero solo dopo un anno di domiciliazione (*Wohnsitz*) e se nel frattempo questi non avesse già fatto ricorso al soccorso pubblico (art. 1)[25].

Come si può desumere anche dalla 'solitudine' in cui rimase questo provvedimento legislativo del 1855, gli interventi pubblici nel settore dell'assistenza ai poveri avevano in Prussia in questo periodo un carattere frammentario e per certi versi

[23] Sulle forme di governo dei comuni cittadini cfr. in merito quanto si è detto *supra* al cap. 5 «Amministrazione».

[24] Cfr. art. 14 del *Gesetz zur Ergänzung der Gesetze vom 31. Dezember 1842 über die Verpflichtung zur Armenpflege und die Aufnahme neu anziehender Personen. Vom 21. Mai 1855*, e in merito § 344: «Von der Armen-Zuchtpolizei», in L. von Rönne, *Das Staatsrecht der preußischen Monarchie*, 1856-1863, II (1863), pp. 535-536.

[25] L. von Rönne, *Das Staatsrecht der preußischen Monarchie*, 1856-1863, II (1863), pp. 528-529.

«sperimentale», spesso solo «sussidiario» rispetto a quelli messi in campo dai privati: fondazione pie, libere associazioni di cittadini, chiesa. Laddove e quando previsti questi interventi non erano comunque attuati e finanziati dallo Stato in prima persona, ma erano invece delegati alle autorità locali oppure, spesso, sovracomunali, appositamente deputate a occuparsi dei poveri, le *Orts-Armenverbände*; queste potevano coprire l'ambito territoriale di un comune o di un'unione di più comuni associati tra di loro, di uno o più distretti signorili (*Gutsbezirke*), di un'associazione di comuni e distretti signorili. Laddove mancassero le *Orts-Armenverbände*, dell'assistenza ai poveri si doveva occupare l'autorità prevista e istituita a livello provinciale (*Landarmenverband*), a livello di singolo *Kreis*, o delle città più grandi[26].

Il sistema prussiano di assistenza ai poveri, basato sulla legge prussiana del 1842 sull'*Armenpflege* e sulle integrazioni da essa ricevute nel 1855, sarà esteso, come si è già accennato, attraverso il *Gesetz über den Unterstützungswohnsitz* del 6 giugno 1870[27] a tutta la Confederazione della Germania del Nord prima e a quasi tutto l'Impero poi. L'estensione avverrà sulla base, sia del diritto di cittadinanza riconosciuto a tutti i membri della Confederazione (*Gemeinsames Indigenat*) dall'art. 3 della sua costituzione del 16 luglio 1867, sia della legge federale sulla libera circolazione degli individui (*Freizügigkeit*) del 1° novembre 1867[28]. Il varo di quest'ultima legge, peraltro, era stata preceduta e anticipata dall'approvazione in Prussia della legge di abolizione di qualsiasi tassa d'ingresso» (*Einzugs- oder Eintrittsgeld*) nelle città prussiane del 2 marzo 1867[29], tassa che

[26] Sul carattere solo sussidiario della politica statale prussiana sui poveri, oltre che sul passaggio dall'*Heimatprinzip* all'*Aufenthaltsprinzip* segnato dalle due leggi del 1842, cfr. E. FRIE, *Armut und Armenpolitik im langen 19. Jahrhundert*, pp. 56-58.

[27] La legge, a cui si è già fatto riferimento *supra*, al cap. 4 «Diritti», nota 18, è stata ristampata anche in Ch. SACHSSE - F. TENNSTEDT - E. ROEDER (edd), *Armengesetzgebung und Freizügigkeit*, erster Halbband, pp. 263-285 (Nr. 78).

[28] Anche questa legge è stata ristampata *ibidem*, pp. 29-31 (Nr. 8).

[29] Per il *Gesetz betreffend die Aufhebung der Einzugsgelder und gleichartiger Kommunalabgaben*, cfr. «GS», 1867, Nr. 6575, p. 361.

prima era versata da chiunque intendesse prendere la cittadinanza, o anche semplicemente il domicilio, in un altro comune.

Per questa via non si arrivò ad una situazione in cui tutti gli individui godevano dei medesimi diritti all'interno della Confederazione o dell'Impero, ma si affermò piuttosto il principio per cui ogni cittadino tedesco che si trovasse in uno Stato diverso da quello suo originario, poteva godere degli stessi diritti, in materia di assistenza ai poveri, di cui godevano i cittadini nati in quello Stato. Continuarono perciò a sussistere le differenti legislazioni sull'assistenza ai poveri in vigore nei vari stati[30], ma, sulla base del principio dell'*Unterstützungswohnsitz*, per cui l'obbligo di assistenza spettava alle autorità del posto in cui si era stabilito il domicilio, si pervenne ad una unificazione giuridica delle diverse regolamentazioni dell'*Armenpflege* presenti negli stati della Confederazione (NDB) e nei venticinque stati del *Reich*. Sia l'acquisizione che la perdita del diritto al sussidio di povertà avveniva ora in dipendenza di un soggiorno (*Aufenthalt*) di una certa durata. Tale periodo fu infine stabilito in 2 anni per gli individui maschi e di età superiore ai 24 anni; non furono considerati soggetti giuridici a questo fine, né i bimbi, né le donne[31].

L'introduzione generalizzata in Germania del principio originariamente *altpreußisch* dell'*Unterstützungswohnsitz*, come complemento della generale libertà di circolazione dell'individuo economico e del lavoratore in particolare, rappresenta un chiaro esempio di utilizzo della *Sozialpolitik* come politica economica. Attraverso di essa si favorì, infatti, la nascita di una moderna classe operaia industriale e la formazione di grandi centri urbani ad alta intensità di popolazione, lo sviluppo economico industriale e la creazione di uno spazio economico unitario[32]. D'altra parte, a una politica economica liberista quale quella perseguita dal presidente dell'Ufficio del cancelliere federale

[30] Cfr. *Einleitung*, a Ch. SACHSSE - F. TENNSTEDT - E. ROEDER (edd), *Armengesetzgebung und Freizügigkeit*, pp. XXVIII-XXX.

[31] Cfr. *ibidem*, pp. XXV-XXVI.

[32] Cfr. *ibidem*, pp. XXXIV-XXXV.

(*Bundeskanzleramt*), Rudolf Delbrück, nel quadro di una più generale strategia di modernizzazione e unificazione legislativa ed economica del *Bund*, che presupponeva la libera circolazione delle persone, non poteva sfuggire l'intrinseca funzionalità di una legislazione politico-sociale che contribuiva anche al miglioramento delle condizioni di vita della classe lavoratrice industriale e all'avvio a soluzione della questione operaia (*Arbeiterfrage*) all'insegna del principio di libertà. In questo senso non fu certo un caso se alla legge sulla libertà di circolazione dell'1 novembre 1867 seguì dopo pochi mesi la legge, varata in Prussia ma con valore di modello per tutta la Confederazione, «di abolizione delle limitazioni di polizia alla libera contrazione del vincolo matrimoniale» (*Gesetz über die Aufhebung polizeilicher Ehebeschränkungen*) del 4 maggio 1868[33].

Come le misure politico-sociali finalizzate a fronteggiare e governare il fenomeno del pauperismo, anche quelle volte al miglioramento delle condizioni di vita e di lavoro del nuovo ceto operaio investirono questioni singole e circoscritte, nell'impossibilità del sistema politico-economico di affrontare complessivamente la problematica senza mettere in discussione la sua stessa sostenibilità. Particolare attenzione fu prestata, anzitutto, al varo di misure indirizzate a prevenire e colpire il fenomeno del lavoro minorile[34].

Nuove norme in questa materia si erano rese urgenti dopo il fallimento ormai conclamato del provvedimento che pure è stato talvolta indicato dalla storiografia come «l'inizio della politica sociale in Prussia»; così è stata definita infatti la «Regola sull'occupazione di giovani nelle fabbriche» del 9 marzo 1839, che, tra l'altro, era stata presa nel frattempo a modello da altri stati tedeschi[35]. Questa norma, che aveva vietato il lavoro

[33] Cfr. *ibidem*, pp. XXII-XXIII, XLI.

[34] Cfr. in merito W. Köllmann, *Die Anfänge der staatlichen Sozialpolitik in Preußen bis 1869*, p. 32.

[35] Sul *Regulativ über die Beschäftigung jugendlicher Arbeiter in Fabriken*, del 9 marzo 1839, cfr. E. Reidegeld, *Staatliche Sozialpolitik in Deutschland*, 1, p. 52.

minorile sotto i 9 anni nelle fabbriche e nelle miniere, non aveva invece toccato il fenomeno, assai più consistente, dei minori impiegati nell'agricoltura, nelle aziende domestiche o nel lavoro a domicilio[36]. Per i ragazzi sotto i 16 anni la legge del 1839 aveva proibito il lavoro notturno, festivo e domenicale, ridotto l'orario di lavoro a 10 ore giornaliere al massimo, e, inoltre, aveva ordinato la frequenza obbligatoria di tre anni di scuola e delle ore di religione[37]. Fu con gli ostacoli frapposti all'attuazione di questa norma che emerse per la prima volta chiaramente il contrasto esistente tra la pretesa delle forze economiche e delle aziende di sfruttare al massimo le energie del lavoratore, da un lato, e l'esigenza e l'interesse dello Stato a educare, istruire, ma anche ad addestrare militarmente gli individui, dall'altro, esigenze queste ultime portate ad espressione sia dall'obbligo scolastico previsto dall'*Allgemeines Landrecht*, sia dalla legge sull'obbligo militare generale del 1814.

La «Regola» del 1839, comunque, non raggiunse il suo scopo, anche per la facilità con cui poteva essere aggirata; soprattutto non aveva trovato alcuna attuazione la disposizione che prevedeva l'introduzione di ispezioni nelle fabbriche[38]. Il suo fallimento era sotto gli occhi di tutti quando venne varata la *Gewerbeordnung* (GWO) del 1845. Questa, che perseguiva anche scopi politico-sociali[39], pur andando incontro alle istanze della piccola borghesia, e pur lasciando massima libertà nei rapporti e nei contratti di lavoro, per altri aspetti era tutt'altro che innovativa. Essa, infatti, da un lato legittimò la fondazione di organizzazioni o corporazioni professionali di tipo nuovo, le *Innungen*, con propri statuti, al posto delle già abolite corporazioni di mestiere (*Zünfte*) di antico regime; dall'altro non conteneva nessuna misura a tutela del salario e del lavoro, recependo in forma molto blanda il cosiddetto *Kinderschutzgesetz*

36 *Ibidem*, p. 50.

37 *Ibidem*. Sulla questione si veda anche K.L. Hartmann, *Schule und Fabrikgeschäft*, e W. Feldenkirchen, *Kinderarbeit im 19. Jahrhundert*.

38 W. Köllmann, *Die Anfänge der staatlichen Sozialpolitik in Preußen bis 1869*, p. 39.

39 E. Reidegeld, *Staatliche Sozialpolitik in Deutschland*, 1, p. 52.

(legge a protezione del lavoro dei fanciulli) del 1839. La GWO del 1845, per contro, fu molto esplicita e perentoria nell'affermare il divieto di coalizione (*Koalitionsverbot*) dei lavoratori, facendo del loro raduno a scopo di serrata (*Aussperrung*) un reato penale. Per il miglioramento delle condizioni di vita e di lavoro degli operai era prevista solo la possibilità di istituire *Hilfskassen*, cioè casse assicurative su base associativa, che a livello locale potevano essere rese addirittura obbligatorie[40].

Dopo la falsa partenza della legge del 1839 e la delusione suscitata dalla GWO del 1845, che indusse la maggior parte degli artigiani e di coloro che svolgevano attività artigianali domestiche a costituire proprie associazioni professionali (*Innungen*), i cui statuti tuttavia ostacolavano l'ingresso di esterni e limitavano molto il numero degli apprendisti, neanche la rivoluzione del 1848/49 segnò l'irrompere in grande stile della politica sociale. A ciò si opponeva il fatto che essa fosse prevalentemente espressione di un movimento liberal-borghese, con obiettivi anzitutto nazionali, costituzionali e politico-economici. Fu piuttosto dalla fine della rivoluzione che si poté notare un aumento della «regolazione sociale»[41].

La norma di carattere politico-sociale varata in quel periodo in Prussia fu frutto di un «doppio compromesso»: tra una concezione liberale dello Stato e dell'economia, da un lato, e le esigenze della società nel suo insieme, dall'altro; tra gli interessi dei mastri artigiani, da un lato, e quelli dei loro aiutanti (*Gesellen*), dall'altro. L'«ordinanza sull'istituzione dei *Gewerberäte* e di modifica della legge sulle attività produttive» del 9 febbraio 1849, con cui fu anche modificata in più punti la *Gewerbeordnung* del 1845[42], aveva infatti, essenzialmente, scopi

40 W. Köllmann, *Die Anfänge der staatlichen Sozialpolitik in Preußen bis 1869*, pp. 42-43.

41 E. Reidegeld, *Staatliche Sozialpolitik in Deutschland*, 1, p. 53.

42 Sulla *Verordnung, betreffend die Errichtung von Gewerberäthen und verschiedene Abänderungen der Allgemeinen Gewerbeordnung. Vom 9. Februar 1849*, già citata *supra*, cap. 12 «Legislazione politico-economica», cfr. W. Köllmann, *Die Anfänge der staatlichen Sozialpolitik in Preußen bis 1869*, p. 44; cfr. inoltre M. Tilmann, *Der Einfluß des Revolutionsjahres 1848 auf die preußische Gewerbe- und Sozialgesetzgebung.*

di 'pacificazione' sociale[43]. Essa limitò la libertà contrattuale, anche stabilendo come non validi gli obblighi al lavoro festivo e domenicale, rafforzò la posizione dei mastri artigiani e delle rispettive *Innungen*, estendendo il loro diritto ad accogliere ed esaminare anche apprendisti esterni, introdusse esami obbligatori sia per i mastri che per gli apprendisti, rafforzò la posizione della forza lavoro assicurandone il salario con il divieto di ricorrere a pagamenti in natura (*Truckverbot*), allargò il sistema delle casse di soccorso per i lavoratori (*Hilfskassen*), introdusse, infine, i *Gewerberäte*, una sorta di parlamenti locali formati da rappresentanti elettivi dell'artigianato, del commercio, dell'industria e della classe lavoratrice, competenti in materia di apprendistato, di relazioni industriali e di esami. I rappresentanti dei lavoratori dovevano essere interpellati, nelle forme stabilite dai rispettivi statuti locali (*Ortsstatuten*), sulle questioni che li riguardavano, e, sempre su previsione dello statuto locale, potevano essere erette per i lavoratori casse assicurative (*Hilfskassen*) con obbligo di adesione e con la possibilità di chiamare anche i datori di lavoro a partecipare al versamento dei contributi per i loro dipendenti (*Beiträge*)[44].

La fine della rivoluzione e l'inizio della reazione favorirono la strana simbiosi tra la concezione cristiano-romantico-conservatrice dello Stato e l'ideologia della libera economia che segna inconfondibilmente anche l'ordinanza del 9 febbraio 1849. Certo, l'organizzazione delle nuove corporazioni professionali (*Innungsverfassung*) a cui sollecitava l'ordinanza, restringeva la libertà economica d'impresa (*Gewerbefreiheit*) e obbligava i datori di lavoro ad alcune misure di politica sociale. Al di là di questi condizionamenti, tuttavia, l'estrema liberalizzazione della produzione e la forte accelerazione dello sviluppo economico, sull'onda anche delle dinamiche altamente competitive scatenate dal dualismo austro-prussiano, continuarono ad avanzare incontrastati, portando all'assorbimento nel processo lavorativo dell'aumento della popolazione, e col tempo,

[43] Cfr. E. REIDEGELD, *Staatliche Sozialpolitik in Deutschland*, 1, p. 53.

[44] W. KÖLLMANN, *Die Anfänge der staatlichen Sozialpolitik in Preußen bis 1869*, p. 44.

anche alla pacificazione del ceto degli artigiani, che, con l'ordinanza del 1849, aveva finalmente visto riconosciuto un suo ruolo sociale. Il contesto storico-politico-economico premeva insomma nel senso di una politica sociale intesa semplicemente come somma di misure di assicurazione/protezione sociale (*soziale Sicherung*) e provvedimenti di integrazione sociale del nuovo ceto dei lavoratori, o anche solo degli operai di fabbrica, riuscendo così anche a fornire una risposta sufficiente all'esigenza di responsabilità sociale, che stava alla base della concezione statalista del *Ministerpräsident* Manteuffel.

Per quanto riguarda in particolare la protezione sociale, dopo un primo decreto (*Erlaß*) del ministro del Commercio von der Heydt del 22 maggio 1851, relativo al lavoro minorile e servito a sondare il terreno, il clima fu ritenuto maturo per il varo della «legge di protezione del lavoro in fabbrica dei fanciulli» del 16 maggio 1853, emanata nel bel mezzo della reazione[45]. Con questa legge furono ristrette ulteriormente le possibilità di impiego dei bimbi e dei ragazzi nelle fabbriche. Anzitutto fu innalzata ulteriormente la soglia di età per l'ingresso dei fanciulli nel mondo del lavoro, che fu portata a 12 anni; secondariamente fu ancora ridotta la durata massima della giornata lavorativa, di modo che ai ragazzi tra i 12 e i 14 anni fosse concesso di lavorare al massimo 7 ore. Furono introdotti anche per i giovani e i fanciulli i libretti di lavoro, e fu ribadito il divieto agli imprenditori di retribuire il lavoro in modo diverso che col denaro (*Truckverbot*). Infine fu istituita la possibilità di ispezioni nelle fabbriche per verificare il rispetto della norma, ispezioni che da allora divennero parte integrante della legislazione di protezione del lavoro[46]. Sottratto a qualsiasi controllo o ispezione all'interno delle fabbriche rimase invece il lavoro dei maschi adulti.

I contenuti di questa legge del 1853, come anche alcun determinazioni dell'ordinanza del 9 febbraio 1849, tra cui il *Truckverbot*,

45 Cfr. *Gesetz, betreffend einige Abänderungen des Regulativs vom 9. März 1839 über die Beschäftigung jugendlicher Arbeiter in Fabriken. Vom 16. Mai 1853*, in «GS», 1853, H. 19, Nr. 3750, pp. 225-227.

46 W. Köllmann, *Die Anfänge der staatlichen Sozialpolitik in Preußen bis 1869*, p. 46.

saranno accolti nella legge sulle attività economiche d'impresa (*Gewerbeordnung*) per la Confederazione della Germania del Nord del 21 giugno 1869, che quindi poggiava saldamente sulla tradizione legislativa prussiana[47]. Essa, proprio come la legge prussiana del 1853, non portò alcuna limitazione dell'orario di lavoro per i maschi adulti, alcun divieto assoluto di lavoro per i fanciulli, alcun obbligo di riposo domenicale e di ispezione statale delle fabbriche, come invece chiedevano sia i socialdemocratici sia i conservatori. Gli ispettori introdotti nel 1854 in soli 4 distretti governativi (*Regierungsbezirke*), nel frattempo avevano mostrato di non avere alcuna autonomia funzionale rispetto ai controlli della polizia locale. La *Gewerbeordnung* del 1869 limitò solo l'orario di lavoro dei bambini e dei fanciulli, e anche questo esclusivamente nelle fabbriche; la limitazione non riguardò nemmeno ora, infatti, né l'agricoltura, né il lavoro domestico (*Heimarbeit*)[48]. I fanciulli erano qui divisi in tre classi: quelli sotto i 12 anni che non potevano lavorare nelle fabbriche; quelli tra i 12 e i 14 anni, soggetti ancora all'obbligo scolastico, che non potevano lavorare più di 6 ore, e dovevano frequentare la scuola per almeno 3 ore giornaliere; i giovani tra i 14 e i 16 anni, che non dovevano lavorare in fabbrica per più di 10 ore al giorno, da ridurre possibilmente a 6 nel caso in cui il ragazzo frequentasse la scuola[49]. Ma torniamo ora agli anni Cinquanta.

Alle misure di protezione del lavoro minorile del 1853, che ben si inquadravano all'interno di una concezione paternalistica dello Stato come potenza e bastione contro il dissolvimento della morale e dell'ordine sociale, si accompagnò anche un'estensione del sistema delle casse assicurative (*Hilfskassen*) degli aiutanti (*Gesellen* o *Gehilfen*) delle aziende industriali o artigianali, come forma di reciproco aiuto e di assicurazione

[47] Cfr. *Einleitung*, a W. AYASS (ed), *Arbeiterschutz*, pp. 19-43, qui p. XX. In merito cfr. anche SCHENKEL, voce *Arbeiter, gewerbliche, A. Arbeiterschutz*, p. 149.

[48] Cfr. l'*Einleitung*, a W. AYASS (ed), *Arbeiterschutz*, pp. XX-XXI.

[49] Per una ristampa parziale della *Gewerbeordnung* del 21 giugno 1869, già citata *supra*, cap. 4 «Diritti» e cap. 12 «Legislazione politico-economica», cfr. *ibidem*, pp. 46-47 (Nr. 16).

contro i rischi della vita lavorativa (malattia, invalidità, disoccupazione ecc.). Già la *Gewerbeordnung* del 1845 aveva sganciato l'istituzione delle casse assicurative dall'appartenenza alla corporazione professionale (*Innung*) del mastro-datore di lavoro, aveva previsto che esse potessero essere autorizzate anche dalle *Bezirksregierungen* e anche per gli operai di fabbrica, aveva autorizzato i comuni a istituire d'ufficio casse obbligatorie (*Pflichtkassen*) per gli apprendisti e gli aiutanti artigiani secondo il principio cosiddetto delle casse obbligatorie (*Zwangkassen*) incardinate negli statuti comunali (*Ortsstatuten* o *Gemeindesatzungen*), laddove prima l'obbligo ad associarsi poteva essere stabilito solo dalle corporazioni (*Zünfte*)[50].

Dopo il periodo rivoluzionario vero e proprio, alla più insistente richiesta allo Stato di istituire casse assicurative, cominciò a far eco la propaganda in senso contrario in favore delle casse assicurative fondate sul principio dell'auto-aiuto (*Selbsthilfe*) e del mutuo soccorso, propaganda che, in nome della libertà dallo Stato e dalle autorità locali (*Gemeinden*), propugnava forme assicurative disposte anche a rinunciare ai contributi dei datori di lavoro. A prevalere fu però ancora il sistema delle casse obbligatorie (*Zwangskassen* o *Pflichtkassen*), istituite tuttavia ora con la compartecipazione dei datori di lavoro alle assicurazioni degli operai e la concomitante deresponsabilizzazione invece dei comuni. A ciò spinse l'ordinanza (*Verordnung*) del 9 febbraio 1849, che per la prima volta aprì alle casse assicurative aziendali secondo statuto locale (*ortsstatutarische Fabrikkassen* o *Unterstützungskassen*); con esse vigeva l'obbligo per il datore di lavoro di istituire la cassa assicurativa, di versarvi il suo contributo in una misura pari al massimo alla metà di quanto doveva versare il lavoratore (1/3 dell'intera somma), di detrarre direttamente dal salario del lavoratore la somma che questi era tenuto a versare obbligatoriamente[51].

Della possibilità offerta dall'ordinanza del 9 febbraio 1849 di istituire casse assicurative per statuto locale venne fatto tutta-

[50] Cfr. l'*Einleitung*, a F. TENNSTEDT - H. WINTER (edd), *Gewerbliche Unterstützungskassen*, pp. XXI-LIV, qui p. XXI.

[51] Cfr. *ibidem*, p. XXII.

via un uso molto scarso da parte dei comuni e/o dei datori di lavoro. Questi ultimi, che spesso coincidevano con i notabili locali, solitamente si astennero dall'istituirle per motivi economici; solo nella Rheinprovinz furono numerosi gli imprenditori che istituirono volontariamente, per motivi etico-sociali e di economia del lavoro allo stesso tempo, casse aziendali con obbligo di adesione fissato nel contratto di lavoro. Queste casse, d'altra parte, mostrarono ben presto di non essere particolarmente vantaggiose neanche per gli operai; esse, infatti, presentavano lo svantaggio di funzionare solo sino a quando il lavoratore restava alle dipendenze dell'azienda che aveva istituito la cassa assicurativa; il lavoratore era cioè assicurato solo per la durata del contratto di lavoro, mentre perdeva qualsiasi diritto, nonostante il carattere obbligatorio dell'adesione, nel caso che mutasse il luogo di lavoro o il lavoro stesso. Era particolarmente in questi casi che emergeva chiaramente l'inadeguatezza di questa forma assicurativa rispetto ad una economia industriale di mercato che portava con sé alta mobilità della forza lavoro e stimolava alla ricerca del lavoro migliore e meglio retribuito. Molte difficoltà incontrarono le casse assicurative di ambito sovracomunale, anche a causa della repressione poliziesca di cui erano fatte oggetto le associazioni operaie di livello sovralocale negli anni 1850/1851; questo nonostante che casse e assicurazioni (*Versicherungen*) non ricadessero nei divieti del repressivo diritto di associazione (*Vereinsrecht*) e del *Koalitionsverbot* in vigore[52].

A incoraggiare l'istituzione delle casse assicurative aziendali intervenne tuttavia la legge del 3 aprile 1854[53], che consentì allo Stato di prendere in mano la questione, anche se sempre in via sussidiaria, cioè attraverso le *Bezirks-Regierungen*. Da qui in poi, in presenza di un «bisogno impellente» che il comune non fosse in grado di soddisfare attraverso lo statuto locale (*Ortsstatut*), anche le *Regierungen* avrebbero potuto prendere l'iniziativa di istituire delle casse obbligatorie, il cui ambito di

[52] Cfr. *ibidem*, pp. XXIII-XXIV.

[53] Cfr. *Gesetz betreffend die gewerblichen Unterstützungskassen. Vom 3. April 1854*, in «GS», 1854, Nr. 3973, pp. 138-139.

interesse rimaneva tuttavia locale, tanto più che a sorvegliare sulle casse restavano comunque i comuni. Stimolate da continui decreti (*Erlasse*) del ministro del Commercio, le *Regierungen* esercitarono forti pressioni su comuni, aiutanti artigiani (*Gesellen* o *Gehilfen*), imprenditori e proprietari di fabbrica, affinché istituissero le casse aziendali obbligatorie. Coloro che per contratto di lavoro erano tenuti ad aderire alle casse aziendali (*Fabrikkassen*), erano esentati dall'aderire alle casse obbligatorie comunali cui erano parificate; anche lo statuto delle casse aziendali era autorizzato dalle autorità, anch'esse, come quelle comunali, avevano personalità giuridica. Lo spazio per lo sviluppo di casse libere (*freie Kassen*) del movimento operaio era invece, negli anni della reazione, quasi inesistente; tanto più che esse erano suscettibili di essere considerate alla stregua di organizzazioni operaie e risultare cioè politicamente sospette; in ogni caso le casse libere avrebbero potuto essere solo aggiuntive rispetto alle obbligatorie previste dalla legge[54].

I due tipi principali di casse assicurative erano quelle che coprivano la malattia, con versamento di un contributo limitato per entità e per periodo di copertura, o quelle che intervenivano in caso di morte, quando la cassa era generalmente tenuta a pagare i funerali. Tra le prestazioni delle casse, la copertura di prestazioni mediche, ospedaliere o di spese per medicinali era all'epoca senz'altro meno importante; tuttavia in alcuni casi i due tipi principali di casse estendevano le loro prestazioni sino al versamento di pensioni d'invalidità e di vecchiaia, come pure di pensioni alle vedove e agli orfani. In questo caso si era in presenza di casse multifunzione, più o meno corrispondenti al modello delle casse per i minatori (*Knappschaftkassen*), già esistenti da tempo.

Ad ogni modo le casse assicurative aziendali riconosciute e sorvegliate dallo Stato quasi raddoppiarono dal 1854 al 1860 – quando per la prima volta furono effettuate rilevazioni sulla consistenza del fenomeno –, e si contarono 2.219 casse per

[54] Cfr. l'*Einleitung*, a F. TENNSTEDT - H. WINTER (edd), *Gewerbliche Unterstützungskassen*, p. XXIV.

aiuti artigiani (*Handwerkergesellen*) con 157.664 aderenti, e 779 casse per operai di fabbrica con 170.847 assicurati. Esse raddoppiarono ancora dal 1860 al 1868, quando registrarono un forte aumento le adesioni alle casse assicurative per gli operai di fabbrica; si contarono allora 1.257 *Fabrikkassen* con 315.311 aderenti, contro le 2.355 casse per aiuti artigiani con 282.925 assicurati[55].

Tra il 1845 e il 1854 fu così elaborato il «modello prussiano di cassa assicurativa», perfezionato anche da norme e decreti attuativi successivi (del 1855 e 1856), che cercarono però soprattutto di unificare il sistema di versamento dei contributi. Riassumendo, si può dire che quello prussiano era un modello basato su casse locali obbligatorie differenziate per professione e *Fabrikkassen* aziendali, con obbligo di adesione sulla base di statuti locali (*Ortsstatut*) o di provvedimenti della *Regierung*, con potere di iniziativa alla costituzione di casse da parte di comuni, imprenditori e delle *Bezirksregierungen*, con obbligo di contribuzione dei datori di lavoro fino alla metà della quota versata dal lavoratore, con partecipazione del datore di lavoro all'amministrazione, alla sorveglianza e al controllo esercitati dalle autorità[56]. Questo modello si affermò al punto che dopo il 1866 si pose naturalmente il problema della sua estensione alle nuove province.

Eppure il modello era stato posto in discussione già nel 1863, con la ricostituzione del movimento operaio e il consolidarsi dei sindacati dei lavoratori, che della istituzione di casse assicurative volontarie fecero uno dei loro rami di attività. Si giunse addirittura al punto di parlare di un «modello di cassa assicurativa del movimento operaio» (*Kassenmodell der Arbeiterbewegung*), sostenuto, in parte, anche dal padre del principio consociativo (*Genossenschaftsprinzip*) Hermann Schulze-Delitsch. Questo modello di cassa era anche legato alla professione, ma su adesione libera e volontaria, svincolato dall'influsso del datore di lavoro e dal controllo dello Stato,

55 *Ibidem*, p. XXV.

56 Sul *preußisches Kassenmodell*, *ibidem*, p. XXVI.

più orientato alla dimensione nazionale che non a quella local-comunale (i comuni erano solo sedi locali di organizzazioni nazionali). Per questo modello non c'era però nella Prussia degli anni Sessanta sufficiente possibilità di sviluppo e di radicamento. La concorrenza dell'altro modello, fondato su «sorveglianza e autorizzazione» (*Aufsicht* e *Genehmigung*), insomma sulla concessione (*Konzessionierung*), era infatti troppo forte, anche se non mancò di svilupparsi nell'opinione pubblica un vivace dibattito intorno all'alternativa «casse libere o obbligatorie» (*Freie Kassen gegen Zwangskassen*)[57].

Dopo il 1866, fu sul presidente del *Bundeskanzleramt*, Rudolf Delbrück, che ricadde il compito di trovare le vie per l'unificazione economica della Germania del Nord; fu quindi lui che si dovette anche far carico di estendere alle nuove province, seppure con qualche adattamento, il modello prussiano delle casse assicurative. Questo fu il problema con cui Delbrück si trovò a confronto al momento di far confluire la legislazione prussiana sulla materia in quello che sarà il titolo VIII, § 141, della *Gewerbeordnung*, discussa a partire dal gennaio 1867 e varata il 21 giugno 1869[58]. Le diverse interpretazioni di cui questo § 141 fu oggetto da parte di comuni, *Regierungen* e ministero, da un lato, che ritenevano che anche le casse libere (*Freie Kassen*) per essere legali dovessero essere autorizzate, e i sindacati, gli imprenditori e i tribunali dall'altro, per i quali invece le casse assicurative delle associazioni sindacali (*Gewerkvereine*) non abbisognavano di alcuna autorizzazione per essere legali, non poterono però impedire che le casse libere dei sindacati trovassero modo col tempo di affermarsi, non da ultimo attraverso la giurisprudenza a loro solitamente favorevole dei tribunali[59].

Comunque il governo prussiano e Bismarck riconobbero molto precocemente la necessità di stimolare anche la fondazione di società per l'assicurazione della vecchiaia (*Altersversor-*

[57] *Ibidem*, pp. XXVI-XXVIII.

[58] *Ibidem*, pp. XXX-XXXI.

[59] *Ibidem*, pp. XXXII-XXXIII.

gungsanstalten) e dell'invalidità della classe lavoratrice, non solo a livello comunale, ma anche a livello di *Kreis* e di provincia. Questo non solo perché le assicurazioni aumentavano l'inclinazione dei lavoratori al risparmio e all'autoresponsabilizzazione (*Selbsthilfe*), ma anche e soprattutto per alleggerire i comuni dal peso dell'assistenza ai poveri (*Armenpflege*)[60], individuando perciò nelle assicurazioni di questo tipo un suo possibile anche se parziale sostituto. Certo, da qui a considerare le casse e l'assicurazione dei lavoratori dai rischi dell'esistenza e della vita lavorativa una questione di rilevanza e di competenza non più solo dell'autogoverno comunale ma anche dello Stato, il passo era ancora lungo, ma le premesse erano poste. Il modello a cui guardare restavano le assicurazioni contro l'invalidità delle tradizionali casse assicurative per minatori, le cosiddette *Knappsschaftskassen*, esistenti già da molto tempo, ma riconfermate dalla legge del 10 aprile 1854[61]. Negli anni Sessanta queste casse assicurative, anche dopo la liberalizzazione delle miniere iniziata con il *Miteigentümergesetz* dell'11 maggio 1851 e il *Freizügigkeitsgesetz* del 21 maggio 1860, non solo si erano conservate per i minatori, ma non costituivano nemmeno più una particolarità. Già negli anni Cinquanta i 2/3 di tutti gli operai di fabbrica sopra i 16 anni, 16.000 su 24.000, erano assicurati da queste casse[62].

A rallentare l'istituzione di casse assicurative dei e per i lavoratori, e più in genere a ostacolare l'elaborazione di soluzioni per la cosiddetta *Arbeiterfrage*, rimase in vigore per quasi tutto il nostro periodo, e cioè fino alla *Gewerbeordnung* del 1869, il divieto di coalizione e di sciopero (*Arbeitsniederlegung*) previsto dalla GO del 17 gennaio 1845 (§§ 182-184). Tale divieto,

60 Cfr. F. TENNSTEDT - H. WINTER (edd), *Grundfragen staatlicher Sozialpolitik*, pp. 14-16, 29-31.

61 Sulle *Knappsschaftskassen* previste dal *Gesetz, betreffend die Vereinigung der Berg-, Hütten- Salinen- und Aufbereitungs-Arbeiter in Knappschaften, für den ganzen Unfang der Monarchie. Vom 10. April 1854* (in «GS», 1854, Nr. 3974, pp. 139-143), cfr. F. TENNSTEDT - H. WINTER (edd), *Grundfragen staatlicher Sozialpolitik*, p. 31.

62 W. KÖLLMANN, *Die Anfänge der staatlichen Sozialpolitik in Preußen bis 1869*, p. 47.

rafforzato da quello di costituire società operaie (*Arbeitervereine*) contenuto nella legge sulle associazioni (*Vereinsgesetz*) dell'11 maggio 1850[63], e dalle repressive Risoluzioni della Confederazione germanica (*Bundesbeschlüsse*) del 13 luglio 1854, era stato esteso anche, attraverso il § 3 della già citata legge prussiana sulla violazione dei doveri di servizio dei servi e dei lavoratori agricoli, la cosiddetta *preußische Gesindeordnung* del 1854[64], ai lavoratori delle campagne. Successivamente, attraverso la legge del 1860 «sulla sorveglianza delle miniere da parte delle autorità minerarie e sulla condizione dei minatori e degli operai delle fonderie» il divieto di coalizione era stato esteso anche a questi ultimi[65].

Dell'abolizione del divieto di associazione sindacale dei lavoratori si cominciò a discutere nell'opinione pubblica e nelle alte sfere governative nei primi anni Sessanta, da quando cioè Julius Faucher e Schulze-Delitsch (*Fortschrittspartei*), che già nel 1849 aveva fondato un'associazione operaia di mutuo soccorso per i casi di malattia, avevano presentato, rispettivamente nel 1862 e nel 1863, un progetto di legge su questa materia. Alla fine del 1863 fu poi lo stesso Bismarck a presentare un progetto di legge di abolizione del divieto di coalizione (*Koalitionsverbot*), nonostante la contrarietà del re e di altri ministri, tra cui l'allora ministro per il Commercio, il conte von Itzenplitz[66].

Le proteste organizzate nel 1864 dagli operai tessili (*Weber*) slesiani dei *Kreise* di Waldenburg e Reichenbach, che lamentavano retribuzioni da fame e licenziamenti ritorsivi, non furono certo estranee alla sensibilizzazione di Bismarck per le

[63] Cfr. *supra*, cap. 4 «Diritti» intorno alle note 93-97.

[64] Sul *Gesetz betreffend die Verletzungen der Dienstpflichten des Gesindes und der ländlichen Arbeiter. Vom 24. April 1854*, cfr. *supra*, cap. 12 «Legislazione politico-economica».

[65] Cfr. *Gesetz, die Aufsicht der Bergbehörden über den Bergbau und das Verhältniß der Berg- und Hüttenarbeiter betreffend. Vom 21. Mai 1860*, in «GS», 1850, Nr. 5223, pp. 201-206.

[66] Cfr. F. Tennstedt - H. Winter (edd), *Grundfragen staatlicher Sozialpolitik*, pp. 34-54, e U. Engelhart, *Gewerkschaftliche Interessenvertretung als «Menschenrecht»*, pp. 538 ss.

richieste di rimozione del divieto di coalizione[67]. Nella prassi, peraltro, tale divieto era spesso ignorato o maneggiato con elasticità e indipendenza dai funzionari statali responsabili di applicarlo concretamente[68]. Del resto, che già nei reazionari anni Cinquanta la dirigenza statale fosse divisa tra il liberismo economico e gli obblighi nei confronti della società si può evincere facilmente dall'atteggiamento molto comprensivo del ministro per il Commercio von der Heydt e di quello degli Interni Westphalen nei confronti di due scioperi di massa dei garzoni dei colorifici (*Färbergeselle*) di Wuppertal del 1855 e del 1857, che avevano protestato a causa dei loro salari al di sotto dei livelli minimi di sussistenza. E non meno 'tolleranti' dei ministri si mostrarono nei loro confronti anche i tribunali, che giudicarono con molta clemenza non solo gli scioperanti, ma gli stessi autori dei tumulti in cui erano degenerate alcune manifestazioni operaie[69].

Ciononostante ci volle ancora molto tempo prima che fosse concesso ai lavoratori di coalizzarsi per ottenere migliori condizioni di lavoro, a differenza di quanto accadeva in Inghilterra sin dal 1824 con le *Trade Unions*, e di quanto consentito dalle *Gewerbeordnungen* del Baden del 1862 e del Sachsen del 1861, che non conoscevano alcun divieto di coalizione dei lavoratori. Un'altra proposta per abolirlo fu presentata da Faucher e Schulze-Delitzsch il 25 gennaio del 1865, che perlomeno servì a indurre il governo prussiano a prendere in considerazione l'ipotesi di presentare un proprio disegno di legge per la revisione della *Gewerbeordnung* del 1845.

Un disegno di legge governativo che liberalizzava la coalizione tra lavoratori di vario tipo (artigiani, aiuti artigiani, minatori, operai di fabbrica) e ammetteva le astensioni dal lavoro decise

[67] F. TENNSTEDT - H. WINTER (edd), *Grundfragen staatlicher Sozialpolitik*, pp. 61-79, 97 ss., 147 ss.

[68] *Ibidem*, p. 123. Le pene previste dalla *Gewerbeordnung* contro la violazione di questo divieto, furono inflitte solo in 26 casi tra il 1845 e il 1865 e quasi sempre fu dato il minimo della pena, da 1 a 3 giorni di carcere.

[69] W. KÖLLMANN, *Die Anfänge der staatlichen Sozialpolitik in Preußen bis 1869*, pp. 47-49.

dalle loro associazioni, venne presentato alla Camera dei deputati prussiana il 13 febbraio 1866, ma non riuscì ad essere licenziato per la chiusura anticipata della sessione il 23 dello stesso mese[70]. La questione fu ripresa in sede di discussione di una nuova *Gewerbeordnung*, non più solo per le vecchie e le nuove province prussiane, ma per l'intera Confederazione della Germania del Nord. La liberale *Gewerbeordnung* del 21 giugno 1869[71], estesa due anni dopo all'Impero e che rappresenterà per oltre 50 anni la base del diritto del lavoro prussiano e tedesco, affermò finalmente al suo art. 52 il principio della libertà di coalizione (*Koalitionsfreiheit*). Da qui in poi, e durante l'epoca imperiale, la lotta del movimento operaio sarà volta anzitutto a combattere la possibilità di limitare questa libertà nella prassi consentita dal successivo art. 53[72].

La *Gewerbeordnung* del 1869 riportò la libertà d'impresa ai livelli precedenti al 1845, dato che essa poteva ora essere limitata solo da prescrizioni di polizia sanitaria. Nel diritto d'impresa scomparve la posizione privilegiata delle associazioni professionali (*Innungen*) incaricate di effettuare l'esame obbligatorio ai mastri e agli aiutanti, nonché di verificare le capacità degli aspiranti apprendisti, con il risultato di un'ampia liberalizzazione nell'impiego della forza lavoro. Altre determinazioni dell'ordinanza del 9 febbraio 1849, ad esempio quelle relative alla protezione sociale e al *Truckverbot*, vennero invece accolte, come si è visto, dalla *Gewerbeordnung* del 1869, che inglobò anche le determinazioni relative alla protezione del lavoro giovanile contenute nella legge del 1853. Il sistema delle casse assicurative (*Hilfskassen*), da cui fu tolto l'obbligo di adesione, continuò a restare materia esclusiva della legislazione dei singoli stati tedeschi (*Landesgesetzgebung*). Comunque, la *Gewerbeordnung* del 1869, che non portò di per sé alcun progresso nella protezione dei lavoratori, e che a ben vedere rappresentò un cedimento dello Stato di fronte alle

70 F. Tennstedt - H. Winter (edd), *Grundfragen staatlicher Sozialpolitik*, pp. 100 ss., 162-163, 169-170.

71 Riprodotta in estratto in W. Ayass (ed), *Arbeiterschutz*, pp. 44-50 (nr. 16).

72 V. Hentschel, *Deutsche Wirtschafts- und Sozialgeschichte*, pp. 27-28.

esigenze liberiste della borghesia economica tedesca, se da un lato segnò il punto finale dello sviluppo liberale della legislazione sociale e d'impresa iniziato con le riforme d'inizio secolo, dall'altro ribadì implicitamente la pretesa dello Stato di intervenire sulla *Sozialverfassung*. Con questa *Gewerbeordnung* si chiuse il difficile cammino della politica sociale nel contesto di una concezione liberale dell'economia e della società, ma si confermò anche, ancora una volta, che la teorizzata divisione Stato/società aveva più carattere ideologico che strutturale[73].

[73] Cfr. W. KÖLLMANN, *Die Anfänge der staatlichen Sozialpolitik in Preußen bis 1869*, pp. 51-52; P. SCHIERA, *Il laboratorio borghese*, pp. 54 e 67, nota 9.

Bibliografia

Acta Borussica, NF, 1. Reihe: *Die Protokolle des Preußischen Staatsministeriums 1817-1934/38*, hrsg. von der BERLIN-BRANDENBURGISCHEN AKADEMIE DER WISSENSCHAFTEN unter der Leitung von J. KOCKA - W. NEUGEBAUER, 12 voll., Hildesheim - Zürich - New York 1999-2004; Bd. 4/1: *30. März 1848 bis 27. Oktober 1858*, bearbeitet von B. HOLTZ, Hildesheim - Zürich - New York 2003; Bd. 4/2: *30. März 1848 bis 27. Oktober 1858*, bearbeitet von B. HOLTZ, Hildesheim - Zürich - New York 2003; Bd. 5: *10. November 1858 bis 28. Dezember 1866*, bearbeitet von R. PAETAU, Hildesheim - Zürich - New York 2001; Bd. 6/1: *3. Januar 1867 bis 20. Dezember 1878*, bearbeitet von R. PAETAU unter Mitarbeit von H. SPENKUCH, Hildesheim - Zürich - New York 2004.

Acta Borussica, NF, 2. Reihe: *Preußen als Kulturstaat*, hrsg. von der BERLIN-BRANDENBURGISCHEN AKADEMIE DER WISSENSCHAFTEN unter der Leitung von W. NEUGEBAUER. Abt. I: *Das Preußische Kultusministerium als Staatsbehörde und gesellschaftliche Agentur (1817-1934)*, 6 voll., Berlin 2009-2012; Bd. 1.1: *Die Behörde und ihr höheres Personal. Darstellung*, mit Beiträgen von B. Holtz, R. Paetau, Ch. Rathgeber, H. Spenkuch, R. Zilch, Berlin 2009; Bd. 2.1: *Das Kultusministerium auf seinen Wirkungsfeldern Schule, Wissenschaft, Kirchen, Künste und Medizinalwesen. Darstellung*, mit Beiträgen von B. Holtz, Ch. Rathgeber, H. Spenkuch, R. Zilch und einer Einleitung von W. Neugebauer, Berlin 2010; Bd. 2.2: *Das Kultusministerium auf seinen Wirkungsfeldern Schule, Wissenschaft, Kirchen, Künste und Medizinalwesen. Dokumente*, ausgewählt und bearbeitet von B. HOLTZ - Ch. RATHGEBER - H. SPENKUCH - R. ZILCH, Berlin 2010; Bd. 3.1: *Kulturstaat und Bürgergesellschaft im Spiegel der Tätigkeit des Kultusministeriums. Fallstudien*, mit Beiträgen von B. Holtz, Ch. Rathgeber, H. Spenkuch, R. Zilch und einer Einleitung von W. Neugebauer, Berlin 2012; Bd. 3.2: *Kulturstaat und Bürgergesellschaft im Spiegel der Tätigkeit des Kultusministeriums. Dokumente*, ausgewählt und bearbeitet von B. HOLTZ - Ch. RATHGEBER - H. SPENKUCH - R. ZILCH, Berlin 2012.

AEGIDI L.K. (ed), *Zeitschrift für deutsches Staatsrecht und deutsche Verfassungsgeschichte*, in zwanglosen Heften, I, Berlin 1867.

Aktenstücke aus der Verwaltung des Evangelischen Oberkirchenraths, H. 6, 1853, Berlin 1854.

ALBRECHT H., *Antiliberalismus und Antisemitismus. Herrmann Wagener und die preußischen Sozialkonservativen 1855-1873*, Paderborn 2010.

Allgemeine Deutsche Biographie, München - Leipzig 1875-1912, 56 voll.

ALTANER B., *Preussen und die katholische Kirche von 1740 bis 1861*, Paderborn 1926.

ALTEN K., *Amtsmißbrauch. Eine rechtsvergleichende Untersuchung zu Artikel 323 des italienischen Strafgesetzbuchs*, Göttingen 2012.

ALTMANN, voce *Mahl- und Schlachtsteuer*, in K. VON STENGEL - M. FLEISCHMANN (edd), *Wörterbuch des Deutschen Staats- und Verwaltungsrechts*, II, pp. 806-807.

AMBROSIUS G., *Der Staat als Unternehmer: öffentliche Wirtschaft und Kapitalismus seit dem 19. Jahrhundert*, Göttingen 1984.

AMEND A., *Von der Kunst, eine «Steuerfrage aus einer Parteifrage in eine Finanzfrage zu verwandeln». Das preußische Grundsteuergesetz vom 21. Mai 1861 als historisches Kaleidoskop*, St. Katharinen 1997.

ANDERHUB A., *Der Weg vom Herzogtum Nassau zum preussischen Regierungsbezirk Wiesbaden*, in P. BAUMGART (ed), *Expansion und Integration. Zur Eingliederung neugewonnener Gebiete in den preußischen Staat*, pp. 403-420.

ANDERNACH N., *Der Landtag und die Hochschul- und Wissenschaftspolitik in Preußen 1848-1918*, Bonn 1970.

ANSCHÜTZ G., *Die gegenwärtigen Theorien über den Begriff der gesetzgebenden Gewalt und den Umfang des königlichen Verordnungsrechts nach preussischem Staatsrecht*, Aalen 1971 (ripr. facs. della 2. ed., Tübingen - Leipzig 1901).

– *Die Verfassungsurkunde für den preußischen Staat vom 31. Januar 1850. Ein Kommentar für Wissenschaft und Praxis*, 1. (einziger) Bd.: *Einleitung. Vom Staatsgebiete und von den Rechten der Preußen*, Aalen 1974 (Neudruck der Ausgabe Berlin 1912).

ANTONETTI N., *Gli invalidi della Costituzione: il Senato del Regno, 1848-1924*, Bari 1992.

APEL, voce *Armeebefehl und Armeeverordnung*, in K. VON STENGEL - M. FLEISCHMANN (edd), *Wörterbuch des Deutschen Staats- und Verwaltungsrechts*, I, pp. 187-189.

– voce *Kriegsministerium*, in K. VON STENGEL - M. FLEISCHMANN (edd), *Wörterbuch des Deutschen Staats- und Verwaltungsrechts*, II, pp. 681-684.

ASSMANN H.-D., *Die Aktiengesellschaft und das Aktienrecht von den Anfängen bis 1945*, in K.J. HOPT - H. WIEDEMANN (edd), *Großkommentar zum Aktienrecht*, 1. Lieferung, Einleitung A-D, Berlin - New York 1992, pp. 12-88.

AYASS W. (ed), *Arbeiterschutz (Quellensammlung zur Geschichte der deutschen Sozialpolitik 1867 bis 1914*, Abt. 1: *Vom der Reichsgründungszeit bis zur kaiserlichen Sozialbotschaft [1867 bis 1881]*, Bd. 3), Stuttgart et al. 1996.

BACKOFFNER R., *Die Städteordnungen der preußischen Monarchie*, Berlin 1880.

BADURA P., *Wirtschaftsverfassung und Wirtschaftsverwaltung: ein exemplarischer Leitfaden*, Tübingen 2008[3].

BALLESTREM K.G., *Zur Theorie und Geschichte des Emigrationsrechtes*, in G. BIRTSCH (ed), *Grund- und Freiheitsrechte im Wandel von Gesellschaft und Geschichte*, Göttingen 1981, pp. 146-161.

BARCLAY, D.E. *Anarchie und guter Wille. Friedrich Wilhelm IV. und die preußische Monarchie*, Berlin 1995.

BARMEYER H., *Hannovers Eingliederung in den preussischen Staat. Annexion und administrative Integration 1866-1868*, Hildesheim 1983.

BAUMGART P. (ed), *Expansion und Integration. Zur Eingliederung neugewonnener Gebiete in den preußischen Staat*, Köln - Wien 1984.

– KROENER B.R. - STÜBIG H. (edd), *Die Preussische Armee zwischen Ancien Régime und Reichsgründung*, Paderborn 2008.

BECKER F., *Synthetischer Militarismus. Die Einigungskriege und der Stellenwert des Militärischen in der deutschen Gesellschaft*, in M. EPKENHANS - G.P. GROSS (edd), *Das Militär und der Aufbruch in die Moderne 1860 bis 1890*, pp. 125-141.

BECKER H.-J. (ed), *Interdependenzen zwischen Verfassung und Kultur. Tagung der Vereinigung für Verfassungsgeschichte in Hofgeismar vom 22.3.-24.3.1999*, Berlin 2003.

BECKERATH E. VON, *Die preussische Klassensteuer und die Geschichte ihrer Reform bis 1851*, München-Leipzig 1912.

BEHNEN M., *Das Preußische Wochenblatt (1851 bis 1861)*, Göttingen 1971.

BEITZKE H., *Das preussische Heer vor und nach der Reorganisation, seine Stärke und Zusammensetzung im Kriege 1866*, Berlin 1866.

BELZYT L., *Sprachliche Minderheiten im preußischen Staat*, Marburg 1998.

BERG C. et al. (edd), *Handbuch der deutschen Bildungsgeschichichte*, 3: K.-E. JEISMANN - P. LUNDGREEN (edd), *1800-1870: von der Neuordnung Deutschlands bis zur Gründung des Deutschen Reiches*, München 1987.

BERGENGRÜN A., *Staatsminister August Freiherr von der Heydt*, Leipzig 1908.

BERGER L., *Der alte Harkort. Ein Westfälisches Lebens- und Zeitbild*, Leipzig 1890.

BERGIUS C.J., *Grundsätze der Finanzwissenschaft mit besonderer Beziehung auf den Preussischen Staat*, Berlin 1871[2].

BESIER G., *Die Neue Ära und die Einleitung eines kirchlichen Verfassungsneubaus (1858-1862)*, in J. ROGGE - G. RUHBACH (edd), *Die Geschichte der evangelischen Kirche der Union*, Bd. 2: *Die Verselbständigung der Kirche unter dem königlichen Summepiskopat (1850-1918)*, Leipzig 1994, pp. 109-120.

BETHMANN-HOLLWEG M.A. VON, *Die Reaktivierung der Preußischen Provinziallandtagen*, Berlin 1851.

BIEBERSTEIN F. Frhr. M. VON, *Verantwortlichkeit und Gegenzeichnung bei Anordnungen des Obersten Kriegsherrn. Studie zum deutschen Staatsrecht*, Berlin 1911.

[BINDEWALD K.W.J.], *Der Staatsminister von Raumer und seine Verwaltung des Ministeriums der geistlichen, Unterrichts- und Medicinal-Angelegenheiten in Preußen*, Berlin 1860.

BIRTSCH G. (ed), *Grund- und Freiheitsrechte im Wandel von Gesellschaft und Geschichte*, Göttingen 1981.

BITTER R. VON, *Versetzung (einstweilige) in den Ruhestand*, in R. VON BITTER, *Handwörterbuch der preußischen Verwaltung*, 2 voll., Leipzig 1906, qui II, p. 707.

BLACK-VELDTRUP M., *Friedrich von Kühlwetter*, in F.G. HOHMANN (ed), *Westfälische Lebensbilder*, 18, Münster 2009, pp. 60-78.

BLÄNKNER R., *La storia costituzionale come storia culturale*, in *La «nuova» storia costituzionale. Studi sul XIX secolo europeo*, a cura di M. PRUTSCH (Quaderno monografico di «Memoria e Ricerca», 35), Milano 2010, pp. 13-30.

BLASIUS D., *Friedrich Wilhelm IV. 1795-1861. Psychopathologie und Geschichte*, Gottingen 1992.

– *Grundfragen einer historischen Biographie: Zur Gestalt Friedrich Wilhelms IV*, in «Forschungen zur Brandenburgischen und Preußischen Geschichte», NF, 2, 1992, pp. 163-178.

BOCH R., *Staat und Wirtschaft im 19. Jahrhundert*, München 2004.

BOECKH R., *Statistik der Urwahlen für das preussische Abgeordnetenhaus vom neunzehnten November 1861*, in «Zeitschrift des Königlich Preussischen Statistischen Bureaus», Nr. 4.5., April-Mai 1862, pp. 77-120.

BÖCKENFÖRDE E.-W., *Gesetz und gesetzgebende Gewalt. Von den Anfängen der deutschen Staatsrechtslehre bis zur Höhe des staatsrechtlichen Positivismus*, Berlin 1981[2].

BÖHME H., *L'ascesa della Germania a grande potenza. Economia e politica nella formazione del Reich. 1848-1881*, Milano - Napoli 1970 (ed. orig. *Deutschlands Weg zur Großmacht. Studien zum Verhältnis von Wirtschaft und Staat während der Reichsgründungszeit 1848-1881*, Köln - Berlin 1966).

BÖHR S., *Die Verfassungsarbeit der preußischen Nationalversammlung 1848*, Frankfurt a.M. 1992.

BOLDT H., *Rechtsstaat und Ausnahmezustand: eine Studie über den Belagerungszustand als Ausnahmezustand des bürgerlichen Rechtsstaates im 19. Jahrhundert*, Berlin 1967.

– *Einführung in die Verfassungsgeschichte: zwei Abhandlungen zu ihrer Methodik und Geschichte*, Düsseldorf 1984.

– *Deutsche Verfassungsgeschichte*, 2: *Von 1806 bis zur Gegenwart*, München 1990.

– *Die Reichsverfassung vom 28. März 1849. Zur Bestimmung ihres Standortes in der deutschen Verfassungsgeschichte*, in P. Bahners - G. Roellecke (edd), *1848 – Die Erfahrung der Freiheit*, Heidelberg 1998, pp. 49-69.

– *Verfassung und Revolution. Einige Bemerkungen zu ihrem Zusammenhang und zur Verfassungsfrage 1848*, in M. Kirsch - P. Schiera (edd), *Verfassungswandel um 1848 im europäischen Vergleich*, Berlin 2001, pp. 145-154.

Börner K.-H., *Prinz Wilhelm von Preußen über die Berliner Märzrevolution 1848*, in «Zeitschrift für Geschichtswissenschaft», 41, 1993, 5, pp. 425-436.

Bornhak C., voce *Mediatisierte*, in K. von Stengel - M. Fleischmann (edd), *Wörterbuch des Deutschen Staats- und Verwaltungsrechts*, II, pp. 825-830.

– (ed), *Bismarcks Staatsrecht. Die Stellungnahme des Fürsten Otto von Bismarck zu den wichtigsten Fragen des Deutschen und Preussischen Staatsrechts*, Berlin 1923[2].

Brandt H.-H., *Deutsche Geschichte 1850-1870. Entscheidung über die Nation*, Stuttgart - Berlin - Köln 1999.

Brandt P. - Kirsch M. - Schlegelmilch A. (edd), *Handbuch der europäischen Verfassungsgeschichte im 19. Jahrhundert. Institutionen und Rechtspraxis im gesellschaftlichen Wandel*, 1: *Um 1800*, unter redaktioneller Mitwirkung von W. Daum, Bonn 2006.

– Kirsch M. - Schlegelmilch A. - Daum W., *Einleitung*, a P. Brandt - M. Kirsch - A. Schlegelmilch (edd), *Handbuch der europäischen Verfassungsgeschichte im 19. Jahrhundert*, 1, pp. 7-118.

– Münger K., *Preußen*, in P. Brandt - M. Kirsch - A. Schlegelmilch (edd), *Handbuch der europäischen Verfassungsgeschichte im 19. Jahrhundert*, 1, pp. 785-850.

– Schlegelmilch A. - Wendt R. (edd), *Symbolische Macht und inszenierte Staatlichkeit. Verfassungskultur als Element der Verfassungsgeschichte*, Bonn 2005.

Bremm K.-J., *Von der Chaussee zur Schiene. Militärstrategie und Eisenbahnen in Preußen von 1833 bis zum Feldzug von 1866*, München 2005.

– *Olmützer Punktation-Diplomatischer Sieg Wiens über Berlin*, in «Geschichte und Wissen», 14, 2012, pp. 46-49.

– *«1866». Bismarcks Krieg gegen die Habsburger*, Darmstadt 2016.

Brunck H., *Bismarck und das Preussische Staatsministerium: 1862-1890*, Berlin 2004.

BRUNNER O. - CONZE W. - KOSELLECK R. (edd), *Geschichtliche Grundbegriffe. Historisches Lexikon zur politisch-sozialen Sprache in Deutschland*, 8 voll., Stuttgart 1972-1997.

BUCHSTEINER I., *Adel und Bodeneigentum – Wandlungen im 19. Jahrhundert*, in W. NEUGEBAUER - R. PROVE (edd), *Agrarische Verfassung und politische Struktur. Studien zur Gesellschaftsgeschichte Preußens 1700-1918*, Berlin 1998, pp. 37-63.

«Bundesgesetzblatt des Norddeutschen Bundes», 1867-1870.

BURGHART H., *Zur Grundsteuerfrage in Preußen*, in «Preußische Jahrbücher», 5, 1860, pp. 30-56.

BURMEISTER I.A., *Annexion, politische Integration und regionale Nationsbildung: Preußens «neuerworbene Provinzen»: Kurhessen in der Reichsgründungszeit 1866-1881*, Darmstadt 2012.

BÜSCH O. - NEUGEBAUER W. (edd), *Moderne preußische Geschichte 1648-1947. Eine Anthologie*, Berlin - New York 1981.

– (ed), *Friedrich Wilhelm IV in seiner Zeit*, Berlin 1987.

– (ed), *Handbuch der preussischen Geschichte*, II: *Das 19. Jahrhundert und Große Themen der Geschichte Preußens*, Berlin - New York 1992.

BUSSMANN W., *Königliche Armee - Volksheer. Zur Geschichte des preussischen Heereskonflikts in den sechziger Jahren*, in W. BUSSMANN, *Wandel und Kontinuität in Politik und Geschichte*, hrsg. von W. PÖLS, Boppard a.R. 1973, pp. 83-102.

CERVELLI I., *Introduzione all'edizione italiana*, in H. ROSENBERG, *Ascesa e prima crisi mondiale del capitalismo (1848-1857)*, Napoli 1980, pp. 11-30.

– *Realismo politico e liberalismo moderato in Prussia negli anni del decollo*, in R. LILL - N. MATTEUCCI (edd), *Il liberalismo in Italia e in Germania dalla rivoluzione del '48 alla prima guerra mondiale* (Annali dell'Istituto storico italo-germanico in Trento. Quaderni, 5), Bologna 1980, pp. 77-290.

– *Liberalismo e conservatorismo in Prussia 1850-1858*, Bologna 1983.

COLLANI H.-J. VON, *Die Finanzgebarung des preußischen Staates zur Zeit des Verfassungskonfliktes 1862-1866*, Düsseldorf 1939.

COLLIN P., *«Wächter der Gesetze» oder «Organ der Staatsregierung»? Konzipierung, Einrichtung und Anleitung der Staatsanwaltschaft durch das preußische Justizministerium von den Anfängen bis 1860*, Frankfurt a.M. 2000.

– *Der Kampf gegen die Schwurgerichte - Preußen 1849-1853/54*, in «Zeitschrift für Neuere Rechtsgeschichte», 23, 2001, pp. 195-219.

– *Die Geburt der Staatsanwaltschaft in Preußen*, in «forum historiae iuris» (12. März 2001) http://fhi.rg.mpg.de/articles/0103collin.htm, pp. 1-13.

CONRAD H. - HAUNFELDER B., *Preussische Parlamentarier. Ein Photoalbum 1859-1867*, Düsseldorf 1986.

CONSTABEL A. (ed), *Die Vorgeschichte des Kulturkampfes. Quellenveröffentlichung aus dem Deutschen Zentralarchiv*, Berlin 1957[2].

CONZEMIUS V., *Die Briefe Aulikes an Döllinger. Ein Beitrag zur Geschichte der «Katholischen Abteilung» im Preußischen Kultusministerium*, Rom et al. 1968.

DANN O., *Die Proklamation von Grundrechten in den deutschen Revolutionen von 1848/49*, in G. BIRTSCH (ed), *Grund- und Freiheitsrechte im Wandel von Gesellschaft und Geschichte*, pp. 515-532.

– (ed), *Vereinswesen und bürgerliche Gesellschaft in Deutschland*, München 1984.

Das größte Geschäftshaus Preußens, in «Die Gartenlaube», 1866, 51, pp. 800-802.

DAUM W. unter Mitwirkung von BRANDT P. - KIRSCH M. - SCHLEGELMILCH A. (edd), *Handbuch der europäischen Verfassungsgeschichte im 19. Jahrhundert. Institutionen und Rechtspraxis in gesellschatlichen Wandel*, 2: *1815-1847*, Bonn 2012.

Die neuesten Flugschriften über die Militärfrage, in «Preussische Jahrbücher», 10, 1862, 1, pp. 73-78.

DIERK W., *Preußische Heeresreformen 1807-1870. Militärische Innovation und der Mythos der «Roonschen Reform»*, Paderborn 2003.

DIPPER Ch., *Die Bauernbefreiung in Deutschland. 1790-1850*, Stuttgart 1980.

– *Landwirtschaft im Wandel. Neue Perspektive der preußisch-deutschen Agrargeschichte im 19. Jahrhundert*, in «Neue Politische Literatur», 38, 1993, pp. 29-42.

DOERING MANTEUFFEL A., *Die deutsche Frage und das europäische Staatensystem 1815-1871*, München 2010[3].

DOTTERWEICH V., voce *Heinrich von Sybel*, in *Neue Deutsche Biographie*, 25, 2013, pp. 733-735.

DÜLFFER J. (ed), *Parlamentarische und öffentliche Kontrolle von Rüstung in Deutschland 1700-1970*, Düsseldorf 1992.

DULTZIG E. VON, *Das preußische Disziplinargesetz für die nichtrichterlichen Beamten nebst dem Disziplinargesetze für die Privatdozenten*, Berlin 1914.

EINEN E., *Katholizismus und Gesellschaft. Das katholische Vereinswesen zwischen Revolution und Reaktion (1848/49-1853/54)*, Idstein 1993.

EISENBERG Ch., *Deutsche und englische Gewerkschaften. Entstehung und Entwicklung bis 1878 im Vergleich*, Göttingen 1986.

ENGEL E., *Das Anwachsen der Bevölkerung im preussischen Staate seit 1816*, in «Zeitschrift des Königlich Preussischen Statistischen Bureaus», 1, 1861, pp. 9-31.

– *Die Ergebnisse der Urwahlen für das preussische Abgeordnetenhaus vom 28. April 1862 und vom 20. October 1863*, in «Zeitschrift des Königlich Preussischen Statistischen Bureaus», 5, März 1865, 3, pp. 41-86.

– *Die Ergebnisse der Classenstseuer, der classifizirten Einkommensteuer und der Mahl- und Schlachtsteuer im Preussischen Staate*, in «Zeitschrift des Königlich Preussischen Statistischen Bureaus», 8, Berlin 1868, pp. 25-84.

– *Beiträge zur Geschichte und Statistik des Unterrichts, insbesondere des Volksschul-Unterrichts im preussischen Staat. I*, in «Zeitschrift des Königlich Preussischen Statistischen Bureaus», 9, 1869, pp. 99-116.

– *Beiträge zur Geschichte und Statistik des Unterrichts, insbesondere des Volksschul-Unterrichts im preussischen Staat. II*, in «Zeitschrift des Königlich Preussischen Statistischen Bureaus», 9, 1869, pp. 153-211.

– *Die Klassen- und klassificirte Einkommensteuer und die Einkommenvertheilung im preussischen Staate*, in «Zeitschrift des Königlich Preussischen Statistischen Bureaus», 15, 1875, pp. 105-148.

ENGELHART U., *Gewerkschaftliche Interessenvertretung als «Menschenrecht». Anstöße und Entwicklung der Koalitionsforderung in der preußisch-deutschen Arbeiterbewegung 1862/63-65 (1869)*, in U. ENGELHARDT (ed), *Soziale Bewegung und politische Verfassung. Beiträge zur Geschichte der modernen Welt*, Stuttgart 1976, pp. 538-598.

ENGELS F., *Die preußische Militärfrage und die deutsche Arbeiterpartei*, Hamburg 1865, ora in K. MARX - F. ENGELS, *Werke*, XVI, Berlin 1975, pp. 42-78.

EPKENHANS M. - GROSS G.P. (edd), *Das Militär und der Aufbruch in die Moderne 1860 bis 1890. Armeen, Marinen und der Wandel von Politik, Gesellschaft und Wirtschaft in Europa, den USA sowie Japan*, München 2003.

ERB R. - BERGMANN W., *Die Nachtseite der Judenemanzipation: der Widerstand gegen die Integration der Juden in Deutschland 1780-1860*, Berlin 1989.

FACIUS F., *Wirtschaft und Staat. Die Entwicklung der staatlichen Wirtschaftsverwaltung in Deutschland vom 17. Jahrhundert bis 1945*, Boppard a.R. 1959.

FELDENKIRCHEN W., *Kinderarbeit im 19. Jahrhundert. Ihre wirtschaftlichen und sozialen Auswirkungen*, in «Zeitschrift für Unternehmensgeschichte», 26, 1981, pp. 1-41.

FENSKE H., *Preußische Beamtenpolitik vor 1918*, in «Der Staat», 12, 1973, 3, pp. 339-356.

– (ed), *Der Weg zur Reichsgründung.1850-1870*, Darmstadt 1977.

FIORAVANTI M., *Giuristi e costituzione politica nell'Ottocento tedesco*, Milano 1979.

FISCHER W., *Das wirtschafts- und sozialpolitische Ordnungsbild der preußischen Bergrechtsreform 1851-1865 [1961]*, in *Wirtschaft und Gesellschaft im Zeitalter der Industrialisierung. Aufsätze - Studien - Vorträge*, Göttingen 1972, pp. 139-147.

FLORA P., *Indikatoren der Modernisierung: ein historisches Datenhandbuch*, Opladen 1975.

FÖRSTER S., *«Vom Kriege». Überlegungen zu einer modernen Militärgeschichte*, in T. KÜHNE - B. ZIEMANN (edd), *Was ist Militärgeschichte?*, Paderborn 2000, pp. 265-281.

– *Einführende Bemerkungen*, in M. EPKENHANS - G.P. GROSS (edd), *Das Militär und der Aufbruch in die Moderne 1860 bis 1890*, pp. 119-124.

FRANTZ C., *Der Militairstaat*, Berlin 1859.

FREMDLING R., *Eisenbahnen und deutsches Wirtschaftswachstum 1840-1879*, Dortmund 1975.

FRIAUF K.H., *Der Staatshaushaltsplan im Spannungsfeld zwischen Parlament und Regierung*, Bad Homburg - Berlin - Zürich 1968.

FRIE E., *Armut und Armenpolitik im langen 19. Jahrhundert*, in «Forschungen zur Brandenburgischen und Preussischen Geschichte», NF, 20, 2010, 1, pp. 55-71.

FROTSCHER W., *Überblick über die Verwaltungsorganisation in den Bundesstaaten*, in K.G.A. JESERICH - H. POHL - G.Ch. VON UNRUH (edd), *Deutsche Verwaltungsgeschichte*, 3, pp. 407-434.

FU A., *Kompetenzkonflikte im preußischen Recht des 19. Jahrhunderts*, Frankfurt a.M. 1999.

FUHRICH-GRUBERT U., *Minoritäten in Preußen: Die Hugenotten als Beispiel*, in W. NEUGEBAUER (ed), *Handbuch der preussischen Geschichte*, I, pp. 1125-1222.

FUNK A., *Polizei und Rechtsstaat. Die Entwicklung des staatlichen Gewaltmonopols in Preußen 1848-1918*, Frankfurt a.M. - New York 1986.

FÜSSL W., *Professor in der Politik: Friedrich Julius Stahl (1802-1861). Das monarchische Prinzip und seine Umsetzung in die parlamentarische Praxis*, Göttingen 1988.

GALL L., *Verfassungsstaat und Bildungswesen*, in U. HERRMANN (ed), *Schule und Gesellschaft im 19. Jahrhundert*, pp. 162-195.

GARCÍA DE ENTERRÍA E., *La lengua de los derechos. La formación del Derecho Público europeo tras la Revolución Francesa*, Madrid 1994.

GEISELER T.A. (ed), *Das ländliche Kommunal-Wesen in den sechs östlichen Provinzen des Preußischen Staates: eine systematische Zusammenstellung der betreffenden Gesetze, ministeriellen Rescripte und Entscheidungen der Gerichtshöfe*, Berlin 1864.

GERHARDT J., *Der Erste Vereinigte Landtag in Preussen von 1847: Untersuchungen zu einer ständischen Körperschaft im Vorfeld der Revolution von 1848-49*, Berlin 2007.

[GERLACH E.L. VON], *Die Krisis Preußens im September 1862*, in «Neue Preußische Zeitung», 10 settembre 1862.

– *Die Krisis Preußens im September 1862. Schluß*, in «Neue Preußische Zeitung», 11 settembre 1862.

– *«Vom Verfasser der Rundschauen», Der Landtag von 1865*, Berlin 1865.

– *Die Interpretation der Verfassungs-Urkunde*, in «Neue Preußische Zeitung», 17 febbraio 1866.

– *Von der Revolution zum Norddeutschen Bund. Politik und Ideengut der preußischen Hochkonservativen 1848-1866. Aus dem Nachlaß von Ernst Ludwig von Gerlach*, hrsg. und eingeleitet von H. DIWALD, I: *Tagebuch 1848-1866*, Gottingen 1870.

GERLACH H. VON, *Die Geschichte des preußischen Wahlrechts*, Berlin 1908.

GEYER M. - STUMPF R., voce *Militarismus*, in O. BRUNNER - W. CONZE - R. KOSELLECK (edd), *Geschichtliche Grundbegriffe*, IV, Stuttgart 1978, pp. 1-48.

GILLIS J.R., *Aristocracy and Bureaucracy in Nineteenth-century Prussia*, in «Past & Present», 41, 1968, pp. 105-129.

– *The Prussian Bureaucracy in Crisis 1840-1860. Origins of an Administrative Ethos*, Stanford 1971.

GNEIST R., *Bericht der XVI. Kommission zur Vorberathung des Gesetz-Enwurfs, betreffend die Erganzung des Art. 99 der Verfassungs-Urkunde vom 31. Januar 1850*, del 9 gennaio 1864, in *StenAH*, *Anlagen*, IV 2, 1864, *Aktenstück* Nr. 75, pp. 478-489.

– *Bericht der XI. Kommission zur Vorprüfung des Gesetz-Entwurfes, betreffend die Verpflichtung zum Kriegsdienst*, del 16 gennaio 1864, in *StenBerAH*, *Anlagen*, IV 2, 1864, *Aktenstück* Nr. 99, pp. 675-711.

– *Konfessionelle Schulen. Ihre Unzulässigkeit nach Preussischen Landesgesetzen*, Berlin 1869.

GOEBEL K., *Die Normierung des Schulwesens durch die Stiehlschen Regulative (1854)*, in J. ROGGE - G. RUHBACH (edd), *Die Geschichte der Evangelischen Kirche der Union*, 2: *Die Verselbständigung der Kirche unter dem königlichen Summepiskopat (1850-1918)*, pp. 70-78.

GÖNNER E., *Die Revolution von 1848/49 in den hohenzollerischen Fürstentümern und deren Anschluß an Preussen*, Hechingen 1952.

GOETERS G. - MAU R. (edd), *Die Geschichte der Evangelischen Kirche der Union*, 1: *Die Anfänge der Union unter landesherrlichem Kirchenregiment (1817-1850)*, Leipzig 1992.

GOLLWITZER H., *Die Standesherrren. Die politische und gesellschaftliche Stellung der Mediatisierten 1815-1918. Ein Beitrag zur deutschen Sozialgeschichte*, Göttingen 1964[2].

GORNIG G.H., *Territoriale Entwicklung und Untergang Preußens. Eine historisch-völkerrechtliche Untersuchung*, Köln 2000.

GRAVENHORST G., voce *Konflikt*, in K. VON STENGEL - M. FLEISCHMANN (edd), *Wörterbuch des Deutschen Staats- und Verwaltungsrechts*, II, pp. 607-612.

GRAWERT R., voce *Gesetz*, in O. BRUNNER - W. CONZE - R. KOSELLECK (edd), *Geschichtliche Grundbegriffe*, II, pp. 863-922.

– *Gesetzgebung im Wirkungszusammenhang konstitutioneller Regierung*, in «Der Staat», Beiheft 7, 1984, pp. 113-160.

GREIM-KUCZEWSKI P., *Die preußische Klassen- und Einkommensteuergesetzgebung im 19. Jahrhundert: eine Untersuchung über die Entwicklungsgeschichte der formellen Veranlagungsvorschriften*, Köln 1990.

GROEBEN K. VON DER, *§ 2. Die Erfüllung von allgemeinen und besonderen polizeilichen Aufgaben*, in K.G.A. JESERICH - H. POHL - G.Ch. VON UNRUH (edd), *Deutsche Verwaltungsgeschichte*, 3, pp. 435-451.

GROTKE K.L. - PRUTSCH M.J., *Constitutionalism. Legitimacy, and Power. Nineteenth-Century Experiences*, Oxford 2014.

GRÜNTHAL G., *Grundlagen konstitutionellen Regiments in Preußen 1848-1867*, in G.A. RITTER (ed), *Deutsche Parteien vor 1918*, Köln 1973, pp. 41-55.

– *Konstitutionalismus und konservative Politik. Ein verfassungspolitischer Beitrag zur Ära Manteuffel*, in G.A. RITTER (ed), *Gesellschaft, Parlament und Regierung. Zur Geschichte des Parlamentarismus in Deutschland*, Düsseldorf 1974, pp. 145-164.

– *Parlamentarismus in Preußen 1848/49-1857/58*, Düsseldorf 1982.

– *Zwischen König, Kabinett und Kamarilla. Der Verfassungsoktroi in Preussen vom 5.12.1848*, in «Jahrbuch für die Geschichte Mittel- und Ostdeutschlands», 32, 1983, pp. 119-174.

– *Bemerkungen zur Kamarilla Friedrich Wilhelm IV. im nachmärzlichen Preußen*, in O. BÜSCH (ed), *Friedrich Wilhelm IV. in seiner Zeit*, pp. 39-47.

– *Otto von Manteufel*, in *Neue Deutsche Biographie*, 16, 1990, pp. 88-90.

«GS», «Gesetzsammlung für die Königlichen Preußischen Staaten», Berlin 1838-1870.

GUTSMUTH F. (ma Dr. ADOLF FRANTZ W.), *Die Preußische Ober-Rechnungskammer und ihre Reform*, in «Deutsche Jahrbücher fur Politik und Literatur», I, 1861, pp. 203-218.

– *Preußens Heerwesen vom konstitutionellen Standpunkte betrachtet*, in «Deutsche Jahrbücher fur Politik und Literatur», 1862, 2, pp. 40-80.

HAHN H.-W., *Die industrielle Revolution in Deutschland*, Oldenbourg 2011[3].

– KREUTZMANN M. (edd), *Der Deutsche Zollverein. Ökonomie und Nation im 19. Jahrhundert*, Köln - Weimar - Wien 2012.

[HAHN L.E.], *Die innere Politik der Preußischen Regierung von 1862 bis 1866. Sammlung der amtlichen Kundgebungen und halbamtlicher Äußerungen*, Berlin 1866.

HAHNDORFF E., *Das Budgetrecht in den Verhandlungen des Preussischen Landtags. Ein Beitrag zur preussischen Verfassungsgeschichte von 1848-1866* (Phil. Diss. der Friedrich-Wilhelms-Universität zu Berlin), Stettin 1931.

HARKORT F., *Eine Stimme aus dem liberalen Lager. Friedrich Harkorts Wahl-Katechismus pro 1852 für das Volk*, Braunschweig 1852, ora in F. SALOMON (ed), *Die deutschen Parteiprogramme*, 1: *Bis zur Reichsgründung 1845-1871*, Leipzig - Berlin 1924[3], pp. 69-77.

HARTMANN, voce *Meldewesen*, in K. VON STENGEL - M. FLEISCHMANN (edd), *Wörterbuch des Deutschen Staats- und Verwaltungsrechts*, II, pp. 833-836.

HARTMANN K.L. - NYSSEN W. - WALDEYER H. (edd), *Schule und Staat im 18. und 19. Jahrhundert. Zur Sozialgeschichte der Schule in Deutschland*, Frankfurt a.M. 1974.

– *Schule und Fabrikgeschäft. Zum historischen Zusammenhang von Kinderarbeit, Kinderschutzgesetz und allgemeiner Elementarbildung*, in K.L. HARTMANN - W. NYSSEN - H. WALDEYER (edd), *Schule und Staat im 18. und 19. Jahrhundert*, pp. 171-253.

HARTUNG F., *Verantwortliche Regierung, Kabinette und Nebenregierungen im konstitutionellen Preußen 1848-1918*, in «Forschungen zur Brandenburgischen und Preußischen Geschichte», 44, 1932, pp. 1-45.

– *Geschichte der preußischen Verwaltung im 19. und 20. Jahrhundert*, in O. BÜSCH - W. NEUGEBAUER (edd), *Moderne preußische Geschichte 1648-1947*, pp. 680-730.

HARTWICH E., *Der Deutsche Juristentag von seiner Grundung 1860 bis zu den Reichsjustizgesetzen 1877 im Kontext von Nationsbildung und Rechtsvereineitlichung*, Berlin 2008.

HAUNFELDER B., *Biographisches Handbuch für das Preussische Abgeordnetenhaus 1849-1867*, Düsseldorf 1994.

HAYM R., *Der preußische Landtag während der Jahre 1851 bis 1857*, in «Preussische Jahrbücher», 1, 1858, 2, pp. 186-213.

[HAYM R.], *Der alte und der neue preußische Landtag*, in «Preußische Jahrbücher», I, 1858, pp. 555-579.

– *Die Rechte der Juden in Preußen*, in «Preußische Jahrbücher», 5, 1860, 2, pp. 105-142.

– *Die Judenfrage noch einmal vor beiden Hausern des Landtags*, in «Preußische Jahrbücher», 7, 1861, 1, pp. 11-50.

HECKEL M. VON, voce *Gebäudesteuer*, in K. VON STENGEL - M. FLEISCHMANN (edd), *Wörterbuch des deutschen Staats- und Verwaltungsrechts*, II, pp. 1-4.

– voce *Gewerbesteuer*, in K. VON STENGEL - M. FLEISCHMANN (edd), *Wörterbuch des deutschen Staats- und Verwaltungsrechts*, II, pp. 267-271.

– voce *Grundsteuer*, in K. VON STENGEL - M. FLEISCHMANN (edd), *Wörterbuch des Deutschen Staats- und Verwaltungsrechts*, II, pp. 293-299.

HEFFTER H., *Die deutsche Selbstverwaltung im 19. Jahrhundert*, Stuttgart 1950.

– *Der nachmärzliche Liberalismus: die Reaktion der 1850er Jahre*, in H.-U. WEHLER (ed), *Moderne deutsche Sozialgeschichte*, Köln 1966, pp. 177-196.

HEGGEN A., *Erfindungsschutz und Industrialisierung in Preußen 1793-1877*, Göttingen 1975.

HEINRICH G., voce *Robert von Patow*, in *Neue Deutsche Biographie*, 20, 2001, pp. 100-101.

HEINRICHS H. - SCHMALZ K. - STOLLEIS M. (edd), *Deutsche Juristen jüdischer Herkunft*, München 1993.

HENTSCHEL V., *Die deutsche Freihändler und der volkswirtschaftliche Kongreß 1858 bis 1885*, Stuttgart 1975.

– *Deutsche Wirtschafts- und Sozialpolitik 1815 bis 1945*, Düsseldorf 1980.

HERMES, voce *Landwirtschaft. B. Landwirtschaftliches Kreditwesen*, in K. VON STENGEL - M. FLEISCHMANN (edd), *Wörterbuch des Deutschen Staats- und Verwaltungsrechts*, II, pp. 738-742.

HERNISCH H., *Kapitalistische Agrarreform und industrielle Revolution. Agrarhistorische Untersuchung über das ostelbische Preußen zwischen Spätfeudalismus und bürgerlich-demokratische Revolution von 1848/49 unter besonderer Berücksichtigung der Provinz Brandenburg*, Weimar 1984.

HERRMANN U. (ed), *Schule und Gesellschaft im 19. Jahrhundert. Sozialgeschichte der Schule im Ubergang zur Industriegesellschaft*, Weinheim - Basel 1977.

– *Friedrich Adolph Wilhelm Diesterweg*, in W. TREUE - K. GRÜNDER (edd), *Berlinische Lebensbilder. Wissenschaftspolitik in Berlin. Minister, Beamte, Ratgeber*, Berlin 1987, pp. 135-148.

HEYDERHOFF J., *Karl Twesten. Sein Entwicklungsgang und seine politische Wirksamkeit*, in «Preußische Jahrbücher», 180, 1920, 1, pp. 1-20.

HEYMANN E., voce *Lehnrecht*, in K. VON STENGEL - M. FLEISCHMANN (edd), *Wörterbuch des Deutschen Staats- und Verwaltungsrechts*, II, pp. 761-763.

HINRICHS Fr., *Der erste deutsche Juristentag*, in «Preußische Jahrbücher», 6, 1860, 3, pp. 281-284.

HINTZE O., *Il principio monarchico e il regime costituzionale*, in O. HINTZE, *Stato e società*, a cura di P. SCHIERA, Bologna 1980, pp. 27-49 (apparso originariamente con il titolo *Das monarchische Prinzip und die konstitutionelle Verfassung*, in «Preußische Jahrbücher», 144, 1911, pp. 381-412).

HIRTH G. (ed), *Preußischer Landtags-Almanach, X. Legislatur-Periode – 1. Session*, Berlin 1868.

HODENBERG Ch. VON, *Die Partei der Unparteischen. Der Liberalismus der preußischen Richterschaft 1815-1848/49*, Göttingen 1996.

HOFMANN W., *Aufgaben und Struktur der kommunalen Selbstverwaltung in der Zeit der Hochindustrialisierung*, in K.G.A. JESERICH - H. POHL - G.Ch. VON UNRUH (edd), *Deutsche Verwaltungsgeschichte*, III, pp. 578-644.

HOHMANN F.G. (ed), *Westfälische Lebensbilder*, 18, Münster 2009.

HOLTZ B. - SPENKUCH H. (edd), *Preußens Weg in die politische Moderne. Verfassung – Verwaltung – politische Kultur zwischen Reform und Reformblockade*, Berlin 2001.

– (ed), *Die Protokolle des Preussischen Staatsministeriums 1817-1934/38*, 4/1: *30 März 1848 bis 27. Oktober 1858* (*Acta Borussica*, NF, 1. Reihe), Hildesheim - Zürich - New York 2003; 4/2: *30. März 1848 bis 27. Oktober 1858*, Hildesheim - Zurich - New York 2003.

– *Einleitung*, a B. HOLTZ (ed), *Die Protokolle des Preussischen Staatsministeriums 1817-1934/38*, 4/1, pp. 1-45.

– voce *Karl Otto von Raumer*, in *Neue Deutsche Biographie*, 21, Berlin 2003, pp. 204-205.

– *Stellenstruktur, Binnenorganisation und Zunahme des Geschäftsbetriebes*, 5.1: *Die Jahre von 1817 bis 1866*, in *Acta Borussica*, NF, 2. Reihe, *Preußen als Kulturstaat*, Abt. I, Bd. 1.1, pp. 99-108.

– *Friedrich Wilhelm III. (1770-1840). Monarch für eine einheitliche Landeskirche*, in R. MAU (ed), *Vom Unionsaufruf 1817 bis zur Mitte des 19. Jahrhunderts*, Frankfurt a.M. 2009, pp. 23-43.

– *Matthias Aulike*, in F.G. HOHMANN (ed), *Westfälische Lebensbilder*, Bd. 18, Münster 2009, pp. 36-59.

– *Reformprojekte und Debatte zur Organisationsstruktur. Die Jahre von 1817 bis 1866*, in *Acta Borussica*, NF, 2. Reihe: *Preußen als Kulturstaat*, Abt. I, Bd. 1.1, pp. 72-77.

– *Zuständigkeiten, Tätigkeitsgebiete und Organisationsstruktur. Die Jahre von 1817 bis 1866*, in *Acta Borussica*, NF, 2. Reihe: *Preußen als Kulturstaat*, Abt. I, Bd. 1.1, pp. 20-31.

– RATHGEBER Ch., *Ressortleitung und Räte von 1817 bis 1866*, in *Acta Borussica*, NF, 2. Reihe: *Preußen als Kulturstaat*, Abt. I, Bd. 1.1, pp. 170-222.

– RATHGEBER Ch., *Zwischen Bildungskonzept und Bildungsweg – Lokale Schulhoheit und Intensivierung des Staatsdurchgriffs (1817 bis 1866)*, in *Acta Borussica*, NF, 2. Reihe: *Preußen als Kulturstaat*, Abt. I, Bd. 2.1, pp. 5-55.

– *Ministerialabteilung auf Zeit – Die Katholische Abteilung zwischen «Kölner Wirren» und Kulturkampf*, in *Acta Borussica*, NF, 2. Reihe, *Preußen als Kulturstaat*, Abt. I, Bd. 3.1, pp. 139-212.

HOLTZENDORFF F. VON, *Die Reform der Staatsanwaltschaft in Deutschland*, Berlin 1864.

– *Prinzipien der Politik. Einleitung in die staatswissenschaftliche Betrachtung der Gegenwart*, Saarbrücken 2007 (ed. orig. Berlin 1869).

HOOFFMANN M., App.-Ger.-Rath, recensione a G. THILO, *Die Preußische Disziplinargesetzgebung für die unmittelbaren und mittelbaren Staatsbeamten*, Berlin 1864, in «Beiträge zur Erläuterung des preußischen Rechts durch Theorie und Praxis», 8, 1864, pp. 621-623.

HUBATSCH W. (ed), *Grundriss zur deutschen Verwaltungsgeschichte 1815-1945*, Reihe A: *Preussen*, Bd. 12: *Teil A. Preussische Zentralbehörde*, bearbeitet von F.W. WEHRSTEDT; *Teil B: Unmittelbaren Gebiete der Krone Preussen*, bearbeitet von W. HUBATSCH, Marburg - Lahn 1978.

– *Aufbau, Gliederung und Tätigkeit der Verwaltung in den deutschen Einzelstaaten (1815-1866)*, in K.G.A. JESERICH - H. POHL - G.-Ch. VON UNRUH (edd), *Deutsche Verwaltungsgeschichte*, 2, pp. 166-198.

– *Das preußische Staatsministerium von Bismarck bis zum Ende der Monarchie. Ein Überblick*, in O. HAUSER (ed), *Zur Problematik 'Preußen und das Reich'*, Köln - Wien 1984, pp. 165-179.

HUBER A., *Das Vereinsrecht im Deutschland des 19. Jahrhunderts*, in «Historische Zeitschrift», Beiheft 9: *Vereinswesen und bürgerliche Gesellschaft in Deutschland*, hrsg. von O. DANN, München 1984, pp. 115-132.

HUBER E.R., *Heer und Staat in der deutschen Geschichte*, Hamburg 1943².

– *Zur Geschichte der politischen Polizei im 19. Jahrhundert*, in *Nationalstaat und Verfassungsstaaat*, Stuttgart 1965, pp. 144-167.

– HUBER W. (edd), *Staat und Kirche im 19. und 20. Jahrhundert. Dokumente zur Geschichte des deutschen Staatskirchenrechts*, 2: *Staat und Kirche im Zeitalter des Hochkonstitutionalismus und des Kulturkampfs 1848-1890*, Berlin 1976.

– (ed), *Dokumente zur deutschen Verfassungsgeschichte*, 1: *Deutsche Verfassungsdokumente 1803-1850*, Stuttgart 1978³; 2: *Deutsche Verfassungsdokumente 1851-1900*, Stuttgart 1986³.

– *Deutsche Verfassungsgeschichte seit 1789*, 3: *Bismarck und das Reich*, rist. della II ed. Stuttgart - Berlin - Köln - Mainz 1978², Stuttgart 1983³.

HÜBNER R., voce *Georg Beseler*, in *Allgemeine Deutsche Biographie*, 46, 1902, pp. 445-472.

HUE DE GRAIS R., *Handbuch der Verfassung und Verwaltung in Preußen und dem Deutschen Reiche*, hrsg. von G. Graf HUE DE GRAIS - Dr. H. PETERS unter Mitwirkung von Dr. W. Hoche, Berlin 1926[23].

ISENSEE J., *Verfassungsrecht als «politisches Recht»*, in J. ISENSEE - P. KIRCHHOF (edd), *Handbuch des Staatsrechts der Bundesrepublik Deutschland*, VII: *Normativität und Schutz der Verfassung – Internationale Beziehungen*, Heidelberg 1992, pp. 103-163.

JACOBSON H.F., *Der preußische Staat. Eine übersichtliche Darstellung seiner Bildungsgeschichte, seiner Gesetzgebung, Verfassung und Verwaltung*, Leipzig 1854.

JEISMANN K.-E., *Die «Stiehlschen Regulative»*, in U. HERRMANN (ed), *Schule und Gesellschaft im 19. Jahrhundert*, pp. 137-161.

– *Gymnasium, Staat und Gesellschaft in Preussen*, in U. HERRMANN (ed), *Schule und Gesellschaft im 19. Jahrhundert*, pp. 44-61.

– *Einleitung. Zur Bedeutung der «Bildung» im 19. Jahrhundert*, in C. BERG et al. (edd), *Handbuch der deutschen Bildungsgeschichichte*, 3: K.E. JEISMANN - P. LUNDGREEN (edd), *1800-1870: von der Neuordnung Deutschlands bis zur Gründung des Deutschen Reiches*, pp. 1-21.

– *Schulpolitik, Schulverwaltung, Schulgesetzgebung*, in C. BERG et al. (edd), *Handbuch der deutschen Bildungsgeschichichte*, 3, pp. 105-112.

– *Das höhere Knabenschulwesen*, in C. BERG et al. (edd), *Handbuch der deutschen Bildungsgeschichichte*, 3, pp. 152-179.

JELLINEK G., *Ein Gesetzentwurf betreffend die Verantwortlichkeit des Reichskanzlers und seiner Stellvertreter nebst Begründung*, Heidelberg 1909.

JESERICH K.G.A., *Die Entwicklung des offentlichen Dienstes 1800-1871*, in K.G.A. JESERICH - H. POHL - G.-Ch. VON UNRUH (edd), *Deutsche Verwaltungsgeschichte*, 2, pp. 301-332.

– POHL H. - UNRUH G.-Ch. VON (edd), *Deutsche Verwaltungsgeschichte*, 6 voll., Stuttgart 1983-1988; 2: *Vom Reichsdeputationshauptschluß bis zur Auflösung des Deutschen Bundes*, Stuttgart 1983; 3: *Das Deutsche Reich bis zum Ende der Monarchie*, Stuttgart 1984.

JESSEN R., *Polizei, Wohlfahrt und die Anfänge des modernen Sozialstaats in Preußen während des Kaiserreichs*, in «Geschichte und Gesellschaft», 20, 1994, pp. 157-180.

JOST W., *Gewerbliche Schule und politische Macht. Zur Entwicklung des gewerblichen Schulwesens in Preußen in der Zeit von 1850-1880*, Weinheim - Basel 1982.

JÜRGENSEN K., *Die Eingliederung der Herzogtümer Schleswig, Holstein und Lauenburg in das preussische Königreich*, in P. BAUMGART (ed), *Expansion und Integration*, pp. 327-356.

KAERNBACH A., *Preußen, Olmütz und die deutsche Frage – die deutschlandpolitischen Konzepte Preußens im Vorfeld der Dresdener Konferenz*, in J. FLÖTER - G. WARTENBERG (edd), *Die Dresdener Konferenz 1850/51 – Föderalismus des Deutschen Bundes versus Machtinteressen der Einzelstaaten*, Leipzig 2002, pp. 67-81.

KAHL, voce *Kirchenhoheit*, in K. VON STENGEL - M. FLEISCHMANN (edd), *Wörterbuch des Deutschen Staats- und Verwaltungsrechts*, II, pp. 572-578.

KAPLAN M. - MEYER B., (edd), *Jüdische Welten: Juden in Deutschland vom 18. Jahrhundert bis in die Gegenwart*, Göttingen 2005.

KAUFHOLD K.H., *Die Auswirkungen der Einschränkung der Gewerbefreiheit in Preußen durch die Verordnung vom 9. Februar 1849 auf das Handwerk*, in H. WINKEL (ed), *Vom Kleingewerbe zur Großindustrie*, Berlin 1975, pp. 165-88.

KELLER E., *Der preußische Staat. Ein Handbuch der Vaterlandskunde*, I, Minden 1864; II, Minden 1866.

KEMNITZ H. - C. RITZI (edd), *Die Preußischen Regulative von 1854 im Kontext der deutschen Bildungsgeschichte*, Baltmannsweiler 2005.

KIRSCH M., *Monarch und Parlament im 19. Jahrhundert. Der monarchische Konstitutionalismus als europäischer Verfassungstyp – Frankreich im Vergleich*, Göttingen 1999.

– P. SCHIERA (edd), *Verfassungswandel um 1848 im europäischen Vergleich*, Berlin 2001.

KITTSTEINER H.D., *Was heißt Kulturgeschichte*, in «Geschichte und Gesellschaft», 23, 1997, pp. 5-27.

KLEIN E., *Geschichte der öffentlichen Finanzen in Deutschland (1500-1870)*, Wiesbaden 1974.

KLEINHEYER G., voce *Grundrechte. Menschen- und Bürgerrechte, Volksrechte*, in O. BRUNNER - W. CONZE - R. KOSELLECK (edd), *Geschichtliche Grundbegriffe. Historisches Lexikon zur politisch-sozialen Sprache in Deutschland*, II, pp. 1047-1082.

KLEINSCHMIDT C., *Technik und Wirtschaft im 19. und 20. Jahrhundert*, München 2007.

KLÖTZER W., *Frankfurt am Main von der Französischen Revolution bis zur preußischen Okkupation 1789-1866*, in FRANKFURTER HISTORISCHE KOMMISSION (ed), *Frankfurt am Main. Die Geschichte der Stadt in neun Beiträge*, Sigmaringen 1991, pp. 303-348.

KLUCHERT G., resoconto del convegno su «Die Preußischen Regulative von 1854 im Kontext der deutschen Bildungsgeschichte» (11 giugno 2004), in *H-Soz-u-Kult* (26.8.2004).

KLUKE P., *Die Integration der freien Stadt Frankfurt in das Königreich Preußen*, in P. BAUMGART (ed), *Expansion und Integration*, pp. 421-441.

KNAPP G.F., *Die Bauern-Befreiung und der Ursprung der Landarbeiter in den älteren Theilen Preussens*, Leipzig 1887.

KNÖBL W., *Polizei und Herrschaft im Modernisierungsprozeß. Staatsbildung und innere Sicherheit in Preußen, England und America 1700-1914*, Frankfurt a.M. 1998.

KOCKA J., *Eisenbahnverwaltung in der industriellen Revolution. Deutsch-amerikanische Vergleiche*, in H. KELLENBENZ - H. POHL (edd), *Historia socialis et oeconomica. Festschrift für Wolfgang Zorn*, Stuttgart 1987, pp. 259-77.

KÖHLER M.H.N. - DIPPER Ch. (edd), *Einheit vor Freiheit? Die hessischen Landtage in der Zeit der Reichseinigung 1862-1875*, Darmstadt 2010.

KOLB E., *Großpreußen oder Kleindeutschland? Zu Bismarcks deutscher Politik im Reichsgründungsjahrzehnt*, in J. KUNISCH (ed), *Bismarck und seine Zeit*, Berlin 1991, pp. 11-36.

KÖLLMANN W., *Die Anfänge der staatlichen Sozialpolitik in Preußen bis 1869*, in «Vierteljahrschrift für Sozial- und Wirtschaftsgeschichte», 53, 1966, pp. 28-52.

– voce *August von der Heydt*, in *Neue Deutsche Biographie*, Bd. 9, 1972, pp. 74-76.

– (ed), *Quellen zur Bevolkerungs- Sozial- und Wirtschaftsstatistik Deutschlands 1815-1875*, Bd. 1: *Quellen zur Bevölkerungsstatistik Deutschlands 1815-1875*, bearb. von A. KRAUS, Boppard a.R. 1980.

[KÖNIGER J.], *Zur Verständigung in der Militärfrage* [geschrieben den 20. August 1862], in «Preussische Jahrbücher»,10, 1862, 2, pp. 169-186.

«Königlich Preußischer Staats-Anzeiger», 1848-1870, *passim*.

Königlich Preussischer Staats-Kalender für 1862 und 1863, Vergleichender Kalender für 1862, Berlin 1863.

KOSELLECK R., *Preußen zwischen Reform und Revolution*, Stuttgart 1975[2] (trad. it. *La Prussia tra riforma e rivoluzione [1791-1848]*, Bologna 1988).

KOTULLA M., *Die Tragweite der Grundrechte der revidierten preussischen Verfassung vom 31.01.1850*, Frankfurt a.M. et al. 1992.

– *Das konstitutionelle Verfassungswerk Preußens 1848-1918. Eine Quellensammlung mit historischer Einführung*, Berlin - Heidelberg 2003.

– *Deutsche Verfassungsgeschichte. Vom alten Reich bis Weimar (1495-1934)*, Berlin - Heidelberg 2008.

KRAUS A. (ed), *Quellen zur Bevölkerungsstatistik Deutschlands 1815-1875*, in W. KÖLLMANN (ed), *Quellen zur Bevolkerungs- Sozial- und Wirtschaftsstatistik Deutschlands 1815-1875*, I, Boppard a.R. 1980.

KRAUS H.-Ch., *Ernst Ludwig von Gerlach. Politisches Denken und Handeln eines preußischen Altkonservativen*, 2 voll., Göttingen 1994.

– *Konstitutionalismus wider Willen – Versuche einer Abschaffung oder Totalrevision der preußischen Verfassung während der Reaktionsära (1850-1857)*, in «Forschungen zur Brandenburgischen und Preußischen Geschichte», NF, 5, 1995, pp. 157-240.

– (ed), *Konservative Politiker in Deutschland. Eine Auswahl biographischer Porträts aus zwei Jahrhunderten*, Berlin 1995.

– (ed), *Ernst Ludwig von Gerlach: Gottesgnadentum und Freiheit. Ausgewählte Schriften aus den Jahren 1863 bis 1866*, Wien - Leipzig 2011.

KREUTZMANN M., *Die höheren Beamten des Deutschen Zollvereins: eine burokratische Funktionsliste*, Göttingen 2012.

KROKER E., *§ 6 Bergverwaltung*, in K.G.A. JESERICH - H. POHL - G.-Ch. VON UNRUH (edd), *Deutsche Verwaltungsgeschichte*, 3, pp. 514-527.

KROLL F.-L., *Friedrich Wilhelm IV. und das Staatsdenken der deutschen Romantik*, Berlin 1990.

– (ed), *Preußens Herrscher. Von den ersten Hohenzollern bis Wilhelm II.*, München 2001².

KROPAT W.-A., *Frankfurt zwischen Provinzialismus und Nationalismus. Die Eingliederung der «Freien Stadt» in den preussischen Staat (1866-1871)*, Frankfurt a.M. 1971.

KRUG G.E., *Die Entwicklung ökonomischer Freiheitsrechte in Deutschland im Wandel von Staat, Wirtschaft und Gesellschaft von Ancien Régime bis zur Reichsgründung (1776-1871)*, Frankfurt a.M. 1995.

KRÜGER P. - SCHOEPS J. - DIEKMANN I. (edd), *Der verkannte Monarch: Friedrich Wilhelm IV. in seiner Zeit*, Potsdam 1997.

KÜHNE J.-D., *Volksvertretungen im monarchischen Konstitutionalismus (1814-1918)*, in H.-P. SCHNEIDER - W. ZEH (edd), *Parlamentsrecht und Parlamentspraxis in der Bundesrepublik Deutschland*, I, pp. 49-101.

KUGELE D., *Der politische Beamte: Entwicklung, Bewährung und Reform einer politisch-administrativen Institution*, München 1978².

KUHLEMANN F.-M., *Modernisierung und Disziplinierung: Sozialgeschichte des preussischen Volksschulwesens 1794-1872*, Göttingen 1992.

KÜHNE T., *Handbuch der Wahlen zum Preussischen Abgeordnetenhaus 1867-1918. Wahlergebnisse, Wahlbündnisse und Wahlkandidaten*, Düsseldorf 1994.

– *Dreiklassenwahlrecht und Wahlkultur in Preussen 1867-1914. Landtagswahlen zwischen korporativer Tradition und politischem Massenmarkt*, Düsseldorf 1994.

KUHN-REHFUS M., *Die Integration Hohenzollerns in Preussen*, in P. BAUMGART (ed), *Expansion und Integration*, pp. 299-327.

LANCIOTTI M.E., *Il dibattito sulla riforma del Senato regio e vitalizio: 1848-1922*, in «Rivista di storia contemporanea», 20, 1991, 3, pp. 335-367.

LANDWEHR G., *Die Organisationsstrukturen der Aktienunternehmen. Statutenpraxis in Preußen bis zur Aktienrechtsnovelle von 1870*, in K.O. SCHERNER - D. WILLOWEIT (edd), *Vom Gewerbe zum Unternehmen*, Darmstadt 1982, pp. 251-302.

LANGEWIESCHE D., *Die Rolle des Militärs in den europäischen Revolutionen von 1848*, in D. DOWE - H.-G. HAUPT - D. LANGEWIESCHE, *Europa 1848. Revolution und Reform*, Bonn 1998, pp. 915-932.

LAPPENKÜPER U., *Bismarck und Frankreich. Chancen und Grenzen einer schwierigen Beziehung*, Friedrichsruh 2006.

LASKER E., *Polizeigewalt und Rechtsschutz in Preußen: (Der Standpunkt des Gesetzes und die Stellung der Parteien zur Frage)*, in «Deutsche Jahrbücher fur Politik und Literatur», 1, 1861, 1, pp. 27-48.

– *Wie ist die Verfassung in Preußen gehandhabt worden*, originariamente in «Deutsche Jahrbücher für Politik und Literatur», 1861; poi ripubblicato in E. LASKER, *Zur Verfassungsgeschichte Preußens*, Leipzig 1874, pp. 3-79.

– *Das Herrenhaus* (1863), in *Zur Verfassungsgeschichte Preußens*, Leipzig 1874, pp. 215-296.

LASSALLE F., *Die indirekten Steuern und die Lage der arbeitenden Klassen*, Zürich 1863.

LAUTER F., *Preußens Volksvertretung in der Zweiten Kammer und im Hause der Abgeordneten vom Februar 1849 bis Mai 1877. Alphabetisches Namensregister der Mitglieder, sowie Verzeichniß der Wahlkreise nach Provinzen und Regierungsbezirken, zusammengestellt vorzugsweise auf Grund amtlicher Materialien von Franz Lauter*, Berlin 1877.

LEMMER G., *Die Geschichte des preußischen Gerichtshof zur Entscheidung der Kompetenzkonflikte. 1847-1945*, Aalen 1997.

LENGER F., *Sozialgeschichte der deutschen Handwerker seit 1800*, Frankfurt a.M. 1988.

LENHARD-SCHRAMM N., *Konstrukteure der Nation. Geschichtsprofessoren als politische Akteure in Vormärz und Revolution 1848/49*, Münster - New York 2014.

LETTE A., *Über die Verfassungszustände in Preußen*, Berlin 1857.

(Dr. LEWINSTEIN G.), *Die gewählte Preußische Volksvertretung im Jahre 1865*, Berlin 1865.

LHOTTA R., *Die Integration des modernen Staates. Zur Aktualität der Integrationslehre von Rudolf Smend*, Baden Baden 2005.

LICHTER J., *Preussische Notenbankpolitik in der Formationsphase des Zentralbanksystems 1844 bis 1857*, Berlin 1999.

LIMAN P., *Der preußische Strafprozeß. Enthaltend: die Verordnung vom 3. Januar 1849, das Gesetz vom 3. Mai 1852 und die Kriminal-Ordnung für die Preußische Staaten, erläutert* ... von Paul Liman (Königl. Staats-Anwalt in Berlin), 2e vermehrte und bis 1862 fortgeführte Ausgabe besorgt von Schwarck (Ober-Staats-Anwalt z.D.), Berlin 1862.

LINZBACH P., *Der Werdegang der preussischen Einkommensteuer unter besonderer Berücksichtigung ihrer kausalen Entwicklungsfaktoren*, Frankfurt a.M. 1984.

LOENING E., *Das Preussische Gesetz von 10. Juni 1854 betreffend die Deklaration der Verfassungsurkunde*, Halle 1913.

– *Gerichte und Verwaltungsbehörde in Brandenburg-Preußen. Ein Beitrag zur Preußischen Rechts- und Verfassungsgeschichte*, Halle a.d.S. 1914.

LOTZ A., *Politische Beamte in Preußen?*, in «Jahrbuch für Gesetzgebung, Verwaltung und Volkswirtschaft im Deutschen Reich», 24, 1900, 3, pp. 93-113.

LÜDICKE R., *Die preußischen Kultusminister und ihre Beamten im ersten Jahrhundert des Ministeriums 1817-1917*, Stuttgart - Berlin 1918.

LUNDGREEN P., *Schulbildung und Frühindustrialisierung in Berlin/Preußen*, in U. HERRMANN (ed), *Schule und Gesellschaft im 19. Jahrhundert*, pp. 62-110.

LÜPKES H., *Die Verbrechen der Diener des Staats im Allgemeinen Landrecht für die Preussischen Staaten von 1794 und ihre Entwicklung*, Frankfurt a.M. 2004.

MÄHL H., *Die Überleitung Preußens in das konstitutionelle System durch den zweiten Vereinigten Landtag*, München - Berlin 1909.

MAIER E., voce *Georg Friedrich Richard Böck (Statistiker)*, in *Neue Deutsche Biographie*, 2, 1955, p. 367.

MANCA A.G., *La sfida delle riforme. Costituzione e politica nel liberalismo prussiano 1850-1866* (Annali dell'Istituto storico italo-germanico in Trento. Monografie, 21), Bologna 1995.

– *Il funzionario-deputato tra parlamento e governo nella Prussia dell'Ottocento*, in «Studi Storici», 39, 1998, pp. 161-200.

– *La Costituzione 'al di sopra' o 'a disposizione' del legislatore? Difesa, attuazione, e revisione costituzionale in Prussia*, in A.G. MANCA - L. LACCHÉ (edd), *Parlamento e Costituzione nei sistemi costituzionali europei ottocenteschi* (Annali dell'Istituto storico italo-germanico in Trento. Contributi/Beiträge, 13), Bologna - Berlin 2003, pp. 255-333.

– *Konservativismus und Liberalismus in Preußen zwischen 1840 und 1866. Zwei Wege in die Moderne?*, in C. LIERMANN - G. CORNI - F.-L. KROLL (edd), *Italien und Preußen. Dialog der Historiographien*, Tübingen 2005, pp. 177-197.

– *Governo rappresentativo e dirigenze amministrative: considerazioni introduttive*, in A.G. MANCA - F. RUGGE (edd), *Governo rappresentativo e dirigenze amministrative (secoli XIX e XX)*, (Annali dell'Istituto storico italo-germanico in Trento. Contributi/Beiträge, 20) Bologna - Berlin 2007, pp. 7-25.

– *La monarchia costituzionale nell'Europa del lungo Ottocento: da forma a strumento di governo*, in L. BLANCO (ed), *Dottrine e istituzioni in Occidente* (Annali dell'Istituto storico italo-germanico in Trento. Quaderni, 83), Bologna 2011, pp. 151-184.

MANN B. (ed), *Biographisches Handbuch für das Preußische Abgeordnetenhaus: 1867-1918*, unter Mitarbeit von M. Doerry - C. Rauh - T. Kühne, Düsseldorf 1988.

MARKULL, voce *Gemeinde. Preußen*, in K. VON STENGEL - M. FLEISCHMANN (edd), *Wörterbuch des Deutschen Staats- und Verwaltungsrechts*, II, pp. 48-52.

MARX K., *Die Lage in Preussen* (Berlino, 16 ottobre 1858), [«New York Daily Tribune», 3 novembre 1858] in K. MARX - F. ENGELS, *Werke*, XII, Berlin 1974, pp. 613-616.

MAYR G. VON, voce *Abgabe*, in K. VON STENGEL - M. FLEISCHMANN (edd), *Wörterbuch des Deutschen Staats- und Verwaltungsrechts*, I, pp. 5-12.

MEIER U., voce *Marcus von Niebuhr*, in *Neue Deutsche Biographie*, 19, 1999, p. 221.

MEISNER H.O., *Zur neueren Geschichte des preußischen Kabinetts*, in «Forschungen zur Brandenburgischen und Preußischen Geschichte», 36, 1924, pp. 38-66, 180-209.

MEITZEN A. *Der Boden und die landwirtschaftlichen Verhältnisse des preußischen Staates*, 4 voll., Berlin 1868-1874, 3: 1871.

MELLIES D., *Die amtlichen Zeitungsberichte der preussischen Regierungen als Quelle einer Mentalitätsgeschichte der Verwaltung des 19. Jahrhunderts*, in «Forschungen zur Brandenburgischen und Preußischen Geschichte», 18, 2008, 1, pp. 1-17.

MELTZ C., voce *Franz von Holtzendorff*, in *Neue Deutsche Biographie*, 9, 1972, pp. 556-557.

MESSERSCHMIDT M., *Das preußische Militärwesen*, in W. NEUGEBAUER (ed), *Handbuch der preußischen Geschichte*, III, pp. 319-542.

– *Die Preußische Armee während der Revolution in Berlin 1848*, in «Revue international d'Histoire militaire», 32, 1972-1975, pp. 457-475.

– *Die preußische Armee während der Revolution in Berlin 1848*, in *Militärgeschichtliche Aspekte der Entwicklung des deutschen Nationalstaates*, Düsseldorf 1988, pp. 47-63.

METTELE G. - SCHULZ A. (edd), *Preussen als Kulturstaat im 19. Jahrhundert*, Paderborn 2015.

MEURER Ch. voce *Katholische Kirche*, in K. VON STENGEL - M. FLEISCHMANN (edd), *Wörterbuch des Deutschen Staats- und Verwaltungsrechts*, II, pp. 496-501.

MEYER A., *Der achte volkswirtschaftliche Congreß*, in «Preußische Jahrbücher», 16, 1865, pp. 501-518.

MEYER A., *Die Verantwortlichkeit der Beamten*, in «Preußische Jahrbücher», 15, 1865, 2, pp. 111-129.

MIECK I., *Preußen von 1807 bis 1850. Reformen, Restauration und Revolution*, in O. BÜSCH (ed), *Handbuch der preussischen Geschichte*, II, pp. 3-292.

«Ministerialblatt für die gesamte innere Verwaltung», hrsg. im Ministerium des Innern, 1848-1866.

MOHL R. VON, *Die Geschichte und Literatur der Staatswissenschaften*, ristampa Graz 1960, 3 voll. (I: Erlangen 1855; II, Erlangen 1856; III, Erlangen 1858).

MOLIK W., *Die preußische Polenpolitik im 19. und zu Beginn des 20. Jahrhunderts. Überlegungen zu Forschungsstand und Perspektiven*, in H. JENNING JAHN - P. KUNZE (edd), *Nationale Minderheiten und staatliche Minderheitenpolitik in Deutschland im 19. Jahrhundert*, Berlin 1999, pp. 29-40.

MÖLLER E. VON, *Landgemeinden und Gutsherrschaften nach Preussischem Recht*, Breslau 1865.

[MÖLLER J.], *Actenstücke der wider mich geführten Disziplinaruntersuchung. Ein Beitrag zur neupreussischen Geschichte*, Leipzig 1864.

MORSEY R. (ed), *Katholizismus, Verfassungsstaat und Demokratie: vom Vormärz bis 1933* (Beiträge zur Katholizismus-Forschung. Reihe A, Quellentexte zur Geschichte des Katholizismus, 1), Paderborn 1988.

– *Rudolph Delbrück (1817-1903)*, in L. GALL - U. LAPPENKÜPER (edd), *Bismarcks Mitarbeiter*, Paderborn 2009, pp. 69-89.

MÜLLER Ch.F., *Städte-Ordnung vom 30. Mai 1853, mit der Ausführung-Instruktion vom 20. Juni 1853 und anderen praktischen aus den amtlichen Materialien gewonnenen Erläuterungen, sowie allen die Städte-Ordnung ergänzenden Gesetzen, ... Ein praktisches Handbuch ...*, Berlin 1853².

MÜLLER H., *Das Reichsmilitärgesetz von 1874 als erstes deutsches Septennat*, in P. BAUMGART - B.R. KROENER - H. STÜBIG (edd), *Die Preussische Armee zwischen Ancien Régime und Reichsgründung*, pp. 229-246.

MÜLLER J. (ed), *Quellen zur Geschichte des Deutschen Bundes*, Abt. III: *1850-1866*, Bd. 1: *Die Dresdener Konferenz und die Wiederherstellung des*

Deutschen Bundes 1850/51, bearbeitet von J. MÜLLER, München 1996; Bd. 2: *Der Deutsche Bund zwischen Reaktion und Reform 1851-1858*, bearbeitet von J. MÜLLER, München 1998.

– *Deutscher Bund und deutsche Nation 1848-1866*, Göttingen 2005.

MÜLLER J.B., *Der politische Professor der Konservativen – Friedrich Julius Stahl (1802-1861)*, in H.-Ch. KRAUS (ed), *Konservative Politiker in Deutschland. Eine Auswahl biographischer Porträts aus zwei Jahrhunderten*, 1995, pp. 69-88.

MÜLLER S., *Soldaten in der deutschen Revolution von 1848/49*, Paderborn 1999.

– *Das preussische Heer in der Revolution von 1848/49. Die Armee als innenpolitischer Faktor*, in P. BAUMGART - B.R. KROENER - H. STÜBIG (edd), *Die Preussische Armee. Zwischen Ancient Régime und Reichsgründung*, pp. 196-214.

NA'AMAN S. - H.-P. HARSTICK (edd), *Die Konstituierung der deutschen Arbeiterbewegung 1862-1863. Darstellung und Dokumentation*, Assen 1975.

NEUBACH H., voce *Heinrich von Mühler*, in *Neue Deutsche Biographie*, 18, 1997, pp. 287-288.

Neue Deutsche Biographie, Berlin 1953-2016, 26 voll.

«Neue Preußische Zeitung», 1862-1866.

NEUGEBAUER W. - HOLTZ B.*Das Bildungswesen in Preußen seit der Mitte des 17. Jahrhunderts*, in O. BÜSCH (ed), *Handbuch der preussischen Geschichte*, Bd. II, pp. 605-798.

– R. PROVE (edd), *Agrarische Verfassung und politische Struktur. Studien zur Gesellschaftsgeschichte Preußens 1700-1918*, Berlin 1998.

– (ed), *Handbuch der preußischen Geschichte*, I: *Das 17. und 18. Jahrhundert und Große Themen der Geschichte Preußens*, Berlin - New York 2009; II: *Das 19. Jahrhundert und Große Themen der Geschichte Preußens*, Berlin - New York 1992; III: *Vom Kaiserreich zum 20. Jahrhundert und Große Themen der Geschichte Preußens*, Berlin - New York 2000.

– *Die Hohenzollern*, 2: *Dynastie im säkularen Wandel. Von 1740 bis in das 20. Jahrhundert*, Stuttgart 2003.

– *Preußen als Kulturstaat*, in «Forschungen zur Brandenburgischen und Preußischen Geschichte», NF, 7, 2007, 2, pp. 161-179.

– *Einleitung. Staatlicher Wandel. Kulturelle Staatsaufgaben als Forschungsproblem*, a *Acta Borussica*, NF, 2. Reihe: *Preußen als Kulturstaat*, Abt. I, Bd. 1.1, pp. XI-XXXI.

– (edd), *Kulturstaat und Bürgergesellschaft. Preußen, Deutschland und Europa im 19. und frühen 20. Jahrhundert*, Berlin 2010.

[NEUMANN K.], *Politische Correspondenz (10 novembre 1858)*, in «Preußische Jahrbücher», I, 1858, p. 592.

NIEHUS V., *Carl von Bodelschwingh*, in M. BASSE - T. JÄHNICHEN - H. SCHROETER-WITTKE (edd), *Protestantische Profile im Ruhrgebiet – 500 Lebensbilder aus 5 Jahrhunderten*, Kamen 2009, pp. 204 s.

NIPPERDEY T., *Preußen und die Universität*, in *Preussen: seine Wirkung auf die deutsche Geschichte. Vorlesungen*, Stuttgart 1982, pp. 65-85.

NITSCHKE W., *Volkssouveränität oder monarchisches Prinzip? Die Frage des Staatsaufbaus in den Debatten der preußischen Nationalversammlung (22. Mai - 1. Dezember 1848)*, Frankfurt a.M. 1995.

OBENAUS H., *Anfänge des Parlamentarismus in Preußen bis 1848*, Düsseldorf 1984.

OECHSLE K., *Die steuerlichen Grundrechte in der jüngeren deutschen Verfassungsgeschichte. Zugleich eine Untersuchung über das historische Verhältnis von Steuerverfassungsrecht und Finanzwissenschaft*, Berlin 1993.

OERTZEN P. VON, *Die soziale Funktion des staatsrechtlichen Positivismus*, Frankfurt a.M. 1974.

ORMOND T., *Richterwürde und Regierungstreue. Dienstrecht, politische Betätigung und Disziplinierung der Richter in Preußen, Baden und Hessen 1866-1918*, Frankfurt a.M. 1994.

PAETAU R., *Die regierenden Altliberalen und der «Ausbau» der Verfassung Preußens in der Neuen Ära (1858-1862). Reformpotential – Handlungsspielraum - Blockade*, in B. HOLTZ - H. SPENKUCH (edd), *Preußens Weg in die politische Moderne. Verfassung – Verwaltung – politische Kultur zwischen Reform und Reformblockade*, Berlin 2001, pp. 169-191.

– (ed), *Die Protokolle des Preußischen Staatsministeriums 1817-1934/38*, 5: *10. November 1858 bis 28. Dezember 1866* (*Acta Borussica*, NF, 1. Reihe), Hildesheim - Zürich - New York 2001; 6/1: *3. Januar 1867 bis 20. Dezember 1878*, unter Mitarbeit von H. SPENKUCH, Hildesheim - Zürich - New York 2004.

– voce *Albrecht von Roon*, in *Neue Deutsche Biographie*, XXI, 2005, pp. 30-32.

PARISIUS L., *Deutschlands politische Parteien und das Ministerium Bismarck*, Berlin 1878.

– *Leopold Freiherr von Hoverbeck*, I.1: Berlin 1897; II.1: Berlin 1898; II.2: Berlin 1900.

PELTZER, voce *Gemeinheitstheilung (Zusammenlegung). I Preußen*, in K. VON STENGEL - M. FLEISCHMANN (edd), *Wörterbuch des Deutschen Staats- und Verwaltungsrechts*, II, pp. 159-172.

PETERS K., *J.D.H. Temme und das preussische Strafverfahren in der Mitte des 19. Jahrhunderts*, Berlin - New York 2010.

PETERSDORFF H. VON, voce *Robert von Patow*, in *Allgemeine Deutsche Biographie*, 52, 1906, pp. 760-766.

PETTER W., *Die Roonsche Heeresorganisation und das Ende der Landwehr*, in P. BAUMGART - B.R. KROENER - H. STÜBIG (edd), *Die Preussische Armee zwischen Ancien Régime und Reichsgründung*, pp. 215-228.

PFÜHLSTEIN F., *Der Weg von der Preußischen Generalrechenkammer zum Bundesrechnungshof*, in *250 Jahre Rechnungsprüfung. Zur zweihundertzwanzigjährigen Wiederkehr der Errichtung der Preußischen Generalrechenkammer*, Frankfurt a.M. 1964, pp. 7-128.

PIERENKEMPER T. - R. TILLY, *The German Economy during the Nineteenth Century*, New York - Oxford 2004.

PLATE A., *Handbuch für das preußische Abgeordnetenhaus, Ausgabe für die 21. Legislaturperiode*, Berlin 1908.

PLUMPE W. - J. SCHOLTYSECK, *Einleitung. Der Staat und die Ordnung der Wirtschaft. Einleitende Bemerkungen*, in W. PLUMPE - J. SCHOLTYSECK (edd), *Der Staat und die Ordnung der Wirtschaft: vom Kaiserreich bis zur Berliner Republik*, Stuttgart 2012, pp. 9-13.

POLLMANN K.E., *Parlamentseinfluß während der Nationalstaatsbildung 1867-1871*, in G.A. RITTER (ed), *Regierung, Bürokratie und Parlament in Preußen und Deutschland von 1848 bis zur Gegenwart*, Düsseldorf 1983, pp. 57-75.

– *Der Norddeutsche Bund. Ein Modell für die parlamentarische Entwicklungsfähigkeit des deutschen Kaiserreichs?*, in O. PFLANZE (ed), *Innenpolitische Probleme des Bismarck-Reiches*, unter Mitarbeit von E. MÜLLER-LUCKNER, München - Wien 1983, pp. 217-237.

POSCHINGER H. von (ed), *Unter Friedrich Wilhelm IV. Denkwürdigkeiten des Ministerpräsidenten Otto Freiherrn v. Manteuffel*, 2: *1851-1854*, Berlin 1901.

Preussen als Militairstaat. Überblick seiner Heeres-Verfassung und Nothwendigkeit der Vermehrung des Offizier- Corps, sowie des Unteroffizier-Standes, Verbesserung der Gehalts-Competenzen, sowie des Avancements auf Grund des den hohen Kammern vorgelegten Budgets, Berlin 1852.

PRIMKER F., *Die Kompetenz-Konflikte in Preußen*, Berlin 1861.

PRÖVE R., *Politische Partizipation und soziale Ordnung. Das Konzept der 'Volksbewaffnung' und die Funktion der Bürgerwehren 1848/49*, in W. HARDTWIG (ed), *Revolution in Deutschland und Europa 1848/49*, Göttingen 1998, pp. 109-132.

PYTA W., *Liberale Regierungspolitik im Preussen der «Neuen Ära» vor dem Heereskonflikt: die preussische Grundsteuerreform von 1861*, in «Forschungen zur brandenburgischen und preußischen Geschichte», NF, 2, 1992, pp. 179-247.

Quellensammlung zur Geschichte der deutschen Sozialpolitik 1867 bis 1914, begründet von P. Rassow, im Auftrag der Historischen Kommission der

Akademie der Wissenschaften und der Literatur. Mainz, hrsg. von K.E. BORN - H. HENNING - F. TENNSTEDT, Abt. 1.: *Von der Reichsgründungszeit bis zur kaiserlichen Sozialbotschaft (1867 bis 1881)*, 1: *Grundfragen staatlicher Sozialpolitik. Die Diskussion der Arbeiterfrage auf Regierungsseite vom Preussischen Verfassungskonflikt bis zur Reichstagswahl von 1881*, bearbeitet von F. TENNSTEDT - H. WINTER, unter Mitarbeit von W. AYASS und K.-H. NICKEL, Stuttgart et al. 1994; 3: *Arbeiterschutz*, bearbeitet von W. AYASS, Stuttgart et al. 1996; 5: *Gewerbliche Unterstützungskassen. Die Krankenversicherung für gewerbliche Arbeitnehmer zwischen Selbsthilfe und Staatshilfe*, bearb. von F. TENNSTEDT - H. WINTER unter Mitarbeit von E. ROEDER - C. SCHMITZ, Darmstadt 1999; 7 (2 Halbd.) erster Halbband: *Armengesetzgebung und Freizügigkeit*, bearbeitet von C. SACHSSE - F. TENNSTEDT - E. ROEDER, unter Mitarbeit von M. PETERLE, Darmstadt 2000; 8: *Grundfragen der Sozialpolitik in der öffentlichen Diskussion: Kirchen, Parteien, Vereine und Verbände*, bearbeitet von R. STREMMEL - F. TENNSTEDT - G. FLECKENSTEIN, unter Mitarbeit von M. PETERLE - G. RUST SCHMÖLE, Mainz 2006.

RADTKE W., *Die Preussische Seehandlung zwischen Staat und Wirtschaft in der Frühphase der Industrialisierung*, Berlin 1981.

– *Armut in Berlin: die sozialpolitische Ansätze Christian von Rothers und die Königliche Seehandlung im vormärzlichen Preußen*, Berlin 1993.

– *Die Preußische Seehandlung*, in *Stiftung Preußische Seehandlung 1983-2003*, Berlin 2003.

RATHGEBER Ch., *Das Kultusministerium und die Kirchenpolitik 1817 bis 1934*, in *Acta Borussica*, NF, 2. Reihe: *Preußen als Kulturstaat*, Abt. I, Bd. 2.1, pp. 289-398.

– *Die Kirchenpolitik im Kulturstaat Preußen bis zur Mitte des 19. Jahrhunderts*, in W. NEUGEBAUER - B. HOLTZ (edd), *Kulturstaat und Bürgergesellschaft*, pp. 189-202.

REICHLE W., *Zwischen Staat und Kirche. Das Leben und Wirken des preußischen Kultusministers Heinrich von Mühler*, Berlin 1938.

REIDEGELD E., *Staatliche Sozialpolitik in Deutschland*, 1: *Von den Ursprüngen bis zum Untergang des Kaiserreiches 1918*, Wiesbaden 2006^2.

REIF H., *Adel im 19. und 20. Jahrhundert*, München 1999.

REINHARD W., *Verfassungsgeschichte als Kulturgeschichte. Historische Grundlagen europäischer politischer Kulturen*, in «Jahrbuch für Europäische Geschichte», 1, 2000, pp. 115-131.

REJEWSKI H.-J., *Die Pflicht zur politischen Treue im preußischen Beamtenrecht (1850-1918)*, Berlin 1973.

RENTZSCH H., *Der deutsch-französische Handelsvertrag*, in «Deutsche Jahrbücher», 3, 1862, pp. 372-388.

RHEINBABEN P. VON, *Die preußischen Disziplinargesetze. Unter Benutzung des einschlägigen amtlichen Materials*, Berlin 1904.

– voce *Beamte*, in K. VON STENGEL - M. FLEISCHMANN (edd), *Wörterbuch des Deutschen Staats- und Verwaltungsrechts*, I, pp. 358-370.

– voce *Disziplin*, in K. VON STENGEL - M. FLEISCHMANN (edd), *Wörterbuch des Deutschen Staats- und Verwaltungsrechts*, I, pp. 572-584.

RIBBE W., *Berlin als brandenburgisch-preußische Residenz und Hauptstadt Preußens und des Reiches*, in W. NEUGEBAUER (ed), *Handbuch der preußischen Geschichte*, I, p. 1124.

RICHTER E., *Das Preussische Staatsschuldenwesen und die Preussischen Staatspapiere*, Breslau 1869.

RITTER G., *Die Entstehung der Indemnitätsvorlage von 1866*, in «Historische Zeitschrift», 114, 1915, pp. 17-64.

– *Staatskunst und Kriegshandwerk. Das Problem des «Militarismus» in Deutschland*, 4 voll., München 1954-1968 (ed. it. *I militari e la politica nella Germania moderna. Da Federico il Grande alla prima guerra mondiale*, 3 voll., I, Torino 1967).

RITTER G.A., *Sozialversicherung in Deutschland und England. Entstehung und Grundzüge im Vergleich*, München 1983.

– *Soziale Frage und Sozialpolitik in Deutschland seit Beginn des 19. Jahrhunderts*, Opladen 1998.

– *Der Sozialstaat. Entstehung und Entwicklung im internationalen Vergleich*, München 2010[3].

ROCHAU L.A. VON, *Grundsätze der Realpolitik. Angewendet auf die staatlichen Zustände Deutschlands*, hrsg. und eingeleitet von H.-U. WEHLER, Frankfurt a.M. - Berlin - Wien 1972 (I Theil 1853, II Theil 1869).

ROCHOLL C., *System des Deutschen Armenpflegerechts*, Berlin 1873.

ROEDER P.M., *Gemeindeschule in Staatshand. Zur Schulpolitik des Preußischen Abgeordnetenhauses*, in U. HERRMANN (ed), *Schule und Gesellschaft im 19. Jahrhundert*, pp. 212-242.

ROGGE J. - RUBACH G. (edd), *Die Geschichte der evangelischen Kirche der Union*, Bd. 2: *Die Verselbständigung der Kirche unter dem königlichen Summepiskopat (1850-1918)*, Leipzig 1994.

ROHRSCHEIDT F.W. VON (ed), *Preußen's Staatsverträge*, Berlin 1852.

ROMEYK H., *Die leitenden staatlichen und kommunalen Verwaltungsbeamten der Rheinprovinz 1816-1945*, Düsseldorf 1994.

RÖNNE L. VON, *Die Verfassung und Verwaltung des preußischen Staates*, 8. Theil: *Die kirchlichen und Unterrichts - Verhältnisse*, 2 Bde.: *Das Unterrichts-*

Wesen des Preußischen Staates, 1. *Allgemeiner Theil. Privat-Unterricht. Volksschulwesen*, Berlin 1855; 2. *Höhere Schulen. Universitäten. Sonstige Kulturanstalten*, Berlin 1855.

– *Bearbeitung der preußischen Verfassungsurkunde vom 31. Januar 1850 unter Vergleichung mit den früheren Entwürfen derselben und den Revisionsarbeiten der Kammern, unter Berücksichtigung der Motive*, Berlin 1850, 1852², 1859³: *Die Verfassungs- Urkunde für den Preußischen Staat, vom 31. Januar 1850, nebst einem Nachtrage.*

– *Das Staatsrecht der preußischen Monarchie*, Leipzig 1856-1863.

– *Das Staatsrecht der preußischen Monarchie*, Leipzig 1864-1865².

– *Das Staatsrecht der preußischen Monarchie*, Leipzig 1869-1872³.

– *Das Staatsrecht der preußischen Monarchie*, Leipzig 1881-1883⁴.

– *Das Staatsrecht der preußischen Monarchie*, neu bearbeitet von Ph. ZORN, Leipzig 1899-1915/16⁵.

ROSENBAUM L., *Beruf und Herkunft der Abgeordneten zu den Deutschen und Preussischen Parlamenten 1847 bis 1919*, Frankfurt a.M. 1923.

ROSENBERG B.-M., *Die ostpreußische Vertretung im preußischen Landtag, 1842-1862: ein Beitrag zur Entstehungsgeschichte des Parlamentarismus in Deutschland*, Köln - Berlin 1979.

ROSENBERG H., *Ascesa e prima crisi mondiale del capitalismo (1848-1857)*, con Introduzione di I. Cervelli, Napoli 1980.

RÖSSLER C., *Studien zur Fortbilbung der preußischen Verfassung*, Berlin 1864.

ROTH A., *Kriminalitätsbekämpfung in deutschen Großstädten. 1850-1914*, Berlin 1997.

ROTTECK K. VON, voce *Constitution; Constitutionen; constitutionelles Princip und System; constitutionell; anticonstitutionell*, in K. VON ROTTECK - C. WELCKER (edd), *Das Staatslexikon*, III, Altona 1846², pp. 519-543.

RÜFNER W., *§ 3 Preussen B. Die Verwaltungstätigkeit unter Restauration und Konstitution*, in K.G.A. JESERICH - H. POHL - G.-Ch. VON UNRUH (edd), *Deutsche Verwaltungsgeschichte*, 2, pp. 470-503.

– *Die Entwicklung der Verwaltung in den Bundesstaaten. § 1. Preussen*, in K.G.A. JESERICH - H. POHL - G.-Ch. VON UNRUH (edd), *Deutsche Verwaltungsgeschichte*, 3, pp. 678-714.

RUGGE F., *Il governo delle città prussiane tra '800 e '900*, Milano 1989.

RÜTZ B., *Der preußische Konservativismus im Kampf gegen Einheit und Freiheit*, Berlin 2001.

SABALLECK R. (ed), *Hannovers Übergang vom Königreich zur preussischen Provinz 1866*, Hannover 1995.

SACHSSE Ch. - TENNSTEDT F. - ROEDER E. (edd), *Armengesetzgebung und Freizügigkeit*, unter Mitarbeit von M. PETERLE (*Quellensammlung zur Geschichte der deutschen Sozialpolitik 1867 bis 1914*, Abt. 1: *Von der Reichsgründungszeit bis zur kaiserlichen Sozialbotschaft [1867 bis 1881]*, 7, erster Halbband), Darmstadt 2000.

SALEWSKI S., *Preußischer Militarismus – Realität oder Mythos? Gedanken zu einem Phantom*, in «Zeitschrift für Religions- und Geistesgeschichte», 53, 2001, pp. 19-34.

SAMERSKI S., *Jesuiten in Preussen. Toleranzprobleme*, in P. BAHNERS - G. ROELLECKE (edd), *Preussische Stile. Ein Staat als Kunststück*, Stuttgart 2001, pp. 190-203.

SANDER H., *Die oktroyierte Verfassung und die Errichtung des Evangelischen Oberkirchenrats (1850)*, in G. GOETERS - R. MAU (edd), *Die Geschichte der Evangelischen Kirche der Union*, 1, pp. 402-418.

SCHÄFFLE A., *Der preußisch-französische Handelsvertrag, volkswirtschaftlich und politisch betrachtet*, in «Deutsche Vierteljahrs-Schrift», 25, 1862, 3, pp. 254-378.

SCHARFENORT L. VON, *Die Königlich Preußische Kriegsakademie 1810-1910. Im dienstlichen Auftrag aus amtlichen Quellen dargestellt*, Berlin 1910.

SCHEIDGEN H.-J., *Der deutsche Katholizismus in der Revolution von 1848/49. Episkopat – Klerus – Laien – Vereine*, Köln 2008.

SCHENKEL, voce *Arbeiter, gewerbliche, A. Arbeiterschutz*, in K. VON STENGEL - M. FLEISCHMANN (edd), *Wörterbuch des Deutschen Staats- und Verwaltungsrechts*, I, pp. 149-173.

SCHIER R., *Standesherren: zur Auflösung der Adelsvorherrschaft in Deutschland, 1815-1918*, Heidelberg 1977.

SCHIERA P., *Il laboratorio borghese. Scienza e politica nella Germania dell'Ottocento* (Annali dell'Istituto storico italo-germanico in Trento. Monografie, 5), Bologna 1987.

– *La comune storia europea del diritto amministrativo e della sua scienza*, in S. CASSESE - P. SCHIERA - A. VON BOGDANDY (edd), *Lo Stato e il suo diritto*, Bologna 2013, pp. 51-95.

SCHILLER R., *Vom Rittergut zum Großgrundbesitz: Ökonomische und soziale Transformationsprozesse der ländlichen Eliten in Brandenburg im 19. Jahrhundert*, Berlin 2003.

SCHILLY E., *Nachrichtenwesen*, in K.G.A. JESERICH - H. POHL - G.-Ch. VON UNRUH (edd), *Deutsche Verwaltungsgeschichte*, 2, pp. 257-285.

SCHISSLER H., *Die Junker. Zur Sozialgeschichte und historischen Bedeutung der agrarischen Elite in Preußen*, in H.J. PUHLE - H.-U. WEHLER (edd), *Preußen im Rückblick*, Göttingen 1980, pp. 89-122.

– *Preußens Finanzpolitik nach 1807. Die Bedeutung der Staatsverschuldung als Faktor der Modernisierung des preußischen Finanzsystems*, in «Geschichte und Gesellschaft», 8, 1982, 3, pp. 367-385.

SCHLEGELBERGER, voce *Landwirtschaft. A. Landwirtschaftliche Arbeiter*, in K. VON STENGEL - M. FLEISCHMANN (edd), *Wörterbuch des Deutschen Staats- und Verwaltungsrechts*, II, pp. 734-738.

SCHLEGELMILCH A., *«Verfassungskultur» als Gegenstand der geschichtswissenschaft*, in P. BRANDT - A. SCHLEGELMILCH - R. WENDT (edd), *Symbolische Macht und inszenierte Staatlichkeit. Verfassungskultur als Element der Verfassungsgeschichte*, pp. 9-14.

SCHMIDT E., *Kammergericht und Rechtsstaat*, in O. BÜSCH - W. NEUGEBAUER (edd), *Moderne preußische Geschichte 1648-1947*, pp. 622-648.

SCHMIDT F.W., voce *Gutsbezirke (selbstständige). A. Preußen*, in K. VON STENGEL - M. FLEISCHMANN (edd), *Wörterbuch des Deutschen Staats- und Verwaltungsrechts*, II, pp. 299-304.

SCHMIDT-BLEKER R., *Legislative Defizite im Schulrecht der preussischen konstitutionellen Monarchie: eine rechtshistorische Untersuchung zum Vorbehalt des Gesetzes im preussischen Schulrecht*, Baden-Baden 2005.

SCHMÖKEL H., *Die Entstehung des Ober=Rechnungskammer=Gesetzes vom 27. März 1872 und das preussische Budgetrecht*, Berlin 1932.

SCHMÖKEL M., *Rechts- und Ideengeschichte der Regulierung im 19. Jahrhundert am Beispiel der Bahn*, in P. COLLIN et al. (edd), *Regulierte Selbstregulierung im frühen Interventions- und Sozialstaat*, Frankfurt a.M. 2012, pp. 89-122.

SCHMOLLER G., *Umrisse und Untersuchungen, zur Verfassungs-, Verwaltungs- und Wirtschaftsgeschichte besonders des Preußischen Staates im 17. und 18. Jahrhundert*, Leipzig 1898.

– *Noch ein votum über die «politischen» Beamten»*, in «Jahrbuch für Gesetzgebung, Verwaltung und Volkswirtschaft im Deutschen Reich», 24, 1900, 3, pp. 113-117.

SCHNEIDER H.-P. - ZEH W. (edd), *Parlamentsrecht und Parlamentspraxis in der Bundesrepublik Deutschland. Ein Handbuch*, Berlin - New York 1989.

SCHNEIDER M.C., *Wissensproduktion im Staat. Das königlich preußische statistische Bureau 1860-1914*, Frankfurt a.M. 2013.

SCHÖNBERGER C., *État de droit et État conservateur: Friedrich Julius Stahl*, in O. JOUANJAN (ed), *Figures de l'état de droit. Le Rechtsstaat dans l'histoire intellectuelle et constitutionnelle de l'Allemagne*, Strasbourg 2001, pp. 177-191.

SCHÖNERT-RÖHLK F., *Aufgaben des Zollvereins*, in K.G.A. JESERICH - H. POHL - G.-Ch. VON UNRUH (edd), *Deutsche Verwaltungsgeschichte*, 2, pp. 286-301.

SCHREMMER E., *Steuern und Staatsfinanzen während der Industrialisierung Europas. England, Frankreich, Preussen und das Deutsche Reich 1800 bis 1914*, Berlin - Heidelberg 1994.

SCHULTESS H., *Europäischer Geschichtskalender*, 1860-1866, I-VII, Nordlingen 1861-1867.

SCHULZ, voce *Gewerbesteuer. Preußen*, in K. VON STENGEL - M. FLEISCHMANN (edd), *Wörterbuch des Deutschen Staats- und Verwaltungsrechts*, II, pp. 267-269.

SCHULZE H., *Das Staatsrecht des Königsreichs Preußen*, Freiburg i.B. - Tübingen 1884.

SCHULZE H.[agen], *Preußen von 1850 bis 1871. Verfassungsstaat und Reichsgründung*, in O. BÜSCH (ed), *Handbuch der preussischen Geschichte*, II, pp. 293-372.

SCHULZE-GAEVERNITZ H. VON, *Das preußische Staatsrecht*, II, Leipzig 1890[2].

SCHUSTER S., *«Des Hochverraths schuldig und deshalb mit dem Tode zu bestrafen»*, in «Zeitschrift für Neuere Rechtsgeschichte», 31, 2009, 3/4, pp. 212-239.

SCHÜTZ R., *Preußen und seine Provinzen*, in M. SCHLENKE (ed), *Preußische Geschichte. Eine Bilanz in Daten und Deutungen*, Freiburg i.Br. - Würzburg 1991[2], pp. 24-40.

SCHWARCK [A.], *Das Gesetz über die Presse vom 12. Mai 1851*, Berlin 1862.

– (ed), *Der preußische Strafprozeß. Enthaltend: die Verordnung vom 3. Januar 1849, das Gesetz vom 3. Mai 1852 und die Kriminal-Ordnung für die Preußische Staaten*, erläutert ... von PAUL SIMAN (Königl. Staats-Anwalt in Berlin), 2e vermehrte und bis 1862 fortgeführte Ausgabe, Berlin 1862.

SCHWARZ O., voce *Finanzverwaltung, Finanzbehörde*, in K. VON STENGEL - M. FLEISCHMANN (edd), *Wörterbuch des Deutschen Staats- und Verwaltungsrechts*, I, pp. 783-791.

SCHWENTKER W., *Konservative Vereine und Revolution in Preußen 1848/49. Die Konstituierung des Konservativismus als Partei*, Düsseldorf 1988.

SEIDENFUS H. St., *Eisenbahnwesen*, in K.G.A. JESERICH - H. POHL - G.-Ch. VON UNRUH (edd), *Deutsche Verwaltungsgeschichte*, 2, pp. 227-256.

SELLIN V., *Die Erfindung des monarchischen Prinzips. Jacques-Claudes Präambel zur Charte constitutionnelle»*, in A. HEINEN - D. HÜSER (edd), *Tour de France. Eine historische Rundreise. Festschrift für Rainer Hudemann*, Stuttgart 2008, pp. 489-497.

– *Gewalt und Legitimität. Die europäische Monarchie im Zeitalter der Revolutionen*, München 2011.

– *Das Jahrhundert der Restaurationen. 1814 bis 1906*, München 2014.

SIEMANN W., *Deutschlands Ruhe, Sicherheit und Ordnung: Die Anfänge der politischen Polizei. 1806-1866*, Tübingen 1985.

SMEND R., *Verfassung und Verfassungsrecht (1928)*, in *Staatsrechtliche Abhandlungen*, Berlin 1968, pp. 119-276 (trad. it. *In Costituzione e diritto costituzionale*, a cura di G. ZAGEBELSKY, Milano 1988, pp. 51-267).

SODDU F., *Le Camere alte nel Regno Unito e nel Regno d'Italia tra Otto e Novecento*, in «Le carte e la storia», 4, 1998, n. 1, pp. 182-193.

SPENKUCH H., *Das Preußische Herrenhaus. Adel und Bürgertum in der Ersten Kammer des Landtages 1854-1918*, Düsseldorf 1998.

– *Herrenhaus und Rittergut. Die erste Kammer des Landtages und der preussische Adel von 1854-1918 aus sozialgeschichtlicher Sicht*, in «Geschichte und Gesellschaft», 25, 1999, 3, pp. 375-403.

– *Vergleichsweise besonders? Politisches System und Strukturen Preußens als Kern des «deutschen Sonderwegs*, in «Geschichte und Gesellschaft», 29, 2003, pp. 262-293.

– *Die Politik des Kultusministeriums gegenüber den Wissenschaften und den Hochschulen (Bildung 3)*, in *Acta Borussica*, NF, 2. Reihe: *Preußen als Kulturstaat*, Abt. I, Bd. 2.1, pp. 135-288.

– *Erste Kammern, Adelslandschaften und nationale Kontexte – Das Preußische Herrenhaus und Preußens Adel in vergleichender Perspektive mit Senat und Aristokratien Italiens (1854-1914)*, in G.B. CLEMENS - M. MERIGGI (edd), *Hochkultur als Herrschaftsinstrument. Italienischer und deutscher Adel im langen 19. Jahrhundert*, Berlin 2011, pp. 95-119.

– PAETAU R., *Ressortleitung und Räte von 1867 bis 1914/18*, in *Acta Borussica*, NF, 2. Reihe: *Preußen als Kulturstaat*, Abt. I, Bd. 1.1, pp. 223-266.

– PAETAU R., *Kulturstaatliche Intervention, schulische Expansion und Differenzierung als Leistungsverwaltung (1866 bis 1914)*, in *Acta Borussica*, NF, 2. Reihe: *Preußen als Kulturstaat*, Abt. I, Bd. 2.1, pp. 56-92.

STAHL F.J., *Das monarchische Princip*, Heidelberg 1845.

– *Die Revolution und die constitutionelle Monarchie*, Berlin 1849.

– *Die Philosophie des Rechtes*, II: *Rechts- und Staatslehre auf der Grundlage christlicher Weltanschauung*, 2: *Enthaltend: die Staatslehre und die Principien des Staatsrechts*, Heidelberg 1856³.

– voce *Budget*, in *Staats- und Gesellschafts-Lexikon in Verbindung mit deutschen Gelehrten und Staatsmännern*, herausgegeben von H. WAGENER, IV, Berlin 1860, pp. 585-600.

STALMANN V., *Die Partei Bismarcks. Die Deutsche Reichs- und Freikonservative Partei 1866-1890*, Düsseldorf 2000.

STAMM-KUHLMANN T., *Militärstaat Preußen. Zum Stand der Debatte über den «preußischen Militarismus» im 18. Und 19. Jahrhundert*, in C. LIERMANN - G. CORNI - F.-L. KROLL (edd), *Italien und Preußen. Dialog der Historiographien*, Tübingen 2005, pp. 109-121.

STEINBACH B., *Die politische Freiheit der Beamten unter der konstitutionellen Monarchie in Preussen und im deutschen Reich*, Bonn 1962.

STEINHOFF P., *Preussen und die deutsche Frage 1848-1850*, Berlin 1999.

StenBerAH, Anlagen (Stenographische Berichte über die Verhandlungen der durch die Allerhöchste Verordnung vom … einberufenen beiden Häuser des Landtages, Anlagen zu den Verhandlungen des Hauses der Abgeordneten), 1849-1870.

StenBerAH, Drucksachen (Sammlung sämmtlicher Drucksachen des Hauses der Abgeordneten aus der … Legislatur-Periode, … Session, …), 1849-1870.

StenBerAH (Stenographische Berichte über die Verhandlungen der durch die Allerhöchste Verordnung vom … einberufenen beiden Häuser des Landtages, Haus der Abgeordneten), 1849-1870.

StenBerHH (Stenographische Berichte über die Verhandlungen der durch die Allerhöchste Verordnung vom … einberufenen beiden Häuser des Landtages, Herrenhaus), 1849-1870.

STENGEL K. VON - M. FLEISCHMANN (edd), *Wörterbuch des Deutschen Staats- und Verwaltungsrechts*, Zweite, völlig neu gearbeitete und erweiterte Auflage, 3 voll., I: *A bis F*, Tübingen 1911[2]; II: *G bis N*, Tübingen 1913[2], III: *O bis Z*, Tübingen 1914[2].

Stenographische Berichte über die Verhandlungen der zur Vereinbarung der preußischen Staats-Verfassung berufenen Versammlung, I. Bd., Berlin 1848.

STERNBERG T., *Kirchmann, Julius*, in *Allgemeine Deutsche Biographie*, 51, 1906, pp. 167-177.

STIEHL F.[erdinand] , *Die drei Preußischen Regulative vom 1. 2. und 3. October 1854 über Einrichtung des evangelischen Seminar-, Präparanden- und Elementar-Unterrichts*, Im amtlichen Auftrage zusammengestellt und zum Drucke befördert …, Berlin 1854.

STIRBRNY W., *Kühlwetter von Friedrich*, in *Neue Deutsche Biographie*, 13, 1982, pp. 190-191.

STOLLEIS M., *Quellen zur Geschichte des Sozialrechts* (Quellensammlung zur Kulturgeschichte, 20), Göttingen et al. 1976.

– *Geschichte des Sozialrechts in Deutschland*, Stuttgart 2003.

– *Storia del diritto pubblico in Germania*, II: *Dottrina del diritto pubblico e scienza dell'amministrazione 1800-1914*, Milano 2014 (ed. orig. *Geschichte des öffentlichen Rechts in Deutschland*, 2: *Staatsrechtslehre und Verwaltungswissenschaft 1800-1914*, München 1992).

STRÅTH B. - M. KOSKENNIEMI, *Europe 1815-1914. Between Restoration and Revolution, National Constitutions and Global Law: An Alternative View on the European Century 1815-1914* (EreRe 2009), *full pdf presentation* del *Research project, sponsored by the ERC*, scaricabile alla pagina web www.helsinki.fi/erere, Università di Helsinki.

STREMMEL R. - TENNSTEDT F. - FLECKENSTEIN G. (edd), *Grundfragen der Sozialpolitik in der öffentlichen Diskussion: Kirchen, Parteien, Vereine und*

Verbände, unter Mitarbeit von M. PETERLE - G. RUST-SCHMÖLE (*Quellensammlung zur Geschichte der deutschen Sozialpolitik 1867 bis 1914*, Abt. 1.: *Von der Reichsgründungszeit bis zur kaiserlichen Sozialbotschaft [1867 bis 1881]* Bd. 8), Mainz 2006.

STRENGE B., *Juden im preussischen Justizdienst 1812-1918. Der Zugang zu den juristischen Berufen als Indikator der gesellschaftlichen Emanzipation*, München 1996.

STÜBIG H., *Die Entwicklung des preußisch-deutschen Generalstabs im 19. Jahrhundert*, in P. BAUMGART - B.R. KROENER - H. STÜBIG (edd), *Die Preußische Armee zwischen Ancien Régime und Reichsgründung*, pp. 247-260.

– *Diesterweg contra Stiehl. Gegen die Lehrerbildungs- und Volksschulkonzeption des Obrigkeitsstaates*, in H. STÜBIG (ed), *Bildung, Militär und Gesellschaft in Deutschland. Studien zur Entwicklung im 19. Jahrhundert*, Köln - Weimar - Wien 1994, pp. 107-118.

SYDOW F.H. VON, *Die Zulässigkeit des Rechtsweges und die Kompetenzkonflikte in Preußen*, Berlin 1860.

TENNSTEDT F. - WINTER H. (edd), *Grundfragen staatlicher Sozialpolitik. Die Diskussion der Arbeiterfrage auf Regierungsseite vom Preussischen Verfassungskonflikt bis zur Reichstagswahl von 1881*, unter Mitarbeit von W. AYASS - K.-H. NICKEL (*Quellensammlung zur Geschichte der deutschen Sozialpolitik 1867 bis 1914*, Abt. 1.: *Von der Reichsgründungszeit bis zur kaiserlichen Sozialbotschaft [1867 bis 1881]*, Bd. 1), Stuttgart et al. 1994.

TENORTH H.-E., *Lehrerberuf und Lehrerbildung*, in C. BERG et al. (edd), *Handbuch der deutschen Bildungsgeschichichte*, 3, pp. 250-269.

THADDEN R. VON, *II. Die Geschichte der Kirchen und Konfessionen*, in W. NEUGEBAUER (ed), *Handbuch der preußischen Geschichte*, III, pp. 547-596.

THIER A., *Steuergesetzgebung und Verfassung in der konstitutionellen Monarchie. Staatssteuerreformen in Preußen 1871-1893*, Frankfurt a.M. 1999.

THILO G., *Die Preußische Disziplinargesetzgebung für die unmittelbaren und mittelbaren Staatsbeamten, erläutert aus den Materialien der Rechtslehre, den Entscheidungen des Königl. Ober-Tribunals und den Ministerial-Reskripten*, Berlin 1864.

TILLY R., *The Political Economy of Public Finance and the Industrialization of Prussia, 1815-1866*, in «Journal of Economic History», 26, 1966, pp. 484-497.

– *Fiscal Policy and Prussian Economic Development, 1815-1866* (Papers presented to the third international conference of economic history, Munich 1965), Paris 1968, pp. 771-777.

– *Die politische Ökonomie der Finanzpolitik und die Industrialisierung Preußens, 1815-1866*, in *Kapital, Staat und sozialer Protest in der deutschen Industrialisierung*, Göttingen 1980, pp. 55-64.

TILMANN M., *Der Einfluß des Revolutionsjahres 1848 auf die preußische Gewerbe- und Sozialgesetzgebung (Die Notverordnung vom 9. Februar 1849)*, Phil. Diss., Berlin 1935.

TORP C., *Die Herausforderung der Globalisierung. Wirtschaft und Politik in Deutschland 1860-1914*, Göttingen 2005.

TORPEY J. - CHARLOT M., *Le contrôle des passports et la liberté de circulation. Le cas de l'Allemagne au XIX siècle*, in «Genèses», 30, 1998, pp. 53-76.

TOURY J., *Soziale und politische Geschichte der Juden in Deutschland: 1847-1871: zwischen Revolution, Reaktion und Emanzipation*, Düsseldorf 1977.

TREUE W. - GRÜNDER K. (edd), *Berlinische Lebensbilder. Wissenschaftspolitik in Berlin. Minister, Beamte, Ratgeber*, Berlin 1987.

– *Die Finanzierung der Kriege 1864-1871 durch die deutschen Länder*, in «Vierteljahreschrift für Sozial- und Wirtschaftsgeschichte», 75, 1988, pp. 1-14.

– *Preußens Wirtschaft vom Dreißigjährigen Krieg bis zum Nationalsozialismus*, in O. BÜSCH (ed), *Handbuch der preussischen Geschichte*, II, pp. 449-604.

TROCINI F., *L'invenzione della «Realpolitik» e la scoperta della «legge del potere»* (Annali dell'Istituto storico italo-germanico in Trento. Monografie, 53), Bologna 2009.

TROX E. - MEINDL R., *Sachwalter des Westens? Annäherungen an Carl von Bodelschwingh und Heinrich Wilhelm von Holtzbrinck, zwei konservative Minister aus der Grafschaft Mark*, in *Preußen – Aufbruch in den Westen. Geschichte und Erinnerung – die Grafschaft Mark zwischern 1609 und 2009*, Catalogo della nostra, Lüdenscheid 1 febbraio - 21 giugno 2009, Lüdenscheid 2009, pp. 133-151.

TWESTEN K., *Woran uns gelegen ist. Ein Wort ohne Umschweife*, Kiel 1859.

– *Die Restauration der ehemals Reichsunmittelbaren in Preussen*, in «Deutsche Jahrbücher», 8, 1863, 2, pp. 175 ss.

– *Der preußische Beamtenstaat (Schluß)*, in «Preußische Jahrbücher», 18, 1866, pp. 109-148.

UNRUH G.-Ch. VON, *§ 3. Preußen. A. Die Veränderungen der preussischen Staatsverfassung durch sozial- und Verwaltungsreformen*, in K.G.A. JESERICH - H. POHL - G.-Ch. VON UNRUH (edd), *Deutsche Verwaltungsgeschichte*, 2, pp. 399-469.

– *Der Landrat. Mittler zwischen Staatsverwaltung und kommunaler Selbstverwaltung*, Köln - Berlin 1966.

– *Der Kreis im 19. Jahrhundert zwischen Staat und Gesellschaft*, in H. CROON - W. HOFMANN - G.-Ch. VON UNRUH (edd), *Kommunale Selbstverwaltung im Zeitalter der Industrialisierung*, Stuttgart 1971, pp. 91-124.

VARRENTRAPP C., *Johannes Schulze und das Preussische Unterrichtswesen in seiner Zeit*, Leipzig 1889.

Verfassungs-Urkunde für den preußischen Staat. Vom 31. Januar 1850, Berlin 1856.

Verhandlungen des im Jahre 1848 zusammenberufenen Vereinigten ständischen Ausschusses, zusammengestellt von E. BLEICH, 1, Berlin 1848.

Verhandlungen des zum 2. April 1848 zusammenberufenen Vereinigten Landtages, zusammengestellt von E. BLEICH, Berlin 1848.

Verträge und Verhandlungen aus dem Zeitraume 1833 bis einschließlich 1870 über die Bildung und Ausführung des deutschen Zoll- und Handels-Vereins, 5, Berlin 1871.

Verwaltungsgrenzen in der Bundesrepublik Deutschlands seit Beginn des 19. Jahrhunderts. Textband, Karten in gesonderter Beilage, Hannover 1977.

VINCKE-OLBENDORF K. VON, *Über Reformen in der preußischen Kriegsverfassung*, in «Preussische Jahrbücher», 5, 1860, pp. 143-174.

VIRCHOW R., *Sämtliche Werke*, hrsg. von C. ANDREE, *XXX: Politische Tätigkeit im Preußischen Abgeordnetenhaus 28. Oktober 1861 bis 25. Januar 1864*, bearbeitet von Ch. ANDREE, Bern et al. 1992.

«Volkszeitung. Organ fur Jedermann aus dem Volke», 1858-1866.

Vortheil der Armee-Reorganisation (da «Provinzial-Correspondenz» vom 10. und 17. Februar 1864), in [L.E. HAHN], *Die innere Politik der Preußischen Regierung von 1862 bis 1866. Sammlung der amtlichen Kundgebungen und halbamtlicher Aeußerungen*, Berlin 1866, pp. 290-292.

VOSSIEG M.A., *Parlamentarische Justizkritik in Preußen. 1847-1870*, Kiel 1974.

WAGNER A., *Der Kampf der Justiz gegen die Verwaltung in Preußen. Dargelegt an der rechtsgeschichtlichen Entwicklung des Konfliktsgesetzes von 1854*, Hamburg 1936.

WAGNER S., *Die staatliche Grund- und Gebäudesteuer in der preussischen Rheinprovinz 1815-1895*, Köln 1980.

WAHL R., *Die Entwicklung des deutschen Verfassungsstaates bis 1866*, in J. ISENSEE - P. KIRCHHOF (edd), *Handbuch des Staatsrechts der Bundesrepublik Deutschland*, I: *Grundlagen von Staat und Verfassung*, Heidelberg 1987, pp. 3-34.

WALLMANN W., *Einflußnahme der Exekutive auf die Justiz im 19. Jahrhundert*, Marburg 1968.

WALTER F., *Über die Revision unserer Verfassungsurkunde*, Bonn 1852.

WEGEMANN D., *Die leitenden staatlichen Verwaltungsbeamten der Provinz Westphalen 1815-1918*, Münster 1969.

WEHLER H.-U., *Der Aufbruch in die Moderne 1860 bis 1890. Armee, Marine und Politik in Europa, den USA und Japan*, in M. EPKENHANS - G.P. GROSS (edd), *Das Militär und der Aufbruch in die Moderne 1860 bis 1890*, pp. XXI-XXIX.

– *Deutsche Gesellschaftsgeschichte*, 3: *Von der «Deutschen Doppelrevolution» bis zum Beginn des Ersten Weltkrieges 1849-1914*, München 1995.

WERNER E.M., *Die Märzministerien. Regierungen der Revolution von 1848/49 in den Staaten des Deutschen Bundes*, Göttingen 2009.

WESTPHAL O., *Welt- und Staatsauffassung des deutschen Liberalismus. Eine Untersuchung über die Preußischen Jahrbücher und den konstitutionellen Liberalismus in Deutschland von 1858 bis 1863*, München - Berlin 1919.

WETTE W., *Militarismus in Deutschland. Geschichte einer kriegerischen Kultur*, Frankfurt a.M. 2008.

WIENFORT M., *Preußen in der Revolution 1848/49. Eine Zwischenbilanz*, in «Forschungen zur brandenburgischen und preußischen Geschichte», NF, 9, 1999, pp. 229-244.

– *Patrimonialgerichte in Preußen: ländliche Gesellschaft und bürgerliches Recht 1770-1848/49*, Göttingen 2001.

– *Preußen*, in W. DAUM unter Mitwirkung von P. BRANDT - M. KIRSCH - A. SCHLEGELMILCH (edd), *Handbuch der europäischen Verfassungsgeschichte im 19. Jahrhundert. Institutionen und Rechtspraxis im gesellschaftlichen Wandel*, 2: *1815-1847*, pp. 959-992.

– *Constitutionalism, Inheritance, and Orders of Property. Land Laws in Nineteenth-Century Britain and Germany*, in K.L. GROTKE - M.J. PRUTSCH (edd), *Constitutionalism, Legitimacy, and Power: Nineteenth-Century Experiences*, pp. 143-159.

WIESE L., *Das höhere Schulwesen in Preussen. Historisch-statistische Darstellung, im Auftrage des Ministers der geistlichen, Unterrichts- und Medicinal-Angelegenheiten herausgegeben von Dr. L. Wiese, Geh. Ober-Regierungs- und vortragendem Rath im K. Ministerium* ..., Berlin 1864.

WIPPERMANN, voce *Heinrich von Mühler*, in *Allgemeine Deutsche Biographie*, 22, 1885, pp. 469-475.

WISCHERMANN C. - NIEBERDING A. (edd), *Die institutionelle Revolution: eine Einführung in die deutsche Wirtschaftsgeschichte des 19. und frühen 20. Jahrhunderts*, Wiesbaden 2004.

WITTMÜTZ V., *Die preußische Elementarschule im 19. Jahrhundert*, in S. FISCH - F. GAUZY - Ch. METZGER (edd), *Lernen und Lehren in Frankreich und Deutschland. Apprendre et enseigner en Allemagne et en France*, Stuttgart 2007, pp. 15-32.

WOLZOGEN A. VON, *Preußens Staatsverwaltung mit Rücksicht auf seine Verfassung*, Berlin 1854.

WURM E., *Die Finanzgeschichte des Deutschen Reichs*, Hamburg 1910.

X., *Ueber Verwaltungsreformen*, in «Deutsche Jahrbücher für Politik und Literatur», 3, 1862, pp. 26-43.

ZACHARIÄ H.A. (ed), *Die deutschen Verfassungsgesetze der Gegenwart, einschließlich der Grundgesetze des deutschen Bundes und der das Verfassungsrecht der Einzelstaaten direct betreffenden Bundesbeschlüsse*, Göttingen 1855.

Zehn Jahre innerer Politik 1862-1872. Reden des Ministers des Inneren Grafen zu Eulenburg von seinem Eintritt in das Ministerium bis zur Feststellung der Kreisordnungs-Reform, Berlin 1872.

ZERNACH K., *Polen in der Geschichte Preußens*, in O. BÜSCH (ed), *Handbuch der preussischen Geschichte*, II, pp. 377-448.

ZOEPFL H., *Grundsätze des allgemeinen und deutschen Staatsrechts, mit besonderer Rücksicht auf die neuesten Zeitverhältnisse*, Heidelberg - Leipzig 1855[4].

ZORN P., *Die Entwicklung der Staatsrechts-Wissenschaft seit 1866*, in «Jahrbuch des öffentlichen Rechts der Gegenwart», I, 1907, pp. 47-81.

ZUCHARDT K., *Die Finanzpolitik Bismarcks und der Parteien im Norddeutschen Bunde*, Leipzig 1910.

Zur Frage über das Disciplinarrecht der Minister gegen die Staatsbeamten, in «Preußische Jahrbücher», 12, 1863, 3, pp. 272-283.

Indice dei nomi

Finito di stampare nel mese di dicembre 2016
da litoseibo, via rossini 10, rastignano, bologna
www.litoseibo.it